少年世界（二）

少年世界第一卷全卷（九年份十二期）總目錄

（八）

（九）

最初入北京大學之女生

第一院門前之女生

王蘭女士　奚湞女士　査曉園女士

（参觀本期徐彦之著北京大學男女共校記）

原書原樣

少年世界

THE JOURNAL OF THE YOUNG CHINA ASSOCIATION

第一卷第七期

婦女號

少年中國學會出版
民國九年七月一日發行
上海亞東圖書館

光明運動之發展

黃仲蘇

太戈爾——一個光明運動的份子——說得好：

『在文化史的近世紀裏差不多純是男姓的，一個力之文化，就在這時代裏婦女已被人抛棄到暗處去了。因失其平，所以戰爭便接連不斷。他的動力是破壞的力，他的儀式是經過一個可怕的數目之人類的犧牲而成立的。這種獨邊『One-sided』的文化，祇為他的偏急，在一個驚人的速度中，顚撲碎裂經過了許多困苦艱難，直到最後，時候已經到了。婦女應該插足幷且支配她生命的節奏到這曾被漠視的力之運動中去。』（原文見 Personality—1918 By R. Tagore: Chap. Woman Page. 206—207）

光明運動是一種求人類精神的解放與建設宇宙之眞和平的運動。他們的唯一目的，抽象一點說，是要得一個生命的大和諧——實現人生的眞義。這種主義的光是普照全世的——直射在人——男與女的——心胸上。倘使婦女們不自動的在這種光下找出生命的塗徑，領導着般還曾受男性化的民族投到眞理的懷抱裏去，我怕近代文化史裏便沒有改造世界的新紀元可記，因爲她們在精神方面比較男子靈敏活潑得多，溫良忍耐得多，倘使她們再不覺悟，還有何希望！

光明 Clarte 的誕生史，已由赤君在本月刊第二期裏約略介紹了。自他成立以來，各地的人對於他的發展和活動都很注意。我現在且將英支部成立以後的宣言書，巴比賽——光明的發起人——寫給美地朋友們的一封信，和明日世界社的記者一段答話譯錄在下面。讀者啊！這些雖是不成片段的記載和消息，但是確係人類眞正的福音咧！

（一）光明之英支部宣言書.

『光明的理想是全世界同盟互助的共產……所有的軍國主義——不單是德意志的軍國主義——都應抛棄，凡是離隔人類之人爲的界限都該打破。光明主張，此方面抑制政治的經濟的國界，彼方面，阻止經濟的社會的政治的種種不平等和各界的隔別。…………換句話說，光明堅持國際的社會主義。

思想的衝突接續着鎗砲坦克的衝突——一個更深奧的衝突已經深入於現存的法制中。這種思想的衝突，是新與舊的死戰。這問題所爭執的，是現有的社會狀況與國際的關係是能否被保存，或是他們將自世界的這一極到那一端都被大改革。……但是光明不單是一個智識界的團體，他的請願是專對少年而發，因為他們在過去的時期曾做過舊之謬誤為首的受欺者，而「將來」又屬於他們。他幷不傾軋社會主義者的結社和勞動黨，商會或是其他同一宗旨的組合。光明是一個思想的國際聯合為國際的勞動，幷與他們同做這種工作。』

英吉利宣言書上簽名的有：伯倫德挪特 D. J. Brundrite 浮金尼亞闊閣伏德 Virginia Crawford 帕那克 C. P. Blaker 諾貝特代耳 Robert Dell 哈納耳德隔倫肥而 Harold Qrenfell 佛郞克荷吉司 Frank Hodges 阿耳德司許克司雷 aldous Huxley 邁而司美而生 Miles malleson 莫銳耳 E. D. Morel 拜特倫德羅索 Bertrand Russell 賽甯佛挪德撒孫 Siegfried Sasson 阿司拜耳特昔特威耳 Osbert Sitwell 蕎賽阿西 Josiah C. 萬吉五德 Wedgwood 諾貝特威廉姆司 Robert Williams 等等.

赤君說：『我們對這個運動自然不肯自外。我們也不肯立在旁觀的地位徒祝的健康。』唉！我們怎麼還在醉夢裏呻吟？光明運動反在世界破曉最早的東方被人忽視了！這是誰的羞恥？……：

我們且捺着滿腔的熱血，摳着滿眼的酸淚，耐心再讀一讀下面這封長信：

（二）巴比賽寫給美洲朋友們的一封信.

『這應該明白，我美洲的朋友們，世界正在他的全史裏經過最悲慘的生死關頭。各族的人民，最是歐洲的人民，發現他們自己已退到了一種地位，一時很難從這種地位上去解脫他們自己。假如社會目前的法律還存在着，被不可度量的憂愁所揭破了，我們正面對着一個少數人膽敢計及的未來——一個飽含種種禍亂之恐嚇與萬惡之起始的未來。

但是如何能不這樣咧？戰爭是個破壞者，戰爭的刦掠是超過人類的重行修整。『從毀滅裏祇有毀滅能來』"From ruin only can come ruin." 在破裂的外狀方面，他不顧一切的去保存他自己舊的秩序，向着地獄奔去。

問題的根源比較巴黎和平會議的暫時情境還有深沈得多。我們新近社會的法制之狀況，和我們每一個人，都是在試驗中。沒有浮面的或部分的解決可以濟事。我們應回到初因，到人類存在的理由那兒去。

可恨那些關於反面的表像，這些已經建議的制度，自從文化起始就永沒有更改過。直到現在，人類就按着那些規則而生存，這些律例曾經用羣衆奴隸的原則來捆縛不同的形相。個人從來沒有對於生命的特權，愉快也總未曾被人敬視。近世的常人并不比較古代和中世的人爲優勝。羣衆在和平的時候，戰爭的期內，祇是一羣社會的無價值之人民。維克多玉戈Victor Hugo曾說過，『人不過是些隨着數目的號碼罷了.』他們的真興趣何嘗經人審度過。被反對他們的强力與他們自己的愚昧所致爲無援助的人，被管理的權力所眩弄所欺侮，各國的普通人民早已沒份，就是現在正在修整定奪大的歷史問題裏面，也沒有他們的份，任憑他們自己雖有解決的方法。整部的悲慘事實，即我們稱做歷史的，爲大部分，祇是一個普遍而不公正和廣大的悖理之展覽物.

單有文字的更改，沒有一件是真變換了。祇是文字上已經拋棄「奴隸」和「服從」也還有產生的特權。世界的生命是被尋找他狹仄的自私的興趣的寡頭政治所利用，所犧牲了。

已經是常常這樣，就是這個領導我們從那生死關頭到這生死關頭從那苦難到這苦難以至於我們今日的大激變，這不過是片刻的停止——三四千萬的人瘋魔般的互相殘殺，互相破壞他們自己的利益，就是反抗他們自己的意志！

事實是倔强的東西。讓我們一再將他們宣布：這便是過去的舊法律已經欺騙了我們；這便是舊信仰和政府的法制所從產出的。這便是基礎，在那上面我們今日社會的法制已是建設了，一個組織的，繼續攻擊所有真與善的法制.

簡單而愚昧的心（不是奸巧的或粗悍的）或者迷惑他們自己以爲有幾個國受了武事的失敗，將拿經久的和平給予世界，也許有些善事能從戰爭裏出來。但是還有許多人看得明明白白那些舊的特權，雖是已爲幸運的戰爭所推翻了，也恐仍舊統御一切，武力在這世界上也還沒有一些兒減少。那些管理政權的各[illegible]之狡詐的陪襯的結合繼續如在戰前拚命的摧殘人道，好像死微生虫一般愚弄正誼，捆紮各民族，又將被同樣希望所鼓舞起來的，賦有同樣精神的同血肉的人民分離開來。到什麼樣的結果呵？一種什麼人所不知道的污濺的合同事業！比較以往更外的明了，在將來的後代之前是標誌明白些不可逃免的毀滅與死喪。

但是好像這次戰爭之殘忍的無結果，已經透些微光到世界之黑暗中來了。他溫慰了些人的心意，他覺悟了羞辱了許多的良知。他已經提出了些關於自古盲從直到現在的理論之疑問，經過他，我們曾經獲着眞理偶然的閃耀之光。於這些戰爭主人翁的精神上，已宣布了偉大的理想，雖然他們是未曾實現，但是已深深的刻印在人民的心裏，永遠不至於完全忘却。

戰爭曾經問過人類許多强迫的不可避免的問題，在有些地方逼迫那些永遠被動的被他們無停止的犧牲所愚弄的成羣的人民去想。還不止此，在世界的有些部分，那無限止的不幸的舉動，已經掀起人民活潑的革命，去反抗舊有的秩序。他是這個俄人侵突的力量，是戰爭例外的事實。這個自由的偉大成就，永遠不能消滅。這是信仰之一個强有力的動作，這信仰之眞的意義永遠不能失掉。

這兒在法蘭西舊的可厭的法制還沒有一件改革，便是這些法制使我們破裂貧乏到現在這個情形，那兒還有較昏迷的而較不廣泛的，一個大的靈魂之錯亂。各界的老人和少年，他們的數目各處的日漸增加，是正在起始看出，雖帶着他們被他們錯誤的蠻野的習俗所搗亂的心意，爲大改革之必要。

最後國際的勞動活動是常常很堅決的帶着無定的潮流洶湧而起。雖是內訌，他是漸增長到權力裏去了，也有些受過教育的批評家互相爭辨意欲止定，反抗這個泛溢的洪水，有些個人的疏忽與戰術的破綻，却不搖動這種舉動之不可侵犯的公理。

在這自古以來，曾經屠戮人類，到後來又與別的事物同歸於盡的舊統治的毀滅之上，所以立起一個道德的眞理之傳播的礎石。在這上面，新的理想已經建設了，一個許爲眞的理想祇在理由和良知的光裏，每人心裏有的光裏看得淸楚是眞的。因爲於每人的心裏存着救濟的方法。

這個新理想啟示人類之社會的平等；他需要關於個人尊敬承認在行事裏每人應有的責任。他宣布爲每人平等工作之規律。他反對根據習俗的種種特權。他屏棄設立在各民族中間人爲的區分。（被那般羣衆中以領袖而兼生利者所割裂的區分，那有超自然的威權的人便許作種種大罪惡直到現在在邈限的時間的工作裏和秘密的客嗇裏碎裂人民的生命，到最後引他們走向爲戰爭與封鎖而夭殤的犧牲的死喪。）

對於擔負社會重任的勞働家們對於這樣猶預這樣不安甯的大中等階級，這個新理想已宣布未來社會的規律不是理想家專門家所製造出來抽象的和複雜的公式。不在放恣的壓迫的勢力上而在工作上與報酬上建設將來社會的秩序。

我們都應該恢復『秩序』這個字。我們應該永遠不使人誤用他來反對我們。秩序的意思是和諧。秩序是種種理想和事物之合理的與明白整理，不是有些人願我們相信，無秩序的強硬維持。秩序准許每件事物被解釋每件事物被反抗破壞每件事物的都是假的。即如各民族間的界限人類的心和精神是國際的，如同眞理和善惡的公律一般眞的秩序使這種精神強健並堅潔。許多通常的惡是產生於外國 foreign 這個名詞之可憎的誤用。於是就從這觀點有所謂愛國 Patriotism （愛國在眞理方面講來是人類結合之一個和諧的步趨。）一個大障碍，在他的面前每件事物都該被停止。被改變或被拒絕！悖理和反抗人道的惡之汚辱已是一再證實了。無論如何各種的進步雖是細微，還有些世界的意義。越過普遍於人類大公律之外我們在無論什麼人都沒有救濟的希望.

這些都是正向着光明走來的信仰。自然，他們都受那般想要保存自私的興趣和維持現有的政權的人們之矯僞的痛苦的攻擊。他們都被那般短視的因武斷而生出恐懼的，爲改革的擋廋所恐嚇的人們所反對。對這些人我們還該牢記，他們仍舊在管理世界，這些人管理世界，就因爲他們充分的愚昧，一種牢牢保存的愚昧，他自古以來被彼許爲無節制無界限的犧牲人類的大多數。（實在說權力的眞源就存在這愚昧裏。）祇有人類實現幷了解這個的時候他們便可得救「進步」到最後也成爲眞的事實。

智者們，爲他們稱呼──著作家，藝術家，科學家，教育家.──正對着一個大試驗，一個大責任勝過人類愚昧，展開他們眼睛的試驗。勞動家他們自己也像別的勞動家一樣，却被普遍的悲慘的命運所拘束了.

但是離開他們市民資格與人類天職說他們的大部分的責任，便是傳佈光明。第一，他們應如同伴一般，互相認識，並宣布他們公同的信仰。他們應做眞理的光苦叫人愛重誠實招引光明的信徒，做着這些，他們便成就了在世界史的呼聲裏他們所固有的使命。在人類精神的不安甯與覺悟方面，雖說時至今日還是局部的不完全的，然而詩家哲學家著作家却早已成爲覺悟者了。

世界上智者們所能給與的唯一援助再沒有比較目前這樣迫切。那般反對革命者和守舊者常摧殘人民求自由的努力。那般眞正負責在各界人民中擔任戰事的人，就是反對勞動家的人，並非保護他們的人啊。

社會的新秩序要不經流血的戰爭而實施於人類，祇有思想家向着這個目的去工作，以理由的冷靜智慧作他們的試驗。』

讀了這封信，我們發生一種什麼感想？……………

光明的美地支部雖一時尚未成立，但是已有人表示態度了。請看：

（三）明日世界社記者之答話

『光明是一個智識界國際的聯合，擬創造一個不破的，也不能破的，包圍世界之聯結，廢棄所謂疆界，聯絡崇仰眞理之大理想的同胞，與信徒。光明預備以通信，出版物，團體運動與集會等方法去建設一個永久的國際組合。記載，蓄銳，並促進種種理想的進步。隸屬中央委員會的各支部將在世界各重要地點依次成立。現在指導委員會對我們在美的朋友們聲明現在各地已經有許多出類拔粹的人簽字，允爲這種運動奔走効勞：阿奈它而佛郎司 Anatole France 羅馬羅蘭 Rome Rolland 色維令納 Severine 維克昔維多耳 Victor Cyril 司登倫 Steinlen 外而司 H. G. Wells 拜耳納霞 Bernard Shaw 阿司棘耳染格威耳 Israel Zangwill 坡階Bojer 不納司戈阿拜納玆 Blasco Ibanez 馬克司諾耳多 Max Nordan 拉磁哥 A. Latzko 這些人都不組織政黨以事實的明證，他們曾參與戰事會者慮戰情已另草成一種計劃，這種計劃含有唯一的眞理—很像國際的社會主義。

那些加入這個運動的人如同是一個信仰的活動者，他們對於這運動所効的勞，將擴張他自身，並加增加全體的力量。

光明最重要的宗旨是要恃得深信眞理之滿足實現已成爲文化之生或死的問題那般人的奔走効勞假使人類精神的解放是不可不承認的，知識界的領袖們就應做透徹，強健並活潑的份子啊。』

喂！像這樣的鼓舞眞理之實現才配說文化運動！

朋友們啊！假使我們此後不願意再爲男性的文化所苦所奴——永遠受權力的支配，我們究竟應該怎樣？轉過身來向着光明奔去麼?!着祇有在那兒我們可以得着人生的大和諧！

各地從事於婦女運動的人們啊！你們要拿光明的宗旨作唯一的目的！本來爲人類謀解放的運動就不該有什麼性的差別或國的界限爲我們的大障礙。

我信光明不久便安向我們提出覺書了，像我們這裏慣於忍辱的，習於勞動的，富於同情的，忠於和平的東方人民決不致於爲人所棄——怕祇怕我們自棄罷了！

（註）這篇文裏的宣言書信和答話都是取材於明日世界雜誌 The World Tomorrow 四月號上的.

婦女主義的發展

沈澤民

九·六·十·

婦女解放在歐美各國鼓吹了已是好久好久，可是在中國却只算纔得了個萌芽。當前清末造曾有一班女革命家如秋瑾輩奔走號呼，竭力出場，不肯落後；她們那時的希望是革命成功後得到參政權。不幸後來，形式的革命算是成了，參政權却成了「鏡花水月」。過後便一歇數年，無聲無臭，到了現在乘五四運動民氣稍振的時候纔又稍稍發動了一些。當時的女革命家固然號呼得響，奔走得利害，無奈只是極少少數，那最大多數的婦女却是都是深閨裏做夢！並且因爲不曾澈底了解，所以有許多運動參政的婦女以爲是時髦舉動，她們的人格和她們的主義反因此被一般人瞧不起。可見凡做一件事，有兩件是要緊的：（一）是澈底了解。（二）是傳佈普遍。當時的婦女運動所以不能有充分的勢力就是因爲這兩件都缺。現在的婦女運動潮流又動了，我願現今的婦女先鋒竭力注意這兩條。努得一分力便是一分結果。

凡是個婦女主義者不可不了解婦女主義是個什麼意義。婦女主義(Feminism)的根本要義簡單說來就是婦女人格的解放。婦女主義的目的是在要求實現一種更高尚更純潔更快樂的生活，這種生活既把婦女的程度抬高也同時抬高男子的程度。總之婦女主義者的最後目的，是要達到一個無所謂婦女主義的世界。現在我們先把婦女運動的起原與婦女所要求的是什麼看一看。

(一)婦女的材力配不配要求解放?

劈頭一個問題，婦女的生理上心理上的能力配不配做社會上的事，配不配要求解放?若把眼前的婦女來考察，我們實在不能替婦女辯護。婦女富於感情，缺乏理性，意志薄弱。婦女能見其小不能見其大，見其近不見其遠，能任輕簡不能任繁重。婦女的身體不及男子強壯，婦女有生理上障礙不及男子自由。總之，婦女的弱點是顯然的。若果婦女眞是這樣不濟事，那麼，別夢想，回家去安安坐起，做做太太小姐，不要來問什麼社會了罷!可是婦女眞是這樣不濟事麼?男子做的事，婦女眞個一件也不能做麼?婦女生理上心理上這樣的不完全是天生的麼?這幾個疑問恐怕能答的人很少。男子說:『那個我們倒也拿不出証據。』婦女說:『那個我們自己也不知道，——可是我們又沒有機會試過，怎知道有沒有這能力呢?』實在呢，按良心說一句，男子也不曾想想婦女的地位啊!為什麼男子從小就出門拜客，試身社會上的事，女子卻躲在深閨裏不能見生人一面?(中國的舊俗)為什麼(西洋的)男子在小學校裏有踢球，游泳，賽跑，種種煆煉身體的運動，卻把洋娃子給女的學生玩?為什麼男子可以進各種職業，女子只能進跳舞場?為什麼男子可以學訓練理性的工程科學等功課，女子卻教她學音樂?從生下來就變了分途的教育，到長大來還能怪女子能力不及男子麼?

十八世紀的一位哲學家出來便把這種觀念根本打破。這位哲學家名海爾凡鳩斯(Helvetius)百科全書派學者中之一。他不是個婦女主義者，但是他對於婦女能力觀察的見解卻給了後世婦女主義者不少的幫助，差不多把婦女運動的路打通了。只等他們來走。他的理論便是:『男女才智的不同不是生成的，乃是教育和經驗造成的。』這是他老先生的理論，果然合不合事實還要等人來實際證明。不過他的話是說在一百多年以前，如今一百多年以後婦女主義大倡，歐戰發生，因社會狀態的變遷歐西婦女竟得到了實驗的機會。男子出去打仗女子便在國內做工。開電車，當巡警，在各種工廠裏作事，造軍需咧，造日用工藝品咧，甚至還打鐵，這種工作，從前的人都以爲女子不勝其任的，現在做了，而且成績居然很好。這是講工作一方面。至於辦事一方面呢？現在歐洲的婦女大多數得到參政權了，我們不問這參政權是否有益於婦女運動，然而就事論事，她們也都能切實辦事，對於自身有積極改良的計畫。如此說來，海老先生的理論或者不致竟不合理罷？

不論怎樣，海爾凡鳩斯的學說和婦女主義是有大功的。凡信了他的理論以後沒有人再相信那種『男子見解』，說什麼『婦女是智能上的劣種』那些話來反對婦女運動的了。

(二) 婦女運動的發源

婦女主義的發源是在平民主義的。平民主義的發生是在十八世紀的法蘭西大革命（我所指的是現代的平民主義—推翻封建制度的平民主義—的發生）。法蘭西大革命的哲理底鼓吹者便是當時的百科全書派。平民主義，百科全書派，法蘭西大革命，三者相聯都影響了婦女運動，既深且重。

壓力愈大反動力愈大。這是機械定律，在人事上亦適用。法國當十八世紀路易王朝，封建政治已成強弩之末。而法蘭西路易皇朝累代虐民。農民的捐稅負擔到不能負擔，麵包發生問題，怨聲遂遍於四野。這便是壓力大到極處反動力要發生的時期了。在平民—無智識階級—一方面，固然是含怨忍毒，躍躍欲動。差不多炮彈已裝進膛裏，只要扳機便可轟發。那法國王朝立在將放的炮門口猶自昏昏沉沉的莫明其妙。這時候却還有一班學者也「以其所學」來鼓吹攻擊。這班學者便是百科全書派 Encyclopaedist。他們編輯百科全書便乘間鼓吹平民主義。我們試想想當時的平民，在貴族制度之下受了無限不平等的苦，在專制政府之下受了無限不自由的苦，在平等自由的希望，句句是他們心頭說不出的話，一旦有人把一個「平等」「博愛」「自由」三主義結晶的平民主義告訴他們，他們有不欣喜雀躍的麼？時髦的平民主義在那時「不脛而走」，到處風行，也正是意中事咧！有了適當的時機，有了適當的勢力，這自由之花便一時怒發。專制貴族的制度命運也終局了，自由平等博愛的平民政治却已建好了哲學的基礎，一七八九年的大革命便如火山迸發一般的起來，流血和戰爭，把一切舊物掃盪無餘。法蘭西革命不是法國一國的，是世界的。世界的封建制度都到了最後命運，不過法蘭西的時代地位都適宜，所以爆發就在法國；其實，他的影響仍舊是「無遠不屆」「無微不至」的。所以在革命中的狂亂和罪惡固然造了不少，但是他的影響自有不可磨滅的價值。他不但陸陸續續把地球上的專制國改為共和國。不但廢棄一切貴族階級，並且還有個更大的影響。這影響普遍到全人類的半數。在那時種了根，都要在將來收極大的果。要替後世的人另開至一個新世界的。這個便是婦女主義的發生。平民主義是個潮流，這潮流的自身祇是平等博愛自由，他不認得男人女人。只有見了和他衝突的阻礙物，便一舉吞滅他。我們若把女子的地位一看，便知道在這種境地，平民主義有發生的必要。自由麼？女子的領域祇有個家庭，家庭以外，便沒有插足的餘地。女子的經濟完全沒有權柄。女子的行動要聽她丈夫監察。女子的婚嫁要聽家庭指配。女子只能做男子喜歡的事。女子不能照自己的心願去求智識。……平等麼？女子是丈夫的奴隸，是一家的奴隸。女子的惟一事務，是取媚男子，博得他的生活之費……這些話是成了套話了！總之，這種女子的地位不多幾時的現在是這樣，一百多年前的當年也差不多。拿那時女人的地位比那時法國的農民地位，所差的就是生活困難一層，不相比例。人格上是一樣的不完全。麵包固然是人類的需求，然而單是麵也養不活。人生的意義大部是在精神方面的，這精神方面的意義便是人格的表現。人類最高尚的生活目標，便是普遍的提高人格。婦女這樣的地位，不但自己不完人格，便是那分利方面的男子也不能實現那最高的人格，止好在卑鄙的生活中得到愉快。這都有適用平民主義的可能性。加之法蘭西革命的那種大風潮，這女子身上千年不破的黑暗的束縛，便開始有人覺到有解放之必要了。不過我在此要有一句說明。男子對於女子的待遇，並不是有意識的為惡。男子自己也很喪失人格，不能望見極高尚的精神生活。只是自古傳下的習慣思想，不能叫他想到旁的路走，於是滿腦中充塞了脂粉綢緞，笑靨承迎，和一切肉慾縱恣的觀念，也怪可憐的了。

十八世紀的時候，婦女主義雖然已得了發生的機會，然而還不會達到發達的地步。這原因我們可以從法蘭西革命看得出的。法國的農民，不平等不自由不是到了一七八九年纔有的，何以到了一七八九年纔發現？這就是從那時代以前，農民的生活還不到那樣不堪依人類的惰性，不到十分難受是不肯起反動的。婦女主義在那時代也是一般，婦女生活究竟還可敷衍，並且那時的婦女都不受教育，高尚的理想跑不到他們的腦筋裏，所以當時的鼓吹婦女主義的人，十分受罪，不但受男子輕藐，並且受女子輕藐。有了這種理想而不能發展，直到工業主義與婦女運動潮流方纔澎漲一世。

平民主義是男子發明的，所以首倡婦女主義的也男子居多。法蘭西革命的時候，倡婦女革命的有不少人。男的如荷爾巴 Holbach，康杜賽 Condorcet 諸人。女的如華爾斯頓喀來夫德 Walstonecraft，羅蘭夫人 Madame Rolland，高奇斯 Olymke Gouges 諸人。其中有幾位是百科全書派的，譬如羅蘭夫人，康杜賽等。此外有一位極有大功的便是海爾凡處斯前面已說過了。這一班先生或根據學理的見解，或根據人道主義的感動，都和婦女主義的發展有大功。然而這潮流的命運卻不長久。在法國拿破侖一世當權，他是個專制魔王，也是個反婦女主義的皇帝。經他的一度摧殘，那纔發的嫩芽，便有些委瘁。軍國主義和專制的壓抑，這婦女主義便沉沉睡去，直到近來纔醒。在歐洲，平民主義的狂潮漸定，反動又生的時候——華爾斯頓喀來夫德死後——婦女主義便和他一齊沉睡片時。然而這自由平等博愛的長人不久便跳起來，精神百倍的往前幹，婦女主義便也跟着他跳起來開現代的新局面。

(三)婦女主義的發展

婦女主義發展的動力有三：(一)家庭破壞——婦女進社會謀生活，經濟獨立。(二)婦女(一部分)受到教育。(三)主義的影響。三項之中第三項是不關的，其餘二項，卻都得了工業主義的大影響。所以婦女主義的發展，與工業主義的發展是並進的。

工業主義對於一般婦女的刺戟可以分為三層(階級的)。工業主義對於婦女的影響，不消說是經濟的，他在婦女之中選定了一個水平線。在這線以上的是富家女子。她們的丈夫有資本可以賺錢，所以生活狀況進步。在這線以下的是貧家女子生活被資本家剝奪去了，所以生活狀況退步。在中間的不進不退，卻目擊那富貴階級的荒淫，貧困階級的苦楚。這階級的人，生活是不必憂的，奮鬥是不可少的，並且受到教育，處於旁觀的態度，眼光是她們最靈清。她們的智識增進了，她們的人格高尚了，她們獨立四顧怕起來了。不得了啊！女子處的是什麼地位啊！在英美二國，她們是被那「英國普通法」鎖住的。那法律上的規定說：「夫妻一體也，夫即是一」啊！那是什麼地位啊！夫妻是一，夫即是一；夫既把那夫妻共有的一完全佔去了，那妻的地位在那兒呢？原來法律不承認女子是合法的個體！不論是自得的是遺傳的財產，做妻的都沒有分兒，她連她的自己的本身不是她的。也只能跟着她丈夫獻媚，只能服從丈夫的命令。她不能自主一切的職業，在法庭裏，她不能用她自己的名義上訴。一言以蔽之，是法律不承認她有人格。於是因怕而覺，遂放婦女解放的呼聲。所以富厚階級的婦女是昏愚的，窮困階級的婦女是無法想的；中等階級的在水平線的婦女出來推行婦女主義。

現在把工業主義在家庭教育兩方面的關係說一說：

(甲)家庭方面　家庭這東西若照分功講起來，對於婦女本不是個絕對的壞東西。男子在社會中服務，不知家庭的事務；女子在家庭裏服務，不知社會的事情。各守各的領域，原來是沒甚高低的。只要人格上不生問題，家庭實是婦女的安樂窩。然而社會一方面經濟勢力的發展，卻擾亂了家庭的安穩。這種經濟勢力的膨脹，以至工業主義的極盛時代，為登峯造極，所以婦女在家庭的地位到此便完全破壞了。前面說過，婦女可以分三階級——富厚，中中，貧苦。社會經濟狀況的變遷，這三種人都有影響。那富厚的人家，丈夫多財善賈，富而又富。於是興起一般暴發的財閥。這由暴發的財閥大部染一些所謂「上等人」氣派的。這等上等氣派再加上假的「武士風」(Chivalry) 便造成一種風氣，專門把自己的妻裝飾裝飾，使他不做事，領出去誇耀於人。差不多富商的妻竟是他富厚的廣告，人家一看他妻身穿戴的怎樣，那可以決定那富商的財產數目。這種風氣的結果，造成富厚女子驕惰的氣習。既沒遠大的志向，也沒有高潔的智識。整天間的沒事做，便只好鬥鬥裝飾，玩玩孩子，消遣消遣。一個人的品性中有兩件必要的事，就是：一、責任；二、工作。否則便要無聊。如今這批富家女子本身就是男子的玩具，像雀子一般的僱養，左無責任，右無工作，這生活多無聊啊！無聊就是精神上的痛苦，這班女子名稱富。有痛苦却不亞於貧苦女子。

那貧苦的女子怎樣？她們是大受工業主義之累。我們看見現在的勞動問題，似乎男子吃的虧最大，其實最大的吃虧還在女子。

要講這問題，我們該回溯回溯從前的農家生活：

「嫁給我啊，每年生個孩子。替我造飯，替我的孩子造飯，替我的田工造飯，把碟子洗洗清楚。把水傾去了。把屋子弄清楚。點起火來，烘那麵包，做那果醬，鹹汁，臘燭，和肥皂。你織布啊，把一切做衣用的布預備好，把衣服縫起來。把襪子縫好。不要忘了，把我鈕扣縫上去。留心那豬的食。把每天的牛奶送給主顧，把小雞餵好。你若歡喜可以把雞蛋的錢留下——留下買些糖食吃。教孩子們識字。照顧他們乾乾淨淨的進學校和教堂。我病的時候，你來看護我。我從田裏苦作回家的時候，你常常把個微笑新鮮的面目來迎接我。你一切事情要順從我。收割的時候我的田地要用幫手麼？自然，我若有工夫是要在田工之外來幫你的；你自己也要做一些，你可以留管東人做。你替我把這個弄一弄（我見是個飯作者是極歡喜的）你美了我就撫愛你！——我。就。要。養。活。你！」

這是一段從前的家庭生活的寫照。在這種情況之下的婦女自然不是快活的。她一天到晚，忙也忙的殺了，再每年生個孩子，那種困惱是怎樣難受啊！因此那時的母親往往早就做乏了死了，那孩子們因為母親忙不過來，死亡率也很高很高。至於生活一方面却不發生問題。家庭就是個工廠，若說丈夫是個資本家，那麼妻和子女就是他的財產。家庭中的工作件件能做，做了，供給家用之外，還可以到市場中去賣。

工業主義來了。用了機械的發明，幾千幾萬匹馬力的機器隆隆然日夜工作，數人照料出品便抵過千萬人。大廠立了，大運輪與了，大商場起了，人類的享用突然豐富了許多，生活程度也突然增高了許多。然而這等大機器大工廠大運輪却不是沒資本的手藝工人所能辦到的，那個需求大資本的。於是工業的權柄全然由做工人的手裏轉移到幾個有錢的大資本家手裏。那從前自由自主的工人，到此遂不得不到廠裏來討些工錢求個位置。這便是工業主義對於社會經濟發生的變態。現在我們再去看那家庭：那家庭啊，糟了。男人出外做工去了，女人在家裏照顧子女。作什麼工啊？油也貴，布也貴，米也貴，一切都貴；自己拿這種貴原料做出來的東西，市上現成有得賣。白花了工夫不算，自做的東西價錢還比買的貴。婦女在家的工不能作了。丈夫在外掙錢，寄幾個來家過度啊！丈夫的工錢自己還用不彀，上星期剛能了一次工，那廠主一毫不加憐憫，到此地步婦女遂不能在家了於是祇得出去也做工，拿幾個工錢來補家用。婦女一做工，她的壞命運就到了。她不但在廠裏要拚死拚命的做。回家來還要做。日間的工作是給資本家的，夜間的工作是丈夫的。她一身有兩重負擔：一是掙錢，一是撑家。這兩重負擔物質上便給了婦兩倍於男子的苦痛。精神上呢？婦女日間在工廠裏便照顧不着家庭。從前不到工廠的事候，在家雖也做工，孩子們却都在身傍可以照管。如今做不到了。孩子在家裏有危險麼？被人欺侮麼？她都不曉得，心裏却時時刻刻的記掛着。這種苦痛又是男子所沒有的。

總之婦女的苦痛比男子還加幾倍。

未娶的男和未嫁的女呢？因爲生活的困難就祇好獨身。

總之，獨身也好，嫁人也好。婦女的家庭是不可久居了。却因此得了經濟的獨立。然而這一班人雖有獨立的機會，然而赤貧的獨立無所憑藉是沒得用的。我從前講過，富的不知道求解放，貧的不能求解放。只有那中等的女人知道求解放。

(乙)教育方面　我們談到教育問題就要回想到哲學家海爾凡鳩斯的話了：『男女智能本無差別，教育與經驗實左右之。』我們要曉得平民主義未曾風行以前，女子教育簡直不能談；工業主義不曾把一部分中等婦女解放下來使他們有閑工夫，卽有教育給她們她們也不能享受。前面說過十分富的女人是被金銀氣裹住了，做了丈夫的廣告了，不能知道求教育。十分窮的沒有力量和工夫求教育。只有中等的女人有這機會，能享受這機會。這是工業主義影響的一點。

第二點。生活變得華富了，那中等的人家有些支持不起，婦女不得不求職業，這等階級的婦女要求相當職業只有進學校。

第三點。有些做父親的支持不起學費，她們自己沒法供給了，因此她們便得着自由。

教育既然給了婦女獨立的能力了，又給了婦女了解環境的智識。却又給了婦女打破宗教迷信的見解。科學昌明了，宗教上許多束縛女子的儀式都失了價值。於是女子的解放又得了一層進步。

婦女解放運動有三種要件：一、是教育。二、是獨立。三、是餘閒。三者俱備而後可以了解她的環境和地位。工業主義之興便替她們備好了這三種資格而得這種資格的人便是中產階級的婦女。我們若把法蘭西革命時代當作婦女主義的誕生時代，把工業主義時代當作婦女主義的少年時代，這中產階級的婦女便是少年時代的中堅人物。十八世紀傳留下來的自由平等的旗是她們擎着以後的新世界的路是他們開闢的。但是起初也免不了被人唾罵富厚之家的婦女爲更甚。

（四）婦女運動的成熟時代

婦女運動到了現在已近成熟時代了。婦女主義到了現在，教育的程度也深了，自覺的程度也高了，她自己的工作，也漸漸明白了。然而婦女的生活若不到和男子的生活連絡的時候總不算已得到最高的結果，所以婦女主義的趨勢也不能不依世界最大的潮流而並入於人道主義。到了這地步婦女運動眞到了成熟的時代了。婦女運動在一般人心中的概念比前已大不相同了，理論已變爲經驗，口辯已變爲事例與數目。雖有許多地方還沒有完滿，譬如英的普通法和法的拿破崙律條依然有可修改的地方。歐洲南部還很幼稚，東方的情形還在襁褓時代。但是一般婦女都知道，她們的黑暗世界已向着了光明。在有些地方同等機會的原則已根深蒂固，反對者的力量已沒有什麼用處。婦女的教育現在也極普遍了。在美國目前，城和省學校和大學，都不問男女不問種族招收新生。在東方只有哈佛耶路不令司頓三大學仍守男學生制。凡司加自令毛歐或凡來司來男女同學。雖未臻完全地步，但是「無教育」這門已經此關斷了。

婦女的體育現在不比從前了。醫生不再把助呼吸當作女子的特點，易暈的婦女再不看見了，也再沒人崇拜。婦女現在不但有了肺並且有了腿。不但有臂膀並且有二頭筋。那受得到體育教練的階級裏女子的身體高也要高幾寸，比從前不知道要強壯多少倍。她們現在也騎馬也打「高爾夫」（一種球戲）坐自由車，划船和游泳。一句話，她們現在准用她們自己的身體，准發展她們自己的身體了。她們的體育方面有生氣了。

婦女現在學習生活的法則了。她們知道怎樣做母親，她們知道講究育嬰的方法。她們不再以碩腹爲羞，不再以懷孕爲苦了。

不但如此婦女的同性相愛大增進了。男子要用愛情買她的選舉權，她寧可拋棄愛情寧願謝絕所愛男子的求婚不願使一不相識的女子因她而失戀。男子若有反對婦女運動的，那戀愛的女子便立刻同她離婚。婦女都在組織了，她們的組織愈覺善，愈覺得婦女主義信條的價值。她們現在的萬國婦女參政同盟International Women Suffage Alliance 包含二十六國，紅黃白黑各色人種都有。美國的婦女俱樂部全國大聯合 National Federation of Women's Clubs of America 所盡的義務不亞於 National Teacler's Association。在一切家庭社會方面；無論是衛生教育無論是那項人貧富高下，智的愚的，却和他有密切的共同利益。

不但如此，婦女現在日趨平民主義的實現了。在那俱樂部之中不論貧富貴賤都一例相看，沒有驕傲鄙賤的空氣。不但是對於女人是那麼樣，對於同情的男子，也是一般親善。

她們教育程度高了，她們的見解變深了。她們不但要改良物質界的情形，并且要改良精神界的情形。從前的男女戀愛是色慾的，以後的戀愛是精神的，從前的生活是卑汚的，以後的生活要改向光明。她們要除去階級的偏見，性異的偏見。她們不受傳說風俗的拘束，也不受一切說得好聽的放任主義所迷惑。她們祇是大胆精細的向前走去，達到婦女運動成熟時期為止——就是說：達到一個更高尚的世界，在這世界裏，男女各就他的本性充分的發展，各就他的能力盡義務，各完成他們的人格，無所謂婦女主義，也無所用其婦女運動，一切發展都溶化在男女共同意識的人道主義之中。

本篇大致取材於 Beatrice Hale 女士的 What Women Want 一書。其中有不少却是由於個人直覺，不妥當的地方請讀者指教。　作者識

李寧對於俄羅斯婦女解放的言論

叔愚譯

去年李寧發布的一本小冊子，叫做『偉大的開端』The Great Begining，裏面有一段關於蘇維埃俄羅斯婦女解放的經過現狀和前途。雖祇是不多的幾句話，然而已經把關於那新俄婦女生活的現狀和他個人對於婦女問

題的理想，種種方面都能包舉無遺了。今年一月十日巴黎平民報 Le populaire 就把這段文字譯載該報，上月紐約的國民雜誌 The Nation 又把他轉譯英文。我偶然讀過一遍，覺得這一位實際的社會改良者所發表的這樣犀利的意見，實在可以算得今日的一些「珍聞」了！我現在把他介紹出來，或者也可以供我們一班熱心婦女解放的諸君一點參考資料罷！

在最近十年之內，世界上無論那個德謨克拉西的團體，或是那個中產階級的領袖，對於婦女解放所成就的事業，都還不及蘇維埃的俄羅斯在這一年工夫所作的百分之一呢！現在俄羅斯把所有關於待遇婦女不平等的法律通通取消了：譬如像那不易離婚的法律，苦苦追求兒父的法律，和其他關於私生子的法律等都在內。在現在所謂文明國裏，還在厲行這樣的法律，這實在是他們資本主義和中產階級的恥辱！我們今天所做到的事，實在足以自豪咧！然而才破壞了中產階級的法律和制度的基礎，我們可就感覺着我們對於這建設前途所負的重任了——就是先預備好這片平地，然後纔能建設；我們還沒有到着手建設的時候呢。

總而言之，從來婦女在社會上所佔的地位，不過是家庭的奴隸！則現在那解放的命令雖是頒布下來，然而結果却仍舊和從前相同，因為她還是得做那小家庭的雜務，把她束縛在廚房和育兒室裏，絲毫不得動彈，而且她那些累贅而不生產的活動簡直竟是些壓抑她墜落她的零碎刑罰哩！

所以要想做一種眞實的婦女解放——就是正確的共產制度——惟有由無產階級拿到政權，然後組織起來，再對那家庭的奴隸制度開始攻擊——或者也可以說，等到社會完全改造以後再把家庭雜務澈底的重新組織成為社會化的事業。

現在這個政策的實際採行已經着手了。將來的結果怎樣，此時尚難預測，但是那初發生的嫩芽却已經是不可過於輕視的哩！公共食堂和幼稚園都是新發生的事業，雖然離着成熟還早，可都是為解放婦女而設的，打算藉此打破男女對於生產事業和社會生活的不平等咧。

雖然如此，這些方法並不算新奇。因為他們也像社會黨方案的其他各條，曾經在資本主義的國家施行過一些的，但是他們在資本主義的底下，雖是實現，却祇是例外哩；而且他們竟成了極悲慘的投機，貪慾，和作僞，或者簡直變成無產階級那班有志者，所痛恨的中產階級之慈善事業哩！

我們現在已經把固有的這些機關大半都收到手了，並且他們也漸漸脫卻他們的本來面目了。雖然中產階級最好頌揚他們自己的事業，我們卻並不大聲鼓吹我們的成績。那些中產階級的機關報，每每把他們所做的事業抬得很高，說他們怎樣能增加國家的榮譽；然而我們的報紙却沒有誇揚那公共食堂辦得怎樣良好，這實在是因爲我們的宗旨是：節約勞力，儉省原料，改良衛生，並且解放婦女啊！

印度的婦女

邰爽秋

摘譯 Women Workers of the Orient

在二十世紀男女平等的潮流當中，婦女解放的聲浪鬧得轟轟烈烈，歐美各國已達到平等的地步，實際上已不成問題。而我東方的國家，如中國日本方將急起直追，大倡解放，要同歐美諸國，先後比美，爲東方黑暗的國家加一線的光彩。那知道在亞洲南部已經淪亡的印度，在不知不覺之中，却久已謀達到婦女解放男女平等的地位，這個好消息，多數人還不知道，真是奇怪！諸位要知道印度的習俗，向來重男輕女，兼之英人虐待印人，視同牛馬。在這種可憐的環境裏，那孱弱的女子，那裏會有超脫的希望？然印度婦女竟能在這無希望之中，不避艱難，同心合力，急謀達到平等的目的，真可敬愛。

我在敘述印度婦女的新生命之前，先欲略說印度婦女的苦狀，做個背景，留給諸君同中國婦女比較，然後再詳述他們的現狀。讀者諸君這却要引起你們很多的感想！

印度女子的家庭生活

印度窮苦人家的婦女，大概出外做工，把小孩放在籃子裏，帶到東，帶到西，所以他也沒有什麼家事可說。小康人家的婦女居多是幫助丈夫做事；丈夫做機匠，他就幫同理線；丈夫做農夫，他就幫同耕田，若非經濟十分寬裕，他都不得在家裏安安逸逸的撫育小孩，料理家事。

印度的家庭，同中國差不多，主婦的擔子，都是很重的。家庭的用物，雖然簡陋，不要什麼工夫整理，但預備辦飲食一層，却是一件很討厭的事．譬如要煮飯，必定自已拿稻子去舂米。要做餅，必定先拿麥子去磨麵。要水用，必定自已拿桶到井裏去取。煮飯烘餅的鍋子，也要他擦的乾乾淨淨．不過這些事體，印度的女子，做起來却很巧妙，因爲印度的風俗，出嫁很早，那婆婆的氣，委實不好受。所以他在七八歲的時候，就在家中學好了。

上面所說，是貧窮人家的狀况，比較富的人家，却可雇僕役幫忙，並用不着這樣勞苦。不過實際上烹調的事，還是要主婦來主持。

大概印度上等人家女子家庭生活，早上起來，到廟裏去禱告，向木偶磕頭作揖。已出嫁的，求丈夫福壽康强。未出嫁的，禱祝得一個好丈夫。禱告後，回到家裏去，洒掃洗滌，擦鍋煮飯，把小孩子餵飽送到學校裏去。等家裏人的飲食，都已妥當，他才去吃中飯。吃過之後，坐在走廊上，拿一籃子的稻，揀去不乾淨的東西，順便同左右鄰居，談談長短。隔一會兒，又要預備晚飯了，小孩子肚裏餓了，從學校裏跳家來了。趕快給晚飯他吃，送他去睡。然後再服侍家裏人吃晚飯，忙了一天，到這時候才可休息一下。所以就是印度上等人家的女子，也沒有什麼懶惰的。

印度苦力女工

在極窮的地方，男女工的工價都是差不多。在平均每人一年有十元進欵的地方，那苦力女工的生活，就很可憐了。他每天所得的進欵，非常之少，當然沒有什麼東西吃；並且要早出晚歸，勞勞終日，說不去幹吧，那就要餓死在家裏了！諸位或者也曾有人到過印度的。那大城裏馬路，不是光滑可愛，摩托卡走來走去嗎？但是你如果看過建築馬路時候的情况，你就知道那築路的沙泥，都是一籃一籃的從印度苦力女工頭上頂來的了！印度苦力女工，不但做馬路的工程，他還能幫人家起造房屋．什麼挖泥、送磚、抬水、和洒門丁等等的事，都是幹得很快，並且他的小孩子，也帶來放在樹下，或是牆角旁邊，自空的時候，還要飛奔到那兒去看看他咧！

剛才所說，是城內的苦工．那鄉下的苦工所做的事，無非是幫人家刈草割稻．在這熱帶的地方，太陽暖的要叫人皮上起泡，他們鎮日的做工，而所得的工錢，不過四五十文，尚且抵不到男工的一半，真是可憐呀！

印度女工的工廠生活

印度女工，從事於工廠生活，是最近的事實。但是發展的非常之快，據調查報告，祇孟買棉廠中的女工，即有二萬二千之多。英國政府，特為定出保護的法律來，免除工作過多和工價太少的弊病。據東印度勞工委員一千九百零八年的報告，印度女工的體格，都是很好，並且說工廠的雇用，無論怎樣，都不得於他們有什麼惡影響。這卻是法律上規定每天不得做工過於十一小時的結果。

印度女工，雖有法律保護，如上面所說。但是有兩件事，還不可不時別留意：（一）就是印度的天氣，非常之濕，能夠叫棉紗起皺。所以孟買的工廠，雖說房廠很大，亮光很足，無柰沒有充分的新鮮空氣，給工人呼吸。其實在棉紗上所損失的，如果讓工人多吸些新鮮空氣，使他精神充足，卻也可以在工作上彌補。這是一位科學家屢經証明的，但是一般的人，還沒有相信。（二）就是印度工廠的女工，居多是苦力女子，家裏很窮。早上未進工廠之先，要燒早飯。由早晨七點鐘到晚上六點鐘，要去做工。回家之後，還要做家裏的事，一天忙到晚，那裏會有許多精神呢？所以一到了午飯休息的時候，就躺在地板上睡覺，和死人一樣。要免去這種現象，非採用國際勞工會所規定的八時間制不可。英國政府，果真有意保護印度的女工，也應在這一點上留意。

印度婦女的新紀元

我上面說了幾大段，都是就壞的方面講的，我現在再反轉過來，講一講印度婦女的新紀元。諸位看了這個名辭，或者要有幾分希奇吧？！唉不必希奇，請耐心一看。

印度的風俗，向來是重男輕女。又經過了印度教回回教的戕賊。早婚的風俗，牢不可破。把幾千萬的女子，如同打在囚籠裏一樣。近年以來，印度有思想的人，看出了這個缺點，極力的在那兒鼓吹，以轉換一般的重男輕女的心理。居然大多數的人都，有了覺悟，從前不平等的觀念，都完全打消。如果有人說女子的待遇，不應該同男子一樣，那他們就要齊聲反對，所以在這種女子最苦的國家，普通人的心理，一經轉換，那女的希子望，倒反要比別的國家大的多了。

輿論界的同情

有一位印度的思想家，新近在新世紀雜誌上宣言道：『印度社會改造的大特色，就是一般的人，都知道印度的進步，直接倚賴於印度婦女在「教育」同「自由」上的進步。婦女乃是民族的最大要素,孱弱的婦女就是表現孱弱民族,解放的婦女,就是表現有強固基礎的民族。印度女子的智育體育,所以這樣孱弱可憐,都是男子自私自利威權壓迫的結果,我們印度的男子,現在都已經知道了。』印度社會改造報竟大聲急呼說,不問什麼東西都應用來豐富婦女的生活,促進婦女的自由。又有一家朋友報說道『倘使一個社會裏的婦女,都是愚昧無知,智慧低下,那下一代的子孫,受了同樣的空氣,一定是蠢呆不靈,人格墮落。卑視婦女的損失,如是之大,社會上的人,竟安心忍受,真可謂獃之極了,……所以熱心的男子就應該努力組織獨立的機關,爲女子求光明,求解放。這件事體卻是難能而可貴。還有勇敢的人願意出來做這件事嗎?這個希望並不過奢,迴同教的勇敢同武士道的精神,還沒有死啦』就此數端看來,可以知道輿論界的態度了。

印度國會的議決案

印度國會對於婦女的自由,很能表示同情,加以援助。下面的幾條,是一九一四年的議決案。

(一)本會爲促進本國女子教育起見,當督促政府擴充女子小學教育及高等教育,多辦女子學校,女子中學校,及美術醫藥等專門學校。

(二)本會當勸告一般的人,多辦家庭學校,長期演講,俱樂部,聯合會等等,廣布有用的知識於婦女界,做進步的基礎,庶幾婦女的地位,得以一天一天的加高,而得共負社會國家的責任。

(三)本會對於女子服務社 Seva Sadan Society 這一類的會,所做的事業,當加以尊重。

(四)本會當督促女子之父母或保護人,增高女子的婚齡,使他能夠得到上進的教育。

(五)本會當督促一般人的,趕快廢除 Purdah(是一種帳幕擋住女子,不給外人看見,這是回教的風俗,在印度最盛)的風氣。注意於女子的教育同健康,使他能夠參與社會的事業。

此外還有許多議決案,如「廢除寡婦再嫁的限制」「創辦寡婦再嫁聯合會」「創辦寡婦保護所」等等,都是近數年的事。還有一個議決案,最爲重要,印度的寡婦,在十五歲以下的有三十三萬之多,在十五歲以上的,那更是無千數了。所以最大的問題,就是寡婦再嫁同生活獨立,新近的一個議案「創造輿論使寡婦能在社會上獨立謀生，並且可以得到相當的訓練。」就是為的這個原故。

女子教育的進步

現在印度女子進學校的，一天多似一天，即雖那些保守的分子，向來不贊成學校的，也已經知道未來的印度全要靠着女子的進步，紛紛的送女兒進學校，並且提倡創辦女子補習學校，促進高等教育。在近蘭哈這塊地方的婆羅門教徒，又創辦了一個女學，凡是寡婦或已嫁的女子，都有分科的課程。錫蘭島又辦了一個女子佛教專門學校，也是新近才設立的。從此可知印度的女子教育大有蒸蒸日上的氣象了。

印度的女學既然發達，那女教師需求，也就不得不大了。統計印度的女子，現今從事於教職的，有一千二百人：從中有些是在鄉村小學裏服務的；有的是在城內做校長的；有的是在專門學校裏做教授的；還有少數是做女視學的。照目下情形看來，當然不夠支配，因此就有許多不能勝任的女子，濫竽充數，這却是過渡時代所不能免的事實。所幸印度女子，受了歐戰的影響，經濟上受了壓迫，又加之女子在教育上得榮譽的很多，頗能引起他們從事教育事業的興味，如果開辦學校，訓練師資，那一定有許多人願意加入，變成良好的教師，這是可以無須贅言的。

在序述印度女子教育的時候，有一件事不可不說的，就是女學生在學校裏所得的榮譽。印度有許多女學生，在國內國外大學裏得到學位的很多。所以印度社會改造報曾經大書特書的說過：『印度男學生能在國外學業成功，已屬可榮，而女學生的成功，尤其要加上一倍。』在印度報紙上，常時看見一種通告說：『某某女士在某某大學畢業，同人等擬於某月某日在某地開會慶賀……』可見受高等教育的女子之多了。新近還有一件事，很能刺激人的，就是印度最有名的詩家奈得女士的歡迎會。在開會的時候，主席致歡迎辭，大大的把奈得女士恭維了一番，說他是印度女界的完全標準，應當做女界裏模範，表率一切。奈得女士答辭道：『我對於諸君所說，不承認是我個人的榮譽，這乃是代表印度婦女的標號……諸君的責任，應當供給女界與男子同等的機會，去實現他們的潛伏底才能……至於我個人，不過是一盞小泥燈，國內尚有無千數的金燈，因為沒有機會，不能發現。所以我今天不但不謝謝諸君，還要責備諸君不應該滿足於一塊泥燈而忽略無千數的金燈咧。」你看他這一番話，眞有可以耐人尋味的地方。

印度寡婦的解放

印度從前的風俗寡婦是不能再嫁的，現在却大不然了。一般的人，對於寡婦的態度大大改變，並且有許多人狠願意從事於寡婦的教育，使他們在社會上能自己謀生。寡婦在學校裏同別的女子一樣，穿着運動衫在運動場上走來走去，一點都顯不出寡婦的樣子來，眞是神氣的很。倘如有人問他「你爲什在這裏」他就立刻答道「來受教育，將來替國家做事。」可見寡婦自己的腦筋也已經大變了。

寡婦受了教育之後就可自由改嫁，而一般男子，對於他們，却也沒有「他是寡婦」的成見，看下面的幾個求婚廣告就可知道了。

求婚　卡哈打年三十六歲，內眷新死，欲得二十歲左右受過教育的良家女子爲妻，寡婦亦不拒絕，有欲議婚者請到某君處一談。

招婿　有一少年寡婦年十三歲，屬婆羅門教，是富貴人家的女兒。他的家屬急欲替他招一個才貌兼全同教或是異教的丈夫。有合式的請通信某某公司。

照此看來，印度的寡婦已不成問題了。

印度婦女的勇氣

印度的女子向來是畏縮怕羞，如果看見男子，或是被男子看見了，都是很慚愧的。自從解放的論調發生之後，他們都知道未來的生活大有希望，所以有許多已經覺悟的女子，特爲鼓舞勇氣，在大衆面前甚至在男子面前，大聲演說。在一千九百十七年印度開了一個全國社會議事會，男女雙方都有代表列席，某博士參觀過一番之後，回來贊歎女界代表道：「此番討論關於婦女的議決案，女界代表不過六人，所說的話，都是誠懇流利，滔滔不絕，話雖單簡而文雅動聽，在座的人，個個都贊歎不置。」又有一次某會在蘇馬開會通過寡婦再嫁案的時候，里西奈女士主席，當時聽的人非常之多，會場內都沒有立足的地方了。里西奈從容演說，竟把這件難事，安安穩穩的做過去，這固屬是里氏的才能，然而從此也可以推想到印度女子勇敢的程度了。

女著作家

印度有幾個女著作家專從事於書籍的著作。如德特是位基督教的詩家。他所做的詩，至今印度人還奉為至寶。沙設安伞夫人所做的小說尤其光怪陸離，膾炙人口。此外女子所辦的雜誌，那更是多了。如戴非是孟加拉婦女雜誌的主筆，並且做了許多小說，有一部已經翻成英文。蘭爾是孟買大學的畢業生，是月亮婦女雜誌的主筆。山亞拉瑪是泰彌爾月刊的主筆。德他是德卡這塊地方的婦女月刊主任，其他婦女所辦的雜誌，非常之多，我在這兒也不多說了。

印度婦女社會的活動

印度婦女最有希望的一件事，不在男子帮他們的忙，替他們謀幸福，而在乎他們自己能替自身謀幸福。謀幸福的方法，不外乎「協力運動」四個字。西印度回教婦女開會的時候，回教婦女不但通過議案要求政府在波拿辦一個回教中央女學，使各縣照辦，並且他們還確立了一筆基本金，專遣回教婦女到不甚開通的地方去振興女子教育。印度教的婦女，也有同樣的行動，開會結社，解決難題，然後上條呈於政府官吏，請求照辦。新近南印印度女子，上條陳於麻打拉省長，說道：『現在印度女子教育的障礙，不在於家庭不肯送女兒進學校，而在於沒有學校可入。……每縣都要辦一個女子中等學校的時候到了。』

差不多印度社會的問題，只要是關係於婦女的，婦女界無不開會討論。印度革究拉這塊地方的婦女賭風很利害，先覺的婦女，就常時開會，極力演說，並且發行小冊本，畫出滑稽畫來，各到家庭分送，去改革這種惡風氣。界因這塊地方，向來是被人罵墮落的。界因有志的婦女，就集合三四千女子開會討論，議決不准早婚，振興女子教育，請求官廳創辦寡婦院。這種見義勇為的精神，雖在歐美各國，也不多見。那更不必講中國同日本了。

印度女子不但開會討論，議出議案來請官廳帮助，並且能自己辦出社會服務社來實現理想的目的，Gujerati Stree Mandal 是一九〇三年辦的。當時很受人嘲笑，其後沙卡夫人主幹，創辦婦女家庭補習班，婦女免費圖書館，此外還做了許多事業，謀女界的幸福。

Vanita Vi hram 也是一個女子服務社，他的目的，是為寡婦孤女謀安樂的家庭，同教育的機會，並且為他們謀生活的獨立，教授看護、教授家政等科。

在印度女子服務社當中，最有力量最著成效的，要算 The Seva Sadan，（即服務社的意思）他的主要目的，大概是掃除男女的不平等，爲女界謀幸福。他的分會，共分四個，在孟買波拿的兩個最大，這個會所做的事業，共分教育、醫藥、慈善三項。孟買支會所辦的事是：無家婦女養護所；女子職業學校；免費圖書館；男女小學；婦孺免費醫院；療病調養院；以及婦女教育班，演講班等。

此外所做的事，如到貧苦地方去散粥，醫病，講演衛生，教授法律知識，勸告父母保護兒童，到工廠裏去援助女工，救濟水火飢荒等等的事，真是說不盡！

Seva Sadan 會員在孟買的，有四百，在波拿的，有三百五十，其中以青年寡婦爲最多。

Bharat Stree Mahamandal 也是個服務社。他的宗旨是建設智識界勞働界婦女的中心，打破種族宗教黨派的界限，通力合作，爲人類謀進步。

此外還有許多婦女服務社，性質都差不多，因爲篇幅有限，所以不多說了。

諸位看了這篇記述之後，印度婦女的狀況，都知道了。我要請諸位想想，印度是什麼樣的家國？印度的風俗，對於婦女是怎樣？我們中國比印度如何？我們中國女子的進步，比印度如何？我們二萬萬的男同胞應該怎樣？我們二萬萬的女同胞應該怎樣？

大戰中德國婦女的活動

易家鉞

此次歐洲大戰，要算是『曇花一現』了！可憐的德國人民，受了愷撒一般人的愚弄，犧牲生命，浪費財產，結果一敗塗地。但是日耳曼民族，向來是富有耐苦和掘強的性質，越到人民危難的時候，這種性質，越能表現；就中尤可驚服的，就是德國的婦女。他們替代男子擔任社會上種種事務，非常靈活。我久想將他們的活動情形，介紹於中國婦女們，而苦於沒有機會；現在少年世界要出一本有價值的婦女號，囑我擔任一篇，因抽暇將美國麥尼葉特爾馬科列女史所著的戰時中的德意志 ''Grmany in war Time, by Mary Ethel Meanlly'' 一書中關於德國婦女在戰時的活動，介紹出來；並且順便將德國政府在戰時的設施寫出；

以備閱者參考這本書是馬科列女史從千九百十五年到十七年兩年間在德國的見聞實錄。記得比較確實可靠，而且詳細我深盼中國的婦女們和研究婦女問題的人，都不可不看看這篇。

一九二〇．四．三．

（一）

千九百十五年十月，馬科列女史一人到戰亂中的德國視察。當時美國和德國還沒有斷國交他以中立國人的資格，才得入境。他到德國唯一的道路，是從丹麥到瓦爾勒米雍德上岸。詳細說，就是從哥排哈梗出發經過很長的鐵路綫乘船渡過拉蘭德島（丹屬，）再坐輪船直到德國的瓦爾勒米雍德。

瓦爾勒米雍德是德國商埠之一，軍事稅關的所在地．凡入國的人，都非在此處檢查旅券及携帶品不可。馬科列留德二年間受了嚴重的檢查自不必說。當時他到此處的時候，旅行的人受了旅券的檢查後，即分爲兩組：一向漢布爾方面行，一向柏林方面行。在極大的廳中一聽檢查官檢查携帶品。婦人的身體檢查，則由女子檢查官行之。

馬科列既通過第一關，同夜九時，安抵柏林。坐了一輛擁擠不堪的摩托車，投宿於某旅館。市街情景，一切與平時無異，決想不到是以一敵八的國家。馬科列說：「我從旅館的窗內，可以看見街旁的樹木又從對面的咖啡館，射出來很親熱的燈光警官在胡利德里一條狹街往來巡視。街上行人狠多決不像參加大戰爭的國家的樣子。」

但是當時的柏林相傳是軍人的集中地，無論那裏都有兵士的影子。馬科列起初以爲柏林一定不安靜後來住在此地，才知道與他處一樣，那些運輸兵，帽子呀，靴兒呀，都是嶄新的；但是他們概不是新募兵，乃是歸省的，或出陣的兵士的負傷，在戰時的德國，也不要緊因爲用科學的治療法在六週間以內，可以完全醫好；醫好了又趕急送到戰場。又如新募兵元來穿有汚穢不堪的衣服的只要在營裏三時間後完全變了模樣身體也挺直了，靴音闊闊，儼然一位糾糾武夫了。馬科列批評此事說："Not Uniform but transform"（不是變裝，是變態。）

普通人都以爲德國被聯合國封鎖，一定會陷於飢餓，原料的缺乏；其實不然須知德國雖和聯合國絕交，最初由和蘭斯康基拿比亞等地輸入的種種資材很多的；何況從開戰的第一天起，對於國內所有一切材料全化學的利用『什麼東西都不要浪費呀!』這類的警語，到處宣傳國民亦遵守不懈。又在千九百十五年的秋季實行收集軍用品的原料的窯門鍋敎會的鈞鐘等金屬物；舊紙，可以榨取脂肪及油的梅，櫻桃，林檎，及梨等核骨；與其他纖布的原料的薊等；又布告節用瓦斯，電，石炭，皮紙，細繩，橡皮，膜子等；甚而至於波德特的澱屑，保存水中，利用在斯蒲及羹物的汁內；而關於戰時烹飪法的書籍，風行一時；像這類食糧及其他的節約，有許多時候，非依賴婦女的細心照護不可的。

馬科列離去德國在千九百十七年十月一日，這時候，人心厭亂，酷望和平；德國的兵士們，都有一個口頭語就是：『戰爭什麼時候才終止呢?』又有一位德國人也是兵士，他對馬科列說『德國或勝或敗，在我們平民，不感一點痛癢；在這三年間，我們人民實犧牲一切了啊!』這幾句話，真可以代表德國國民思潮的新傾向了!這豈不是墮落君主式古袍穿上民主式新衣的預兆嗎?

(二)

上面已經說過戰時的德國，因為受了封鎖的影響，不得不討究一切手段，實行管理與節約；所以德國政府在國民的日常生活上，制定兩個制度：一是食糧券，一是衣服券，這兩件事，尤與婦女有莫大的關係，請述其大概：

千九百十五年十月，馬科列女史入德國的當時，既已發行一種麵包券。這種購買券的價格有三樣，即二十五格蘭姆一張，五十的一張，一百的一張，最初每一週間的麵包，每一人是二千一百格蘭姆；後來減到千九百格蘭姆，在千九百十七年五月一日又減到千六百格蘭姆。次於麵包券施行的，就是食糧的制限。所制限的是肉和脂肪，一週有兩天是『無肉日』和『無脂肪日』星期二日和星期五日，禁止吃肉；星期一日和星期四日禁止吃脂肪。又於星期三日禁止販賣豬肉。到十二月間，因為缺少牛酪，商店不得販賣每人半磅以上；耶穌聖誕後，陸續制成牛酪，牛肉，牛乳，雞卵，鹹子，及其他食料品的購買券。

牛酪券最初每人每週是半磅，後來可以買得六十格蘭姆的牛酪和三十格蘭姆的代用牛酪，八十格蘭姆的牛酪。又如肉券，最初僅限於家庭購買者，後來也一般通行了。牛乳券是所謂最上券，僅與病者和兒童。砂糖券每人每月約有一磅三一四，波德特券最初每人每週是七磅，次第遞減到五磅，三磅，後又增到五磅了。雞卵券是在千九百十六年的夏季發行的食料品券，是斯需用的麵包，米，大麥，阿托米爾，期士等的購買券。至關於油，鹽，火柴等，另用他種購買券。次如胰子，在最初一月間，化裝用洗衣用上，得有整塊的胰子和粉末的胰子各一塊；然到千九百十七年，每人每月不得使用五十格蘭姆的胰子和二百五十格蘭姆的粉末的胰子。此外如發行石灰券，這却不是因為缺乏，是由搬運人及車輛不足的結果。

這些食糧品和其他日用品的缺乏，節約，不用說是德國全國的現象。然尤以柏林，托列士典，漢布爾，萊布基怡等地為最甚。警察官們，調查國民是否皆得食糧的分配？如果家庭用的婢婦太多，即科以相當的罰金。

衣服券在千九百十六年六月十日才宣布的，從八月一日才着手實行。一般人得衣服的手續，極為煩雜；一個人要買一件衣，在他到商店以前，不可不先有衣服券，這要延長多少時間。衣服券交附所，每區設有一處；要衣服券的人，不可不向自己住的那區的交附所去要求。交附所有一種帳簿，專記給與各人的券數；如果超過制限以上，無論你涼風削骨，再也莫想得一件衣穿。如果移居他區的時候，非等這區的交附所調查前住區的交附券數後，不可。在外國人的時候，又要將旅券登錄在警官的調查簿上，種種手續，眞是麻煩！

衣服券的填紙，形式很大的；設有填寫姓名，住所，職業等欄，事務員記明請求者所要的物品和數量，物品和種類不同，因之所發的券，也不一樣。又在購買券的裏面，記載對於讓給他人及其他不法行為的處罰和科金。

要是遭遇意外的火災，有新製衣服必要的時候，先要證明那種意外是確實後，然後與以衣服券，否則在新製衣服的時候，必徵集他的舊衣，縫整後以為兵士歸省之用。一年中，男女同有羊毛衣二件和襪子六雙；但是這種購買的制限，也不一定，有一年得二十二件汗衫的，也有一年只得六件汗衫的。

千九百十七年四月以後，又制定靴購買券，每年每人限穿二雙，這是皮料缺乏的結果。婦女的靴，比較男女的靴，稍為粗惡。

這些購買券，在德國國民，不用說是感困難和痛苦了。就中最對不住的，就是將結婚的青年女子。我們都知道的德國的青年女子，在結婚的時候，非辦理一切家具不可。即如枕布也要二打，洗臉手巾，至少也要有張；但若按着購買券，一年一人只能得着兩張枕布，那麼這樣算起來，他們要想結婚，至少非要十二個年頭不少。所以狡猾的國民，想出不要購買券而獲得物件的種種方法，政府也防不勝防，真是沒有法子！

（三）

這次歐洲大戰，最蒙損害的，不在效命疆場的軍人，而在生氣勃勃的兒童。他們最必要的而又最缺乏的，就是糖菓子等類食糧。委員會因爲應急，常常拿秋哥列（糖名）布典（糖名）諸種食券，給與十六歲以下底兒童。但是這一點東西，那裏能夠滿足呢！如果沒有什麼設施，實行兒童底保護與救濟，那麼他們底精神上，肉體上，是決不能得有健全的發育。德國底婦女有鑒於此，特爲組織兩個重大的事業，一是柏林底慈善團體，一是全國女子服役會。

柏林最大的慈善團體之一，就是霍夫拉特巴克夫人（Frau Hofrat Backer）主宰底晝間託兒所。這個託兒所，專爲從事勞動的兵士的妻，在工作時間中，委託他們的兒童底地方。只要他們有勞動婦人底證明書，就可以將他們底兒童，從早五時直到夜晚，寄託此地。巴克夫人，在柏林市內，有五個託兒所．據馬科列女史視察底地方，從生後六週到四歲底嬰兒，養在此處。朝食是牛乳和麪包，午食是溫暖的斯秋。這個託兒所，又供給學童以溫熱的午飯，在放學後給他們一些麪包咖啡，並且教授他們娛樂底方法和職業．少女呢，則教他們以縫綴，編物；少年呢，則教他們以唱歌，遊戲。在這裏充教職員底人，都是不受報酬底志願者。

其次，全國女子服役協會(Nationaler Frauendienst)。這個團體底目的，在救濟戰時中德國底貧困婦女，扶助兒童底保育。該會總裁，是加托紐波麥耳女博士（Dr Gartrude Baumer，）他就是後面所述德國女子一年兵役論底有名的主張者底一人。這個協會，又爲婦女代覓職業，對於懷抱幼兒不能在家外勞傭底婦人，與以家內手藝．如果婦女因爲疾病不能勞傭底時候，協會又保護他們以至愈後獲得職業底確證。該會又爲貧民發行食糧券。

其他各處德國底中流家庭，養育他們所稱底戰爭兒，這些兒童，都是貧困的家庭底少年，少女。

至於爲國家戰死底軍人底家族又怎樣管理呢？在馬科列女史留德中各種協會雖說發表年金及扶助費底提案，然而政府沒有採用一個。不過在當時實行底，也有幾種：對於其夫出征底婦人與他底兒童與以一定額底扶助金；對於現在變成了底寡婦，依其夫底等級，與以有種種差別底扶養金。例如兵卒底寡婦，給與年金三百馬克，有兒童一人底時候，得領五百六十八馬克。兒童越多，款額越增，所以有四人底時候，得支給千七十二馬克。下士底寡婦更多，中尉底寡婦，支給在兵卒二倍以上；少將底寡婦，給與年金三千二百四十六馬克，有兒童底時候，可以增加。這些扶助金，是依服務軍隊底年數而加減底。至於負傷兵底扶助金，兵卒是年金千三百六十八馬克，尉官是四千八百五十一馬克，將官是一萬三百三十二馬克。

（四）

世界大戰中婦女底活動，在人類發達史上，是可以大筆而特書底，英美法諸國底婦人，自從男子送到戰場以後，他們管理社會上種種事務，非常靈敏，這是我們所知道底，但德國婦女底活動，又是一個什麼情形呢？據馬科列女史所說：『他們底活動，也不讓於聯合國底婦女，他們一方不得不做男子那樣的筋肉勞動，一方又不可不和生活上的脅威而戰。』馬科列女史關於這些可憐的德國婦女說道：『可憐的德國勞働婦女呀，戰爭中沒有第二種人比他們還苦底。政府既奪他們底男子，又不與以豐富的養料，但是他們還非勞働不可，眞與牛馬一樣啊！』

但是他們雖從事戰時激烈的勞働，然沒有一點疲勞底顏色，處理非常靈敏；下雨呀，下雪呀，他們不懈的活動：不過這種男性的勞働，奪掉他們底良妻賢母底性質，這是沒法底事情。他們不管男子底非難嘲罵，總想從家庭進到社會的勞働。元來德國婦女，比其他歐美底婦女，是忠實的家庭底主婦。馬科列女史批評這種傾向：『一切急烈的變化，正在開始，多半是德國婦女解放底端緒啊！爲什麼呢？因爲他們已經覺悟自己的行動，又能夠做到在德國歷史上不靠男子底獨立的生活。』

我現在將德國底勞働婦女從事底主要工作，述在下面：

一、女子剪票者。司剪地上及地下鐵路底車票，每日工錢是三馬克。

二、女子關門者。這種工作，是終日站在月台上，點檢各火車是否沒關門?他們非常的活動,有時從列車上這個門飛到那個門,不畏危險他們底服裝,多穿布爾馬服短襟下着短褲又有穿長靴底,但他們一律都披制服,佩有徽章。

三、配達郵政人。這是一種狠快樂的事,不過拿一個小袋子走路罷了。但是不管有沒有昇降機,他非將信件送到高樓底最上層不可他們也有制服,或坐脚踏車。

四、電車車掌電車底車掌,多半是婦人他們有時登在電車底後部,鐵道觸輪又有時候非爬到電車頂上不可.服裝簡單而靈便,帽子和上衣,與男子一樣。

五、運轉手,有底德國人說『我不坐婦人運轉底電車,因爲太不安心』但是到後來,決無一人說這類話了。反而比男子鬧出來底危險更少工錢一日三馬克半。

六、馬車夫這件事婦女從事底,現在還少。

七、拭窗底爲挨拭商店底窗玻璃,挾着很重的梯子,走來走去;這不是一件舒服事情呀!

八、清道夫組成一隊,掃除道路底塵芥,積在車中運輸。

九、綫路巡回者這是巡視鐵路綫是否安全身着青服,手拿一根小鐵棒。

十、鐵路工人。柏林某街下底地底鐵路,是由婦女底手造成底。從事鐵路底勞働者,多半是婦女他們舉起大鐵椎,敲大釘子,及其他種種大用筋力的事。

十一、女子店員包含店內巡視人,賣品配達人等等。

十二、煙筒掃除人他們登到屋頂,掃除煤煙,身著短服。

十三、鐵葉職工.他們修繕屋根,因爲攀登底便利起見特穿短服;但是這種工事,僅限於其夫業此事底婦人。

十四、軍需品職工.這差不多都是婦人,工錢每月四十元到五十元.他們底力實在我們想像以上,有名的婦人記者托紐波麥耳博士,告馬科列女史說:『某工場所作底砲彈,雖說每個有八十磅底重量,然婦人職工,居然能於每日製成同重量底砲彈三十六扛。』

其他婦女底勞働,如賣報,送報,火車幫助手,火車車掌,瓦斯用度調查員,修理電話人,掃除公園人,以及少女底配送牛乳,石灰,眞不遑枚舉啊!

關於戰時中底德國婦女底大活動，我已將馬科列女史所說介紹其大概。現在再將德國婦女們，依戰亂底苦烈的經驗所生底理想之一面記述作爲本文底結論。

德國婦女底大問題，不是『怎樣可得參政權？』是『在軍隊底服務，如果女子與男子一樣，依政府得受一年底特殊訓練，那麼女子是一定有利底。』元來德國底男子，酷好研究比傾向運動遊戲尤甚。所以強制的軍隊，對於男子生出好結果。他們所研究底，就是如何發展筋肉，如何才是適當的運動，如何確保健康，在此次戰爭德國婦女，他們若要爲家族，國家效勞，當然是不可不練習一切；他們若受了特殊的訓練，那麼對於現在一切工作，都可以完成，其結果才生出『德國婦女是否應由國家受一年底訓練？』這個問題。

對於這個問題，德國有名婦人中，多有表贊意底，於是共同草成實行底計畫。但這不是說女子都非學習槍砲底操縱術不可，乃是使他們受更完全其女性底訓練。

依那個計畫，少女底服役，分爲兩組：一由家富而有教育底少女組織，一由極貧的少女組織，那麼兩者當然不能受同一的訓練。在此服役中所學底學科，有家政，烹飪，園藝，看護，裁縫，及育兒等。對於貧的少女，則使他學能得生活之資底專門學識，及國家有事時得代男子而勞働底各方面。其中稍優良的少女，則學簿記，接待法，電話交換等學術；所以一到國家有事底時候，他們秉其所學，爲社會服務，在他們眼中，以爲這是同男子一樣的義務。至於服兵役底時期，有一位有名的婦人說：『少女在畢業公立學校十四歲底時候，前半年服務，又從十七歲到二十歲間，選擇適宜的時期，爲後半年服務，這是最好的方法。』又服務中少女底管理方法，完全是軍隊的。

馬科列女史留德中，上流社會底婦人，既設有俱樂部，獎勵園藝，研究烹飪法，學習裁縫。照此看來，一年兵役之有益於德國婦女，已不能否認了！他們因爲受了強制的訓練，肉體精神，都強壯起來。將來最有希望底，或者就是德意志婦女們啊！

歐戰與美國女子大學

李儒勉

（一）

從前每逢提到美國女子大學的時候，所聯想的意像，不過是寂清清的地方，幾重巍峨的建築，茂密樹蔭裏透出裝置優雅的課舍，一班翩翩女士在那兒讀文學習音樂學美術度那靜閒歲月。她們的生活，好似世外桃源；她們目光的注射點，不外學校內的事務，學院圍牆，不啻她們底天涯；世界自世界！學校自學校！學校和世界那來有什麼關係！她們畢業後從事的職業十九只是教書匠而已；至於實際生活，社會問題，何曾打動過他們的心弦，發出優悅可聽的聲浪啊！

但是世界是變的世界，那僵的狀態，怎敵得住變的駭浪！美德戰局開幕霹靂一聲，打破了她們的酣夢，把她們的生活根本改造一番，冷清一躍而為活動，固定一變而為流動，從前如豆的目光，一變而映射全世界的繁劇；他們的責任心，頓加百倍，他們對人類的義務觀念，也日益深切。社會中各項事務，因男子的服役軍隊，在在需要女子；更加之教育當局的提倡，如華盛頓教育司通告各校『……戰爭一旦終了，改造時代所需有知識及經訓練的青年男女，當為從古所罕見，深望我們美國的男女大學學生毋忘各自應盡的職任，努力去做建設的事業。……』所以她們女學生自己說『戰爭來了！我們應該有世界的眼光，我們固然要研究學問，但是要記着：戰後革新世界的事業，是我們應當參加的……把學校生活和世界實際生活打成一氣，決不是小事，決不是我美國女子大學生所不應置諸心坎的大責任。

（二）

她們叫了出來，她們就去做去。好些女子大學組織戰爭救濟委員會，伯靈喜 Bryn Mawr 大學的戰爭委員會分食物生產及貯蓄股，教育股，募金股等；哥侖比亞大學在一九一七年所組織的婦女戰爭事務會有會員八千餘人，她們農業上的貢獻很有可觀；紐約省彼得府 Bedford 的農場，太半是巴娜爾 Barnard 學生及畢業生所組織，她們的美滿效果，證明了女子大學學生的經濟價值，實不在一般農人之下；個靈爾 Grinnell 大學學校園，完全歸女學生經營，出產多至六頓；衛斯康新 Wiscounsin 大學學校園由女生二人經理，出產的代價，概捐歸紅十字會；哥欽 Gouchen 大學學校園出產足供本校消費，成績很好，她們幷努力發達，想建立一永久農場；凡塞及聖約克 Wassir and Mt Ho'yokt 等處的農場，於供給本校日常食品外，所賸餘的概醃好用罐頭發賣，聖約克的女生所經營的農產，每裒克 Aore 出馬鈴薯一百二十五脯修，平時馬塞州農人每裒克只收九十脯修；如台夫馬勝 Randolph—Mason 女生種麥子七十裒克，開闢學校園一座，並釀葡萄及他種菓水，甚至牧牛裝車那些苦工，她們也歡喜自己動手；所以美國人看了女子大學生的空前的成績，和勇敢服務的精神，他們那消極和否定女子能力的論調，居然烟消雲散，他們再不敢妄加批評了。

不單是女子大學修業生，在戰時做了許多驚人的事業，已經畢業的學生也一樣的抱着很高的熱忱，去做社會的活動，如斯密史 Smith 大學的救濟隊，每隊二十八，都是些雄心勃勃，飽經訓練的畢業女生。有的長於社會工做，有的精駕駛之術，有兩位當醫生，還有一位女士會縫鞋，就專門教小孩子補鞋，斯密史救濟隊恢復了拾陸個村子的原狀，在那些地方設立醫院，遊戲場，公共農場，積貯倉，並協同地方政府重開因戰禍停閉的學校，開工藝所，及販賣處。

(三)

開戰以來，婦女活動底範圍，大大底擴充，向來拒絕女生的各種事業，現在都急切的敲她們的門，歡迎她們出來。據大學同學會雜誌記載，八個有名的女子高等學校的畢業生，除教書外加入他種職業的，從一九一〇年至一九一五年增至百分之三十四零五，自一九一五年以後大學女生之加入新活動的增加爲從來所未有，雖是詳確的數目尚缺乏相當的統計，但我們考察女生入職業學校的增加數，這種趨勢也不難見一斑了，茲列表如下：

學校	
三十六個教育學校	減一百八十四人 3.4%
四十三個醫學校	加三十四人 18.3%
五十八個法政學校	加二十九人 22.1%
二十五個製藥學校	加五十五人 49%
二十六個家事經濟及農學校	減九十人 3.5%
念七個商業及商業管理學校	加一百六十人 38.5%
六個雜誌及書報學校	加二十人 25%

學生入學的方向既顯出這般鉅大的改變，由此推想女子社會生活定然有一番很有趣味的革新，看下列表裏女子畢業生當教員的減少，那反面的情形也可想而知了。

學校	
西方如袁畢業生辭書的	減百分之二五
華盛頓大學	減百分之二五
米齊梗大學	（減數目待查）
亞巴馬大學	減百分之四十
斯濮摩大學	減百分之二五
斯密史	（減數目待查）

她們拋棄了辭書生活，新加入的職業大概是看護、醫生、工藝實驗室的試驗員，各機關的書記、統計員、鄧務員及他項改造工做。

（四）

學生入學的興趣既傾向新的途徑，社會上女子活動的範圍又呈一番空前的變化，那末，學校的課程當然要重新訂定，重新配備，方能應付新時代的要求；反對的論調，以為這種形勢只是戰事期內暫時的現象，一旦和平，勢必恢復原狀。這種議論未嘗不帶着幾分眞理，但是戰爭中無數萬的壯士犧牲了他們生命，他們從前的職業只有要求女士永久代勞，再者女子服務的能力和精神經此番猛烈的發展，她們在社會上的價值增進了不少，社會又安忍捨棄她們；再就女子自身說，她們冒險探得的新地，如何能輕輕的放棄呢。根據這種理由，美國女子大學的課程乃不得不經一度之革新。斯密史大學新添(1)醫院實驗室的研究，(2)心理衛生和心靈改造二科，每週二句鐘；巴娜爾大學新設社會問題及方法一科；伯勞理 Brown 大學正竭力設法培植化學物理，地質，微菌各項專門家；孀耳斯 Mills 添商業管理商業組織等科，其他各著名大學，如華盛頓大學伊利諾大學統有類似的新課程。

一九一八年夏季蒲爾 Mawr 大學新設一專科，造就已畢業的學生當工廠監察員，管理員，關於婦女職業問題的調查員，及他項實業領袖人材。他們的計畫是隔四個月招學生一班，共招三班，每班十名。一九一八年十一月的時候第一班學生完畢了第一期學校功課以後，全體到新英倫省的各工廠實習，做為第二期的功課，實習後復回校上課。她們在學校的時候三分之二聽講，三分之一還是實習。第三期課目添實業問題一門及各項選科如工業調查統計，調查方法，應用心理學，社會心理學，變態心理學，實業衛生等。

（五）

照以上各方面情形看來，美國女子高等教育的新趨勢簡單說是由理想生活轉入實際生活由廣義教育 Liberal Education 傾向職業教育。但是他們所主張的職業教育，決不只是狹義的麵包教育，乃是一種增高普通文化的利器，要改善現實的生活，非實地做工夫的沒有効果的。那以安得兒教授 Professor Adler 說『普通的文化是很正當的專門職業的產兒。』

北京大學男女共校記

徐彥之

（參觀本期附圖，最初入北京大學之女生）

男女共校算得甚麼希奇，值得作記？不免少見多怪了！

在理論上講呢，教育是人的教育，男子是人，女子亦是人，男子受教育，女子同樣的受教育，這是自然的現象，就當該如此。學校是人的學校，女子是人，男子亦是人，男女共校，是當然應該的辦法。不是很平常的事嗎？蔡孑民先生說得好：

『……大學之開女禁問題，則予以為不必有所表示。因教育部所定規程，對於大學學生，本無限於男子之規定，如選舉法中之選舉權者。且稽諸歐美各國，無不男女並收。故予以為，無開女禁與否之問題。即如北京大學明年招生時，倘有程度相合之女學生，儘可投考；如程度及格，亦可錄取也。』

這是蔡先生答上海中華新報旅京一記者的談話，登載該報九年一月一日新年號，話是去年說的，所謂『明年云云』即指今年而言。蔡先生的話很是持平之論。本無女禁，開個甚麼？然則，現在男女共校又有甚麼可記？但這是就理論上說，要論事實，確有可以記的價值。我還說，這是民國教育史上一個大紀元呢！不禁得，默祝『教育進步！進步！』

就事實上立腳觀察：今天北大的男女共校，算是深冬時節的霹靂一聲雷，驚人不淺。怪不得教育部怕得甚麼似的，說些：

『……惟國立學校為社會觀聽所繫，所有女生旁聽辦法，務須格外慎重……！』（給北京大學的公函）

可笑不可笑！我說，惟其是國立學校，為社會觀聽所繫，才更該開風氣之先，為社會倡呢！

共校已成事實，用不着再討論是非可否。是非可否，要在他此後在教育上社會上發生的效果判斷！空把『男女有別』一類的鬼話來反對，是不中用的。現在我要把北大男女共校前前後後的原委記出來。

寒假中同兩位女友逛萬牲園，回來有感，就想做這篇記事。因為考試畢業忙，到假後開課一個星期，才把他做成。

九年，四月，十五日，於北京大學。

一

凡一件事實的發生，大約要經過三個時期。第一步幻想，第二步討論，以後到第三步方實現出來。幻想太半發生於偶然，當時幻想者本人亦不敢自信，或者敢自信其想之非幻，而仍不敢信其說之可以即刻實現；或更進一步，信其說之可以即刻實現矣，而仍有所懼忌而不敢實現。這是第一步的現象。到了第二步討論，便是大家都認為這是一個問題了。所懷疑的，不過是怎樣把他實現的方法。就是反對者亦承認是有商榷的餘地。這是第二步的現象。討論，討論，……漸漸得出言論而入於事實了。

八年的三月十五日，蔡子民先生在北京青年會講演「貧兒院與貧兒教育的關係」說道

……………………

「我國人不許男女間有朋友的關係，似乎承認「男女間上有戀愛的關係」所以很嚴的防範他。既然有此承認，所以防範不到處，就容易鬧笑話了。……但是改良男女的關係，必要有一個養成良習慣的地方。我以為最好的學校了。外國的小學與大學，沒有不是男女同校的；美國的中學也是大多數男女同校；我們現國民小學外，還沒有這種組織。若要試辦，最好從貧兒院入手。……要是試驗了，成績很好，那就可以推行到別的學校了。……」

蔡先講演題目是「貧兒院與貧兒教育的關係，」竟說到男女共校上來，可見蔡先生早有此打算。「若要試辦，最好從貧兒院入手。」「要是試驗了，成績很好，那就可以推行到別的學校了。」蔡先生雖然相信男女共校，而仍懷疑於中國現在的大學男女共校，所以才希望先從貧兒院試辦起來。至多能說他相信我們的大學馬上可以男女共校，總是有些顧忌，不敢即刻把他實現，——或者就因為社會上沒有要求，所以我說當時還在共校的「幻想時代」

去年的差不多這個時候，——約在春假後十日左右，朋友王若愚

找我談天。兩個人覺得寡味，又一同到北河沿椅子胡同十號找康君白情。天黑了，點起燈來三個人三角形式的對坐着，嚼着羅蔔和甘蔗痛談，但仍覺不快。繼而悟到，這是沒有女性的緣故！然而要男女交際須預先製造空氣。於是我們三個約定在一個星期內，每人做一篇鼓吹的文字送到晨報去登。後來羅志希李守常張申府諸位都要加入鼓吹，最先我做第一篇。不巧，白情的第二篇還沒登完，就來了『五四』這一波『洪水，』幾乎把這一點微火湮滅。志希的第三篇，守常和申府都沒能做。

那時白情志希我們三個雖則人微言輕，但在這日月未出之前，不能不算是爝火之光。由今憶昔，當時我們那敢夢思不到一年的工夫，就有今天呢！

二

大學儘管開女禁，收女生，而沒有女生入大學，這『男女共校』便還不成問題。在經濟學上說，就是有供給而無需要，當然不成事實。六月裏，京滬報載一位鄧春蘭女士徵求同志要求大學開女禁的書和他上蔡校長要求開女禁的書。他書的內容姑不必論。但這是女子要求入大學的第一聲。有了要求，這『男女共校』才成為問題，才有實現的希望！鄧女士何以就有此要求？他的來歷，和這事的原委，請他自己述說：

我生在甘肅循化縣的鄉下。我們循化縣大多數的土著是生番撒拉，我們漢人總共不過數百戶，讀書的人更是稀少。我家祖先都是務農務商，到我祖父輩纔過這半農半讀的生活。可是我父親在前清光緒年，就到北京大學。

我沾着我父親早開通的光，到了七歲，我伯父送我到本地的初等小學裏讀書。但這個學校是男子的，裏頭讀書的女子只有我和兩個姐姐。這時候一般人議論紛紛，說長道短，說我們不做姑娘的事情，讀下了書，要將來致秀才呢？還是中舉人呢？我伯父也不理他。這時候沒有教科書，起初念些三字經，百家姓，後來讀中庸大學論語。初等畢業的時候，讀完了孟子，我已經十一歲了。

到了十二歲就升到高等小學裏。那時候有了幾種教科書。經書裏，就讀禮記左傳詩經各書。到第三年的時候，我父親從北京大學裏畢業回來，在省城租了些房子，我同我姐姐們就到省上求學去了。這時省城有個女子高等小學，叫『

淑貞學校，』我就插到三年級。剛纔學了半年，就碰着武昌起義，各省響應，這個學校就停辦了。

到民國二年，我父親同李德裕先生到各處捐款，辦一個師範預科。這時候學生有三十多人，本省學生仍是我們姊妹兩人。因爲學生程度不齊，先補習一年。到了預科將畢業的時候，我父親因爲女教員程度不大好，請一個男教員教歷史，國文，想把學生程度提高。這一位男教員是六十多歲的個老者，我父親原怕請年輕的男教員，學生不歡迎。誰知道就是這個老先生，一到學堂，還是不相容的；這些同班的學生，一個都不見了，只剩我姊妹兩個。我們姊妹上了一個月多的功課，並不見一個同學到校。我父親沒有法子，又因爲教育司事務很忙，不暇兼顧，就請田君太璞接辦。這時候只剩了小學，沒有師範，我姊妹二人只好退學。請我舅父到家教授。後來又請一位胡先生教授。這時候我們的一般舊同學死的死，走的走，因爲多是客籍的學生。剩下幾個，有當少奶奶的，有當小姐的，大概都出了學籍。我們有時候見他們，他們的脚也纏得小了許多，再沒有讀書的意思。我說到這裏，實在痛心！請看這些情形！是男子不解放女子呢？還是女子自己不肯解放呢？

又過了一二年，風氣漸漸開通些。甘肅教育科在這個學校裏設了個女子甲種教員講習所，我又到學校求學。後來我父親要想在省城辦一個規模略好的小學，所以我出校後，就同我姐姐共辦一所女子小學；又把我求學的光陰犧牲了許多。但是我以爲我尙在青年，總當求些高深學問，總有做人的工具。所以去年，北京女高師由各省招生的時候，我雖然因父親避職務上循私的嫌疑，未許我入選官費生，我還是要求他用私費送我來京。我沒有起程的時候，就上蔡子民先生一封信，要求他開女禁。不料我那封信到京的時候，正是五四後，蔡校長出走的時候，我那封信便未發生效力。隨後我又在京滬各報發表我一封徵求同志要求大學開女禁的書，並附帶發表那上蔡子民先生的書。一面就在女子高等師範學校補課。現在又過了半年了。我以爲一定要到暑假纔有希望；不料寒假方過，便有王蘭女士先到北大旁聽。我也就援例到北大旁聽。……

有不禁女生的大學又有要求進大學的女生，所謂『供求相應，』便成爲問題了。最先明白認爲問題，而正式加以研究和討論者便是少年中國學會他們的第一種月刊少年中國八年八月號，第四期特刊『婦女號』專討論婦女解放的問題。他們提倡婦女解放，研究如何解放的方法，從那裏着手？結果幾乎每篇文章都歸根結底於教育，都主張應該從教育下手。

王君若愚說『我們既是認定女子教育爲解決婦女問題的根本問題，所以特地請胡適之先生討論這個大學開女禁的問題。因爲胡先生是北京大學著名的教授，他說的話比較我們說的切實可行。承胡先生不棄，與我們寫了幾條方法，我們認爲此係一個要求大學開女禁的一個着手方法，所以把這篇文章登在本月刊第一篇表示我們對於女子教育問題極爲注重的意思，引起社會上的同情，……』胡先生是主張大學開女禁的，他理想中的進行次序，大略分爲三步。

第一步，大學當延聘有學問的女教授，不論是中國女子，是外國女子。

第二步，大學當先收女子旁聽生。

第三步，女學界的人應該研究現行的女子學制，把課程大加改革，總得使女子中學的課程與大學預科的入學程度相銜接，使高等女子師範預科的課程與大學預科相等。

胡先生是北京大學的主任教授之一。他雖是個人的主張，自不無影響於大學本身。其實當時他主張的第一步已經作到了，因爲英文學系裏英文戲劇是卓克夫人擔任。所以第二步亦不難得辦到了。到九年的一月一日，上海中華新報又發表蔡先生關於女子教育的一段談話。那麼，北京大學不禁女生，非正式的表示已是十足了！自此以後，入於實現時代。至此爲止，斷爲男女共校的『討論時期』。

三

討論過後，公認爲當然事實，已復不成問題，緊跟就要實現了。八年年假曾到濟南一次，逗留了三個多星期，去時尚不聞有若何動作，回來居然有九個女同學在旁聽了。表誌如左：

姓名	籍貫	經過學校	年級類門
王蘭	江蘇無錫	北京女子師範	哲學系第一學年

鄧春蘭	甘肅循化	同前	同前
韓恂華	直隸天津	直隸第一女子師範	同前
趙懋芸	四川南溪	北洋女師範畢業	同前
趙懋華	同前	同前	同前
楊壽璧	貴州貴陽	北京女師範畢業	同前
程勤若	安徽歙縣		國文系第一學年
奚湞	江蘇南[illegible]	協和女子大學	英文系第一學年
查曉園	浙江海寧	同前	同前

第一位進大學的女生，爲王蘭女士。當時主其事者，是政治系主任教授陶孟和先生，代理教務長允許他進來旁聽的。所以就北京大學而談收女生的事，可以說動於蔡孑民先生，討論於胡適之先生，而促成於陶孟和先生。

王蘭女士進大學的來歷，亦請他自己說：

一

當我八九歲的時候，正是各國新思想輸入中國的時代，我父母便叫我讀書。十一歲隨着父母到山東濟南府，進了個女子小學校到十四五歲上，因爲政體變更，回到我的家鄉無錫，考入縣立競志女學。沒有二年，又隨父母到了直隸，入了保定第二女子師範。這是我沒有到過北京，所受教育的情形。

二

現在回想起來，從八歲到十五歲，那七八年的工夫，腦筋裏純粹是幼稚的思想；所得的學問，也只能把他應用到做篇文章，看看報，寫寫信罷了。至於什麼學術的思想，世界的眼光，做夢也想不到的！

十六歲，我父親把我送到北京，考取女子師範學校。這個學校是個中學校的性質，功課的程度，教員的學問，當然比從前已經高了好多，所以我亦覺得一天比一天的長進。在這學校足住了四年多，差一學期不畢業，忽然病了起來，沒有法了，亦祗得退了學。

從女師退學之後便在家裏養病，直閑住了一年，到現在才入北大聽講。這是未來北大以前，所受教育的情形。

我未進北京女師以前精神上肉體上，都很自然，很天眞的自由發展到進了北女師以後便覺得精神上受了束縛，身體上受了痛苦！

北女師管理先生，向來是嚴厲的；不是用命令式的言詞來訓飭，便是用督責奴隸的態度來干涉。我當時在這種勢力範圍以內的生活，用現在的眼光去觀察，眞覺得可憐，亦復可笑！

當時我的知識和學問雖比從前高了些，但終是不能支配我的行事。所以縱覺得這種生活於精神肉體兩有不利，却終沒發生過反抗的心理，做出不服從的事來。可憐這回五年的工夫，甘心被束縛在籠牢裏頭！

二

人的想思變換的動機，固然多由於生活情形的變換；但是生活情形也常受思想的支配。我從前耳目所見聞的天經地義，無非是「服從，」「柔順，」「靜默，」……………等信

條。所以我腦海中也只存了這種思想，身體上也只做出來這種的舉動，並且只承認這種存心和行事，的確是我應作正當生活。

我自從女子師範退學以後，便在家中閑居。這時正是新思潮發展的時候，我的弟弟在北大念書，常把些新思潮的雜誌帶給我看，或者把新思潮的根本道理講給我聽。我從此以後，腦筋裏便漸漸的添了些新思想，從前的舊思想逐漸減少，從前的舊生活也就逐漸覺得否認起來了。

我入北大的動機，實在很早，並非從新思想輸入後，才發端的。不過從前那種想入北大的心，只是因爲男女教育太不平等，才激起的反動而已，直到新思想輸入後，這種觀念才算到成熟的日子了。

去年聽見有一位鄧春蘭女士（現在已和我同在北大聽講）寫信給北大蔡校長要求大學開放女禁，後來沒有成爲事實，我非常的失望。到了今年年假後，要求大學開女禁的聲浪日增月異的高起來。我忽然想起我何不就去碰一碰呢？於是乎便去見教務長陶孟和先生。不料居然得他的

慨諾，過了兩天，便實行在北大哲學系聽講了。

我的父親在奉天做事，我母親是個很開通的人。這次我要進北大，很有許多親長反對，向我母親多方勸止，我母親打定主意，終久不爲人言所動，竟許我進去。這實在是成全我入北大第一的要件。

三

第一節述說我未入北大以前的教育，第二節怎樣入了北大。以後便如何呢？我現在上課已將兩個月了，繼我而來者才八九人。這種行爲反對的固有，但我想總是贊成的多。那麼何以却不「蜂擁而來」呢？我推測其中的原因大約有二：

(一)自己雖然願意，但不得家庭的准許。

(二)自己願意，家庭也不反對，但唯恐不得好結果，被人譏笑，所以暫作觀望，不敢便來。

那些根本反對這行爲的人，我也無從解釋。先對於那贊成而不爲的人，作幾句忠告：

我以爲當我們現在的青年，應求人生的實際，拋棄舊道德所認可的虛名譽，創造新文化，做後進的榜樣才好。

那家庭中反對不能來入學的人，我希望他用強毅的精神去奮鬥才好！那怕人譏笑而不敢來的人，和存心觀望的人，我希望他從實際上着想，把舊道德所認許的虛名譽拋棄了，來做這新文化運動。

繼王蘭女士而來者有幾位女生，在我能力所能辦得到的，都請他自己說幾句話給大家聽，比較爲切實有效些！

程勤若女士（國文學系）

未述此文之前，有一事須先聲明者：勤若向者在家讀書時多，而學校之生活時間絕少。

勤若生六年而始識字，皆受大父與父之教誨。年十二始出外就傅，歷時十年。十年之內，雖曾一嘗學校之滋味，然爲時至暫；所得之學問，殊非出於此，故不贅述。此十年之中所得知識，平均之，以中國文學爲最多，故吾於中國文學之興趣爲最濃。繼而知徒攻文學而不知哲理，則文學無所附麗，始慨然有學哲學之志。又聞之友人，知北京大學多哲學鉅子，惜不得其門而入。及今年春，聞王蘭女士首創盛舉，毅然來爲旁聽生。吾遂援例要求，幸蒙教務長陶先生允許，而以無學校文憑須經考試然後入，乃受朱先生試文一篇，而本吾向者之宗旨，入文科國文系旁聽。所選科目多竄入哲學之範圍者，仍爲『文學須以哲學爲根柢』之意也。

查曉園女士（英文學系）

我是浙江海寧人，生長在上海。一九一一年，入上海梵王渡聖馬利亞書院肄業；該校本定八年卒業，在一九一五改爲十二年，—四年初等，四年中學，（初中合稱備館）四年高等。（稱正館）該校管理極嚴，功課極繁，西人教法也極精密。

一九一六年我在備館畢業，受領證書，升入高等。我的身體本來很弱，自升入正館功課益加繁多，應付更覺費力；正館讀了兩年之後，在一九一八年的冬裏害起病來。聽了醫生的話，須要保養，不可念書，所以在這年年假後請了假在家養病。不幸母親又去世（父親已在一九一五年亡故了。）

我父母只生我一女，母女兩人相依爲命了好幾年。那時間的痛苦不消說了！

我的伯父署濟南場，伯母便將我接了過去。後來身體漸次復原，因爲我的堂兄堂姊都在北京，所以去年暑假後來京入協和女子大學，讀了半年。聞得北京大學許女子入學旁聽，且已有王蘭女士報名入學了，所以我便和奚湞女士由協和轉入北京大學英文門爲旁聽生。

我的生世很簡單，很平常，沒有建設也沒有可引人注意的經歷，所以就沒有什麼價值。我引爲一生缺憾，且或與一般女子不同的就是沒了父母。因爲我覺得社會看待沒父母的女子和看待有父母的女子好像有輕重似的。因此我有些感觸，因此有更覺得沒父母的苦！

這回北京大學收了我們這九個女生，可算爲中國的男女同校，—也就是婦女解放，—開闢了一條大道的起點。只要我們這幾人能以奮鬥犧牲，互助的精神站定脚根，暑假之後國內各地定有許多女子要來的。如此這一條大道，不就此開通了嗎？我很希望！我很希望！

奚湞女士（英文學系）

湞家黃歇浦左。髫年即入上海務本女塾肄業。中學科畢業，之後，思專修文學，適吳公之先生創女子文藝專修社於滬西。遂從問字焉。先生喜授周秦古子，兼講詩文名著。受業一年，饒多興味；間又專受英文學於曹梁厦師。既而家遷蘇垣，社亦解散，乃入景海女校高等科。（high school）該校課程純係美國學制，國文之外，一切科目，均用英文敎授。（今已改爲師範，仿中國學制矣）肄業三年，一半心力雖用於複習科學，而於英文學方面似尤有一得之愚。去夏家又轉徙京師，於是負笈協和女子大學：其中所定功課，未甚完備，且英文程度，北方敎會學校不能並駕南方；國文比較略深，亦偏陳舊。蓋瀆之志願研究文學，欲以中西雙方駢騎而進，互明其體性，而辨其得失。敎會學校之課程勢既不能償吾所願，而我國又無女子大學，將安所適從哉！是以去冬曾擬聯絡專滬諸同志，要求入北京大學旁聽。會此間同志已同時而起，蔡校長暨諸敎授鑒吾女子求學之苦心，慨然允諾，瀆遂轉入英文學系。從此吾中華女界得有上進之途，誠乎昔所蘄之幸事也！

從陽歷年假起，截至九年二月中旬爲止，進大學旁聽的女生總共九位。而外間要求入校者仍繼續不已，大學以（一）座號已滿，而且（二）一個學期已過强半，一概拒絕不收。因爲時間的先後，有許多抱向隅之歎的了。

到現在四個月，這期間的經過，約略言之，大概是：剛剛一收女生的起首，自然有許多同學懷疑。就是不懷疑，而絕對贊成提倡此事者，亦不免發生一種好奇心理。差不多每逢幾位同學碰在一塊，總要談這件事，好像狠有趣味似的。不是問：『你們那班可有女生？他們怎樣態度？你們對他們如何？』便要說：『某班某女生怎樣，怎樣，大家對他如何，如何。』憑空的評論上一氣。這是最初兩三個禮拜的情形。現在大家習以爲常，也不覺得算回事了。男同學啦，女同學啦，區別的印像漸漸退出了腦筋。而一般頑固派拚命反對，怕要發生的流弊，也並沒聽得說。有他們還有什麼說呢？於是我們得出一條敎訓：——

無論有什麼新的主張，遇着反對，不要和他辯論。彼亦一是非，此亦一是非，永沒有結果的。簡直得把主張拿出來，放到社會去實行。

實行了有利而無弊，有好處而無壞處；或者至少比較得利多而弊少，好處大而壞處小，他們反對還有什麽可說呢？空口和他辯論，是不中用的！

再換一句話說：——

對於故有的文明，制度，學術，——無論是什麽，持批評的態度，去研究，分別出那是『國粹，』那是『國渣』而定取舍。

對於將來的計劃，——無論關於什麽的，持實驗的態度，去創造，和建設。實驗了成績好的，要再接再厲得增加他的數量；成績不好的，要攷察他失敗在什麽地方，重新把方法修正過，再來實驗。

再總說一句：——

宇宙是問題的宇宙，人生是問題的人生。去解決這問題，要實驗，不要空談！

結言

在今天，在中國，以國立學校，公開的男女共育，北京大學算是破題兒第一遭了。經過了這次試驗成功，此後便不成問題了。所以是以後中國的教育，中國的學校，漸由女性除外的教育，女性除外的學校，變為全人的教育，全人的學校；以後中國的文明進步亦漸由半身不遂，而為雙足並進了。從此也就可以和世界上的全人類，並駕齊驅了。

在這四個月的經過裏頭，還有一件事可以記的，就是春假剛後，大學對於女旁聽生的一番甄別試驗。

不在入校的開始，不在學年的終了，為什麽在這不三不四的春假過後，要甄別試呢？據說是因為教育部的質問，和徐世昌的誥誡。徐世昌的誥誡，和教育部的質問，又是怎麽來得呢？據說是有人向他們進惡言。

北京大學剛一收女生的時候，北京高等師範就說，若果驗試可行，暑假過後，他們亦要開女禁的。這話一傳出去，於是某最高級女學校長起了恐慌，以爲這麼一來，他的地盤基本搖動。用盡方法的破壞北大的進行。

這話亦是根據傳說，不見得是眞，平情而論呢，就是眞有其事，在某校長亦是應當有的。不見得他有意破壞別人，爲自衛起見，不自覺的妨礙到別人罷了。這是人類的本能，不爲特別。

章行嚴先生倡『調和論』說凡與一事，要同時容納各方面的意見，情感，勢力……。時論頗不謂然。其實是如此的。你直行其是，不顧不忌，妨害了他人的利益，他來破壞你，你再防備他，結果還不是和預先給他留點地步一樣嗎？那麼我們又得一條教訓：

計劃進行，要通盤籌算；

觀察事物，要鳥瞰伏視！

日本帝國大學特收女生的經過和在學女生的情形

鄭心南

說起亞洲的女子教育，恐怕日本可算是比較的發達了。然而女子也還不能和男子受同一的教育。高等小學男女可以同校。中學以上，便分開起來。女子沒有中學，小學畢了業，便進高等女學校，及其他專門學校。高等女學校的內容，和男子的中學校差不多。專門學校也不過和男子的甲種實業學校相似。程度都狠有限。最高明的女學校，官立的祇有一個女子高等師範。私立的祇有一個女子大學。但是女子高等師範和女子大學，比男子的高等師範和大學差得很遠，都不過比男子的中學校稍高一點罷了。所以日本的女子，除了去歐美留學以外，不能夠受高等的教育。

日本的最高學府，就是帝國大學，祇有帝國大學的畢業生，可以得學士的學位。帝國大學入學的資格，定得很嚴，非由官立高等學校（就是帝國大學的預科只收男子）出身，不能受競爭試驗。但有一個特別規定，就是缺額的時候，同程度學校的畢業生，准他應選拔的考試。雖然有這條文，全國裏頭，不經過高等學校的人能夠進帝國大學的，一年却沒有一兩個。那裏能夠輪到女子身上。所以日本的女學士，和中國的女狀元，同是一樣的夢話。

日本的帝國大學，分配着東西南北，本來設有四個。一千九百十二年，東北帝國大學添設了理科大學。當時的總長，名叫澤柳政太郎。這位先生，是一個平民的教育家，很有名望。歐戰以前，志願學理科的學生本來很少又兼新開了四班，（物理、化學、地質、數學）所以高等學校出身的志願者，不足預定額數。大學裏出了通告，招考同程度的學生。那個時候澤柳校長秘密通知了幾個有志的女學生，使他來考居然取了三個。發表出來全國嘩然，文部省（即教育部）當局大大不以為然很有人責備澤柳的冒昧。澤柳說大學法令裏頭只規定着「同程度的人」並沒有規定着「同程度的男人」難道女子不是人嗎？他們雖然不能駁他的話，然而都不喜歡澤柳沒有多久，澤柳就「不安於其位」辭職去了。

進了大學的三個女子，一個名叫牧田良久是由女子高等師範出身，他學數學。一個名叫黑田致佳，也是女子高等師範出身一個名叫丹下睦美，是私立女子大學出身，都是學化學的。這三個女子，都非常用功，成績和男子不相上下。其中算是丹下最好，他却體弱多病，停了兩回級。我進大學的時候，牧田黑田已經畢業，都在大學院裏頭研究。牧田研究的是數學上甚麼問題，我不曉得清楚。黑田研究的是紫根的色素。紫根是一種紫草科植物（Lithospermum Erythrorhizone）的根他的皮含有紫色色素，中國和日本自古用他做紫色的染料。但他的化學構造從前是不明瞭。黑田的研究報文登在日本東京化學會誌第三十九帙第十二號，共有六十四頁，並且譯成外國文登在外國的化學雜誌。他的研究過涉專門，因為限着本雜誌的程度，我不詳加說明。祇說他研究的結果，推定紫根色素的構造式如下。

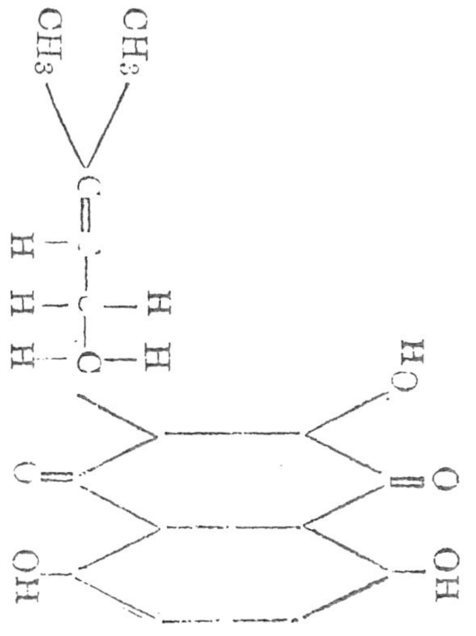

這個構造式的意思，不消說我們中國女子就是男子的讀者，恐怕懂得的人也很有限呢。後來黑田在大學內當了助手，現在和牧田兩個人都在東京女子高等師範學校裏頭當教授，仍舊是研究學問不息。丹下因為多病留級，和我同級兩年，實驗的席次又恰在我的旁邊，所以彼此常有幫助。丹下沒有過人的天資，却有過人的勤勉努力的程度．同級裏頭沒有一個比得他上。有一次他從午後一點鐘起實驗，直到晚間十點鐘，還沒有喫飯，我是親眼看見的．聽說有時還通宵不睡呢。第二學年成績發表的時候，他竟然列在最優等，受特待生的名譽待遇，免了一年的學費。那時候日本全國的報紙，沒有一家不載他的事情，全國婦女的雜誌，沒有一種不載他的相片，算是日本女子空前的名譽了。他畢了業到如今，還在大學裏頭研究。日本的女學士，算祇他們三個人了。

若說他們三人的生活呢？我雖然和他們同學，却是不大懂得清楚。他們三個人，都非常謹愼莊重，名譽很好。並且都是未嫁的女子，也有主張獨身的。他們年紀却不小，在學的時候。牧田黑田約有三十歲左右，丹下是四十歲以上老處女了。學校裏頭的男學生，很少和他們交際，有的是瞧他們不起，有的是怕其他的學生取笑，究覺東洋人的偶像思想，還是打不開呵。有一天學校開紀念會，大家畫了許多滑稽畫，掛在校園牆上。裏頭就有許多嘲弄他們的東西，我還記得有一張標題是『女學士的新家庭。』這裏畫着一個女子蹲着煑菜，旁邊寫着「醋酸二克加胡椒一克，水二十克，等於酸辣湯二十三克，加熱九千九百九十九加路里」的一個熱化方學程式。那裏畫着一個女子坐着記帳，上面寫着「肉 x 斤每斤 n 文，魚 y 兩每兩 m 文，共計用錢 $nx+my$ 文」的一個代數方程式。還把微分積分的符號．畫做許多竈上吹出來的火煙呢。大家看着在那裏狂笑，那三位女學生也是一笑罷了。

東北帝國大學，自從收了女生之後，很有許多女子想進去的。有一個高等師範出身的女學生，一連考了兩次，都落了第，不能入選。前兩年還有一個中國女學生（也在日本女子高等師範畢業）預備應試，我還告訴他應該念甚麼書。可惜歐戰以後，志願學理科的學生，突然增加，就是大學預科的畢業生，也有競爭試驗，連男子都不容易進去，那女子更不消說了。

日本自從東北帝國大學收了女東，生京帝國大學也受他的影響，准許女子進校聽講，做旁聽生。聽說文科醫科裏頭，現在也有二三個的旁聽女學生。但是若照現在的大學制度，不大加改革，女學得學士的學位，恐怕限於他們三個人了。

日本女學士的事情，我已經大略說完了，就那三個人觀察起來，卻有共通的幾點。這幾點是甚麼？是：年長，不美，不嫁，勤勉，謹慎 意志堅强：這幾事女子要得高深的學問，意志堅强和勤勉謹慎，自然是他的要素，難道連年長，不美，不嫁也是他的要素嗎？

去年在山西開全國教育會聯合會的時候，我和鄧芝園林顯丞二君提出男女共學的議案，初以爲是通不過學，不過藉此提倡風氣罷了，不料竟得多數的贊成。聽說現在北京大學，已經有女學生聽講了。我們中國開放女子的進步，未必遜於日本，這是我們女界前途的一大光明。我希望共學的女子，要學那三個女子士的勤慎，共學的男子，不要學那日本男學生的輕薄，大家要尊重自已的人格，並且要互相尊重他人的人格。 五月七日

南京高等師範男女共校之經過

王德熙

(一)共校之動機

一年來，我國青年痛外交之失敗，激而爲「五四」「六三」之運動，以致全國各界共起呼應，雖于內政外交稍有影響，然此等運動，究屬一時興奮之劑，決非久長之善策，作者反覆思維，欲使我中華民族適應於今日潮流澎湃之世界，非使我中華人民個個有適應如此潮流之學術技能不爲功．欲使中華民族掃蕩武力，改變世界進步之方向，非使中華人民個個有左右世界潮流之思想與實力不能償願．然欲有學術與技能，思想與實力，舍與辦教育以外別無辦法．以我國今日之教育與歐美先進諸國衡，眞是望塵莫及．男子旣萎靡不振，女子更未萌芽．若循是以往，日就月將，恐我中華民族不歸于天然淘汰不止．又以我國當局之麻木，國庫之空虛，一般官僚武人政客方酣于無聊政爭之時，對于已有各校，方且大加摧殘，況冀其對于未來之女子教育，有所擴充振作乎．於是作者想到男女共校，輕而易舉，較之另辦女校，旣省經費，又減手續，事半功倍，何樂不爲．且歐美固成效早著，即日本亦次第施行，然則吾國男女同校之舉，其可須臾緩乎．

當「六三」運動後，作者因學生會事至滬，適與康白情君相遇，康君曾作「王君卓民大學尚不宜男女同學論商兌」一篇，在商務書館的婦女雜誌上發表，余見彼係極端贊成男女同學者，卽與之商討共校之事，如何可使實現．康君云：『「五四」前予

在北京曾與數友人同倡此事，今君亦有此主張，可謂不約而同幸甚。』遂相約一面在報紙上鼓吹，一面聯絡女界自起要求。

當是時，適有上海學生會職員張佩英張維楨二女士——前者畢業於晏摩氏女校，後者畢業於愛國女校——均曾在中校敎學一二年，頗感自己學識不足。又苦無相當之女校，以資深造。深恨我國男女敎育之不平等，久欲打破此等畸輕畸重之待遇。是時見作者與康君討論男女共校問題，觸動彼等心懷，特來參入吾人之會議，商討良久。康君請彼等聯絡同志，至「北大」要求，作者請彼等至「南高」要求。二位女士云：『無論「北大」「南高」均可，但吾人要求進專門以上之男校，半爲自身學業計，半爲吾女界作前驅，闢一寬闊大路，使吾女界得享平等敎育之機會則幸矣。』予曰：『善。請君等抱定宗旨，直向前進。』於是張佩英女士決定是年秋季始業至「南高」英文科旁聽，張維楨女士，亦決至「南高」體育科旁聽，予與康君亦各任同校後，就地鼓吹運動其他女士起爲聲援。

吾人會議後，光陰荏苒，轉瞬暑期滿矣。二女士以上海學生會職務羈身，未克遂行所願，予即由滬回校，康君亦同北京，與予同行至南京時，予偕彼至江蘇省立第一女子師範校，晤該校學生倪亮方偉娥鍾錦田等十餘人。康君歷述近時世界潮流之趨勢，吾國思想之變遷，男女敎育之不平等，吾輩青年今後之大責任等語。彼等聞之，均爲動容。且該校學生，素來思想新頴，對於各種新出版物，尤爲酷嗜，所以彼等早有正確之人生觀，因之要求高等敎育之思想，至此已大有蓬勃不可遏止之勢。惜彼等未屆畢業，竟爲資格所限，不得身爲前驅，祇得遙作前隊之聲援而已。

不久福州事起，張女士等猛然奮起曰，弱國無外交，居今日而言救國，舍敎育而何由。遂毅然辭去學生會職務，維楨女士，即來南京任江蘇省立第一女師附屬小校體育敎授：一面向「南高」要求體育科旁聽。佩英女士亦同時致函「南高」校長要求英文科旁聽，今摘錄維楨女士與「南高」校長敎務長談話之要點於次。

與敎務長陶知行先生之談話　維楨女士曰：『先生乃吾國今日大敎育家也，對於普及敎育與人才敎育，必有完美的計畫高遠的良謀。今我國專門以上之男校已有無數，而專門以上之女校，則除北京高等女子師範一校外，殆不多覯。似此半身不遂之教育，果可以應今後世界之潮流乎？且以我國今日之經濟狀況而論，既無力另辦專門之女校，又不另想他法使女子得究專門之學業，而又日日提倡新文化，鼓吹女子要有獨立之能力，是猶令軍士出戰而不與以利器，非驅之死地而何？先生對此其將何以教我二萬萬之女同胞乎？』陶曰：『張女士之言狠為懇切真摯，這個問題，又是中國今日之最大問題，吾人正在討論之際，將來定有適當之應付。在鄙意以為最適當應付之方，除男女共校外，實無他道。且男女共校，在美國行之，早已成效卓著。』女士曰：『先生既知之，盍不即行之？』陶曰：『時機將至未至，輿論尚待養成，如有女界同志，向教育當局表示志願，當不無效果。』女士曰：『今之官吏，早已麻木不仁，雖向之表示何用，今維楨即欲來貴校體育科旁聽，請先生自酌可也.』陶曰：『此事係開端之舉，關係重大，待吾與體育科主任接洽，並俟校務會議決定後，再行通知.又敝校校長郭先生，對於男女共校事，頗有研究，請張女士逕向郭先生談談如何？

與校長郭秉文先生之談話　女士曰：『先生這次由歐美考察教育歸來，對於各國戰後文化之新趨勢，教育之大改革，必能詳察無遺。應我國社會之需要，而定教育之方針，將惟先生是賴。聞歐美各國，鑒於大戰期中女子在社會上服務之成績，並不亞於男子，於是戰後對於女子教育，尤為特別注意。而我國教育當局，素來對於女子教育，漠不關心。以我國地方之大，人口之多，而專門以上之女校，僅一鳳毛麟角之北京高等女子師範而已，其忽視女子教育之度程不言可喻。先生對此感想何如？』郭曰：『往者不究，來者可追，吾人惟有努力今後之事而已。』女士曰：『當局智昏如醉，而國庫又空虛如洗，先生從何集此數千百萬之鉅款，為我二萬萬女子建此眾多女校耶？維楨前在江蘇省教育會，聽先生演講吾國專門以上之學校有男女共學之必要，先生所謂努力今後事者，其是之謂乎？果爾，則請先生以希望於人者希望於己.貴校亦專門以上學校之一，即請先生從貴校實行起。』郭曰：『吾人早有男女共校之計畫，因社會尚未有此要求，故未克遽然實行，今社會既有此要求，敝校自當開放。』女士曰：『維楨即欲來貴校旁聽，先生以為如何？』郭曰：『敝校素行共和制，予雖校長，不敢專斷，待予將來意提交校務會議討論後，再行告知，請張女士稍待數日可也。』

張維楨女士要求入『南高』之大概情形，已如上述．茲再錄張佩英女士要求入『南高』之信函，及其談話於次．

南京高等師範學校校長鈞鑒．敬啓者，居今日而言救國，惟在革新教育，欲革新教育，首在使男女有受平等教育之機會。今吾國男校，雖精神不振，然形式猶全，若女校則方在胚胎，雛形未具。佩英自在晏摩氏女子中學校畢業後，服務於母校年餘。顧清夜自思，愧未深造。羨時間之神聖，恨求學之無門。竊以貴校爲東南最高學府，而先生又爲文化運動之明星，因敢函請先生許佩英先於本年陰歷年假，後到貴校英文專修科或商業專修科旁聽。斯不僅佩英一人之幸，實中國女子享受平等待遇之先兆，亦即我國革新教育之實現也。冒昧陳詞，靜盼佳音。謹請

道安．

張佩英敬上．　九年一月十日

「南高」接到張佩英女士的信函之際，即張維楨女士在「南高」當面要求之時。當是時，適又有人在滬上各報紙上鼓吹，說「南高」校務會議，已經通過男女共校之案．不日即將實行云云。風聲所播，滬上某女校學生聞之，即派代表三人，來「南高」接洽旁聽事．「南高」見社會之要求甚急，特速開校務會議數次討論，如何應付此種要求，然終以各人見地不同，致久不能決．佩英女士見久不得覆，遂有第二次之致函．

南京高等師範學校校長郭秉文先生大鑒。敬啟者，佩英前上一函，呈請旁聽，至今未見回示。特將佩英不得不來貴校之苦衷，一再陳之。佩英前在上海晏摩氏女子中學畢業後，即在母校任英文教授一年餘。近見世界潮流之趨向，人類思想之變遷，頗感自己學識未充，不能立足於文化澎湃之世。欲入國立各校，則踵門見拒。欲往海外留學，又經濟維艱。瞻前顧後，幾立於絕望之境。幸見滬報載貴校將准男女共校，故前特肅函呈請旁聽。惟靜候數週，杳無消息。心竊滋疑，彷徨不定。然思先生爲吾國大教育家，育才惟恐不多，施教惟恐不徧，佩英雖愚，敢信必有好音惠我也。謹此順頌

道安。

張佩英謹上．　二月二日．

「南高」接到張佩英女士之第二封信時，共校之議案，尚在紛爭不決之際，故有下一函之答覆。

佩英先生大鑒逕復者奉書備悉，敝校對於招取女生一事，趨向積極方面惟關係重大，不得不詳加考慮，以固始基。一俟定有辦法，即當奉告此頌

道安。

郭秉文謹啓，　二月四日。

佩英女士求學心切，見「南高」校長覆函不得要領，擬親來「南高」面求，正準備起身，適『南高』教務長陶先生因事至滬，佩英女士特往面謁，其說話如次。

佩英女士曰：『前得維楨女士來函云先生對於男女共學事，很爲贊許，佩英聞之，欣喜異常。貴校此舉不但爲我女界闢一光明大路，幷爲我中華教育界開一新紀元，更爲我東亞教育史上添一異彩，將來我中華古國文化西漸，其惟先生是賜。不過佩英以爲方今世界潮流，來勢洶猛，寶貴光陰分寸當惜。吾人急起直追，尤恐弗及，豈可長此躊躇？甚望貴校男女共校之舉，從早實現。在佩英之意，欲本寒假後，即來貴校英文科旁聽，先生以爲何如？』

陶曰：『男女共校事，方我數年前由美歸來時，即有此主張。無奈是時我國思想之變遷，尚在胚胎時代，男女共同生活，社會視爲大奇。予見時機未至，暫作緩圖。今則時機至矣。吾人自當竭力設法，以應社會之要求。不過此番創舉事業，不得不審慎周密，庶可稍緩時日，不可草率成事。現在社會還在半明半暗之際，稍有不愼，指責橫生，反於共校前途有礙。此敝校所以對於張女士兩次來函要求，及其他女士之面請事，連開校務會議討論數次，終未敢遽然允諾者，蓋以此也。』又云『敝校於去年秋間見社會有共校之要求，特提出高等師範男女兼收之議案於五高師校長會議中。討論結果，修改提案爲「高師遇必要時爲女子設專修科」。敝校同人現擬更進一步，仍照原提案，於本年秋季招生時正式男女兼收。請張女士稍待數月，至招生時，請來敝校投考可也。』

二位張女士，見「南高」旁聽事無效，乃於寒假後相約入浙江湖州海島美國人所辦之湖郡女校去矣。當是時，南高校務會議見社會要求日急，對於共校事，雖不能即時解決，然大都傾向贊成一方。惟實現之早遲，招生之規定，尚須愼重研究，一時不易解決耳。

(二)共校之醞釀

自去秋高師校長會議通過男女共校案後，「南高」校務會議，

即提出先收女子旁聽生案——其用意以為藉作試驗，如無特別弊竇滋生，於下期招生時，即可正式男女兼收——交委員會審查。審查結果，以此種辦法為不當，蓋旁聽所得之學問，乃片面之學問，非本校備育全才之本意。修改為先收女子通學生，但此項報告後，經校務會議拒絕。其理由以為既收通學生，則男女均當兼收，方為持平。但兼收則課堂餘下之坐次有限，而「南高」教育及於女生者無幾，殊非至善辦法。復交委員會審查，結果改為招收通學生，男女均可。但校務會議討論此案時，不足法定人數，雖經多數通過，仍無效力。故下學期招女生事遂寢，乃改組委員會，專研究九年秋季招正式學生事。玆將當時郭校長致改組委員會委員信函錄後。

敬啓者，本校招收女生問題，一月三十日第二次臨時校務會議，據招收女生委員會報告，擬從緩實行，俟改組委員會後，再行討論。玆擬照報告案將該委員會改組，敬推先生為該委員會委員，並附改推委員名單一紙，祈希朗察，並希訂期集會討論，以利進行，無任禱盼。

委員會改組後，一面陶教務長親赴「北大」考查該校招收女生之辦法，及其待遇，並與其他一切經過及現在之詳情，以資本校招收女生之參考。並往教育部接洽，探其對於男女共校之意見。一面委員會熱心研究，今將委員會主任張子高先生致各委員函錄下。

招收女生委員會，定於三月廿六日午後三時，在校長辦公處開會，謹擬討論綱要如下：（一）是否贊成招收女生？（二）如招收女生，是否收為正式學生，抑為旁聽生？（三）是否各部各科分別招收？（四）女生總數是否有限？（五）寄宿是否學校另備寄宿舍，抑只收通學生？（六）飯食及其他設備問題？（七）學費問題？請就上列七項，及其他應加入問題，先時加以考慮，以便會議時逐條討論，早得結果。——

委員會接得此函後，即詳加考慮，審慎斟酌，至開會期，各抒意見，大旨俱同，而「南高」男女共校之事，遂達成熟之期矣。

（三）共校之實現

民國九年三月廿六日，招收女生委員會開會討論結果：（一）贊成招收女生。（二）招收正式女生。（三）除體育科外——

以男女生理不同，體育自異。同班教授，殊多困難。待將來經濟充裕時，另設女子體育專修科可也——各部各科均可報名投考。(四)總數無限制。(五)寄宿舍學校設法辦理。(六)學膳費與男生一律看待。

四月七日第十次校務會議，由張子高先生報告，將委員會議決案說明理，後由主席將原案逐項宣付討論。並由陶知行先生報告赴『北大』調查詳況，及與教育部接洽情形，及意旨。略謂兼收女生問題，宜注重三點：(一)須規定女生入學資格，使程度相當。(二)須備有宿舍，使學生起居妥善。(三)須有相當女職員負指導責任。如籌畫妥當，暫行試辦…………報告畢，主席問本校下學年招考兼收女生，諸君意見如意？於是贊成者，將所持理由說明如下：(一)平等機會。(二)無獨立辦女子高等專門學校及女子大學校的經濟力。(三)改良社會；須男女教育同時發展。(四)男女共校，為普及教育最便捷徑。(五)欲應世界大潮流，非即時舉行不可。(六)現在女子要求專門學業之興味正濃，吾人正當鼓勵之，萬不可使之掃興。(七)美國大學男女同學，已有成效，並無特別弊端。主席見大多數傾向，遂將九年秋季招考時，即兼收女生之意，宣布付表決，經多數贊成通過。此半年來「南高」男女共校之難產，至是始呱呱墮地焉。

當時又議決請招收女生委員會，草擬下學年招收女生詳細辦法，再交校務會議討論。作者寫至此，即往招收女生委員會索閱詳細辦法。詎意尚未擬出，詢其大旨，則謂(一)本前段所說教育部注重點中之第一項，須具有本校招生簡章上規定之入學資格，方能報考——須有中等學校之畢業文憑——且入學考試不分男女，一律以程度為準。(二)本委員會前議決之六項執行之各項入學手續，均與男生無異，決不稍有差別。「南高」校務會議，本決定下學年秋季始業招考時兼收女生，但現在為普及學術起見，特舉辦暑期學校。因本機會平等之義，又不能使一般嗜學女生，失此大好機會，特將男女共校事，提前實行。現在來校報名之女生，已正不少，此可謂「南高」男女共校嶄露頭角矣。

按男女共校之利弊得失，各種報章雜誌，早已有所論述，本篇亦略道及之。且「北大」「南開」「大同學院」「浦東中學」以及四川之「外國語言專門學校」均已先後實現，惟聞其校風日益增美，學業愈更精進，並不見若何弊竇滋生。深望我大中華民國教育界諸公，本當仁不讓之義，驀地奮起，各盡所能，將我全國所有學校，無大無小，——自國民校以至大學——一齊開放，舉行共校制。則我國數十年來日言教育普及而未普及之「普及教育」，不久即將活活潑潑實現於諸公之眼簾前矣。諸公！諸公！勿復再作酣夢，請試側耳一聽歐美戰後重視教育——原來重視教育，今更加倍重視，吾人自反當如何，——之程度，達於何點．睜眼一看，世界潮流之來勢，何等洶猛，我中華民族能否適於生存廿世紀時代之機，即握於諸公今日之手中。務懇諸公為人類幸福計，勿再觀望蹉跎，則幸矣。茲更進而請我中國未舉行男女共學各校之男女同學諸君子，一細索「南高」男女共校之經過，當不難恍然大悟其中因果。深望諸君本自動之力，自決之義，速起運動要求，非達到我天眞自然優美怡愉之男女共同生活不可。諸君！諸君！猛省猛省！勿聽命於自然，勿假手於他人，幸福當自求之耳。況吾人處此生存競爭最劇烈之時代，吾人惟有謀所以得生存競爭之利器，——學術技能——他非所計矣。我深冀有覺悟之女同學諸君，量本己之學力，與所欲進之何種男校程度相當，待該校招生時，即可前往報名投考，倘被拒絕，向之理論，理論無效，儘可勿問一切，逕入該校聽講可也。至必要時，即向該校作猛烈之示威運動，亦未始不可。更冀男同學諸君，速起內應，蓋此雖女子自身問題，然實係中華民族生存問題，故又可謂為男子自身問題。深望我男女同學諸君，奮起圖之。作者不敏，願追隨諸君之後，以瞻厥盛。諸君免乎哉!!

哈弗夫人與保得學校　黃藹女士

美國的教育很好，然而鄉村教育，也還在萌芽的時代。吾讀了 Miss. Evelyn Dewey 杜威愛勿林女士的"New School for Old"，很有興味；也受了許多感觸。五年以前，美國的鄉村教育，和吾們今日城裏鄉間的私塾，頗有相同的地方．但是近五六年的進步，眞正出人意外！女士這書直是一本鄉村教育的進化史。吾狠想將全書詳細譯出可惜求學時代餘暇甚少只得暫撮其重要之點寫在下邊，供研究鄉村教育者的參考。這是要請讀者注意的，也是希望讀者見諒的。

一九一五年前美國尚有二萬「一間屋子的小學」 One—room school 校內的情形和組織，皆與校外不通聲息。每校只有一個教員月薪很少至多不過五十元。（美國生活程度高，所以比較的是很少）他雖盡力教授他分內的功課，然而總是沒有好成績。原因有三（一）社會上人漠視教育，不肯負改造的責任，稍爲豐富的人家寧可多費些金錢同神思送他們的子女到城市學校裏去小康之家亦是如此，所以無論本鄉的學校，如何腐敗，也不負改造的責任。其餘的貧寒人家，既沒有改造的能力，又不以教育爲事。因爲國法（强迫教育）森嚴，勉强遵守，然學校離家遠，道路難行，每遇風雨，大都缺課，常有無一人到校之日，教員只好休息。每逢春耕秋穫的時候，父母常要他們孩子幫忙，所以又不能到校，他們不注重教育，於此可見了。（二）教員的困難：好教員多半不願到鄉下來，即使來了，亦面面受困難，所抱目的總難達到。月薪不敷，常感受衣食的痛苦。校中不能供給住室，只得寄居人家，但是寄宿費不豐受了人家的欵待，於是幫着他們料理家事，撫養兒童，以作酬報。如此他那來工夫與心思去預備所要授的課，和想法子來振興鄉學？（三）學校的經費連教員的薪水在內每年只有五六百元，所以校舍和器具都是很零落不完的，什麼美術和衞生，更不必談了。一間中式的屋子，要容三四十學生，窗門都是破壞不堪，建造以來，沒有修葺過的．一二個窗子，開在房角上，還沒的百葉窗日光直射，兒童的眼睛焉得不傷？墁頂上的泥，一片一片落下來，散滿了學生的頭，和地板上，也沒有人去修整。至於器具非但簡單，且不完全。除了教員的講桌，和幾條學生的長板凳外，只有一個將破的小風琴，一本舊字典，幾張老古董的地圖，一塊走油的黑板，高高的挂在牆上，學生要舉起踵來才寫得着，到了冬天，有個壞的火爐，有的學生，烘得出汗，有的仍是冷得發抖。所有用品，除粉筆外，都要學生自備。家資欠豐的父母不注意教育的，多半空手來上課，教員沒法，只得敷衍了事。這種騙人的教育，都是因爲（一）社會上的人不解教育的價值，不圖改良，以爲他們自己原是受的這種教育，他們的兒女當然也可以受這種教育。世界的進化，與舊教育嘗淘汰和改良的必要，他們都不曉得。但這也不能完全責備他們，學校教育對於他們兒女現有的生活，將來畢生的職業，不能有所補助。譬如農人總希望他的子女能幫他種田，這些事體，學校一點不教，還要他自己費神，所以他以爲學校之有無和良莠，都不關緊要。（二）辦教育的人不熱心，因着幾個困難，就敷衍下去，不想種種的法子，引起社會上人對於教育的興趣，促他們分任改良本鄉教育之責，併使他們明瞭改良的必要。

以上是美國全國鄉村教育的情形。杜威女士又特別詳細的記載一個鄉學的改造和發展，恍如一本鄉村教育的進化史。她曾經精密的調查這學校，很讚揚她的成績。所以著這本書，一面證明鄉村教育有改造的可能，一面鼓勵或引起全美與全世的教育家，注意鄉村教育的改造，來實行這改造的工夫。

這個學校在一九一二年前，是與別的鄉學同樣的失敗，使人失望。因得了一位熱心的教員，就日新月異的從一個極腐敗的學校換了個充滿新生命的新學校。現在居然堂堂的，成了個全美與全世界鄉村學校的模範了！

此校就在美國密蘇芮 Missouri 北面寇客斯弗而城 Kirksville 相近的一個鄉裏，名保得學校 Porter School。在這鄉裏有二三家人稍爲明白些，覺得保得學校的缺點，是社會腐舊的原因，竭力托人代聘一位模範教員。一九一二年果然得着一位富有經驗和學識的教員，就是哈弗夫人 Mrs. Hawey。她未來以前，已熟知保得學校的情形，和失敗的原因，所以很有準備，併且抱着一個得未曾有的宗旨，要將此校徹底改造。

哈弗夫人的宗旨，不僅是改良保得學校的組織和教材，併且希望改造全村的生活和精神。她來的時候，看見了村裏那樣散漫無生氣的現像，總不絕望，誠心相信這個小小保得學校，有爲全鄉造出新世界的可能。就職以前，她提出二條要求：（一）三年完全自由的辦事權，成敗以三年爲限，但在三年以內，無論何人，不得妄加干涉。（二）一個隔離的宿舍。這是有鑒於從前教員寄宿人的弊端，且她以爲教員當與全鄉的人，有同樣的生活，和學生的父母常常接近，然後可以獲得她們的心理，同情，和互助。教員只是個先覺或領袖，眞領袖不是替人做這個或那個的，不過想法子幫助和鼓勵人來同他一起做的，因爲興味經驗與責任心，都從個人自己的動作中得來。哈弗夫人又想拿她家作個橫絕家庭。總而言之，她想利用這二個條件，改造村裏的社會—創造社會團體的精神，增高社會生活的程度，改良家庭和學校的缺點，加增人生的興趣，保得學校的改良，不過是她計畫中的小部份！

哈弗夫人既得了村裏董事的同意，就先自保得學校着手，第一步，連絡學生的家長，辦學的董事，與要求她來的人家，她將所有改造保得學校的計畫，詳詳細細的，宣告一番。即如：她以為保得學校的教材，要能有補兒童現在的需要，和將來的生活。學校是全鄉人士的公共財產，無論男女老幼，都要能得着些益處。他們聽見了，非常欣慰。立刻願意增加校內的器具，並把保得學校的房子，改建與擴充起來，但是哈弗夫人立時拒絕。因為她的宗旨，是要將保得學校現有的屋子，與器具，稍稍加以修葺，以充校用，不必重建。（一）重建校舍甚不經濟。（二）她欲證明現有的房屋，有發展校務，與足供校用的可能。（三）重建房屋有阻鄉學發展的前程。假使保得學校如此，各地鄉校皆欲援例，改良以建築新校舍為第一步，那如何做得到？她只承認保得學校有修葺的必要。但她也不願幾位富翁和董事出些錢來，替這鄉人修整，她希望全鄉的人，都負改造保得學校的責任，和興味，所以她招集全村的人，將一切計劃，明白宣布，鄉人大樂，極願分任其責，雖不能捐助若干欵項，都情願犧牲時間和勞動，來修整保得學校的校舍，男子作工，女子調查工作的需要。例如某日，要用木匠或瓦匠若干人，她們就在校外牆上出個告白，無不如數而來的。只用去五十元買木料和油漆等。不一月，保得學校便煥然一新的，成了個又適意，又清潔，又美麗，又衛生的小學校。園裏也有了點花草，鄉人漸漸的覺着保得學校是有希望的，對之更有興味。見她所缺的東西，總盡力想法子來補足，例如他們覺得此校缺乏運動玩具，就有人送籃球，又有人送網球，哈弗夫人素來不要求他們替保得學校設備什麼．只等他們自己覺得，而樂來補助，要他們居自動的地位。校舍雖已修好，學生朝夕往返的困難，仍是如故．哈弗夫人就同人商量，希望删除這個困難，後來有一家人，受了她的感化，自願供給一匹大馬，一個馬夫，同一個四輪車，車可容廿餘人，車中有軟和的墊子，上有油布篷，可蔽風雨，每早在一定的時間，驅至全村，專送學生入校，各家的學生，皆預備好立在門前，等車來了，就上車走，黃昏散學也如此送回家，十分便當，所以無論如何的風霜雨雪，都能如常上學。後來他們的父母，覺得這種辦法的利益，都願分任其勞力，同用項，按家輪流的送接，所有用費大家公認，這可見哈弗夫人辦事的能力了。

哈弗夫人的宗旨，不過用保得學校做個起點來「社會化」這鄉村人的生活，因爲修葺校舍等事，這鄉的人，常常聚在一起作工，所做的工，都是爲保得學校的，有共同的興趣和目的，所以無意中就造成個哈弗夫人目的之起點了！即是因爲有共同的興趣，和利益，就都樂于工作，以求適用與完美的精神，和共同工作，獲得好結果之覺悟。哈弗夫人的第二步，就要利用這新校舍，施行她社會化的工夫，她雖一時不能知道他們急不可待的需要，與具體的辦法。她却步步留神的去探索，常常出去同人談話，時時視察人的態度，有時受人詢問，她就恒然指明他們生活的缺點，用間接方法使他們覺悟改良的必要。只要他們自己出來要求幫助，她無不竭力盡心的幫助他們。但總使他們居自動的地位，自己只任指導之責。

同年（一九一二）十二月，她覺得人人都在希望耶穌聖誕光臨，然而他們沒有一種共同慶祝的準備。所以她就同他們談某處，某處，如何準備，如何慶祝，引起他們的興致，於是他們也要準備慶祝了。哈弗夫人就於是月念四晚，開個全村大會，一面使人人都得着些守此典禮的真意義，與精神。一面希望養成他們這種團體慶祝的好習慣。她將耶穌降生史，和其意義，講給保得學校學生聽，教他們做些簡單與有用的禮物，預備送他們的父母或親友；又教他們練習許多歌詞和故事。到了那天，全村的人都興高采烈的來了，禮畢，莫不稱快而歸！明年（一九一三）十月十四，是本校改革成立的紀念日。開了個紀念會，請全村的人都來參與，哈弗夫人報告一年來經過情形，於是他們更明瞭了。每年有規定的特別紀念日，如學校改革的成立紀念日，耶穌聖誕日，林肯誕日，懇親會成立日，美國立國紀念日，感謝節，等等。每次開會，都是由學生自己寫請客書，預備茶點，和音樂，演講，或讀文，以博來賓之歡。除以上規定的開會期外，尚有臨時特別聚會，或由來校參觀者演說，或由哈弗夫人函請有學問的人演講。因此這鄉的人，不特認識保得學校的教員，了解她的內容，他們彼此也能互相了解，且有互相的團體心了，不似從前那般絕緣，「老死不相往來」的樣子。

哈弗夫人平日精細觀察，覺得村中婦女，很有志爲本鄉造福，只是沒有一種具體的組織和計畫，所以她就幫助她們組織個婦女社，差不多全村的婦女，都來入社。此社的宗旨，就是聯絡感情；同心協力的改造她們的家庭，與環境；創造那種環境團結和友好的精神，共同組織些正當的俱樂部。哈弗夫人也是會員之一。她們有一定的常會，聚於她家或保得學校裏，當夕陽西下，工暇的時候，她們的丈夫常步行同來，他們不是會員，只得傍待，或爲他種遊戲，以相俟。於是哈弗夫人幫助他們組織個農人社。目的就是，要共同工作，以圖改良全村的農業，他們亦以保得學校爲改良的中心點，替保得學校植了許多樹木，在校之前後左右，修平道路，新建柵欄，又築一所聚會場，修整電燈，德律風，火爐，風琴等。他們的唯一宗旨，是改良農業。所以哈弗夫人同此社的二位代表，到密蘇芮大學要求一位農業教員，來講農業科學應用的智識給他們聽，第一天只有十九個人聽講，第四日，已有二百餘人了。保得的大學生，也與村人同聽，亦與他們同耕。哈弗夫人早已注意於農業的改良。一年之前，選了四個學生，到哥倫比亞大學去參觀農業。他們回來後，把所見的，詳詳細細的，報告給他們的父母，親友，和鄰居聽。村人欲改良農業的心，遂自此起了！一九一三年，哈弗夫人的朋友，客芮斯利斯女士，Miss. Creeclius來慰視她的時候，帶了許多種的花草與菓蔬之種子，和秧子來，她看見保得學校的情形，自願任義務植物教員，自她來後，非持保得學校有滿庭花香葉綠的盛觀，全村人的家圃，亦莫不如此，天然的美景，不知增加了幾許的愉快！哈弗夫人又有見於他們愛好音樂，如飢如渴的情形，就幫助他們組織了音樂隊。開會時候，除學生外，亦有別人出席，或唱，或彈，更足引人的興趣了！自此以後，他們常有全村的音樂大會，以減少僻壤田舍的乾枯生活與調和鄉間粗魯的性情。

哈弗夫人不僅利用保得學校爲全村社交娛樂之處，也藉以作全村共同研究改造他們生活和職業之所，農人社有特別農業教員的講演；婦女社亦請人授家庭經濟學。哈弗夫人與學生的家長，和鄉董，組織個研究社，專務調查種種關於家庭衛生與經濟，兒童習慣，與社會道德的問題。遇有什麼缺點，或困難，便大家討論，想個補救之策。故人人相信哈弗夫人的志願，同計畫，漸漸的，格外明瞭她的宗旨，和她溫柔耐勞之性格。敬佩與友愛她的必，與日加增，無論何事覺得有她扶助的需要，及可能，必來請她幫忙。一九一七年他們上了請願書要求她組織全村的禮拜日查經班於保得學校她立即着手組織三班查經班．一爲青年女子，一爲青年男子，一爲兒童的父母雖經六日辛勤的工作，到了安息日，尚有休養盡性需要的覺悟，不以跋涉往返爲勞，可想見他們的進步了！

哈弗夫人也極注意保得學校課程的改良，她以爲寫字，讀書，算數本身並不是教育只是求教育的塗術藉着他們，可以使學生了解朝夕耳目相接觸。環境內事物的理，與自治自養的能力，有互助快樂的生活，社會服務的精神，和享健康的愉快。

她不顧省教育會的定章，也不模仿他鄉鄉校的組織與課程。惟依據本村的情形境況和需要而施相當的教育。第一年全校只有哈弗夫人一人教授，雖不免遇見許多困難，她却能次第有完美的解決，如首先她就用二個法子，解決教授時間的問題（一）她得八班的教材只分作甲乙丙丁戊五班，以農事學科學與史學爲分班的主要課算學作文程度不及格，可插入他班。如半途有新生入校，則按其原有程度插班，或特別單級爲之補習一二月後，再插班。（二）她不將各科分科按時教授，如一日有位先生來參觀保得學校，異常稱賞，去後未久，來信表寫他的愉快。哈弗夫人遂把這信封給學生當作文學讀，且令抄錄在各人的簿子裏，他們讀了此信，希望寫封回信，她就乘此機會，教他們寫信。於是文法，讀法，書法，拼字法，書翰法，同時學了。一星期後，這位先生又送他們一籃加里佛尼亞 California 的大橘子，她遂分給他們吃，吃了，她就分作幾日的功課，與他們研究這橘子；考查美國產橘的地方，及其原因，如天時地理的關係，和橘之種植法，橘之含養料，等等。所以地理學，植物學，理化學亦一一的學了；學了，數十學生在一間屋子裏讀書，難有秩序，常人都要嫌煩。哈弗夫人則不然，她的課室，井然有序，她併且以爲這種辦法可以幫助學生驗習互相招顧的共同工作之精神，和習慣。她的學生雖可隨時移動，或彼此請教，但總是靜悄悄的，惟恐驚擾了別人。常常記着他們只是全體之幾部分，不可自私而有滋擾同學之舉。還有一樣好處，就是每逢哈弗夫人因一班的教材，講到什麼與全校或一部分學生的生活有關係的地方，那些學生自然而然的就留神聽聽，所以一舉可以數得。（實在有這種情形，從前左君舜生在吾家授課時，凡他對大學生講的書，有興趣的，與小學生有關係的，吾的小姪女元漢，雖是最好嬉戲，也能自己耐了性子，在傍邊聽，聽了還會進去，笑嘻嘻的回講給祖母聽，比她自己的功課，還明白些呢！）

每早未上課以前，他們有個聚會，有五六個學生，輪流的，對着全校講幾句勸勉的話，或講個有興味的故事，或報告他一週內的功課，或工作的成績，以操鍊他們口齒清晰，儀容整潔的態度和能力，來表白他們胸中的思想。杜威女士親自在保得學校，看見一個年方六齡，結舌的小學生，怛然站在會衆之前，一句一句，緩緩兒的，報告她那一星期內，養鷄的情形，與心得，文法雖很簡單，然用得一點不錯。口齒欠靈，却句句說來，都能使人聽得清清楚楚。若沒有平時的鍊習，焉能及此？

前面已經提過，每值春耕秋收之際，大學生多半缺課，哈弗夫人歡喜他們有實地研究，與應用所學的機會，然而看見一般學生，因着停學依依不捨的樣兒，心中十分難安。從前的規則若失學過久，功課補不及，須停學一期。於是哈弗夫人想個兩全其美的法子，安慰他們。她一方面鼓勵他們去工作，一方面惠然允許他們，無論什麼時候有暇，幾個時刻，或一二天，都可以仍然回校在原班上課。校中有聚會等事，亦可如常參與。如某日，有二三個學生回來上課，哈弗夫人就叫一二個同班的學生，將從前所學的，總結起來溫一溫。他們自己的功課，可以熟些，也能幫助那二三個補學的學生，不致茫無頭緒，有不詳處，可借同學的簿子一讀。有時，她自己也幫他們補課。如此，他們不致失學，且能不以百日一律的勞動器械生活爲苦。他們的興味，心裏滿意，工作當然可以更加有功效，精神也可以倍增。哈弗夫人又替他們設夜晚與夏季補習班，所以人人都可以有機會來學習了！

保得學校的學生，沒有一律的課本，各人只有手記簿，所聽見的，看見的，或由自己經驗中得來的，皆一一備載其中。除幾篇堪爲模範的文字以外，各人皆以自己的裁決力，選擇有價值的材料，抄錄在簿子裏，所以幾十個學生的簿子，沒有二本是同樣的。她用這種方法，發展他們的個性與創作力。

尋常學生讀完高小的書，就出去謀生活，自此無機會再學了。哈弗夫人以爲高小的程度，不足爲民國的國民，所以她廢除高小畢業的手續，無形中打破那種畢業自滿的觀念。凡能來學的，總是接續敎授，不能來的，就設夜晚與夏季學校幫助他們。有機會入中學的，她就送他們去。（前幾天與杜威女士談及此校。她說，現在有許多男女學生，自保得學校到中學去，投考的無不高列。各中學都歡迎他們，因爲他們的程度和精神，都超乎從他校來的之上。）

如此，他們的學識與年增進，與世同趨，無一日停滯了！

今年秋，爲保得學校改革八週的紀念。哈弗夫人與某友，寒暑不休的，做了八年的工夫，創了古今未有的事業！讀者能無所感？現在吾國婦女運動的聲浪，一天高似一天了！這些口中紙上的婦女運動，是否實際的，普遍的，德莫克拉西的？若我們還有絲毫生氣，應當快來做些婦女運動的眞工夫！做些實際的，普遍的，德莫克拉西的婦女運動！敎育一道，最能給人精神的安慰，除人物質的痛苦。所以我草草的將這書介紹出來，希望大家能犧牲，肯耐勞，如哈弗夫人一般，脚踏實地的，在敎育事業上，做個數十年的工夫！使人人得着精神與物質生活的實際，有相當的機會發展個性，本能，與人格。改革鄉村敎育，實爲今日急不可緩的事。有願從事於此的，當常作精密的地方調查，凡與鄉村敎育有關係的科目，應該結合同志，詳細研究。一候稍有把握，能抱定那堅決的志願，與耐勞奮鬥，百折不屈的精神，實行去辦學校。一面仍作研究的工夫，不求名，不圖利，十年，二十年，以至終身。都朝着所定的標準奔走，以作實際的，普遍的，德莫克拉西的婦女運動！

北京女子高等師範

孫繼緒女士

一　沿革

北京女子高等師範，是民國八年纔成立的，他的歷史却已有十二年了。我先把他的沿革說明。

前淸光緖三十四年七月，御史黃瑞麟奏請設立女子師範學堂，借醫學館做校舍，在京內外招致學生幾十名，分甲乙丙丁四班，統名師範簡易科。那年八月，纔在石駙馬大街建築校舍。至民國元年五月，更名爲北京女子師範學校，招致本科。後來又分設附屬小學於東鐵匠胡同，又擴充校舍，附設蒙養園。到民國六年，方纔預備改組女子高等師範，逐漸招家事、國文、博物、圖畫等專修科，又添設附屬中學校。至八年九月，正式改爲高等師範。將原有的國文專修科，改爲文科國文部一年級；博物專修科學生，改入理化博物部預科；又招了家事預科，保姆講習科，纔成了今日的女子高等師範。

二　學制

編制學科法，共分預科，本科，專修科，選科，研究科，講習科，補修科。

預科，本科分文科、理科、實學科三門。各科又各分數部：文科分國文，外國語，史地三部；理科分數理，理化，礦化生物四部；實學科暫設家事部。畢業期，預科一年；本科三年。

專修科，如現在的圖畫專修科，是為學習文理實三科以外的學科而設的，畢業期三年。

選科除了倫理教育必須修習以外，可以選習預科本科專修科的一科目或數科目，畢業期與本科專科相等。

研究科是就本科一科目或數科目加以專攻的研究。（今尚未設）

講習科，如現在的保姆講習科，是因為補充地方小學教員知能的缺乏而設的，專以研究小學教育為主。

補修科是因為各省初級師範或中學保送來的學生，學力夠不上入預科，所以特設這一科，以補充他們的學力，並不招考，修業年限至少一年。

現將暫擬的女子高等師範學科系統表寫在後邊——

預科一年	本科三年
文科　第一類	國文部
	史地部
文科　第二類	外國語部（暫以英語為主）

專修科及講習科	三年或年半不等
手工專修科	
音樂體操專修科	
保姆講習科	

理科
- 第一類
  - 數理部
  - 理化部
- 第二類
  - 礦化部
  - 生物部

實學科——家事部

三課程

文預科之科目如左——

倫理，論理，國文，英語，數學，音樂，圖畫，體操。（第一類加授歷史文學概論；第二類加授英語。）

文本科共同必修科目如左——

倫理，心理，教育，國語，英語，音樂，體操。

文本科分部選修科目如左——

（甲）國文部　國文學，本國史，言語學，美學，哲學。

（乙）史地部　歷史，地理，法制，經濟，社會學，人類學，考古學，製圖，及模型。

（丙）外國語部　英語學，西洋史，言語學，美學，哲學；次習共同科英語，并加授法文。

理預科之科目如左——

倫理，論理，國文，英語，數學，物理，化學，圖畫，音樂，體操。

理本科共同必修科目如左——

倫理，心理，教育，英語，音樂，體操。

理本科分部選修科目如左——

（甲）數理部　數學，物理，化學，天文，氣象，論理，物理，高等數學，手工，及實驗。

（乙）理化部　數學，物理，化學，天文，氣象，手工，及實驗。

（丙）礦化部　礦物，地質，地文，古生物學，數學，化學，圖畫，及實驗。

（丁）生物部　生理學，動物學，植物學，生物學，園藝，農學，圖畫，及實驗，

實學科家事部之科目如左——

倫理，心理，教育，國文，英語，衣食住研究，園藝，縫紉，刺繡，烹飪，生理，醫學，育兒，看護，養老，家庭管理，家庭簿記，家庭理化，圖畫，手

工，音樂，體操，及實習。

專修科及講習科課目，臨時規定。

四入學及升學

一年分爲三學期，以暑假後開學爲第一學期，每年暑假中開招新生一次，若第一次不足額時，數星期後或者再補招一次。入學手續須依規定的章程，現在把他寫在後面。

（一）預科以身體健全品行端潔年在十八歲以上二十五歲以下，在女子完全師範，或中學校畢業，尚未婚嫁者爲合格。

（二）專修科選科以身體健全品所端潔，年在十八歲以上二十五歲以下，在女子師範或中學校畢業者爲合格。

上二項學生由各省教育行政長官選送，到校覆試及本校定期招考之。

（三）本科由預科修業期滿升入。

（四）研究科由本科及專修科畢業生中選取之。但在本國或外國專門學校畢業及從事教育有相當之學識經驗者，經校長許可，亦得自費入學。

（五）講習科及補修科之入學資格，臨時定之。

應考各生由各省教育行政長官選送者，須交出履歷書，相片，畢業證書選送公文及試卷；其由本校招考者，應交出履歷書，相片，繳納試驗費，呈驗畢業證書。

預科之試驗科目爲國文，英語，數學，歷史，地理，理化，博物；並口試，檢查體格。

專修科選科講習科之試驗科目，臨時定之。

試驗入學之學生，須塡具入學願書，服務願書，邀同正副保證人到學塡具保証書，並繳納保証金二十元。

試驗分爲甄別，臨時，學期，學年，畢業五種；或用論文試驗，或用課題試驗。現在各處提倡廢止試驗的運動已經很多了，此地亦正在考慮之中。將來如要適應教育趨勢，那麼廢除這種繁重機械的試驗，而代以合理適當的考查法，也是意中事。

五費用

預科本科的學生爲公費生，學費膳宿費都不納，不過書籍衣服等雜費是要歸學生出的。這筆費用約略的數目：制服（就是外面的布衫和裙子）鞋襪費每年約二十元；書籍費約十五元；課業用品費約十五元；雜費約十元；共合六十元。公費生至少每年也得這些費用。若專修科選科講習科補修科的學生爲自費生，還要加納膳費五十元，（每月四元五角）每年約一百一十元。這是現在校中學生最減省的費用數目。若是文科學生，書籍費就要多些；圖畫科家事科學生，課業用品費就要多些。調查現在校內學生中最普通的公費生，每年須費百元；自費生每年須費百五十元。（家庭住在北京的學生）若是常要出門（加車費）或是常要買書籍雜誌的，那就不夠了。初入校的時候還要納保証金二十元，（畢業後退還）帳子褥單費約十元，這三十元是在常年用費以外的。

六學校生活

居處　全校的學生是一律寄宿在校裏，六個人一間寢室，室內祇有床鋪，床底下可以放一兩件箱篋，餘外不準放東西，因爲屋小人多，恐怕多積物件，有礙衛生。寢室的地板窗門，都是學生輪值掃擦。櫛沐室浴室飯廳各人亦有一定的位置。因爲去年改爲高師，校房子不夠，於是就將學生自修室統改做寢室，所以現在平時自修亦在教室內了。

衣服　在校的學生無論何時都穿制服，冬季是深藍愛國布的；春秋是月灰色愛國布的；夏天是白愛國布的。裙子用黑色素紡綢做。（冬季亦可以用黑愛國布做）鞋子是一律穿黑色的。襪子冬季黑色，夏季白色。帳子，被單，褥單，一概白色。校中常有女成衣的進來，要做的衣服就可以給他做。帳子被單及內外布衫，都可以交給洗衣店洗，（二分大洋一件）若願意自己洗的，也可以自己洗，每天下課後，洗衣室備有熱水。

飲食　食事每天三次：早飯吃稀飯小菜饅頭；中飯晚飯吃米飯，爲重衛生起見，湯菜都是每人一份。三餐以外，不吃雜食；但是不妨礙衛生的點心，如牛乳雞蛋等物，也可以買來放在飯廳裏，等到下課後去吃。茶因爲是刺激神經的東西，所以用開水去替代。菸酒是沒有一個人吸飲的。

體育　關於體育的事，除規定體操時間外，有全校學生組織的體育會，每日課餘在操場上分組打球或游戲，由體操教員指導方法。學生有病，可以就校醫調治，病稍重的須遷入調養室，藥物飲食均由校中職員調護，有女校役服侍。醫藥費概歸學校。若重病須入醫院的，用費概歸學生自己繳納；倘有甚長短，統由家長或保証人擔任，學校沒有責任的。

德育　德育的責任雖由各級主任及學監負擔，但是常注重學生自動，以期養成他們自治的能力；所以現在校內關于學生的一切事務，都歸學生自治會管理，教職員只處於指導地位。這個學生自治會，是由每級選出六個人來組織成評議幹事糾察三部；評議部討論一切事務的辦法；幹事部施行評議部議決的事項；糾察部巡察各處的清潔整齊，維持學校秩序，處理違犯公約的事項。幹事部又分庶務教育營業出版交際五股；庶務股擔任會中的行政事項；教育股擔任教學校役及通俗講演；營業股擔任販賣所營業的事；出版股擔任發行半月刊；交際股擔任與校外一切的交際。糾察部附設懲戒股，由懲戒委員組織，專司裁判會員訴訟及違犯自治公約的事。

七　集會

每年春季集合附屬中小學校及蒙養園學生，開運動會一次；秋季開學校紀念會一次。其餘學生平時組織的有文藝研究會；（由文科發起）分編輯，講演，庶務三部；編輯部每季出文藝會刊一冊；講演部每星期開會員講演會一次，每月請學者講演一次；庶務部總理會中雜務。數理研究會，（由數理化部發起）宗旨在闡明學理，交換知識，分數學，物理，化學三組，每星期開會一次。博物研究會，（由博物部發起）宗旨在收集博物材料，並討論學理，分生物生理二組。幼稚教育研究會，（由保姆講習科發起）宗旨在研究兒童心理及教授方法，分講演編輯二部。以上各種集會，雖是由一級發起，但是他級學生都可以自由加入，所以各會的會員並不盡是發起各級的學生。此外尚有校友會，合校長教職員在校學生及畢業生組織成的，為畢業生與本校聯絡的機關，每年八月開會一次。

附錄學生集會一覽表（自八年三月至九年三月）

學生某會一覽表

會別	成立日期	宗旨	部別	任務	開會次數	成績	會員數	會長及部長

會名	成立	宗旨	部別	職務	開會次數	成績	會員數	會長及部長
學生自治會	八年十二月十七日	本互助之精神謀個人能力之發展及校務之發達	1評議部	議決會中應行事項	八次	議決案三十件規定公約六種	二百五十六人	
			2幹事部 A庶務股 B國貨股 C講演股 D出版股	執行評議部議決事案并其他應行事項	六次			
			3糾察部		四次			
文藝研究會	三月	研究文學及各種藝術	1講演部	編定講演次序收存講稿	二十四次	講演會念四次		
			2編輯部	分門徵集文藝稿件	五次	論文三十篇文藝八十篇		
			3庶務部	綜理會中一切事務	二次			
數理研究會	七月	闡明學理交換知識	1數學組 2物理組 3化學組	分門研究按期開會報告	十二次	研究錄二十篇	三十六人	關慶雲
博物研究會	十一月	收集博物材料並討論學理	1生物組 2生理組	分門收集研究按期開會報告	十次	研究論文十五篇	二十六人	
幼稚教育研究會	九月	研究幼稚心理及教育法	1講演	各會員按期報告心得	十四次		二十四人	
			2編輯	收集各會員論文				

家事研究會	九年二月	本互助之精神改良家庭補助社會	1講演 2討論		二次	研究案二條	二十一人	胡淑光
校友會	六年十二月	聯絡友誼交換知識發展本能以收互助相輔之益	1總務部 2文藝部 3編輯部 4運動部 5幹事協助部	總管庶務會計文牘各事 研究文藝一切事務 刊布雜誌 謀體育之發展 分理一切事務	三次		八百六十人	

北京女子高等師範附屬中學校

方瀾

少年世界特闢「學校調查」一欄，意在給一般青年學生一個很明瞭的觀念，叫他們知道那個學校好，可以入；那個學校不好，不可以入。我在北京女子高等師範附屬中學校調查了一回，觀察所得的結果，覺得不好的地方很多，離開理想的學校還遠的很呢！但是我現在敢於將他發表，並不是勸青年女學生不要去投考；因為倘和北京女子中學校比較起來，還是要算此校好點。我的目的是要喚起社會的注意。中國女子附屬中學校為國立的祇有這一處，所以在中國教育界裏面佔了一個重要的位置。倘管理教授不得法，於社會上是很有影響的。

甲、學制與課程

這中學是民國六年成立的，當時因為女子師範要改辦女子高等師範，本科一年級，不再招生；所以把投考及格的學生，統送到中學裏去肄業。這學校在這一年內只有一年級一班，補習科一班。民國七年又招兩班，八年又招三班。現共有七班：計三年級一班，二年級二班，一年級三班，補習科一班。自去年起，採用全國中學校長會議的議決案，設第一部及第二部。第一部為志願升學者而設的，第二部為志願從事職業者而設的。但是該校分部的標準，是按學生英文程度分的，不准學生自由選擇，亦不問學生——將來的志願如何。我現在將他的課程表，寫在下面：

北京女子高等師範學校附屬女子中學校第一部課程表

學科　學年　時數	第一學年	每週時數	第二學年	每週時數	第三學年	每週時數	第四學年	每週時數
修身	道德要旨 禮儀實習	一	同前學年	一	同前學年	一	道德要旨 法制經濟概要	一
國文	講讀及文法 作文	七	同前學年	六	同前學年	五	同前學年	五
習字	楷書	一	楷書 行書	一	同前學年	一	行書 草書	一
外國語	發音 拚字 讀法 譯解 默寫 會話 文法 習字	六	讀法 譯解 默寫 造句 會話 文法	六	讀法 譯解 會話 作文 文法	六	讀法 譯解 會話 作文 文法	五
歷史及地理	本國地理	三	本國歷史	三	外國地理	二	世界史	二
數學	算術 珠算	四	算術 代數	四	代數 幾何	四	代數 幾何	四
博物	植物 動物 實驗	三	生理及衛生 動物 實驗	三	生理及衛生 礦物及岩石 實驗	二		

北京女子高等師範學校附屬女子中學校第二部課程表

學科	第一學年	時數	第二學年	時數	第三學年	時數	第四學年	時數
物理及化學					物理化學 實驗	四	物理化學 實驗	四
教育							應用心理 教育大要	二
圖畫	自在畫 寫生畫	一	同前學年	一	自在畫 用器畫	一	自在畫 用器畫 考案畫	一
手工	應用手工	一	同前學年	一				
家事園藝			衣食住整理及衛生 實習	二	侍病育兒 經理家產 家計簿記 實習	二	烹飪法 蔬果花木等培養法 庭園構造法 實習	三
縫紉	普通衣類之裁法縫法補綴法	二	同前學年	二	同前學年	二	同前學	二
樂歌	基本練習 歌曲樂典	一	同前學年	一	同前學年	一	同前學年 練習樂器	一
體操	徒手操 器械操 遊戲舞蹈	二	同前學年	二	同前學年	二	同前學年	二
總計		三三		三三		三三		三三

科目＼學年＼時數	第一學年	每週時數	第二學年	每週時數	第三學年	每週時數	第四學年	每週時數
修身	道德要旨 禮儀實習	一	同前學年	一	同前學年	一	道德要旨 法制經濟概要	一
國文	講讀及文法 作文	七	同前學年	六	同前學年	五	同前學年	五
習字	楷書	一	楷書 行書	一	同前學年	一	行書 草書	一
歷史及地理	本國地理	三	本國歷史	三	外國地理	二	世界史	二
數學	算術珠算	四	算術珠算	四	代數初步 幾何初步	三	代數初步 幾何初步	三
博物	植物 動物 實驗	三	生理及衛生 動物 實驗	三	生理及衛生 礦物 實驗	二		
物理化學					物理 化學 實驗	四	家事應用理化學 實驗	四
教育							應用心理 教育大要	二
圖畫	自在畫 寫生畫	一	同前學年	一	自在畫 用器畫	一	自在畫 用器畫 考案畫	一

手工	各種應用手工	二	同前學年	二	同前學年	二	同前學年	二
家事園藝	衣食住整理及衛生 洗濯法 實習	二	侍病育兒 經理家產 家庭醫學大要 實習	四	家計簿記 家庭醫學大要 烹飪法 實習	四	烹飪法 蔬果花木等之培養法 庭園構造法 實習	四
縫紉	普通衣類之裁法 縫法補綴法	二	同前學年	二	同前學年	二	同前學年	二
樂歌	基本練習 歌曲樂典	一	同前學年	一	同前學年	一	同前學年 練習樂器	一
體操	徒手操 器械操 遊戲舞蹈	二	同前學年	二	同前學年	二	同前學年	二
外國語	發音 拼字 讀法 譯解 默寫 會話 文法 習字	三	讀法 譯解 默寫 造句 會話 文法	二	讀法 譯解 會話 作文 文法	二	同前學年	二
總計		三二		三三		三三		三三

北京女子高等師範學校附屬中學校補習科課程表

學科＼學年	第一學年	每週時數
修身	道德要旨	一
外國語	發音 會話 拼字 造句 讀法	四

國文	講讀及文法 作文	八	手工	應用手工	一
習字	楷書	一	圖畫	自在畫	一
歷史	本國史	二	樂歌	基本練習 歌曲	一
地理	本國地理	二	體操	普通體操 遊戲	二
數學	算術	六	總計		二九

此校全用學年制，補習科一年畢業後，即可升入中學；中學四年畢業。各科科目，都是必讀科，學生不能自由選擇。所謂最好的單位制，他們還夢想不到！

乙、內部組織及管理大致情形

內部的組織，實在是簡單的很！除校長、主任、學監、舍監以外，祇有事務員數人。校長是教育部的編審員，不但中學的事不過問，就是女子高等師範的事也均委教務主任辦理。校中只設主任一人，管理全校一切的事務。這校既然沒有教務主任，也沒有各種委員會。學校行政例，教員會議例，庶務例，都由主任一人包辦。這主任事又繁，脚又小，終日忙個不了，虧他能夠這樣的耐勞，眞所謂一人萬能！主任下設學監一人，舍監一人，這二人一天到晚不知辦些甚麼事！終日防學生如同防賊一般；不但不准學生自己打電話，并且還要拆看學生的家信！—學生收信發信，均須由學監舍監拆閱—這眞簡直不當學生是「人」了！無論何時，主任學監舍監遇見了學生，兩隻眼睛便釘在學生身上，狠注意的觀察他們，聽說這便是他們定操行分數的方法！

學生自由開會，也是不准的。無論舉行何種會議，那學監必定要到塲監視，如同對待囚犯一般！有一次學生舉行俱樂會，有化裝游戲，正值學監外出後來他聽見了，便將學生叫去申斥一番，他說：『化裝游戲失了你們女學生的身分！』

這校教育方針，完全是貴族的教育。學生見教職員，必須鞠躬；平常的鞠躬是不行的，必須深深的鞠躬，—大概須費半分鐘的時候—每次上課，教員點名，學生必須站起否則便扣品行分數；餘如不准帶籃色眼境之類，眞是不勝枚舉。總而言之，這校的教育完全是貴族的教育。

丙、學校設備

這校最奇怪的，是不設閱報室。學校訂閱日報數份，均放在學監事務室裏；學生願意看的均須自已去取。但是學生因爲那學監專注意學生的行動，以定他們操行的分數，後來漸漸的都不願意去取了。所以現在看報的，一百人之中不過三四人！

體操場是很大的。但是除了一架鞦韆，一件瀉木外，便一無所有。此外有網球場一所但是不畫白線；籃球場一所，校中不買球；學生自然也就冷淡起來了。

寄宿學生有八十多人，校中寄宿舍却是非常的狹小。每一寢室，要住到十六人之多！夜間的空氣怎樣，亦就可想而知了。學生楡沐，室只四小間，每早擁擠不堪！這且不提，寢室內在冬日向來不生火，一大半學生的手脚都凍的不得了。聽說這是主任因爲要鍛練學生，故意如此的！

丁、教員學風等等

教員好的固有，但是「濫竽」的亦很多。教授都用注入法，用啓發式是很少的。最腐敗的，便是那國文教員教授法他是完全不懂，講完一篇古文，便令學生隨他大聲誦讀。他說不照這樣做法，學生國文是不會進步的。他出的作文題，均是『苛政猛於虎論』『唐太宗論』一類的題！

學生是服從極了；見了主任，彷彿遇見老虎一般。所以校中劣點，毫不敢向校外人告知。上次『六三』運動，全體到新華門請願，學監便阻止他們去請願。他說：『國家的事與女子是無關係的！』但是那時學生義憤塡胸，所以不管他學監不學監，也就一擁出校到總統府去了。當時恰巧主任因母病回到江西去了；如果他在校，學生恐怕終究不敢前去請願呵！

學生成績都是很好的，不過思想未免太舊。這原不能怪他們；因爲各種新思潮的出版物，他們是從來看不見的。學校不設圖書室，寄宿⋯生，如何能有機會去瀏覽這些新出版物呢？我這篇報告，句句都是實話！該校如此的情形，真是為女子解放的障碍！我很盼望這篇報告，可以引起社會上的注意！將該校大加整頓一番，那便是我這篇報告的本意了！

一，十二，一九二〇。

婦女職業的技能

謝循初

向來談婦女職業問題的，慣偏重家庭的訓練，都只為婦女的技能，僅適於教養兒童主持家政。學校內關於職業方面的課程，除家庭的訓練外，至多也不過加幾門小工藝，預備畢業後出嫁前短期內謀獨立生活罷了。至於論到高等的技能，無人不說是男子天賦的特長。究竟這種說法，是社會上因襲的假設？還是有科學的根據？換句說，男女職業上的區別，是社會上習慣產出來的？還是人類智慧上本來的事實？我們現在把這個大問題分做五個小問題，來略略的討論一下。在今日婦女經濟獨立初倡的時候，確也值得一說。

一 男女平均的智慧是否有本來的差別？

在心理學未曾發明實驗方法以前，一般玄想的心理學家都公認婦女的智力較男子的為弱。男子在社會上政治上各方面所以有不平等的現象，這也是一種很大的原因。到了十九世紀，歐美各國的教育漸漸的發達起來，女子高等教育問題，為當時教育家心理學家爭論極力的題目。爭論越利害，研究越精確。後來科學進步甚力，實驗方法一步一步的產出來。到了二十世紀初葉，大家對於以前憑空瞑想的論証，都懷疑起來了。不是用科學的方法試驗出來的話，總難令人信服。於是玄想的心理學家，一變而為實驗的心理學家。要沒有科學的論據，便不能武斷婦女的智力較男子的為弱。

第一位拿出科學的論據的是羅馬士 Romance 他以為人的智力和腦的重量是成正比例的；腦愈重，智力愈強。他並試出男人平均的腦比女人平均的腦重幾克。所以斷定女人的智慧，不及男人。當時都信這說是確定無疑了。那曉得不上十年，有人起來主持異議。說男人的體重，比女人的大，男人的腦，自然是重於女人的。要把男女的體重和腦重用比例法計算，兩者相等。況且腦與智慧直接的關係，並不清楚，腦重便是智強的標記，尚屬疑問。於是智力和腦成正比例的一說，從根本上搖動了。

一九零六年陶伯孫女士 H. B. Thompson 搜羅以前各種男女性的試驗，合他自己在支加哥大學所做的工作，出了一本書，叫做男女智的特性。他說男與女智的差別，比男與男或女與女智的差別，並不大些。男女間僅有兩種異性：一，男子意志的動作之速度較女子的高；二，女子的記憶力較男子的強。但就大體上講，男女的智力是相等的。一九一四年桑代克博士著了一本教育心理學，內中有一段說：

男女平均智慧上最特著的差別，是很小的；在實際上無甚關係。男子或女子中的差別，比男女間的差別，大得多咧！……過去的女子初等中等高等教育的成績，並不亞於男子的。近代心理學家都承認這種成績，不是女子受了特殊的勝過男子的訓練之結果，是天賦的平等之顯現。

男女智慧上差別的假設，心理學家費了九牛二虎的力量，消了百餘年的光陰，把他抛到九霄雲外去了。那麽，我們第一個問題，可以下個答案：便是就現在科學所能觀察得到的，男女平均的智力，相差很微；在實際上男女平均起來，都能做同樣的事業。

二　男女智慧上特性的『變度』誰高誰低？

『變度』在英文裏叫做 Variability 人的興趣能力要是窄狹的，便沒有什麼『變度』；要是寬放的，便有高的『變度』。男女平均的智力沒有差別，我們已知道了。但還未曉得男女智的『變度』是否有差別？要有，男子的高些？還是女子的高些？這問題與職業有密切的關係。果真有差別，果真女子的變度低些，那麽社會上時行的男女職業是很公正的，也是很經濟的。但未有科學的論據以前，我們不能武斷便是如此。

十九世紀有位解剖學家名叫買可 Meckel 是討論男女比較『變度』的先鋒。他對於『變度』的見解，真真可笑。他說女子的『變度』比較男子的高得多；『變度』是下等的標記，所以女子是下等動物。五十年後，達爾文出世，推翻以前『變度』的臆斷，把『變度』當作進步的利益，進步的特質。人類的技能要純是單調的，恐怕永脫不掉野蠻的生活。當時心理學家生物學家見着這般澈底的見解，又轉過蓬來說男子的『變度』比女子的高些。惟柏爾孫 K. Pearson 獨持異說。在一八九七年他著了一本男女的變，他講男子『變度』較高的一說完全無科學的根據。他用解剖學上度量的方法，試過許多男女數學的洞察 Mathematical insight 兩者並不相差。

但柏爾孫試驗的對象都是成人的男女，我們不能拿成人的『變度』來做標準；因爲社會上風俗習慣造成了許多男女不平等的界限。人性中多少是環境的影響，多少是遺傳的本能，誰也不能定。於是在一九一四那一年，有幾位心理學家試驗男女孩子：查畢 Trabue 用『完全試驗』Completion test 方法，驗了一千三百小學生；高爾提 Courtis 用『算術試驗』arithmetic test 方法驗了幾千小學生；邵爾曼 Jerman 用 Binet-Simon 試驗方法驗了一千未經選擇的小孩子；孟太格 Montague 何寧勿爾 Hollingworth 柏歐 Pyle 等有的驗了一千，有的驗了八百。所驗的結果沒有一點證明男女的『變度』是不相等的。那麼，我們第二個問題的答案便是：照現在由最可靠的試驗方法所得的科學論據而論，男女智慧上特性的『變度』誰也不高，誰也不低。

三『時期之官能』是否影響婦女的智力？

婦女『時期之官能』Periodic function 在歷史上惹起許多謬說；即在文化最高的國度，也是不免的。大家都承認這是女子智慧上大大的弱點。哈芮孫 F. Harrison 說：『假設別種勢力通通平均，『時期之官能』足以造成男女技能的差別；這是天然的傾向，使婦女不能勞心勞力。』凡反對婦女受高等敎育及參與政治者，皆引這種官能爲極有力的理由。可見『時期之官能』影響於婦女問題非常之大。

一九零九年，傅斯課夫斯克 Voitsecovsky 用精密的器具，試驗六位婦女，其初他以爲工程告竣，後來仔想一察，有種種疑問，不能解決。到了一九一四年，發現兩種試驗：第一種是安羅特 Arnold 當敎授時做的。他在學校內立了一條規約，凡在他監視之下的女學生，在『時期之官能』發作時，除真有病者，概不得辭卻智識的身體的各項義務。這種試驗的結果，是那些女學生的身體，不特無消瘦的現象，且強壯起來了；智慧方面也毫無損失。第二種是何甯勿爾做的。他試了二十三位婦女，證實知覺之速度與審度意志的動作之速度，學習之速度等等心理作用，都不因『時期之官能』稍減。換句說，智慧不受『時期之官能』的影響。那麼，我們第三問題的答案也有了，便是：就現在所有的科學論據看，『時期之官能』與婦女職業的技能，毫無利害的關係。

四男女是否有不同的感情或本能養成不同的職業？

這個問題，比前三個稍難解決因爲科學的論據，尙不完全普通的見解，雖有勢力，卻不足信賴。平常我們看出男女感情發作的行爲是不同的；但我們不能斷定這不同的緣起是先天的，或是後天的。男女感情的行爲，各有標準，這是我們可以觀察出來的；但我們也不能說這不同的標準，是遺傳的，或是環境的。現在我們對於這兩層，說句老實話，實在是愚昧的狠。

論到本能方面所謂『媽媽的本能』Maternal instinct 與婦女職業的關係，是狠密切的。人類自呱呱墮地，不能自立的時期，比其他一切動物長久的多。在這長期內，又需要一種精密的煩勞的看護。這種責任，天然的放在與嬰兒生理上接生關係人的肩上。所以社會上便把育兒的事，滿意的當作婦女天然的職業。以爲育兒是『媽媽的本能』。其實『媽媽的本能』這個籠統的名詞，究竟是什麼意義，我們尙不明瞭。是婦女對於未生的嬰兒之欲望？還是婦女照顧已生的嬰兒之傾向？還是婦女不顧嬰兒的來源，見已生無助的嬰兒所發生的興趣？還是以上欲望，傾向，興趣，三種分子合起來的產兒？這種種問題，在現在科學的地步，尙不能一一的解決。所以我們固不能武斷兒童應當公育，也不能決定育兒便是婦女的天性。那麼，我們第四個問題，不能遽下正式的答案。男女是否有不同的感情或本能養成不同的職業，只得待將來的科學家解決。

五男女何以有習俗上的分工？

上面四個問題的討論，都不十分透澈，以第四個爲最；所以將來心理學家的工作，還多的狠！但就我們已有科學智識，可以斷定歷史的及時行的男女分工，全是生理的趨勢，不是心理的必然。女子育兒，男子不育兒，是男女分工的起點。後來經濟的組織，職業的分配，皆根據這起點。要說遺傳性產出男女的分工，那便不足信了，因爲現在生物學家已證實女子一方面受母性的遺傳，一方面也受父性的遺傳；男子也是如此。

但是有人常說世界沒有產出和男子相等的女哲學家，科學家，文學家，不是婦女的智力弱於男子的明證？要知道每個嬰兒，大約需要六年細心的看護，婦女一生的精力，大半費之於嬰兒身上，怎能產出大學問家？至於一般少數抱不嫁主義的，何以也是庸庸碌碌？有兩種原因：一，社會期望女子出嫁，不願女子做大學問家。——中國女子無才便是德，足以證明。——二，不嫁的女子大半有生理的或心理的疾病；或有別種牽罣，脫離不掉。總之，男女分工的原因，不是生來便是如此的，是社會沿出來的；不是男女智力有什麼差別，是男女生理上的趨勢。

這樣看來，男女本來的面目，就現在科學家所研究的，大概沒有不平等的地方，所以有是社會上產出來的。要想打破男女的界限，恢復男女的本性，惟有改革社會上的制度，使婦女職業的技能擺脫一切人爲的壓力。經濟平等，職業平等，然後人權自趨於平等的方向。但這事非少數人能力所能做的，也非一時能見効的；現在僅期望覺悟的人，盡力去做，爲來者建設基礎，將來日漸改革，總有天亮的時候。至於怎樣去做？便出乎這篇短文範圍以內；静待社會學者來解決能！

這篇東西是根據何齡勿爾博士 L. S. Hollingworth, Ph. D. 的 The Vocational Aptitudes of Women 作的。草成後幾個星期，杜威女士在南京高師演講智慧度量，他說他近五年來試驗的結果，男女確有不同點：男子能做使力的事，女子有恒心，能做精細的事，也是男子比不上的。但女士也問這不同點，究竟是先天的？還是後天的？據女士自己的解說，謂女子從小在家做事比男子多得多，養成有常的習慣。女士並說：現在所研究的結果都歸納到社會風俗習慣上，或者是如此，但不能確定。我狠希望在中國能有各種智慧度量，試試中國男女竟究如何？是 和美國人所得結果相同？或者能把現在心理家不能解決的問題，弄出點頭緒來。』請現在或將來研究心理學者，牢牢的記着！所以我在這裏特地聲明一下。——循附識

女子教育進步小史

楊壽璧瑜女士合譯

譯自美國波士頓教育月刊一九一九年十月號。

看看今天的專門大學，我們知道許多的女生在裏向各樣都可以和男生相等，而且有許多功課遠勝過男生的。我們很難得認定女子不能永久和男子佔平等的地位。剛剛最近不幾年智識

的田地才公開給女子。這是經過認男女是平等的教育家的辛苦奮鬥而得來的。

在原民時代訓育兒童太半是為要滿足目前的慾望，所以母親教他們的女兒總不外乎很粗淺的烹調和縫紉。大多數的古代東方民族常低一等的人類看待女子，所教他們做的僅止於家務；猶太人比較得還算是重視女子的。斯巴達的女兒差不多和男兒受同樣的教訓。年小的時候，就把他們送到軍隊裏去學武術，預備將來作軍國民之母。柏拉圖在他的共和國一部書裏說：

『女子之所以為女子，男子之所以為男子，並沒什麼特別機能，自然所賦於兩性者等耳；凡男子所能做的事情，女子一概能做，不過女子較弱一點罷了。』

祇要女子和男子有同樣的性格，就應該和男子受同樣的教育，而求適應於社會。女子教育應該和男子教育立在同一基礎上，而且無論那詳節細目怎樣不同，科目總該相同的。不同，不同在性格上，而非不同在男女上；『若是一男一女都有醫士的天才，那麼他們就應受同樣的教育。』無論怎樣，柏拉圖生得太往前了，大家不能夠懂他的學說的眞理。再遲幾年亞里士多德還以為女子不當受高等國民教育呢！雅典人覺悟女子教育之必要，故為母者教女兒以家事。

羅馬母權遠過於希臘。家門以內他很受恭維的，佔一個獨立和責任的地位。在社會上算是他丈夫的朋友，在家庭中算是他丈夫的同事者：希臘婦女却比不上他們。他們自己養活和照管自己的兒女而不交給保姆。他們並且教女兒一切的家務，其尤者為紡織。為父母者教給子女讀書和寫字。Coriolanus 和 the Gracchi 以外，再沒別的古代民族供給我們這般母權的例子。

十五世紀，北歐人道主義運動的領袖伊洛斯姆（Erasmus）主張女子受教育的權利應該和男子一樣。他們須要研究大家的著作和聖經修辭學上的分析和鑑別。宗教文學的研究和宗教服務的參預都該算是他們教育之一部分。這位先生的學說當時曾否見諸事實，我們可是沒有記載可查。次一個世紀馬丁路得要辦男女公學而且運動通過學校法強迫子弟入學。約當此時馬恰斯特（Mulcaster）亦主張女子普通教育之一人。不多時盧騷在他的愛彌爾（Emile）書第十五章中亦討論起女子教育來了。盧騷不承認女子有個性，不過男性的附屬罷了。他以爲他們應該注重體育，爲的是生理上的快愉和產生健壯的後嗣。他們當該學縫紉和刺繡，好裝飾得美麗可觀。他們受教育的目的是要取媚於他們的丈夫。最重要的訓條是服從。無論在什麼情況，他們總須服從家庭中的男子。

盧騷對於女子教育並無若何影響，因爲當十八世紀，英國已經有了許多女子學院。這是第二級女子教育的起首。法國得到女子教育的意義比較遲些。受了一位教育家杜魯意 (M. Duruy)的影響，一八六九年通過了一件教育案，五百居民以上之村鎭得設一女子小學。一八七九年通過了一件法案，設立男女師範養成所。這些是最早的女子師範養成所。明年裴瑞 (Jules Ferry) 創辦了許多較高級的女子學校，使他們離開僧院而入公立學校。這種學校叫做郡立學校，課程與男子相同，不過期限縮短二年。正當此時，配斯脫老齊 (Pestalozzi) 在紐和府 (Neuhof) 創辦第一個職業學校，授女子以家事和針線工作。亦教給他們紡織。他們在學讀學寫之先，要練習談話背誦聖經。這是貧苦女子教育的先聲。不多時斐倫伯 (Fellenberg) 的夫人辦了一個貧民女子學校。此後斐倫伯在瑞士辦一個爲中等社會的學校。

在美國殖民時代，女子才受點家事教育。在佛近尼省女子不過教給點手工音樂，或者私自請先生再教點初級課程。直到一八二五年爲止，女子祗許入初等小學。那年波士頓成立了一個高等小學校。於是美國才有第二級的女子教育。同議魏勒 (Emma Willard) 在紐約設立女子學院。一八三七年經政府特許，他却不自稱爲高等。

一八二三年畢策(Catherine Beecher)創女子學校於康奈迪克州之哈提福 (Hortford)。雖有了這些學校，家庭以外的女子教育還不免遭人反對。從十九世紀上半期以來的女子學院很足以証明性的差別在教育上絕不像我們所顧慮的那樣重要。於是乎更高一級的女子學校，不久就實現了。有的學院加上一年以上的課程，改換了高等大學的名目。同時亦有許多新的學校發生。

自從公立第二級的學校試驗兩性共校的可能，大學專門亦就開了女禁。一八七〇年單純男子大學佔大學總額百分之六九

・三；一八八〇年，落到四八・七；一八九〇年，三四・五；一九〇〇年，祇有百分之二九了。向着高級教育活動的結果，現在有三種學校可以收納女生：（一）在分明不同的基礎上的女子大學；（二）女子大學附設於男子大學者；（三）兩性享同等權利之共校。

約言

由上觀之，我們見到希臘和羅馬的民族覺悟到女子家事教育之必要。柏拉圖伊拉斯姆和馬丁路得算是最早主張女子教育的三個人。杜魯意在法國算第一個活動者。配斯脫老齊創設職業學校，首闢普通教育，富的貧的，男的女的，都一樣看待。男子受過教育眼界寬了，因而看到受過教育的女子，所以他們教育的範圍擴大了。

結言

數百年後，大家才領略得柏拉圖共和國書裏的主義是真的。統算起來，最早採行他的學說的民族是美國；美國第一個指導世界於平民主義，第一個指導世界於教育和女子人格之抬高，這種奮鬥是很難能而可貴的，因為女子的人格抬高了，全世界的人格亦就抬高了。

（九年四月十二日譯完。）

北京熱烈的『家庭改革運動』！

羅敦偉

家庭研究社成立

發行第一種月刊

籌辦女子小工廠

我們中國和日本的社會狀況，原比西方各國不同，講到『家庭』一層，我們是『如入鮑魚之肆，久而不聞其臭！』若請一個西洋人光臨咱們的府上，恐怕他簡肯到『糞碼頭』坐一天，不願在大人先生的大宅中坐一刻！可是他勢力又非常之大，簡單的說來：（一）可以消滅青年的向上性；（二）破壞青年的個性；（三）滅絕青年的『人格』；（四）拘囚婦女；（五）支配社會事業；別項我不詳說，祇就『支配社會事業』一層說來，就有莫大的危險。因為我國的家庭，是壞到十二分的。用他來支配，事業還能發達，社會還能改造嗎？如北京國立女子高等師範的校員常對學生說道：『現在婦女解放的新潮，我非不贊成。不過我順得你們來你們家庭裏又反對』這個學校裏面還有一位極能夠極想做事的學生她加入一個團體她狠肯擔任職務不過她絕對的不到會怎樣呢？因爲她家裏反對你看以一個全國女子最高的學府校長學生還要受家庭的支配其他的也可以想見了！現在日本對於『家庭問題』正倡熱烈的改革了。不必看他關於家庭書報學會之多祇看這回『新文化運動大叢書』的廣告—十有九是家庭問題。就知道了！回顧我國慚愧得很。天天祇講『文化運動』對於『家庭』問題專門的書報學會簡直沒有一個好了！現在北京已有熱烈的家庭改革運動了，讓我慢慢的說個淸楚：—

他這個團體—家庭研究社。是本年一月北京大學，法文專修館，女子高等師範三個學校中間少數的學生發起的。是想聯絡全國男女有覺悟的青年，對於『舊家庭』下一種痛痛快快的『總攻擊』；對於家庭每次問題作切切實實的討論並且謀具體的改造，（詳見宣言書）現北京方面的社員已有二十餘人長沙已有分社社員九人上海已有三人加入最近又在北京大學開了一個討論會結果於下：（一）月刊—家庭研究—決定五月十五出版（如本月刊這樣大，厚約一半，只售印刷費）。（二）請名人作『公開講演』（三）籌有的款開辦『女子工廠』—以救濟脫離家庭的女子。現在我也不多說請看看他們的宣言書和簡章就知道他們的精神怎樣內容怎樣？

家庭研究社宣言

黑漆漆地昏沈沈地東方，莫不是浮雲遮蔽了嗎？莫不是崑崙山太高了嗎？太平洋的潮流好像萬馬奔騰眞來的快呵喲！水濺濕衣了！光明在那兒？爲甚麼不見我們的光明？痛苦啊！哥哥弟弟！姐姐妹妹！你在那兒？地獄中嗎？苦海中嗎？W. C.中嗎？那可怕的專制魔王作威作福的小皇帝拿金枷鐵鍊銅圈走來束縛壓迫，欺壓我們，痛苦啊！苦痛啊！太陽的光呢？爲什麼不照着我們這黑漆漆地昏沈沈地東方？爲什麼不照着可憐的我們啊？！知道了，我們要將浮雲撥開要將崑崙山剷平光明。快出來罷極樂地自由鐘！鐺鐺地響起來了！金枷鐵鍊，銅圈飛到那兒去了？我們還只是要脫離專制魔王小皇帝的束縛壓迫欺服嗎？還是要另闢開一條大路到那極樂嗎？姐姐！妹妹！哥哥弟弟！快努力罷快奮起罷！太平洋的潮流淹過頭了，我們都是『弄潮兒』呢！

我們要另闢開一條大路達到極樂地方，從那兒下手？萬惡的『家庭，』不是專制魔王嗎？殘忍的『家長，』不是作威作福的小皇帝嗎？『吃人』的禮教，不是金枷鐵鍊銅圈嗎？；起！快起奮鬥！努力！大家來與他殺開一條血路！痛痛快快的下一個總攻擊！光明在那兒啊！

我們既然有了這個覺悟，特地聯合全國男女同志，組織這個大本營——家庭研究社，全然是本我們的『向上性』望光明路上走，能做到那一步就做到那一步。可是我們暫且也認定了要做的幾點——詳見後面簡章上(宗旨)：

家庭研究社簡章

一本社的宗旨是：——

(1)本人類創化能力，進促社會解放，認定『家庭解放』為起點；

(2)本科學的方法，討論關於家庭的各項問題並謀『具體的改造』；

(3)用精密的考察，實行家庭調查；

二本社的組織是：——

(1)編輯股；——幹事四人。

(5)庶事股；——幹事十二人。

三無論何人贊成本社宗旨，有社員三人之介紹給庶事股審查認可者，得為本社社員。

四本社社員都有擔任供給雜誌——家庭研究——材料之責。

五本社經費如下：——

(1)入社金—每人四元.

(2)常年金—每人二元.

(3)自由捐—由社員自由捐助.

(4)特別捐—社外人士之捕助.

六一地社員至五人以上，方自由設立分社，通用本社簡章。

七本社簡章有未盡善處，開會時提出修改。

注意：(一)關於社務上的事要詢問的，請向北京益世報館陳含我君通訊；

(二)關於編輯上的事要詢問或投稿的，請依次向下列各處通訊：—因為輪流擔任編輯。

第一月（本年五月半以前，以後輪流）北京後門內府庫十七號友廬易君家鉞；
第二月北京騎河樓西口妞妞房二號周君長憲；
第三月北京大學第一寄宿舍羅君敦偉；
第四月北京西城石駙馬大街女子高等師範學校胡淑光女士；

紀日本京都P.L.會

伯奇

（一）

田——兄

我前次得了你的信，知道少年世界要出一份婦女號實際調查各國的婦女運動的現狀，我便決意想把我所住的京都方面所有的婦女運動的情形報告於你，做一個參考。那裏當春假前，田壽昌兄過京都的時候，我們便商量把日本的婦女運動的情形給國內報告，報告於是他任東京方面——譬如新婦人協會等團體——我任京都方面便是P.L.會。

京都，聽去大有像上中國南京杭州一樣的感想：一個山水明媚，人物秀麗的好地方，況京都方面一群覺醒的青年婦人，齊集於『進步與愛』(Progress and Love)的標語之下，組織的團體，當然很可惹人注意，也很可供我們研究。若使我真能正式的報告，我是何等光榮，讀者是何等幸福；可惜我的計畫失敗了！

我的計畫失敗了，固然不幸；那失敗的原因，乃由於P.L.會本身存亡問題所起的，換句話，就是P.L.會起了內訌，差不多解散的光景——為這海東一角鄰邦古都的自覺的青年婦人着想，才更不幸呢！

我的計畫失敗的大原因，固然由於我要研究的對象，起了不幸所致；但是我不能見他失敗了便不去睬他。俗話說的好「挨一拳，得一訣」，也說：「他山之石，可以攻玉」，那麼我們更該討求他失敗的原因，把他的失敗，給我們做個間接的經驗，豈不甚好。所以我便決了心，訪問P.L.會的重要人物，尋究失敗的原因，聽聽他們的感想。好在P.L.會的發起人廚川蝶子女史是廚川白村博士的夫人，廚川先生是我以前和田壽昌君會過的，這次訪問也不為突然，所以便決了心訪問他們。

我訪問的結果，又不外失敗二字。我去的時候，只會了廚川先生，并沒見他夫人；并且他又是興奮非常，開口閉口只說：「日本的婦人運動太不配講！」我初次做這種事，更不待說，非常不得法。所以把以前想的計畫完全沒有實現。我的主意一變想在報上找材料。

後來一想，這是太沒意思：第一，報上所講的，不過是外表的事實，再曉得的詳細，沒十分大的價值。第二P. L.會從成立到破壞，當然有些瑣碎事情，這等事情，或許也可研究的價值，但是在現在，不必定有報告給國內覺醒的兄弟姊妹的必要。第三，報上所說的某夫人的野心啦，某方面的陰謀啦，某部分的不平啦，眞實嗎？虛僞嗎？一個外國人如何能下斷定，并且就是拚命地找材料，拚命地下判斷，有什麼益處。因此上我便把在報紙上實事求是的方針又變更了。

我做這篇的主意是怎麼樣？先把P. L.會的成立史，略略觀察一遍；再把她被破壞的動力motion（就是外面現出來最彰明較着的事實）加一番考察；然後推尋他的空兒—破壞的遠因—至於那內幕如何，我是不管的；最終加以相當的想像力，去批評他——是給國內的自覺的女同胞說：『這樣的病，你們不要去學，你們就若有這樣的病，趕快去改。

總之，我初次的計畫都失敗了，這回可能成功嗎？這還是疑問呢；以下便入本論了。

（二）

P. L.會的壽命，不過是一年上下，眞可算『曇華一現』啊。而且她的生存期中，並不有十分驚人耳目的活動，她的死亡的原因，也並不是和惡社會奮鬥轉戰，力竭嘶聲所致的。所以講一句俏皮話，她也算是薄命啊。

她的歷史畢竟是怎麼樣？

她是去年成立的。當成立之初，聽說發起人廚川人夫，很受辛苦，差不多京都的名門舊家的夫人令孃，都經她勸遍了。當時很有人誹笑她—廚川夫人—她置之不理。後來竟虧他的力找來的人很不少；所有大學教授的夫人令孃啦，富豪的夫人令孃啦，差不多全網羅了。可是京都算是一個古都，當然有些古氣，那些舊家名門的一叢古董古頭古腦地贊成的很少。但是那P. L.會成立之初，總算『氣勢軒昂』，『名聲浩大』了。京都方面的人，沒一個不知道的，除過那與世無聞的山翁村媼。

她的名字就叫做P. L.會。這是什麼意義？P. 是取英文Pro-

Gress的頭字母，L是由英文Love的第一字母取下來的，合起來便是Progrss and Love「進步與愛：」這便是她們所標榜的。

她的目的在那裏？也不在婦人解放運動；也不是要求參政權；也不在改善婦人的地位：她的目的，是求婦人精神的向上，換言之，便成「增進知識修養」—六個字的標語了。所以她們也有時請有名的學者，思想家講演，也有時開會互相集合，交歡：她的目的很平淡，她的態度很穩健了；然而尚不免於被破壞。

當廚川夫人發起此會之初，只圖人多，所以不顧旁人誹笑，百計勸誘，簡直不惜親自走上各名家的門上去歷訪。後來她的勞力固然未空，而會的缺點，就生了根了。人多，不精選，當然不能免分子複雜之弊。果然此會成立不久便生了兩派：大學教授的夫人令孃們，對於知識修養熱心；富豪實業家的夫人令孃們；流於物質的解放，不顧精神的修養。兩者之間，早隱隱有了鴻溝了。

加之，日本雖說維新開國五十多年了，對於舊社會沒有加以打擊破壞，婦人的地位毫沒改良—物質上或者有點進步；——并且國民沒經過洗鍊，所以婦人的性情，多是舊式，女學校雖不少，不過是良妻賢母的製造廠，所以婦人的性格，依然是舊日陰險，猜疑，嫉妬，虛榮，等原樣不改。自我不改造憑什麼會合，却難望好結果；她——P. L.會——如何能免這運命呢？

重男輕女之習，東洋特甚；日本更是這特甚中之代表。中國固然有所謂禮法，有所謂三綱，有所謂男尊女卑的教育，但是一面也還有『妻者齊也』這類話，保其殘喘。日本就沒有了。日本現代文化，除過西洋舶來以外，他的底子，是德川時代傳來的，德川時代的文化，除過所謂宋學以外，纔是承戰國時代的。你想，戰國時代，婦人還有什麼僥倖的好處得到手：加之宋儒的學說助個勢，日本的婦人便倒霉了。不僅婦人倒霉，男子便可施其淫威。那時候又是武士最盛的時代，什麼『鴛鴦蝴蝶』的臭文士，更不中用；那麼『憐香惜玉』的酸行為，自然不行了。我們只看日本古劇，便曉得婦人的可憐，和男子的橫暴了。日本現代文化，加入西洋的好處不少，却是婦人的地位依然如故；西洋的學說，灌進日本人的頭腦的也不少，不過他們——男子們——對於她們——婦人們——的觀念。依然沒改，叫我舉例，例不勝舉，舉出來也沒什麼用，算了罷。閑話休題，且說她—P. L.會在社會上既引人的耳目，當然一般男子也很注意，當然有持好意的，但是想尋她的空子看她們—會員—的笑聲的也頗不少。這也是她一個不利的地方。

果然不久破綻大露，危機四起了。

一方面便是內訌；這種詳情我是不知道的；不過前面已經說過他們生了兩派後來她們的紛糾當然是向『無限大』擴張進行的。表面更有些顯著的事，原發起人，幹事，廚川蝶子夫人辭職，不久便脫會了。後來開會，有人嫌會名不好，嫌是廚川夫人起的，主張更改；這是外面人都曉得的。後來開會舉出八個幹事，那曉得這八個人沒一個肯就；并且八個人同時一齊出會了。以後P. L.會便形消聲滅了，雖說有人主張重新組織，但是將來能否成成，成立以後是如何情形，很屬疑問。

她—P. L. 會—雖不敢和舊社會宣戰，可是舊社會如何肯饒。她早有一班無聊的人誹謗她，把她的名字改做 Poor Ladies會；所以她們—會員—中才有人主張改名呀。并且她的分子既不純，稍不好的引爲便招一般人攻擊。前幾個月，她的會員中有三個人，扮做鄉女在街上遊行，一時報上紛然攻擊，起了大風潮，這也算是她死亡的一個有力的 motive 呀；

（三）

讀者諸君！

我上面說了一大攤，是什麼意思，并不是擺龍門陣；我以爲他很不可以給我們作借鏡的地方。

諸君算讀的時候，當然去想去裁斷，我且述我的意見；

(1)我勸我們覺醒的女同胞，以後組織團體的時候，不要像她們張皇其事的樣子。我們中國人，因爲歷史上地理上的原故，什麼誇大性，什麼體面論，有非常的大勢力，所以從前的什麼團體，都是起頭「大張旗鼓」，歇尾便「煙消火滅」；都是「虎頭蛇尾」。女同胞也有這病。但是我以爲這病，我們很應當改；我想婦人方面這病不深，或在容易改點。所以向後女同胞組織團體，都取最小的形體，以後再聯合有同一目的的團體，作共同行動，訓練既久，自然就好了。不然，起初便要成大的團體，分子便複雜，事情便糟了。

(2)我勸我們覺醒的女同胞，根本上從『自我改造』做去。因爲中國四千多年歷史壓迫下來的女性，譬如一塊大石下邊壓的花兒一般，當然生機不完，缺點很多。她們須得意識自已的缺點，隨時反省隨時改造。自然男子也是同女子一般，缺點很多，因是他們也是被舊社會來縛壓迫的把個性消滅的不少；你看，中國人沒團結力，是否受家族本位的舊社會之賜？所以他們也非從自已改造不可。他們當然意識這些缺點的人不少；女同胞們受的壓迫更大，改造更費力，這意識更要感得痛切！

3)我勸我們覺醒的女同胞以自我爲本位，時時自已反省，時時自我改造；什麼輿論都不必去管。舊社會的舊人是不待言了，就是新人嗎，憑他是什麼新文化運動的健將，新中國的選手，都不配左右她們的行動。她們自已是她們的主裁者——否主宰者。別的人——男子們——只可進進意見，不能下命令的。西班牙有位女作家說「男子們再不要來研究婦女的問題了，讓她們去幹罷！因爲你們越研究，越神秘，越煩悶，或者越說壞話；很可不必！各人利害只有自已曉得的分明，感覺痛切。所以她們的問題，讓她們自已研究去罷。這是我的願望」你看這是何等堂皇正大的議論啊！所以我們中國的覺醒的同胞，自已須親身調察改造的前途怎樣？婦人和新文化的關係如何？以後婦人須在社會上占如何的地位？一方面婦人對於新文化應有如何的貢獻？對於社會有如何的義務？她們自已去研究去解決。固然婦人在社會上不是孤立，有些地方須和男子共同一致去做，共同一致去解決的；但是事情的成敗利害和自已關係深切，決不能純靠男子。那麼舊社會的舊人的話不必管，新文化的新人的話也未必須全聽，只在她們自已奮鬥努力進行！

我想說的話太多，但是很有未敢自信的地方，所以便算了。我得了的感想也還有這地方不累贅了。

九、五五、 京都

我對於婦女解放的罪言

李淏女士

婦女解放！覺悟！奮鬥！社會上高唱了許久，然終沒見一有個眞正解放覺悟奮鬥的女子出來；我草此文之前再三思其原因，總覺，這完全是由女子本身無冷靜的頭腦及堅强的毅力和獨立生活的結果。我將他分析說一說：

1.沒冷靜的頭腦——所以凡事不求其所以然糊塗過去；這是因他判斷力衰弱的原故，故常有反背個人理性的盲行爲；既然失其個性，勢不能不爲人誘惑，如譬者登山涉水去的不能說不是本人，但是終要受引導者意志的驅使。

2.沒有堅强的毅力——所以凡事不能全遵良心上認爲對的觀念去做；有時雖明其中的原理，但是終無「不顧成敗」「躬行實踐」的勇氣去做；故每易爲習慣及外界的障礙所支配。

3.不能獨立生活；——因此勢不能不依人以生活，既爲人所豢養，則個人的意志及行動自由，不能不受箝制，和管束，那麽，因爲生活上需要的緣故，勢不能不順從人意；以人的喜怒哀樂，爲個人的喜怒哀樂，做人的奴隸！

由以上三種原因看來，中國女子的墮落，當不能出了這三個範圍，然而女子本身作了人的奴隸，受了人的玩弄，不惟無充分的覺悟，反而爲遵守聖人的遺訓『以順爲正者妾婦之道也』作金科玉律，不敢反抗，認爲女子當盡的天職。

但是舊式的女子，其罪猶可恕；因爲：他們普通的都沒受過教育，平日所知道的：不外三從四德；所躬行的：亦只有奉人，養子，兩件大事；其他知識與技能，可謂絲毫全無；在黑暗重重的舊環境內邊討生活，雖欲不爲人奴隸，亦是不能的！

現在的女子，與前大不相同了！社會上亦專爲女子設有高等學府了！近數年來，女子教育雖不及男子，然而總還算發達，但是竟未見培養出一個擺脫舊環境，和寄生虫的生活，在社會上爲人類謀幸福；因此我深不解女子現在所受教育的原理，究竟是爲促進人類進化而設的呢？還是爲資本家培養高等玩物而設的呢？不然何以中國十餘年的女子教育，內邊留學西洋的亦不乏人，爲什麼社會上沒見有作爲的人呢？而究其結果，學校中多添一個女子只算資本家的隊中無形中多添一個高等玩物。

我敢胆大說一句話：『現在的女學是爲資本家培養玩物而設的，』但是此學校的費用，何不專取之於資本家，而反取於平民呢？（因學校之經費全由賦稅撥來的）！辦女校對於社會公衆造出的幸福，乃是資本家獨具的獸慾，與平民的知識界，社會的公共事業不惟無益且無形的損失平民血汗所得的金錢；如此看來女校之設大可不必。

自「自由」的聲浪普遍時人耳鼓，一知半解的婦女們，莫不長裾華履，厚脂濃粉，終日以其長期賣淫所得的金錢，大肆揮霍，大自由而特自由，這些大半是前數年女校畢業，及曾入過學校的學生，嫁入家庭，及社會的；他們既能深體當初所受爲人玩物教育的本旨『無違夫子』的校訓，我復何言如——今我深解新式婦女的長裙革履與舊式婦女的纏足穿耳原理是不變的，完全是因爲時代的與不與的關係而對於人格上並不發生問題；至於他們起初出了閨閣入學校的本旨也可拿這幾句話贈他們。「自由」的本旨是不受他人箝制本人意志之謂；換一句話，就是要個人肉體上及精神上絕對獨立，不受他人豢養及利用，中國因爲沒有獨立的女子，所以沒一個不受人豢養的；我們讀書，常見資本家豢養的玩物品約有四種即僕妾狗馬是了；女子即其中之一，既爲人之玩物，肉體精神自不能獨立，尙有何自由之可言；所以勢不能不隨人之是非爲是非供人的愉快！

由上看來，女學即是資本家四種玩物培養塲中之一種。你們不見安福部的走狗有從西洋及本國大學裏培養成的麼？暫時需要他，馬尙可向西洋或本國各學校中購取。獨對於獸性方面，勢不能不取材於女校；所以女子有一點求作人的意思，他們就大起恐慌，非造謠言破壞他不可。這句話非是我過刻；請問入學的，有幾個是根本覺悟，終身專志學業爲人類造幸福而來的呢？所以我還是說他是因時代的關係而來的，因此我要問女學校是爲誰培養人才而設的？——資本家。資本家培養出來的人才是誰豢養呢？——資本家。——「種瓜得瓜」「種豆得豆」學校既是以培養良妻賢母爲宗旨，載任約章；學校的本身當無不合處；我廣悲慘的就是甘心受此教育的女子無一個能覺悟的。

而且極可笑的就新式女子極滿意的：「文明自由結婚」既說自由了，就無所謂結婚，既結婚了，則無所謂自由，要知婚禮與結婚人，設置之原理，就是恐怕他們自由，所以拿個形式來管束他，並希望他們互相箝制，所以雖名之曰自由，其實與人工配合，初無二致。——人工配合是父母送給人家的，自由結婚是女子本身送給人家的，實質上本無人格，難道外面用個新名詞，就算有人格了麼？因爲女子無生活獨立的能力，新舊監獄是一樣的，依然是做人家的玩物，操長期賣淫的生活，與舊式婦女無別，這就是他們假定的自由。

出版物中有個奮鬥旬刊，爲主張自由戀愛，出了個專號，他內容如何，我因爲與本文無關，暫且不去批評他；可是我以爲這種主張，是世界無政府黨人道德上包括的一種，換一句話說，就是眞正根本覺悟的人道德上包括之一種，今只提倡其一部分則是量道德大體不顧而反大聲疾呼實行的其某部分。這種提倡祇足以引起社會許多的誤會，以此爲作惡的工具。原理未常不對，然而結果未見得就是道德。我的意思以爲這種學說，對於眞正根本覺悟的人既不發生問題；而對於一知半解迷信學說萬能的人，適足以增其行惡的保障。再說要爲現在不學無術的女子，發生這種論調，他們實在說沒有知識來討論他，結果不是肯從和衝動，一定又是被動的，危險太甚。——昔時男子玩弄女子固然是不對；難道進而戀愛女子，就算對麼？這種一方面的提倡實在是危險；因爲知識上不能平等，未見得受了男子的施動戀愛，就可稱爲眞正平等了！

近日覺悟聲浪，一天高起一天，於是由人工式結婚的太太們說：『我覺悟了！我不作玩物要離婚了！』趕時式的女學生說，吾覺悟了，吾不甘爲舊道德所束縛，你不見我交了許多男朋友麼？男女同校的說，我覺悟了，吾知道德都是人不知道什麼叫男女，你不見吾打破男女界限了麼？這種效颦的論調，都有他們的道理，不能不佩服他們總有點覺悟。但是我實在覺得這種狹義的覺悟，與眞正覺悟的本身，都沒狠大的關係。眞正的覺悟，常在他們旁邊笑他的誤謬！

我的所謂覺悟，乃是個人本諸良心去作他良心上所確認定的眞理，不畏艱苦，不畏强暴，大家同路，作正誼人道的犧牲，努力宣傳，和實行無强權主義，將社會根本不良的制度，一掃而空，自由組織團體，以謀人類眞正平等，自由正當的生活。簡言之就是分工的互助。人的從事於職業，各盡其所長，各取其所需，無階級，無貧賤，無治人者和被治者——現時制之剷除。

噯！我們理想的社會不實現，不是人民不知道現在社會制度的不良，不去破壞掃除他，不過是他們缺乏冷靜的頭腦，堅强的毅力，復怯於勢力及自己社會上的地位的犧牲，不敢去實行人類大部分同情主張；我們女同胞因爲生活不能獨立，不能跳出奴隸範圍，這是無個性的緣故，還講什麼學術思想，什麼實行呢！現時自命爲文明的女子，大半無腦筋，惟其無腦筋，所以常捨大而取小，重習慣而輕眞理，所以只知求身體上的假幸福，而喪失其精神上的眞幸福，只知闊太太之可榮，而甘心喪失其人格；凡此種種，皆是被虛榮心蒙蔽了理性，至不明精神與身體之關係，誤認肉體上的幸福即是精神上的幸福，不知實在是判然兩途；假設精神幸福爲代數式的未知數X則此X的眞數非由肉體上痛苦層層求之不能產出；所以我敢斷定世界眞正精神幸福，莫不由困苦中得來的；反而肉體上得了實分幸福，即精神上損失了一分人格由此証明求精神界的幸福實難於求肉體上的幸福，換言之女子爲人玩物甚易而欲求眞正解放去作人眞難，至於欲保其精神上的幸福，則除去力改我所說的三項缺點當無別項法子，所以破衣粗食的工廠婦女，外面雖苦，焉知他精神上不是幸福；反而錦衣玉食的貴婦，外面雖樂焉知他精神上不是痛苦；工廠中婦女因爲精神上獨立，爲個人求生活，勢不能兼修飾，而家庭婦女不修飾則愛弛無精神上的自由，所以不能不媚人以生活由此看來女子之所以不能獨立解放因爲沒有甘心去入工廠破衣粗食，自謀生活。

家庭婦女媚人求食精神的不自由，與妓女有何分別。那麼闊太大有何可榮？拿妓女的人格與他們作個比較有何不平等有何恥辱呢？既然都是人類爲什麼要豢養於人？這完全不是男子之過，乃是女子本身乏覺悟甘心如此的。

我願知識界的女子速速有點覺悟不要專隨人家的風頭，叫怎麼覺悟方會怎麼覺悟，以前受人家的輕侮，都是自己不長進的罪過，所以後來凡事再勿以習俗上的是非爲是非，更勿拿別人偶像上的是非，爲是非；總要拿自己的理性去研究眞理，毅力行去，頭腦還須冷靜，遇事不要先裝滿了他人或社會習慣上的種種成見；畏首畏尾的怯懦出醜，只要原理上對，就是一千萬人不去行，我個人也要去行，要是原理不對就是一千萬人去行，我因爲良心的不許，所以永不去行；勿懼人的唾罵，不能受無知識人的唾罵，還算人麼？勿惜人的擯棄，不遭無知識人的擯棄，豈不是同他們一樣的蠢愚麼？所以我願意大家眞正的解放覺悟！奮鬥！勇往直前，永不受勢力的迫挾和習俗的支配，極力謀生活經濟上的獨立，求眞正精神上的幸福，並集合羣衆革除　在種種惡制度，爲人類謀幸福，勿再存一絲一毫依賴人的思想，這是最希望的！

古穠女子潔民作於一千九百廿年五月四日勞工紀念之第三日

原書原樣

吃了『智果』以後的話

田漢

After eating the fruits of knowledge.

我接題爲少年世界婦女號作三兩篇文字多久應該脫稿了，因爲有一些必然的原因使我到今日纔動筆。我預定六月十五日付郵，要今日是十一日我非於這五天中做起不可。一時萬感雜沓，不好從何說起，便用了這個題目。

1 夏娃與娜拉

失樂園 Paradise Lost 與玩偶之家 A doll's house —夏娃 Eve 與娜拉 Nora —亞當 Adam 與赫爾麥 Hermer —— 彌爾敦 Milton 與易卜生 Ibsen

Of Man's first disobedience and the fruit
Of that forbidden tree, whose mortal taste
Brought death into the world and all our woe,
With love of Eden, till one greater man
Restore us and regain the blissful seat…

因爲人類第一次不服從，吃了那禁樹的果子，那果子的毒味遂將死與吾人一切的禍向世界上來，直到有一個奇偉之人來救我們恢復前此幸福的地位，他們祇得離開樂園而去。

這便是失樂園的開宗明義章第一。失樂園是彌爾敦的傑作，英文學的至寶，幾乎盡人皆知。這篇原來是取材于耶穌教聖書中的創世紀大意說惟初太始，天地混沌。上帝始判天地，繫日月星辰于天巔，生草木禽獸於地面，最後造一男子名曰亞當，復造一女子名曰夏娃，以爲之配。因爲人類是上帝最得意的藝術的創作品，所以特別愛他們，把他們放在地球上一個最華美最快樂的愛登園 Eden 中，度而勞動而生存而戀愛的幸福生活。但上帝不仁，同時在樂園中植一隻『知識之樹』the tree of knowledge 他禁止人類吃這樹上的果子，因爲吃了便會知道正邪善惡之分，同時要受生老病死之苦。雖亞當夏娃最初謹守神命，不敢或違，誰知上帝的園裏有個惡魔沙丹 Satan 做慣奸惡，想要擾亂上帝的神器，看見上帝很鍾愛他的兒子耶穌；

尤其不服。如是糾集他手下的魔兵魔將，和上帝倒起担來到底邪不勝正。被上帝差天兵天將把他們打落天堂，墜入地獄。受無邊苦惱。還是沙丹利害，從苦惱中間喚醒他的手下，開天魔會議議如何拔出苦海，雪此戰敗之奇恥。衆議紛紛最後纔有一個天魔名倍爾則也補的提出一策，說上帝近來創造了一個新世界把一種叫做甚麼『人類』的住。聽說那兒比天堂還要舒服，我們何不打伴兒逃出地獄，侵入那個新世界中，趕開人類，我們來住呢？這話大爲羣魔所贊成。但是誰能大胆的逃出地獄先到那新世界去試探一回呢？如是這個任務便落在沙丹身上了。他雖是惡魔却非常壯烈。自以爲我是地獄的王諸君所不能擔當的事情。當然要歸我擔當去！如是抬起野心，振起興趣，逃過了罪Sin與死Death所把守的關門，直向樂園進發，到了樂園祗看見亞當夏娃兩個在無上光明之境，亨不知憂患之生，沙丹嫉妬之心，勃然而起。惟沙丹脫獄之報，久達天國，爲上帝所知，已派羣神，在樂園守護。沙丹一刻子也無隙可乘，一夜竊到他夫婦的傍邊，聽得他們講到『知識之樹』的事。心中大喜，異日遂化身爲蛇，在知識的樹邊，待夏娃之至。恰到那天夏娃對亞當說．我們天天在一塊兒勞動，說說笑笑，荒時實多，不如暫時分途做事，等到我們小幫手多了的時候就好了。亞當說，你這是過慮了。雖說孤獨也是很好的事，暫時相別。轉可以增我們戀戀之情，然而上帝也沒有要我們過於勞動。我們勞動之間，時而互相望着，時而互相微笑着，這又何等快樂。何況近來有天使來警告我們說樂園之傍，有惡魔窺伺，單人獨出，危險很多呢？夏娃說我們不是有不知有死，更無煩惱的靈質嗎？亞當說，雖然。我不能離你，因爲一看見了你的笑臉，我便要添許多氣力，增許多道德啊。可是夏娃說得好。

And what is faith, love, virtue, unassayed
Aloye, without exterior help sustained?
Let us not then suspect our happy state
Left so imperfect by the Maker wise,
as not secure to single or combined.
Frail is our happiness, if this be so,
'And Eden were no Eden thus exposed.

甚麼是信賴甚麼是愛情甚麼是道德，

儻若這些東西，不經過試金石的試驗，和外界的幫助來
支持他？
我終不信賢明的創造者，我們的福境不完全，
像那們不能安心結合而爲一。
果然，那末我們的幸福，眞是再脆弱沒有的，
而這個樂園，也不能叫做樂園了。

亞當無法，祇得隨她。兩人暫別，夏娃獨行到知識之樹的傍邊，沙丹初驚其純美，惡心暫消，後因復讎心熾，想誘惑夏娃犯罪，以蛇身向她作人語，稱贊夏娃之美，夏娃聞之大奇，說蛇如何說人話。蛇說他因吃了『智識之果』所以得了永生，得人類的靈性，解人類的語言，知世間孰爲善美，今見貴女實善美之極致，所以不覺讚嘆。夏娃問是何樹，答云知識之樹，夏娃復謂那是禁樹，吃其果，可以死。滅蛇力證其不然，謂他吃了不獨無害而有益，夏娃外惑於奸言，內驅於飢火，又不信上帝既以此樹的果子許獸類，而不許人類之理。如是她一面說，一面伸手摘下來吃着，這一吃，天地爲之驚恐，萬物爲之泣血。

"So saying, her rash hand in evil hour

吃了『智果』以後的話

Forth-reaching to the fruit, she plucked, she eat.
Earth felt the wound, and Nature from her seat,
Sighing through all her works, gave signs of woe,

但夏娃祇知吃後其味津津，不可思議。知慧之眼，豁然而開，謂我既吃此美果，能不分與亞當嗎？能獨善其身嗎？『但若依天使的話，吃了便要死，又將如何。那麼我死了之後，亞當當然婚別一個夏娃，極夫婦之歡樂，想到這里，比死還痛苦呀！禍也好，福也好，我非和亞當君共之不可。我那們愛他，我若同他在一塊兒，雖萬死亦何辭；沒有他，誰還能生活下去！』

"......but what God have seen,
And death ensue? then I shall be no more,
And Adam wedded to another Eve
Shall live with her enjoying, I extinct:
A death to think. Comfirmed then I resolve,

"Adam shall share with me in bliss or woe:
So dear I love him, that with him all deaths
could endure; without him live no life".

後來世間女子所以容易受誘惑容易生嫉妒之心，聽說都是夏娃的女兒的緣故。那時亞當因爲夏娃約了正午回去，他正剛製着花束等她回來，誰知到了正午，毫無歸影。乃四去尋她，到知識之樹傍，恰好夏娃在那里，告以顚末，亞當大驚，花束墜地。知道夏娃之犯罪，係受了惡魔誘惑所致，但事已至此，雖天堂極樂，不容獨登，地獄極苦，不容獨免，如是因夏娃之勸，也吃了一個知識之果。不覺昇醉，眠於木陰，及醒，始覺萬物一新，而互以裸體當人爲恥。我們的始祖如是乎墮落純愛了。失掉樂園了。夏娃產子，不能不受懷胎之苦了，且不能不服從丈夫的意志了。生知識之樹的土，實產生人類之大悲劇，如是神宣告人類要耕耘土地，以額汗換麵包，且身出於土，仍當歸於土了。人類的子孫，永與蛇類的子孫爲敵了。

但上帝并非全棄人類，他從人類的惡性中，尋出善根來，所以預言他雖暫將亞當夏娃趕出樂園。將來必給他們的子孫以非常的恩惠，甚至將他最愛的兒子賜給世人。救世人悔罪，建天國於地上，後來耶穌基督誕生，爲救世人，不惜流其血於十字架上。沙丹雖一時成功，卒爲基督把他的頭踏在足下。這便是彌爾敦所著『復樂園』Paradise Regained 的梗概，就是失樂園的續篇。譬如紅樓夢之後之有紅樓圓夢呢。

我讀了失樂園之後，使我生無窮的美感，無窮的實感。我曾看過美國某會社所製『婦人』"women" 的大映畫，從歷史上證明婦人的弱點何在？天職何在？首先演的就是一篇失樂園。讀了彌爾敦的詩，那晚看的印象——亞當在樂園中遊行的樣子，夏娃出現的樣子，亞當見之而逃的樣子，夏娃追逐其後的樣子，亞當躲無可躲的樣子，亞當與夏娃初相接近的樣子，亞當試以手撫夏娃之手背，復試撚夏娃的長髮的樣子……亞當與夏娃同勞動同遊樂的樣子，夏娃看美果而思食的樣子，亞當誡之的樣子，妖蛇誘惑夏娃而夏娃採果啖之的樣子。亞當尋來夏娃分果食之，而天地變色，妖雲四起，始祖們墮落的樣子。他們初知羞恥，以桑葉被體，見天使而隱避的樣子。——猶歷歷在目！

但我不覺得夏娃要吃果子，便算是女性的弱點，便是無力自制應服從丈夫的地方。我祇覺得夏娃做的事都。。。近人情試想我們一上午沒吃東西誰不覺得飢餓，看了好果子，誰不想吃。她不知樂園中會有惡魔變化之妖蛇。蛇說他吃了知識之果，能說人話，知善惡，誰信獸類能食的果子，人類不能食。食而甘，誰不欲分其所愛之人。推其徑路，都不能證明夏娃之犯罪。天上的法律，我沒有研究過，但照我們人類的善良法律判斷，卽算食果爲罪，不知其爲惡果而食之，祇能說『不知者不罪』罷。何況此事上帝實不能不負完全責任呢？試問上帝，你們天國之中，分子應何等健全。—據耶穌說天國中人，都是小孩子一樣的。—何以天使之中，倒弄出那們多惡魔來了？既把惡魔打入地獄，就應何等派幹員把守，防其逃脫，而乃所派地獄管門員中，兩人都是沙丹的同黨。（當時守門的爲罪 Sin 死 Death 兩魔。死係兇暴獰惡的男魔。罪係半人半蛇的女妖。罪係沙丹側腹所出的分身。死係分身與沙丹所產的嫡子。沙丹出獄時，死與之門。罪出而和解之，細問乃知爲家人，遂放沙丹出上帝若不知而派，可見上帝自身也不甚精明，知而故派，則上帝有縱盜殃民之罪。上帝既創造完全之人類，復創造極樂之愛登，便應該使人類眞正完全，愛登眞正極樂。何以使人類的意志那們脆弱，受不了誘惑，知慧也那們短淺，看不清是誘惑呢？又何以既給人類以飢思食渴思飲—見美果而欲啖—的慾望。又偏要於樂園中長出森森的知識之樹，結出纍纍的知識之果。一方誘惑人類使之生欲食之心，一方又告誡之說食之者死呢。這不是絕大的矛盾嗎？而且上帝既知道惡魔已侵入樂園，派天使們嚴加警護，何以天使們也認不清妖蛇便是惡魔的化身，任惡魔來誘惑夏娃呢。天使尙如此不中用，不要說純潔無垢，信人如己的夏娃了。照創世紀的傳說，人類實不自生，創於上帝之手，可見這個大罪人類實不自犯而上帝使之犯之也。上帝之心，其可問乎？！！哈哈哈……。所以上帝與其罰人類，毋寧自罰，失樂園第四卷七七〇節贊彌氏讚美純愛之始祖夫婦同眠之狀曰：—

> These, lulled by Nightingales, embracing slept,
> And on their naked limbs the flowery roof
> Showered roces which the morn repaired.
> Sleep on.

Blest pair, and I! Yet happiest if ye seek
No happier state, and know to know no more

於是他們倆抱着睡了，黃鶯兒唱着安眠的歌，從他們早上收拾好的花架上，有許多薔薇花，雨一般的，落在他們赤條條的手兒足兒的上面，他們安安的睡去。睡啊！你這一雙蒙福的人兒啊！儻若你們不求更多的幸福，不要知道更多的知識，你們的幸福，當更無量啊。

彌爾敦翁啊！他們倆若能滿足現狀，長是這般榛榛狉狉作無懷葛天之民，何常不好。無奈上帝自己既不完全，創造出來的人類也不完全。他們偏要 Seek more happiness, to know more knowdlege （求更多的幸福，知更多的知識）就弄到後來要受上帝的亂罰，可也是沒有法子啊。我尤其愛我們的始祖母——夏娃，她偏爲求更多的幸福，知更多的知識，敢於破壞她丈夫和上帝所欽定的法則！她不信上帝所與獸類的自由，獨客於人類。記得報載杜威夫人在中國演說男女同校問題，曾舉檀香山土人禁女人食香焦爲例，謂女人食香焦，火山便爆烈，有一女王不信，偏要食之，火山也未見爆烈，以此證明男女同校之實行，其害不如反對者預期之甚，而寧有大益。上帝之禁夏娃等食智果，亦猶檀香山土人之禁女子食香焦，檀香山女王之敢食香焦而不信火山便會爆烈，亦猶愛登園中夏娃之敢食智果而不信人類便會因此而墮落。此「不信」之心，「敢爲」之氣，實一切「自由」之母，萬有「進化」之基。夏娃的靈質所遺傳於她的後世子女者固多，尤以此種反抗心，此種勇氣，爲最可寶貴！善哉瑞典女子思想家愛倫凱儀 Ellen Key 之言曰：

The first "women movement" was Eve's gesture when she reached for the fruit of the tree of knowledge a movement symbolic of the entire subsequent woman's movemeut of the world. For the will pass beyond established bounds has constantly been the motive of her conscious as well as of her sub-sonscious quest.

最初的女子運動，便是夏娃伸手去摘『智木之果』那時的態度，——那就可視爲後世所起一切女子運動

的象徵，因爲這越過已成的制限而進的意志，常爲女子有意識或無意的追求之原動力(1)

愛倫女史以夏娃摘果時之態度爲最初女子運動之象徵，其言卓特而有味，我還發見易卜生所寫之娜拉Nora與彌爾敦所寫之夏娃實有共通之精神，這也無怪其然。娜拉不是夏娃的女兒嗎？

娜拉(2)因爲要救他丈夫的性命，——丈夫病了，醫生說，非轉地療養不可。因往遊意大利，但她丈夫沒有錢，她便向一個律師克樂格斯他得借了一千二百塊大洋，但克樂格要他父親做保，那時她父親重病，克樂格把借據寄她父親簽字的時候，她父親已於九月二十九日死去了。她一方因爲丈夫重病，這筆錢非借不可，二來因父親重病，又不好把她丈夫病勢危急的消息說給他聽。然而認定借這筆錢，實在是替她的父親解除煩惱。替她的丈夫保全性命，所以她就矯命於十月二日代她父親簽好了字寄去。自此以後錢也到手了。旅行也成功了。她丈夫的病體也好了。她按月節衣縮食，幷且做些手工，有了錢便還克樂格這筆賬目。還也還的有限了。後她丈夫從律師的位置新舉爲銀行的行長。克樂格便是從前這個銀行的事務員，她丈夫赫爾麥不喜歡克某，安排辭了他。但不知克樂格與自己的妻子娜拉有債務關係，而且他的妻又犯了僞證罪。克樂格知道赫爾麥要辭換他。如是藉債權和僞證的關係，來威脅娜拉，迫她向他的丈夫說情，保留他的位置。娜拉實在無法極了。又不好向他丈夫說，因爲一說她丈夫便會不愛她了。但心中總盼望一種『奇蹟』出現。後來她丈夫接了克樂格第一次所投的脅迫信，告以上面兩種關係。他便大罵『你這混帳的婦人，幹得好事。』娜拉知道『奇蹟』是不會出現了，便安排尋死。赫爾麥阻止她，恰好第二信又來了。這時克樂格受了舊日的情人林登夫人——即娜拉小時的同學。——的感化，已放棄他對於娜拉之脅迫，把借據都寄還娜拉，幷且對她道歉。赫爾麥看了大喜，知道沒有事了，便又來安慰她，說『一個男子饒恕了他妻子的錯處…這裏一種說不出的快暢』娜拉聽了這個利己主義者的話，便忽然大覺大悟，說『我這八年原來只是同一個陌生人住在這里，替他生了三個小孩子！』

"……Torvald, in that moment it burst upon me; that I had been living here these eight

"Years with a strange man, and had borne him three children Oh! I can't hear to think of it, —I could tear myself to Pieces!"

如是他決然要於薔做『妻子』做『母親』的責任之外。先薔一薔她對於她自己的責任她要研究多數人的話，和書上的話，牧師的話到的是不是眞—至少看於她自己身上，是不是眞的，她要看看究竟還是她自己錯了，還是世界錯了。她要從此設法敎育她自己—因爲赫爾麥不配敎育她所以她便決意離開這個『玩物的家裏。』"A doll's house"臨走時赫爾麥問如何他纔不算和她是陌生人。娜拉說要等到那『奇事中的奇事。』the Miracle of Miracles』發生。赫爾麥問如何叫做『奇事中的奇事？』娜拉說『須要變到那步田地，要使我們同居的生活，可以算得眞正結婚』

"That communion between us shall be a marriage."

from william Archer's tran.——

"That our life together would be a real wedlock"

from Mrs. M.Aveling's tran—.

"Dass ein Zasammenleben Zwischen uns beiden eine Ehe werden könnte."

from Germany translation—

這篇劇便終於娜拉毅然決然捨了她的丈夫(？)兒女家庭，去了。赫爾麥望着她去後於悔恨之極忽萌希望之心叫道！

啊！『奇事中的奇事』？

Ah! the Miracle of Miracles—?!

Das wunderbarste—?!

於是乎萬籟俱寂，祇聽得外面大門兒關閉聲。——

這便是玩偶之家的梗概。我們可以看到娜拉換了衣携着提包預備離開陌生人的家時的態度，實秉承她始祖母夏娃食智果時的態度。這也很難怪，她家祖母若永守着上帝的嚴命，不去吃那知識的果子，不知道善惡之分。她的後代的女孫兒，那們會對於多數人說的話，牧師說的話，書上說的話，懷起半星兒疑來呢？

宗教家歸咎人類之墮落是因爲始祖夫婦之不服從上帝的戒命，又歸咎亞當之同歸墮落是因爲夏娃之受蛇的誘惑犯了擅食智果之罪。基督教對於女子之輕蔑，都源於這種迷信可笑的觀念來。夏娃之犯罪，上帝不能不負完全責任，我已經在前面說了。今試把彌爾敦詩中所述（一）夏娃擅食禁果，（二）將禁果分食亞當的「犯罪的動機」介紹介紹，請夏娃亞當的後世子孫判斷判斷。

（一）夏娃擅食禁果的動機，——當沙丹極端稱贊智果的功効之後，夏娃初不欲犯禁，沙丹復再三推薦之，其詞亦有至理。夏娃沉思一會，望着果子一個人低語說：

"Great are thy virtues, doubtless, best of
fruits, though kept from man and worthy
to be admired, whose taste too long forbor-
ne at first assay
Gave elocution to the mute, and taught
The tongue not made for speech to speak
thy praise: Thy praise He also who forbids
thy use
Conceals not from us, naming thee the tree
of knowledge, knowledge both good and evil;
Forbids us then to taste, but his forbidding
Commends thee more, while it infers the
good
By thee communicated, and our want:
For good unknown sure is not had, or had
and yet unknown is as not had at all.
In plain then, what forbids He but to know,
Forbids us good, forbids us to be wise?
Such prohibitions bind not. But death
Bind us with after-bands, what profits then
Our inward freedom? In the day we eat
Of this fair fruit, our doom is, we shall die.
How dies the serpent? he hath eaten and
lives,

And knows, and speaks, and reasons, and discerns,
Irrational till then. For us alone.
Was death invented? or to us denied
This intellectual food, for beasts reserved?
For beasts it seems: Yet that one beast which first
Has tasted envies not, but brings with joy
The good befall'n him, author unsuspect,
Friendly to man, Far free deceit or guile.
What fear I then? rather, what know to fear
Under this ignorance of good and evil,
Of God or death, of law and penalty?
Here grows the evre of all, this fruits divine
Fair to the eye, inviting to the taste,
Of virtue to make wise: what hinders then
To reach, and feed at once both body and mind?

這麼無疑，你的德性很大，你是果子中頂好的，
雖說你和人類不生關係，你却很有稱贊的價值，
你的味，我好久就忍不住了，祇要一嘗
便能使啞子會雄辯起來，敎人家的舌子。
不是爲說話生的，是爲着稱讚你的：
天上的父所禁你用的稱呼，却瞞不着
我們，他叫你做『知識的樹』
包括着善的知識和惡的智識；
他不許我們嘗你的味，但由你的傳達
我們可以推知甚麼是善，和我們所缺乏的，
所以上帝的禁令，越成了你的介紹書：
因爲不知道甚麼是善，一定是我們不曾有善，
有了而不知道，也祇等於不曾有。
實在，他這們三令五申，到底爲着何事，
禁止我們善嗎？禁止我們聰明嗎？
這種禁令，我們沒有守他的義務。

若死神他便來剪細着我們。
那我們內部的自由有甚麼益處？吃了
美果這一天我們的運命便是該死的.
但這條蛇怎不會死呢？他吃了，他還生存，
而且前此一個不懂道理的他偏會有知識，會說話，
會有理性，會辨別事物，豈死神他祇
照看我們嗎？豈這種智慧的糧食祇許獸類受用
却不許人類受用嗎？這像是專為獸類的.
但創造也不會料道首食智果的一獸，會歡歡喜喜的
把他所受的好處講給人聽；毫不嫉妒而且和人類
做朋友，了無隱瞞虛詐之心.
然則我却怕甚麼？何況我既不懂甚麼是善甚麼是惡，
甚麼是上帝，甚麼是死，甚麼是法律，甚麼是刑罰，我又知
道。
甚麼可怕呢？給我診這體誠病的良藥(指知識)在此了，
這個神聖的果子，其色美好，其味招人，又備使人賢明的
美德。

然則我馬上伸手摘下來飽我的身心，有甚麼妨碍呢？

說着她便毅然決然把果子摘下來吃了。聽她這段話，可知夏娃不是無意識無判斷的信着沙丹的誘惑，去吃智果的。却是有很深的覺悟，去吃智果的，就是她之想吃智果的動機，是根於一種熱烈的『愛智』之心。假使當日夏娃不吃智果，可知人類生活上決無『哲學』之發生。『不知道甚麼是善，一定我們不曾有善，有了而不知道，也祇等於不曾有。』『然則我怕甚麼？我既不明白甚麼是善與惡，甚麼是上帝與死，甚麼是法律與刑罰，我却如何懂得怕甚麼呢？』善哉夏娃！她懂得了！她懂得要求知道我們自己現在幹些甚麼了。要求知道我們的行為，到底要如何纔算『善』了。『求為善求為慧』 to be good, to be wise 是我們的責任了。禁止我們為善為慧的禁令，那怕是上帝的禁令，我們也沒有守他的義務了！懂倒了自己便可以矗立天地獨往獨來，還怕着誰來呢？從來文明史家多分世界的思潮為『基督教思潮』 christianity 與異教思潮 Paganism 兩種，兩種思潮的性質之相異，約為以下數端：——

基督教思潮（希伯來思想）	異教思潮（希臘思想）
靈的，禁慾的	肉的本能的
絕對的服從	個人的自覺
教權主義	自由主義
知神	自知
天國，神本	現世，人本
利他主義	自我之滿足
超自然主義	自然主義
宗教的道德的	智識的藝術的
信仰的獨斷的	科學的實驗的
主觀的傾向	客觀的傾向

我們看了這個幾端，就可以知上帝和亞當是基督的代表，夏娃和沙丹是異教的代表。而夏娃吃「知果」以前以人類生活，是知神的，無自覺的。絕對服從的生活。即基督教的生活。夏娃吃了「智果」以後的人類生活，雖有基督教的生活與之相消長。——然已入了自知的，個人自覺的，自我之滿足的，知識的，藝術的生活，即異教的生活。希臘羅馬無論矣，雖羅馬衰亡後，經過千年黑暗的中世紀，然自「新生」以來以迄現代，都是異教思潮之勝利，將來除非請夏娃要她那千萬代後的子孫都把智果吐了出來，復入樂園的生活，園中既不許蛇進來又不栽智果樹，恐怕異教思潮，總是勝利的。

（二）夏娃分智果以食亞當的動機——夏娃既食「智果」而甘之，且覺眼前甚麼事物都不同了。非常喜歡，並動便想和他丈夫同享，然她自語中有一段說：

……But to Adam in what sort
Shall I appear? Shall I to him make known
As yet my change, and give him to partake
Full happiness with me, or rather not,
But keep the odds of knowledge in my power
Without copartner? So to add what wants
I female sex, the more to draw his love,
And render me more equal, and perhaps,
A thing not undesirable, sometime
Superior; For, inferior, who is free?

……但是我對于亞當應取甚麼態度呢？我還是我現在的變化一五一十告訴他，讓他和我同享完全的幸福，或者寧可把我這種知識之優點秘而不宜不必要同享者呢？那麼我們女性所缺乏的當然增加，同時可以更引男子的愛，又使我更與男子平等。

而且或者——這也不為不好的事——使我們更優越；

因為劣敗的誰能自由呢？

他此時還打主意不定，後來想到她若真因吃禁果而死，亞當會另娶一個夏娃。想至此，妒火如焚。又想不論禍福，決與亞當共運命，因為她太愛他了，沒有她誰還能生存。及至亞當來，夏娃便告以食果之事，及食果後之効果，最後勸亞當也吃一個罷。她說的是：

For bliss, as thou hast part, to me is bliss;
Tedious, unshared with thee, and odious
soon.
Thou therefore also taste, that equal lot
May join us, equal joy, as equal love;
Lest, thou not tasting, different degree
Disjoin us, and I then too late renounce
Deity for thee, when fate will not permit.

因為你所分的福澤，就是我的福澤，
我有福而不與郎共享之，瞬必煩勞而嫌厭。
所以你也吃了這果子，那麼同等的運命，同等的歡樂，
會把我們倆連結起來，像我們同等的愛情一樣；
倘若你不吃，那麼因品級不同便會分開我們，
那時我雖欲為你放棄神性，恐也遲了，
因為運命他不許我。

亞當聽了，大驚失色，知道她受了惡魔的欺騙，犯了大罪，此時把「玩物之家」的赫爾麥先生便會大罵夏娃說：「你這混帳婦人，幹得好事，自己意志不強，受了欺騙，吃了毒果，這是你自作之孽，須怪不得我，不自悔禍，還勸我來吃，叫我也做這毒果的犧牲嗎？須知男子決不肯為女子犧牲名譽而況犧牲性命嗎？」但亞當到底不愧是我們人類的始祖，到底不是赫爾麥，他告訴夏娃：「啊呀！啊呀可憐的神聖美麗的創造物啊，你這們聰明的人，如何都一時懵了，你給敵人騙了，還不知道嗎？」接着便說假如有禍，決不讓夏娃一人當之，其詞真切壯烈，實千古男性戀人模範精

神之結晶。他說：

And me with thee hath ruined, for with thee
Certain my revolution is to die:
How can I live without thee? how forego
They sweet converse and love so dearly joined,
To live again in these wild woods forlorn?
Should God create another Eve, and I
Another rib afford, yet loss of thee
Would never from my heart; no, no! I feel
The link of nature draw me; flesh of flesh,
Bone of my bone thou art, and from thy state
Mine never shall be parted, bliss or woe

我也同你一塊兒淪落了，因為我
確已決心同你死去：
我沒有你如何能生活？我如何能捨了你那甜密的談話，

和這們打的火熱的愛情，却一個人再向荒林中間去討
生活呢？
上帝或者將更造一個夏娃，要我再供給一根肋骨，然而
失掉了你，我心裏永不會忘記的；不會，不會！我覺得自然
之鎖鎖住了我，我全身肉的肉，骨頭的骨頭都是你，管他
福也好，禍也好，我永不會離開你。

說了一陣，又用平靜的話安慰夏娃，說食果之事，不見得便為人曉得了。上帝既竭盡匠心，創造我們，決不會輕致吾人於死，講到最後仍說：

However, I with thee have fixed my lot,
Certain to under go like doom; if death
Consort with thee, death is to me as life;
So forcible within my heart I feel
The bond of nature draw me to my own,
My own in thee, for what thou art is mine;
Our state cannot be severed, we are one,
One flesh; to lose thee were to lose myself

雖然，我與你同運命是確定了的，
運命要如何來，我們便如何去；倘若死
隨着你，死也同時隨着我，像生命一樣；
我覺得自己的心中爲一種自然力束縛得緊緊的。
我自己便在你的中間，因爲你便是我的；
我們的境遇，不能分開，我們倆祇是一個，
一個肉體；失了你便是失了我自己。

可憐後世娜拉八年之間望不到的『奇事中的奇事』我們的老祖母夏娃却望到了。夏娃聽了這種男性悲壯的言語，感激無量，她說『是，是，我們決不能分開，要這們相愛的我們倆離開，比死還要痛苦。』以下又說若真是犯了禁時，決計一人當之，不願累她的亞當：

Were it I thought death menaced would ensue
This my attempt, I would sustain alone
The worst, and not persuade thee-rather die
Deserted, than oblige thee with a fact

Pernicious to thy peace, chiefly assured
Remarkably so late of thy so ture,
So faithful love unequalled; but I feel
Far etherwise the event, not death but life
Augmented, Opened eyes, new hopes, new joys,
Taste so divine, that what of sweet before
Hath touched my sense, flat seems to this and harsh.
On my experience, Adam, freely taste,
And fear of death deliver to the winds.

我這回的事若真有可怕的死來，我願獨承其罪，決不累你——我寧可孤孤單單的死，不願因此破壞你和平；因爲我確信了你的愛這們真切，這們忠實，真是沒有可比的；但是我覺得此果不一定不好，不獨吃了不會死，並且可增大我們的生命，開我們的慧眼，給我們以新希望，新歡喜，他的味非常神聖，雖說望去像平常乾溢的樣子，可是我從來沒有吃過這們甜蜜的東西，這是我經驗過的，亞當你隨意吃一個罷！你吃了之後對於死的懼怕，就會丟入九霄雲裏去了呀！

夏娃愛他極了，喜歡極了。不覺抱着亞當而嬌啼，亞當愛她極了，悲壯極了，安排着地獄天堂，都不肯讓夏娃獨去。夏娃以纖纖之手，呈美果於亞當，亞當受而食之，而天地再爲之震驚，萬彙再爲之泣血。雖然亞當亦何嘗不知憂患之逐人而來，特知之而不避罷！

善哉！彌爾敦翁之寫亞當之食智果曰：

"……he scrupled not to eat
Against his better knowledge, not deceived,
But fondly overcome with female charm."

「……彼之毅然食之，不顧其優越之智識者，非受欺也，
願爲女性之魔力所征服也。」

明知食果之後，馬上就要趕出樂園，受上帝之嚴罰，而爲着所愛的夏娃，悍然食之而不避！一個夏娃死了，上帝不難取自己的筋骨再造一個夏娃。然而他偏祇愛這個夏娃，這個夏娃死了，他寧不願活了。人類的生活，有比這個更藝術的嗎？更高尚的嗎？更美的嗎？

自己的意力，體力，皆足以征服女性，而偏願爲女性之魔力所征服。男性的精神，有比這個更悲壯更聖哲的嗎？

由上兩條的研究，可知夏娃食果的動機全然不成爲犯罪，因她總不知道妖蛇會是惡魔的化身。同時她總得有「愛智識」「愛她丈夫」的權力。然而上帝祇講法律，不問動機，把他們兩人趕出樂園，還要罰他們的子孫受種種罪，難怪她後世的女孫兒娜拉不會要罵法律這個東西笨極了呢？

Krogstad. Mrs. Helmer, you have evidently no clear idea with you have really done. But I can assure you it was nothing more, and nothing worse that made me an out cast from society.

Nore. You! You want me to belive that you

did a brave thing to save your wifes life?

K. The law takes no account of motives.

N. Then it must be a very bad law.

K. Bad or not, if I lay this document before a court of law you will be condemned according to law.

N. I don't beliye that. Do you mean to tell me that a daughter has no right to spare her dying father anxiety? I don't know much about the law, but I'm sure that somewhere or another, you'll find that that is allowed. and you don't know that-you, a lawyer! you must be a bad one, Mr. Krogstad.

——from Wm. Archer's tran.——

(律師)赫夫人，你好樣不知道你犯了甚麼罪。我老實對你說，我犯了那樁使我一生聲名掃地的事，和你所做的事恰恰相同，一毫也不多，一毫也不少。

(娜拉)你！難道你居然也敢冒險去救你妻子的命嗎？

(律師)法律不管人居心如何。

(娜拉)如此說來，這種法律是笨極了。

(律師)不問他笨不笨，你總要受他的裁判。

(娜拉)我不相信。難道法律不許做女兒的想法子免除他臨死的父親的煩惱嗎？難道法律不許做妻子的救他丈夫的命嗎？我不大懂得法律；但是我想總該有這種法律承認這些事的。你是一個律師，你難道不知道有這樣的法律嗎？柯先生，你眞是一個不中用的律師了。（娜拉一幕）

——依胡適之的翻譯——

我們小時怕鬼，怕神，怕父親，長了又怕法律，怕輿論，怕宗教，老了又怕窮，怕死。通我們一生無一日不爲恐怖所驅使我們的生活，有上帝沒有自己，有父母沒有自己，有法律沒有自己，有輿論沒有自己。及至一旦忽因一種甚麼事情發現了這個『自己』吃了『果智』以後的話

ego那些恐怖的對象便和朵雲一般的散了，琉璃一般的碎了。那時我們『自己』便是主人上帝哪，父母哪，法律哪，輿論哪，……哪，都是我們『自己』的嘉客來了嗎！『請進，請坐，請茶，請吃一吃東西，大家談一談』去了嗎，『再會，再會，我時常常想念你。』

我以為這纔是『人』的世界。如基督教聖書『箴言』的第九章說『畏耶和華者智慧之根本也，知聖者聰明也』這便是專是教我們恐怖他的，便是把耶和華，聖者為主而視人類為客。希臘 Delphi 地方亞波羅 Apollo 的神殿內所錄梭羅門之名言

Tuwoe oeauroy ——梭羅門的希臘原語

'Nosce te' ——契克羅的拉丁譯語

『知汝自己』——漢譯

還有英國詩人頗浦 A. pope (1688—1744) 傑作『人論』"Essay on man". 詩中所發之名句：

Know then thyself; presume not God to
scan, the proper study of mankind is man.

汝當知汝自己莫專門熱視上帝，人類本分的研究是『人』的問題。

這都是教我們大無畏的，便是以人類的『自我』為主，而視耶和華及一切偶像和自然物為客的，無論甚麼問題，都要從『小自我』問題解決起，人知道了『小自我』便可以進而知道『大自我』和『大自我』同化，解決世間一切問題了。

咳！諸君！——

這都是『吃了『智果』以後於話。

II　梅麗與愛倫

『女權辯護論』Vindication of the rights of women 與『母性復興論』The Renaissance of motherhood ——梅麗吳兒絲統克拉夫特 Mary Wallstonecraft 與愛倫凱儀 Ellen Key, ——『女子論』與伯倍兒 Bebel,

The movement against the subjection of women, which has become irresistible and is not far from complete triumph, began in the same way with a few impracticable idealists—Mary Wollstonecraft, Shelley, John Stuart Mill. The power of thought, in the long run, is greater than any other human power. Those who have the ability to think, and the imagination to think in accordance with men's needs, are likely to achieve the good they aim at sooner or later, though probably not while they are still alive.

—from Russell's "social Reconstruction"—

反對『女子屈從』的運動，已成燎原之勢。不過今日還說不得完全勝利，這種運動也是由少數架空的理想家——如梅麗，蟬雷，彌爾所倡起來的。究竟思想的力量，確較其他一切人類的力量遙爲偉大。凡有思考能力的人，和能從人類的必要而思考的人，縱不能於生前獲到他們所認定的善果，然早晚總有成功之一日。

——羅素的『社會改造之原理』之一段——

自從夏娃因爲不信上帝的好話，吃了那人類不能吃的『智果，』同時又用她那女性的魔力征服了亞當，使他也吃了『智果』。人類從此便墮落起來。再休想那『不識不知，順帝之則』的樂園生活。上帝因爲認定犯食智果之禁的罪魁禍首是我們的祖母夏娃，所以他就神經過敏，推定女子不是理智的動物，而是感情的動物，容易受人誘惑。若使她獨當一面，必至闖出彌天大禍來，他就硬命此後夏娃的女兒都要服從男子，聽男子的指揮行事。譬如上帝的兒子基督所倡的教訓，輕蔑女子的地方極多。有人說『凡留名於基督教史的名僧知識的女性觀，徹頭徹尾都和佛教一樣，若強於二者間求差異之點，便是佛教因流傳於保守瞑想的東洋，所以東洋人多墨守這種迷頑的教條，基督教因流傳於進步的科學的西歐，爲周圍的空氣所動，所以實際上要緩和幾分而已。』可惜現在的中國的女子祇知罵佛教和孔子教的女性觀，却不知道罵基督教的女性觀。我因爲從男性文明與女性文明之消長看出基督教思潮與異教思潮之鬥爭，所以不妨把基督教的女性觀介紹一二。但基督這個人是沒有近個女性的，所以他也不甚懂得女性。他祇抱着一種由創世紀傳來的羅曼的觀念，所以所說的也不甚多。也不甚可惡，最可惡就是使徒保羅了。

譬如耶穌告覆猶太人問摩西的休妻條例他說：

But from the beginning of the creation, God made them male and female. For this cause shall a man leave his father and mother, and cleave to his wife; And they twain shall be one flesh: no then they are so more twain, but one flesh. What therefore God has joind together, let not man put a sunder.

——St. Mark, 10.——

其實起初造萬物的時候，上帝造人乃是造一男一女，因此人要離開父母，與妻子如膠似漆，兩人成為一體。這樣看來，夫妻不再算是兩個人，乃算是一體的了。所以上帝所配合的，人不可以分開。

（新約全書馬可福音第十章第一節）

上帝這個結婚觀，有弊沒有弊，請諸君看羅素的結婚論便知，（

See: Russll's Social Reconstruction, P. 168—171.）以下我或者有說的機會，但結婚若成立於眞正的戀愛，耶穌這些話我也贊成。而且若眞能認夫妻『不再算是兩個人，乃算是一體』那麼當也沒有輕視女子，加女子以不平等的待遇的事。因為人不會有輕視自己(?)虐待自己(?)的事。祇可惜耶穌的教訓，有許多不徹底不一致的地方，還是遺後來的男女關係以許多惡影響。到了他的門徒保羅變本加厲，亂發暴言，你聽他說：

But I would have you know, that the head of every man is Christ; and the head of woman is the man; and the head of Christ is God.

我要你們曉得基督是各人的頭。男人是女人的頭，基督的頭就是上帝。

諸位姊妹們你看保羅先生這種高明的邏輯學是從何處學來的。基督教武斷主義，和教人絕對服從主義，都表在這幾句話中間。他這話原是要證明『凡男人祈禱講道若蒙着頭，就輕辱自的己頭。凡女人祈禱講道若不蒙着頭也輕辱自己的頭，……」

的接下說：

For a man indeed ought not to cover his head, forasmuch as he is the image and glory of God: but the woman is the glory of the man.

For the man is not of the woman; but the woman of the man. Neither was the man created for the woman;? but the woman for the man. For this cause ought the woman to have power on her head because of the angels.

——from 1. Covin thians II.——

男人是上帝的形像和榮耀，所以不該蒙着頭。女人的榮耀是從男人來的，起初男人不是從女人有的。女人是從男人有的。且男人不是爲女人造的，女人是爲男人造的。所以女人因爲天使的緣故應當蒙着頭，好顯

吃了「果智」以後的話

她是守管束的。

（新約全書保羅達歌林多人前第一十章書）

因此便證明女子祈禱非蒙着頭不可。我思之重思之不知道他的理由是根據甚麼地方來的，且又如何成理由。諸位莫以爲我這是空談，因爲現在中國的姊妹們信耶穌教的很多，并非耶穌教全不可信，要知道不可盡信。第一他的女性觀是由男子中心主義出發的，更不可盡信，何況耶穌的大使徒保羅并禁止你們在教會裏發言呢！達歌林多人前書第十四章的末了說：

Let your woman keep silence in the Churches: for it is not permitted unto them to speak; but they are commanded to be under obedience, as also saith the law.

And if they will learn anything, let them ask their husbands at home: for it is a shame for woman to speak in the church.

What? Came the word of God out from You? or came it unto you only?

你們的婦女在教會裏要閉着口，不準說話，他們應當順服．法律上也是如此說（因爲法律也是由男子中心主義出發的）若她們要學甚麼．可以在家裏問自己的丈夫，婦女在教會裏說話原是可恥的。甚麼？上帝的道理，豈是從你們出來的嗎？豈是單單臨到你們的嗎？

（以上都是依聖書公會的新約全書漢譯本）

姊妹們！你聽保羅這話多橫暴呀！還有他『達以弗所人書』第五章的末了。第六章的發端。也是如此。還有一個地方說『女子無論做甚麼事，都要靜而學道。我不許女子施女教與執權於男子之上的事。女子祇要靜。這因爲上帝先造亞當後造夏娃。亞當不受誘惑而女子被誘惑而犯罪，然而她們若能夠信仰，愛，純潔，謹慎的過。便可因生子而得救。』這更可以證明他們僅以彼『創世紀』中迷信可笑的傳說，否定女子一切的權能了。

至此，姊妹們！要知和『禮』是周公制的，不是周婆制的一樣。『創世紀』哪．『新約全書』哪，『舊約全書』哪，都是男子做的，不爲女子做的。所以是專爲男子利益做的，不是爲女子的利益做的。因爲要建立『男子中心』的社會，所以要拿女子的利益做犧牲啊！世界到今日也經過了一些的『中心』思想。最初都信我們居的地球是天體的中心，所以有所謂『地球中心說』後來到了『新生時代』經科白尼的研究纔知道地球不過八大行星之一，却還天天繞着太陽！最初在政治上都迷信，『天生蒸民作之君作之師。』和『國不可一日無君』的『君主中心說』所以迄今日本還有所謂『皇室中心主義。』——到了法國革命時代被盧梭的學說攻破了。纔知道『民爲邦本，本固邦寧；』最初都迷信『創世紀』的話，說上帝手造人類置之樂園。（我於藝術味一點，還喜信這道理）『人爲萬物之靈。』所以有所謂『人類中心說』到了十九世紀，出了個達爾文做了篇『種原論』證明人類是由猴子進化來的，幷非受了上帝特別的匠心，這種『人類中心說』又打破了。又由近代政治上的革命，人家都信資本萬能。私有財產，自由競爭之風達於極點。是所謂『資本中心說』到了前一世紀有馬爾克思的『資本論』出來，最近又有俄德的革命，在在都證明勞動的神聖，和資本的罪惡，於是『資本中心說』又打破了。但從男女的關係看來，從古時到現在還隱然公然相信男子的政治能力勞動能力，都較女子爲優，彷彿女子便應該屈服於男子。而成爲一種「男子中心主義。」那怕至今日二十世紀舉凡社會制度，宗教道德，不是這種思想的結晶，便定留這種思想的痕跡。其勢力不可謂不大。然而這種思想也有孤城落日之觀了。據經濟學者的研究人類的生產方法迄今凡五變：

1. 漁獵時代 The hunting and fishing stage
2. 畜牧時代 The pastoral stage
3. 農業時代 The agricultural stage
4. 手藝時代The handicraft stage
5. 工業時代 The industrial stage

原始時代的男女分業，大體是男子從事漁獵及戰鬥，女子從事于殖產及生育。所以農桑，庖廚，陶器，編物，剝獸皮，紡織，染物等舉凡於維持人類生命上絕對必要之勞動。莫不由女人創始。其他動物之馴育，家屋之建築，醫藥之發明，等和平事業，也莫不推女子之功，當時女子因勞動的結果，體力發達與男子等。同時自已勞動所得的財產，也能自已保存。就是一方爲生活必要品的「生產者，」Producer同時爲生產品的「所有者」 Possessor 這時候女子社會的地位絕高。所謂「血族共產制」的母系制度時代，就是這時代了。

降及2. 3. 時代畜牧農耕之業，逐漸進步，漁獵之必要大減，男子捨弓矢網罟，而執犂鋤，舉凡主要的生產事業，沒不爲男子所侵占，而女子的活動範圍逐縮於家事與育兒。所以與其說因爲夏娃犯了上帝的禁，食了「智果，」所以罰後世的女子都要服從男子，毋甯說女子不能與男子爭爲生活資料的生產者與保有者，所以給男占了勝利呢。假現在的新話，就是當時女子不知道要求自已的勞動權，與生存權，所以教人家致了死命哩，後來因爭耕地財產而有戰爭，因戰爭而獲奴隸，因利用奴隸的「無償勞動」而可以生產剩餘之富，因有奴隸與剩餘之富，因有私有財產與遺財產於子孫的制度之發生。如是母系制度至是而絕，父系制度自兹而起！前此「男女共產」的時代，一變而成「男子中心」時代了。一入了這個時代，女子便失了經濟的獨立。他們要維持他們的生活，方法祇有兩途？一是「賣力」一是「賣淫」而已。從農業時代而後，一直到工業革命之前，都是家業手工業時代。女子「賣力」爲活的胼手胝足，僅得自給。除生活必

原稿
欠頁

原稿
缺頁

原稿
缺頁

原稿
缺頁

全國用十五人以上的工場凡一萬四千二百四十九所，共使用工人凡一百零七萬八千八百六十一人。內中男工凡四十六萬二千九百四十四人，女工凡六十一萬五千九百一十七人，就是女工要比男工多一十五萬二千九百七十三人。就據大正二年末（民國二年）醫學士石原修所發表的統計講：日本官私立的工場內所雇的勞動者約九十萬人。其中有五十萬是女子，此五十萬中除十萬從事他種工業外，有四十萬是從事纖維工業，日本的主要工業現爲鐵工業與纖維工業兩種，後者幾夫全部是用女子。此五十萬女工中沒有滿二十歲的占三十萬，二十歲以上的占二十萬，二十歲以上的中間大部分是自二十至二十五歲的，所以日本的工業是以二十歲以前，沒有十分發育的少女爲要素。女工總數的十分之七，即三十五萬餘，都是未婚女子，都寄居寄宿舍。已婚的大都每日由家裏來上工。他們的勞動時間，通例每日勞動十四點鐘到十六點鐘，（生絲工場十三點—十五點，織物十二點鐘）其餘的時間便消費於休息，入浴，梳洗，睡眠，私用等。吃飯之後祇休息二十分至三十分鐘。以是女工體子都不好。以沒有滿二十歲的更甚。紡績工場通例以十二時間勞動爲鐵則，此等工場纖維性的粉塵多，大足害女子的健康，而且是『連續徹夜業』一天到晚不停鍾的，分女工爲二組，一組日裏做工，一組晚上做。每星期輪班一回。—上海穆藕初辦的厚生紗廠招湖南的工，就是這個辦法。請諸位女士看一看新青年的勞動紀念號——夜業與女工身體上的影響如何，請看下表

▲連續徹夜業與體重的關係（晝夜五天的調查）

工場種類	調查人員	輪班周期	一人平均夜業後的減量	減量之恢復	不能恢復的減量
紡績甲	八一	七	一七〇	六九匁	一〇一匁
紡績乙	五九	七	一五四	一三五	一九
印刷甲	二〇四	七	二六四	六三	二〇一
印刷乙	八〇三	七	一四一	一一九	二二
製菓	一二	六	六七	四八	一八
製鐵	二一一	七	三二七	二二三	一〇三

試以紡績甲爲例：一個女工平均做晚工後，要減輕的體重，凡一百〇七匁（讀若母迷）到了次週，白天裏做工，恢復的體重六十九匁。因他到再次週又要做晚工，所以每次活活要奪去一百零一匁的體重，然而做這種晚工的以十二三歲的少女最多。所以他們一入工塲發育便停止了。

又據石原氏的報告，日本全國每年因募集爲工女而離鄉的少女約二十萬人，其中有十二萬人是離鄉後就永沒回來的。歸鄉的算止有八萬了，而歸鄉者的中間平均六七人中就有一個重病者，總數八萬的中間，重病者就有一萬三千餘人，其中四分之一，即三千人是害的肺結核的。某地方三十個歸鄉女工中間，有二十一人是病人，其中十五六人是結核患者。

其他不歸鄉的十二萬少女，大多數放浪於方傳播病毒的各工塲，有的病死異鄉，有的墮落爲私娼的婦。

把工塲內的女工死亡率，歸鄉後的死亡率及運命不明的十二萬女工最少限度之假想死亡率合起攏來，女工死亡率，至少也達一般死亡率的三倍。

石原更有很沉痛的話，他說：日本的工業產出多少死人呢！每千人中死亡者約十八人，約以日本的女工爲五十萬，那麼便有五千個死亡者。（因同年齡一般死亡率爲七•六）便是有五千人因做女工而死。……若用春秋的筆法便是工業每年殺五千人。……此五千工業戰死者以外尚有二萬五千人係重病者，便是工業戰的負傷者。十年前的奉天戰爭戰死者七八千，負傷者五萬人。今女工之犧牲者恰可相比。而政府國民對於戰塲死傷者敬賞有加，而對於工塲死傷者乃如秦越人之相視，何也云云。諸位姊妹們！有了這石原醫學士這一些調査，了解未婚女工的悲劇不是已經充分了嗎？

（二）『結婚後』女子工塲生活的悲劇。

女子結婚之後，懷了妊的到工塲做工，其弊害直接及於『第二代之國民』我們

▲先研產婦之勞動與乳兒之健康：據英國的研究，到出產以前還在工塲勞動生出兒子總不肥胖！

母親出產前還勞動的乳兒重量	三•〇一〇格郎
母親出產前休息了十日的乳兒重量	三•二九〇
母親出產前休息十日以上的乳兒重量	三•三六六

▲次研究產後入工場對於嬰兒用乳與不用乳的死亡率比較

	出生實數	死亡實數	死亡率
用母乳的嬰兒	二八八〇	三二八	一一三•九
不用母乳的嬰兒	二三四	七四	三一四•九

（據英國沙爾浮德市的研究）

由此表可知用乳的嬰兒，較之不用乳的嬰兒的死亡率，不過其三分之一。

▲三研究母親勞動，與乳兒死亡的關係如何？

	出生實數	死亡實數
母親在工場做工的	四九五	八三
母在工場外做工的	二三六	二九
母做工的總計	七三一	一一二
母不做工的	五四五	八八

（依英國伯明罕市與德氏的研究）

由此可知母親在工場作工所育的乳兒死亡的比較多些

▲又據一九〇八年英國斯坦和德攝亞的李德氏的研究知道妻及寡婦做工很多的都市。其市的嬰兒死亡率必高。

妻及寡婦做工人口分率	都市實數	乳兒死亡率
一二%以上	五	一八七
一二%六%	一三	一五三
六%以下	八	一四〇

▲再據英國勃拿德和德市衛生課醫士依文斯氏一九一一年在該市的研究知勞動者（中如鐵工業者）的家庭，其乳兒的死亡率較之商人，牧師等自由業者的家庭的要高兩倍：

	出生實數	死亡實數	〇—一歲	一—三歲	三—六歲	六歲—十二歲
自由職業者（商人牧師等）	五.六五八	四二	二一〇	六二	六二	八一

工場勞動者（鐵工業之類） 八〇．九四九 一七一 四六三 三一七 三六四 五六八

▲又就經濟生活上所分上中下三層社會研究乳兒死亡率那一層爲多？

英國（伯明罕市一九一〇年調查）德國（厄爾浮爾特市）

上層社會……	五〇—一〇〇	上層社會……	八六
中層社會……		中層社會……	一七三
下層社會……	二〇〇强	下層社會…	五〇五

可知乳兒死亡率以中上層爲最少，下層爲最多！

諸位姊妹們！由以此上的統計，不是也可以充分知道結婚後女子在工場做工，其生活之如何悲慘，其結果之如何有害自己的子孫嗎？

因爲有上面兩種情形，如是近世女子解放的悲劇完全成立。如何使天下的靑年女子，免爲這種悲劇的主人公呢？於是乎二十世紀之初頭，歐羅巴之北部，遂有『母性保護』論者愛倫凱儀Ellen Key 女士出現。

"Many women now advance as the ideal of the future, the self-supporting wife working out of the home and leaving the care and education of the children to "born educators. This ideal is the death of home-life and family life. No renaissance of motherhood is possible before mothers and teachers, through their own attitude towards the values involved, as through the fiction they give the girls to read, through their own consels and their scientific sexual enlihgtenment, prepare the girl's hearts for love and motherhood."

—from the Renaissance of motherhood—

現在有許多女人，以做自給的妻子勞動於家庭以外，而託其子女的敎養于所謂天賦的敎育家爲一種理想。辞起去這種理想，便是家庭生活與家族生活的葬儀。若世間做母親的做先生的，不由他們自己對於母性復興所

吃了『果智』以後的話

原稿
缺頁

原稿
缺頁

outside as well as within marriage; through education for motherhood; and, lastly, through rendering motherhood economically secure, recognising it as a public work to be rewarded and controlled by society.

據我的意見要家庭能夠復興,第一要實現夫妻兩方都完全平等而自由的新結婚;第二要結婚的外內面外面,關於出生,對社會都有一種嚴肅的責任;要有母性的教育;最後要與母性以經濟的保障,認出產為公事,社會應報酬他,管理他。

他以為『小兒生後七歲之間,是決定小兒全生涯的時期,教育者應每天有觀察小兒的性質之機會,而助長之,制其非特質的部分,時時與以優美的感化。然而這些事情,終不是從事於家庭以外之事業的母親,所能做到了。』良好的『家庭環象』home Atmosphere之創造,是女性最高的藝術,所不同者藝術家聚精會神創造一個作品後,便可以永留不變,而家庭不然,是要藝術家時時身心都在這個作品上面的。

Wherever the great and beautiful work of Art, a home, has come into being, the wife and mother has had her paramaunt existence in that home though her interests and activities have not necessarily been limited to its sphere. But husband and children have been able to count or her in the home as they could count on the fire on the hearth, the cool shade under the tree, the water in the well, the bread in the sacrament. Thus upon husband and children is bestowed the experience which a great poet gained from his mother. ''All became to her a wreath!'' A wreath where every day's toil and holiday's joy, hours of labour and moments of rest, were leaf and blossom and ribbon.

這個「偉大而美麗的藝術品」的家庭,創造出來了的時候。做妻的和做母的在這個家庭中總是贏得最高存在的。那麼當然他們的趣味和活動，原不必限於家庭這個小天地的。在這種家庭中間，他們的丈夫和小孩子，把他們看作窩中的火樹下的陰，井中的水，聖餐席上的麵包，一樣的重要而可愛。於是她們的丈夫和小孩子也得賦與某大詩人歌頌他的母親那樣的經驗。就是說『甚麼東西到了她的身上，都變成花圈了！』如是每天的勞苦，禮拜日的歡樂，勞動的時間，休息的暑刻，都成了這花圈上的葉兒，花兒，結兒了。

這便是愛倫女史所歌頌的家庭。他又主張男女於專門教育終了之後，當特課以一年的義務教育，像男子厲行軍隊的訓練一般，女子也要課以治家育兒的訓練。這個一年間的教育，分為三個課程，舉其大要：

一，國民經濟學基礎的衛生學，家庭經營與家族管理之美學的原理。

二，衛生學，心理學，普通兒童教育學，等理論的課程，與變態性兒童的保育法。

三．產前產後母的心理及生理的義務，優生學之基礎原理。

這便是愛倫所主倡的『母性的教育』

總括我上面所說的1.為女子屈伏之由來（一.宗教的，二.經濟的）2.『女子解放』的運動表現之於梅麗女士的『女權辯護論』3.為救濟由『女子解放所生的悲劇』而起的『母性保護』運動，表現之於愛倫凱儀女士的『母性復興論』。我於今便不能不於二說略下批評，不過自來同病者相憐，同吃黃連者纔知道黃連的苦，所站的地位不同，所看的利害亦異。我是一個青年男子，不見得能知道普天下女子的痛苦，我還是介紹一個日本女子的批評，因為日本的是世界女權最低的國，他們感痛苦最深。或者意見有徹底之處。在日本有一個很著名的女子評論家，叫做山川菊榮（本名青山菊榮現在是社會主義者山川均的夫人）曾做一篇文章評論與謝野晶子和平塚明子兩人的主張。前者主張『經濟的獨立』，其系統實出十八世紀梅麗與兒斯通克拉夫特的主張。後者主張『母性保護』是私淑二十世紀初愛倫凱儀的主張的。所以菊榮女史就以犀利之筆，攻他們的本陣。他以爲這個兩種運動—『女權運動』與『母權運動』—都是應時代而生的，和其他社會運動一般，都不失爲時代精神的反映。就是—

舊來的『女權運動』women's Right movement 是爲順應資本主義勃興所起社會的變化而發生成長的，其主張是出發於資本主義的社會之肯定，於是專心看女子也如何在這種社會中間多得一些權利。過去半世紀來，女子智力的進步及各方面能力的發展，負於此運動之力之處絕多。而同時因犧牲女子的感情生活，所起的悲慘的事實，和因男女職業爭奪戰所惹起的一般勞動市價之低落，和其他可憂的現象，以爲祇知順應資本主義而不知立於批評的地位之舊來女權運動實不能不分其責。因爲當資本尙爲特殊的階級所獨占時，任如何講『職業自由！』『經濟獨立！』都不過爲資本家貢獻低廉的勞力，使女子做他們的食餌而已！一言以蔽之，舊來女權論者所謂女子的自由，在「有產階級的女子」看去，是利用（自己的利用）他人的自由。在「無產階級的女子」看去，是被利用於他人的自由！

菊榮女史這個批評一點不錯！我舉幾個最好的例來證明他。我們中國今日還沒有甚麼大工場，就有也是男子經營的。因爲女子是否有權做工場主是一個問題，如是乎女權運動起，運動女子可以做工場主了，這時便招呼許多女工到工場來做工。假如女工以爲勞動時間太長，勞銀太低，要求減時加銀，試問這時候這個女工場主會取甚麼態度？我可以斷定是不肯的。因爲他們雖同是女子，而所處的階級不同，利害自然衝突，結果也祇是利用者與被利用者那一方得了勝利而已。

英國有一位女權論者自己是他們說：

『我現在雖如何熱心主張女權，然我要是自己做了工場主的時候，我對於女權運動所謂『同樣的工夫與同額的報酬』的標語，決不會實行。一定要利用我素深惡痛絕的『男尊女卑』之風，給女子以少額的給料而恬然自若。』

這就是舊來女權論極易陷的矛盾。又如英國女權黨首領巴夫人之率其黨羽明助資本家政府的路易喬治；又如英國今年新選的女議員亞斯通夫人 Lady Aston 利用亡夫亞斯通子爵所遺的鉅產代表紳士階級，於物利斯馬司選舉區百般活動，卒勝勞動黨候補者格依 Gay 氏。又如各國女子議員在議會總不團結而各代表所屬政黨所屬階級的利益。這都可以證明舊來『女權運動』幷不是要求全女子乃至全人類的眞正解放，而是要求以暴后來易暴君，假吾友新明君的話便是『求爲暴君之后求爲強盜之妻』。舊來所謂女權論的極致是我們於現在男子資本家之外，加入女子資本家，男子政客之外加入女政客，乃至男子督軍之外加入女子督軍。究之於勞動者於小民，一樣的受害，其害或者更較僅有男子資本家政客督軍等時代更甚。

這且按下不表，再看她批評『母權運動』如何：

到了十九世紀的末葉，資本主義已經完成，而其所釀成的悲慘的結果，已經難蔽社會之視聽。於是對于這種慘狀，想出很多緩和劑來，在個人的講，便有所謂慈善事業，在社會的講，便有所謂社會政策。反對從來的「女權運動」而起的愛倫凱儀一派的「母權運動」 motherhood 就是社會政策之一種罷。

這個運動與前此女權論者的分歧點，便是前者主張智力之發展，今者尊重女子感情的生活。前者附和自由競爭說，今者則憂慮自由競爭的結果。反對資本主義的精神，而主張禁止女子與小兒的勞動而加以保護。前者無批評的肯定資本主義的社會，後者對於這種社會有多少的批評眼，而知考察資本文明的慘禍。則似母權論賢於女權論者一籌，不過對於這種社會慘禍的根本原因，不思根本剷除，徒孜孜爲部分的救濟。愛倫凱儀女史理想雖高，在實際問題上，適成一種不徹底的社會政策，而且祇知道資本主義的害毒及於女子和小兒，獨不想他同時及於男子；若超出年齡與男女之別，把一切人類從資本制本救濟出來，是何等正當的主張。乃僅爲某期間的婦人要求社會特別的保護，無一言及于男子勞動者。

又因反對女權運動的弊害，太把女人性的生活看的重大，每與從來阻害女子個性之發揮的良妻賢母主義陷於同一誤謬。乃至於與前此誤謬的主張以新燃料，所以我認 Ellen Key 的主張，較之前此的女權運動固進一步，而同時有這們不徹底與這們危險的地方。

中國現在正是『女子解放』的呼聲最高的時候。就是前者——Mary Wllstonecraft 的『女權論』『女子職業論』最盛的時候。主張後者——Ellen Key 的『母性教育論』『母性保護論』的還不多。然而將來前論的勢力一衰後者之說，一定有盛的時候。但我希望中國的女子，於沒有開始運動以前，先把目標定好，我雖不信耶教，却從新約全書上面看出許多好教訓好文章來。

Ye shall know them by their fruits. Do men gather grapes of thorns or figs of thistles? Even so every good tree bringeth forth good fruit; but a corrupt tree bringeth forth evil fruit. A good tree can not bring forth evil fruit, neither can a corrupt tree bring forth good fruit. Every tree that bringeth not forth good fruit is hewn down, and cast into the fire.

你們看他們所結的果子，就可以認出他們來，荊棘裏豈能摘葡萄呢？蒺藜裏豈能採無花果呢？好樹結好果子，不好樹結不好果子。好樹不能結不好果子，不好樹不能結好果子。凡不結好果子的樹，就砍了丟在火裏。

（馬太福音第七章）

我以為我們現在一切的運動，剛好開始，而西洋先進諸國都已幹過來的。我們最好取在他國結了好果子的樹栽在我國，沒有結好果子的，便應照耶穌說的，砍下丟下火裏。『女權運動』和『母權運動』兩枝樹，未常不結好果子，可是結根不深，果子的味自然也不大淵。永菊槃女史最後總評他兩說很得要領。她說：

女子本來不是除育兒之處，再無他能力的動物，也無蟄居家庭，以此終老的義務，又無一無所為，寄生社會的權利。然則應該許女子能各從其所能所好勞動於社會，同時對於勞動的女子，不能不與以生活的權利。然而從來的社會，對於女人，既拒絕她們的勞動權，又否定她們的生活權。如是要把女子從這種奴隸狀態下救濟出來，高唱前者的便是機會均等主義的女權論。偏重後者的便是女權論修正案的母權論。專要求女子的勞動權，忘記要求生活權者，是前者的缺陷。僅要求做母親的女子的生活權，而不想到爲普天下一切的人要求生活權者，是後者的不到處。……蓋梅麗與兒斯通克拉夫特也好，愛倫凱儀也好。畢竟不過問題之提出者，她們的主張，於把某種社會的事實，忠實的反映。促社會之注意這点。最有價值。而對於事實之根本的解決，都不能說有十分的貢獻。

我有一天會了許多日本的朋友。我就問日本的女子運動的理論中心與運動中心何在，據他們算起來也還是推山川菊榮與謝野晶子山田和歌等爲理論中心，平塚明子西川文子，伊藤野枝等爲運動中心。而他們第一句話，就是日本的女子運動，無足觀者，因爲他們說的做的，一樣的不徹底，那班朋友中間有幾位是日華公論社的，他們便問我們中國的的女子運動如何。又因日華公論上，譯載了許多中國女子（少年中國婦女號上諸女士的尤多）的論文。他們看了的說很佩服，并謂將來中國的女子運動的成就，一定比日本更偉大，更徹底。我也說中國的女子怕的是不動，動了就好了，不過我過後思量，并且把日本女論客，和中國女論客所發表的文字一比。總覺得潑剌之氣，日遜於中理智之光，中遜於日這也有兩種原因，一是中國的國體到底是民主國，一切言動畢竟比日本人拘束少些。所以他一悟到了，便能痛快淋漓，直言不諱。而日本女子不然。二，是日本的女子教育到底比中國普及得久些。一般女子程度既略高，徒然 Sentim ental 的文章，已經不能叫座。而且日本女子運動也有相當的歷史，其間與舊社會戰鬥所受痛苦既多，使女子評論家的批評眼，更加深刻，也是當然的事。（不過中國的女論客中，此種人亦大有人在罷。）觀於山川菊榮女史這篇的批評，可以知道了。她這篇評論自然是直接攻擊與謝野，平塚的卑近而間接攻擊梅麗與愛倫的妥協，可是不卑近不妥協的女子運動應該如何呢。她祇說：「我希望她們兩位從更研究的更批評的見地，達更高遠更徹底的結論」而已。

這個結論，他還是不說，結論如何？就是女子問題的終局解決的方向如何？德國社會主義者伯倍爾 A. Bebel 在他的大著婦人論序上說：

By a complete solution I understand not

only the equality of men and women before the law, but their economic freedom and material independence, and, so far as possible, equality in mental development. This complete solution of the women's question is as unattainable as the solution of the Labour Question under the existing social and political institution.

—from Bebel's "Woman under Socialism"—

以我所知女子問題要完全解決，不單止男女在法律的面前要平等，而且經濟的自由，物質的獨立，乃至精神發達的平等，都非做到不可。

但女子問題徹底的解決這件事情，也和勞動問題之解決一般，在現在這種的社會制度，政治制度之下，是絕對無望的！

又婦人論的上卷，即論「過去」之卷（凡三卷：過去，現在，未來）發端說：

From the beginning of time oppression has been the common lot of woman and the labouring man. In spite of all changes in form this oppression has remained the same. Only at rare intervals during the long course of history has either woman or the labourer became alive to the consciousness of servitude, woman even more rarely than the labourer, became her position was even lower than his, and even by him was she regarded and treated as as inferior, and continues to be so to this day. Servitude which lasts for hundreds of generations ends by becoming a habit.

....

The statement that from the beginning of time oppression was the common lot of woman and the labourer must be emphasized even more forcibly with regard to woman. Woman was the first human being that tasted bondage. Woman was a slave before the slave existed.

The basis of all oppression is economic dependence on the oppressor: This has been the condition of woman in the past and it still is so.

自有歷史以來，『壓制！』是女子與勞動者共通的運命，形式上雖經過種種變化。其爲壓制，依然如故。這們長的歷史道子上，祇偶然間，女子與勞動者生了自己是奴隸的自覺，而女子自覺的時候，較勞動者尤爲稀少，因爲她的地位乃至比他們更低，乃至他們也把她們看做劣等的而待遇之。這種狀態，雖至今日，也沒有變更。數百代以來，他們和她們做奴隸的，做成了習慣了。

我說了自有史以來壓制成了女子和勞動者共通的運命，但對於女子我還得大聲疾呼說：『女子者，最初嘗奴役之味的人類也。女子者，奴隸存在以前的奴隸也！』凡壓制的基礎，總是對於壓制者生計上的倚賴。這就是過去女子的狀態，而現在也不過如是。

同卷的末了伯倍兒說：

A new age has come at last, a new age for woman as well as for man, in which she has received a new position, both as a sexual being and as a social individual.

一個新時代到底來了。一個爲女子同時爲男子的新時代來了！在這個時代中間，她們在性的人類（女性）和社會的個人兩種資格上，都得了一個新位置。

由此就可以知道伯倍兒的女子論，徹頭徹尾是把女子問題拿來和勞動問題幷論的。女子與勞動者自有歷史以來便同受壓制，同居奴境，同受一種的運命，兩者之間，蓋同病相憐久矣。一旦同有了覺悟，同心協力結合起來，以倒共通之敵，不是當然之事嗎？所謂共通之敵是甚麼？就是『經濟的階級！』所以今日的女子問題自悟到了這個(?)之後早已堡壘旌旗，煥然變色，由妥協變爲徹底，由局部變爲共通。男子也好，女子也好，雖有性的區別。然同有所長，不能不勞動。同勞動了，不能不生存。即所謂各有所能，不能不盡。各有所需，不能不取！現在這種社會制度，政治制度，漫說女權未能發達，男權又何嘗發達了。漫說母性不能保護，父性又何嘗保護了。賀川豐彥君的『女人文明回復論』上說得好：

> 我們講『戀愛自由，』『女子解放』之前先不可不倡經濟組織之改造！……我們的生存權，與勞動全酬權由社會立法保證了的時候，便是母權確立的時候。祇有那時候，戀愛自由，與女子解放，纔能保證。

就是我上面介紹的愛倫凱儀女史所夢想的社會——沒有收入不足的男子。沒有無報酬受人使役的妻子社會。在現在這個經濟組織之下做得到嗎？

現在思想界流行兒羅素在他的社會改造之原理第八章『結婚與人口問題』的末了也說：

The present state of the law, of public opinion, and our economic system is tending to degrade the quality of the race by making the worst half of the population the parents of more than half of the next generation. At the same time, woman's claim to liberty is making the old form of marriage a hindrance to the development of both men and women.

A new system is required, if the European Nations are not degenerated and if the relations of men and women are to have the strong happiness and organic seriousness which belonged te the best marriage in the past. The new system must based upon the fact that to produce children is a service to the community, and ought not to expose parents to heavy pecuniary penalties. It will have to recogni e that neither the law not public opinion should concern itself with private relations of men and women, except where children are concerned.

(要之)現在的法律輿論和經濟組織都漸使人類的素質墮落。就是使現在占人口半數的惡劣分子，做占人口過半數的第二代國民的父親，同時因女子之要求自由，使舊式的結婚法成了男女雙方發展上的障碍物。若是怕使歐洲諸國民墮落了。或者要與男女的關係以充分的幸福，與官能的嚴肅，像過去最良的結婚一樣。那麼我們便不能不要求一種新組織！這種新組織一定要本於一種觀念：認生育小孩子是對於社會的一種義務，又不可使小孩子的兩親負担太重的義務。又新組織除開有小孩子的關係以外，不許法律輿論干涉男女私人的關係！

羅素雖僅由結婚與人口問題上論及女子問題。然也認女子問題之解決，不能求之於現在的法律輿論和經驗組織，而不能不要求他那理想中新組織。新組織的方向，便是社會主義的制度。

我認十八世紀所起的『女權運動』是個人主義的運動。因為他由奴隸狀態初醒轉來，大悟她和男子原同是一樣的人類。human being 當盡做妻子做母親之前，先不可不盡對於自己的責任：——像娜拉說的“My duties toward myself”，——所以她們離開家庭，四處活動，成所謂女子解放時代。這時的女子不是『家庭的女子』是她『自己的女子』 A woman to herself

十九世紀末二十世紀初頭所起『母權運動』是國家主義的女子運動，因為她一方嘗了解放的悲劇，想尋一個避難所，一方由做『人類』 human being 的自覺，進到做『母親』的自覺，即『性的人類』 sexual 之自覺。於是以為國家生產兒子，是女子最高的本能，為國家教育兒子，是女子最高的天職。比如愛倫女士說：

And if we seek a paralled to man's sacrifice of life and limb or health or the battlefield, we find it in Child-bearing, a battlefield where many women give their lives or become invalids for the rest of their days.

我們若尋一可與男之効力疆場或喪其生命，或折其肢體，或損其健康者相比。厥惟女子之生小孩子，在這個疆場上女子或喪其生命或終其身為病人。

這都可以見此派國家主義的精神。（不過愛倫女史是和平的國家主義者）所以她們要求國家施行強迫的母性教育，與以權利的（以別於慈惠的）母性保護。這時的女子不是『自己的女子』已成了『國家的女子』Womsn to the country, or national woman.

二十世紀以後的女子運動，是男女攜手的勞動運動，是社會主義的女子運動。男女協力首先打破現在的非法社會，建設一個以『愛、互助、母體進化為基礎的自由社會（參觀賀川君「女人文明之回復」）在這種社會裏男女都有生存權，勞動權，這是不在講的。同時要固自由的社會之基，當然要自由的戀愛。戀愛既然是為社會的由自由的戀愛，（注意莫與普通所謂「自由戀愛」相混。）所產生的藝術品，將來又為這種自由的社會所有。社會自不能不以全責任保護他們。於是乎個體與全體之間得了一種微妙的調和。這時的女子，已不是家庭的女子，自己的女子，乃至國家的女子，乃是『社會的女子！』

若把這些女子運動的分野，以表明了，到也可以供給諸位姊妹一個明確的觀念：

1. 個人主義的運動 Individuatistic (女權運動 Femenism) movement)
   - 1. 主倡者 Mary wollstone craft（十八世紀的英國貧家女）
   - 2. 代表的著述
     - M. W.: vindication of the right of women
     - J. S. Mill: the subjection of women.
     - Mrs. Gilman: women and Economy
     - Schreiner oliver: woman and Labour
   - 3. 要求的要點
     - 1. 教育的平等
     - 2. 職業的平等
     - 3. 法律的平等
     - 4. 社會的平等
     - ∴男女『機會均等』主義 "Equal chance"
   - 4. 此派的出發點——肯定資本主義的社會

女子運動 (Woman

- II 國家主義的運動(?) Nationalistic (母性運動 Motherhood)
  - 1. 主倡者 Ellen Key (十九世紀瑞典富家女)
  - 2. 代表的著述
    - Key "The Renaissance of Motherhood. etc.
    - Tarbelly ways of woman
    - Saleeby: Woman and Motherhood.
  - 3. 要求的要點
    - 1 母性教育之強迫的施行
    - 2. 母親年金之權利的獲得
  - 4. 出發點——發見資本主義的弊害而部分救濟之
- III 社會主義的運動 Socialistic (合流於勞動運動 Mixed with Labour movement)
  - 1. 主倡者 August Bebel (十九世紀的德國社會主義者)
  - 2. 代表的著述
    - Bebel: Women under socialism
    - Bax: Fraud of Feminism
    - Carpenter: Love's coming of age etc
  - 3. 要求的要求
    - 1. 女子與男子的生存權與勞動權
    - 2 女子與男子的戀愛權
  - 4. 此派的出發點——否定資本主義的社會

我們若認沒有"A human being"的覺悟,個人的覺悟以前的女子的生活,爲基督教的生活。那麼,覺悟後女子的生活,即個人主義時代的女子的生活,爲異教的生活。又若認覺悟了『性的責任』Sexual duty 以後女子的生活,即國家主義時代的女子生活,再爲基督的生活。那麼覺悟了自己是『社會的一員』Social individual 以後的生活,即社會主義時代的女子生活,再爲異教的生活。

雖然諸位姊妹們!這都是吃了智果以後的話,吃了智果,或者會有不幸福,或者會發生悲劇。但是我們做了這種悲劇的主人公何等悲壯!何等幸福!我這個 proletariat 便願與諸位姊妹們同爲這種異教的生活而戰!

We struggle and strive onwards, unconcerned as to when or where the boundary posts of new and better times for humanity shall be elected. If we fall in fight, the rearguard will take our place; we shall fall with the consciousness of having done our duty as Men, and with the conviction that the good will be reached, In spite of all opposition from the evemies of humanity and progress

—from Bebel's woman under Socialism

（九年六月十八日十一時）

各國婦女運動史

黃日葵

這篇文章，五月間仲蘇就給他下了定錢，要在前期婦女號登出的，適我有日本之行，等到回來，已來不及了。這次再出婦女號，又剛是我忙得要死的時候，本來就想拖欠下去的，但同時覺得這篇是婦女號不可少的文章，所以勉強把他寫出運動的起原和法國一部分先享閱者，其餘英美日本等六七國，祇好留待下兩期續出了。　著者

（一）婦女運動的起原

想了解現代歐美婦女的運動，不可不追溯他過去運動的歷史；想根本的了解過去運動的歷史，更不可不進一步探求他運動的起原。我覺得我們中國人有一種毛病，就是無論對於一種真理或事實，主義或問題，都沒有澈底研究的耐心和勇氣，同時對於他自已所從事的事業也沒有強固的信念和不斷的努力。譬如就拿吾國的婦女參政運動來講：將她們當時的勇氣，比之法國革命當時的女子，絲毫不覺得減色；何以她們能夠繼續的奮鬥，至有今日的成功，我國的運動，竟如電光石火，一閃即滅呢？這就是沒有根本的研究，沒有強固的信念，祇是一知半解盲目衝動的原故。在下一心想補救這點毛病，所以不辭淺陋，勉強寫下這段婦女運動的起原。

婦女運動的歷史，已經一百多年了，要是溯起他的源流來，那我們的眼光就更要移到更古的時代。諸君所知道的，自從母系中心移到父系中心，女子處於被征服地位，以後婦女的境遇，何等的悲慘！女性的待遇，何等的黑暗！諸君讀史至此，我想總會想到物極必反的天道，不過那時正是希伯來主義 Hebraism——基督教得勢的時候，地球表面的一切，正在那裏過沈沈的長夜；奄奄無生氣的女子，自然也不會作跳出騎士的笙歌綺筵之想，起來與無理的束縛強盜的男子，取對抗的態度了。

促進女子自覺而起劇烈運動的原因：一為文藝復興之運動，科學之昌明，及法蘭西革命之蹶起；二為產業革命及家族制度之崩壞。原來支配歐洲思想者有二潮流：一為希臘主義 Hellen ism一為希伯來主義。前者註重人生現在之事實，以樂現世為本旨，以人間為本位。其精神為現世的，個人的，自由的，自然的，享樂的。反之，後者咒詛現世的生活，委其一切於來世，以禁慾，犧牲，為主旨，以神為本位，基督教即其嫡傳；其精神為愛他的，服從的，信仰的，非自然的。自羅馬沒落，希臘思想衰，基督橫行於歐洲者，終中世一世，凡一千年。以因襲傳說的教義，束縛人民自由的思想，以形式的，虛偽的典章，剝奪個人自由的活動。狡之人類的本能，已經不堪其壓抑了。況且希臘思想衰後，遺下不能解決的人生大問題，想藉神力以解決者，至是竟不可恃。所謂救世道之墮落，極人生於病苦者，止有死之一法。天國未可即，而現世已成地獄了！當時生民既有了一層失望，又加上一層病苦，思想精神方面，自然要起一種強有力的反動了。

恰好但丁 Dante 別杜拉加 Petraca 博克西我 Boccaccis 三傑，大唱古典文學復興的時候，同時有君士但丁堡之陷落，亞美利加大陸之發見，好望角之迴航，科學上又有富迫尼加士 Copernicus 天文上的發見，與印刷術等等的發明。狂風驟雨，把封建制度掃得個屋破基翻。末運的羅馬法王，腐敗的宗教儀式，也隨着文藝復興的怒潮，捲入大海去了！此時歐洲的思想界，有如春冰解凍，百草怒生一般；由於希臘精神之復興，大唱思想之解放，由於種種事物之發明，自然科學之進步，深信人力思考之權威；同時並悟人生之意義，於是文藝復興運動之結果，最可喜的：是得五個大字，就是『自我之覺醒。』自我覺醒，這幾個字，已經包含有婦女運動的根株在裏邊了，不過他內部生命的充實，尚有待於盧梭天賦人權自由平等之獅子吼。

文藝復興期過，哲學上所謂啓蒙時代 Aufkrarung's 來。此時代以研究人事為特徵，以倫理哲學及人文問題為議論的中心。其反動遂有如春雷轟擊之盧氏自由平等論。

盧氏之根本思想，為對於從來一切人事設施之不滿。其出發點：(1)認啓蒙思潮之純任理解力為不當，而力唱感情之可尊；(2)對於文藝復興以來之文化，根本懷疑，故代表其思想的二大名著民約論論社會三大弊害之成立：第一定法律立財產所有權，而生貧富之懸隔；第二設有司，生強弱貴賤之別；第三生民之初相約委任於有司之權力，使君主發生藉此專制權以強佔主奴之分:其結論遂大聲疾呼『天賦人權，自由平等。』Emile 欲以敎育矯正從來之虛偽，故大呼『返於自然。』盧氏的呼聲一出，如飢如渴之歐洲人心.——尤以法國，猶如大夢之初醒，猶如所謂之死者還魂；要求解放，獨立，自由之聲，如春潮夜雨洶湧奔騰，而不可復遏。人格人權有蘇生之時，而惡制暴君將隨巴士的之獄門以俱倒矣。

巴黎革命點火之日，正是婦女運動爆發之時。你看一七八九年十月五日，乘破巴士的獄之餘威，而進軍凡爾塞 Versailles 宮，迫其國王承認人權者，非 Theroigne de Mericourt 女士所統率之婦女團乎？迨夫 Rosa Lacombe 組織 Femmes republicaines et revolutionaires 之團體參加其運動，Olympe de eganges 發布主張女權之宣言書，婦女階級自覺的旗幟，越發鮮明了。

法國革命，及其婦女運動之爆火，在歐美兩大陸，正如春雷一聲萬物悉醒；又如秋山一葉，衆庶咸驚。夫人心猶潭水耳，魚默風靜，尚能保其不波；若乎石投於上，魚躍於下，則其先也，擺動止起於一隅，其繼也必及於四方。英德美與諸國之男女，所受政治道德經濟之壓迫，不見得輕微於法人，則其惡屈求伸之念，自然有加而無已。北美之獨立不啻告我們以法國各種運動已發生效力于別國也。欲知其詳，請看正文。

以上所述文藝復興法國革命所誘起的原因。可以說是精神運動的起原。以下要述的產業革命家族制度破壞所誘起的原因，又可以說是社會運動的起原。

婦女運動，初不限於參政權運動一方面。凡知識解放，道德解放，敎育職業解放，及勞動運動等，皆婦女運動之中心問題。上述的運動起原，大部分止適於知識道德政治等屬於精神方面的運動的解釋；至於職業勞動等運動的起原，就非求之社會運動方面不可了。

我於未述產業革命怎樣影響於婦女運動之先，順便把中世紀歐洲婦女的境遇介紹一介紹。所謂中世紀者，是在奴隸制度廢滅之後。不過奴隸制度雖廢，而附麗於封建制度的農奴制度，仍依然存在。男女的境遇；畢竟和奴隸制度盛行的時會一樣：中流以上的婦女，表面上雖爲詩人騎士所謳歌讚拜，尊若天人，但這不過肉慾主義之發揮，或出於世人所謂憐香惜玉一類，強者對於弱者的施恩的態度而已；女子除蹀躞於歌座舞筵，承歡侍寢，以取悅於諸侯騎士以外，不見有受什麼教育，有什麼經濟獨立的要素。至於下層階級的婦人，一方既爲領主及夫二重的奴隸，自然是苦不堪命的了！農民的女兒呢？婚姻尙且不得自由，而所謂『第一夜的權利』更是不勝駭人聽聞了！（卽農民女兒出嫁行婚禮的第一夜須先侍領主的寢）況且當時的產業組織，是一種基爾特guild所有職工完全爲師匠和徒弟所獨占，婦女簡直沒有染指的餘地，所以止有爲自給自足的經濟的束縛，日周旋於子女與庖廚之間，過其慘澹無聊的生活而已。

殆乎基爾特guild的經濟組織崩壞，機械工業勃興，由家庭的手工業一變而爲工廠之新組織，由家庭的經濟移而爲社會的經濟，社會的狀況爲之起一大革命；其及於婦女運動的影響，至少有下述的數點：

家族制度之崩壞。

婦人經濟力之自覺和經濟之獨立。

個人人格之覺醒。

教育之要求。

活動範圍之擴大。

因爲機械的利用，一方面需用的人工既少，他方面出產的工業品又多，家庭的手工業那裏還能夠維持呢？平日在家裏營自給自足生活的婦女，受內外形勢的交迫，自不能不舍家庭而就工廠。這樣子一來，頭一步的結果，就是：從前家族的形勢，不能再行維持。因爲女子堂堂地以一個人的資格與社會接觸了，有自己獨立的收入了；到了這個時候，才知道自己原來也有養活自己的力量，才恍然大悟，從前依賴家長依賴丈夫的不值得了。這樣子一來，已經不是家長的私有物了，已經不是丈夫的附屬品，可以隨意左右的了，馬上恢復堂堂地一個人的人格了。

一方既不願受家庭勢力的支配，他方獨立自營的念頭愈強，同時更感有求較高的知識和技藝的必要；於是婦女運動中又多了要求教育平等的一個條件。

女子在工廠裏和男子一塊兒做工，覺得自己的成績並不比男子的職工壞；況且機械的性質，運用時並不在力量的大小，男女工作的時間，止要相同，則結果是毫無差別的。但女子的工價何以比男子少呢？一有了這不平的念頭，馬上又產生了男女同給的運動。

從來女子參政的運動，多屬中流以上的婦女做中堅，所以她們所主張的，自然是多屬中流以上階級婦女的權利，至於勞動階級婦女的權利，自然是風馬牛不相及了。因此之故，勞動階級的婦女和中流階級的婦女，雖然屬與男子對立的婦女階級，然自身的利害，却與勞動階級的男子相同的原故，寧願與男子共做第四階級的運動了。這樣子一來，婦女的運動很容易與社會主義運動連做一氣，所以婦女運動的範圍，有日益擴張的傾向，這是值得注意的事情。

以上是述產業革命所誘起的原因，我叫他做社會運動的起原。

(二)法國的婦女運動

我序述到法國的婦女運動，覺得筆尖着紙，分外的有力，心裏特別的高興，這是因為他是近代婦女運動的星宿海，婦女解放的急先鋒的原故。我親愛的讀者諸君啊！諸君看了這齣壯快淋漓艱苦卓絕的戲，試回到自己心裏想一想，再轉向環境望一望，你應該要怎樣？你是男的，你不以中國的公多列 Condoret 自待，你對得起二萬萬在地獄裏的同胞嗎？你算得盡了人類的天職嗎？你是女的，你不以中國的 Olympe de Gonges 女士自待，難道就甘過奴隸的生活？難道坐看人家享自由美滿的幸福，嗎？啊刺戟不可謂不深了，時候也不很早了，中國的婦女運動，再不能不起了！我開手寫法國的婦女運動，同時對於我們的同胞抱無限的希望。同胞喲！我們今天寫外國的婦女運動已經高興到了不得了，二年三年四年之後，使我再有序述中國的婦女運動的機會，我眞非出踊三千不可呀！

開話休提，書歸正傳，却說當一七八九年法蘭西大革命的時節，巴黎的市民，好像發狂一般，口裏唱着獨立萬歲，民權萬歲的凱歌，手裏搖着自由博愛平等 Liborté, Fraternité, Egalité 的大旗；其一種熱烈奔騰的氣概，眞個驚天地而泣鬼神，把盧梭天賦人權的學說，總算發揮盡致，痛快淋漓了！當這熱潮達到最高度的時候，我們覺得有一件最足注目值得鼓掌的事情，就是十月五日那天，有一位叫梅力葛 Theroigne de Mericourt 的女士，帶着一隊威風凜凜的女子，向凡爾塞 Versaillé 宮進發，強迫國王，承認他們的人權。讀者諸君當記得當時的政府也曾發表過人權宣言書 Déclaration des droit de l'ho mme 呀！他們女子又何必多此一舉呢？殊不知當時所謂人權宣言書，祇顧男子的權利，對於女子的權利一句也沒有提起。你想久已自覺渴望獨立情感熱烈的法國婦女於此大失所望之下，焉得不奮起力追再接再厲呢？因此之故，到十月廿八日那天，巴黎的婦女又向國民會議主張於政治上男女兩性應享同一的權利。不久又有大名鼎鼎的 Olympe de Gonges 女士向皇后 Marie Antoinette 呈遞女權宣言書，Déclaration des droits de la femme 補足人權宣言書的缺憾。而當時實際參加革命運動，且與 Méricourt 女士相聲援而不能不大筆特書者，即 Rosa Lacombe 女士所組織之共和革命婦人會 Société des femmes républicaines et révolutionaires 是也。

自此之後，法國婦女之運動，大有長江大河滔滔不止之勢，計一七八九年至一七九三年之間，所謂共和革命婦人會，立憲同交會 Amies de la Constitution 等，所組織許多的婦女團體，對於當時的執政者，一方面不知上了幾千幾百的請願書，要請政治上經濟上和立法上有男女兩性的同權。他方面並常常參加國民大會，昔日拈針壓線跬步於粧台閨閣之間者，至時居然手執武器馳驟於政治的大事件矣！又當時婦女俱樂部林立，執牛耳於其中者除上述 Olymde de Gonges 之外，尚有羅蘭 Mme Roland 搭麗昂 Mme Tallien 梅力葛 Theroigne de Méricourt 拉公比 Rose Lacombe 及開拉利與 Mme Robertnée Keralio 諸女士，奔走盡力於其間；而最後那位開女士更創刊一種婦人新聞，從事女權之鼓吹。

形成世界進化兩輪的一輪，——婦女的運動，既鬧得天翻地覆；而回顧與女性對立的那一輪，——男性，對於此事的態度，又有什麼反響沒有呢？據我想婦女要求應得的權利，既然是真理所允許，則按之『公理自在人心』的古話，當不至竟沒男子與她表同情。而同時以女子為玩物為奴隸為奇貨的男子，當然認此等獨立解放參政運動為危險之事，而加以反對或壓抑。呵！我這兩種推測果然俱不錯。法國的婦女運動史，代表前一說的居然有個公多列 Condoret 代表我們男子告無罪於女同胞；但是罪過得很，不幸同時又有一個代表後說的魯偉士皮爾段通等一班頑固的東西。

Condoret 在婦女運動史中，實爲男子表同情於女子的第一人。其時的婦女運動得這一枝生力軍，眞是增長氣勢不少。公氏的主張，以爲女子與男子同是人類；天賦的人權，不因男女性之差異，宗教之差異，人種之差異，而生若何之區別。若說到獨立的人格，男女也是完全共同享有的；而男子却矯而枉之，蹂躪剝奪女子的天賦人權，這不是暴戾之極嗎？況且男女的智能，各有短長，假使立一種分業的方法，使之互相補益，豈非人類全體的大利益。這都是天意而非人所能隨意左右的，今乃犯天意壓抑弱女子，毀損其獨立而無所恥，這眞是人類生活的大不幸呵！公氏以滿腔的同情，登高疾呼，並實際提出承認女子權利之憲法草案於議會，好容易得達到立案容許的目的；不幸爲執政的頑固派段通等所梗，未達公布實施之目的。而段氏之惡，尚不止此，即一九〇三年所有的婦女俱樂部及婦女會等俱被封禁。一七八九年以來，蓬蓬勃勃如江如河的婦女運動，至此竟如秋草寒蟬，零落不堪，是一七九三年十月三十日事也。

婦女團體解散令發布後數日，婦女俱樂部代表數人，出席國民會議，攻擊解散令之不當，欲反對其公布。無奈男子竟以維持議塲秩序爲口實，禁止她們發言，婦女代表者，於嘲笑詈罵之中，憤然退塲。其後又十二日，該代表等，雖欲再訴於地方團體會議，但也沒什麼效果可言。自時之後，直至一八四八年，不聞婦女運動之聲，而極端崇奉男尊思想之惡魔拿破崙又來了！

共和政府倒，拿破崙一世以怪傑之資，橫行天下，就中對於婦權運動，打擊最大者，莫如拿破崙法典。該法典關於女權之規定，全置婦女於男子支配之下；爲妻者不得夫的命令，什麼事也不能做；妻的財產，除動產之外，統之由夫管理；親權止屬於父，夫有殺姦婦的權利；私生子之母，禁其求父。不特此也，一八〇一年，且有公娼制度之成立。此等法制公布之後，法國女權，後陷於萬刧不復之地，所位男女同權，直等於痴人說夢而已。雖然，公理若不虛，人心終不死。拿破崙之暴，雖能壓她們的身，終不能閉她們之口也。於是乎婦女運動的先覺，如 Mme. de Récamier, Mme de Remust 及 Mme. de Staël 等，仍奮起向拿破崙爲激烈之反抗。結果 Staël 夫人竟至遭追放之禍，吾述至此，誠不能不表敬意於夫人也。

拿破崙去，復古期又來，其時有哲學者的政治家邦拿爾 M.

de Bonald 其人主張男尊女卑主義，故婦女運動仍未見有何進展，殆至一八三〇年之七月革命，一八四八年二月革命之後，聖西門社會主義之學說，風行一時，對於勞動者階級及婦女階級，同表熱誠的同情。於是久被屈服的婦女運動，聞此義聲，正所謂空谷足音了！桑特 Goerge Sand 女傑之聞風興起，固意中事。

法國之婦女運動，實至桑特女士而根基始穩固，亦至桑特女士而範圍始擴張。蓋女士以社會主義宣傳者而兼婦女運動者，故也。當時鼓吹女權最力之獨立評論 Revue independent 實為女士與當時之代表人物 Lerroux, Viardot, Lammenais 等所合辦。其後又自己經營一雜誌，曾以滿腔熱誠著成『與國民書』 Letters au peuple 又於共和政治雜誌 Bulletin de la Republique 第十二號，以最犀利之筆，敘述女子之困難，並痛論娼妾制度之恥辱。至於老年，尚振其雄健之筆，參與法國國民的政治和社會公共的生活。其及於法國婦女運動之功，蓋甚大也。

一八三二年，有現代婦人 La femme nouvelle 之婦女新聞之發刊，後四年又有 Mme Poutret de Manchamps 刊行婦人新聞 Gazette des femmes 類皆促進婦女運動之利器也。

前述婦女運動與社會主義相接近，一方擴張到下層階級，一方合力作政治上的活動。婦女運動前途原可樂觀。不意一八四八年的革命以後，號稱聖西門主義之後繼者，以狂熱的態度和妄想的空論相標榜，為一般社會所憎惡；而婦女運動亦因是連帶受社會之非難，失國民的同情。其年遂有多羅安女傑被罰之事。然參加此次革命運動之女代表者 Jeanne Desroin Desroches 與其他之二三女士，猶組織團體發刊新聞繼續運動。

一八五一年，路易拿破崙行 Coup d'état，以至於拿破崙三世之政變，婦人運動起一大反動。凡婦人參與政治運動加入國民集會及其他請願等權利，俱被剝奪。

第二帝政時代，有名普魯東 Proudon 者，著『於教會及革命之正義』 La justice dans l' église et dans la révolution 一書，謂女子與男子之關係，猶二與三之關係；其所以有劣等之關係者，乃天意所使然，非人力所能易也，云云。婦女方面如黑塞古 Mme. Jenny P. d' Hésicourt 蘭巴利 Mme. Juliette Lambery 著書攻擊其妄，而最可注意者，尤以西門 Jules Simon (L'ouvriére) 列路華波留 Leroy-Beaulieu (La travail.des femmes au XIX siécle) 都卑 Mlle. Danbié (La femme Pauvre au XIX siécle) 巴列東 Engéne Pelletan (La loi de Progrés 及 Le droit de L' homme) 等幾位，由社會經濟學的見地，解決婦人問題；即今日所謂由社會政策的見地解決婦人問題之論據，亦建設於當時。馬利特列姆 Maria Desraimes 列昂利舍爾 M. Leon Richer 二氏於此種見解尤深刻而明確，故能為婦女運動之先驅，又為建設法國女權擴張運動之組織的團體之鼻祖。

原來法國原先的婦人運動，祇圖增進上流社會——有產階級婦人的利益。而中流以下的社會——無產階級婦人的權利皆非所顧及。二氏出，深警勞動者階級的悲慘！而努力於勞動婦女之解放。蓋欲使婦女自覺其社會的任務，及對於任務之努力，必先使婦人有堅固之團結，而欲實現此理想必須使屬於革命的之『社會主義的傾向』與屬於個人主義的之『解放的傾向』相融合。而上述之 Rose Lacombe Thér oigne de mericourt 可以說是代表前者的傾向，George Sand 可以說是代表後者的傾向，至於 Maria Dsraimes 實為現代社會改良的婦人運動之具體的表現。她對於眼前的一切困難，毫不措意，唯知向着她的目的勇往邁進。

第三共和政府成立，婦女運動也沒得着什麼好處。即如一八七一年，對於民法中三十條修正之請願，除博得文豪維多爾囂俄同情之外，毫無效果之可言。

然自此之後，婦女的地位權利等漸漸得男子方面的諒解；而運動之事，亦日趨於坦途了。一八七六年有多列姆 Maria Desraimes 夫人組織婦女境遇改良會，Société Pour L'amelioration du sort de la femme 其年招集第一次萬國婦女會於巴黎，幸得諸國之贊成，來會者有瑞士，意大利，荷蘭，俄羅斯，美利堅等國的代表，討論關於婦女問題之歷史的，教育的，經濟的，道德的，法律的，各方面的問題，以報告書公於世，做學者政治家，文學家，新聞記者，立論的基礎。其結果有一八八二年和八五年關於婦女選舉權兩次向政府提出請願書之事。雖然政府以時機未熟，不肯採納，但自此之後，婦女集會結社出版之事更如雨後春筍叢生簇出，其影響於社會越發大了。計當時的婦女運動團體除婦女境遇改良會之外，有女權同盟會， La ligne Pour le droit des femme 婦女大聯合會，L'Abant-Courier 先行會 L' Egalité 平等會等。其中女權同盟會的首領，是波農夫人，Mme. Pognon 平等會的首領，是腕遜夫人。Mme. Vincent 這兩個都是急進的團體，以婦女選舉權運動為唯一的任務。婦女大聯合會則以含利羅埃維夫人Mme. Chéliga-Loevy 為總裁，以道德問題的運動為主旨。先行會則屬於修際爾夫人 Mme. Schmahl 支配之下，於所辦之先行新聞上代表已婚婦人職業上的利益。

法國婦人運動的團體，略如上述，吾將進而略述派別和主張的大概。

原來法國女權的運動，橫的範圍祗限於巴黎一隅之地，而在巴黎最大團體的會員，也不過四百人。除二三女名流之外，多是男子參加盡力于其間。所以巴黎以外各地方，受女權運動的波動，卻是微弱得很。而縱的方面，因為運動的中堅分子，多屬上流婦女的原故，與人生實際的生活接觸甚少，所以公共的事業，也止限于慈善事業一局部。而所謂慈善事業者，又分做二個潮流：一是屬于加特力教的，蔑視婦女解放運動，主張婦女改善的事業，要藉他們教會的力量；一是帶有新教的臭味的，於 Mme. Bogelot, Mlle monod 等指揮之下，每年開有名之凡塞爾協議會 La Conférrence de Versailles 會員互相交換意見，以研究事業的方針。此協議會乃一八八九年婦女協會的後身，於一八九一年正式成立。當初以慈善事業為限，其後漸漸擴張其目的和事業的範圍，卒至帶女權運動的性質，參預勞動問題；其結果且有漸趨過激的傾向。今再述三派具體的主張如下：

加特力女權協會的主張，對於女子當施純粹的加特力教的教育。確立妻的財產權，廢止公娼制度，對於姦通者男女同罪，（但不許離婚）尊母親的權威等。

漸進派為屬于新教徒的團體，反對夫的主權，認為沒有忠於男子本位的女德上和義務的必要。

至於急進派的要求，比之前二派更為澈底。要求的是什麼呢？就是兩性要合同教育，反對軍國主義的歷史教育，使婦女得充官吏。男女同給家婢勞動條件的公定，夫權之廢止，婦女的地方及中央參政權等。

一九〇〇年以後，法國的婦女運動漸捨從前狹小的範圍，而就擴張普及之大路。如一九〇一年，建設的法國婦人俱樂部，同盟會會員號稱七萬三千人。其後最有組織的內國婦人會，也繼續出現了。一九〇七年以後，又有 La Francise 婦女週刋之發行。而修馬爾夫人領袖的法國婦女選舉權聯合會，又與一九〇九年創立的萬國婦女選舉權同盟會相聯合。前者為勞動問題，婦女選舉權，後者為婦女參政權，很熱烈的運動。其餘值得記述的團體，尚有聲援民法改正的婦女學生團；莫娜夫人領袖的宗教團體，及各廢娼運動團體等。

自一七八九年至一九〇〇年中間，占了整整一百多年長時間的法國婦女運動，天天在那裏向政府請願，向國民會議嗚嗚。她們的不平，繼續不斷的創立團體，刋行報誌，始而熱烈奔放，繼而漸趨着實；始而集中于政治，繼而涉及教育職業勞動各方面，有如九曲黃河，千迴百折，日夜不息；吾人讀此，一方面不得不歎其精神之卓絕，而他方面又不禁有何以華而不實之感呢？俗語說得好，天公不斷勤人，又曰有志事竟成。法國婦女運動，至此去播種而入收穫期，照理也是無可逃避的了。！唉果然不錯，一九〇〇年以後，法國的婦女居然得了下述的效果！

政治上的效果。一九〇八年巴黎選舉之際，急進派婦人有候補者一人；同年十一月婦女有為勞動爭議調停裁判所委員的權利。其後可得拿破崙法典之改正，結婚契約立會人的權利，及既婚婦人的財產所有權等；而一九〇九年婦女參政協會，加入國際婦女參政權同盟以來，議會裏的議員，同意於女子參政權者，為數更不少。

其次教育方面的効果更著。遠在一八六三年以前，除宗教科以外，各學校皆許女子入學。一八八一年，有女子師範學校之設立。十年前，已有八萬五千之女教師，立於全國小國民之前，當指導之任了。一八八六年，以法律規定婦女有出席參與學校委員會及選舉之權利。一九〇五年，里塞在學之學生數有二萬二千之多，女子大學亦不下四千人。女子教育之權，太半操於婦女之手，小學三年級的教師，男女脩金相同。而一九〇七年鳩利夫人居然得到棱爾邦奴大學教授的地位。開女子參預最高教育機關的先河自此之後女子執教鞭於各州立大學者亦不少。

一八六八年，女醫得執業之許可。近今巴黎一隅，女醫已不下數百人。一八九九年元老院以大多數之同意，允許女子當辯護士。自法學博士張叔舒維安女士始，以後巴黎各地遂有多數女辯護士之開業。

至於業務方面，各國家官署亦採用女子充下級的官吏，即如從事於郵政電信電話鐵路一類的職業者，爲數實不少。其他如視學官，工廠監督官，救貧令科員，裁判所通譯等，亦多採用；而於高等教育評議會，高等勞動評議會，高等社會政策評議會，俱有婦女爲委員。於工業裁判所更有選舉和被選舉權。

再後稍述婦女勞動運動的狀況罷。法國婦女勞動的狀況，以婦女運動熱烈的結果，此前雖略爲改善，然每月所得工價仍不過七十法郎至八十法郎。以言支持生活及經濟獨立，實不可得。于是乎多數女權運動者，極力主張設立婦女勞動者特別保護法之必要。一九〇〇年關於此問題開國際會議，同時設立婦女保護法國際同盟會，專爲此事運動。于是一八九二年有禁止婦人及女子夜工，和從事有害健康的業務等法令，至時更由商務大臣補訂禁止雇女子幼童從事於危險鑛山的業務。其後更設姙婦之保護和勞動時間之限制等，視前似乎有利，但希望工價增加，仍然不行。

婦女勞動團體在巴黎者，止有消費組合。加入勞動組合者，九十萬人之中不過三萬人。

全國婦女勞動者之數，計從事工業者，戰前約九十萬，戰後增至百五十萬，從事農業者約百五十萬。若據其一九〇一年的調查，全國婦女勞動者，約六百八十萬人云。

一九二〇，七，八夜于北京。

本章完全篇未完。

歐美婦女勞動組合運動

陳愚生

產業革命，所及於婦女之影響，中產階級與勞動階級不免稍異其趣。普通所謂婦女問題，與婦女運動者，特此中流階級婦女之利害問題，與此中流階級婦女之運動耳。於勞動階級婦女之利害初無若何之關係也。

蓋產業革命者，資本主義之所以成立也。資本主義一經成立，則有產與無產之兩大階級遂橫斷乎社會之間。人不問乎男女，其各個人之利害遂靡不欲與其所屬階級之利害相一致者；而婦女之屬於有產階級者，其所享之自由與特權，雖遠非無產階級之男子所能及，然以較諸同產階級之男子，則其所得享有者，尙不免受極不公平不合理之制限。對於此不公平不合理之制限，欲謀撤廢而與同階級之男子完全享有同等之自由者，是即所謂婦女運動之目的也。然則婦女運動——即第三階級之婦女運動之所要求者，非一切人類之平等，乃有產階級男女間之平等而已。是其所着眼者，僅在『婦女禁制』標幟之撤廢，而未嘗注意於貴族與平民，資本家與勞動者，富豪與貧民間，種種不公平不合理之制限之撤廢，可知矣。即令有動於中，亦不過爲慈善救濟之設備已耳，決無望其爲根本的革新也。

故勞動婦女運動最大之急務，不僅在其爲婦女之故，而尤在擺脫其因貧窮所蒙之束縛。蓋貧窮者，初無男女之區別，故男女互相提攜，以謀脫離貧窮之束縛，實爲當然之事。然則此階級之婦女運動，固無取乎所謂婦女運動——對男子之人權運動——之形式，而應取勞動運動——對資本家運動之形式也。換言之，中流階級之婦女問題者，女子對男子之問題，而勞動階級之婦女問題者，純粹勞動者對資本家之問題，與男子之勞動問題，完全同一性質者也。故在前者，往往高唱性的區別，以主張打破男性特權爲唯一之戰術；而在後者，則在明資本家與勞動者利害之相異，除不分男女，主張勞動者一致團結之必要外，別無制勝之道也。

過去半世紀間婦女運動所得之成績，殆僅屬於中流婦女之利益，而於下層階級之婦女無與，即偶有中流婦女爲下層婦女有所盡力者，亦不過各種慈善救濟，及社會政策的施設而已。此種救濟與施設，於勞動婦女階級的自覺，所補甚少，而反足令其加鈍焉；且足誘其與資本家制度爲苟且之妥協。其結果與其謂爲勞動階級之利益，毋甯謂爲資本家階級之利益。蓋中流本位之婦女運動者，以男女間無限制之自由競爭爲利，而勞動階級之婦女運動，若亦爲無限制之自由競爭，則於自身及全勞動階級，均不免爲致命的打擊也。歐洲婦女勞動之制限及禁止之要求，雖常有一部女權論者，唱爲激烈之反對，然此特基於立脚地點之相異耳；蓋此輩女權論者，其着眼之點，僅在打破自己階級男子之特權一事，欲其以完全異趣之勞動婦女問題，與自己之問題相混同，對於婦女勞動之制限，不視為對資本家虐使婦女勞動之制限，而認為婦女對男子之漢底卡卜Handicap之一種，何可得乎？

予意以為勞動婦女，對於參政權之有無，殊無何等注意之必要；蓋解決勞動婦女問題——勞動對資本問題——之力，不在議會，而在勞動者之自相團結。故為勞動者之婦女，除因勞動組合外，決無改善其地位之望也。大議會者，不過有對於已成之事實，與以法律的承認之職分耳。例如各國之工場法，決非出於理想的狀態而指定之者，不過就勞動狀態比較的優良之大工場，採用而制定之，以為一般工場之標準而已。至其工場法之實效如何，則一視乎勞動者之團結如何，以為斷。其團結之強者，固往往亦能運用收其實效；其團結之弱者，或絕無團結者，則其結果固完全等於零也。如日本者，且有勞動組合之禁令，則勞動者自絕無何種方法足以直接對於資本家改善勞動狀態之脅迫，其工場法者，實僅成一紙空文，即其一例也。

然則所謂勞動婦女之自覺者，團結必要之自覺一語足以盡之矣。彼等所以自為救助之道，實現解放之道，初不在大學之開放，亦不在選舉權之獲得，其唯一之方法，唯在獲得勞動組合之自由及其發達而已。

二

夫勞動婦女之利害，與中流婦女之利害，其相異既有如此；則其與中流階級之婦女運動形成別一潮流而起第四階級之婦人運動者，固勢有必至者也。歐美勞動婦女間已漸啟端倪之勞動組合運動，即此是也。

夫婦女勞動者，於中流階級之職業婦女以前即已出現，且即已成為極重大之社會問題。然而世人對之，未嘗加以何種之注意者，則以其缺乏團體之組織故也。蓋彼等之間，足以代表全體而為發表其要求與不滿之機關，既乏永續而鞏固之組織，則彼等之呼聲，自無由達於公眾之耳中矣。

然則婦女間勞動組合何以不發達耶？其理由得舉之如下：

第一，婦女之賃銀勞動，為一時的性質。無論何國，其下層階級恆較中流階級之結婚容易，且恆比較的早婚；至結婚之後，尚能繼續職業生活者，特例外者耳，而其大多數，則均豫期於結婚時即行退職。於是職業生活者，不過爲其一時方便之計，故其對於職業生活之永續的興趣及利害關係，其感覺均異常薄弱。自對於職業條件之改善，不屑加以何等之注意。且大多數之勞動婦女，對於其職業初無何等思慮與辨別；所謂少不更事之青年婦女者尤甚。蓋在男子，則職業者，即其生活之事業，其條件之良否，即其生活上幸與不幸之分；而在婦女則結婚者斯爲其生活之事業，幸與不幸之所分，若職業者，不過其一時的偶然的之事業，決不視爲足以左右其一生之重大問題。此男女間對於職業，其態度所以相異之原因也。

實際上，婦女之職業生活，已漸成爲永續的事業；且即令職業生活爲一時的，而甘於承受無法之勞動條件，其所及於自身及他人之損害亦決非一時而止。顧時移勢異，至於今日，而以結婚爲生活之事業及生活之確實保障等過去之狀態所生之思想，尙完全存在，遂致對於團結之必要與團結之利益，至今尙遲遲不能認識，殊可浩歎也。

第二：爲婦女者，普通均須兼攝職業與家政兩事。因有此兩重擔負，其時間與精力，殆已銷耗無餘。故多數婦女恒有不遑致其思

慮於團結之狀態。

第三：則因於賃銀低廉，條件苛虐，勞動者既無開發智識，訓練思考力之機會；又乏維持團體之資力。不觀乎熟練之工人？其作工之時間較短，而勞銀較高，其團結之組織，即常較不熟練之工人間早成而鞏固；則從事不熟練之工作，而爲下等勞動者之婦女間，其組合之不易發達，亦自然之勢也。不特此也，彼婦女者於舊來之習慣上，獨立的生活既不習慣；而團體的生活又少訓練。其對於社會的一般的問題之興趣與理解，恒不如對於一個人一家族之私事。又其一原因也。

因此之故，無論何國婦女之組合運動，其困難恒爲男子之組合所罕有。然則婦女之運動，遂全然絕望耶？則又不然。夫婦女之組合運動，其進行雖極緩慢，然婦女之爲組合員者，則固日見其增加也。

因婦女間毫無團結之結果，不特婦女自身蒙其損害，且於男子勞動上與以可畏之敵手。演成男女相食之狀態，因以招來全勞動階級之潰裂。試觀英國之勞動組合，通例不許女工加入，其結果常以女工之競爭爲苦；而在德國則男工女工毫無歧視，其弊

害亦不如英國之甚，可以明矣。

今若有人謂日本女工有組合運動之必要者，人必笑其爲無聊之夢想。然予固信爲日本之男子既與外國之男子本質無異，則日本之女子，亦當然與外國之女子無異。日本女工既與外國之女工受同一苛虐條件，有同一團結之必要，則與外國之女工同樣要求團結，俾其發達，決無不自然之理。視女工團結爲不可能者，必認女工團結爲不必要，與不欲女工團結實現者也。誠有救助勞動者之心，與瞭然於舍團結外無他法者──知之最稔者，當爲勞動者自身──除向團結一事猛進外，實無其他之必要也。

如富士山之一夜湧出，固非人類所能。然吾人於一切困業之進行所必要之精神，在不急功，不畏難，不自餒。余今竊不自量，試略述外國諸姑姊妹對於困難事業如何經營長養俾其成立之事實，願我諸姑姊妹一參考之。

三

英國之勞動組合中，自十八世紀以來，始漸漸有女工加入。一千七百八十八年列寨司堵紡紗女工團體，嘗煽動男工，俾起反對新式紡機之運動。一千八百二十四年團結禁止法廢止後，所起之諸組合，婦女之加入者不少。『韋士特萊頂裝飾品組合』遂不設男女之區別。蘇格蘭職工聯合會，雖嘗將女子屏除會外，然對於職工之家族，則仍許之。

是年十二月，蘭卡斜紡織工因會議全國組合設立之問題，嘗在拉姆惹開紡織工人大會。開此大會之原因，爲曼捷斯堵附近海得地方，嘗同盟罷工，然相持凡六閱月，結底工人方面完全失敗；足見地方的組合決非雇主團體之敵，故不能不謀設立全國之組合。此次議決者，爲創設合衆王國總組合。於此組合，每年開代表大會一次，選出全國委員三名。顧此組合仍未許女工加入；不及二年亦遂渙散。

一千八百三十三年，格拉司果紡績工，嘗爲男女同給工資之運動。雇主方面遂主張女工工作不如男工，表示反對之意。然大體上，則職工方面之要求，亦得貫徹。此次男工之行動，固明明自其自身割分出一部之利益者也。格拉司果男工中反對傭女工者，未嘗不一時加以多少之妨害，然迄一千八百三十七年大罷業後，無幾何時，女工之數，遂達男工之半矣。

數年後，蘭卡斜紡績工組合遂有女子會員，十九世紀中葉蘭卡斜同盟能工之事，往往而見。然當時所發生之組合，現在已絕少尚能繼續者矣。

「紡績工組合聯合會」為一千八百八十四年所組織，綿亙於蘭卡斜及約克細亞之三十八區，及達比細亞之一二區；擁有會員二十萬人，其大部分則皆女工也。在他之一二區中，因政黨之關係，於此聯合會之外，雖嘗有其他之組合成立。然此等組合，於政治的問題以外，常為同盟會之前驅，而間接浴其恩惠焉。

紡績工之特別情形，為綿絲之分配；蓋劣等之綿絲最易斷，易斷則工作之進行特為遲慢，而費手。故職工遇繼續分配與劣等材料時，恆要求增加津貼五分至七分五厘之譜。此種津貼，由組合幹事向雇主取而分配之。又對於工資之支付，組合幹事亦常常注意，俾不至有遲滯之弊。若女工及少年工人，因休工或退工不能再領工資時，須即時向委員處報告。紡績工地方組合之規定如此。但在今日，女工間雖尚偶有被科一星期相當工資之罰金者，而當此之時多由組合幹事與雇主交涉，遂將其罰金發還，其卒被罰金之金額殊少。此類實例，試以與倫敦及其他無組合之大都市女工，常常受雇主橫暴之處置，終於楚囚對泣，至應得之工資亦不能得者，組合之效力，足以窺見矣。

蘭卡斜女工之地位，因組合之財政穩固，視初有紡織業時，實已改善不少。試舉一例言之，如巴恩列之組合，當一千八百七十年成立之初，會員僅數百人，基金僅每員一辨士。及一千八百七十八年蘭卡斜大能工勃發，其會員之數，逐漸增加，而組合之基金，過於支絀，遂致不能操縱如意。經此次經驗之後，該組合乃將其基金之標準增高，其財政乃得漸形穩固，以後該組合之組合員，若遇火險受傷，商業沈滯，修理機器等休業，或會社解散及其他災害，乃時由組合給與津貼。除依保險條件外，其他疾病生產等，雖不給與津貼，然如舉辦喪事，及因受傷而成廢疾者，普通則仍津貼之。每員每星期各領一辨士，由聯合會之中央罷業基金中支付。其殘額，則向各支部支付之，

此聯合會以一組合而集合男工女工，其勢力異常偉大。第一因該地方工業之集中大工場，鱗次櫛比，組合幹事於會員之召集，異常容易，異常迅速。第二因職工之大部分，均係女工，女工既加入組合，則其力量遂不可侮。於是組合之安危一係於女工，而女工利益之保護，亦極占優勢矣。

然近來事實上支配組合者，却爲少數之男子。女子於會合時不多出席；即令出席，議事之進行，亦僅委諸男子；對於組合之問題，極其冷淡。近來因女工之數日益增加，其完全使用女工之工場，亦頗不少，女工之態度始形一變，在組合內部，必表示其主張，更組織女工之團結，大有自身之問題，即以自身之力解決之之傾向。於委員任務之實踐，組合事務之處理，頗露極敏活之手腕。紡績業外，男女工同爲會員組合甚罕。丹底之亞蔴黃蔴織工組合，其女工約五千人之譜，然其數至今仍未見增加。據組合幹事所述，大多數之女工，對於勞動組合之爲何似，尚未有眞正之了解。近來眼界漸廣，始有少數之女委員選出焉。

毛織業男女工之團結組織均不發達。哈達士費爾德之組合雖有女工四千；然韋士特萊頂之一般組合聯合會，在各主要織物中心地，均有支部者，其會員尚不及可以加入該組合之職工總數十分之一，此其所以不熱心於女子組合運動者；既不得謂爲因於貧困，亦不得謂其職業爲一時的性質：蓋其工資平均頗高，組合所徵之費甚少，而彼等於結婚後，類仍繼續其職業也。其所以然者，乃其認識加入組合之利益甚緩，見聞既狹，又無父兄爲之獎勵；故欲團結而維持之，亦不容易也。

縫紉職工組合進步頗速。一九一二年時，其女會員即有一萬人。而黎志之縫紉職工，因其工資過於低廉，故一般職工非常憤慨，乃有組合之組織。顧此等組合所希望者，不過與南卡斜男女工合同相等者已耳。靴工組合，自一九一〇年至一九一二年之間，婦女會員增加極夥；一九一二年時約有八千七百二十人云。

印刷職工組合，排斥女工最力。一千八百八十六年；在倫敦所開之英格蘭及大陸印刷職工組合大會，以『婦女生理上不適於排字工事務』之理由，申明婦女之加入組合者，以能與男子受同額之工資者爲限。倫敦之排字工組合，亦嘗採用之。夫女工者，於作工之能率，於工資之標準，究均不如男子，於是事實上婦女之加入組合，遂以不可能矣。然婦女之被排出於組合之外，雖因此種條件；而此種條件，固不僅爲婦女而設，實爲英國一般熟練工人，對於不熟練工人之普通的態度也。及一千八百九十四年，工場鎖閉時，女工對於男工極表同情，組織女工組合，取戰鬥的態度，以同盟罷工要求增加工資改善條件，男工一時感激女工好意，對其組合與以援助；以後此組合遂得承認爲印刷職工及文房具製造職工組合之一部矣。

捲烟業之女工,大概使用於不須熟練技術方面;任熟練勞動者僅少數者耳。然即令熟練,其所得工資,亦較男工低下。一千八百八十七年,雖已組織女工組合,而是時女工工資尚遜男工遠甚,於男工殊多不利。故男工組合終覺悟排斥女工之愚,而採協力互助之方針焉。惟關於工資之規定,殊爲困難之問題。若要求男女工資完全同等,則事實上無異驅逐女工。若要求女工工資較廉於男工,則男工之工資,又將蒙不利之影響;不得已遂以當時女工工資之最高額,爲女工組合規定之工資焉。及男女組合會同後,女工之工資,已增長二分五厘。組合對於新開工場之雇主,以於女工最有利益之條件協定其工資。然全體上女工工作均較男工爲劣,且甚緩慢,故留職者甚少,於是其就職業時,遂不得不甘於低廉之工價矣。食品組合及捲烟組合之婦女會員,當一千九百十年時,嘗有二千名之多,後稍減少。

其他職業,僅爲女工之組合甚少。加入於『婦女勞動組合同盟』者,亦有之。

婦女勞動組合同盟,爲一千八百七十五年,負瑪巴堵孫夫人所創立。夫人之父,爲學校教習;其夫則爲木器商。夫人自十八歲始,至其死時止,其間約二十年,均以不屈不撓之精神,從事婦女勞動者團結之運動,其所以發動組織此同盟之意念,則因其渡美時,親見美國女工團組合運動之緣故也。夫人任勞動者俱樂部幹事凡五年,後復爲婦女參政權同盟之幹事。婦女而蒙許出席於勞動組合大會者,實以夫人爲嚆矢。蓋夫人自一千八百七十五年任至一千八百八十六年十一年間,除因其夫病垂死不得不身任看護外,未嘗缺席一次。

此勞動組合同盟,爲婦女勞動組合員之代表者,對於政府當局,及下院委員,關於勞動者保護法案有所質問時,負有答覆之任務。然此會既無勞動組合之團體,亦無罷業基金之準備,故亦不支薪水。此同盟者,實獎勵援助婦女團組合之組織及發達之團體也。婦女組合及含有婦女會員之組合,均可加入,與此同盟相聯絡。又同盡力於婦女勞動組合之組織者,有『全國婦女勞動者聯合會』。此會之會員,當一千九百十三年時,達二萬二千人之譜,加入英國女工勞動組合者,不過全組合員十分之一耳;

美國之婦女組合員，其數雖較劣於英國；而其活動之可令人注目者，殊在英國婦女組合員之上。自一千八百二十五年紐約裁縫女工組成組合，試行同盟罷業以來，女工之組合運動與女工之罷業，遂無止息矣。

最初服工場勞動之婦女，多爲新英格蘭民家之女。其生活程度，自然較歐洲諸國之女工爲高，而不似歐洲諸國之困苦。一千八百二十四年至三十四年間，新哈姆卜解亞紡績工場常有女工大罷業，而羅頁爾於一千八百三十四年至三十六年間亦常有罷業之舉；然其結果，似亦未嘗組織特別鞏固之組合。

一千八百四十年至一千八百六十年間，嘗發起勞動改善同盟數處。彼等同盟中，雖以紡織女工爲主，而各種縫紉女工之代表亦嘗加入焉，彼等團體，常常企圖罷業以要求工資之增加，時間之短縮，保護女工法律之制定。羅頁爾組合之首領薩拉拍格勒者，十年間勞動於新英格蘭紡績工場之女工，而當時最著名之勞動運動指導者也。一千八百四十五年時，嘗爲羅頁爾婦女勞動改善會之會長。該會嘗以數千人署名，提出十年間勞動之請願焉。

一千八百四十五年，紐約嘗創立婦女產業協會。該會非限于某特別職業之組合，乃將縫紉女工，製本女工，及從事其他各種職業之女工，悉網羅之。自一千八百六十年至一千八百八十年，各地均設支部。所有烟草女工，縫紉女工，製傘女工，製帽女工，織物女工，洗衣女工，及其他女工等，對於雇主靡不博得最後之勝利，而尤以烟草女工爲甚。雖最初僅知採用司托萊克 Strike 手段，迨與雇主一度紛爭之後，或加入男工組合，或創設女工組合；一經結合，其對於組合規則之忠實，決不在男子之下。製傘女工之組合，其對于當時遊美之巴塔孫夫人，與以最大之刺激，遂爲其歸英後設立『婦女勞動組合同盟』之動機。製靴女工所組織之組合，專以女工爲限。

『國際印刷工組合』素日極反對婦女加入印刷業者，於一千八百六十九年，亦與男子同等待遇容許婦女加入。一千八百七十三年以後，婦女勞動組合運動雖因一切產業蕭條之影響，頗呈不振之狀態；然在此時期內，所新發生之八時間同盟，由男女會員共同組織者爲數不尠，其中首許婦女之加入者，爲一千八百六十九年所創立之波斯頓同盟。此同盟及其他諸會婦女均有被任爲職員之權利。

最可注目者爲一千八百七十五年勒阿爾利發紡績女工之團結蓋當時男工組合已決定承認減落工資十分之一，而女工獨開特別會議除新聞記者外，不許一切男子闌入，而倡反對工資減落之同盟罷業說男工被其刺激，卒亦全體加入於是男女工凡三千二百十五人因得組合後援之助始得告厥成功，至三月末始行開始工作。

一千八百八十年以來，女工之團結，因『勞動萊特會』之運動，而愈見進步於美國勞動史上遂開婦女加入一般大的團結與男子立於對等之地位之先例焉。繼後婦女又與『萊特會』聯合特組織女工組合。於是各種類之女工組合，殆無不網羅者矣。屬于『萊特會』之最初的女工大會，爲一千八百八十一年所開『萊特會』最初即認男女有合同之必要，屬於該會之女工等，不僅要求增給，且要求制定保護法令焉。

迄一千八百八十六年五月，組合之數，有加無已。所加入之地方組合。僅爲女工所組織者凡二十八處。但於後之六年間，則頗呈反動的現象；在『勞動萊特會』之下，婦女組合主義之勢力，殆隳墜無餘矣。

勞動組合對於婦女之態度，漸次改進。最初所持者，多係排地主義。近則專採合同主義協力主義。此因工業上婦女勞動之勢力，非一時的偶然的而已，引爲同儕，自較排斥之敵視之爲得策故也。

及至最近因工業之發展與利用機器力之增進，婦女勞動之需要愈益增加。而『美國勞動聯合』者不問人種，不問性屬，不問民族，不問宗教，以統一全勞動階級爲主義者也。故極獎勵婦女之團結。嘗指定出席大會之婦女代表希望地方的婦女組合之合同，其他多數之全國組合，與婦女勞動，雖無何等直接之關係，然拒絕婦女入會者，則殊罕見。不過理髮匠組合，鐘錶匠組合，彫刻匠組合，運轉手組合等，二三種而已。

標榜革命的產業組合之IWW，婦女會員，亦殊不尠，

據一千九百零八年勞動局所調查，有婦女會員十人以上之勞動組合，凡五百四十六個，婦女組合員之總數凡六萬三千九百八十九人，幾達全國組合員總數二分之一。婦女組合員中最占多數者爲縫紉洋服女工，計逾一萬七千餘人；次之爲織物女工，

約六千人；而製靴，製帽，製造捲烟，等各約五千人，其他不爲正式組合員，惟於事件發生時，與組合員取一致之行動，間接居於擁護之地位者，則尚夥也。

一千九百零三年至一千九百零四年之間，英國亦嘗組織性質與此相同之『婦女勞動組合同盟』，以期勞動婦女之團結，益形鞏固。

五

德國因家庭工業頗盛，而人民亦較爲貧困，故其婦女組合運動亦較英國爲困難。其最初之組合，爲一千八百七十年時中流階級之女性論者所創立。旋因官憲之壓迫，歸於解散。以後勞動婦女乃自起組織組合，顧自一千八百七十八年，畢士馬克之社會主義鎮壓令發布後，勞動運動所受非法之壓制愈益重大。而男女勞動者間之自覺，迄此法令之撤廢止，十二年間，却有非常之進步焉。

勞動組合，最初雖嘗敵視女子，及後因見其勇敢之態度，與不可侮之勢力，對之之態度，遂以一變。一千八百九十年，柏林所開之德意志勞動組合中央委員會大會，即嘗任命婦女勞動者爲委員。後此之組合，遂大抵俱採男女合同之方針。德意志勞動組合者，與社會民主黨，原有密切之關係。迄女工組合爲政府所妨害，組合之婦女遂多加入於男子組合之中，其後歸於社會民主黨之勢力範圍者殊不尠也。

當勞動運動之勢力尚微弱之時代，而拉薩爾之運動於德國勞動者間遂早開階級的自覺之端緒。蓋在該運動，技師之與助手，工頭之與工匠，均完全同一階級，同一利害。其主張嘗云：勞動階級者，只有一，無有二，職業之種類，熟練之程度，相異之點，即自職業上之目的而論，亦非可爲適當的團結之基礎者也。然德意志人因其階級的自覺甚強之故，其組合之數極少，惟依全國委員會之手段，以謀結合之密接而已。

勞動組合全國委員會，其事務所置於柏林。其委員會之一部爲婦女局，其任務爲組織婦女間之組合。其婦女會員達於相當之數之組合，各置專門婦女組合課。組合之基金，依各會員之收入以爲區別。幼年勞動者，亦與婦女無異，得與成年男子同爲組合員。此不問性屬，不問熟練，不問職業，以一切勞動者之一致協力之點，較之英國舊式之組合，僅爲熟練工人之團結者，其意多矣。

德國以約二百五十萬之勞動者，集合於四十八大組合之下，而此等組合更統一於全國委員會；而英國則以同數之勞動者，乃惟附屬於散在全國約一千個之小組合，其間毫無聯絡，加入「勞動組合總組合」者，不過百萬內外耳。

德國勞動組合，對於其會員之敎育，亦極可注意。柏林之勞動組合學校，其基金係由勞動組合所醵；其管理卽由組合員擔任之。勞動者於此學校，以市民的資格享其權利，盡其義務。婦女組合員之人數，雖較男子爲少，然其日見增加之數，則頗迅速也。

以基督敎相標榜之諸勞動組合中，其婦女會員之人數，較無宗敎之組合爲少。此爲代表反對思想而對於社會民主黨所發生者也。此等組合自無宗敎之組合及社會黨之組合視之，不啻如支配階級之瘈犬；而自法王與舊敎徒視之，又不啻大逆不道之叛逆。腹背受攻，前後皆敵，而尤以嘗行司托萊克之故，勞動階級之信用，亦失墜無遺矣。

要之，婦女勞動組合運動所遭遇之困難，各國初無大異。然此數十年中有志婦女本其不屈不撓之精神，以與此等困難相奮鬥，迄於今日，其運動之基礎始漸見穩固。同時各國之男子組合，一變其當初褊狹之排他的態度，亦最可注目。蓋在兩性間之理解上，階級的一致之必要上，男女合同之組合，亦較男女各別之組合爲有利。各國前車事實具在。而此等事實在後來新有組合興起之國家之勞動者，大可爲參考也。以上所述，已覺詳贅，關於婦女勞動組合運動之詳細紹介，只好待諸異日。茲所述者，不過略述世人所忽視之第四階級婦女運動之維何而已。

日本實業的女勞動者之生活狀況

趙叔愚

譯自一九二〇年五月號太平洋雜誌 William Hyde Price 著

現在日本實業界有一件最可注意的事，就是婦女勞動竟佔很重要的位置。這種現象有兩個解釋：第一是近來紡織事業異常發達，需用勞動者極多；第二是礦工竟有雇用婦女的習慣——這種習慣是世界上別國所沒有的。

據最近所能得到的公家報告上登載的統計，我們可以看出在一九一七年那些雇用十人以上的工廠所有的勞動者總數是：一，二八〇，九六四人。內中有七一三，一二〇是婦女；這些女勞動者裏有六〇五，三三二四人是從事紡織業的——其中從事絲織業的二八五，二九一人；從事紡紗的一一三，〇七一人；從事織布的一六九，八八九六人。至於礦業男女勞動者總數是：三八三，八四三人，其中二七七，四三一人是在礦內做工的，一五六，四一二人是在礦外的。礦內工人裏有五〇，三二三是婦女，礦外工人裏有四一，二三五是婦女。

工廠底女勞動者

論到工廠底女工，那第一個最有趣的問題，就是供給女工的來源。大多數總是由鄉間來的。那末他們自然很可以代表日本一般的婦女了；其中還可以添入貧民一項，然而這些女勞動者大半總是貧寒的，所以無須另說了。但是要知道他們雖是『貧』却還不是『極貧』。因為那最苦的『貧民窟』雖然也供給些勞動者，可是為數很少。就是連那大城市的工廠也並不靠着『貧民窟』得到他們的勞動供給呵。

說起日本紡織工廠雇用工人來，那是很有組織的事業。譬如每一個大紡織公司都有招致工人的經理機關，就彷彿保人壽險的公司，把他們營業勢力範圍分成區域，好派出經理到各處去活動；就是每一區的經理人，是按成績領受勞金，此外還有分經理。這些紡織公司總是尋覓那人口稠密的農村作他們活動的範圍。那些得力的經理，必須用敏活的言辭，將本廠的好處說給女子的父母或她自己聽。就表面上看起來，可以說是經理人的鼓吹，不過是把本廠的好處說得很能撼動人就是了。那些農人家裏的生活本來是很苦的，飲食粗糙，房屋卑陋；現在工廠可以替女工們預備較好的飲食，較好的房屋，和較好的衣服，此外各人還可以儲蓄起幾個錢，作將來的嫁資，或供父母的需用。那些謹慎的經理所陳說的是僅止於此了。但經理們是各等人都有的。有的經理竟把這種新生活描說得天花亂墜，到後來自然使來者大失所望哩。其實到工廠裏作女工并不是去作一個很舒服的太太；從前聽說的那快樂並無從享受，並且還要做那夢想不到的苦工呢。

總而言之，要想用幾句備括的話，把各工廠女工的生活說盡了，那原不是容易的。因為各工廠的設備，和待遇，都不是一律的。就是在一個工廠裏頭，這個宿舍與那個宿舍還是不同呢。近年來一切情形都改良多了。那最好的宿舍布置得很可以令人滿意。

現在外國人祇有一椿事可以批評了，就是女工們宿舍裏空氣還嫌不很流通。自然這是國民起居上的習慣一時是難得改的。但是無論怎樣，那布置最好的宿舍，總可以說無甚遺憾哩。那些房間裏和被褥都是很潔淨很整齊的。每一個女工總有自巳的床鋪。每個宿舍幷不兼供日夜班的人住宿，但是專供一班人用的。每一女工至少有一條席子。如果有人聽說這席子祇有三尺寬六尺長，總不免嫌他太小了。雖然有些工廠還多分派些，可是祇這大也就夠了。宿舍還都有個女舍監照料一切。

至於那些最不好的宿舍，也總比女工們家裏的房屋稍好些。宿舍最當注意的事，就是肺痨病。這樣病可算日本頂大的災難，工廠的宿舍尤其是最容易傳染的地方。頂好的工廠，對於這件事很注重。女工初進廠時，要檢驗身體，錄用後還是時時察驗；如有染到這病的，就立時停止她的工作。先送到醫院診治，然後再送她回家。可是雖是這樣留心，却因爲工廠的勞動和宿舍的生活，這樣的病還是傳染得很多。

工廠所備的飲食總是很宜於衛生的；種類既多不同，而且都很豐盛。大半女工的家裏多是不很寬裕的．所以家裏的米飯，總是留給病人。到工廠裏她們却可以吃很好的米——算是東京第三等的米，除去饕餮的人，吃了總是很可口的。到了夏天，就照政府規定的辦法，把小麥混合着吃，爲得是預防脚氣病。這樣混合的吃法，比純然吃米飯還耗費些，幷且也合於衛生；可是不用說，那些女工反到不很喜歡吃呢。

大多數工廠裏最苦的事，就是做夜工。現在日本工廠差不多還都是採用兩班輪流工作制呢。自然那夜工不久必要廢除了，但是現在每個女工的工作，總有一半是夜工哩。這樣的夜工是很有害的；在別國是如此，日本的情形也當然是相同的。

夜工的勞金比日工大些，可是成品的數量還不及日工；這是因爲太勞苦的緣故，所以出品就少了。雖然那些住在家裏的女工時常願做夜工，爲的是白天可以做別樣事；但是那些寄宿的，却總是願做日工的哩。自然那廠主是不願有那一半在家做工，一半來廠做工的人；因爲這樣是很減『效率』的。況且這樣的事實在是爲家庭毀壞了個人的健康；然而日本的女子竟有許多作這樣的犧牲哩！

工作的時間太長也是一件極苦的事，可是在我看起來，比做夜工的害處還要好些呢。因爲工作大半是自動的，而且速率並不過大。平常工作時間總是十二點鐘。這裏自然包括着吃飯和休息的一點鐘或一點半鐘在內了。究竟實施八小時制的結果怎樣，現在還是爭論不決呢。雇主對於這個問題的意見很不一致。許多人極願採行八小時制，可是必須要等到他們的競爭對手也來採行。還有一層，就是怕實行八小時制後，抵抗不住外國的競爭。但是關於這個問題，無論怎樣，外國競爭一層是不必怕的。所可慮的，是勞動者方面將有什麼樣的反應。如果勞動者能夠在較短的時間內，加力工作，那末八小時制自然是受歡迎的哩。就雇主看起來，祗怕不能這樣。如果勞動者在家庭裏另有工作，或者更減少他們的效率呢。這裏確是有些危險，而且以成品計工值的，尤其不能贊成八小時制了。并且除去機器巧拙的不同，日本女工的效率還不及歐美女工三分之一呢。這個原因一半是因爲技藝的生疏，然而據說也是因爲他們工作時間過長的緣故哩。

現在看起來，那八時工作的要求似乎再不能抵抗了。有力的國內和國外底勢力都是趨向這條路上來，並且想要維繫招致工人，也惟有減少工作鐘點。有些工廠已經在試行這個新制度哩。那普及的趨勢是很可樂觀的。大概這樣的改進可以獲得實際的效果；因爲勞動者在八時間外多做了工的緣故，再這樣一實行起來，在工忙的時候，簡直等於增加工值哩。可是雖如此說，這個變革還是應當歡迎的；因爲這樣的結果，不但是增加工值，而且把那工作過度的流弊也都免除了。

論到休假日問題的前途也是很可抱樂觀的。因爲有那輪班工作制，所以在換班時就休假一日。普通每月休假二次，至於每月四次的也不少。究竟每星期休假一日的前途怎樣，現在還不能說定。雖然有個一律的辦法是很有益的，其實現在就不容易劃一呢。現在各廠的辦法沒有一個相同，在日本很難希望借宗教上的勢力，可以助成那星期日休假，可是近來都也漸漸有一個統一的趨勢了。祗要能有一個大家公同遵守的休假日就好了，原不必拘定星期的那一天——星期二可以，星期三也可以，星期日也可以——但是總以星期日休假，比較上便利一點。因爲學校和公署都是星期日停止，大公司和銀行也是照行，那末工廠和礦業自然也當這樣啊。至於小本營業的性質總是保守些，那就又當別論了。

假如保壽公司的經理兜攬過於殷勤，結果自然是投保人的利益格外大些；現在日本的工廠也因爲這樣相類的原因，增漲了勞動者的工值哩。大概訂起合同來總是三年的期限，但是廠主遇着女工家裏來接她回去的時候，卻是肯放她走。也有些時聽說女工們不能自由離去，可是這樣事是一天比一天少了。

家庭來接回女工的原因很多。最不幸並且最常見的，總是因病，而且大半是染了肺病。有些工廠每年因這個病退去的女工，竟多至三分之一呢！在好的工廠裏，這個病雖然也很多，比較上卻是減少了許多哩。此外還有一個很大的接回的原因，就是結婚。方才不是已經說過，有些招工經理鼓吹得大過火了嗎？所以因失望而退去的也是時常有的。有許多女工因爲技藝精熟了，被別廠勾引了去，也是常見的事（工廠和工廠常因這樣事鬧意見，到後來工廠總是把女工們圈在廠裏。）因爲這些緣故，所以工值有時增加得很高。事實上有許多在一年以內就退去了。至於那在廠工作到三年以外的，簡直是極少數吧。

紡織業勞動者，也和他業勞動者相同，都受了歐戰的影響，暴發起來。日本物品驟空的獲得空前未有的銷場擴張，因此勞動者也成了前所未有的急需。於是紗廠全都『忍着痛』把他們廠裏的生活，設備得很可以掀動人；像具也好了，工作也舒適了，食物也豐美了，工值也增加了。但是有些工廠雖然工值增加，成品售價卻也高了，所以勞動者所得的利益，還是有限。然而論到紡織業，卻是好處很多；因爲在工值增高以外，宿舍和飲食也都改良了。

宿舍是不取費的，飲食雖取費，但是虛有其名；因爲米和各樣食品都很貴，可是每天伙食費祇取日金十錢，這不是很微薄嗎？雖然勞動者差不多把所得工值的半數供了自己花費，但是每人總可以餘些錢寄回家去。去年夏天那勞金最優的工廠，所付的工值每天是自二十錢至一圓七十五錢——但是受領最高和最低限度的女工並不多。大概自四十錢至一圓二十五錢是實際的限度。普通的女工稍有點經驗，就可以領受五十錢至七十錢的工值哩。這樣的工作，假如像紡紗，就是管五十個至七十個紡錘；織布就是管兩個織機。至於在那些不甚發達的廠裏，他們的工人總不很得力，所以工值也就較小了。那工值最低限度是很難估計的，大約初入廠的女工，差不多得不到什麼工值呢。因爲這樣，所以就平均計算起來，他們的工值也是很微薄的哩。

以上所說的，還都是那些自十四歲至二十三歲的婦女們；就是受過高等小學教育，而未出嫁的女子。然而此外年歲更幼，和更長的也有。紗廠裏從十一歲到十四歲的女子是不多見的，可是因爲家貧，經官廳特許，也可以進廠工作。至於年歲更長的，就是已嫁的婦女們，仍舊回到廠裏工作。有些工廠特選擇那可以用賤值招雇女工的地方，作他們的設廠地點。這就是所謂『寄生實業』了，——祇出不敷生活費的工值，使用那些女勞動者；因爲他們可以利用那些貧苦人家的妻女，必須入廠工作纔能維持一家人的生活呢！火柴廠就是專門討這等便宜的好榜樣呵！

有些火柴廠特爲有女子的女工們設立育兒所。也有些女工們，按時把他們的嬰兒抱來自己哺乳。這些工廠出賤值所雇的女工們，乍看起來工作也似乎很靈敏，但是他們的精神却是很脆弱，而且肯在這樣地方工作的男子，總是些拙笨的。那班有志氣的男子，早到別處尋覓工作去了，然而有那能幹的婦女們，爲助或他的志趣，減輕他的後顧之憂，所以仍舊暫時到廠工作哩。

火柴廠的工作不全是要在廠裏做的；祇要按時到廠裏把那些分開做成的部分聚攏來就是了。火柴匣就不是廠裏的工作，却是家庭的成品。譬如在神戶全城所有勞動者家屋前後，都有那纔糊成的匣子，在那裏晒乾。到鐵廠和船廠那些路上，一望就可了然勞動者的生活了。船廠的勞動者可以算作日本勞動界的精華了——知識，技能，和自立等都在其他工人之上——然而他們也必須得婦女們在家工作的補助，纔能維持生活呢。大坂貧民的兒童們——女孩們尤多——另有一種家庭工藝，就是製造別針，或是把碎皮子做成各樣有用的物品。這也是可怕的貧困底一種收入補助呵！這樣人家的兒童那裏還能受什麼充分的教育，僅僅在做過一天苦工之後，再進兩小時的夜學校就是了！

日本婦女勞動界簡直是毫無組織。她們所受的壓抑極重，養成了屈服的習慣，所以不容易有獨立的運動。她們伏伏貼貼忍受無論怎樣的待遇！她們工作的目的，祇願敷衍到出嫁就算了，所以連那能幹的女工，在這短期內也得不着什麼競爭的好結果。婦女勞動者的領袖，總是些很可怕的角色，因爲他們的年歲大一点，所以他們的心腸總是潑辣的。女勞動者沒有階級覺悟的緣故，就是因爲她們自己並不成個階級，她們也有個『階級』就是『妻』和『母』的階級！她們的勞動生活祇是臨時的。

煤礦女工

在歐美各國總覺得婦女們不宜於煤礦工作。法律和習慣都不容有這樣事發生。所以別國人走到日本煤礦附近，必發生不快的感想。這樣的工作實在於婦女的道德，和身體，均有損害。在別國的婦女是如此，在日本的婦女也當然一樣。雖如此說，可是一個外人遊行到這等地方，也不是全然沒良好的感觸。這樣的事也應表揚出來的。到那北海道北部一帶多礦之區的鄉景是很有趣的。那帶地方並不是烏黑的。雖然各礦不能一律的整齊，可是那些大礦多半很有組織，一切管理也很得法。至於小礦的情形，都有些說不出的紊亂。然而這都是些貧民爲發点小財的；他們既缺少資本又沒有相當的技能，這樣的情形自然是很壞的。並且那意外的變故也是常有的了。然而論到那大批的勞動者，還都是在大礦工作，那一切管理自然都是極好的。

最要緊的印象就是所有勞動者連女工在內，全是高高興興的工作。倘然一個生人看慣了工廠勞動者，忽然見着礦工這樣高興，必定感受一種很深的印象。工廠裏女工們總是很安靜的，但是這並不是因爲他們性情如此，乃是過於勞苦的緣故；現在礦工們竟換了一種活潑地的生活，這是很可注意的。礦工們都是無憂無慮的。她們的工作是很辛苦，可是因爲他們的身體強健，所以並不超過她們力量所能做的。他們得的工值很優厚，並且差不多全家人在十六七歲以上的都去作工，所以家庭的收入極充足。他們喜歡聚在一塊居住，並且他們的需要都是很簡單的，可是他們極好吃東西，近來又添了好穿的嗜好哩。他們不肯把錢用到生活的安舒上，却用在奢華嫖賭上，所以他們也有他們所享的安舒。至於他們的生活黑暗方面，却不是外人所能曉得的，因爲那總不過是些礦廠的意外悲劇呵！

礦工的來源也和工廠相同，是靠着農村的。雖然礦業已經發達了許多年，可是還沒有養成一種根深蒂固的『礦民』呢。除了父母和子女同時在礦工作外，那以礦工爲『世業』的人，却並不多見。礦業勞動者全是農業勞動者；他們時常從這個礦跳到那個礦，在各礦混些年，等到厭煩了，也稍有積蓄了，然後仍舊回復他們的農村生活。有一個礦裏七千三百個礦工中，倒五千個是曾經在別個礦工作過的；說起這個礦來還是一個不發達的礦呢，他並不能招致人，然而尚且如此呵。這個礦的一千八百個礦工中祇有十一個人是在本礦工作過了十年的；那不到一年的有一千二百個人；不到兩年的有三百六十四個人；不到三年的有一百零四個人；不到五年的有六十七個人。礦工們大半都是北海道的人，然而本土人口稠密各地方的人也不少，此外還有些四國島的人。

這些女礦工們大半都是年齡很輕的。大多數是自十六歲至三十六歲。據我親身調查的一個礦的女工年齡：是十三歲的一個；十四歲十五個；十五歲的七十二個；十六歲的一百五十七個；十八歲的三百十個。過此以上那人數却逐漸遞減了；二十三歲以上的不到二百人；三十六歲以上的不到一百人；四十五歲以上的不到五十人。再往上計數，那人更少極了，然而還有一個七十五歲的老太婆呢！礦上也有輕一點的工作，如送信，打掃等職務，但是女工們大半總是用作挖煤人的助手，如支礦柱，或拾煤等工作，就是女工們身體強健也都不是容易做的呢。挖煤人總是分班工作，大半是一家人聚在一處工作。那在前面挖煤的人必定是個成年的男工，叫做『前山』，可是在他後面工作的，必是他的妻女。這些助手叫做『後山』。她們的職務就是隨後把掘下的煤拾起來裝在運煤車上，有時還要推送到運送機。支礦柱的職務，是隨着礦洞挖進，就把那重大的礦柱撐起來。至於那班在礦外拾煤的人自然舒服多了，可是他們的工作也還不能算做容易呢。她們必須站在那運送車傍，不住手的把煤和石頭剔出來，把大塊破成小塊，並且要把大小塊分開堆着。那班在礦內工作的勞動者很能顯出可驚的活氣，和忍耐來！他們的工作的粗重，絕不是尋常女工們所能勝任的。他們要感受極劇烈的溫度變化，他們的飲食休息也都在礦內。他們要做六点七點，至八點鐘的工，按着班次輪流，有時是日工，有時是夜工；此外每天從家到礦，和從礦回家，還要走一點多鐘路。雖然如此，他們却還是高高興興的路上遇到勞動者運煤；他們仍舊跑上去幫忙。他們有了身妊的頭四個月內，她是照常工作；趕到生產後兩三個月，又到礦工作了！

婦女們也同男子一起在礦內工作，自然要發生道德問題了。從前的礦工道德，可算說不出的壞哩！男女隨意苟合，既沒有了社會約束，勞動者又都是赤着身工作，而且那班工頭們，更是些無恥的人。但是外表雖然如次，可是實際上還不至淫亂到不堪，因爲我們必須記着，他們是全家聚攏來工作呵。至於工頭們的行爲，近來也好多了。其實礦外的道德，比礦內還要壞得多呢。礦區左近賣淫業極盛，這是因爲金錢來得太容易呵。論起已婚的男女，他們的道德並不算缺乏哩。在礦工們看起來，那非正式的結婚，也和正式的夫妻同樣的尊重。正式的婚姻并不能使夫妻們更加純潔；或是使他們對於所生的子女格外增加責任心；或是使他們在社交上得到較大的尊重。而且正式的結婚，反倒增加了許多困難，如果要離婚，那就更外費手續哩。那些礦廠要減少因男女苟合生出來的是非，所以他們想出獎勵同居的男女去註冊的方法，就是凡肯去註冊爲正式婚姻的人，可以得點贈物；可是那肯去實行註冊還是不多。

論到工值一層，那末礦工所得的，比較其他勞動者多多了。因爲各礦需用的礦工很多，所以大家爲招致勞動者，都競爭着增加工值。既然一個煤礦全要靠着礦工們採掘，所以一個煤礦事業的大小，就在礦主能招致礦工的多少了。礦工的工值，是按照他們所能挖出純煤的數量計算的。至於出煤的速率，是靠着「層脈」的構成，和其他工作情形而定的。在去夏每一個礦工，可以按日領受二圓至二圓五十錢的工值，并且後來更日見增高哩。如果幾個人在一隊工作，那末礦主可以按照他們自已的意思，替他們分配工值。這樣有一件很有趣味的事，就是夫婦工作平分工值。要知道這個辦法，那婦女所要求的，不但是同等勞力分同等工值，却是不同等勞力分同等工值呢！究竟是不是他們回到家裏還要重新分配，那我們自然不曉得了。

但是優厚的工值，並不是挖煤人所受惟一的鼓勵呢。他們所分領的花紅也比其他勞動多啊。有些礦廠還白給他們房屋住；有些雖收點房租，然而却是有名無實。譬如每人按月祇付租金七錢，那還不夠電燈費和修理費呢。有些礦發給定量的米，却祇收點「徒負虛名」的價錢；譬如值七十五錢的米，祇收十錢就算了。無論那個礦所收的米價，總比市價小啊。礦裏自設的商店，供給礦工們的衣食，和其他必需品，全是照本或賠本賣的。此外礦工們還可以享有各樣分紅的利益，如工作得勤，工作得久，或是生活增高等事，都可以領受的。礦裏還設置學校，育兒所，醫院，和娛樂等，都是不取費的；並且還有各樣獎金哩。至於拾煤人却得不到這高的工值，也不能享有這許多利益，他們除了分紅之外，每天的工值，是自四十錢至一元十錢。

尋常礦廠的宿舍通是很好的。即或有些地方的宿舍不很好，那是礦工們疏懶的錯處，絕不是礦廠舍不得建築費啊。在事實上，各礦宿舍的分別，不在他們原來的構造不同，是在他們後來的維持各異。所以宿舍的好壞，全靠礦主的監督和鼓勵呢。礦工們不大注意衛生，和秩序，然而他們都極容易受人的誘導。每逢礦主不留心這些事的時候，那宿舍裏情形必是很壞，可是稍微想點鼓勵的方法，那些礦工們就能注重清潔哩。

有些距離相近的煤礦，他們的環境都彷彿；他們的勞動者也時常互換；然而他們那整潔的情形，却是很不相同。記得有一次到一個礦去參觀，只覺得宿舍位置極不得宜，也沒有適當的排水渠；醫院的管理極不合於衛生，患病的礦工都睡在地板上，也無人過問；外面的道路既窄且污，看着毫無生氣；再加上那廁所更是污穢的很。過一天又到另一礦區，却樣樣事不同了。礦廠也並不責備礦工保持那清潔的秩序，然而他們那辦事的精神，竟不知不覺的貫注到礦工們家裏了。用一種巧妙的方法，就是叫每八家，或十家，輪流值日。那值日牌掛在那家門前，那末這家的婦女，就對於工頭，和她的隣居，負那天全區內維持秩序，和清潔的責任。這樣集中責任的辦法，是極其有效的；所以在我所到過的礦區，要以這裏爲最整潔哩。

這個礦對於增進礦工們的幸福上，也很有成績可觀。勞動者選舉出一百個代表，和一個二十人組成的議會，就作爲礦主和礦工中間的接洽機關。讀者必須注意這個普通選舉制，是包含婦女在內的！礦裏還有模範病院，模範育兒所，商業學校，暇期學校，和極完美的中小學。

我知道有許多人聽見纔說的這些狀況，不免有點詫異；因爲我雖然不曾張大其辭，但是我所描寫的情形，已經比較尋常意想中的礦廠生活高多了。我本是把我所目睹的情形據實錄下，我同時却也加意小心不至言過其實啊！總而言之，那班大些的礦廠生活狀況，總是比較的好點，所以我的觀察或者不免偏於好的方面。但是也有些大礦廠情形不甚好的，並且也有些較好的小礦廠；無論如何，大礦廠而管理不良的總居少數哩。

日本大的礦廠，多半的歸一班活潑而有知識的人經營，他既有充分的才能，也有相當的財力，所以能把一切事務整理得很足以招致一般勞動者。有些設施還不完備，然而將來的改良，却是很有希望的；而且現在有許多應該改良的事業，是必需常着勞動者受有相當的教育之後，纔得成功呢；可是這樣的教育，不是一時所能完備的呀。此外還有一層，就是日本也和別國相同，管理員是對總理負責的，總理又是股東的信託人；所以管理員要時刻留心，不能過於耗費呢，隨便什麼樣增進勞動者底幸福的設施，或是隨便什麼樣工作狀況的改良，都可望在勞動者的工作效率上有相當的反應。股東方面對於可以招致勞動者的改良計畫，也當然情願許可的；而且他們對於求得勞動者的歡心，和招致勞動者的方法，並不輕視啊。無論如何，在這個限度以外，管理員就必須注重競爭了。我可以放膽說，日本實在也有很明白，並且能注重人道的實業家；他們能顧慮到他們的責任，他們又不失却那營業的機會。還一件事，不可以不表白出來，就是有許多勤懇的事務員，把極大的熱忱，放到職務的發展上；他們所得的，除了受些克盡其職的獎許，不過就是他們的月薪，和一些物質的酬報了。

至於那班帶投機性質的紗廠，和煤礦，却又另是一說了。他們的資本極不充裕，稍一寬厚，就要破產；所以他們待遇勞動者很是刻薄。這樣的事不是教育問題，簡直是立法問題的範圍哩。

拯救俄羅斯須在她的婦女

Count Seya Tolstoy著

李小緣譯

婦女解放，不問在什麼國裏，都是跟着文化進步平行發展的。草野時代的人，倚物質的强力和剛毅得着生活；所以他們眼目中的婦女，是完全供給他們自然本性和自私自利的意志所使用的。

由家庭發展而成社會，由社會發展而成國家，在這進化變更的時期裏，婦女也就進化，由做男子的奴隸，變到做他的同伴，復又做他的朋友，更又做他的監督者；這樣遞進，進到末了，就全然成為一個同男子平權，有人格的公民。

直到現在世界上所有文明國裏，婦女的勢力，總是日見增高。我們也當知道，除非婦女從頭有一個位置在發展各種社會機關或政治機關裏辦事，我們決不能望那種文化的機關活潑起來，穩固起來，並且照我們的理想實現。

向來俄國婦女的命運，同其餘各國的姊妹們，是同一命運；因爲她們奮鬥的結果，已經經過婦女進化程序；所以現在總得到完全的自由，完全的平等的範圍以內去。

這是俄國婦女界在一九一七年，革命的時候，宣布出來的新법像，這樣看來，男女兩屬平等自由的條例，將來在自由俄民生活裏面，自然是唯一無二的原理。

然而仔細看起來，現在有人提倡弱性的位置，同處置公產，取一致的辦法，你看究竟用女子當公產，能不能生效力？俄國婦女社會化的手續，是不是就這麼樣辦法？這就是我所以不能無疑不能不說的。這樣侮辱婦女，簡直是失了社會上的理想標準了。雖是飽爾施維克我也不信他能一致這樣辦到。

就那俄國高等婦女說：從前的待遇，連像現在待鄉農婦女的待法還不如些，有些地方實在是苦得萬分，可以舉個例來証明他，據俄國古代的實錄說，管轄女人是應當的。假如女人有對不起

丈夫的地方，她應當活着被埋，只剩頭和胸暴露在泥外面，聽他自己死，年到克薩林第二CatherineII朝代，這條法律仍然存在。

平常女人是同男子分居，丈夫住在樓下，妻子同女僕是住在樓上。無事的時候，丈夫很留心看管，不使外面有人接近她。連皇家貴族還有這種羈絆，從王宮到禮拜堂一路還要用物件遮起來。王后同公主要出去做禮拜，他們非帶起網子來不成，有時乘車出去遊覽，簾子必定一齊放下，這是俄國婦女受羈絆的情形。（一你看中國婦女從前連門邊也不能出，比他這樣還不如些，那裏有女人過的日子呢。）

當十六世紀，有個修道士，名叫錫歐武司武（Silverter）著了一本很有名的書，名叫傳真司茶也（Dromostroy）上面序述古代女人的位置和狀況，說得清清楚楚，俄國修道派把他取來，分作三部分：（一）是專說宗教的本分（二）市政的須要（三）家庭生活。

照那書的第三部分家庭生活裏面看，錫氏教他的兒子怎樣指導家事，作丈夫必定要怎樣做家裏的主人翁；妻子應當是他順

良的僕人，替她丈夫做他所命令的事。丈夫的責任，只管教育兒童，此外他的責任就是管理家庭道德他的實行就是照宗教的勸導，用馬鞭子打她，馬鞭子雖說不用，總得要掛在床頭上。做兒子的不准用武做到打傷人的眼睛，耳朵，心口的事，一做了丈夫，丈夫的本分就是叮嚀囑咐的使他的老婆和順，受壓，還不要作聲，完全做丈夫的奴隸。（中國家庭幾乎同俄國同樣，我娶親還沒有一個月，就有人對我說，你切不可以讓你的夫人逾過你的頭來，讀到這裏，想想，簡直是同一個無人道的意思。）

俄國婦女既像以上說的苦法難堪，要知道他們的解放是先從上等人做起的，不是從下平面做起的。那正是彼得的時代，他剛從西歐回來，他的志願，定規要照其餘的各國模範，改造大俄羅斯的文化，於是設立一案，凡是貴族婦女都要入一個會，像彼得這講不出來的瘋狂，叫女人們陪他飲酒，如有不飲飽，使他快意的，一匿起他氣來，他就要在大庭廣衆之下鞭笞她們，直等到政權也掌在婦女手裏，這種表面的解放才糾正過來，到了克薩林第一第二的（Catherine I, Catherine II）時代，女權才有進步，才尊貴起來。彼得的解放，還不是真的，不過縱情而已。

第二個解放的要素，是從十九世紀開始的，因拿頗崙戰爭，就把俄國的眞像才同西歐的文化接觸接觸，從這種接觸，關於貴族的教育就一步一步發達起來，在這平等接觸西方文化的利益中，俄國貴婦人從無形中自然也享受不少好處。以上是從政治上說的。

再從文學的鏡子裏看鏡裏面反射了不少各國各種的婦人，俄國文學出產裏有個婦女所極鍾愛的人物名叫戴的娜（Tatyana）這是十九世紀俄國文人蒲施金（Puskkin）在亞根來安一金（Yergony Onyigin）小說所描寫的一位理想中的貴婦人，這是一本經傳，現在人家用他排演新劇，翟戈武司開 Jchaekovshy 所做的，同他是一個名稱。

戴的娜本是鄉間生長大的女子，她所受的教育沒有別的，幾乎盡是從看當代小說所得着的。她的性子，包盡俄國婦女的溫柔，魔力和一切美德。他雖被鄉村狹窄環境所拘束，他那浪漫的生活，卻充滿了許多自然，歌韻，夢幻，恰巧她遇到一個光明磊落的少年，這少年遊歷的既廣大，受的教育也高深，專講究外表的光明，卻拒絕這社會，成爲他的惟我主義，倆相愛起來，她從所得的道德遺□和疑慮方面，寫了一封信，表明她的清潔的心情。倆人約在一處園子裏相會，亞根來（Yevgony）說他並沒有要求婚意，他說如果他要是娶妻，他一定娶她。

過後幾年戴女士在一個宴會上，邂逅相遇，她這時已嫁與彼得革勒（Petrograd）著名的政治家，舊日會面所見美麗動人的本性，全隱藏在這天眞瀾漫的好女兒裏；而今已發展成爲一朶盛開的美花，亞根來看不出她就是從前的戴女士，也竟不顧命的同他愛起來。雖叫說愛，其實她非常冷淡，非常拘於儀表，她對他說：她已嫁與一男子，永誓以好，過後戴女士淚落滿巾，很不自慰。雖然她仍不願失她銘誓的話。照這一段看，戴女士可以代表俄國貴婦人中兩件特別的事。（一）屬個人愛情的濃麗，（二）婦女們若能照她們去發展，富有很大可能的潛力，一定未可限量。梯爾根立夫（Turgenev）是蒲施金文宗的繼者，他在他著名的著作裏，如父父子子"Fathers and Sons"初次愛情"The First Love"煙"Smoke"，種種著作裏面，用寫實法發得比俄國別的文學家好。他引得很多種類有名望的婦女，不單限於俄國文學一處，即像世界文學府庫裏的，他也引來，梯爾根立夫是俄國文宗能顯出婦女靈性上豐富的鼻祖——她永是說不出來困難中的犧牲者，就是因爲梯氏才把女子升到「王后的位子，」她很配人把她們的情感畫出來，有時把靈性透露出來，還有時把婦女溫厚和順的態度寫得繞着「透光體的嬌美。」此外梯氏的女人物，還包括些青年人的淸潔，唯心的尊榮，犧牲自己的精神，和道德至高的標準。

根查約夫（Goncharov）托司托約斯開（Dostoyevsky）和我的父親托爾司太（Leo Tolstoy）等人著作裏面藏着不少畫家所畫的像活的一般的女子。其中有兩張著名的畫片，都是我父歷史的散文詩，（戰爭與和平）一張是列大沙 Natasha 一張是馬利亞公主，第一張是女子的高貴理想和活潑純正的女性化身；第二張是一個女子，她的淸潔個性，隱藏在節制有自治力的網裏。

據我所見的貴婦，從實在情形看有許多人的德性，和這文學上的，簡直沒有分別。我曾記得一個鄰家貴婦，她是年長斯文有安靜的膽量，有信仰，實在可以說俄國高等婦女中特出的。這種種美德，她自己看到，不能不佩服的。

後來人家說她去死不遠，她就召呼她姪兒來。對姪兒說，你應當承受我的產業，她說：「我將到死谷裏去，姪兒，只有你應當承管我的財產。我要知道我死後，你怎樣管理我的家務？」姪兒答道：「第一樣要做的是請個醫生來醫你。」

她說：「這是我所不准的，我活着，你當說總不請醫生來醫我，你想請醫生，是違背神的旨意，也可算是個罪。」她又問「你還要做什麼？」他答說：像俄國這樣政治紊亂很不好，我要把你的財產保起險來。

這位貴婦人又指所掛的像說：「那是聖馬利亞三樂的像，這像在我的屋裏；火不怕，搶掠也不怕。你看我的門，並不鎖起來，沒人敢摩我，因為他們也知我有聖馬利亞的保護，我靠她的福庇我活着，靠她的護衛我也死，姪兒你怕死麼？同去快叫你老婆來。」過了兩天，她將死了，她叫了一個和尚來，聽她末了的懺悔辭。這就了事。俄國這樣的貴婦女在十九世紀最多，現在無形消滅，以後不致於再會發生了。

舊日俄國存在的階級界限，雖說分得不清楚，但已經為革命所劃除，在這件婚嫁事上可以看出。只要女子得教育和有相當的雅致，俄國貴族就可以互通婚嫁。在俄國為得錢財而婚嫁的少的很，血統和智識的貴族皆有，但絕沒有錢財上的貴族。譬方說英國絕不有金錢同階級界限的嚴密，他們所得的結果，一定是自由擇配，貴族的老婆就常是從村農來的，但並不受異樣看待的侮辱。

當初草創村農時代的生活，少年等到要結婚的年紀，父母同他選擇一個同伴，所選擇的女子是看她們的裝奩或者能種田不能，能烹飪不能，新娘一進門，就做工，皆受公公婆婆的轄制。（這好像是說中國的，媳婦不容易做就這樣說麼？）這種風俗可以在俄國婚嫁歌裏看出，這歌是返照新娘鬱悶氣，馴服，和以後生活艱難做的。

像這麼苦法的女子，就連現在在許多村農家裏還可以看見。傳莫司茶也（Dromostroy）書中嚴厲的條規，條條遵守無違，丈夫打妻子好像是丈夫的本分。在俄文中不叫「打」是叫「教」當時妻子會對人稱說她丈夫常「教訓」她。她以為打她才是愛她，丈夫若不愛她，那會教訓她呢！

俄人村農對於妻子的態度，有些反照在俄國的諺語和笑話裏面「婦人有長頭髮有短腦筋」「女人沒有靈，只有煙氣」這些話是稱贊女子的敏捷和伶俐的精神。還說「女人若能從床頂上落在火爐上，她可以有七十七種思想，」「每個女人能有七十二種巧技。」

俄國各省的鄉農作事，各有異色，大衆都要在田莊上耕種，同是用一手造的木犂，用灣鐮刀代替直鐮刀。婦女時常過於勞動提水帶回家去咧，照料田莊和牛奶房咧，常時丈夫自己進城，把事情放下讓她們去閙。這一來全付擔子都放在他妻子身上，孩子們也許會幫忙的，因爲其餘各國沒有像俄國家庭這麼大的，俄國的生率是千分之四十五，比起德國千分之三十二來，法國的千分之十七來，自然人數是多。

俄國既沒有市政的婚配，所以也沒有離婚的事。若有要離的要求，必定要送到教會的權力前，聽宗教法律的裁判。因爲離婚要非這樣正式不可，這樣囉唕，實際還不能達到目的，此外還要花錢費鈔，請個律師費很多手續費許多時間，請教師的官員們，也要預先賄賂的，這樣請問窮人怎能離婚呢？

出過門的婦女有權索掌自己的財產，並沒有限制。她雖出門，她丈夫無權索她的財產，除非她已經死去，那只准取七分之一的不動產，四分之一別的產業，丈夫若先死，她也只得這個權柄。

自一八七十年以來，俄國的婦女多加入於革命的事業。那時她們女界同男子已經平權。所以得到這種美滿結果，我們不能不說俄國女人苦心經營的功了。

俄國的暗殺，沒一次沒有一個女人在裏面佔重要位置，雖有多少被殺的，多少充軍到西比利亞的，千百人仍是死在獄裏。據統計表看，她們仍是前仆後繼的，有百分之二十五，政治罪是婦女犯的，很不容易，漸漸兒受教的女子才發達起來，從奴婢進步到平等。

很多俄國機關事業像法律，醫，文科學裏，都有婦女。初等教育裏，有百分之六十五是婦女。處處可以看到婦女看書店，婦女做書記，婦女管德律風，戰後添了許多婦女可辦事的位子，以前是不會有的，然而所有的進步，仍是太拘在智識界裏，村農婦女，仍是忍受艱苦像古代一樣。

近來婦女心裏改變的快，幾乎同文化的進步相符合，蒲施金杜金樂夫，托爾斯泰這些大文人所繪的女子，淸潔已經是陳跡了。

常有人說他們是退化，很多女人照着印象派的意見和情感；對着新而險的急瀏時不時去尋找新的印象，這種印像得到不好，再換別的，時時改換，一無所得，對於這新婦女一八九十年內的經典文學一齊都看的腐敗。她們渴欲新印像派的著作，有意大利人 D'Annunzio 波蘭人 Prozylysgewski, Artzybashou Polmont Verbitzkaya 末了的名字是個女人，有些時代她的著作比其餘的男子還好些，在她十五卷著名的著作，快樂論"The Key to Happiness" 其中的大意雖屬是釋放婦女，其實是代表放縱自恣。

婦女解放同革命活動互相符合，如出一轍，但在嫁娶上同宗敎和國家簡直是衝突的，沒有一國說愛情的像俄國這麼尊敬。說放縱的再沒有像他們那樣斥罵。智的自由選擇不能算罪惡。一班智識界的人，雖然未婚，在一處同居，大家都在一塊互自相信生她們的孩子，號召所有思想人家的子弟。這是我們所見的，你也不能十分確實說婦女所綑縛的東西，一齊放鬆不能因為她們沒有得教會和國家的許可，就不能解放，這是不必的。

外國人常會看錯了男女的關係，以爲就是自由這種表面上的自由，因爲俄人完全端正正直的心靈，有輕視假冒的心理，所以一看就看出希臘國天主敎敎會所以放些阻難在大路上，使不滿意的婚娶，不能向自由去解放，這就是流俗敎師壓迫極了，發生反動的原因。

當鮑爾施維黨當道，自由變成墮落，男女無倫次，決不能使穩固死社會有生產，家庭因爲是文化的基礎，但非使純正的愛情和互敬打穩做個基礎不可，不然，所有社會上的結構，必定一個個的破壞。

俄國婦女少有聚合，只得莫斯哥一處有婦女聚會部，會友很少，智識界時常有專門事業聚會的組織，美術家醫學家律師各有機關有社會的事業，男女公開，男子也單獨有會，但佔少數。據現在俄國自由黨解放婦女的條件，婦女現在享受社會上政治上絕對的自由權，這些自由和改良的事業推行，使離婚變容易了，市政婚娶也不須敎師的批准了，這一來給俄國婦女一個特別的自由，是別國姊妹們所得不到的。

（這篇是 J. W Jefferis 從俄文譯成英文的）

朝鮮女界思想之變遷及其現狀

朴春女士原作
鄭伯奇訂正

朝鮮開國悠遠，久沐孔教文化，尚虛文，輕武事；重操觚之士而賤執兵之徒。文藝雖有進步，而國運卒致凌夷。見辱他國，受人蹂躪；被無理之虐待，受非道之慘殺。未始非右文賤武有以致之也。

朝鮮古來，文藝即甚進步，而女性文學尤為發達．風晨月夕，講書詠詩；佳辰良會，徵歌奏律，淑女才媛，輩出一時，然以民智風化未如今日之開放。以是社會風紀大為頹廢，投桃報李之風，桑間濮上之音，大為論者所非。甚至識字之婦無人過問。女子教育頓被摧殘，女子地位日以沈淪，而一代光華之女性文學亦漸然衰滅矣。

距今五十年前，歐米文明，自西徂東，朝鮮人士，惡夢漸興。女子教育，亦來時運，儼如雨後春筍，隨地發生，外國宣教師，設施尤多。女子教育遂以中興。一部守舊之徒，不無反對；而大勢所趨，無力逆行。從此瞻望前途，可為朝鮮女界祝福矣乎？

不意日人逞其暴力，合併朝鮮。對於固有中等以上之教育，加力摧殘。唱為尚早之論，譏為無用之說，發布學制，壓迫民智．教育之精神，漸然滅矣。哀哉，甫露萌芽之女子教育亦被打擊，譬之雪後，嫩條初抽，而北風遝來，益以嚴霜，其能僥倖者幾希。然諸姑姊妹，鼓勇出國●萬里波濤，渡涉不休：或苦學，或勞動，一片丹心未嘗稍懈。然念國內之慘狀，聞父兄流血之悲史，則又淚盡以血，愀然而悲矣。奔走東西，宣傳祖國之情形，因以博志士仁人之同情，亦復不少。此亦朝鮮女子可聊以自慰者也。

日本十餘年來，施其武斷政策，朝鮮人民，受其苦痛，久不聊生。去年三月三日卒然大舉獨立萬歲之聲，震動半島天地。日人不悛，肆行虐殺；三千里河山半成屠殺之場，二千萬生靈，多殲於砲彈之下．慘狀暴行，筆舌難以盡形。當時國內女子，盡力於此運動不少．或被慘殺，或辱縲絏，幸者則流離他鄉。然此舉驚醒民族之睡夢．喚醒國民之自覺，其功固不少也。

然我儕志願，非但救濟一國一民族而已，所謂人類和平，所謂婦女問題，所謂社會主義，苟為吾人類生活之所關，文化之需要，均願力加研究，冒危險，灑熱血，為世界除不平，為人類求幸福，此區區微意也。願世界各國之同志者，無分畛域，互相提攜，則真正之和平幸福，其庶幾乎。

朝鮮女子朴春於京都

美國的男女同校教育

杜威夫人 Alice G. Dewey 著
劉國鈞譯

此次杜威博士來南京，我們的會員得同他會晤，很為榮幸。現在杜威夫人聽見少年世界要刊行婦女號，慨然允許幫助稿子；又曉得我們現在女子問題中談得最熱鬧，而且也見諸實行的就是男女同校問題。所以他就將近來美國男女同校教育的情形特地的介紹給我們。這男女同校教育是杜威夫人研究很有心得的題目。所以我們一方熱烈的感謝杜威夫人的好意，一方也誠懇的介紹他的言論與讀者。

記者識

在這篇短文中將美國男女同校的結果總起來說幾句，比敘述所以使男女同校得以實行的種種勢力，準許多得些益處。這些勢力，經了歷年的自然發育，漸加鞏固；而且女子在德謨克拉西

的社會中，必需有他們的功能，這些勢力就是這種女子的需要的自然表現。

男女同校，不是什麼權威所給底，是由許多受他的利益的人奮勉努力得來底。在十九世紀中半，男女同校 Coeducation 這名詞普通的意義，就是女子和男子一同在大學受教育。因為那時中小學男女同學，人都視為當然；所以也就沒疑問這制度是教育中一種自然的，必要的形式。除了大西洋岸幾處有限的地方而外，這種制度竟發展而成全國通行的制度，毫沒遇見批評。但是女子進了男子的大學，人就稱他們為「共校生」Co-eds 而兼收男女的大學教育就稱為男女同校教育。在六十年前，女子要想成為「共校生」很不容易；而今日美國大半的女子，就是赤貧，只要他們有求高等教育的欲望和才能，都能有進大學的機會。

男女同校的學校，就是最先女子大學與伯林 Obrelin 倡始，密歇根 Michigan 後隨。密歇根大學這番舉動，最有趣味，而且也是個模範；因為他是個程度很高學生很多的公立學校。他的五十周年紀念出版物上，很有許多贊成和反對女子大學教育，

及男女同校的論證。其中許多論證，不將女子教育和男女同校教育仔細分清，以爲一切女子高等教育都與社會幸福有妨礙。但自密歇根大學在一八七〇年開始收女子以後，這種辯論變成公開，要取決於試驗而不斤斤於論證和理論了。

以下所述是幾條反對男女同校的言論和六十年來試驗所得的證據。

第一：女子天然柔弱，經不起煩難功課程的壓迫。

就經驗看來大學校的生活已經增進了女子的健康；就大學校內女生的健康表看來，較校外同數的女子的健康表成績優良；女子因大學校生活的結果，體格上也較前增進；而且他們還行有益健康的運動，出校後能擔負更多的功作。

第二：女子若受大學教育，他們就不願意結婚和生育子女。

就經驗看來受大學教育的女子，結婚數和其他女子結婚數不相上下；並且他們子女的平均數也差不多。關於這一點，還有件有趣的事，就是現在反對男女同校的人，說大學校是婚姻局；雖然因大學教育的結果，結婚年齡不免漸遲。

第三：家庭中的婦女要減少了，因爲女子不願意適當底撫育子女和照料其他家事。

就經驗看來：受大學教育的女子，曾經改進家事和教育兒童的標準；而因兒童研究和科學的考查疾病的結果，夭殤的事減少許多；至於在受過教育的母親之下，家庭教育也比從前精良。

第四：教會中人以爲男女同校違反聖經的訓誡，並使他們對於宗教不留意。

就經驗給我們的教訓看來：男女同校的學校，對於培養教會人才也和別種學校一般的有效。男女同校中的學校青年會，也非常的發達。大概說來，男女同校的地方，並不缺少什麼宗教勢力。

第五：女子不能合課程的規定程度，因此妨礙課程。

就經驗看來：在男女同校的初年，女子的學績比男子高得許多，甚至人都怕他；況且女子的均數，也沒有低於男子的証據。而近日所謂學績的比較，也不僅是比較分數，乃是比較調節事物的能力。畢業後在職業上的女子成功，其數也不在男子之下；而有幾種科學的工作，教授和管理的工作，女子比男子更爲適宜，所以這些執業漸漸成爲女子的專門執業了。

上面所說的幾種論証，比起由經濟方面贊成男女同校的論証來，都覺得不甚重要。公共的欵項，供給大學校和供給中小學校是一樣的。這些欵項，都是組成社會的個人的財產；他們並不屬於某一種階級。若使用這些欵項，只謀一階級的福利，那麽，這樣使用就不公平。在德謨克拉西的社會中，容許個人私意決定誰應受公共欵項的利益是不合法的，這事很爲清楚。所以應當爲女子使用公共教育費的主張，很容易成立。然而若將現在大學校數目增加一倍，專收女子，使女子能離開男子而受同樣的教育，沒有一人願意；因爲這種重複，是各州所不能擔負的負擔。州立大學，收入增加極鉅，因此每一學生所需的價格反而減少，這也可見男女同校的經濟了。學生數目的增加，使得他們能增加學生各人所應付的費，因此對於州的方面教育費用比較減少，而性質則有增進。

男女同校，還有一層利益；就是他能影響個人的捐欵。在公衆面前表明女子教育的需要和價值，可引起女子大學校的開設。他又証明公衆對於德謨克拉西的教育的信心；而且成就了，「人人機會均等」的民族主張，也足以發生愛國的雄心。各地方的努力，漸漸開始証明贊成男女分校教育的人，必定要設備女子教育的機關。他們不能安於反對和他們嗜好不同的制度的態度，而不致於不失掉他們的地位；所以男女同校一聲確立，女子大學校，就立時各地並起；而這件事也刺激女子預備學校。私立中學，提高他們的程度；去掉經院的管理法；並且大都變更他們從前爲女子教育而定的規程，以求合於普通教育的新需要。這些預備學校的課程，起初都遵守歐洲人爲男子制定的文學教育，現在這些課程，逐漸發展，因此可以選擇那些好的，廢去那些不切實的，並增加特別女子科目。就是那些專門培養時式社會中家庭的女子的完全女學校，也要增加些大學預備課程，以求留着那些高等女子。

男女同校對於女子大學校的間接利益，更可於女子的學校的職教員大都由男女同校的畢業生補充，這件事看出來。在事實上，現在女子學校的職教員，不在男女同校的學校中，得畢業學位的實在很少。這樣顯著上的矛盾，有二原因：第一、是有男子在校的學校，比單獨的女子學校，要適宜於廣大的教育些；第二，是這些較大且較爲合於科學的學校中，研究方法比較的專門。老實說，大家都承認女子若和男子一同研究學問，但對於他的學科，便可更加精熟。我們須知自女子大學校開辦時，就是如此，那時第一次的職教員，必得是男女同校的畢業生。這是很有趣味的。因爲正在男女同校的學校，受人批評，以爲他們的影響妨害社會的時候；批評他們的人，却選擇這種學校的畢業生，做那些他們所要保護不受男女同校的惡影響的青年女子的指導。反對男女同校有老生常談的一句話。就是禮儀和道德行爲。關於這一點，反對者自有他們的理由。然而若是現今社會上，在這方面，沒有困難，決不會有人將這觀念引到教育中來。所以眞正的問題是：男女同校，是否增加這些困難？這種困難，在男女同校的學校中，比在外面社會上，或是男女分校的學校中，更壞嗎？關於這一點，篇幅不够，不能詳舉例証。然而我們却可說，青年男女間社交關係，因男女同校而達於更高的標準；兩性間的「神秘」因此消除；並且能教導男女如何在一處工作，正如他們後來生活所必這樣做的。就婚姻一方面說，那些在大學校中相識後來成婚的，很有可贊成的地方。婚姻應當—並且也較別處多—根本於智識的同情，正和本於性情的契合一樣。因此便有更可耐久的性質。夢想往往使少年女子在早年結婚，或是結婚而無堅强的個人動機。在大學畢業的平均年齡是二十二歲，而大半青年人畢業後，不見得就處在能結婚的地位，所以結果就是在結婚以前，可保有成熟的判斷。

至於因爲行爲不當而生的訓練，就大體看來，在男女同學的校中較少。由課室中自然的無意的接觸，所生的熟識，使得青年人不致發生過分的觀念，只引起不規則的行爲；並能使青年人安穩度到成年時代。在事實上，我們可將這全問題總起來說；因爲現在學校外方的現狀，以致將關於兩性的不自然不利益的思想，强引人教育界中；其實並非如大學校中情緒的生活所供給的智識聯絡的結果。

美國男女同校的詳情，和圖書表，可就美國內務部教育局報告，以及州立大學的報告，和大學同學會專門研究的報告中得著。

美國男女同校的發展，歐洲各國在大戰後，也極力擴張，可與美國並行。男女同校，就他的字義看來，現在沒有什麼可以非難的地方。他在德謨克拉西的自然發育中，已明白表示他的地位。反對他的人，大半是幾位有幸福的人，他們能自由滿足他們的嗜好，但他們的嗜好，却不能領導大衆。大衆的惟一向上機會，只在大規模的公立學校中。勞動階級的兒童能在有秩序的男女同校的學校得着比較在街市上工廠中店鋪中等等地方的機會生活更好的保護和機會是顯而易見的；因爲在那些地方，對於每一特別職業的要求沒有社會權威行使其上，而且閒暇的時間就是墮落的道路。要培養工人，在職業的教授能顧及各方關係。極力和實際生活相同的地方，必較別地方好，這也是顯而易見的。

現今所行的男女同校，無人敢說是教育的最後形式；沒人敢說現在學校組織的任何方面，是完全的。我們的後人如何整頓他們的教育，我們可以不問。這不是我們的問題；若這是我們的問題，我們只好斷定「變」可以控制將來，因爲我們現在時時刻刻的變。就女子方面說來，我們久已將手擺在眼前，以致前方的大山都看不見。眞正的智慧，在今日是允許順着普通方面發展，利用現在吾們所有的種種方法，並且隨着我們的進步。不絕的改良這些方法。至於女子教育的最良方法是什麼？現時尚不能回答。若不到女子發達到能決定他們自己在社會上的地位和他們自己生活的方法與目的有同等的發言權的時候，這問題決不能解答。

上海女校概況

惲震

現在婦女狀況的實際調查，當然是研究婦女問題的第一着手處。上海是一個很重要的地方，他的女校狀況格外惹人注目，可是至今還沒有一篇調查文字出現。我是一個男學生，做這種文章，當然不適宜，一定有許多地方不符事實，但願女同學中有人出來糾正，做一篇更詳細的報告，那就是我的希望了。

據上海學生聯合會的調查，高等小學以上的女校不到二十處，人數只得八百。若合未入聯合會的一起計算，校數也不滿三十，人數也不滿二千。偌大一個上海地方，讀書求學的青年女子只得一千多人，其餘的都是醉生夢死。女子教育這樣幼稚，可還不是半身偏廢的時代。現在二三十學校中人數最多的，要算聖瑪利亞，大小學生共計有一百三十四人。最末等的像民生女學進德女校，只有二十人。講到各校程度，更是遠不如男校幾個教會學校如中西女塾聖瑪利亞可以算做美國式的 High school,

畢業出來，僅能直接入大學聽講，或做中小學教師。他們自己並不設有大學專科。其餘如務本愛國，已經算聲名很好，可是他們的畢業生，還不能和男中學畢業生相比。至於教會學校，英文固然極重，國文却又太欠缺。有一位批評女校的人在大陸報上講道：『我不希望別的，只希望女生從教會學校裏出來，能夠通通順順寫一封家信。』這句話固然刻毒，然而辦教育的，又豈是僅僅教學生寫信就算盡職。這等批評近於偏激，不中肯綮。然而因此我們却也可以曉得女校國文程度的低弱，不可爲諱。這種弊病，男教會學校也同樣的有。其實中國國文教授法，在無論何處，都已破產。學生程度高下，全仗自己，與教習不發生關係。所以我們不必埋怨教會學校，只有慚愧感謝他們的分兒。你看中國那一只女學校辦得有精神的，教會裏却已經替我們從小學辦起，一直辦到大學，散佈四處，數目超過中國自己辦的女校。這樣精神，何等偉大可佩！我們還配埋怨他們嗎？

像聖瑪利亞一校，學生從一字不識進去，到完全畢業，要費十二年工夫。學費有一種每年六十四元，有一種每年一百六十八元，習琴還要另加。中西女塾學費更大。所以中人之家，要供給幾個女兒同時讀書，實在是件不可能的事。那幾處學校簡直是貴族女兒的專利品，貧家女兒斷然是沒有分的。

我現在概論各校狀況，分做兩方面講；一是學校生活，二是社會活動。

（一）學校生活

現在入學的女子，雖有一千多人，恐怕其中眞能了解自身的責任和求學的原故的，仍舊只佔少數。這是過渡時代所不可免的一個現象。普通父母教女兒去讀書的訓辭，只是說現在女孩兒不能不讀書了，不讀書就嫁不得如意的丈夫。總之舊式家庭裏把男子求學當做變形的科舉，把女子讀書當做嫁人的預備。心理如此，牢不可破。可是這種庭訓，就有極大的惡影響在他們兒女身上。要等到她們青年自身覺悟，除非要受到完全高等教育才與。然而一般人爲經濟狀況所限，決不能人人使女兒受到完全教育。爲了這個原故，所以一大半女子讀了書等於未讀書，因爲她們讀書的究竟還未明白。

講到學科設置，各女校都偏重於文藝美術一方面，科學看得很輕。有的學校設音樂專修科，有的設國文或英文專修科。算學最高的學到幾何，物理化學很難得有幾處設備，就有也只略授大意就算了。辦學人的意思，以爲女子性情偏近美術，不可把乾燥的科學去騷擾她們。其實不然。男子中也有專愛美術的，女子中也有喜歡深研科學的，各隨天性的異，却不可以把兩性的分別來做求學的異同。現在中國教育的缺點，就在男子中學裏太不講究美育，而女子中學裏太注意美育。况且以後講男女平等，要着重在社會職務上和學識上，斷不能把一個能跳舞唱歌撫琴的女子就算受到完全教育。所以女校裏的科學訓練，是斷然不可少的。

女校裏有一種普遍而重要的課程，是家政科。講授的有家政學，實習的有烹飪菜蔬，製備糕餅，縫綴刺繡，剪裁鑲邊等等。務本女學裏現在已經把他當做隨意科。

女校裏有一種比家政更重要的課目，是體育。以前大家不甚注意，以爲無足重輕。現在辦學人都有了覺悟，擇定這一種新趨向，竭力提倡運動，要一洗從前女子懦弱傭懶的惡習，養成女子辦事的能力體格。如中國女子體操學校，女青年會，都是專門研究體育。運動最著盛名的，要算愛國女校，他那裏有體育專修科，並且附設拳藝一門，還有創辦女童子軍的意思。中西女塾對於運動進步得很快，現在已設備有棍球，長杆球，網球，籃球，手球，屋內棒球，賽跑之類。

女校中有一種很不好的習氣，便是愛時髦和喜妝飾，我曾經發表過一篇文字，說女子解放的預備便是絕對的廢妝飾，衣服頭面只要潔淨整齊。因爲濃裝艷裹是從前女子取媚男子的利器，怎麼現在二十世紀的青年女子還要採用他。男學生平均起來，比女學生樸素得不知幾倍，只此一點，已可見程度相去很遠。有幾處女校，與衆特異，簡樸質素得絲毫不加裝飾。奢侈的風氣，以教會學校裏爲最甚，五花八門，日新月異，好似孔雀開屏，和人家爭勝衒奇也似的。這種裝飾，無論她學問怎樣高深，總使人家看不起，因爲她先失了自尊之道。我極希望有見識的女同學，把這種意思在各女校鼓吹，總要達到廢妝飾的目的才罷。

檢查書信，我認爲女校最蔑視學生人格的事情。在根本上講，男女既立於同等的地位，何以男校裏不檢查書信，而女校裏便有這種怪例。男校假使要定檢查書信這條規則，我相信，學生一定不甘他人侵犯自由的書信自由，便要立刻起來反抗。女子難道不是人，難道生來就剝奪去書信自由的權利，何以受了這種蔑視人格的束縛，不聽見有那個學校起反抗的運動？女校校規大都有一條說；如有可疑的信函，校長得有權拆視。這可疑的意思，大概就是指關於戀愛的事。試問校長是否許學生婚嫁自由；既然許她們婚嫁自由，怎樣可以禁止她們的戀愛自由？沒有戀愛，又何來婚嫁？戀愛又豈是第三人可以干與？即使那可疑的信是涉於戀愛，試問校長拆看，是否要加入她們的戀愛？種種破綻，說破了不值一笑。這種規例，完全是迎合舊家庭心理。現在家庭既然已在改革，這荒謬絕倫的規例，還不趕快廢除。我又希望上海女同學注意這一點。

男女同學的提議，現在已從討論時期漸入試行時期。北大南高都已招收女生。在上海起先有浦東中學打算試辦，後因校址無着，只得暫緩。滬江大學鄰近有一女校，預備合併，先從最高級着手，又因為女生有的自己不願，有的家長不許，只得作罷。大同學院總算已經實行了男女同學好幾年，不過他那裏的女生都是校長教職員的家族，並不招生對外公開，所以仍不能算是正式的。聽說西門的上海美術學校（原名圖畫美術學院）預備在暑假後兼招考女生。女子要學美術圖畫的很多，想來報名投考者一定不少，這是可以樂觀的。

（二）社會活動

自從學生運動開始以來，女生的能力精神，處處不亞於男生，而那種辦事的精細耐久，又是她們的特長。第一次五四之後打電營救北京學生，就有十幾個女校具名。幾次公共體育場開會游行，女校差不多都全到，冒雨去見護軍使的時候，滿身淋漓，衣衫透濕，沒有一個女生退縮逃走，更表顯得出她們的毅力。幾番繳會費，男校裏總是七零八落，沒有幾處繳得齊全，獨有女校絕不拖欠，如數繳足。這等成績，都可以使我們佩服。

她們常常開遊藝會，募了款來做公益的事。中西女塾瑪利亞愛國女學尤其擅長，負有盛名。去年中西演兩次戲，收入兩千幾百元，悉數捐給上海學生聯合會所辦的義務學校，可見其魄力之大。

女校中亦有許多傳佈新智識的出版品，其中以務本女學為最着力。她們三年級生辦一種新芬月刊，四年級生辦一種女界鐘（新婦女是務本的男教員辦的，不在其內）後來因為經濟困難，都不能繼續下去。這兩種月刊雖然程度幼稚，材力不足，然而也顯得出她們的勇氣。中西和聖瑪利亞却沒有這種相類的出版品，只有一種年刊，專載學生作文成績。中西年刊的名字是墨梯，聖瑪利亞年刊是鳳藻。這種出版品並無何等價值，只可以給外人明白學生程度怎樣能了。

各女校所辦的義務學校成績很好，差不多大半都附設有着，只是可惜人數不見甚多。中西女塾另外設一種村校，和尋常學校性質不同，是集合了許多鄉民，就講演給他們聽，不定人數。她們設有三區村校，每日一小時，所授的課程是圖畫，唱歌，國文，英語，遊戲，道學，和衛生學。中西女塾在夏季還設一種『八星期學校，』給貧民子女補習，也是極好的用意。

把中國社會實在的情形和對於政府的狀態，做成文章給外國人看，解釋他們原有的誤會，促起將來對我的同情，實在是件十分緊要的事。美國留學生已辦有一種遠東共和報（Far Eastern Republic）極受美人歡迎。中西女塾現在也盡她們的力，做了文章去投稿美國各報館。

上海各女校中，封鎖主義最厲害的，要推天主教所辦的啟明女學校。其中課程聽說很好，英法文都完備，也有High school的程度。在上海女子要學法文，除啟明之外，沒有別處。那辦學的看守那許多學生，完全不許有絲毫自由，好像她們都是罪人一樣。學生聯合會，她們始終沒有加入，一切社會活動，絕對的禁止。那招生的廣告非常有趣，大有本校規則最嚴，凡有家庭不放心他女兒的，送到本校，可保無虞的意思。

以上就我所曉得的大略說明白了。很希望有人繼續重做一篇，糾正我的錯誤。現在把我所聽見的女校校名列表於下，作為結束：

（一）聖瑪利亞書院　（二）中西女塾　（三）務本女子中學　（四）晏摩氏女校　（五）啟明女學校（六）民立女子中學　（七）愛國女學　（八）啟秀女學校　（九）神州女校　（十）清心女子中學　（十一）女青年會　（十二）愛羣女校　（十三）中國女子體操學校　（十四）民生女學　（十五）進德女學校

嶺南大學男女同學之歷程

甘乃光

緒言

我未作這篇文字之先，要先把嶺南大學這個現象介紹幾句，俾閱者得個明瞭概念，免致突如其來。嶺南大學即是從前的嶺南學校；在英文叫做Canton christian college 縮寫即 C. C. C. 是中美人合辦的，已經開辦了二十多年了。現有地九百餘畝——現在還擴充着——房屋三十五間，常年經費廿六萬餘元，現學校產業共值一百六十五萬餘元；計內裏大中小學三間，不過有六百餘人，——因爲現時還未敷房子住的緣故，所以許多投考的學生都見遺了。而談到這校佔地的面積，在中國學校中，實不能數他第二了。這大學實在是南方唯一的學校。他現在還是幼稚，但他在大學的位置，在國內可以直插北京國立大學的班——現在插入北京大學的已有十餘人了。在國外，則美國最著名的哥倫比亞大學耶路大學哈佛大學支加高大學加利福尼亞大學和其餘十餘間，都已經承認爲有同等程度的大學——嶺南大學的學生現在插入該大學的學生，已有百多人了。這幾句算是介紹這個嶺南大學給各位的最單簡的話兒了；至到詳細的情形，我有空必定草成一篇嶺南大學調查；但現在就在這止步。以下我分三個時期專寫嶺南大學男女同學之歷程給各位看——

(1)插收女生時期(一九〇五至一九一五年)

(2)分辦女學時期(一九一六至一九一七年)

(3)男女同學時期(一九一八至一九二十年)

(一)插收女生時期

嶺南大學是私立的大學，所以一切主張。若內部通過；便可以實行。沒有什麼阻礙的。這大學雖然是中美合辦，但是內部辦法，以介紹美國學制之適於我國的爲目的，以便實地改良中國學制之地步；所以對於男女同學這件事，便不取保守的態度。然開辦時，內地風俗未開，所以沒有許多女學生，不過數職員裏，和教會裏的女子和一二位家庭開通的女子罷了。當時嶺南沒有辦大學，所以想讀大學的都過美國去，現在畢業歸國的有四人。現在美國讀書的有二人，在星架坡辦學的有二人，另有其他的，我且寫他們的名下來，並附他們現在的職業和近狀，並可當作本校女教育的成績。

姓名	學業	職業	附注
廖奉獻	民國前二年畢業本校在美威士利女大學畢業轉哥林比亞得碩士學位	前任本校女子中學當校長適王正黼君後北上今年任廣州培坤女學當校長	
廖奉恩	民國前一年畢業本校中學在美史密斯女大學畢業得學士位轉哥林比亞得碩士學位		
羅有節	民國前一年在本校中學畢業留美在好商女大學畢業得學士位轉哥林比亞大學得碩士學位	現在眞光女中學當教員	
鍾榮貴	本校修業五年	任本校小學教員二年現在星架坡本校所辦的養正學校當教員	已與林耀翔先生結婚即養正校長
廖奉基	民國六年畢業本校中學現在美白離摩大學肄業		
鍾惠霞	民國二年畢業本校中學現在美哥倫比亞大學讀書今年六月畢業		
楊惠基	紐約大學畢業		
陳桂嫻	本校修業三年任小學教員一年畢業在慈愛幼稚園再畢業於金陵大學		嫁譚沃心牧師同住美芝加高潭任青年會幹事陳任教員
梅恩潤	本校修業三年改入金陵女學	現任星架坡養正學校教員	初適陳伯浩先生仝居南京失婚後改嫁岑俊樵牧師

(二)分辦女學時期

這時期是本校女生廖奉獻君由美畢業歸國時想振興我國女子的計畫。當時恐怕掛起男女同學的招牌來招女生，就招不得學生，所以就試行在校內男女分地教授。至男女交際公開的時候，還不是絕滅的。毎禮拜日說教和交際會，或特別的會集都是男女同堂的。但當時雖然女學分辦，還有二三位女生是與男生同班同課堂的，與舊時插收女生的情形是沒有分別。至到小學一部依然是男女生同學。這次分辦女學，許多人不大滿意，因爲嶺南素來是開通的，從前巳有男女同學，何以忽然分辦呢？分辦亦沒有什麼特別利益，所以到一九一七年經過狠精細的討論，和狠謹愼的計畫，遂快然仍改為男女同學，不另設女學了。

這個時期，有點很特別的事業，就是試行了美國所盛行的幕火女 Camh Fire Girl 可惜中國沒有人提倡，沒有總會，所以還未能推廣呢？

(三)男女同學時期

分辦女學的時期，因為同在一間學校的緣故，於現在男女同學的進行，實有極大的補助。現在辦事人指導管理的態度，和男女同學相對的態度，我以為受那時候的影響一定是不少的。我們知道文明非一日所能造成，是一點一滴造成的；假如不經過相當時期的準備，辦事人或學生，恐怕總會有些不自然。我說這些話，不過表明嶺南大學男女同學的進行，是一步一步進行的事，是男女學生都有些如何相待的正當態度的意思，然後有今日的，不是忽然辦得來的事罷了。

現在男女同學辦法，是在中學三年級辦起，一直到大學四年級——即畢業年。計現在女生人數，可以看下表，

中學三年級十一人

大學預科十二人

大學一年級二人

大學二年級三人

以上是本年女生的人數。我以前已說過嶺南大學男女同學是演進的事，不是忽然辦到的事；我現今譯下幾條規則可叫作演進的結果，或是自由的保障，給各位參考下：—

大學女生規則

(一)大學女生，除本校教職員女兒外，應住在宿舍。若得監督同意，則本校教職員之近親可與以特別權利。

(二)女生若得父母或家長來緘可以請假，不然若欲過省城—廣州城—須得一女護 Chaperon 同往。

(三)十一月至二月內，女生告假，當在六點半鐘返校；其餘各月，須七點半返校。

(四)女生不論如何事故，不能入男生寄宿舍，或在宿舍外四週。

(五)夜後女生不能遊行。

(六)女生可在他宿舍裏的應接室見探訪的人，但每晚不

能過七點半鐘。禮拜日和禮拜一日晚，不能過九點半鐘。

(七)曠課告假須得大學Attendence office和女監學的同意，方有效力。

(八)其餘告假單，由女監學發出。

(九)其餘學校裏的事務，女生可和那班的顧問商量。

(十)女生的行爲，和與大學的關係，是女監學直接管理的。

中西人均有一種誤謬見解，以謂女子各種才能，都不及男子的；但是西國女子解放得早——現在實行的，還未算十分滿意——知到女子是與男子有同等天賦才能，不過一則有機會練習發表，一則受習俗的制裁，沒有充分的教練，不能發表能了。若果男女都是同等教練的機會，未必女子不及男子，有時還要勝過男子。胡適先生在新青年裏美國婦人那篇文，有講及一女遠飛行家飛遠過一男遠飛行家的事，更可以証明了。但是有些人或說西國的女子一定可與男子比較，那中國的女子，實在是不能了。我今不必再辯，請用嶺南大學男女同學其中一班的學業積分來比較一下，便可以明白了。依一九一八至一九一九年的統計，男生十四人總平均得七十七分六厘；女生十二人，總平均得七十七分三厘。這雖然不是絕對的証據，因爲各人才性不同，非男女有別，然亦可見一斑了。

以上是男女學業積分比較，知到女子沒有什麼不及男子的。現我要講下裏邊男女學生交際的事業。每朝的早禱Chapel和禮拜日說敎Sunday Service是全校學生同學的，現在堂內座位，還是各坐一邊。在圖書館裏男女學生看書時，坐位是沒有分別，互相討論學業，更是平常的事。在敎室裏坐位也有沒有定的，時常男女雜坐。敎員問答，也沒有絲毫男女生的分別。至交際會Social meeting男女更覺自由，內中演說，遊戲，各種都是男女互相擔任的。至校外的旅行，亦時常舉行，男女的感情，眞是同姊妹兄弟一般。祗覺得生活中豐富一点，不似從前這樣偏枯了。

講到女子服務的情形，更可以表明他們辦事的能力。但是現在中國社會裏許多事情，是不許女子做的，所以或者有些阻礙；但他們的才能，實沒有遜過男子。嶺南大學是一間會社極多的學校，內中什麼男女青年會，班會，自治會，南風月刊社，交際會——都常常是男女合辦的。依許久的經歷，至今還未發現女子不勝任的地方，這可以顯明他們辦事的才幹了。

結論

現在我還要講下男女同學後發生的現象，和這裏微有成功的緣故，作個結束。男女同學後各人內部的變遷，是許久在個中的人可能詳細報的。在嶺南大學現在出版的南風月刊第一卷第一號，有一篇有經歷的話，即是「我們爲什麼要實行男女共同教育的運動」是陳榮捷君作的，閱者可以參看。但依我個人的觀察，發現以下的現象：——

外觀　從前對於衣履不甚留意的人，現在已經潔淨多多。言語方面，亦狠爲注意，男女間不便說的話，已減了多多。各人見面和談論時，都是笑容可掬，互相爲禮的。

學業　男女因爲同堂的緣故，許多人見得不識書的羞愧，因此發奮讀書的就日日增多；有些想得女生的喜歡，因而勤力讀書的也是不少。總之男女同學，學問上比較的看起來，是比從前活潑得多。

服務　男女同學後，據各班的表示，各樣會社，都已進了新生命；從前閉戶讀書的人，也出來服務了。會社之中，猶以交際會爲多。

家庭　從前女學分辦，是怕女生家庭不許他們來讀書；但現在女生的人數，日日增加；這可見家庭方面是沒妨礙的。

社會　社會方面，對於男女同學，因爲沒有事情發生，也是沒有反對的論調。

至到嶺南大學男女同學略有成功的緣故，也可分爲學生與學校二方面談談：——

學生方面　究竟中國講男女自由結婚，何以這樣難於實行？是因爲沒有正當男女交際，俾男女互相深識的緣故。男女同學，是一個最好機會，也是一種最靠得住的手續。所以男女都十分謹慎，恐怕一有什麼事情發生，於前途便有防礙了。所以交際上都狠留心，所以兩方面都沒別事發生。

學校方面　嶺南大學是耶教徒所辦的大學，日日談經的結果，對於道德方明，影響非常之大。且內裏中西教職員都有眷屬同住的。他們從前男女的結合是自由的，他們交際的手段是歐美的，所以學生大受歐化的影響，知自由有法律的制裁。況且學校對待男女學生的手段，是時常更變的。他們不取革命 Revolutionary 的手段，他們是取進化 Evolutionary 的手段。一有開放男女交際的機會，便即實行，學生時時試驗，所以有今日的結果。這裏實行男女同學的實效，大半功勞可算是辦事人精密，謹慎，進取的手段，心思眼光所制成的，我極望海內辦男女同學的學校注意一點。

按這篇因為最趕時候投寄，所以有許多想講的話都遺漏了。我定必增改成為完善的文字，在嶺南大學所出版的南風月刊第一卷第二號發表，請讀者參看。

九年五月三日廣州。

金陵女子大學

彭亞粹

我們中國古時有句話叫做「女子無才便是德」，因為有了這句話，就害盡了我們二萬萬的女同胞！到了現在，我們國人也曉得女子教育的重要，所以於許多男學校外，也辦了些女學校。然而中國人所自辦的不過是些女子高小學校，女子中學校，女子師範學校等。至於女子大學，不但沒有辦過一處，并且沒有人提

起這句話。所以我們女同胞中，欲求高尚學識的，不免抱了向隅之歎，這豈不是男女依然不能平等的証據麼？西人所辦的女子大學校：北方有一個協和女子大學，南方有一個金陵女子大學。近來協和女子大學，已併入協和大學，實行男女共校制，改為燕京大學。目前中國的女子大學，就祇剩了金陵女子大學一個。現在我們女子同胞中，已經有些人覺悟到男女有平權之必要，女子必須與男子受同等的教育。我知今後女子在中學畢業後，欲升入大學的，必然不少。恰巧少年世界有「學校調查」一欄，所以我就將金陵女子大學，介紹於我許多姊妹的面前。但是有些文不達意的地方，還要請讀者原諒。諸位看了，如有不明白的地方，不妨寫一封信來問問；並望諸大教育家看了，有以為不妥當的地方，亦不妨寫封信來指教指教，使我們學校裏頭，可以有所咨詢，擇善而趨。這是我們學校裏自校長以至學生們，一同歡迎的。

(1) 歷史

金陵女子大學，是個教會學校，為美國五公會所合辦，西歷一千九百十三年十一月，五公會代表聚於南京，組織董事會，商議設

立金陵女子大學的事務至一千九百十五年九月即中華民國四年，始行成立，至今不過五年，已有一班成績優美的畢業生出校，在各地教育界報務，創辦的第一學期，來學者不過九人，因校中不立預備科，第一學期，祇收本科一年級一班，後因當時創立之初，一切設備均不完美，所以我女界中有志來此者亦寥寥無幾，聽第一班的老同學說他們初來時，寂寞的情境，困難的形狀，眞令人難堪，諸君如要知其詳細，可以去看金陵女子大學畢業生做的"The Pioneer"就可以知道了。後來的來學的人，一年多一年；教員也漸漸加增；一切校務也竭力改良，儀器設備也漸漸完美；至今已有教員十餘人，學生約五十人，比較五年前，進步不少了。但創立不久，其中教授設備難免沒有缺點，待改良之處也還很多，但是有一種極可樂觀的事，便是現在校長教員學生等都沒有絲毫成見，多竭力的爲本校前途設法呢！

二組織

（一）教員的組織

教員方面：可以說沒有什麼精密的組織。因爲他們除教授以外，學生的事，概不過問，多歸學生自治會料理。現在且把可以說的，敘述出來。

（一）董事部　此部也不全是金陵的教職員組織的，是由五公會各舉代表三人爲董事組織金陵董事部。每年聚於金陵一次，他們有選舉金陵校長聘請教職員定教員薪俸和核定課程的權限，開董事會時，金陵教員亦得參與其事，畢業生組織的同學會亦得舉人赴會議事。

（二）教員會　教員除中文教員和一二指導學生之外，其餘七是西人。於各科教員外，另有校醫一人，書記一人。

（三）指導員　每一學生有一教員做他的指導員，凡學生遇有疑難的事和選讀功課，或各科上有不合意的事，均可向指導員商量，指導員莫不盡心竭力，爲學生指導，有教員爲學生的指導員後，在學生方面，得到的幫助不少。

（二）學生的組織

本校同學，不過五十人，所以他們的組織，也不甚完備。現在且拿較爲重要的事略介紹此給諸位。

一學生自治會　金陵女子大學的學生自治會，可稱爲學生組織中最有價值的一種團體，一千九百十四年發起組織，十一千九百十九年，經校長教員的承認，始正式成立。凡學生一切事務，多歸自治會管理。茲因限於篇幅，不能多說，其詳細情形見金陵女子大學自治會章程。

(二)青年會　此會當開校時，就組織的。其目的以增進學生的道德為宗旨。每禮拜日，聚會一次，請名人演講，或由學生主講。凡學校中學生各種社會服務的事，多歸青年會管理。

(三)時事會　每班舉代表一人，組織委員會，管理時事會事務。時事會每二禮拜聚一次，每次每班有二人演講。并討論國內國外的新聞，使各人得了解世界大勢。至於近代思想之趨向，科學之新發明，及各民族自決之運動等，都狠注意。

(四)英文文學會　由各班自行組織，請教員為指導員。聚會日期，亦由各班自定。聚會時，或演戲，或演說，或辯論，均就各班自己的意思，以促進英文的進步為目的，培養藝術化的精神為宗旨。

(五)體育會　此會是去年纔組織的，會中有各種游戲，如籃球網球棒球等。今年五月裏，開第一次比賽會。其中缺點甚多，還待改良呢！

(六)學生聯合分會　自「五四」運動以來，金陵女子大學也

應時勢的要求，組織了學生聯合分會。去年能課期內，很辦了些事體，這也不外：家庭演講，婦孺遊藝會等等。分會裏的職員要有觀察的眼光，判斷的能力。盲從附和，都是他們所不肯做的。

(七)音樂會　凡學生能吟善歌者，均可入會，每禮拜練習一次，每年開音樂會二次。每逢開會，樂動歌縱的時候，真能叫聽的人悅耳怡心，忘其所苦，『樂歌感人有如此哉！』

III 設備

校中房屋，科學機器，及其他各種的設備，都不甚完善；(一)因校舍是租來的民房，自不合學校的用場；(二)因開辦未久，各事均待增加改良；現在將所有的擇要講些。

(一)校舍

校舍我已經說過了：是租的李鴻章族人的住宅，在南京的復城倉申家巷，房屋約有百數十間，分為三落；(一)教員住所，禮堂試驗室等；(二)學生寄宿舍，圖書室，課堂等；(三)學生寄宿舍。近來學生漸多，校中就不能容了。去年造了一所新房屋，約有十餘間，然仍擁擠不堪。去年有七十多人報名，只收了三十人，故現在校中最需要的，就是新校舍，地雖買好了，而造屋的欵尚無

着落，校長已往美國極力的籌欵，今年夏天就要回來了。不過學生方面也應當竭力幫助，所以畢業生同在校學生，也舉了委員會，籌備協同捐欵的方法，使新校舍可以早日成立。

(一)寢室　有三人一間的，亦有二人一間的，房中每人有櫈子椅子洗面櫈各一只，衣櫥則每一房只有一個，一房中人共用，箱子也有箱子間，如願意存放在房內者亦可。因為沒有裝電燈，故房中用火油燈，每房一只。

(二)試驗室　本校共有三間試驗室；(一)化學試驗室；(二)物理學試驗室；(三)動植物學試驗室；此三個試驗室，與所謂具體而微的試驗室，平常實驗的東西，尚可以用用，但是要稍為進深的研究，就沒有好儀器了。一因經濟竭蹶，故不能一時置辦；一因房屋不合式，亦難設備。所以化學物理學班，所有儀器時不敷用時，或到金陵大學去借用，不能借的，則由教員領學生到該校試驗室去試驗。

(三)圖書室　圖書室是學生們視為與學業上最重要的一種設備，此室分三部，中間一部藏英文書籍有一千七百本，此外尚有三百餘本是各教員存於圖書室的，借給學生做參考書。右邊一部，藏雜誌；中文的約有十餘種；英文的約有三十餘種，一共有五十餘種。左邊為中文書籍部；此部今年添設，所買的書，尚未到齊，現在所有的約五百數十本。圖書室中，設有櫈子椅子，為學生入內自修所用，凡入圖書室觀書的，不得任意講話，或高聲念書，以防妨礙他人。圖書室中的書，除了數種為各科所須用的，不可借出外，其餘的書，可以通知管理圖書室的人，簽名借出，但有一定的歸還日期。

(四)操場　本校操場分(一)網球場；(二)籃球場；(三)捧球場；(四)陰雨體操室；此四處地方雖不大，但學生不多，故也夠應用，每一學生，每一星期須體操二次，拍球二次，歡喜拍什麼球，可以自己選擇。

(五)閱報室　此室為學生課餘時候，流覽時事，娛樂談心的地方，備有各種中文報紙及鋼琴一具，彈琴唱歌，悉聽各人的喜悅，學生有尋常的聚會，不聚在禮堂，亦可聚於閱報室中，以取簡便。

(六)琴室　校中鋼琴雖有幾具，但琴室祇放一隻，此室為學琴的學生上琴課所用，一切裝飾甚為美麗，故凡有來校中參觀的，除圖書室外，必領參觀人參觀琴室。

(七)花園　校中的花園，爲一純粹中國式的花園，中間有魚池，假山石，四季名花，而尤以春季爲最富；百花齊開時，艷香滿園，我們課餘花園裏散步靜坐，領略春光，眞能使我們欣賞宇宙的神秘，深感人生的愉快！

(我聽見一位教員說，他若沒有事體，願意一天到晚在園中看花，這就可見這花園的美麗了。)

IV 課程

金陵女子大學課程共分二科：(一)文科；(二)理科；各年級除共同必修的科學外，其餘的令學生各隨性之所近，選習幾科，每年每學生須讀十八單位，四年共七十二單位，讀完畢業。現在且把必修及可以選讀各科開列於下。

(一)必修科

(1)一年級必修科

科目	單位	科目	單位
中文	五	英文	五
聖書	三	化學	三
生理學	二	共十八單位	

(2)二年級必修科

科目	單位	科目	單位
中文	五	英文	四
聖書	三	共十二單位	

(3)三年級必修科

科目	單位	科目	單位
中文	五	英文修辭學	一
聖書	三	共九單位	

(4)四年級必修科

科目	單位	科目	單位
中文	二	英文修辭學	一
聖書	三	共六單位	

(二)選讀科

除一年級不能選讀外，其餘三級均可隨意選讀，但須先與指導員商確，得其許可始可上班。有五人以上同選一科，校中教員即開此班，以應其要求。今將選讀各科略述如左，若要知其詳細，去看金陵女子大學的章程，就可以知道了。

(1)理科選讀各科

化學　動物學　植物學　物理學　天文學

算學　美術學

(2)文科選讀科

中文學　英文文學　各國文學　哲學　教育學

社會學　經濟學　歷史　心理學　道學—聖經

(三)單位制

本校採用單位制的每一學年，每生須讀十八單位，四年共七十二單位，始可畢業。那麼多少課程才算一個單位呢，大概以一學年中每週習一小時的科目為一單位，實驗時間倍之。

(四)考試

每學期終了，大考一次，其餘小考由各科教員自定。考試分數，從前以六十分為及格，現在因為要加高程度，故從今學期起，以七十分為及格分數，如不滿七十分，而在六十分以上者，得以補考一次，補考猶不能及格者，須重讀。

V學生自動的服務

本校學生除讀書外，亦略有自動的服務，現在我且撮要報告一些。

(一)管理校務

學生於讀書時得以兼管校務；一則可以得辦事的經驗；一則可稍得薪水作補助雜用的費用，如現在校中圖書室，賣書間，洗衣帳，飯帳，均由學生擔任。其他如整理試驗室，分配試驗所用的藥品，亦由學生管理。

(二)創辦小學

本校同學見鄰近的兒童失學的甚多，所以於一千九百十六年，用青年會名義開辦一培幼小學，授課半日。教務由學生分任，公舉校長一人。到了一千九百二十年，因學生家族的要求，改為全日，一切課程，照國民小學辦理，聘請一教員專司其事，一切費用，由青年會擔任。

(三)校役夜校

我們國裏最要緊的是要叫全國國民人人略有普通智識。本校同學有鑒於此，故設立一校役補習班，於每日夜間教授校中僕役讀書，使他們也可得些國民應有的常識。

(四)星期日的社會服務

(1)兒童主日學　星期日本校同學除到各處禮拜堂教授主日學外，并於下午在校中設立一個兒童主日學，教授鄰近兒童，教材用聖書上的名人故事，使童童聽了，可以做他平日做人的模範，養成他長大後可以做個道德高尚辦事熱心的國民。

(2)婦女禮拜會　星期日下半日，除兒童主日學外，再有一個婦女禮拜，請鄰近婦女來校聽講，教他們些耶穌的道理，并居家衛生的方法，總要使他們知道一些改良家庭教導子女的方法。

VI學生入校的手續

(一)程度

凡在中學裏讀過十八個單位為合格。這個單位，怎樣計算呢？每一星期上課五小時，預備也是五小時，如此讀了一年，便可算作一個單位。現在我將所當讀過的書名同單位的數目，寫給大家看看：

中文	四單位
英文	四單位
中國歷史	一單位
西洋歷史	二單位
算學	二個半單位
科學	二單位
聖書	二個半單位

(二)考試

(1)舊章凡在教會設立的中學畢業，報名後，由該校校長填寫投考者在校所讀過的書及該生的品行，寄於本校校長，即可不必考試，插入一年級。現在因為來校的人程度不一，又因本校將加高程度，從下學期起始，凡中學畢業的人，亦須考試。這個考試，不過要試驗學生究竟能否有升入大學的程度罷了。我想，這亦不是頂難的事。

(2)凡未在中學畢業而有同等程度的人，也可考入大學，但須考中文英文歷史科學算學等書。考試的手續，可同校長相商。

(3)如中學畢業後，曾於他校讀過大學程度一年的書的，可同校長相商，考插二年級。

(三)考期及地點

考期下學期定五月二十九號，地點是南京上海九江福州湖南五處——詳細地址將來登報聲明。

(四)特別生

凡欲入大學選讀數科的，可同校長相商，得其許可後，可享受特別生的待遇。

VII 費用

(一)學費　每年五十元

(二)膳宿費　每年五十元

(學費膳宿費每年共一百元分兩期繳付，上學期付六十元，下學期付四十元。)

(三)琴費　學琴的每學期付琴費十五元。

(四)試驗費　(1)化學每學期五元，(2)物理動物植物各科每學期三元。

(五)畢業費　四年級生須於最後一學期付畢業費五元，租借禮服費二元。

(六)醫藥費　每學期二元半。

(七)書籍費　照所讀的課而定，如欲向校中租借，須納租費。

(八)洗衣費　照學生所洗的衣類而定，如願自己洗者亦聽。

(九)雜費　每學期靑年會半元，自治會二角，學生聯合會三角。

(一切應付的費，於開會時付淸，如有不便，可遲一月，再遲須加利息。)

VIII 望希

本會開辦纔五年，一切設備多不完美，自然不能滿足社會方面的要求。所最可喜的一點，便是自校長教員以及學生大家多毫無成見，和隔膜的痛苦，多是盡心竭力的要設法使本校一天比一天進步。吾想五年以後的金陵女子大學一定能較目前更爲完善。新校舍之告成，專門教員之增加，學生來學之加多，各科科學儀器設備之添置，都是我可預言的前途希望！從前畢業出去的學生能在社會上做一番切切實實的事業，爲人民造幸福，更是我所希望的了。

江蘇省立第一女子師範學校

倪亮

少年世界要刊行婦女號，有國內外女學校調查一欄，索江蘇省立第一女子師範學校概況於亮，時亮適有赴浙調查教育之行，時間是很急促，然而這個學校影響于江南一帶的風氣很大，恐怕想曉得他的內容的人一定很多所以只好根據個人的觀察，擇要的寫出來供研究女子教育作個實地的研究。

該校地點設在江蘇省城南京。我們常常聽見的南京女子師範，南京一女師就是她。附設的保姆傳習所，附屬小學，幼稚園，皆略而不說。單講師範科的內容請看下面：

(1)沿革　該校爲前淸寧屬女子師範改組，在民國元年五月二十六日成立。校址因軍政府改作陸軍監獄，就在中正街租屋開學。屢經兵燹，時停時續。後於三年一月由省署撥官屋，卽馬府街現在的校址爲校舍。從開創起始一直到去年暑假，都是呂惠如先生做校長。聘的教員大都是前兩江優級師範的畢業生。

(2)校舍　談到他的校舍，可謂狹隘極了。固屬是吾國舊式的民房，又祇有六十三間。曲折褊狹，不但不合教育上的支配，並且也最不宜於衛生。院子既小，操場又不大。所以學生課後，想個散步的地方都沒有。去年失愼又燒去了十餘間。現在雖然開工添建了幾間樓房，但是車薪杯水，又何足於用呢？學生方面，對於建築校舍事，非常注意。聽說預備一方由今校長張默君先生計畫，一方各學生暑假回去，請家鄉省議員在議會出力。不知道議員諸公對於教育上建築校舍之一筆經費能否盡力啊！

(3)學制　課程學制是同普通師範學校一樣的，預科一年，本科四年。到了本科三年級，又斟酌情形分爲兩科，（文科藝科）或三科，（文科實科藝科）課程是教育史，教學法，管理法，保育法，心理，論理，倫理，國文，算術，幾何，代數，理化，博物，史地，圖畫，手工，音樂，體操，家事，裁縫，烹飪，刺繡。在教育部定章，原來是有英文的。後來因爲女學校要注重家事，恐怕腦力不敷，在民國四年，由江蘇省教育會議定，竟把求高深學問工具的英文裁去了。現在國內的高等學校，雖有好幾處已開了女禁，同學有志升學的也很多，無如被英文限制住，臨死抱佛脚的補習，眞苦死人了！這是受的江蘇省教育會的賜呀！聽說今年暑假後又預備再添英文了。大概每星期至少六小時，這也算件可喜的事。

(4)集會　在從前的時候，校務組織很簡單。有教員會議，職員會議。雖然設了這些名目，但是開會出席人數很少，所以不得已事務仍是校長獨斷的居多。對於畢業生方面，有個校友會，也不覺有精神。後來由學生自動的組織了級長會議，室長會議，到底自動的總有點精神。每遇有什麼事，如歡迎會，追悼會，演講會，運動會，以及其他各種研究會，皆是由此會議討論進行。就是排斥呂校長改革教育，也未嘗不是由此會議發生的動機。到了五四以後，遂重行改組，變爲今日的學生會。

(5)校訓校服　校訓是敬慎二字，在幾年之前，他們學生的確有點知白守黑恭敬謹愼的樣子。現在却大不同了，一個個的都很有奮鬥進取的精神，道德偶像的校訓，已經失其威信，不能束縛了。校服是夏白冬黑，夏天用白色制服，倒還可以，至於冬天一律穿了黑色制服，很現出一種悲淒無精神的樣子。學生裝束當然是要注意的，不過美感方面也不可不講求的，現在預備要換顏色了，至於換那一種顏色，還沒有決定。實在學校平常的時候，制服是否要一律顏色，都還是一個問題。在這篇發表裏，無工夫研究了。

(6)設備　有圖書館，閱報室，娛樂室，販賣部，貯蓄銀行，家事實習室等。但是因爲校舍不敷，規模窄小，所以不能有什麼特別的發展。

(7)校工　該校素來是講階級制度的，學生同教職員有了意見，不講理由，總是先生對的，學生年輕，不對。學生同校役起了衝突，也是小姐（校工呼學生爲小姐）對的，校役無智，不對。不過在五四以後，學生每喜與校役談話，乘機貫輸新潮流，他們很爲感動，在去歲暑假學生爲推翻奴隸教育反對呂校長的時候，校役也開了一次會議，假若校長不走，就要一致罷工，可見學生雖是年輕，竟作了青年的事。校役無知，也對於改革教育的事表同情了。

(8)改革事項　自從去年秋天，呂惠如先生去校以後，正式校長又沒有到校，這一年之中，學校行政方面，仍是照例的多，沒有什麼具體的改良。不過學生方面思想很發展，在下面勤勤懇懇做一部一部改良的工夫，可記載的如廢級長室長制，考試不用分數，畢業不用等次三件事。因爲廢止了級長室長，可以免了勞逸不勻的弊端，改用了值日生，可以養成輪值練習辦事的材能。現今這樣辦的，也有不少的學校。論到考試，用分數計算成績，是很不合新教育原理的，用考試的眞意，在我看來，不過是借此調查學生的學力怎樣，教師可以借此指導學生學習，應該注重在那方面，如那方面應當改良，那方面應當活動，怎樣才可以得到學習上最大的實效，這幾件事，決不是幾個分數所能代表的，且分數制度的弊病，常叫學生誤會考試的眞義，以爲考試專門是爲分數的學問〃事，倒反置於腦後，因而抱佛脚要求範圍的弊病，也就容易生出來了。所以考試制度在該校仍然有的，不過分數是不要了。至於畢業廢止名次的事，恐怕採用的還少。我們因爲人的天性各有能各有不能，因而做事也就各有所長各有所短。這也不是第一名第二名所可代表的。況且排了一二三四，列了甲乙丙丁，直是前清科舉的變象，沒有什麼價值，所以也就不用了。今夏正式校長張默君先生蒞校，很提倡自動精神。校友會要改組了，因爲該校是師範學校，畢業生大多在各小學校及內地中等學校服務。所以要把校友會改爲研究教育的機關。此外又要組織自治會，以後的組織，可以稍爲完備了。至於學校行政方面，預備添築校舍，又在省教育會提議添設女子中學，及續辦女子高等師範。這個問題是女界自身問題，關係女界前途的幸福，非常之大。除了本校校長教職員學生校工自力籌畫進行外，還請全國女同胞注意。　關於學生方面的情形，已由汪君思誠記述，所以在本篇裏就略而不說了。

作者識

江蘇省立第一女子師範學生生活

汪思誠

我們中國的學制，在周朝的時候，就已完備；後來以庠序改爲學校，名目雖異，實際上是相同的。不過文化最早的國家，學校教育的進步，往往不如文化晏開的國。但看日本，從前都是模仿我們中國，後來他們又仿效西洋，居然現在的學校教育，反駕於我上，我們能無感嗎？我們中國學校教育進步遲慢的原因（一）盲從辦學，不去研究；（二）默守舊法，不肯提倡；所以弄到今日的現象，可不悲呢！

少年世界特闢「學校調查」一欄，各學校的眞相，可以揭露於外，供學者之研究，且使一般青年學生，知道各校的眞確情形，和各校的性質內容，要進的時候，就可以選擇那個學校同我的境遇能力相合，就入。那個學校同我的境遇能力不合，就不入。不會東聽東好，西聽西好，見異思遷了。所以我對於第一女子師範學生生活，也要發表一下。希望社會上有經驗的教育家，不吝教誨，使將來有所改革，有所適從。這是我的本意。所以好的壞的，都要寫下來。關係學校調查事項，倪君亮已詳載，我這篇祇寫學生生活狀況，分述如左。

（一）課內的作業

（一）受課　自民國七年起，到了本科三年級，行分科制；那班三年級，分文科，技能科，民國八年的三年級，分理數，美術，國文史地，三科；至於授課時間，每天都是六時爲主。

（二）自修　因校舍狹小，沒有地方自修，就借用課堂做自修室，所以自修如上課一般，每人據一書桌，不過每教室祇有四盞電燈，光線不能平均，若離燈遠的桌子，竟看不見寫字，只好作別的事情了。

（三）英文　補習本科沒有英文的，去年學生因各處高等學校，都有開女禁的風說，要求加英文一科，當時因爲功課繁雜，不能加入正科，所以在課外教授，隨意補習。起初共分三班，任學生自由選入，可是因爲是課外的功課，開班的時候，學生很多，後來漸漸減少，只剩了七八人一班了。這也是五分鐘熱血的表現呀！

（四）教室服務　每天按點名冊，由級長派值日生一位；那天課堂上的灑掃，和發講義，都歸這值日生。又記教室日記簿，如所上功課的大綱，和教師學生缺席等事項。

（二）課外的實習

（一）家事實習　到了二三年級，要實習家事。每星期派三個同學爲一組，輪流實習。實習；事情呢，就是領一個女小兒，年約八九歲，每天替他疏頭，管他穿的衣服，和鞋襪等，早辰差校役送到附屬小學裏去讀書，到晚上領他來，一塊兒溫課，有不懂的地方，諄諄教道他。家事室的灑掃，也歸這三個學生。晚上在小廚房裏，燒一餐晚飯，就是這小家庭裏的人吃。一星期滿了，再換三個學生，照這樣的，實習下去，循環不絕。

（二）烹飪。　到了二三年級，又有課外烹飪的實習，每天派八個學生爲一組，輪流在烹飪室裏實習，聘烹飪教員指導，所烹的菜，就是家常便飯，不過燒法不同，比較公共的菜，味道要好些。這八個學生所烹的飯菜，是供給本級全體同學做晚飯。倘到了星期，還做各種的點心。

（三）園藝實習　如耕鬆土地，播種子，澆肥料等事情；有園藝教員，指導方法。

（四）物理化學實習　學生分組實習，教員在指導地位。

（五）植物實習　學生記載植物，應用書本上所學的。

（三）課後的生活

(一)閱書　圖書館裏邊所有的書，大半不是現在所應用的。書籍的性質，關於中國文學的居多。略有幾本日文，英文的簡直是不備的。圖書館派二年級學生管理。每天課後，開二小時，要借書籍，可以向管圖書館的學生接洽：寫好借書的條子，就可以携出圖書館。

(二)閱報　閱報室裏的規則很不好，有新出版物，校中買來供學生瀏覽的，可是不長久，就遺失了，要看的人，便找不到。還有每天的報紙，和送來的各種週刊，也拖得很亂。今天看見一段事實，或未完，明天要想接下去看，往往找不到的。所以對於看報的事情，覺得沒興味。這是我個人的意見。

(三)運動遊戲　下課後，同學或到操場上去打球，或隨體操教員到公共體育場去運動。但是也有許多同學是絕對不運動的，這大概是各學校裏的通病。

(四)飲食衛生狀況

(一)服裝　上課的時候，學生一律穿制服。冬季是黑愛國布的，夏季是白竹布的。裙子無論冬夏，都用黑色素紡綢。鞋子是穿黑色的，襪子只穿白黑二種。帳子被單褥單，一概白色。

(二)飲食　每天三餐，早餐吃稀飯，中餐晚餐吃米飯。飯桌每張坐七人，設一値日生，代這桌上的人添飯：因爲各人繞桌添飯，秩序很亂。所以輪到做値日生的人，獨自坐一面，桌上可以放一只飯筒，替各人添飯。上午十時，可以買一次點心，如有吃不完的食物，可以放在飯廳上食櫥裏。

(三)居處　全校的學生，有百分之九十九，寄宿在校裏，走讀的學生是很少的。一間房算一個寢室，每寢室裏有六只床舖，床底下可以放一兩件箱篋。學生的東西，都放在這床底下。二人合用一棹子，六人合用一電燈。寢室的地板窗門，都是學生輪値揩擦。

(四)醫藥　學生有病，就校醫調治。病稍重的，須遷入調養室。藥品飲食，均由職員照料，又有女校役服侍。藥費歸於學生自理，若重病須入醫院，用費也歸學生繳納。並且通知家長或保証人擔任，學校裏不負絲毫的責任。

(五)洗衣　學生不願自己洗衣的，可以交給各室長，由各室長，交給職員，發到外面去洗。若要自己洗的，就到洗衣室裏去洗。該室兩旁有鉛皮包的木筒，筒底有孔，用木塞子塞注，洗過後，可以拔去，放出污水。除了帳子被褥外，學生自己洗的很多。

(六)沐浴　浴室共有八間，每間置木浴盆一只，是很不清潔的。因為學生多，夏天的時候，從四点鐘起直到晚上，沒有空的。所以地上如開河流一般！冬天不生火爐，去的人就少。不過有幾個講究衛生的學生，還去光顧一下。

(五)社會服務狀況

(一)創設學生分會　自五四運動以後，學界大聲疾呼，開會集社，以期喚醒國民。一女師的學生，很表同情，於是加入南京學生聯合會，為一女師分會。

(二)開辦義務學校　我們中國貧弱的原因，由於教育不普及，人民失學的太多。所以學生分會就設立一個義務學校，以為補救的方法。經費都是本分會會員捐助。辦事人和教員，也是本分會會員擔任。招收的學生，分兒童婦女兩班。教授時間，每天下午三時到五時半。

(三)聯合會任課　南京的學校，男校居多，聯合會裏所辦的義務學校，因為有婦女班的原故，所以也是本校的同學擔任教課。

(四)出外演講　本分會成立之後，就組織一個演講團，每逢星期日分組出發演講。所講的材料呢，大概是歷年的國耻，和提倡國貨，振興實業，普及教育等等的話。此外又注重家庭演講，因為南京地方的太太奶奶小姐們，是不出閨門的。對於外界事情，一點都不知道。什麼青島問題啦，福州交涉啦，軍事協定啦，七路墊款啦，他們簡直莫明其妙。所以想喚醒他們，使他們也知道，國家和國民，有密切的關係。

(六)社交

(一)校內同學間的交際　各地學生有二百多，雖語言不一，然交際狠好，不因地方而分黨派，不按年級而為友朋，所以做起事來，都能同心協力。

(二)校外友朋間的交際　校規有友朋親戚家屬來校探望學生的，必須在會客簿上簽名，然後校役送到裏邊職員去掛號，乃由職員通知學生，並且會客人的姓名，須由家長寫信報告校裏，始可以來會。但是自五四運動以來，本城男女同學交際的機會很多，外面的同學來會人的，校內辦事人也不能阻止，所以那種奴隸的校規，到了後來也就無形取消了。

（七）職教員管理的情形

職員不看他的辦事能力怎樣，祇要會諂媚校長，時常在傍邊服侍，就算是好職員。有兩位職員，終日的防學生，如同防賊一般！不但不准學生出入，還要拆看學生來往的信，學生發信，信上須寫學生的姓名；若祇寫姓，就不發的。這簡直不當學生是個「人」！所以學生遇見校長職員，彷彿見老虎一般！無論何時，看見他們，必須深深裏鞠躬，若鞠得淺一些，他們兩隻眼睛，就要很注意這個學生，將來必定扣他幾分操行分數，可是呂校長辭職後，大概多改良了。

這上面是職員管理的情形，再談到教員，和氣的固有，但是凶狠的也很多。最壞有一個教員，學問平常，狠會諂媚，教授起來，很專制，當學生要罵就罵，完全剝奪了學生的人格！學生過這種奴隸的生活，眞正受不住，所以激動公憤，對於這教員，時常罷課。聽說這教員知道在現在這時候，再用從前的專制手段，不能騙飯吃，也要想改變方針了。

這篇報告，都是眞實的情形。對與不對，還望國內的教育家，詳細批評，做該校改良的標準。至於該校管理學生種種無人格的辦法，在該校雖說已經廢除，可是國內的女校，像這樣做的，還是不少。我深願他們趕快改良，更希望現今開放女禁的高等學校，不要再蹈這種覆轍！

北京孔德學校

陳文華

北京孔德學校這個名字，社會上人以先多半不知道的：一來因為他是小學，不能惹起一般人的注意；二來也因為這個學校的色彩和普通的小學有些差異，在新思潮的勢力未曾瀰漫時候，恐引起那些『衛道先生』之吠怪，以致基礎動搖，所以就閉起關來了。却是我提到『道』字，觀念起了聯合作用，有許多人看見這個學校的名字，生了兩種的誤解：一種以為『孔』者，孔子也；『德』者，道德也；『孔德』者，孔子之道德也；這個學校一定是孔教會一類的團體辦的。一種以為『孔德』兩個字，和『崇德』『明德』一類的名詞很相似；這個學校必是擬相的『顯音堂』了。啊！錯了！我今且請大家看他的校歌：

Comte! Comte!

他的主義是什麼？

是博愛；
是研求人生的眞理；
是保守人類的秩序；
是企圖社會的進步；
我們是什麼學校的學生？
顧名思義，—
莫忘了Comte! 莫忘了Comte!

看了這個大概可以知道北京孔德學校的教育主義所在了。但是我調查這個學校却犯了兩種嫌疑：一則這個學校現在還是小學，調查了也似乎於社會沒有多大影響，白佔少年世界的篇幅；二則我現在在這個學校教幾點鐘功課，也勉强算得上校中一個教員，以教員而調查他所在的學校，恐怕昧了良心，『隱惡揚善』，替自己叫賣。關於這兩點，我都有個解釋。其第一層：這個學校雖然現在是小學，但是實在帶些特異的色彩；而且他再過幾天就有了中學班了。其第二層：我雖然在這個學校裏教幾點鐘功課，但是我一方面還在北京高等師範教育研究科作學生；拿我學生的資格來調查，還不至於給他『亂肆鼓吹』，如此，

我要開始記錄了：—

(1 位置及沿革　北京孔德學校的地址，在北京東單牌樓方巾巷裏面。他的校基是很狹隘的；現在的校舍，才不過三四十間。他最初是由北京華法教育會所創辦，時在民國六年；民國八年的冬天，大家公推蔡孑民先生爲校長。初創辦的時候，本來名北京孔德女子小學校；民國七年，改成今名。高小班男女合班，是從今年春天開學時起的。

(2) 學制及課程　這個學校現在是各班都男女合班教授了。他從現在以先，只有小學班，却是編制和課程同部定的章程有些不同：(A)普通的小學校的修業年限，國民班是四年，高等班是三年；這個學校的國民班也是四年，高等班却減去一年，只有二年。(B)國民班和高等班都沒有修身；高等班沒有歷史和地理。(C)國民班和高等班的國文都純用語體的。(D)高等班的外國語是法文，不是英文。但這還是今年春假以前的情形；現在又稍有改變：(A)去掉國民和高等的名字，只用一年級，二年級，三年級，……以次往上進，將來和中學一共是十年級。(B)議決高等班加上地理

(C)中學的課程也預先訂了一個標準。我們現在把他的十年的功課分作三段，列表如下：

一，二，三，四年級

國語　算術　圖畫　手工　樂歌　體操

五，六年級

國語　算術　法文　理科　地理　圖畫　手工　樂歌　體操

七，八，九，十年級

國語及古體文　文法　修辭學　論理學　代數　幾何　三角　物理　化學　生理　動物　植物　礦物，地文，及地質　法文　地理　歷史　社會學大意　圖畫　手工　樂歌　操體

這個學校所以廢去修身科，並不是要毀棄道德教育；是把道德的材料附在他種教科去教授。因為修身科的內容大概不外兩種：一種是為的是涵養性情，導之躬行實踐；一種是授與兒童立身處世的知識，使之不致躬蹈悔尤。前者可以注重平時的訓練，後者可以附在國語科教授；其他像樂

歌圖畫一類的學科，都能涵養美德，何必特設乾燥無味的修身科，反致流於形式呢？

這個學校的國文科教授改革最早：授語體文和注音字母，創辦成立後即已實行了。不過以先還有時間授文言的文章；從今年春季開學起，完全改用語體。所用的讀本也不是購自商務印書館，也不是購自中華書局，乃是自行編選的。編選的人，是錢玄同周啟明劉半農諸先生；錢玄同先生出力最多，曾親手寫成第一冊。因此讀本文章等內容，都很新穎：勞工神聖託爾斯泰的汎勞動主義的文章，都曾選來教授。讀本的樣式，是文字橫行，注上注音字母，點新式標點。但是小學的學生，就發給他散篇子，他們不會保存，所以常常丟三落四，現在校中已設立教科書編纂會，將來編輯成書，此弊庶幾可免？

五六年級的理科，比普通高等小學注重；但是因為缺乏儀器標本之故，成績不算甚佳。

五六年所以沒有歷史科：（一）因為他與普通的生活沒有直接的關係；（二）因為文化的變遷發展，非十一二齡

的兒童所能領會；（三）因爲記得許多英雄豪傑的名字，容易養成兒童的奴隸思想。

國文法在七八年級教授廢去文字源流和文學史，加授論理學和修辭學：這是爲的精力和時間的經濟，免得把精神廢在記假的鐘鼎文字和唐宋八家的名字上去，反致養成混合籠統的腦筋。

廢去法制經濟，改授社會學的大意，爲的是使學生移去政治的活動，注意社會的活動。況且孔德老先生是社會學的鼻祖，要不然，也對不住他呀！

手工現在偏於美術的工藝；七年級以後，或者就要有些「劇烈的勞動」了。

外國文所以授法文，自然是爲的歡迎法蘭西之自由的文化了。

(3)內部的組織　蔡先生雖然負了校長之名，但不能事事兼顧，也不願另委一人總攬校權；所以遇見重要的事，都由校務討論會取決，校務討論會裏面又分出（一）教育研究會（二）籌欵委員會（三）校務委員會。

校務討論會是立法的機關，關於校務兒進行的重大計畫，由此會討論；與會的人，不盡是校裏面的人。

教育研究會，議決關於學級的編制和課程的變革等事；與會的人，不盡是校內的人，

籌欵委員會管理籌措欵項事宜；與會的人，不盡是校內的人。

校務委員會，由校中教員組成；因爲這個學校沒有職員，教員要分管職員的事務。校務委員會裏面分作四組：（一）教務組（二）文牘組（三）庶務組（四）會計組。每組有一個主任。這種辦法，很足以表現一種分工互助的精神；但是有的教員任的功課太多了，又要兼顧很多的雜事，自朝至暮，不得微暇，真是忙得喘氣的工夫都沒有了！好在他們都很有犧牲的精神，永無倦容。

由教育研究會又組成了一個教科書編纂會，編纂各學生所用的各種教科書。會中的人，多半是北大高師醫專的教員和學生，也有其他機關裏的教育家。

(4)設備及衞生　因爲經費不足的原故，一切設備都很缺欠；

原稿
缺頁

原稿
缺頁

的，豈能『絕無』麼？不惟這個，就是對於自已的人格已經認識的男生女生，自已的能力尚未充足，果能免掉舊家庭舊社會的犧牲麼？！唉叫我說什麼！

男女生同學以後，倒是都能互相尊重人格；於性質的調濟上也很見功効。女生的確比那良母賢妻主義的學校的學生舉動大方些了。從今年春天起，已有十幾個剪髮的。就是那閨閣氣不能脫盡的，『未語人前先靦腆』的神氣，總比……學校的女生少些了！

一九二〇，五，二六.

南洋爪哇華僑婦女的概況

騰漢

我們華僑在南洋爪哇（Java）差不多有六十萬人左右，女子差不多有三十萬人，年代不少—三四代都有的。所以她們的風俗習慣有的完全同在國內的一樣，有的微似，有的同西洋的相差不遠，有的同該地方的相彷彿，又有不中不西的，夾夾雜雜，種類實在多得很。但是現在我所要講的是很緊要的女子教育，婚姻，事業，三種問題的概況。

教育　我們華僑女子教育頗不發達，中國人自己辦的女子學校，除了大地方如巴達維亞（Batavia）泗水（Socrabaia）三寶壠（Samarany）瑪壠（Malang）……等埠之外，都附屬在男學校內。學生又是不十分多，多者二三百人，少僅數十人；至於附屬在男學校裏的，那十幾個七八個也有的。但是她們到外國人辦的學校裏去讀書的不少；比較起來大概還要多幾倍。這是甚麼道理呢？我們華僑在爪哇開辦學校以來，差不多二十年了，成績很少，因為很不容易聘到好教員；十有七八都不是教育界的人—不是商賈就是從前的學究先生。再講到女教員好的，那眞是像鳳毛麟角了。有些女教員是男教員的妻子，她們從前曾經進過甚麼學校，那我可以不必問他；不過我曉得有的晚上的時候，她的丈夫教她，等到明天在學校裏就去教人家；這樣學生如何能進步，如何能夠有成績可以看見呢？後來人家看見學校這樣的情形，就裹足不前，—把他的兒童送到外國人辦的學校裏讀書去了。但這都是他們家長的錯處—腦筋不清楚，何以呢？因為學校是我們中國人自己辦的，經費都是由我們大家共籌的，有不好的地方，當然要大家共同去研究他的缺點在什麼地方，怎樣去想補救的方法，非到盡善盡美不可。而他們則不然，看見自已辦的學校不好，就只管把他們的兒童送到外國人辦的學校裏讀書去，不管那外國人辦的學校是殖民地教育不是殖民地教育，也不問將來他們女兒由學校出來之後，能有貢獻於社會國家不能；這不單是女子教育不能夠發達的一個原因，也是男子教育不能夠發達的一個大原因。至於他們的兒童送到外國人辦的學校裏去，學到甚麼東西？有好大的益處呢？據我個人看起來，利害各二；但是孰輕孰重，還請讀者自已去評判。

利
(一)能夠講幾句外國話，能夠寫幾行外國文字。
(二)能夠織些東西，能夠作些西式的服裝品。

害
(一)不但藐視本國的文化，而且把自已的國家觀念忘掉了。
(二)擺很大的架子——驕人傲物。

還有一層也是華僑女子教育所以不能夠發達的一大原因；我不得不把他寫下來，因為我覺得這一層原因非常的重要：我們中國人於風俗習慣的觀念極深，不管這個風俗習慣的好壞，不問是否適於今日，又不論住在什麼地方，總是不容易與人同化。我們的老祖宗帶了很壞的習慣到爪哇來，不知道害了多少的青年女子，到了現在這個壞習慣仍然在那裏不能把他乾乾淨淨的除掉。這究竟是什麼壞習慣呢？就是女子年紀到了十四五六歲的時候，就不准她們自由出去到外面。因為有了這壞習慣的限制，女子讀書多是半途而廢——高等小學畢業，有的還沒有畢業就退學。所以在爪哇地方我們中國人自已辦的女子中學校沒有一個，這實在可慮得很！

婚姻　婚姻問題在還有家庭制度的社會，是一個很重要的問題，家庭之興替，社會之消長，都是要看他的好歹來作標準。在爪哇華僑女子的婚姻，雖是不能夠好像歐美女子的自由，然而她們自已還有一點自主權，不是但有父母之命，媒妁之言，就可以了事。譬如有一個甲家要替他的兒子擇婦，請一個媒人到乙家裏去；乙家對於甲家的兒子非常的歡喜，對於他家庭的情形又非常的滿意，但是總不敢率爾答應；一定先要去問問他的女兒的意思怎麼樣，如果他的女兒不願意，那就作罷了，絕對沒有強迫的事。不過一般的女子，都是怕醜，當她父母問她的時候，她原來不知道那個男子是怎麼樣的人，他家庭是個什麼家庭，她總是說隨她父母的意思，不肯詳詳細細去探問確實的情形，模模糊糊就算了。至於甚麼守節的事我們華僑也看得很重；但是所謂守節是不過如她的丈夫死了，就不再嫁人；并不是定了婚之後，——還未成婚——那男子死掉，仍把這女子送到那男家裏去作終身的罪囚。在這上面看起來華僑女子婚姻之權，既不是全操在父母，然而她們因為怕醜的原故，就不知不覺自已放棄了自主權，久而久之，那一般腦筋不清楚——頑固的人，往往對於那個女子當她父母問她情願不情願的時候；問那男子是怎麼樣的人，他家庭是怎麼樣的家庭，或者是說不願意，就信口的去批評她，說是這個女子的性情不順。所以我想要補救她們的方法，只有用教育的開導，使他們知道尊重人格，尊重人權，不肯糢糊了事，貽禍終身

事業　在南洋爪哇華僑婦女雖絕無受過高等教育的；但吃閑飯，過寄生生活的人却極少，——一百個之中恐怕尋不出兩個人。現在我把她們的事業分作三段講：

(一)上等人家　上等人家有了西式的房屋幾座，又有了好幾頂的摩托車馬車，辦了工廠，開了舖子，女人家本可以一天到晚不做一點事體；但是在我們華僑則不然，她們女子也總是另外作一種的事業，總不致以為家裏有了許多的財產，就終日優遊，——好吃——好穿一點事體沒有做；然而她們做的是什麼事業呢？各人的性情不同，各人所好的不同，各人各有所長，所以做的事業也因之而異：有的人販賣首飾，金剛石，及其他各種的金銀裝飾品；有的人製造及販賣各種的花裙，印花布，……等，但是她們做那些事業不是她自已直去賣，是派許多的人向到人家裏和各埠賣去。

(二)中等人家　中等人家所做的事業，種類不一；有的是男女共同去做，怎麼樣叫做共同去做？就是共同管理，共同監督一切的事務，各盡其力，各盡其能。然而各人分做一樁事業的也不少。如她的丈夫作米商，她自已販賣雜貨；她丈夫作布商，她自已販賣藥料；……這是沒有一定，她丈夫作什麼事業，她自已就做什麼事業。不過大概女子所做的事業，比較男子所做的事業範圍小一點罷了。

(三)下等人家　下等人家固然比較他們上中等人家苦得

多要想作稍爲大一點的事業，沒有資本；作了過於小的事業，所獲又不能供給家庭日常的需要。但是有的人家不得已的時候，也只好男女共同做小小的生意，勉强過日子。但是一般的人是她的丈夫去替人家做店夥，或做別事。她自己在家裏做小買賣，或者是替那上等人家販賣東西，總不會有她的丈夫在外面辛苦謀生，她自己在家安然坐享——一點事不作的。

爪哇華僑婦女教育，婚姻及事業的概況，已略述一遍，但我對於婦女的事業一層，還有幾句的話要講：在下等的人家，男女所以共同盡力，共同勞動，或者可以講得過去，說是男子一個人的力量去謀生，不足以供給家庭之需求；在上中等的人家，那就沒有什麼供給不足的憂慮了；而她們何以還要去勞心勞力，不要在家裏安然坐享呢？這却因爲社會上已養成了一種習慣，勿論何人一天吃閑飯，一點事不做。不但是沒有人家稱讚他，羡慕他，而且還要看不起他，卑鄙他，說他是個壞東西。在私人講起來，可分做兩層：第一，固然因爲人的慾望沒有限制；第二，是要練習作事的能力。恐怕她丈夫一旦死去或失業，還可以繼續維持門戶；所以有許多精明的婦女，丈夫身後，雖留有很多的小孩子，她們不但還能支持家庭，且幷有時所做的事業，比較從前還要發達。這都是由她們平時練習做事得來的結果。南洋爪哇華僑婦女的狀況，我所知道的還有很多，可是我在學校裏的功課忙得很，時間非常的缺乏，所以不能夠把他詳詳細細寫下來，作個有統系的報告，實在是抱歉得很。

南洋邦加島的女華僑

惟中

邦加島Banka是靠近蘇門答臘東方一個小島，恰在赤道下幾度的地方，天氣很熱，沒有寒暑節的分別；所以這裏的居民的生活，就隨着他簡單了。這島屬於荷蘭，居民以馬來人爲最多，至於就要算中國的閩粵兩省人了，荷蘭人除辦理官吏事業的以外，沒有好多在這裏長遠住家的。這篇文專說島上的中國女子；我未作之先，我有幾句話要聲明：我到南洋的日子不久，我所說的不過是一部份的，幷不可說他是完全的；但是這一部份也勉強可以代表這個島上的女子生活，我是可以自信的。

(一)國家思想：我國的僑胞，多半不掛念祖國的，無論男女都是一樣；這話是確實不錯的。女子對於國家觀念更不用說了。這裏的女華僑，除了做他們的家庭應分事—煑飯，洗衣等外，決不想到甚麽國家，他們心中只有一個唐山—南洋人叫中國的別名—不知甚麽是中國；別人叫他們作「番婆」，他們自已也承認爲「番婆」。—國內的女子還得少數有知識的，這裏就決難見了。

(二)言語　本島華僑，無論男女，都能說幾句馬來話，女子更不可不學了；所以女子讀馬來書的比讀中國書的還要多些。他們說：「女子學馬來話是預備同馬來女人和和蘭女人交際應酬的」。—荷蘭人在這裏的必懂馬來話。除了馬來話以外，他們就用他們閩粵各地的土話。

(三)服裝　這個島上女僑的服裝多半仿照馬來式，沒有穿中國裝的。馬來女子多不穿褲，上穿三尺多長的對襟衣—也有二尺多長的—下圍紗裙。紗裙的做法是一個直筒，長到胸部，他們叫做「紗籠」；花色最雜。脚穿木製的拖鞋，間有穿皮製的，只有少年女孩子預備有線襪皮鞋，遇有事的時候，才用他作正式的禮鞋。(馬來人少有穿拖鞋的)頭不載帽，出外多用油紙傘遮着。油紙傘是廣東造的，倒是完全國貨咧。

(四)讀書　這裏的女僑少有讀書的。他們以爲女子不像男子要出外去做事，他們只在家裏洗衣煑飯，讀書與否，是沒有什麽關係的。同他們說「母教」，「見識」，種種的話，他們如何知道呢？更有一種困難的話，他們說：「女子讀了書，反而弄出許多的事來。」這種籠統的話，還是同我們內地一樣。

這些女孩子，多半要在家裏助理家事，或是出外賣菓食；若是要他讀書，不要錢他還怕誤了他的事哩，何況這裏的學校又是要徵取學費的。讀中國的書，至少要五六年，才勉强可以識得幾個字，他們費這許多年的工夫來學這種不立刻見効的事，他們不願意，也是當然的道理。所以我主張辦女子特別科，專教他們的白話文和應用的東西，兩三年就可以畢業。再進一步，把他們讀書的鐘點減少，一天只上半天課，或上下午分上一二點鐘的話，使他們有空兒做他們的事。這個法子能夠實行，我想讀書的女子，就要一天多似一天了。

(五)婚姻　這裏的女子要到了十八歲以上纔議婚，議婚後數月或一二年間就要出嫁。議婚的事，多由父母作主，間或也有徵求女子的同意的。這種習慣雖說不上自由二字，比較我們那些

「指腹爲婚，」「幼聘長娶」種種不合格的習慣，却已高出一級了。

他們議婚的條件還是注重在金錢上，所以往往有「逼婚」的事；這就是要立刻改良的了。

(六)食飯　馬來人吃飯，盡用手抓，一人一盤飯，抓了菜，弄得幾個手爪油滑滑的，又來抓飯。初次見着這種景象，很以爲奇怪而有趣味。中國的女子，也是盡行學他們的樣子。——男子少有學的——聽說他們請客，還是這樣。請客的時候，用草蓆就地做桌，雁字形的將飯菜擺作一列，大家坐地下來作奇式的大餐。(多人會食中國女人用匙羹取菜。)

(七)勤儉　他們盡是大脚，自然是能夠耐勞，家裏的洗衣，掃地，煑飯，待兒這些事，皆是他們的本分事，有的還要飼豬咧。但是說到女紅方面，因爲他們不講究甚麼鞋帽裝飾，除了用機器縫衣和打花結以外，他們决不懂甚麼刺繡針作的事。

(八)嗜好　熱帶地方產一種檳榔樹，樹上結檳榔子，色紅味苦，馬來人就用他作煙草，隨時放在口裏咀嚼，弄得滿口鮮紅，他們還以爲美觀。中國女人也是學着他們。我們中國人的模仿性眞是超過他人哩！

平時沒有事情，大家就聚衆賭博，有時竟作了幾百元以上的輸贏，這種惡習慣，他們出了國土，還不能忘記，這就是中國人的特性了。

少年女子喜歡抹粉，弄得一個臉像戲臺上的曹操，魏忠賢一樣；他們以爲美觀，我以爲再醜沒有了。

他們最愛潔淨，一天要浴身三次，這雖是天氣酷熱的原故，但他們的注意還是在潔淨上；香料是他們不可少的東西。這算是他們衛生的事了。

五月三十日由邦加島寄

農婦的苦況

王崇植

少年世界七八兩期要出婦女號，我有供給材料的義務，我是一個種田人的子孫，農業社會的情形，我約略知道一點，所以特地做篇農婦的苦況。現在談婦女問題者鬧得聲音最響亮的，要算是「男女同學」「婦女解放」「自由戀愛」和「家庭革命」了。其實這種問題，是普通的題目嗎？是目下最需要的問題嗎？我不是說這種問題是無關緊要，我是說要談婦女問題，國內婦女狀況是劈頭第一要明瞭的。諸君想現在一部分受教育的女子，他的家庭是怎樣？農業社會裏的女子，我敢說一個也沒有。一萬萬多的女子還在過十世紀前的生活。這部分女子教育不發展，就是「南大」「北大」都開了女禁，也有什麼用處？西洋回來的女學士不是也有幾個，但是他們有何種影響於婦女界？從前人批評出版界所談婦女問題，都是賢妻良女教育，這個當然不差，但是現在出版界高談的婦女實在是貴族的婦女問題，離開德模克拉西的路真遠哩！

現在中國兩萬萬的婦女，除掉幾個有學問有道德的女子外，有幾個聽得「解放」「開女禁」的聲浪，居然也興奮起來，有幾個依舊是做衣莊店的衣架子和首飾店的活動廣告能了。在這種外面有一萬多的女子，拿汗血來換飯，生在世上，還說得到無負於社會的，就是我篇中所欲述的農婦。

在農業社會裏一切工作男女均分擔負。男女還算平等，女子並不受男子之高壓。但是農婦卻有兩重苦痛，第一是同男子共有的苦痛，像田間工作種種；第二是農婦獨有的苦痛，像推持家政和扶養子女種種。我現在要做較詳細的調查，拿常熟地方來講，就可知道農婦的苦況了。

農婦苦況的最有關係者，要算是佃主，奸商，和重利盤剝者。因為她們所受的苦都是直接或間接從經濟壓迫上來的，她們所得到的錢，都被他們攫去了。在常熟這個地方，大多數的佃戶，都是租田種的，種自田的沒有十分之一。佃主所有田的最大額，在一萬畝以上，最小的不過幾十畝而已。田租從廣義上可分為二種，一是花租，一是稻租，花租收洋二三元，稻租收米八九斗，遇有佃戶抗租或鬧荒，就要提將官裏去。在荒年時，佃主就七八折收，全免是從來沒有的。佃主的凶橫實在非吾人夢想得到的，去年因為常熟遭了水荒，農人沒有租還，幾成鬧荒運動，當時常熟的紳士邵松年丁芝孫等就大擺威風，請省令格殺不論，好威風呀！所以這神聖天王的租，再也不肯拖欠！

第二講到重利盤剝者，農人沒有多少貯蓄，一遇水旱風災，就不得過去，只得向重利盤剝者設法，借米借豆借餉種種，就應時而起。借米的辦法是在三四月內，向債主借一石次白米，到收穫時還白米一石五斗，這個叫做粒半頭，我鄉操此業發財的很有幾家。借豆是在三四月裏借豆一石，到收穫時還米一石，同借米的情形是差不多的。講到債餅較爲公道，一片豆餅市價一元五角，五六月裏拿了去，到年終還二塊大洋。大家想農人有多少脂膏，供他們吮吸！

末了講奸商這種人在收獲時候，知道農人需錢孔亟，就壓低市價，米不過四五元。農人賣了出去；到了現在米漲至十四元有餘了，農人倒要買米吃。奸商屯積，我們將他怎樣？

上面講過三個害蟲，現在要再約略說一點農產物。——常熟的田大半可收兩熟，一是小熟——麥豆等物，一是大熟——米棉等物。下面是一個收入支出的表，這個雖是我所擬的，卻也沒有十分差別。

(一)花田　每畝

收入項下			支出項下	
棉花	六十斤	十元	租	三元
棉萁	二百斤	一元	肥料	一元
			人工	二元

相抵尚餘五元，但花田田面價值的四五十元，五元的餘利，已是最小額，若是荒年棉花六觔都沒有，農人就倒運！

(二)稻田　每畝

米	二石	九元	租	四元
柴	兩擔	半元	肥料	三元
麥	一石半	五元	人工	二元
麥柴	兩擔	半元	水	一元

相抵尚餘四元，這也是熟年的情形，荒年就糟了！

依上表所述，一個平常農家，種十畝田，有老人一，小人二，四五十塊錢，五個人夠不夠？況且種十畝田的，在常熟還不滿十分之三，農家生活的苦況，自然可以不言而喻。

農人還有些副業，男子做成衣，木匠，水作等，女子紡紗織布，養豬羊雞鴨，賺錢也很難，不蝕本已經上上。

上面說了一段常熟農業的狀況，還不曾提到正題，我爲了人家不明瞭這個，或者不相信我所說的農婦苦況。現在正題開始，可以分做幾段：

農婦一日間之工作　早上破曉就起，替丈夫翁姑子女洗衣服，洗到天明，就要燒飯，替小兒女穿衣服，喂他們奶。飯吃過之後，同家人下田工作。天氣熱得火也似的，她們只得站在太陽裏，水滯也似的，她們也只得下水拔草。等到午時的時候，就趕回家去預備中飯，洗筷碗，直到吃過了中飯，又要喂小兒女奶，洗筷碗，下田工作，夜時又要重覆一遍。皮膚曬來比印度人還黑！身上一種熱氣臭氣，聞之令人作惡。天夜了，刻苦的農婦還要紡紗織布，把衣服縫起，把襪子補好。手上的皮厚得像牛皮一樣，身上酸痛比犯了病還利害，但是她們不得不工作，她們不敢不工作，不工作就要沒飯吃！

農婦一年間之工作　上面是述農忙時候，現在再把一年間的工作說一說。春來豆麥已熟，雖男子擔任大部分的工作，農婦也要去帮助帮助。在家紡紗做活，一日紡不到半觔八兩，賺不到三四十文，真是可憐呀！夏來農忙已到，大部分的農婦只得拿家庭工作當做副業，正式的還是在田裏工作。窮的農家養不起牛，稻水只有自己踏起來，要吃飯真沒法！除個以外，還要削花，耘稻，太陽熱得要叫皮上起泡，她們也只得鎮日的工作。秋季是收獲之期，忙捉花，忙弄稻，再也不要想有一刻的休息！冬天比較的好，但還要織布，關在一間齷齪不堪的屋裏，充滿了小孩子的尿臭，真真難過！并且借債的人家到了那時，又要大起恐慌。如狠如虎的差役，打進門來，只要錢不要命，那時候真是上天無路，入地無門！

農婦一生之經過　一個女孩子四五歲，就要負看管弟弟妹妹的責任，一直到十六七歲，跟同爹娘工作，雖是很苦，倒還自由。等到嫁了丈夫，就比較的苦得多，上須討好翁姑，下須照料子女，碰到丈夫性情暴戾，還要打罵一頓。最可憐的是童養媳，朝一頓，夜一頓，人吃肉，我啃骨。十二三歲的女孩子，要做成人的苦工作，還講什麼人道主義。女子一生一世做苦工，到了六七十歲，工作力已消散，宜可養其天年，但是經濟狀況不許她，只得拚死弄口飯吃。農家女子生下來，差不多早已定好做一世苦力，她們的生活同牛馬有何分別？同黑奴有何分別？人家說地獄的生活是最苦痛，我說她們的生活比地獄裏還苦百倍！

農婦在工作方面的苦痛既如上述，她們所得到的酬報——衣食住——是怎樣？我們看了衣衫破碎的農婦，可以想見一般。

農婦的衣　是棉布製的，非常簡單，夏布做的尋常農人是沒有，皮的更可不必說起。冬天一件老棉絮布襖，夏天一件破舊布衫，新的布衣服比上海女子的夏絲葛鐵機緞要貴重得多哩！她們自己織的布都被資本家收去了，被田主，奸商重利盤剝者吃完了，自己織了布，自己沒有穿，這是何等不平事！

農婦的食　說出來不要駭異，她們全年是沒有好飯吃！吃的飯比狗食還不如，蠶豆番瓜大麥都是她們上等的食料。一碗飯，米不過三分之一，其餘三分之二是麥和豆，還有許多野菜間雜其中，好一碗百寶飯！肉魚的滋味她們沒福嘗試，就是油鹽，年來油已漲到二百三十文一斤，鹽要八十文一斤，她們也只得從略。種了米來沒得吃，殺不完的那般奸商田主！

農婦的住　大概不過茅屋三間，吃也在那兒，住也在那兒，排洩也在那兒，低小卑濕，可以不必說起。鄉下人有兩句話描寫自己的住宅說：「朝天看見滿天星，側得看見走路人。」那種房屋的簡陋我們大概也想得到。所以在夏季大雨時，屋裏同塘上都是一片汪洋，說不出什麼分別。屋內的裝飾品是破台子一只，破長櫈幾條，破灶頭一付罷了。我們試想在這種屋子裏，我們可以住嗎？

在結束的前頭，我再有兩件事報告，（一）雇工的價目及待遇，在陰歷四五七八四月裏是最忙人口多種田少的人家有閒人可以出去雇工。工資每天只有一百文一天吃四頓飯，有魚有肉，又是雪花白米飯，她們倒也很願意。到了空的時月，工資不過五十文，吃也沒魚肉，前年男子還可以打米做活，現在有了碾米廠，大家只有在家牛衣對泣，女子方面織布紡紗也為了紗廠發達，無錢可弄。一到冬天，農人只有借債過活。（二）農婦娛樂方面，不像男子在小茶館裏吃茶打牌，她們簡直沒有娛樂可言，看神會燒香，念佛，或者就是她們惟一的娛樂方法了。

說了許多苦話，農婦倒也有兩件事比貴族女子自由。第一她們要作工，腳就不可以纏小，第二她們為了生活難，寡婦再嫁也是很平常的事，不過社會上以為這種是最可羞恥的，她們卻也不能顧到。

農婦的苦況，苦得我說不出了，人家說地獄是最苦惱，我說地獄還是農婦的天堂。朋友們！談婦女解放的先生們！農婦的苦況你們聽見了沒有？你們聽見了沒有？

一九二〇，七，七。

離婚問題

張聞天

我們研究社會問題，就不能不研究家庭問題。因為家庭是社會的縮影，并且在家庭裏可以看出許多社會原理，比直接去觀察社會要容易得多。家庭是兒童的製造廠，是社會中堅的養成所；是社會遺傳的保守處，也是社會進步的原動力。家庭的生活可以說是個人社會化的學校，工商業發展的目標。社會的崩壞，大部分由於家庭的不穩。所以我們要解決社會問題，就不得不解決家庭問題。

十八世紀之末葉，法蘭西大革命，個人自由主義的理想充滿歐洲，男女平等之呼聲高，而權力式的家庭不得不分崩。工業革命起而家庭經濟之功用破。受此二大打擊，家庭制勢成瓦解。社會上的紛亂，社會上的不安穩，也同時發現。於是解決家庭問題勢成衆矢之的了。

近代家庭的不安穩，是由於永久一夫一妻制的觀念的不一致。所以近代家庭問題是否永久一夫一妻制，應該再繼續存在，繼續做西方文明的標準。有許多人說以後一夫一妻制的家庭不能存在了。但是從科學的根據點上看，這種論調是完全沒有証據，完全不足信的。不過我們可以看到，近代家庭問題的難明瞭。是由於他的不安穩。

這家庭不安穩的合法的表現，在離婚一方面可以看得出。假使

近代家庭問題集中於不安穩的事實，那末研究離婚運動，於家庭的情形，比了研究別的東西當然可以更明瞭。

我們現在要看在近代社會裏想脫免一夫一妻制的程度怎樣？我們大概可以在離婚的統計表上看出來。不過我們說過離婚是合法的表現，自然測量家庭不安穩的程度不能十分準確；況且在貧苦階級裏，不合法的離婚比平常合法的離婚要多起四倍。但是我們如其把不合法的和合法的併合起來，大概可以得到一個近似值罷！

近代家庭的不安穩以美國為最明顯。因為一部分由於他們國內合法離婚的自由；一部分由於社會上個人自由主義和工業主義的發展。所以家庭的分崩，雖西方文明各國都在逐漸發現，而美國最可以顯出近代社會上關於家庭的趨勢。於一八八五年他一國離婚的數目比全世界信耶穌教的文明國的總和要多。一八八五年的統計表列下：

國名	離婚數目
美國	二三，四七一
法國	六，二四五

德國	六，一六一
俄國	一，七八九
奧國	一，七一八
瑞士	九六〇
丹麥	六三五
意大利	五五六
大不列顛和愛爾蘭	五〇八
羅馬尼亞	五四一
荷蘭	三三九
比利時	二九〇
瑞典	二二九
澳洲	一〇〇
挪威	六八
加拿大	一二

我們統計美國一八八五年有二三，四七二個離婚，其他各國的總和只有二〇，一三一。於一九〇五年即二十年後我們有以下的統計：

國名	離婚數目
美國	六七，九七六
德國	一一，一四七
法國	一〇，八六〇
奧大利匈牙利	五，七八五
羅馬尼亞	一，七一八
瑞士	一，二〇一
荷蘭	九〇〇
意大利（一九〇四）	八五九
大不列顛和愛爾蘭	八二一
丹麥	五四九
瑞典	四四八
挪威	四〇八
澳洲	三三九
新西蘭	一二六
加拿大	三三

這一年美國的離婚數比其他各國之和差得更大，美國離婚數

差不多六八〇〇〇，而其他各國之和還不到四〇，〇〇〇。其他各國離婚率也是如此。法國於一九〇五年每三十次結婚中有一次離婚；在德國四四次中有一次在英國四百次中有一次。即在歐洲各國中離婚率最高的瑞士於一九〇五年每二十二次結婚有一次離婚。而在美國每十二次中有一次，但是在Washington, Oregon, montana 每五次中有一次；Colorado 與 Indina 每六次中有一次；Oklahoma, California, Maince 每七次中有一次 new Hampshire, arkansas, Texas, Missouri, Kansas 每八次中有一次。這樣的離婚率在美國各邦中為最多為最普通。尚有其他數城離婚率更高。像 Central West 及太平洋沿岸各城，離婚率竟有每四次中一次；甚而至於每三次中一次。

美國不但離婚的數目超過其他各國，他竟超過他自己人口增加的數目。一八六七年全國統計離婚數有九九三七次；一九〇六年竟達到七二〇六二。一八六七年到一八八六年美國共有三二八七一六次離婚；後二十年從一八八七到一九〇六年大約有一，〇〇〇，〇〇〇，一八六七到一八八六年離婚數增加到百分之一五七，而人口的增加只有百分之六〇；從一八八七到一八九六年離婚數增加過百分之一六十，而人口的增加不過百分之五十多一些。照此可以看出離婚數的增加比人口的增加要多三倍。所以我們設使想以後美國的離婚再照從前四十年的增加，那末不久要凡是結婚的都要以離婚終。美國的家庭裏，沒有一對夫婦能夠白頭階老的了。長此以往，社會上難免不發生男女亂交現象的擴張，兒童的拋棄，種種道德墮落的事情。

大約離婚事件發生在富厚之家或者貧苦之家，而中產之家為少。離婚率在城市內比鄉下高；無兒子的夫婦比有兒子的要四倍高。羅馬舊教禁止離婚而新教則否，所以後者比前要多起四倍。在近四十年內三分之二離婚的應許由於妻子的請求，這是一方面由於婦女解放的運動，一方面由於男子自己的不好。

有許多離婚是由於很小的原因，由他們夫或婦的請求政府裏許可了。有許多因為夫或婦的姦淫，夫的離棄，夫的殘酷，夫的犯罪而監禁，夫的劇飲，夫不能供給家庭等等。凡此種種皆為解除婚約的重大原因。一八六七到一八八六年據統計學者的調查離婚案中百分之九十七是由於上述的六個大原因，而百分之六十是爲了姦淫與離棄。一八八七到一九〇六年一百萬離婚案中百分之九十四也是爲了六大原因，而百分之五十五也是爲了姦淫與離棄。所以我們可以看出，三分之二的婚約，在形式的解除之前，早已解除。我們可以斷定，離婚的通行不由於法律的寬弛，而由於他們家庭生活的分崩；但是離婚不過近代家庭分崩的症候，而尤以美國的家庭爲最。換句話說：離婚的罪惡的症候；這種罪惡，在美國社會的階級裏，破壞家庭生活所依賴的一切道德。我們曉得家庭生活不但是貞操的需要還有自我的犧牲，忠心，服從，自我的柔順等都是重要的原因。我們現在把這幾種道德用自我的利益，自我的方向，自我的發揚去代替了。

以上說了許多話，諸君一定要問：美國離婚數目的增加原因到底在怎麼地方？我們且把近五十年來美國家庭不穩的原因細兒的研究一下。他的原因有十個：

(一)美國離婚數目增加的第一個原因是由於宗教的衰敗而尤以宗教的結婚原理與家庭爲最。在歷史上我們看出沒有一個家庭能夠安穩的存在而不用宗教爲基礎。在紀元前二世紀羅馬家庭的和諧一致，都由在祖宗的崇拜。紀元後自然崇拜，與懷疑哲學與祖宗崇拜破裂，家庭也於是不安穩了。後來耶教與後二百年，對於結婚有鄭重的儀式，離婚更爲嚴重的限制，於是家庭現象再從男女亂交進爲安穩和諧。馬丁路德新教與後結婚離婚漸漸的自由了。近幾十年來宗教的情感，信仰，理想等都與結婚和家庭分開。其結果大家以爲結婚與家庭的制度不過個人的便利能了。但是這宗教亂的結果和家庭的敗壞一部分原因是由於我們文明裏的道德和智慧的精神，一部分是由於工業的情形。

(二)所以美國離婚增加的第二個原因，是由於個人主義精神的增加。這個人主義的意義，是自我的利益，自我的發揚，底精神。是人人都隨了他自己的願望甚而至於他的夢想去做的精神。完全沒有利他心和同情心的表現。所以這種精神的發揚，就是證明社會生活的安穩，根本動搖，而尤以家庭生活爲更甚。他們民主主義的政府，實業的發展，教育的設施，都是要造成爲自己利益而做，隨自己律令而行的個人。

(三)更有甚者於近五十來個人主義的精神伸張到婦女界爲

尤甚。那大名鼎鼎聲勢赫赫的「女權運動」—或稱婦女運動—也興起來了。於是婦女經濟上法律上精神上的解放，也隨之而興。影響的結果婦女也自成一階級而個人化；有時儼然實用的個人主義者了。婦女的解放固然不能說他是阻止她最高人格的發展；但是照現在的情形美國婦女解放的結果，不但對於道德上社會上沒有絲毫的增進，反而比從前更為退步。此種自我發揚，和自利的幸運，同社會的幸福決不能一致；家庭的安穩更無論。我們想到羅馬婦女解放之後，她對於社會上的地位不但沒有改進。反而可以看出羅馬婦女的解放是婦女的墮落，是—羅馬家庭生活道德的退化。雖說婦女解放不是一定有這樣破壞結果；但是這種結果在近代社會上既成普遍的現象與正的危險物了。所以解放運動，個人自由的危險；與從前束縛的危險可以等量齊觀。

近代婦女運動的領袖像Miss Susan E. Anthony; Mrs. Elizabelt Cady Stanton 提倡自由離婚都非常之利害。

但是婦女的解放至少要經濟的獨立；經濟的獨立了，家庭必呈不安的現象。不過照近勢看來，婦女經濟的獨立，是實業發展免不了的結果啊！

（四）近代工業主義—製造工業—又是增進離婚的一大原因。製造工業的產生，婦女工作的需要也增加；結果婦女的經濟獨立。婦人在工廠內工作，家庭生活無形的破壞，家庭不過為傳舍而已。幷且男女工作的競爭，更足以加深個人主義的色彩，於是生產出那不是社會化的沒有家庭生活的傳說底兒童為害實在非小。譬如女子，經過了工業主義的時代，她當然不能再學習家常的藝術，當然沒有家庭操作的訓練；所以她出嫁之後做了妻子母親的地位就覺得不合宜，因為她支配家庭的缺乏社會又呈不安的現象了。

（五）同近代工業主義生長有連帶關係的就是城市的生長。我們上邊說過城市的離婚數比自鄉下多；換一句話，就是城市的生長，是離婚增加的一個原因。城市的人民，他們所生活的經濟情形，差不多是無家可言。在貧苦的街道裏，在租借區內竟找不出一個常態的家庭來。幷且在城市裏不道德的事情和種種罪惡容易發生，公意是絕少有節制力。住居之密生活程度之高都是產生和樂家庭的阻力。婦女日常到工廠裏工作之外，還要到繁華的街道上去逛，去出風頭。教養兒童的責任，完全放棄；至多也帶出去教他吃沙塵。

（六）生活和享樂程度的增高，也是增加離婚的重大原因。生活和享樂程度的高，假使是可以實現的未嘗不可；但是有許多原素，令他區區的進款，是決不能實現的。換一句話，有許多階級是不能夠和他們理想中所應該保存的家庭和合。所以近二十年來生活和享樂程度的增高，同時也非有大宗的進款不可。除了那少數資本家之外，那工人農人夢也做不到。因爲這種緣故就發生家庭的愁苦與不快樂，後來就不能不訴之法庭上的離婚了。

（七　結婚年齡的加高。有許多人說：少年的結婚比壯年的容易離婚。但是在美國少年的結婚不能爲離婚加多的大原因；因爲少年的結婚據確實的調查漸漸減少，而壯年的結婚逐漸加多。我們上邊說過，生活程度的加高，結婚自然不能不遲緩。現在有職業的人，他假使不到三十歲沒有獨立的進款，決不願結婚。但是一個人到了三十歲，據心理學者言，已成的習慣，比較的固定，不容易更變，所以三十歲而結婚的人比少年而結婚的人，夫婦之間不容易和諧不容易一致。因此就要發生衝突與離婚。

（八）法律的人民化隨了民主主義的制度長成也是離婚的一個原因。從前法律是特殊階級的特權；法庭上只有貴族與富豪可以到得。近代則不然，法政教育的傳佈，而尤以近代的新聞紙爲最。法庭上人民都可參預其間。所以百年前所想不到的離婚，現在差不多大家曉得；怎麼樣可以離婚；離婚的容易。那末離婚的實行自然的加多了。

（九）關於離婚法律寬弛的增加，和施行此法律寬弛的增加，也是一個重大原因。譬如加拿大和英國的人民文化制度都相同，而加拿大英國與美國的離婚率相比幾等於零。加拿大每年有十二次離婚；美國則有七千。此相差重大的原因就在法律。不過我們也不能說，因爲加拿大和英國離婚數目的稀少，家庭的不安穩，就不能表示出來。

（十）家庭是一個制度，同其他制度差不多沒有分別；所以家庭也時時刻刻的更變。我們曉得社會的原理是根據於心理的原理，舊的習慣要把一個新的習慣去代替他，一定要經過一個混亂和不定的時期。換言之，從老習慣頓到新習慣，一定有無組織與分崩的機會家庭及其他制度都是這樣。從制度的舊式子頓到新式子自然也要經過一番混亂。沒有一個舊式子能夠把一個做好的新式子代替上去新制度只能漸漸地從舊原素裏產生。

以上十個原因大略講過了。現在我們要解決這個離婚問題，當然要用對症下藥的功夫；不過我們要明白解決這種人類的問題，是沒有包醫百病的良藥；你以為這種辦法好了，有許多地方偏偏不是這樣，偏是料不到的那樣。其故因為各種社會科學沒有十分發達沒有發現那一種原理是可以節制社會而無誤的。但是我們用過一番研究的功夫也許可以解決一大部分。所以離婚問題的解決法大旨也可以分為(一)形式的限止(二)根本的剷除

(一)形式的限止是甚麼呢？只有借重於法律。有許多人以為法律那樣東西是限制人類自由的，在二十世紀裏不應該再有這種怪物出現。但是法律雖不是全善的東西而在人類未達到「完全無缺」的地位根據生理學和心理學研究的結果，法律是決不能廢棄的。法律的限止有種種，此處限於篇幅不能多談只能把他的大綱列下：

(1)離婚與結婚法律的一致。因為他是形式的，所以有：

(2)離婚與結婚手續的鄭重。不是於法庭之外附設一個離婚審查處；便是另外設一個專管家庭關係的法庭。

(3)減少請求離婚的理由。

(4)離婚後再結婚的限制。

(5)限止結婚因為結婚與離婚是互相因果的。

至於有時法律不能成功的地方，公意或者能夠補其不足。公意的能夠成功，在個人的事情，像結婚更為顯著。

(二)根本的剷除是道德的教育。我們大家明白，法律公意等的基礎，是在人類的習慣，理想，觀念上。所以根本的方法，只能也在習慣理想觀念上着手。要更變理想習慣觀念只有教育。教育的過程，是要預備將來生活的過程；是建設習慣理想觀念的重要關鍵。不過教育雖是立法的基本而法立對於教育也很有幫助。教育使兒童明白家庭的需要；家庭的神聖；使他們曉得結婚不但是為由己的便利。教育養成兒童合理的習慣理想觀念；為社會安穩的保障。所以我們純潔的健全的家庭生活全靠在教育

身上。

臨了我們曉得離婚是近代解決生活的重大問題，是社會上的大問題。現在揭爲自由離婚者固然不少，他們以爲自由離婚，是增進道德的唯一途徑，而實際上，適得其反，羅馬離婚的生長不道德事橫生；他們以爲有利於兒童，兒童乃反受墮落，事實昭然，不用辯諱。近代民主主義勃興，民主主義式的家庭，當然成立，同時無所謂「母權」也無所謂「父權」「半父權」的存在；當然男女完全平等。不過這種家庭的安穩是不易的。強權不能施，恐嚇無所用，最靠得住的只有「戀愛」與「親密」。這二者的涵養現在實在太幼稚了，我們大家只能努力地把他實現罷。

本篇係不參考 Charles A. Ellwood 的「近代家庭問題」等篇做的調查表格是在 Willcox 的「離婚問題上」錄下來的。　闓天附白

婦女之弱

惲代英譯

婦女之弱，其程度爲何如乎？婦女何爲而弱乎？婦女甚應保存其弱，而不加以改良乎？婦女之身體固應弱乎？普通男子固以爲婦女之身體應弱乎？

此等問題，皆近人所欲解決者也。吾等之祖母，以婦女之弱爲天賜婦女之一種專利；婦女之得於一日中僅消耗其十七小時於擦洗地板之事，而不須如男子於五濁世界求衣食者，即由弱而得享受之幸福。故彼等以爲苟婦女不安於其天定之弱者，是逆天命侮神靈也。

欲研究婦女何爲而弱，婦女是否應保存其弱，而不加以改良；吾人不可以婦女既已弱矣，遂承認其弱爲天定應受的體格也。試觀較下等之生命，其雄者與雌者孰爲較強，孰爲較弱？此非一語所能決也。就多數論之，雌者恒較雄者爲強，其雄者之較強者，惟自雄者須用武力以與其同類爭奪雌者之時，始漸有此種傾向。然則雌者固不恒弱，婦女之弱，安見其爲天定應受的體格乎？在善歌之鳥類中，其雄者雌者但以華麗之羽毛，婉轉之聲音相鈎引，故其間之大小強弱，恒無甚分別。蓋雄者之氣力完全出於雄者之爭競，彼不以氣力爭競，則其氣力亦不增長也。試費半小時之光陰以觀察庭院間之生物，亦可爲吾說之證。如雄雞之較強於雌者，以其爲爭鬭之動物；若鴨之雄者，則無所爭鬭，遂亦不

能較強於雌者矣。鴨之雄者僅缺乏叫喚之聲，與尾毛略有參差而已。其他形狀與氣力，一一與雌者無異也。

在較高等哺乳動物中，與吾人較親切者，其雄者之較雌者爲強，漸爲明顯不可誣之事實。而凡雄者爭鬬之時愈多，如雄鹿等，其與雌者之殊異愈甚。若和平之動物，如馬，其殊異則甚細微。雖普通之雄馬，項部常較粗壯，骨節常較堅固；然在馬之世界中，其以急走著稱於世者，仍爲雌馬魯第郎 Lou Dillon。魯第郎奔走之速度，著稱於世者九年，雄馬固莫及也。

在猴類之雄者，其項部腕部常較形發達；然此乃其一方面之運用所致。其普通體格氣力與活潑，雄者固與雌者無甚殊異也。

更就人類言之，男子之較強壯，吾等必不可以不承認。至男子之所以較強壯，則仍古代以武力爭奪女子之結果也。吾人不能言禽獸之生活或野蠻人之生活，女子皆有機會以生存於男子庇蔭之下。理論上無此理由，事實上無亦此證據。蓋男子之自覺其氣力可以保護其妻子，乃後來發達之事。此等發達，所以召近世男女不平等之原因，非人類之幸也。在禽獸生活中，雌者不獨能自防衛，自生存，且能防衛其子孫而使之亦得生存。蓋禽獸之防衛子孫而使之生存者，雌者之事，非雄者之事也。

此等對於婦女之弱爲探本索原之論者，似對於近世生活無何等之影響；然吾人苟能確知婦女之弱之本原，吾人然後能知婦女之弱其中若何程度爲可救療者；若何程度爲長久之種族遺傳，非以漸進的天演方法，不可救療者。故欲得合理之見解，此項索本探原之論，固不可不一言及之也。

野蠻之男女，其體格氣力不相一致。然其不一致之處，遠不如吾人所見文明之男女之所謂不一致也。或謂世界愈文明，女子體格愈小，氣力愈弱；此乃進化之趨向。然以女子身體之精確計算比之男子，此語初無可據之理由。自石時代以上以至今日，男女高度之比差，不過有百分二之歧異。故氣力之不一致，僅由個人生活之所致。體格之不一致，僅由遺傳淘汰之所致。初與進化之趨向無關。女子之由文明進化而變弱者，以文明發生一切可以致弱之習慣。至體格之變小，則直非文明所致矣。夫文明婦女較野蠻婦女爲弱，既由環境所致，而不由遺傳所致；則如改良個人之生活方法，婦女之弱，固不難言改良。吾婦女界亦有志改良之者否乎？

就各方面之考察而折衷之：普通女子較男子低百分之八。又就近世保險公司之宣布，普通高度之女子之普通重量，爲一百二十六磅；而普通高度之男子之普通重量，爲一百五十三磅。卽女子較輕於男子二十七磅也。二十七磅之殊異，似甚可注意之事，然此尙未以其高度與重量相比例也。如解算術之讀者，以男女之高度與重量相比例，可見如女子有男子同一之高度，不但將較男子輕二十七磅，且將更進而輕三十五磅。蓋女子重量僅等於男子重量百分之七十七：男子每加增百磅，女子僅加增七十七磅也。然亦可謂女子常應較男子爲矮小肥碩，僅以高度計重量其殊異固不精當。如吾人承認女子常應較男子多脂脈組織則此說固無不可信也。

就吾人美的方面言之，吾人固欲承認此說爲可信；然如論及女子之肌肉力，則欲以多量脂肪質求重量之加增，固無効也。女子尻骨盤之寬，所加重量，與胸部及其他骨骼之較輕適相抵。故女子如非以較肥碩之故，其較男子重量將不但止少二十七磅。如筋肉與骨骼相比，氣力與筋肉相比，女子之重量僅有如吾人今日之婦女四分三重之量而已。

就事實論之，婦女正當筋肉之重量，約與上述理想的標準相等。

如吾人更加以婦女氣力之記錄，運動之成績，可見婦女之柔弱，初不應如吾人所想像之狀況也。多數之婦女，常在過度肥碩狀況之下；故彼之高度重量及其筋肉發展，每皆過於其當然。普通高度之女子，無過度之肥碩者，其重量比普通高度之男子，僅四分之三。此爲最合宜之筋肉狀況。此等女子，如訓練其筋肉，可與男子同一強壯而高大。故肥碩固非女子之必要物也，讀者或謂身長六呎之婦女，可與六呎之男子同一強壯；然身長六呎之婦女乃最長而過度之婦女。其狀況如六呎五吋之男子，不但不能強壯，而且常較尋常男子爲柔弱。蓋過度之長，固可視爲高貴威嚴之象，而衣以華麗之服飾；猶令人覺其氣概非凡，然究一不合法不平均的狀況，對於氣力及美貌均無裨益者也。

以上所言，可知世間兩極端之見解，皆爲謬誤：彼以婦女應柔弱馴善，不能自存，待男子以生存者，就歷史上事實觀之，可見其謬；至熱心之婦女，以爲婦女可以有男子同一強壯者；如以女子體格應較小於男子，則彼之強壯；固或可較男子大四之一。如吾人選高大之婦女，或用若干方法使婦女化爲高大，欲於此求婦女之氣力，必不可得即世界強壯男子，亦必無六呎以上之人，何況女子乎？

以氣力比較儀器考察之大學之女生，與男生比較如下。此皆就二十歲以下之普通人言之也。

	男子	女子
年齡	十九歲七月	十九歲三月
長度	六十七吋八	六十二吋六
重量	一百三十九磅	一百一十二磅
肺容量	二百五十三方吋	一百四十三方吋
背力	三百三十八磅	一百一十九磅
腿力	四百一十磅	一百六十八磅六
前腕力	九十二磅	四十七磅二

如此表所列，女子之身體狀況，比之男子殊形卑劣。然以所述女子重量，比之普通高度女子之重量，可知其中女子固有未完全發達者。且此等考察，乃入學未受體育訓練時舉行。女子常家居而少運動，固無怪其身體狀況之不如男子也。此外其他之表，每謂女子之力，等於男子之二分之一或四分之三。

密其根之克洛格博士，嘗搜各種之表，用力以編成身體各部強弱之比較。得知婦女大股之肌肉，最與男子相似。婦女身體中惟大股較男子爲重。此不但以脂肪質較多之故，蓋其肌肉本較重故也。婦女腕部最弱，背部次之，下部肢體之力則較強。

由此等考察說者乃決定婦女之弱小，皆非本然。蓋由無用力的練習而致之。婦人能站立行走，此雖細事，已足發達其下部肢體。至對於上部肢體之運動，則不然。雖其動作能令人困倦，究於發達氣力毫無關係。如女速記家能用手於每分鐘打成百字，然於使之擲野球，則其可憐之弱點，盡行顯露是也。

世界之女子運動記錄，不足以決定女子之運動能力。此記錄之不足憑，猶每年反對馬賊會之運動記錄之不足憑也。

自游泳舉重競走外，最優的女子運動記錄，爲美國大學女生所舉行運動，其中擲標爲沙爾健博士所記，而舉類爲拍拉墨貴敦所記。

女子運動成績之遠不如其運動能力者，其原因甚多。既無完全之記錄，又無合宜之時間與運動，而其所謂運動，又無有統系之練習，而且女子之所謂運動，又無一種勇敢之氣概也。

男子運動之世界記錄，乃以過去時代長時間之經驗與訓練，自無量數人中而擇其最優者記之也。亞路易之運動使野蠻人種亦得與賽。於是非洲之加非人，諸魯島人及菲利濱之優郭羅特人，皆與其列。其後結果此等人成績與普通高等學生相等。至馬拉登競走四加非人雖均不得冠軍，然均能於時間卒其運動。而白人之中則一半不能及格。此無他黑人雖不曾入學校，然於競走之道頗知悉之故也。然則聚少數無充分練習之人而使之運運，如女子運動會，其不及男子又何待言耶？

下列各表示男子之世界記錄，與女子之互相比較。女子與男子之比較，以游泳爲較良，此蓋以其身體重量較小，骨骼少而脂肪多之故。然僅具一種原因，尚非充足之理由也。蓋亦以游泳爲人所認爲有禮貌之運動，女子樂於練習之而易臻純熟。女子所以常爲游泳家也。表如下

運動種類	男子	女子	女子與男子百分之比較
一英里游泳	二十三分十六秒又五分之四	二十六分八秒	八十九分三
四百四十碼游泳	五分十九秒	六分十七秒	八十四分七
一百碼游泳	五十三秒五分之一	一分六秒	八十分六
一百碼競走	九秒五分之三	十二秒	八十分
立正跳遠	十一英尺四寸八分之七	八英尺十寸	七十七分四
立正跳高	五英尺五寸四分之三	四英尺	七十三分
一小時競走	八哩四百三十八碼	六哩	七十三分
二百二十碼競走	二十一秒四分之一	三十秒五分之三	七十二分七
飛機競行	八百一十二哩二分之一	五百九十哩	七十二分六

跑跳高	六英尺七寸十六分之五	四英尺九寸	七十二分
四百四十碼競走	四十七秒五分之四	一分十六秒	六十七分九
跑跳遠	二十四英尺十一寸四分之三	十六英尺六寸	六十五分九
單足跳	五十英尺十一寸	三十三英尺六寸	六十五分八
一英里競走	六分二十五秒五分之四	十分三十秒	六十一分
雙手鐵啞鈴	三百六十六磅四分之一	二百二十二磅四分之三	六十分七
擲野球	三百八十一英尺二寸二分之一	二百〇五英尺七寸	五十四分
撐手跳高	十三英尺二寸四分之一	六英尺三寸	四十七分五
擲環	一百四十五英尺九寸二分之一	六十八英尺六寸	四十七分
擲標	一百九十八英尺	八十四英尺	四十二分五
一手舉類	十二次	五次	四十一分七

有無數著名之游泳記錄，以遠近各不相等，或湖流情狀亦各異，不能取相比較。

吾所得女子最良之游泳，爲於八小時三分游泳四十八哩。此伊蘭色仙女士之成績。想此必係於和平之水流中順水游泳也。

或謂世界最強之子女，與普通男子氣力相等，此就最強女子中之較弱者，與普通男子之最強者比，或可信也。然就世界記錄言之，女子之成績，男子之能與之相並而無愧者甚少也。雖男子千人之中，未必有一人能於二十六分鐘爲一英哩之游泳，惟競走爲男子所常練習，或大學男生三人中必有一人，可以與女子相抗。然使一般不練習之商人與之比，仍不能不甘拜下風也。婦女之跳躍，高等學校之男生多能及之；然其舉重能以兩手舉二百四十二磅之鐵啞鈴，則萬人中莫一人及之矣。至以一手舉類之遊戲，女子固較男子爲遜。然記者憶吾家鄉有能一手舉頰至三次者，已喧傳爲一鄉最強之人，今女子固猶能舉五次也。

此等比較，非謂女子可如男子有同一之強壯。然女子比之普通男子，固可以較強壯也。又於此可知婦女之弱之最大原因，由於無訓練與發育，於男女根本上強弱問題無與。

凡肌肉之動作，而不須用力者，男子恆較婦女爲勝。然用力之動作，則尤勝焉。打字速度之競爭，以男子三年女子八年之記錄，則最速者爲岡文女士，能一分鐘打成一百三十七字。然男子學打字之最優者，僅相差二字耳。

女子雖能烹飪，男子常爲較良的烹飪家、女子雖能成衣或製帽，男子常爲較良的成衣家或製帽家、其他一切之工業商業，皆復如此。其所以如此者，蓋由社會的經濟的習慣使然，無與於自然的精巧，或精神上的能力也。

工廠中女子之精巧，恆不如男子。蘇伊甲士教授言，其女之爲其助手，男子莫能過之，人固不肯信也。女子之製烟者與男子精巧相等，而織布者與男子受同一之工資，就生理學家之考察，女子欲變更其運用肌肉之方法，恆較男子爲易，此則女子之優於男子者也。

在輕易工作中，男女之能力差異，吾人不能駁決。惟在繁重之工作，則女子恆較男子爲弱。此或以其肌肉組織較小之故。故常得較小之俸金也。不解科學之著作家，每引蘇彝士河爲埃及婦女所溝通，而以肩運出其沙於陸地、又亞加蘭克之氣船，爲女工人所運焉。然此等事實，雖足駁女子不能工作之說，欲以爲女子強於男子，則殊不可也。

婦女之弱，何者爲環境所致？何者爲遺傳所致？觀之男女各時代發達之氣力，可比較而得之。白人之兒童男子，恆較女子爲強，在八歲或十歲時，女子氣力等於男子百分之七十五；以後漸次短減，自成年時，女子尚不及男子百分之六十焉。在黑人小兒中男女之差別較微，非利濱之兒童差異之微，尤甚，且在女子長度量最超過男子時，其氣力亦超過男子。男女氣力之差異，至十六歲時始顯。蓋自女子停止長大時，而男子繼續長大，始較強於女子也。由此吾人可知婦女之弱有二因：一因於婦女比男子本爲較小之生物；其一則吾等之文明，限制女子氣力之發達故也。

在文明國中女子之死亡率，較男子爲小，此無可疑之事。吾美國人之不注意此等事實者，以移民之男子來吾美甚多，故此等事實不易覺察也。試觀歐洲各國雖男子生產者較女子爲多，然仍以女多男少著稱。此固有戰爭及移植所致。然最要者，乃女子死亡率較小，故生產雖少，而生活時間則較久也。

試觀婦女對於體育生活之狀況，此亦於死亡率有關者也。吾嘗爲表以表示美國男子在各時代之死亡率，此等死亡率，受外界影響甚多。如科學及衛生知識，不甚講究之時，女子在產育時期死者，恒較在文明國爲大，是其例也。

繁重工作之影響於婦女死亡率者，可以四十五歲至六十歲之死亡率證之。如男子之死亡者百人，在英國則女子等於其百分之七十七；法國等於其七十三；美國等於其七十二；俄國等於其五十六。俄國爲婦女死亡率最低之國，所以如此者，俄國爲歐洲絕對從事農業的國家，其婦女從事勤勞的工作爲時較多故也。然此等事實，不可遂以爲吾人宜棄絕文明，以反於野蠻也。在西方文明國家女子各時代之死亡率，無不小於男子。然在印度婦女之在產育時期，死者固衆，在其他時代，死者亦恒較男子爲多。則文明誠無負於吾人也。

英國學者考察城市間與鄉村間之死亡率，謂在城市間男子死亡率較大。所以如此者，鄉村男子多在戶外工作，而在城市則常居戶內。女子雖不如何人從事工作，然在鄉在城，均爲戶內工作故也。

科學家每每公認婦女之較小較弱，實爲男女之根本差異。就婦女之較小言之，吾等固願承認。然以其較小而因以爲其生活力不及男子，則大謬矣。女子固較男子長命也。

吾等不願謂男女間一無差別，不願使男子與女子在同一事項中爲運動或工作之競爭。此如吾人不欲使十五歲之童子與三十歲之成人競爭相同也。世人以女子較小較弱，遂以女子僅能爲男子之奴隸或玩物，而不使之在較大自由之工作中，謀其生活，此實至無理之事。婦女之所謂小者弱者，僅對於較大之男子，競爭之時而言。婦女固不欲與男子爭氣力之長，則此等弱點固無害也。然婦女雖較弱，求爲各種勤勞用力之工作，固不必絕對不能與男女相等。婦女者強於工作，而弱於戰鬥；其弱固不害其強也。犬與兔，鹿與馬，皆爲善走之物；其走不同，而其走則一也。夫體格之小，不必即爲弱。其小者僅遺傳之所致，與生活力之強弱無與也。

半年來居東京的實感

Sasigaki

易漱瑜女士

今天是陰歷五月端陽節，李伯伯早幾天就要我到經理處來過節，我一來，餘外的朋友都到了。漢兄也在家裏，沒出去。他這幾天正在讀着兩個脚本，我來時，剛好讀完。便對我述那脚本的情節。又翻去脚本中最精彩的地方讀給我聽，讀罷又講述不停，像異常高興似的，分得我止有讚賞的餘地罷。吃了午飯，常見的日上在他房裏談話，他又說起仲蘇兄拜託我做婦女雜誌文章的事。問我做好了沒有，快要寄去呢！嘅喲；幾乎不把我赫壞。我那裏承認過呢？都是他替我瞎答應的。我甚麼也不會做哪。——叫我把甚麼做？他說仲蘇等的很，無論長，短，好，歹，非做點去不可！我也沒有法子，祇好就着他紙，筆，和卓，椅，兒略述半年來居東京的實感罷，這可是算不了甚麼文章，希望仲蘇兄和讀者見諒。

1. 半年來的生活

「自從別上海，匆匆逾半年，回憶上船時，彷彿是昨天。殷勤送行李，懇切賜針砭，別意與親心，盡載八幡丸，故鄉時已遠，扶桑何處邊？挈妹登船頭，四顧心茫然，夕陽煥奇彩，朝日昇金圓。晝夜無休息，但聞波濤喧，妹體殊健康，竟能不暈船。但每談家事，時爲熱淚潸。誓將事學問，努力爲聖賢，歸來告家人，生女亦何嫌？無何抵神戶，略爲遊覽焉，搭車趕東京，三晚未能眠。同居逾一月，都能共苦甜，後因寓人多，漱妹乃他遷。我居茗荷谷，她鄰植物園。相隔幾里餘，遠道思縣縣，賤子雖孤貧，購書不惜錢。妹來同講學，每至夜分鄰。往來既數數，書札亦連連。迴來妹書中，理析秋毫纖。我嘗爲妹語，「稟性各有偏。我如木逢物，汝如土定堅，我如肉，衝動，汝如靈，慧賦今使相調和，是果何因緣？」今朝舅生日，偕妹舉心筵。妹曰「嗟吾父年來大可憐。平生慷慨志，幾付一二宣。舟車效奔走，筆墨勞宣傳。精神雖尚好，亦已華其巔。黃海尙未清，何由息仔肩？」我曰「起！吾妹，不聞汝父言。「人物皆如此，江山忍細看？」此般望後昆，爲民解倒懸。……努力崇明德，隨時補福田，做人如有成，庶以達夆夆。」

這是六月三日我父親生日那天，漢兄做了呈我父親的這首詩別的好處我不曉得，但確是把我們這半年年來的生活之經過和現情，用簡單的話代表去來了。所以從前的感想，我就不必追述。而且有了『歸來告家人生女亦何嫌？』兩句。幾乎可以代表我感想的全部！

2. 現在的生活

現在我住在一個離小石川植物園不遠的地方，叫做中華女子寄宿舍，地方到很不錯，那間房子尤其好，窗子前面有一株梨花樹，當早幾個月，梨花盛開的時候，我們每天總要在她們身上尋出一些激勵和慰藉來，那花兒真可以使我們的生活美化啊。但是現在沒有了，這也算是今天不是[illegible]世界？[illegible]是梨花的世界了。現在我們得空的時候，就往植物園裏去玩一會兒。因爲那地方是東京頂清雅的一個所在，我們很愛去的。還有到白山神社，那個坪裏去打網球兒，！哦那幾是有趣啊！記得上一個星期，我同一班朋友，打一頓回來，滿身都汗濕了！快樂極了！我本是好運動的，我願我的姊妹們都嘗一嘗運動的趣味。強似在家裏困守着。日本的女子，到不怎麼樣。美國的女子那種活潑有用的身體和精神，眞是羨煞人哩！

我這地方，是中日英合辦的，關係很複雜，但是現在歸聖公會經營，所以每星期日晚上有牧師來講道，不管你信不信，都要去聽的好，我頂討嫌這個事情，我并不反對宗教，因爲一個人的信念，也就是宗教，誰能沒有一點信念，做得人下去呢！但是我反對這種強制的循習的辦法。漢兄嘗對我說，理智的光明是赤熱的，宗教的光明是白熱的，新宗教是把赤熱的理智，化爲白熱的宗教。』我看這些傳道的人的信念，到不見得是白熱的，想吃飯的信念，到是白熱的哩！失敬失敬。

我們這裏住的女朋友，約莫十來人。因爲時去時來的原故。她們也有學音樂體操的，也有學教育的圖畫的，在女子高等師範的，幾乎都是學博物的。近來也有些人私地裏研究文學。竟有造詣還不淺的。餘外在東京的女子留學生，光景也不少。我對不起，還沒有關查過實數，大體十分之五六是隨着人來住住屋子，或是看看熱鬧的。因爲其中太太姨太太們，可也不少哩。在專爲讀書來的這些人說來，多半很發憤的。儘有比男子研究得更縝密的。不過自助之念雖強，互助之念太薄。甚麼文化學術上的研究團體，一個也組織不起來。日本有一個女子問題研究者本間久雄君說：『女子之敵在女子自身！』這話也不能不以之自責，兼責我們的女同學了。

3. 日本女人的印象

我們到東京來，第一感興味的，就是日本的女性。我們從砲兵工塲那一帶過身便看見許多身上穿着短衣服，頭上帶着白頭巾的女工人出入工塲。又常看見許多同階級的女人，背着自已的孩子領着拖貨物的馬車，或是推着男人在前面挽的貨物車，在電車隆隆灰塵蔽天的車道上來往。或者我們放中學回寓的時候，每於街邊，巷側，樹下，橋頭，看見這一類的女人或開着一個小小辨當盒，或吃着三兩個不及拳頭大的飯團。這便是常見的日本勞動階級的女子。漢兄幾次邀我到深川那一帶貧民窟去參觀勞動階級和貧民的生活，我還沒有去呢。其次是望鋪子坐的『御神樣』Okamisan，（就是老闆娘子。）用着那極尖銳的聲音，極殷勤的態度，招呼客人，住家人家的主婦在井邊，門口，你背着孩子，我牽着女兒，你談着天雨，我談着地北，你說那家的奥樣（夫人）如何親切，那個華族戀了個甚麼，為着他說那一天飛行機墜落了，那一晚又做了一個怪夢。還有那甚麼神田明神哪，深草的觀音堂哪，那里的辨天神哪。這些有廟宇的地方，都有穿着新衣服，梳着各樣的頭，走着躊躇的路。這一些比上不足，比下有餘的婦人們。在那兒禱告，求福，求壽，求男子，各人明白各人心裏的事，——這就是最常見的中流階級的婦人。還有那早上八九點鐘，下午三四點鐘的時候，在御茶之水，神田三崎町，或是虎之門各處，都看見許多穿花色的上衣，紅，紫，海老茶各色的裙子，長青襪子，皮鞋子，或梳着所謂東洋頭，或梳着金魚眼式的垂髮，於三分之二的地方打一個綢結 Ribbon，或梳着現代式的西洋頭，——現在這一類極流行。——或一羣羣湧上電車，占的占着位子。扯的扯着圈子，說的說得不清塲，笑的笑得不可仰，或三三五五在街上右手捧着花結子書包，左手撐着五光十色的日傘一路說說笑笑的回去了。這就是極常見的女學生。最下便有那穿着橡皮下足，白襪子，紫色及他色的羽織（套子）披着不肯紅，搽着白粉不看見肉。梳着所謂丸等髷式的頭，手携日傘，走着外八字路的，或是梳着『東洋頭』的。——近來『現代式』也很流行，——或是金魚眼式的垂髮而花結的——這一類便是一班中上流社會所謂『奥樣』（夫人）『令娘』（小姐）之流，但是她們身分漸高，雙足也漸不作用，平日在電車中間，或街上絕少看見他們，她們至少也應該躲在人力車簾子裏，最好是自動車，（汽車）中間了，若是有一個貴夫人忽然在街拋頭露面買買東西走走路，乃至也在電車中擠一擠，那還了得，新聞紙上便要大書而將書，『某夫人很平民的！』

4. 日本新女人的會

我每一天上課哪，運動哪，溫書哪，洗衣服哪，做自己用的東西哪，寫信哪，一天忙個不了。加上來得不久，也還沒有充分看日本書，聽日本話，多和日本女人交際的語學力。漢兄他平日很留心日本的文化運動，而且近來又多看女子問題的書，所以我們平日談講，多及於這些事情，有許多很有味的。我也得了不少的益處。據他們說：日本現在有兩個女子運動的會，就是東京的『新婦人協會』和西京（京都）的『P.L.會』這兩個會都是日本所謂『新シキ女』 Atarashiki onna 的會合。所謂『PL會』者是“Progress and Love” association 的意思，他裏面的辦法如何。我也沒有過細研究過他。今年春假裏頭，鄭伯奇兄從京都到東京來，他也和我講過這個會。道說是廚川（白村）文學博士夫人蝶子先生和京都許多上流婦人組織的。

近來因爲幹部惹起衝突來，這個會也就 The end 了。我聽了非常可惜。并且非常可恨，恨的就是女子的集會，總是沒有和衷共濟的，不是互相猜疑，就是互相嫉妒，這個會的解散，就是因爲幹部裏的先生們猜忌蝶子夫人。弄得蝶子夫人當發起人的倒先辭起職來。咳！難道猜疑嫉妒，眞成了我們女子的第二天性嗎？不過現在男子的集會，也十有八九是這們的。也無怪夫那去封建時代不遠的日本婦人了。——我們就不可以此自恕。——『新婦人協會』是日本舊『新シキ女！』平塚明子，遠藤淸子她們組織的，的團體也還堅固，比西京的好些。因爲她們都是些中流階級（勞動階級也有些）的婦人。日本現在很注目的女子團體，可憐！就祇有這一個，言論界也很注意他。早幾天看見『改造』雜志，還載過一篇『新婦人協會與婦人運動』（？）是森戶辰男君做的。算介紹，評論這個會的好文章，而且把女子運動應取的方向，應注意的事項，都說的透徹。仔細的事情讓漢兄去介紹去罷，其他還有西川文子她們組織的『新眞婦人會』『婦人社會問題研究會』（？）也很活動似的。至於甚麼『愛國婦人會』哪，『婦人矯風會』哪。『……會』哪，都努力的從事於資本主義軍國主義之下和平事業男系維持事業。這就算是日本「孖女人」的會能。

5. 日本「新女」之難產。

看見報上載着「新婦女」的廣告，曉得"New woman"的名辭，中國也輸入了。祇不曉得眞正的 New woman 中國輸入沒有？其實我不希望中國的「新女人」是「舶來品」而希望是「天產品」中國人常常誇中國地大物博，却怎麼不會生眞正的新女人呢？—嗳呀！不怕不怕，這們壓迫人的現實生活，這們澎湃的 New spirit. 中，中間有不產新男新女的道理嗎？我可斷言這個時代，將產的新女人，決不是第一革命時代的畸形兒了。每每到經理處來看中國的報紙。看見中國軍閥，官僚，的橫暴，眞是令人髮指心裂。然而有時我却能夠暗暗的笑。—笑甚麼呢？笑的是中國這多年來害得全身癢痛，日夜不安的癤子。快要穿了，穿了就好了。因爲我們把這膿頭子發見了。發見了，便好撥掉他。—誰不知「軍國主義，是女人的敵。」歷史上凡和平時代，女子的地位總高些。戰爭時代女子，總降爲奴隸狀態，這是研究文明史的人，所極力證明的。中國現在一般的人甚至軍人自身，都知道督軍要廢，軍隊要減，軍人不可干涉政治，乃至倡廢兵運動。總而言之，中國的軍閥，官僚，對於國民的信用等於零了。所以容易除，日本不然，日本近世維新之業既都是由男子之手建設的。軍閥官僚，不像中國之專門對內侵略，他們却對外侵略。因此一部分國民生活，也大受利益，日本的國威也多少外揚。—賺得一個『第二德意志』之名—所以國民雖有大多數做了他們的犧牲，還有許多人信用他們的政府和軍閥。我深信日本非和人家打一個大敗仗，日本的軍閥，官僚，資本家等，是不容易倒的。那麼還講甚麼『女性文明』的建設呢。東洋兩大國中，中國以『商人道』著名。日本以『武士道』著名。前者是女子的好友。後者是女子的強敵。在這點我可以斷定，女性文明—和平主義的文明之建設，我們中國要比日本快些，確實些哩！

6.『女子的世紀』

寫了上面那一些的話，我很想知道日本女子問題的由來演兄，拿了好幾本書來，把我登致，甚麼『婦人之勝利』哪，『婦人問題』哪，『現代，男女，』哪。—我一時也看不了這們多。姊妹們！要曉得今天晚了，我要回去，我如何能多看呢？而我看得很慢。好我且節譯平塚明子君的『現代男女』的一篇序。能她自己是個日本女子運動的中心人物。說的話，都是她的實感，很可以做我們的參攷啊！『歐洲的女界，受了盧梭的思想，和法蘭西革命的影響之後，對於女子問題在各方面都開始意識的活動。就是在十八世紀的末葉，已經有許多進步的女子，著了許多嚴正的書：如 Olympe de Ganges: La deslaration des droits des femmes thorilt: the Original Greatness of Woman. mary wall stonecraft: Vindication of the right of women. 之類。便是十八世紀末到十九世紀初，也有斯鐵爾夫人 Madame de stael 喬治三 George sand 等天才的女子，主張戀愛的權利。德國也出了華倫哈根夫人那樣的新時代女子的先驅（譯者按德國女權運動，直承一八四八年的革命，其創始者爲 Augusta schmidt, Louise otto—peters, Henrietta goldschmidt, Ottilie V. Steyber, Lina morgenstern 等）彌勒約翰 Gohn S. mill 有名的『女子服從論』 "The subjection of women" 彷佛也是千八五十那一年出版的。又從十九世紀後半到二十世紀，女子論者中間的代表人物：北美有吉爾曼夫人 mrs. gilman（著『女子與經濟』）南非洲有壽奈勒女士 Oliver schreiner（著『女子與勞動』 "woman and labour"）瑞典有愛倫凱儀 Eller key 等，各從自己的見地，對於女子問題之解決，發她們特殊的主張。他方又有易卜生蕭伯納那樣的作家，把女子問題由劇本中間提出。給天下女子之心，以新生活之夢。然女子問題又決不止於理論方面思想方面而已。在實行方面，譬如社會上與經濟上的地位，法律上與政治上的權利。由內部的要求與外部的必要，經多少的惡戰苦鬥。纔次第獲得。於是女子的生活上纔表現許多擴張，進步，和充實。女子問題在這個時代成了世界的大問題，所以人家說十九世紀是『女子的世紀』 "the century of women." 現在又有人說『女子的世紀』已經過去了。『小兒的世紀』 The century of the child 馬上會來呢。

7. 日本女子運動的徑路

『明治維新由當時少壯男子之手成就了。這些男子把歐洲的文明大膽的輸入，文物制度，煥然一新！雖說時日短促，不能免『

皮相』『模做』之識。然而日本的女人，爲這個時勢所驅，不能無動。於是有的動于板坦退助等自由民權的思想。和男子一般，高談政治；有的生吞英美初期的男女平權論，一言一動務學男子，造成許多『男性的女人』。這時的女子，沒有甚麼內部的眞自覺。是不待言的。又明治二十七八年的時候，樋口一葉女史一流的閨秀作家前後輩出，也不過表示女子能和男子一樣的做得小說。或模做男子的作品，或描寫女子細膩的感情生活沒有別的人生觀上的覺悟。直到今井歌子和她的友人遠藤淸子等開始治安警察法第五條之解禁請願運動，總眞算日本最初有意識的運動。然而她們出發點也太小。識見也不徹底。沒有十分注意女子自身的實生活。所以効力不大。其外如福田英子之創刊『世界婦人』努力介紹社會主義者的女子論。其後有與謝野晶子，也從文壇的一隅，發揮她那常識的穩健的女子論。啞！不過如是能一方吸收歐美新知識而對於女子問題有興味的男子，如河田，今井，上杉，吉田堺（利彥）諸氏論評介紹，未嘗不多，仍不足引起社會之觀。爲社會依然抱着他的良妻賢母主義，要求女子，教育女子。

『然而日本女人也不是永久睡着不醒的。到了明治末葉，文藝思想界，自然主義的勳運大與，個人主義的思潮日急。近代文學中所表現的『新時代之女性』刺戟當時受了多少敎育的，中流階級的，年少氣銳的女子不小。而且她們自已既經營過許多在舊社會下面做女，做妻，做學生，做敎師，做其他職業婦人的苦味。這種苦味，或爲屈辱，或的虛僞，或爲矛盾，或爲爭鬪。因此她們內部生活，變成懷疑的，反省的，意識的。一刻刻的要打破現狀，一刻刻的要求她們自由，要建她眞正獨立的眞生活。……代表這種中流社會的女子大胆的，露骨的，忠實的，熱烈的，把這種思想盛情發表出來的，便是我們（平塚明子自稱）兩三個婦人所組織的雜誌『靑踏』！

『當時『靑踏』雜志上的議論，當然很幼稚，很沒有系統。因爲我們當時對於我們所欣慕的宗敎，道德，敎育，政治，法律，及兩性關係，經濟組織都沒有甚麼具體的觀念。又關於新生活新社會之實現，我們也沒有甚麼具體的方法。就是我們所謂新生活。是我們心中的一種幻想。一種鬱勃的漠然的要求。我們不過是小孩子，不過是夢見未來生活的詩人。

『然而當時日本社會對於我們所取的態度，決不能謂之寬大。最初設不過以疑惑之眼，好奇之心，冷笑之臉！向着我們。到後來一變而爲侮辱，嘲笑，揶揄，乃至非難，攻擊，罵詈，中傷，無所不至。甚至認我們爲有傷風敎，紊亂秩序，傳播危險思想之人，加以官憲之威壓。

『時勢的大潮，無論如何是杜不住的。許多的所謂識者雖把她們貶爲虛榮心的結晶，違反日本固有道德的小叛黨。她們到底不能滿足單做女性的結婚生活。她們爲想知識，慕藝術，夢獨立生活，致離開父母的家裏奔上京來的，破棄全然隨父母的意志圖生活的方便，而無愛情的結婚的，到處都看得見，聽得到。

『到了大正二三年（民國二三年相等）這種和日本固有道德習慣相衝突的女性，一天天的多。各種新聞雜志也好，社會上各方面的人士也好。『新シキ女！』『婦人問題！』的兩個題目，成了一種流行的話柄。固然我們的事業，因此廣動全國的視聽。而同時我們堂堂正正的主張，要受許多人的中傷與誤解。眞是晦氣！

『我們一方對於社會破壞的反抗的態度，益加強烈，一方越發促起我們的反省，潛心於自己的教養，務求把我們的思想，不僅傳之於筆，粲之於舌，還要於自己的實生活上，體現得出來。加上我們或有了戀愛的經驗，或營離家獨立的生活，或入了自由的結婚生活，與共同生活，或做成了戀愛的答案，做小孩子的母親。因此我們的思想，漸接解了日日支配我們的生活問題，和從來厭議或輕視的性的問題。……纔知道我們不單止要主張做人類。Human being 的權利，同時要主張做女性，Sexual being 的權利，恰好愛倫凱儀的思想，以戀愛爲女子問題的中心，所以我和她的思想共鳴的地方絕多。

『總之，從大正二三年到大正六年間的『靑踏』雜志，是代表日本女子問題第一期消極的懷疑的破壞時代之唯一機關。對於女子問題的貢獻，也決不能謂少。現在日本的女子問題，漸過了第一期，已經臨到了建設時代（？）就是女子的新生活，要如何建築？爲女子的新宗敎，新道德，新倫理，新敎育，新法律，應該是些甚麼？要積極的研究時代了。又女子「做人類的權利」和「做女性的權利」的兩種要求，要如何調和，也是問題之一。以反抗，破壞爲事的時代，我們祇要有情熱，有勇氣，有犧牲的精神，就夠了罷。可是此後的女子運動者若於上述三要素之外，不加以理智的優勢，到底不能實行甚麼重大的使命。何況我們不單止要做問題的提出者，還要做種種問題具體的解決者呢？……』啜呀！苦得很，若不是漢兄幫忙我硬譯不如法。日本的女子運動算由第一期的破壞時代，進到第二期的建設時代了。由空想的追求進到實生活的開闢了，她們追求着破壞者經過幾多困苦，由她這篇文章可以看得出。而且她後面那些話就是『女子運動者的精神』—熱情—勇氣—優越的智識，那些話，我以爲是我們中國的女子，—處於『破壞建設一時幷行時代』的女子應該謹聽的。姉妹們！是不是？

8.『開國女學生』的衣服問題

寫到這裏的時候，恰好我父親從上海寄一封信來，內中附着我稟他老人家的一封原信，替我改正了許多字。我是因爲天氣熱了，我從湖南一直到東京，又沒有帶甚麼衣裳，本來也沒有甚麼衣裳。我一路來所遇着的同伴都比我華麗，到此地來也是一個樣子的。每每人家邀我出去，我總不應，因爲有時太 Niawanai 哪。人家也每疑我有『非社會性』 Unsociality 似的。我雖幼受勤儉之訓，也不能不稍微同化，所以寫信問父親如有錢時，望他買一點熱衣料給我。父親的信上說材料已買了一點寄來了。但再三囑咐我說，漱兒！漱兒！你要做中國開國的女學生也要至勤極儉。要做田家的良妻賢母，也要至勤極儉，萬不可同化！『稍微同化』就是『完全同化之基』。能教人做一個人的，就祇有勤儉兩字，這就是你父親千辛萬苦所得的知識。……我看了不覺悚然而懼，還有許多令我看了感極而欲泣的地方。總之，我已覺得一個人墮落之機異常之微，防之甚難，所以蹈之甚易。我同漢兄到此地來，錢非常之少。從上海祇帶來百多塊錢，後來又借荊伯伯一百塊錢。除我們做開辦費之外，漢兄還寄些到家裏去了。我們兩人祇靠着每月五十六元的官費。幸喜漢兄住在經理處，我住在華友寮，生活費都花的不多。漢兄因爲智識慾很高，和文化運動之必要，每月還要買許多書，所以我要用的錢，當然很少。闊常不足，便找李伯伯借。我因天熱了，沒衣服穿，有的都是布衣，曾經要求漢兄到那里去借幾十塊錢，并且和他說笑話的時候，曾夢想我若有錢，應該穿甚麼衫子，着甚麼裙子，裙子要甚麼色，衫子上要甚麼地上起甚麼小花。由這種夢想的徑路，當然歸到一種享樂主義的主張，就是在我們現在十六七歲的時候，應該〻的俏些，不然，到了四五十歲的「御婆樣」Obasan時代。就有好衣服也穿起不像了。漢兄并拿出他那流文學上的証明。說Oscar Wilde的"The Picture of Dorian Gray中。寫Lord Henry對美少年Gray的話，很可以代表這一種人生觀。實際也未嘗無一部分的眞理。他說：

……Realize your youth whlie you have it. Don't squander the gold of your days, listening to the tedious, trying to improve the hopeless failure, or giving away your life to the ignorant the common and the vulgar. These are the sickly aims, the false ideals, of our age. Live! Live the wonderful life that is in you! Let nothing be lost upon you. Be always searching for new sensations. Be afraid of nothing……A new Hedonism - that is what our century wants…

「你現在既是少年，便要把少年顯現出來。切莫聽那些要助長我們無望的失敗，或主張把你的生命歸於愚暗，普通，凡俗的那班迂人的話，把你的黃金時代錯過了。那是今日的迂見謬想！生活下去！過一個在你身上的奇怪生活！莫使你失了一點甚麼東西。時常去求新感動，甚麼也莫怕——一個新快樂主義—那就是我們這個世紀所需要的………」

這一種快樂主義，便是少年中國第一期上宗白華兄所謂「快樂派。」是少年中國頂要排斥的人生觀。我當時的快樂的意識，雖遠不如此之甚。而快樂派的動機何嘗不出發於此。漢兄他第一年到東京也經過了我這們同一的危機。他來時，我父親交他幾件和服，和三百塊錢日鈔，他因沒有洋服穿，去了十九塊洋錢做了一身青洋服，買了一雙六塊錢的皮靴。我父親看見他愛穿好的。不願意穿他傳給他的和服，便教訓他好幾回。說他自已在日本時，固然物價便宜，但他當時所有的衣服，値得九元，回去時還把他送給了人。（指日本服）又說袁世凱稱帝時代，東京留學生不受買的有數，能保持人格的多半是平日能勤儉的人。漢兄平日常常拿起對我說，也拿起對人家說。所以至今他也沒有製過甚麽衣服。不過也很難，人家不知道他的，便要說他不修邊幅呢。我們年紀都輕。在外面讀書，和社會接觸，得法而有守的時候，固然可以有成，否則很容易受環境的征服。尤其女子虛榮心甚。倘不自省，便爲這種心思所乘。雖衣飾細故，未結婚的每易受男子的誘惑，已結婚的甚至陷丈夫於罪！咳！我想起我若是一個人在外面，也沒有父兄時時喚醒我，不知如何變法哩！女子和衣飾到底有甚麼必然的關係嗎？

9. 俄國女子的精神

講到這里我覺得俄國亞歷山大二世時代爲要求女子高等教育運動那一班女學生眞是可學。俄國的教育蒙稚，全民皆然，固不獨女子，要以女子最甚。到彼得大帝，力行改革的時候，女子纔許看一看世界，還講不到教育。加查鄰第二 catherine II 即位，覺得女子解放，也不可不預備一下，便建立一個 Institute de demois_lles 專爲上流階級的女孩子的。因此學校裏的科學法文而外，便是一些高華優雅的裝飾學，一直到十九世紀的中葉，俄國纔有和西歐同樣的女子教育出現。亞歷山大二世和他的皇后，和她的嫂子 Helene Pavloyna 都贊成革新。所以女子解放和農奴解放幾同時幷舉。自一八五五年亞世即位一八五七年便開設第一女子大學預備學校 first public lyceum 這個學校是各階級的女子，都可入學的。一八六一年三月三日解放農奴，同年俄國的革命運動開始。一八六六年一個虛無黨的青年名叫卡納可佐夫 Karakozov 的於四月十六日謀狙擊亞王。而後亞王悉變從前的改革政策而爲高壓政策。從前如火如荼的論客都噤若寒蟬。亞王乃至想把一切新文化的策源地，都實行閉塞。對於男子知識階級，固不待論，對於女子亦禁她們受高等教育。但是俄國青年女子所志既高，知識慾望亦烈。無論如何想聽大學的講。政府不許，於是她們在聖彼得堡（今日彼得格勒都城）四處設講習會。請學者來講演。當時許多大學教授，看見她們那們熱心誠意，也就樂爲擔任講席。雖自己很窮的先生們，也不取她們一文的學費。這些由四處奔到都城來的女同志有很窮的，不可無職業，她們便設甚麼翻譯者協會，出版者協會，和印刷者裝訂者等協會支持她們的生活，正好像今日北京方面的工讀互助團的樣子。她們雖暫不能受大學教育。總處處用突出重圍的法子。譬如講產婆學也迫了教授要講極詳細的科目。或開特別講演。有老博士克爾伯爾者，也因佩服這班女子的熱心，許她們進他的解剖研究室。她們得了這個機會，馬上都不要命的用功。當然她們的成績很好。老博士也大喜歡越替她們盡力。又有某教授許她們於星期日晚上也好到他的研究室中去研究。她們到了那天，便一湧而去。僅有熱心研究得很晚還一絲不倦的。她們最初要求開放大學不許，便要求立大學預科也不許。她們設計用教育學講習會的名義而舉大學預科之實。後來聽得德國某大學教授許爲少數女子公開講座。她們便爭先恐後的，叩這位教授之門，她們也有在海登堡學法律和歷史的。也有在伯林學數學的。更有許多在瑞士的刺利黑 Zurich 入大學和工藝學校的。到處都能奮發研精，出人頭地，獲大學者的尊敬與賞嘆。當時在德國，瑞士諸大學出身的女醫學博士，女數學家，不一而足。以是雖又遭亞歷山大之忌，致把許多女學生當作革命黨辦。及新聞雜志變了政府內命的，對於子女學生肆其冷嘲熱罵。然而國內女子高等教育之設立，卒致成功。一八七二年俄國私立女子醫科大學之成，就是好例。當時俄國亡命客多逃亡於瑞士，俄政府恐怕女學生和亡命客交際，下令把在刺利黑的女學生悉數召回。他們召回之後，又迫了政府許了她們自身在國內立四個大學。這件事，也做成了功。好笑我們中國至今還沒有幾個甚麼眞正的大學。偉大的財源，偉大的人物辦偉大的西南大學，到於今還是一個抽象名詞！

「當時刺利黑幾乎被俄國的學生佔滿了。百科工藝學校附近有名的阿倍爾德納斯街，成了俄國街。一般人都是用的俄國話。這些學生，像普通俄國學生一樣，生活都非常之簡單，以女學生爲尤甚：她們一方討論着社會主義運動之最近情形，和最近各人所讀書籍的心得，一方吃着茶哪，麵包哪，牛奶哪，和在酒精上煮了的薄肉片——這就是她們的定食物，於是在營這種生活之上，還有餘錢的，便把他寄贈到圖書費，俄國雜志的創刊費，瑞士勞動新聞之維持費等「共同目的」上去。講到她們的衣服，眞是再儉約沒有的。勃詩卿 Pushkin 有名的詩中說得好：『隨你甚麼帽子，有不合十六歲姑娘的式的嗎？』在刺利黑的俄國少女等，也彷彿傲然對着這產宗致改革家士般的舊都人士發這樣的問：說「無論怎麼樣質素的衣服，祇要穿了的女人聰明而壯健，有不綽約其姿的嗎？」她們這個煩忙的小團體，雖說一面營這種生活，而其刻苦勉勵，爲自有大學以來無論何種學生所不能企及的。所以喇利滋之大學教授等，每舉她們爲男學生的模範，而稱揚在大學中女子之進步不置。」

以上是一千八百七十二年俄國近世大哲克魯泡特金 Peter Kropotkin 遊瑞士時親見她們的狀態而記之于『一個革命家之回憶』的。中國的姊妹們，你看俄國當時的女學生何等勤勉！何等儉約！這纔是『開國的女學生』啊！

我這篇小感想文後面幾條蒙 Mr dearest 供給許多有益的材料，與助言，深爲感謝。 澂瑜識。

訪問日本婦女問題女論客山川菊榮女士之譚話

鄭伯奇

K兄

我很喜歡把我前兩天訪問山川菊榮女士的事情報告給你聽；並且希望把那天訪問中所談的話給我們女同胞諸位作個參考。那次訪問是臨時發生的，在被訪問者當然算出於意外；所以時間很短，談話也很簡單。但是我深信這短時間的談話決非無益，或許較之預定的長時間的談話還要好些，得益還要深些，印象還要新鮮 Fresh 些也未可知。因爲這種訪問既是突然的，談話也是隨意的，所以什麼矯揉造作粉飾粧點的作用是沒有的，是極平淡的，極 Frank 的。因爲這原故，所以我才肯提筆寫來請你看，幷煩諸位讀者看。

「題目好長呀！」我寫完了一段，回頭看時，不禁心中說了這句話。是的，題目太長了！但是也有個原故，因爲國人對於她未必十分曉得，不得不概括的送她個頭銜寫在上面。但是頭銜再長，內容依然不分明，人家依然是不懂，那麼不得不略略把她的歷史介紹一番了。這山川菊榮女士乃是日本社會主義者山川均的夫人。她在女子論客中算是最知名的。日本現在提唱婦女問題的女論客，有平塚明子，與謝野晶子，三五個人，都不及她。她的著作最一貫，論旨最徹底；所以一般人多佩服她。她的著作如「婦人勝利」之類，都很有名。至於她一生的事實我也不詳知，也無介紹之必要，省略了。

再說我這次訪問她的動機及緣由。元來前禮拜六（十九日）晚上，我在西川輝（京都六日俱樂部主要人，「北京大學遊日學生團」來時始認識的）家裏玩去了，西川君忽然對我講：「你要研究婦女問題，現在山川菊榮女士來京都了，你何不會會去呢？」山川菊榮這四字我在雜誌上報章上不曉得見了好多次，也不知聽人說了多少回，却是一面也沒有會過；現在她既來京都，何不趁此訪問一回，看看日本『婦人運動第一人者』（這是我正寫信中間六日俱樂部講演會通告的話隨便用上）的思想態度是什麼樣？同時第二個意思又在頭腦中閃爍，便是：「少年世界的婦女號正要稿子，我何不順便問問她肯不肯替我們做一篇呢？」心中想定，便向西川君問明她的旅館的地名，決意第二天晚上去了。

第二天去了，她却出去了；到九鐘左右，又去一遍，還沒有回來；夜深了，我便回家了。次日早晨早早起來，先把這天應預備的功課看畢，八鐘半起身，又向三條去了。恰巧，她還未出，正在樓下有事，并招呼我上了三層樓十四番她的房間。

山川女史是一位中年婦人，約在三十歲以上；中等身材，體格似乎不大強健，因為臉色稍黃；人很平易和靄；衣飾很樸素；談吐徐緩而有節；一見很可給人一個好印象。

進門，先行了兩個日本式的磕頭禮。山川女士便說：

「昨晚聽說來了一次，沒在家，對不起得很。昨天太晚了，直到十二鐘點才回來」

我答道：

「那兒話，我是聽西川先生講，所以特來拜訪，但是太突然了，對不起」

幾句客氣話說完，停一會，我開口道：

「從前很讀過你的著作，很佩服，總沒會過面，今天初見很快活。今天來有兩個意思：一個是我們幾位朋友合辦一個少年中國學會，會裏有個叫少年世界的雜志，這回想出一份婦女問題的特別號，所以特來聽聽你的意見；再則我以後也想研究研究婦女問題，以後請常指導。」

她謙遜了兩三句話說道：

「中國鬧的閧閧烈烈，覺得日本反沒味似的。我常想去中國看看呢！」

說着她微微笑了一笑接着說：

「日本的婦女問題不過最近才有的，以前無甚可說。就是現在像我們也不過集其幾個同志差不多像一種修養會的樣子，大家在一塊研究些學說，發表些意見而已。并且從事於此的多是年輕的女學生，並且因為學校的原故很不自由」

我便問：

「現在的婦人團體呢？」

她說：

「多大數是附屬於支配階級的，與我們主意不同。」

我又問：

「基督教的婦人團體怎樣？」

她答道：

「比之愛國婦人會咧，其他貴婦人的集合咧，是要好一點兒……他們那叢人的精神很可佩服，什麼艱難都不怕的……可惜思想上不行，」

我於是問：

「那班人思想怕都是舊的罷？可是他們對於新思想也加以迫害嗎？」

她說：

「迫害是沒有，不過沒理解便了。不過那些人很頑固咧！我從前在學校的時候簡直沒法！」

她好像想起學生時代的情形來了，停了一陣笑着說道：

「不曉別國是怎樣，——在日本年輕婦人女學生們要稍微發表一兩篇論文發過一二次演說，立刻便會有名。一班人往往自滿足，再不肯進步，我想這也是婦人運動的一障害呀！」

「是的，中國這種事怕也不免。」

我一面這樣答，一面暗想（怕學生運動也許有這種流弊吧！）

接着我又問：

「日本的一般的學者大概是怎麼樣，對於婦女問題？」

她說：

「學者嗎，大概是不行的。我想，婦人問題，如同勞働問題，由勞働者自己去解決一樣，應該由婦人自己去解決……」

我接着說：

「是的！學者的理論，往往不必與現實相合；並且學者尤是男子，對於婦人能了解到什麼程度。」

她又接着說：

「所以我想先由有知識的引去，譬如先由一般女學生，漸漸到女工之類，日久而後，婦女問題才可實現。」

我順口問道：

「現在婦女問題的實際運動怎樣？」

她說：

「現在日本那裏有婦女運動呢？說有，怕只有平塚女士的一派的要求。但她從前要我加入，我有些意思，所以謝絕了。以外再沒有了。」

我覺得山川女士頗能，「開誠布公的對我說這些話，似乎對於我這樣曖昧，沒有討厭的樣子，我何妨再進一步要求他，看他肯不肯給稿子。」我便重行開口：把少年中國學會的情形略略說一遍，接着說道：

「我記得這次杜威博士和他夫人姑娘來南京的時候，少年世界社的人，要請他夫人把美國婦人問題的歷史及現狀，做篇東西的。怕你沒空兒，若有工夫，請你也何妨把日本婦女問題的情形和你的意見寫出來送給那雜志登去看！」

她并不推辭，便問；

「稿子是什麼時候要呢？」

我答在本月以內遲了也無妨。她說：

「本月以內，因爲這方面有事，很忙，怕趕不及，以後有工夫，當緩的做一篇。」

說着便問我的地方，以便將來交稿。

說話中間忽然館子的下人來說車子到了，她便問我：現在什麼時候，接着說道：

「今天要到西陣（織物工廠地）去看女工的狀況，約在十点鐘還可以坐坐」

我說：

「我很想把中國婦女運動的情形說說，沒時間了，改天罷」

他想了一會：

「你不是也要考試了嗎？我每天都是早同人約定了的，很不自由。請你先告訴我個大概好嗎？」

我便從「女子參政問題」到「家庭改組問題」就所知的，略略告訴了他一個大概。談話中間她問於兒童公育的意見，她說：

「母子之愛是天然的；初生的小孩便離開母親的懷裏去公育的地方怕不大好。項好作個補助機關；往往有母親爲孩子的原故病中勞死的。」

我又把男女同校的實施也告訴她因爲沒時間便告辭道：「你同人約的時間太遲了不好，想說的話，以後寫信罷！」

~~~~~~~~

他便把住址開給我并說：「暑假來東京的時候，請來玩。」下了樓梯，兩人別了。她乘車向西陣去了。

九，六，二十四京都
~~~~~~~~

少年世界

THE JOURNAL OF THE YOUNG CHINA ASSOCIATION

第一卷第九期

中華民國九年九月一號發行

少年中國學會出版

學術團體與文化進化

劉國鈞

這篇短文的目的：一方面在說明學術團體在國際文化運動中底位置；一方面在喚起國人組織學術團體底興趣。

文化本是人類全體的事業，不能被地域所限，也沒有地域可分。況且在現今的世界，一部分一地域的居民，他們的思想行為都和世界直接的或間接的有關係。因此即便要在一地方一區域內行文化運動，也必得要顧及世界文化的趨勢；不然，無論違反世界趨勢底文化運動未必能成，就是成功也不免是一邱之貉。文化在性質上既不能單屬一地方一民族，在事實上文化運動又不能僅在一地方一民族中着力。所以全人類全體文化底進化作目的底國際文化運動，實是我們所必取的手段。試看近三五年來歐美各國作文化運動事業的人，或學術團體，都有極力的互相聯絡，共謀進行的現狀，也就可知文化運動的趨勢了。

要知道學術團體在文化運動中的位置，先要略略知道文化進化的性質。關於這一點，學說很歧：第一是地理的環境說，以為每一地域所產出的文化，都是照當地的氣候和天然環境的。這說最粗淺而不完全，因為文化是動的，環境是靜的；文化若是要體合環境，如何能進步呢？又有什麼地方容人創造呢？總之文化是關於心理的，解釋文化底進化，不顧及心理方面，總不能算得圓滿。所以近來關於文化進化的學說，都偏重心理學方面。這也有幾種：第一是心理的偶然和模仿說 Psychic-accident-imitation theory，以為文化的進化，是由於一地方的人，因為環境和神經系的情形巧合，偶然發見或發明一件事，於是別人就模效他，因此這件事便傳留下來成為文化的一部。第二說是習慣環境說 Habit-environment theory，以為當新發明成功以後，便有新環境發生。個人必定要改變自己去體合這新環境，每一件新事業可以都使環境更複雜，因此要更複雜的適應；而複雜的適應，又可引起新發明，輾轉循環，文化得以進步。第三是社會和心理說 Socio-psychic theory，以為文化一方是社會事業的結果，一方是思想和思想的交換，由人類的社會生活，生出人類理性化的能力，能抽象的製成觀念，並將觀念互相傳換。這三說中，當然以末一種較為對些，因為他不忽視環境的勢力，也不忽視心理的勢力，能合以上各說，成為一爐。這一說的中心觀念是：「文化進化是隨着互相交通 Intercommunication 的發展爲遲速的」文化的發展，不單靠物質的環境；不單靠人類的習慣和本能，推理和感情；並且還靠着互相交通，和人類聯合中種種互相刺激和反應。如果這說不錯，那學術團體在文化運動中的地位就可明白了。他是人類的聯合，能引起相互的刺激和反應；雖未必是促進文化進化的唯一方法，但確是合於文化進化條件的一種組織。爲了增進人類間相互交通的緣故，所有階級間國際間民族間的障礙，都是我們所應打破的。而在現在的國家制度之下，國際間文化運動的聯絡，總要算學術團體的聯絡，比較易於成功。

學術團體既負有這樣的使命，所以有兩件事要注意：消極的，要防止互相詆毀互相標榜的風氣。假如這風氣不除，那就會有猜忌嫉妒自滿等事發生。這樣的學術團體越多，人類的思想隔絕得越利害，不但不足以增進文化，反足以妨礙他的發展了！積極的，應當謀學術團體間的連絡，總要使相互的刺激和反應加多，使人類的思想更相接近。

就現在國內學術團體數目看來，已經是狠可嘆息的了。他們的事業，雖未必全然無功，但對於文化運動的責任，豈是只有這點麼？消極方面防止弊病的工夫果然都作到了麼？積極方面溝通人類思想的事業果然都有幾分成效麼？然而假使我們要希望我們的文化運動能成功，能不和現代人類的文化運動相違，對於這幾件事都應當加以注意。所以我極希望有多數學術團體出現。我並且希望這些團體能聯合起來作關於某問題的公同研究，但不狠希望這些團體竟合併成爲大團體。因爲在小組織中，精神要專一些，研究也可精深些。大團體雖有好處，但稍不謹愼就會流於形式，精神反覺散漫，這也不可不妨。我以爲只要小團體能免掉排外的性質，團體間意見時時得以交換；一方得以自由發展，一方得以有協作的精神；那就未必毫無效果。所以我狠盼望有多數學術團體出來作公同爲人類的文化謀發展的運動。

學術世界

美國斯密搜尼安學院（Smithsonian Institution）

袁重三

斯密搜尼安學院爲哲姆士(名)斯密森(姓) James Smithson 遺產所創立。斯密森遺囑以五十一萬五千一百六十九元之產業，贈與美國，專「謀人類知識上之增進及傳播」。美國國會本此遺囑，於一八四六年八月十日議決在美京華盛頓設立斯密搜尼安學院。此院於美國文化進步，關係極大，特爲介紹如左：

斯密森略傳　哲姆士斯密森（一七六五——一八三九）爲英國礦物學家，生於法國，原名James Lewis macie 父名秀爲 Northum beland（英國北部之一州）公爵。斯密森學於牛津大學之 Pembroke 書院，於化學礦學研究極精。一七八七年，被選爲皇家學會會員，所讀論文有二十八次之多。生平多在歐洲大陸，一八二九年六月二十七日卒於義大利之 Genoa。遺骸於一九〇四年移運美國，葬於斯密搜尼安學院，以爲紀念云。

學院小史　籌備學院事，由國會指定委員數人經營之。由委員中復推 Joseph Henry 爲籌備主任。Henry 提議『增進知識』施行以下兩法：(一)鼓勵學者研究，如有關於發明眞理之著作，給予獎金。(二)爲某項特殊研究，延聘專門學者，在每年收項內，另籌一款撥給之。『傳播知識』施行以下兩法：(一)按期印行關於各種學術進步之報告。(二)關於普通問題之討論，臨時刊印小冊。

學院地址，議決設在華盛頓。圖樣爲 James Renwick 工程師手繪，建築仿諾曼式，華麗無比。圖書館，博物院，相繼成立。而尤注意於高深學術之研究。「暴風之現象」曾爲研究之資，徵集材料，由調查之結果，氣候觀測所（Weather Bureau）得以成立。探險隊，及太平洋鐵路測量隊採集之材料，均在此院保存，實爲美國國家博物院（United States National Museum）之嚆矢。其出版物有：

（一）Smithsonian Contributions to Knowledge

此項叢書自一八四八年印行以來，已出三十五種，皆係關於發明眞理之著作。

（二）Smithsonian Miscellaneous Collections

此項叢書至一八六〇年始刊印，皆係關於某種科學最近傾向之著作。氣候，地理，物理，數學表，一九〇三年刊印季刊，均為此項叢書之一。

(三) Annual Reports of the Board of Regents

此項報告自一八四七年逐年出版，皆係關於學院進行之報告。

下列各項事業，均附屬於此學院：

圖書館 (Research Library) 學院印行叢書，得藉之與各著名學會交換印刷品，日久搜藏極富。現多存於國會圖書館。此學院另設一普通圖書館，凡有新書出版，均須以一冊寄贈。

國際交換所 (International Exchanges) 一八五一年為流傳斯密搜尼安學院出版物起見，特設此所。一八六七年所有關於官家出版物之交換，均委此所經管。經常費由國會籌款支給之。一八八六年在 Brussels (比國京城) 開會時，與各國訂立條約，所有各國政府出版物，均須寄與此所，互相交換。成立以來，圖書包裹經此所交換者，已逾四百餘萬。一九一四年一年之內，包裹竟達三十四萬一千六百六十七種之多！

國家博物院 (U. S. National Museum) 關於動物，植物，礦物，地質，人種學，考古學，中西美術之標本，無不搜藏。美國水產局，農商部人種局，及政府派出之探險隊，測量隊所搜集者，俱保存於此。附設美術陳列館 (National Gallery of the Fine Arts) 於一九〇六年始成立。內中所藏，多為 Charles L. Freer 及 Harriet Lane Johnston 所捐贈。一九一五年，增至四千八百十一件之多！

美國人種學局 (Bureau of American Ethnology) 斯密搜尼安學院成立以來，於美國人種學，即從事研究，而於 American Indians 尤為注意。自一八六七年，屢有探險隊出發，由 John W. Powell 主任其事。一八七九年，與他種同類團體合併，成立美國人種學局。自一八七九年，逐年印有報告，自一八七七年，印有叢書。

國家動物園 (National Zoological Park) 為保存各種野獸起見，在學院左近，曾設有動物園。至一八九〇年，由國會籌給二十萬元，另購地一方，計一百七十畝，地在 Rock Creek Valley 在華盛頓左近，國家動物園，遂於是年成立。現內藏之動物，有一千四百餘種。

天文觀象台 (Astrophysical Observatory) 一八九一

年由國會每年撥給一萬四千元爲經常費，並增加天文儀器價值三萬元。

藍格雷氣體動力學試驗所 (Langley Aerodynamical Laboratory) 此所專研究氣體動力各項問題，謀國防，商業之發展，及人類之幸福者也。

高深研究 (Research) 一八九一年 Homes G. Hodgkies 以二十萬元贈與斯密搜尼安學院。利息十萬元，專供獎勵發明大氣的性質者之用。Lord Rayleigh 及 Sir Wm, Ramsay 發明 Argon 元素，一八九五年以全一萬元贈與之。又備有金牌，於一八九九年贈與 James Dewar。一九〇一年贈與 J. J. Homson。其領有學院獎金者，人數尤多云。

國際目錄 (International Catalogne) 一八九八年在英倫舉行會議，議決在英刊印「萬國科學圖書書目」。美國出版之科學書籍，俱由斯密搜尼安學院擔任。前後寄往倫敦之目錄片，共三十一萬八千九百三十六張云。

美國史 (American History) 一八八九年由國會議決，將美國歷史學會併入此院。關於在美之歷史調查，均須逐年報告於學院院長。此會書籍小冊子及他種關於歷史之搜集，均分置於學院，及博物院保存之。

上述均極簡略，欲悉詳情者，請參考下列各書：

1. W. J Rhees: a list of Publications of the Amithsonian Institution
2. W. J. Rhees: Amithson and his bequest
3. W. J. Rhees: Amithsonian Institution, Documents Relating to its Origni and History
4. G.B. Goode (Ed): Amithsonian Institution 2 vels
5. R. Rathbun: National Gallery of Art

美國西部哲學協會第二十次年會

劉國鈞

美國西部哲學協會 The Western Philosophical Association 在本年四月十六十七兩日在威斯康新 Wisconsin 大學開第二十次年會。在這次會期中，議決和美國哲學協會合併，組織全美哲學協會，而將原有的西部哲學協會改作美國哲學協會西方支部。The Western Division of the American Philosophical Association 所以這一次年會，就算是西部哲學協會的最後一次年會了。這次到會的人很多，所討論的問題也很重要。其中關於事務方面，最重要的議決案自然就是組織全美哲學協會案了。

原來美國的哲學協會共有三個：一是會址在東方的，名作美國哲學協會；一是在中部和西方的，就是這西部哲學協會；一是在南方的，名叫南方哲學協會。三會都是獨立的組織，平時雖然互通消息，互換意見，但終究因為缺乏統一的緣故，有許多無謂的耗廢，所以就有人提議聯合這三個會組織一個大會。這個提議，也有了好兩年，信使往還，直到去年十二月三十和三十一日，美國哲學協會在綺色佳城開第十九次年會時，議決改名為美國哲學協會東方支部，並議決將組織事宜交給組織委員會，而且還希望在明年（一九二〇年）年會時，能可和西方支部開一個聯會，於是合併的事體才算成功。因此西部哲學協會這次開會時，也就議決幾條議案，大旨是：（一）這協會以後，改名為美國哲學協會西方支部；（二）希望這次改名，能更聯合兩支部間的感情；（三）關於聯會的事，選派一委員會辦理，並且希望第一次聯會能在一千九百二十一年九月第一二星期在東方某大學舉行，並由會議程序委員會公舉幾位哲學家，在那時就哲學上的題目舉行至少不能少於五次的講演；同時還希望能請國內外的哲學會派代表來與會。自此以後，美國的哲學協會，除了南方哲學協會尚未定奪外，東西兩協會，就連而為一了。

這次年會，並議決美國哲學協會東方支部所選派赴英國鄂斯福國際哲學大會的代表，也是西方支部的代表，當由書記以這意思通知東方支部的委員會。

下屆職員舉定如下：會長與蒙 E. L. Hinman 副會長饒布，W. L. Raub 會計兼書記施椬布 E. L. Schaub 執行委員會會員洛志 Loolge 摩爾 Moore 鄂圖 Otto 和斯瓦背 Swabey 幾人。

至於這次年會時所提出的論文，共十四篇，他們的次序和幾篇重要些的論文的要旨，寫在下面，

四月十六日共提出八篇論文，次序是：

洛志的「初步判斷和反想判斷在邏輯上的地位，」他的大意是：用判斷作思想底單位，是舊式邏輯和現代所同的，所謂判斷，就是理想的內容和實在相關合，或是理解真實的關係。舊式邏輯以為一切判斷都屬於這類。新式邏輯以為這是判斷的一種，是初步判斷；此外還有反想的判斷。反想的判斷，是批評的，他和實在底接觸是間接的，是一種理想的內容，認識其是如此，和在這動作以外的實在相關合。現代邏輯所研究的判斷，就只限於反想的。因為現代承認了反想的第一階級，以為一切判斷都是人為的，假定的，可以懷疑的；所以第一階級的反想，即初步判斷，就不能稱為判斷。況且在近代邏輯中，所謂與實在關合，不過代表一種理想，并非真實事實，那直接和實在接觸的初步判斷，在新式邏輯中，自然就沒有位置了。況且排除了初步判斷，對於解釋否定和假設的推理都容易些，所以近代邏輯所研究的判斷，僅是反想的判斷。

摩爾的「利器主義 Infrumentalism 的幾種誤解」這些誤解，都由於利器主義這個字用的太濫。照適當的用法，利器主義是指着反射的推理的意識底工具的性質。不料有人將他泛指一切意識，結果使將反想對於他為工具的直接經驗，解作物質的運動，而將一切的價值作為對於自身無價值的歷程有工具的價值。又以為利器主義中，沒有理解瞑想和讚慕的位置。卻不知反省的意識，正是他們的工具。至於這種誤解的來源，約有四種：(1)利器主義既稱為主義，不免含有普遍的性質；(2)我們有用認識的名辭說明意識的習慣；(3)不知道利器主義者所稱引的生物學，是有有意識的價值底生物學，當有一田社會的，審美的，宗教的價值。(4)將反省意識的性質和功能的問題，和與趣的分類和專門化的心理學問題相混，所以發生這誤解。

施柏布的「一個社會學的知識論」是篇批評都爾罕 Durkheim 的知識論的文字。要點在不應將個人的心和團體的心分開，并且不當忽視心與心間的關係。

色乃斯 Sellars, R. W. 的「德謨克拉西的主要假定」解釋德謨克拉西的意義，以為德謨克拉西乃表示個個人和都應當受尊重和注意。這種信心最先表現的，是種個人的防禦的態度。經濟學上的放任主義，就是一例。現在的德謨克拉西運動，一方不滿意舊有的制度；一方提出新的原理可見得德謨克拉西的假定，也是依着時代而進化的。

與蒙的「民族主義底倫理學上的意義，」是一篇主張人生哲學來解釋民族主義的文字。

莎賓 G. H. Sabine 的「國家權力的概念」從前以為國家在執法的時候，是種統一的權力或法人有無上的權力，可以命定他的臣民。這種命令，就是法律，因發出這法律的志意，在政治上至尊，所以法律有強制能力。起先這種主權，是帝王個人製定和執行法律的權力，不顧一切國內的別人，所以人也就以為這種權力是純一的，無上的，絕對的了。等到君主立憲政治的時代，這主權的中心，就由帝王移到國民，但以絕對權力作法律之源，這種思想依然未變。然而國民不是有組織的立法團體；況因憲法上的限制逐漸增加，國家製定法律的權力漸不僅屬於一特別團體。所以政治學者欲指定一特殊團體作主權所在者，也不能殼。在事實上，政法作用，并不能証明某種特殊權力，為國家的精髓，而一國家所運用的各種權力除了都是由政府經營以外，也不見得有什麼統一的地方。并且國家運用的權力，也不能代表什麼特別公共與趣。因為私人所經營的，也有這種與趣。但無論怎樣這活動都是受法律的保護和制裁，政府各機關都要受法律的管轄，所以將法律看作實現在對下命令中的國家志意，未免不對。

布羅根 A. P. Brogan 的「國際刑罰。」國際刑罰，是一個沒有大經研究的問題。然而哲學對於決定國際刑犯的公道，也須研究出一種原理和方法。這大概是哲學中關於價值論的部分的事業，這是倫理哲學的事業。欲研究這原理，必須有倫理學研究的公同立足點，并且要有一種國際的倫理學說。這種倫理學說中，就有一部分，討論國際刑罰是否公正的。這雖是倫理學者的事，但全問題也非哲學家一人所能解決的。

魏爾得 N. Wilde 的「對於國家的侵擊，」是一篇反對複數主權主張單一至尊主權的文字。

四月十七日所讀的論文是：

夏爾勃 Sharp 的「休謨的倫理學說所忽略的一方面。」

司徒爾 H. W. Stuart 「倫理學說中投象的倒轉。」

銳特 H. W. Wright 的「人類組合的根據。」這根據是藉着討論互助，和感情的協應而來的人類聯合。人類所以能有討論的，就是所選的目的，是能公同了解的目的。目的是供「我」實現的常住可能。這自我是確是社會的，人類從以對象爲目的而求實現中所求的滿足，是他們概括的領解的功能；而此因爲根本於他們的智慧的性質所以也是人人所同的。因此人類目的間同意的可能有了，而這種同意更受了最概括的目的是同時包括人我的意與的這事實的帮助。至於感情的協應，所以可能的，因爲隨着人的動作，而且由他產出的感情，是由從事於共同承認的，公同能了解的目的而來。所以目的的世界，是完全社會的底世界。個人從事於仔細選擇的目的，就牽及參與實現公同目的的社會。所以人的交際有三特點；第一爲社會的，且合有社會組織的，目的所管理；第二對於達到公共承認的目的，准許個人自由運用他的創制力發明力；第三由自由人的交際，可以發見出施行公同社會事業中的新價值。

布丁的「團體參與爲卓絕的社會學的原理。」這文的主旨，在不拿個體的分子來解釋社會的進化和行爲；而用團體中集聚成的傳說和創造的生活來解釋這些個體事實。我們不能說某種情形可以產生某種結果，須知這些特殊情形，僅是帶有社會壓迫，信仰的系統，和價值的高低，底生活與趣組織的一部。這些特殊情形，不過是種供給社會建設的器具罷了，必定要到他們參與了團體實現底創造的綜合，才有意義，才有効率。所以我們不僅應拿「團體參與」Group participation 作爲一種結果，而應看他作一種自變的分子，Independent variable 在社會學中尤其是要緊的自變分子。別種事物變了，而團體關係仍舊不變；團體關係也可以變了，而別種事物不變；這也可證明「團體參與」在社會學中的位置了。

最後一篇論文，是瓦爾可特 Walcott 所提出，名爲「哲學中的新學程」。是篇討論教授哲學的文字，狠引起會員的注意。他的目的是要使學生有現今各種科學所代表的世界橫斷面的知識。

美國西部哲學協會第二十次年會，就在四月十七日晚間閉會。

附牛津的哲學大會

今年九月二十四日到二十七日四天，在英國牛津 Oxford 大學，開哲學大會，Congress of Philosophy 可算哲學界一件大事。到會的團體有五種：

美國哲學協會

亞里斯多德學會

大英心理學學會

牛津大學哲學會

法蘭西哲學會

他們預定的秩序是

九月二十四日（星期五）

柏格森致開會詞，題目是「創造或新」接下去便是討論。這天是海爾定茵 Haldane 主席。

九月二十五日（星期六）

（一）關於普通相對論的哲學方面觀的談話會，談話人是蘭奇紋 P. Langevir 林得門 F. A. Lindemann 芮斯 W. D. Ross 和柏拉得 C. D. Brayd

（二）談話會題目是「思維僅存在語言的歷程中麽？」談話人：司密斯女士 Miss E. M. Smith 巴歸來踢 F. C. Bartlett湯姆森 G. H. Thompson 皮耳 T. H. Pear 瓦森 S. B. Wafson 和饒賓森。A. Robinson

（三）預備討論的論文二篇：一是米特 H. Mead 的題目是「因為腦髓局部損傷而起的象徵思維的錯亂。」又一篇是穆耳鳩 B. Mourgue 博士的答詞。

（四）伊米耳玻得羅 Emile Boutroux 的論文題目「使用我們適當的智慧能介我們知道自然。」接下便是討論這題目。

九月二十六日（星期日）

（一）在大禮拜堂開特別會牧師司莊 T. B. Strong 演講。

（二）談話會，題目是「宗敎和倫理的關係。」談話人李羅埃 E. le Roy 司密斯 S. A. Smith 哲克斯 L. P. Jacks 和休格兒 Hügel。還有柏羅 Belot 布雷 Bouglé 却衛里兒 Chevalier 吉布生 Gibson 和衞耳米爾也參加這會。

（三）談話會題目是：「心和藝術中的媒介」參加人是馬芮阿特 Marviott 瓦特來 A. B. Walkley 瓦特 H. J. Watt 布洛 Bollough和瓦勒廷 C. W. Valentine。

九月二十七日（星期一）

（一）談話會題目是；「意義的意義」談話人失勒 F.C.S.

Chiller，羅素 J. Rossell 和卓濟 H. H. Joachim。

（二）談話會題目是：「柏拉圖的 ElrΛom 是在分析實在中所先定的麼」談話人是：卓德 Joad 賀爾內 Hoernlé 斯特賓女士 Stebning 和林得謝 Lindsay

（三）談話會題目是：「國民性的功用」談話人是麻斯 Mauss 韓立萃 Halivey 芮西恩 Ruyssen 約內 Johannet 波納克 Pollock 和默銳 Murray

這次大會的論文分別在亞里斯多德學會紀錄，英國心理學雜誌心和希布特雜誌 Hibbert Journal 上發表。

兒童世界

兒童用書研究會

李儒勉

杜威先生說過「想解決紛紜龐雜的社會問題，惟一的方法就是零碎解決，特殊解決。」這話何等扼要！社會問題這般複雜，不就特殊範圍去研究，研究解決，那兒還有光明的一日！

撇開別的問題不說，目下中國小學教育界的情形，何等可憐！不提旁的，單是童兒的教科書有幾本能叫人滿意？兒童參考書性的好壞，暫且不管，以量言又能找得出幾部？照這樣情形，小學教育，怎能有幾多發達的可能？小學教育不發達中國前途又有幾多希望那末兒童用書的研究，怎能說不是急不容緩的事體？同志懷着這種願望爲時很是不少，只以自身缺乏充分的研究，和豐富的經驗，協力同工的人又不見多；所以不敢草率擔任這任大責重的事業。但是事機湊巧，這次南高暑期講學，來學者不下千餘人，其中從事小學教育者佔最大多數，他們對於小學教育，自必別有興味。同志因此提着這個絕妙機會，聚合十幾省小學教育者組織兒童用書研究會，期集各方面的材力，爲教育前途放一綫彩光。

我們第一步就在高師日刊上登啟事，徵求同志，啟事揭出兒童用書研究會的旨趣，有以下兩要點：

（一）鑒於兒重用書之重要，不能不加意研究。所謂兒童用書係指小學教科書及兒童參考書而言，編輯此種書籍，當有兩個最大原則：一須根據兒童之心理，一須適應社會之生活：蓋新教育以兒童作基礎，以社會作目的，必其根據於兒童之心理，方能發展兒童之個性，必其適應於社會之生活，方能促進社會之進化。此二個原則若忽而不顧，或偏而不全，則教育之功效有難以實現者矣。

（二）鑒於現行兒童用書之缺點不能不審慎研究也。現行兒童用書之缺點，擇要言之，則編輯者率爾操觚，忽視原則，一也。即使編輯者重視原則，而或無機會以求實際之經驗，或為環境所限，不能免除主觀的見解，必致結果仍難適用，二也。且察現行兒童參考書遑論多不適用，即就分量言之，較諸英美諸國瞠乎其後，其不足供兒童需要，三也。總之，無論其為書肆編輯之書籍，或私人編輯之書籍，就彼等之能力及所處之地位而言，實難望其能獨負此重任，則至明晰也。

啟事登出以後，各省小學教育者，遠的如山東廣西，近的如浙江安徽兩湖及其他各省的俱踴躍加入，一二日間簽名的至二百人之譜。八月二十一擇高師教室開籌備會，公舉籌備員起草簡章。八月二十三下午二時（即星期六）開正式成立會，到會者六七十人，首先討論並修改簡章，逐條通過。茲附簡章如左：

兒童用書研究會簡章

(1)定名　本會定名為兒童用書研究會。

(2)宗旨　以研究並編譯兒童用書改造全國小學教育為宗旨。

(3)會員　凡有志研究小學教育，或從事小學教育者，經教育機關或本會會員之介紹，均得為本會會員。

(4)組織　本會組織分下列三部：

(甲)調查部。　調查現行小學兒童用書，并設法收集之，以供會員研究。

(乙)編譯部。　編譯兒童用書，并擬發行會刊。

(丙)事務部　管理本會經濟文件及其他雜務。

(5)職員及職務

(甲)總幹事副總幹事各一人，總幹事處理本會一切事務，副總幹事補助總幹事處理本會事務，遇總幹事缺席時，得代理其職務。

(乙)幹事　設幹事二十四人，計調查部幹事四人，事務一部幹事四人，編譯部幹事十六人，其職務即組織項中規定者執行之。

(丙)通信員　於各地分會未成立時得由各地舉通信員一人，將各地小學教育情形傳達總會。

(6)職員選舉及任期　本會職員用記名投票法選舉，任期以一年為限，但得連任。

(7)會員職務　本會會員均應負調查及編譯之責以助幹事之不及。

(8)會費　本會會員每年納常年費一元。

(9)會址　本會總會所暫附設南京高等師範，俟會務發展經濟充裕時，再行設立會所。

(10)分會　各地會員達十人以上得成立分會，本章程亦得適用，惟不便處得由各地分會自行酌改。

(11)會期　本會每年開常年大會一次，於暑假期內定期召集會員舉行，惟會員有因路遠未能赴會者，得託人代表或通信發表意見。至臨時會期得由職員商定召集會員開會。

(21)附則　本章程自成立大會通過之日施行，如遇有不適用時得經會員五人以上之提議，過半多之同意，於開大會時修改之。

通過簡章以後，便選舉職員，鄒爽秋君，王克仁君，當選為正副總幹事。趙興女士，鍾錦田女士，金海觀君，李儒勉君當選為事務部幹事。楊賢江君，陳啟天君，張念祖君，王衍康君當選為調查部幹事。編譯部幹事十六人，因會員多來自遠方，相識有限，不易舉出，當由全體議決，暫歸總副幹事商請。

兒童用書研究會成立了，但這不過是我們要做的最簡單的一着，以後的步驟，正不知如何煩雜，如何困難。只望會員「戮力同心」，排除一切障礙，以求實現我們拳拳服膺的理想，幷望海內外教育大家本熱心教育的素志，指導本會同人以當循的途徑。（進行方針，俟明日大會討論如何，容再報告。）如有發表言論討論一切，則尤所歡迎。茲節錄本會會員徐敬修先生對於兒童用書研究會之管見如左：

一　當知今日兒童用書不良之點　今日之兒童用書，其內容與形式兩方面缺點甚多，其故以編輯者與發行者，純乎商業行為，而於教育上未嘗着想也。其不良之點，余於往年曾於時事新報上略行發表，今從具體方面着想，則亦有數端：

一屬於內容方面者

一無目的

二無精神

三多消極

四多抄襲

五不合兒童心理

二屬於形式方面者

一文體欠當

二辭句不合

三無審美性質

四有害目力

以上數端，雖未能將今日兒童用書不良之點盡行抉出，然已可略見一斑矣。余回憶去年初夏，我江蘇各省立學校校長曾赴日本考察教育，其在靜岡師範（校名已忘却恐有誤）參觀時，嘗以我國教育不良之點相詢，乃該校校長並不答以何種理由，即以我國所出版之教科書出示，繼以日本小校教科書出示，其意蓋謂我國教育之不良，在抄襲日本之形式，而失却教育之精神。嗚呼，我國教育之失敗，彼邦人士已早洞悉，我全國之教育家，尚可昏昏焉保愛此不良之書籍，而害全國之兒童，不思有以改良之哉？

二當如何以編輯良好之兒童用書　我人欲編輯良好之兒童用書，必先合於教育之本義，而又必合乎兒童之天性與本能，則所編書籍足於教育上有偉大之功業，而兒童得人人具有積極進趨之精神，以生發動力創造力應變力三種之效果。致其最宜注意之點，亦有數端：

一屬於內容者

一須適合兒童之本性

二須養成主動的性質

三須養成能於社會上有貢獻之能力

四須養成積極建設之精神

五須隨兒童本能之發展以幷進

二屬於形式者

一文字須合於兒童口吻

二須有審美之性質

三於教授上不發生危險者

總之編輯兒童用書非可鹵莽從事，真欲收良好之效果，則更須注意下之二項：

三當先研究學識　今日之兒童用書，我人既知其病，而又欲有以改良之，然其最初之手續，則非先儲學識不可。學識其後乃可以洞燭今日教科書之缺點，進而研究之，改良之，出版行世，造福兒童…………至於研究學識方面其急應研究之點則如下列：

一人生之目的

二近代教育之趨勢

三兒童之心理

四文化遞進之情形

右述四端，不過爲身當編輯者所不可不研究之學識，其餘各種科學，則爲編輯者之本分，可無贅矣。

四當用研究方法　編輯適宜之兒童用書，須有學識有經驗固矣；然未經試驗，則將來必有杆格之弊，其弊雖較坊間之書籍或可減少，然殊非吾人所願有也。是以凡編輯一書，必先由會中同人共同試驗，其適合者存之，不合者去之，改良之，以求達於至完善之境，若夫試驗之方法，可分二端：

一屬於平時者　如編輯一高小二年級之國文教本，即可由會員中凡屬擔任高小二年國文者共同試驗，將其結果作一報告。

二屬於假期內者　凡新編之用書，於假期內由各分會指教就近之學校利用補習之時間實行試驗，其就近之會員，於教授時即可同參觀批評所得結果，亦須作一報告……

教育世界

今日美國教育界的恐荒

譯八月份Current Opinion

李儒勉

！！！戰戰戰凡爾登戰役槍礮的回聲，彷彿仍震盪吾人的耳鼓，戰地之橫屍汚血，斷壁危垣，那一樣不給吾人以極恐怖的印象。就大體而言，空前約慘禍，可算是宣告終止，但是禍機四伏，戰爭的禍子，正不知播撒了多少，而目前各地零星戰鬥的呼喊，更日不絕耳，好像人類依舊在沉夢中渡生涯，覺悟的程度恐怕只以零計。唉！光明的燈，何日纔能普照大地，永拯吾人出不醒的迷途！然而仔細思量，人類之長夢不寤，正以缺乏教育，而教育底進行，每受戰爭的挫折，大戰期內教育停頓固不待言，卽戰後教育界所蒙的深痛巨創，亦何可勝紀。戰爭影響生計，生計轉而影響教育，以出產豐盛當如北美合衆之國，且感戰爭的大苦痛，其餘各國，更可想而知。

『目前我們美國教育界的危機，可算美國教育史上未有底現象，一般教員多半捨棄教授改入他途，因之無數兒童感受失學的苦痛，我們如不從速補救，則美國普通學校的燦爛之程度恐將一蹶不振。』

以上一段申言係前全國教育會會長哥侖比亞大學教育行政學教授 Dr. George D. Strayer 佐治史特爾博士的談話 Louis Levine 路易李濤博士的紀載在紐約世界雜誌上發表，同時史特爾博士並述以下之事實：

(1)去年秋季開學時，全國教員因改入他途而缺席者，估總數百分之六，約在四萬人以上。

(2)從事教授約教師至少十分之一不及格，太半年輕而缺乏經驗。

(3)一九一九年全年離棄教授之教師，估總數五分之一，約十四萬人以上。

據最近美教育司 Philander P. Claxton 菲蘭克登的報告，更有左列的情形：

因教師的缺乏，一萬八千二百七十九個學校業已停辦，四萬一千九百個學校之教師俱以不及格稱，最缺乏教師之各州是：

康達克	Kentucky	2.250人
太克斯	Texas	2.055人
忽綫惡	Virginia	2.000人
佐治亞	Georgia	1,500人

北加羅李娜

North Carolina 700 人

唉俄瓦

Iowa 600 人

不及格的教師最多的各州是：

太克斯．

Texas 4000 人

忽幾恩

Virginia 3500 人

惡拉巴母

Alabama 3500 人

太尼西

Tennessee 3000 人

米地蘇打

Minnisota 3000 人

伊利諾

Illinois 1880 人

康達克

K.n.ucky 1200 人

紐約

New York 1100 人

南加羅李娜

South Caro'ina 1000 人

照上列各項報告美國教育界之危機，已昭然若揭，推原其故，不外薪金短少。百分之四十的鄉村教師所得的薪金，不及美金六百元，就全國計算教師薪金的平均數，每星期不過十二元美金。全國教育聯合會曾製一圖，將教師的薪金和中部西部工人的工資做一番很詳細的比較，據圖所示，教師之進項實遠不及磚瓦匠鐵匠及運煤夫之所得。自一千九百一十五年至一千九百一十八年教師之薪金平均每年自五百四十三元加至六百三十六元或百分之十，但是生活程度之增高因他種原因及戰事之影響，從百分之八十一躍而至百分之一百。

現狀如此，惟一的補救只有增加薪金，但是時勢十分迫切，政府的處置，每難孚衆望，即稍有增加也難應生活的要求。阿海阿尼佛得 Ohio Nerade 及英地愳娜 Indiana 各省省長有見於此，深悟採行強有力的方法的必要，及喚醒輿論之急不可緩，特畫出一星期專研究師資問題，希望得圓滿的解決。今正紐約省立法院已切實規定從六月一號起紐約全省教師約薪金一律增加，Lockwood Donohue 之議案所定新金之數目較紐約者新章所載略有勝色，但這些仍是零碎的救濟，就全國大局而言似未可樂觀，一般輿論依然不滿意。克利雜誌的記者說：「我們美國教育界的危險種子，滿布了全地，……饑荒貧乏的歐洲國人還不惜巨資努力救濟，難道本國教育的空前恐患，竟忍漠視好像不是切膚之痛嗎？……」

閱者諸君，予譯這篇短簡的消息，不禁生無限感慨，就大局言之，戰後世界的文化，那有幾處不露破裂的現象，不特美國如此，即吾人素昔所崇拜的德意志底各大學院亦顯出極疲乏的狀態。其他各處更不遑指數，世界之前途，何日方能入凱旋之域！吾人之鉅大責任，更不知如何方得稍盡一二！更就中國而論，教育界的命運，更何日不在危險之中，其危險之程度更何可勝數，一般國人猶處之泰然，即號稱教育家者之所盡力，亦只以零計，吾儕對此，將以何法救濟，是不得不深思而長思之者。

美國教育的危機。

W. Lene 著　李小緣譯

美國的教育生病了！他並不是小不適意，簡直是大病，風疹子，喉痧，紅熱症，天花，等等都有。此外，陪着這些病使他更不可救藥的就是滋養料不足，美國的教育是失於調養，飲食不均。

上星期在華盛頓城，許多教育界的醫生就要診斷各種病証。這回事是美國教育委員克司棠 Philander P. Claxton 所召集的，開診三日，到診的不單有專門醫生—教育家，也有許多病人的親朋—百姓和牧師，只是居大多數的醫生管理全場試驗，親朋只得站在旁邊流涕。（我想這兩段未免太比喻狠了）

試看這些事實：去冬十八〇〇〇所學校因為缺少教員關了門：這些座數房子的門是閉了，兒童也不去了。在這種情形之下，有三十萬到四十萬學童失學，還有四五十萬學校只靠着「遷移時間」的教員，其中頗多少年女子，少有教員資格。克司棠估計本年秋天尚缺十二萬新教員—這個所缺教員的數目比起全國教員的人數來已經是五分之一了。在要請的十二萬新教員當中師範學校只可以供給二萬大學可以供給一萬，還有九萬空在那裏無人能去補就或有人也不過是打字者和中學卒業生罷了。最近據本色衞里亞省 Penrsylvania 的一個小鄉鎮裏農村學校的報告有五十三個學校因爲缺少教員所以關門。

再請進一層試看教員教員所得的薪水不足以維持生活，雖是年輕女子才從第八年級卒業出去在商業界做事工價還比她們的先生賺的多。在美國公立學校教師的普通薪水，不問是在中學還是小學大概是六百三十元的金洋。有些省裏連三百金洋都不到。照美國最近的勞動部統計表一位烘麵包的人每年所得比教員還多三百六十三元，擔灰斗的人比教員還多三百九十四元，鐵匠要多八百九十元。鄉村學校的教員百分之四十一年的薪水不得過六百元，百分之二十四不過五百元；百分之十一，不過四百元？這樣的情形無怪乎少年男女都不願當教師了！

還要討論的若美國要想把現在的教育照擬定的秩序辦去，那就必定即刻提出兩千兆金洋現在的校舍照預定的計畫相差已有十年，現有的校舍的費用已經有一九一四年的三倍之多，如果我們要給小孩兒們一個教育上的好物質環境非設法付他的代價不可。

上面所舉的事實，有些因爲歐戰的緣故，愈加險惡。有些總是那樣，美國雖說揚言自由的普及教育—爲所有的孩童—其實從來沒有這一回事。再發証事實：以九月爲法定最低修業期限的，只有六省，八個月的有六省，七個月的有十省，六個月的有九省，五個月的有四省，四個月的有五省，三個月的有三省，還有六省連法定最低的修業期限也沒有。除外也有五兆孩童處當入學的時期而不入學的—這不單是因爲歐戰少教員的緣故，平時也是這樣。美國在文化國之中有最短學年制，最短上學的星期制，最短上學的日子制。

我們常說造就有經驗的教師，實在是個笑談。教育家普通都以爲中學卒業兩加二年的專門訓練才是說過得去的最小限制，其實這還是狠低的標準呢！然而公共學校的教員可以算得合乎這種標準的五位只有一位平均起來教師的教育過了中學三年的也就狠少。克利弗蘭地方（Cleveland）學校的視學員司樸丁 Frank E. Spaulding 曾說過：「我們說普通美國小學用，比較上未受教育的人教育更未受教育和愚魯的人這是不可辯駁的事的保守的說法。」

在鄉村學校的範圍內有十九萬五千四百學校，都只有一間課堂，這話是說在這種課堂上，只有一個教員聽二十到六十個男女孩子復課；這些孩童是從五歲到十六歲，而且他還要負教授各種功課的責任，如這種鄉村教育，就是犯了一個戕賊美國兒童的大罪，（我想現在中國的私塾教授，比較起來，更是罪不容誅了。這樣看來救現在中國兒童脫離這水火而登衽席的責任是誰？青年的教育家何不奮起，為各省各處的私塾兒童起一種教育革命呢？）

然則應該如何對付他呢？當然大家不能再長此以往不加增教育用費。教員薪水平均至少增高到八百元金洋一年——比現在要多二倍半——要瞞這事決無好處，課室等仍然比從前要值兩三倍——實在美國的教育，並未照這要求實行出來，鄉村區域充實的學校處處都要建設起來，一間課室的學校，必定無存在的餘地，師範學校照現在的數目，每年加多五倍的畢業生；而在這一事就要增三倍用項，要說美國公共教育的用項，不是二倍於從前，正是要三倍，或者不止些，這還是保守者的測度，一九一八年的用欵是七六三六七八〇八九金洋，現在當增到兩兆半金洋。

現在當從什麼地方着手得這筆錢呢？這欵比較從前為教育所花的自然是嫌大，但和全國現有的財產比較，那算大呢？現在教育費都在普通產業上收稅，還有別的小方法，如學校通常進欵，其實只公產稅是大宗，再者這種稅法必定由地方捐稅處去辦——城鎮或學校的區域每省供給總入欵的一部分，城裏又供給一部分，本土區域供給本土所需總欵的四分之三。換句話說，美國的教育是由產稅輔助，但本地教育的費由本地擔負。

現在美國人所要解決的問題是：怎樣籌備美人所信仰的公共學校的經濟呢？這問題與國家經濟都狠有密切的關係，若是說大些，這個問題的意義就是把德謨克拉西中的教育問題重行提起，也要將學校放在公共事業裏的一個正當的地方，更要若試驗這個問題，當設一個經濟的組織來輔助教育，這種輔助不單是滿足現今的須要，也可滿足將來的須要。

這個問題震動了華盛頓都城的聚會.教育的各方面都提出討論。三省省長,一位參議員,一位衆議員,有些平民,都與聞這會。雖討論狠久,而注意的中心並未曾定,好像各代表回去的時候仍然不知到來意是什麼?

當下所討論的較爲建設的,有人提議指明國中的產業稅並未十分足,他們說:「讓我們估量全國實在的產業,當有多少—不要將他三分四分應就全價值徵稅,我們應停止掠擄國家—同時停止,掠我們自己和小孩子。」

又有人提議,只靠產業稅不足供教育的用處,有人更進一層說,用產業稅來供給教育的用處,是不合論理的,他們指明他們的理由:譬如有人有房子和田地在路口上,假使路一經修理,在房子田地上抽捐,這是合理的,因爲房子和田地因修路而增高價值,假如因爲去教育住在這所房子裏的孩子,房子的價值,並未增高,所以就不應稅這屋主來教育孩子,這二種人寧可用別的方法來增加收入。有些人又提議用所得稅大家都說一省所得稅,—如紐約省所抽的—是輔助教育最好的方法,因爲從那裏來,還是爲教育的能事。爲增多能力用去,又有些人贊成用這產稅,若這法能施行,至少也是增加入款的一個好方法。

提議狠多,不能盡舉,其中有一個,是說各地辦教育的稅,必擴張一點範圍,免得使城鎮負教育的責任,我們擴大他使爲一道,他們說這一來,我們既可以有一道的財產來爲一道的教育徵稅,教育的機會自然可以平等起來。

在這幾個提議後面,狠有不少有價值的討論,其中有一個是:現在我們實在想不想把如今教育系統辦到現在所討論的標準?我們願意不願意照舊行去,假充全國的男女,已得完滿教育?或者採用僕玉史梯 Henry S. Pritchett(爲卡蘭依基金促進教育的會正)所說的話,「照小孩的本能造就出來一位有教育的人,這事是不可沒有的,不然就要將不可能的理由說明」—更有一個要緊的討論,是以後教育的將來,是否仍當像現在是本地方的事呢?對於這一個問題,因爲學校不良,所以生出些缺點,貧窮社會那能供給像富翁所能辦的學校呢?國內一部分的百姓,是不是喜歡知道國內別處教育的質量?總之,教育是一地方的問題,還是一國的問題?若果關係一國,也當來罰貧窮社會所辦的教育,再當採用一種新政策,「稅財產多的地方,來用在教育上當用的地方，也要使省政府和國家政府使他們爲學校用的錢比現在還多些，這簡直同司密斯議案（現在正付國會討論）把國有的錢用給省教育，同時省自己也自供給一半款項的意思相同。

雖經討論一番，大會好像並不採取施行，只有許多意見是採取的，這些意見草率散在各處，實在與增多入款的方法毫無補救，後來下午開會，將所討論的總結起來，紐約城師範大學斯垂耳提議派一些人做委員，使他研究這個問題，聽者都歡迎這個意思。Gary 學校的管理 William Wirt 附議議案是：

「請求美國教育委員想個方法使這種委員會發生，所要發生的委員會有權討論籌備美國公共教育正當的款項。」

全體表決通過，呈請施行。

這種委員會應當立時組織成功，有一次是威爾遜大總統正宣布資本家和勞動者關係間的危機，他就設立實業委員會來討論這事，委員會立時聚集，按問題討論三個月的工夫，後來會員也得了一個實業應付的方法，所採的方法並未有人反對，這事

真實代表實業界政治家的精神。

教育前途的危機，狠不消楚，當這時候總統召集委員會的權也是要緊，這委員會應當由教育代表人物，民衆，管理捐稅理財的人，組織成功，當包括像以下爲大衆所公認的人物：

（一）代表公衆的：

（A） Charles Evans Hughes

（B） Tane Addams

（C） Carl E. Milliken

（D） Sidney Hillman,

（E） Robert R. Moton 黑奴學校的校長

（二）代表教育的：

（A） Charles E. Chaddsey, Detriot 學校的視學員

（B） George D. Strayer 有他教育行政的專門知識足以使這委員會的基礎穩固

（C） William Wirt 非他的建設思想不可

（D） CalvineN. Kendall New Terseny 省的

教育委員

(E) Seonard P. Ayres Rwssall Sage Foundation 教育部指導員

(三)代表徵稅和理財專門家：

(A) William G. Meadoo

(B) Lowson Purdy 紐約城稅務估產處的處長

(C) David Friay 米西干大學，他稅務，財產價值和進項專門學的研究，定可助這委員會的討論。

(D) Robert Murray Haig 哥倫比亞大學。

(E) Jame H. Dillard Teanes Foundation 和 John F. Slater Fund 的會正。

三十五省的議會明年聚會討論，想委員會的報告，屆時應當可供討論。

將來美國百姓對於學校增加進款的需要當怎樣反應呢？都城裏的教育家並不失望，人人都有國民願意爲教育付錢的一証據，Gorgia 省 Augusta 的視學員說他曾跑到百姓面前去問加增教員薪水的事，他們沒有別的，惟有表示贊成，Kentucky 省 Sexington 投票者承認四十萬金洋的公債券爲學校的用處，這種種例子都足以證明美國百姓對於辦教育是狠熱心的，最要的不是地方單獨行動，只是設宏大的計畫爲全國人的好處，使以後美國的孩童有正當教育，好像是他們生來當有的權利。

對於這篇事實，讀者能得以下的感想也未可知，但譯者本人有以下的想法：

(A)美國現在教員的缺乏，由委員會一定即可想出辦法來，要想增加教員在今日的美國只要加薪，立刻就可以加增，因爲人材狠不難覓，要說到中國現在教員缺乏的問題，可是就難解決了，(一)因爲薪水難增。(二)因爲實在的人材缺乏。(三)就有人材，一班硬石化的保守黨，不能容納。(四)最危險的是好像現在連教員缺乏這個問題，大家一點還不覺得。所以這在教育家心裏，既不成問題，更不先事預防了，那還有什麼中國教育的危機說呢！

(B)講到中國經費一層，那就是最難的一個問題；(一)人民向無堅固的組織，更沒有爲教育堅固的組織。燒香拜倘與生命有關就有人來說到教育經濟，沒有人願意聽.（一二）地方的公欵是爲私用的，爲地方教育來籌備經費是狠少的事。（三）國家的戰事軍費都是要用的，說到教育經費，就是經濟困難了，查最近中國用項統計表（教育少戰費三十餘倍，再比中美人數，比兩國教育用費，中國能不愧死，這還說什麼中國教育呢！人民是醉生夢死，不問教育，地方紳董腐敗，不知教育是教育什麼，國家的教育部無力增教育用項，現在應人民須要倍增教育用欵，多開學校是狠少的，政府只恨關閉學校來不及，還開學校麼？

（C）再看美國人民，爲增加教育用項，那樣的熱心捐助，在這一點看出美國的人民只要一喚就醒，中國人民怎樣呢？所以我說美國教育的危機有人看出，又有委員會去辦，這一篇可以說是美國教育的樂觀；中國還未覺得這種的問題，所以倒是實在中國教育的危機，青年教育家，快出來呀！

（一）鼓勵有知識的民衆組織團體，廢除私塾，籌備經濟。

（二）速自培植成中國教育有用人物，果有餘力，更助人培植.

這是一人所見，未必合大家的意思，不過我指出願大家改良，這也不是贊美國，實在中國和他比起來是那樣，所以不能不說。

學校調查

北京私立尚義女子師範學校

陳淯

京城學界，近年以來要算大有起色；但仍限於男子方面，至於女子教育，仍是寂寞不堪，莫說精神如何，只看學校的數目，也不過寥寥幾所；除教會辦有培華協和二三女學外，公立的僅三二個中學。教育的基礎，全在師範，而現在本京國立的高等女子師範又只有一所，至初級師範則又僅一私立尚義女子師範。所以記者再四訪問，草成此文，不免把他鄭重的伸明一番，因爲此校不特有私立的光采，并且可以補塡公家設備之不足呢。

（一）創辦緣起

此校發端在民國元年秋季，本出於宋漁父先生的主動。當時民國初成，凡在前死難的烈士，所遺妻女，陷於流離顛沛者很多，當氏既不肯偏與撫恤，然又豈可令其失所？又思徒給金錢，尙不如召來京師，與以教育之爲愈。同時黃克强熊秉三譚石屏諸先生皆極贊成，於是創立該校定名尙義，就是此意。遂公推葛文闓女士爲校長主持一切。葛女士亦以京師女學亟待擴張，亦欲借此基礎推廣女子教育，所以承認不辭。一面就京師招生；一面由漁父關査遺族妻女以次收容。不料到了民國二年春間，招生甫畢，漁父遇害。其時開學之期已定，自不能中道輟止。葛女士無可如何，只得一身頂當其事。開辦之時，本來就沒得一錢，皆由他挪借而來，以爲漁父到京，自然可以籌措。到了後來只得把自己私產盡數塡空。想到此後的經濟艱難，自不用說。而政府以爲是宋漁父所發起，因並認爲國民黨附屬的機關，教育部既不易立案，學務局又多方爲難。然而這辦事人仍然鼓力前進，不稍退却。過了兩年，社會名譽漸高，教育當局方予立案。現在整整已滿八年了。其間的經歷，無非艱難的歷史。但數私立女學在北京稱完善者，怕要算此校爲第一。可見奮鬪的精神，無論創辦何事，皆是萬不可缺的。

（二）職教員

該校的主要的職員，共只三人；一校長，一學監，一教務主任。純係義務，不支薪俸，前後八年，皆未換人。其所以能繼續許久，均未卸責的道理，在外間必爲驚怪，以爲校長雖可以勉爲其難，這般人何以亦勞而無怨呢？不知此校之所以能撐持不墜，就是有這個基本。因爲這學監和教務主任，皆與校長有家庭的關係，所以能艱難與共；並且皆有學識，能教授之學科很多，除各人照常辦事外，皆兼任有教務。倘其他教員缺乏時，又常越俎兼代；因之經濟雖極困難，却無職員能工的問題。設使沒有這一般人，這樣的私立學堂，也恐怕就早難存在了！

教員的數目，現在共有十八人。其附屬小學的教員，雖未照官立學校給俸，却也按鐘點各給車費。惟師範教員則純盡義務者多，給車費者少。據該校人云，小學事務煩難，雖教員多由本校畢業生充任，若强以完全義務，似乎不近人情。至師範教員，則多係各部有職任者，或在國立大學及各專門學校充教員者，多自有包車，連車費都不用給，這也是此校能支持下來的一大原因。若在各偏僻省分，雖有多錢，也不能聘得如許好教員。此校因在北京各部職員以及各大學教員公餘之暇，每禮拜各盡一二鐘義務，似亦不覺其苦。所以歷年以來本校師範班的教員，不乏名流，就是官立學校也未必有這樣齊整。

（三）經費

經費一層，在該校最爲吃苦，以記者所聞，現在經常收入，僅有教育部每月津貼百元，其餘所收入者，不過學費一項。察該校學費，又極低廉；師範生僅月收一元，附屬高小，僅收六角，國民則只收四角；兼之成績優良而家庭寒素者，又盡行免費，凡係義烈遺族，亦皆概行免費，合計所入，每月不滿五六十元。以現在各男校的形勢觀察，每月學費中學程度皆在二元之譜，所以私立學校，靠此項收入支持者，亦正不少。準此，似乎該校不妨加增學費。但女界的形勢各家庭多不願意多納學費，如果照男學生的開支，他就寧可叫他女子不上學。他們的意思以爲兒子念書是有將來希望的，若女子則不過趁一吓子風氣，再用多錢，就不合算了。所以該校寧肯自忍痛苦，不肯多加學費，這也是誘導女學進步一番的苦心。而葛校長以每月收入百數十元之經常費，竟能辦一初級師範，兼附小學，左支右絀，並能支持至八九年之久，其苦心毅力要算狠不容易了。至餘的缺乏，在初開辦的時候，多由校長自取私囊，隨時填補。聞其簪環首飾，皆爲此校用盡，現在每月尙多虧累，經濟基礎未能確定。本來私立學校，無論何國，皆賴社會熱心教育家的捐助，但在我國南方，捐欵興學者尙多，若京城本是老官僚的勢力範圍，他們視學校本來就如蛇蠍一樣，要他捐錢，自是難事。在該校既有八九年的成績，校風又極可觀，論理也應有人出爲維持，然號稱大偉人的，都各人幹他的政治生涯；那些老前輩又祇願對於寺觀充當檀越，什麼修廟哪，裝金哪，萬福懺哪，水陸道場哪，不惜金錢儘力去做，說到學校便就擺頭。所以這樣的成績，終沒有幾個熱心家來替他出力，教育前途也就可想而知了。

（四）校舍及設備

該校地點在京師順治門外，上斜街。校舍雖不寬展，却也乾淨整飭。凡講堂的光線空氣的流通，尙都合宜。體操場雖小，亦可夠用。惟聞該校人言，現在最感痛苦的問題，就是校舍。每月租金將近百元，此項常費已覺大難。就現在的情形校舍已不敷用，若欲加班，簡直就沒有安插處。若另外租一校舍，以京師現在房價的高貴，稍寬展合用的，也非二百元不行。若仍舊用此校，那便沒有擴張的希望。去年以來，到校報名的學生甚多，終以沒有講堂，不能另開新班。上年公立中學畢業生多人，因不能充任小學教員，來校商求開一班二部師範，亦以講堂無可設法，只得謝絕。總之現在校舍大足以妨礙發展。本京化石橋中國大學所以能發達的道理，就是當初謀得一個絕大校舍的緣故。若使尙義有大校舍，那也早就大擴張了。惟願有大熱心家，出來擔任此事，這女學的前途，就受賜不細了。但觀現在的社會情形，這希望難保不落空罷！

其餘若儀器，若博物標本，若參考的圖書，若體操場的布設，自然多不完備；好在京城大學甚多，又有政府設立的博物理化等科試驗處，所有教育用品，尙可假借一用，所以該校雖未自備，也不會大感缺乏的困難。

（五）編制與課程

該校係初級師範，業經教育部立案，一切辦法，自然是遵照部章。預科一年休業，本科四年卒業。凡高小畢業及有相當程度者，得受試驗入預科肄業，但須以試驗定之。現有師範生兩班，一係四年級，二十四人；一係二年級，三十人。又附有女子高等小學一班，三十四人，三年畢業；國民小學兩班，五十二人，四年畢業。雖有另外主任擔任這兩班學生的教科，但實際是爲師範生實地練習的處所。

察該校授課的方針，精神上雖採自動的教授法；而形式上仍帶有幾分『助動』與『指導』之方術。看他們的意思，或者以爲自動教育固然極好，但是不經相當的過渡時間，驟然絕對實施，恐怕效果未著，流弊先滋。因爲這個方法，必須家庭組織先有絕好的模範，社會環境已過混亂的時期，方能完全收功。現在女子的習氣，處處皆須改換，任其發揚，毫不加以『誘導』與『裁制』則『盲動』與『偏激』的毛病，在所難免。兼之現在的部定教科書，皆是文言，艱深之至；若不詳細講解，必致一無所知，而女學生的程度，又多沒有根底，任其自求，恐怕越發糊塗。這也是新舊教育過渡時代，不可不愼重的。

該校功課，向來最重國文，記者曾觀現在兩班師範生的國文試卷，在男校中學班中，已有不可多得者。其尤難處，無一個語句不淸順的。自餘科學，都有可觀。惟英文向不講究，從去年來方加鑽點，現雖有數人甚好，然就全體觀察，差者仍多。倘欲求最高知識順應世界潮流，尙望該校於此科加以特別注意纔好。

（六）訓育

該校成立已經八年有零，不特沒有鬧過一次風潮，就是學生相互間的口角，也不曾時時發生。此事在歐美本算不了一件稀奇事，但以我國女界向日的惡習，又兼新潮的滲合，自然有許多難免的怪像發生，今該校獨無此種毛病，必然有一種特別辦法。後聞人言該校最著的精神，就是注重訓育一門。其意以吾國女子閉置深閨數千年，不知公義，不明社交，氣量的窄狹，實爲萬國之最。故自開辦以來，即注意此事，偶遇學生爭持，必爲說明公理，多方解釋；尤加勸勉的，就是度量廣大，所以一切小爭辦，也就無形消滅了。至於每禮拜中無論如何忙碌，必爲學生開公共講演一二次，師生之間，精神貫注，無形感化，效甚收大。至其訓練的方針，約有三端：（一）提倡自立，大意是因爲女子地位所以低落的緣故，實因無知識，既無知識，即無能力自謀生活，故退墮到這般地步。所以講演時的問題，第一就是鼓厲他們自治，萬不可依賴別人。（二）科學實用，大意是在我國的家庭，及社會中，一經聚談，便是那些無意識的話，在學校學了幾點鐘的科學，一下講堂，便即挪三挪四說東說西，把剛纔所聞於教師的知識，忘記得乾乾淨淨，現在的女學生照例念書畢業之後，却與未入學校的一樣，正是此故。所以該校時時拿些科學問題與他們閑談，無非要他們實用纔好。（三）新舊融合，大意是因時下的女子，立身尤較男子艱難百倍。全國的家庭，大概還是舊腦筋占勢力，若令這班女學生純任新倫理新思想做去，恐怕在在處處都起障礙。所以該校常對學生說；凡係小事無關痛癢的，萬不可與人爭持，若是關係一身的禍福，一經放過，便將不堪，那時本我所學的思想，良心的主張，自行其是，這才不負求學一塲。以上所記，皆是該校的訓育大綱，因其有關根本精神，所以不嫌繁難，特詳記之。

（七）學生及其家族

歷年以來，師範畢業的學生，僅有一班，共計十人，現皆充任兩等教員，無一賦閑。又任事成績，都能爲各校稱許，此亦大不易易，但聞稍病拘謹，不大開展；又附屬高小畢業兩班，皆升學師範，就是現在本科的四年級與二年級。其活潑的精神，已與前班大不相同，亦足徵其進步；至國民學生則已畢業四班。

該校既無寄宿舍，所以現在的學生，皆係通學，變詞說來，就是學生在本京皆有家庭。其父兄的職業大抵皆是各部官吏充議員的也有十分之一，每當召集國會或解散國會時，學生的變動，大概極多；蓋因其家庭轉動，自不能不隨之變遷。又南人之數，多於北人；家庭操工商業者，尤寥寥無幾。

（八）校風

說到校風，若非細加審別，斷難得其精神，茲惟就記者的粗略觀察，其可數者有三：（一）樸素　該校衣飾於樸儉之中，仍不失整潔之精神，外觀已屬難得，記得於無意中聞其同學共談，多以侈陳裝飾為可恥，足見其為樸素精神培養之有素。（二）切實　同學相戒不為虛妄行動，認為當辦，立即實行；如排貨之舉，在五四運動前，該校即先自組織國貨公賣處，其他家中用具，各分頭在家改革，總以實行為主，不取誇張辦法。（三）忍容　同學相處，殆無互相詆毀的事實發現，原因是以互相忍容為美，故能養成和睦親愛的風氣。總觀三項，固然是好的美德，但其流弊，亦正潛伏在內，大抵因其過於穩重的緣故，遂有趨於死板不大活潑的傾向。又因太求切實，不免發生沒有大志，只圖小就，以了一生的傾向。該校已見及此，自五四以來，每於社會運動，常令同學先在校中研究理，從旁批評，以定取擇；既不許其妄動，又鼓其為公共出力的大志，所以本年以來，其變化已覺甚多。但此也不過大概，又是記者一種泛泛的觀察，該校的真正精神，或者未必僅如記者所說罷。

華僑消息

中國人的南洋

湯騰漢

南洋各屬地方，當還沒有我們中國人足跡以前，不單是荒蕪寂寥，簡直可算不是人住的地方。後來我們中國人到南洋，方纔一天繁殖一天，到了今日，遂變為繁華的地方。這都是由我們中國人用奮鬥的精神，開闢得來的。現在我們中國人在南洋各屬地方，政治上雖是屈服在他國人勢力之下；然而在經濟一方面，還是我們中國人的勢力要比他們的大。所以我就拿『中國人的南洋』六個字來作題目。但是經濟上的勢力，究竟怎樣在他國人民之上呢？這大概可以分作三層來講：

（一）我們中國人開闢南洋地方，既富有奮鬥的精神，又有勤儉克苦的特性，爲他國人所不能及。所以五十萬，一百萬財產的人家乃是到處都有的。南洋地方的土壤，狠是肥沃，無論種稻，種豆，種菜，種煙草，以及其他各種的東西，都是用不着肥料。氣候溫暖，一年到頭都是一樣，所以出產狠多。本地農人家境不好的，在收穫田產之後，就要立刻賣出去。因爲不是這樣，就沒有錢去種別的東西。就在家境好一點的農家，也不敢存在屋裏，因爲恐怕失火。至於他們的買主，并不是荷蘭人，英國人，也不是日美等國的僑民。因爲這種人在南洋并不狠多。只有我們華僑在南洋地方，人數既多，又是到處都有，有錢的人家又不少。所以那農人所收獲的東西，差不多有百分之九十，是我們華僑買的。買了之後，有的再賣到傍的地方去；有的把他存在倉裏邊，過了些日子，再賣在本地方。不單如此，他們農夫要種田的時候，多向我們華僑借錢，等到收獲之後，用出產或是錢來償還。

(二)在南洋地方作商人的，我們華僑要佔十分之七八。南洋土產雖是豐富，但是因爲製造廠極少，所以如布疋，瓷器，火柴，紙類，藥品，及其他各種日用的東西，多半是從外國運來。而我們華僑在南洋的年代既然很久，同巫人的感情就非常接近，因之勿論

那種貨物，勿論由那國運來，必定先要經過我們華僑的手，再由我們華僑批發出去，或者零星賣出去。若不是這樣，那銷路一定是不能盛旺的。我記得有一回事，可以證明上面我所說的話：民國成立的時候，我們華僑在南洋地方，勿論窮鄉僻壤，都開特別的慶祝大會，遊行街市，藉以示威。不料在泗水埠(Soerabaia)的華僑因事同荷蘭警察發生衝突，兩方面都有死傷。殖民地政府對於這一次衝突的事，態度極爲強硬，絕對不肯讓步。我們華僑不得已，就想同盟抵制買賣一切貨物去對付。那裏知道這個計畫還沒有正式實行，就有許多地方恐慌起來。殖民地政府一看形勢不對，於是乎改變方針；向我們華僑道歉，用柔軟的手段來勸止我們華僑的抵貨。這也可見得我們華僑在經濟上的勢力了。

(三)我們華僑在南洋地方，人數既然不少，資本家又是很多。所以勿論什麼墾殖事業，森林事業，航業，銀行，及其他各種公司，都有我們華僑投資在內。幾乎有『我們華僑如果掉頭不顧，無一得舉』之勢。因之不論那一國的人，不論作什麼事體，若沒有我們華僑的帮助，就不能成功。像爪哇梭羅(Solo)日惹(Djocja）一帶地方，巫人作 Batikkery （印花布）事業的很多，又極爲發達。但是十有八九，都是我們華僑輔助他們的。三寶壠（Samarang）有個黃仲涵，他家產不下數千萬，有十幾處的糖廠，十餘隻的輪船，又有銀行。所以不知有多少的事業，都是靠着他的力量。至於一般殖民地的官吏，對於我們華僑資本家，處處都用籠絡的手段；特別的接近，特別的相好。因爲他們有個目的，就是需用欵項的時候，可以向我們華僑來借。再如他們要發起甚麼事，就想要得我們華僑的贊助。

照上面我說的看來，我們華僑在南洋地方，經濟上的勢力眞是大極了。但是我國政府不知道去保護華僑，所以殖民地政府就敢做種種的虐待。什麼地方稅，人丁稅，家具稅，……一天增加一天。現在碧眼蚪髯兒到南洋地方的日多。而圖領大袖的木屐客，更是格外的駭人。他們國裏出版的南國記，南洋之產業及其富源，南洋與日本，南洋之寶庫，帝國南進策，最近之南國，圖南錄，我的南洋，南洋年鑑，南洋……不下幾十種，都是講南洋地方的各種狀況，鼓吹一般人民，到南洋地方去發展事業。十幾年前，日本在南洋地方，只有三井物產公司的支店，和數十人的娼婦。到了後來，就有提包賣藥和雜貨的，一般小販營生，小本設肆的人，也就漸漸的多起來。等到今日，什麼汽船公司，……什麼銀行，……什麼協會，……什麼旅館，……什麼大商店，……可說什麼事他們都有來幹的。所以現在我們華僑不但不容易保持原來的地位，并且一天要比一天危險起來。我國內的同胞啊！請勿要用『秦人視越人的眼光』來看啊！

南洋庇能 Penang Island 島調查記

鄭忠富

庇能一島嶼也。地本近陸，居緯線五度之北，經線一百零十二度之東。三面負山，前臨大海，青山綠水，飛閣凌雲。埠內之地，多皆平坦，大道蕩蕩；氣候適宜，風景頗佳，略似香港。遊客經此，莫不稱讚。今將內中情形，分沿革，面積，氣候，人數，政治，交通，教育，實業，出口，入口，名勝，十一種，列於後。

（一）沿革、庇能爲馬來半島上英人最先來主之埠。其得此者，係英人萬士叨，Francis Light 時在西歷一千七百八十六年八月十二號。或謂英人之得此島者，緣吉旦 Kedah 酋長之女嫁於英人，以此地爲粧奩。然事之眞假，尚無從定。如果有此事，則英人侵略半島詭譎之手段，可以知矣。本島繁植檳榔，故地理家又名之曰檳榔嶼，蓋 Penang 一字馬來之語意即謂檳榔也。

（二）面積、長十五英里，闊八英里，全地合陸半島面積一百零七英方里；約言之，僅有新加坡面積二份之一。地多山脈，可分為二段，最高者二千七百三十五英尺。山上空氣清鮮，建有涼風亭，避暑閣養生所，升旗山近來本地政府欲將向日毀壞之鐵路重行改築，以便遊人之往來。

（三）氣候、本島氣候在攝氏寒暑表七十九至八十五度之間。島距離稍遠於赤道，然較新加坡近赤道者稍熱。蓋因天然山脈，環帶西南，故海風無從得入。島中更有高峯，近陸雲霧，益為所擋；風雨既少，雖孤立海洋之中，亦不見甚冷，故氣候尚稱溫和適宜。

（四）人數、全島人數，合半島計有二十餘萬左右。華人最多，印度人錫蘭人次之，巫來人（即本島土人或稱馬來人）更次之，最少者為歐美日人。庇能本鎮（即首府）只有十餘萬人口。華人僑居是地者，多從事錫礦，橡皮園，商業，工業等類。

（五）政治、庇能島并近岸兩半島，總稱為英屬海腰殖民地之一部，（按海腰殖民地者新加坡麻六甲庇能。）最先之時，本為吉旦酋長管轄，其後巫人國勢日弱，漸為英人所吞，隸屬印度英國政府，未幾遂為海腰殖民地。島內政治，財政，法律，警察，衛生局等，概受新加坡巡撫指揮；次等事務，則有參政司管理，英語謂 Resident Councillor。又有輔政議員數人，華人以人數冠衆，亦得被選一議員，以代表島中華僑一切事務。此種議員及參政司等，概由星加坡英巡撫派定。此島政權與本地巫人毫無關係，而別埠則反是。

（六）交通、有電車，人力車，馬車，牛車，環走內地，四方通達，極稱利便。又有鐵路，南貫馬來半島，直至新加坡，計程五百英里左右，需時二十二小時。此外尚有海上交通，北去吉旦暹羅緬甸仰光，錫蘭印度；南至巴生港口（近吉隆坡）馬六甲，新加坡及南洋各島。庇能與新加坡距離海程三百九十五英里，汽船二十八至三十二小時可到；陸路相距四百八十九英里，火車二十二小時可抵。

（七）教育、僑居是地華人雖多，祖國教育尚未見普及。土生華僑子弟，多皆不識本國文字，其甚者不諳華語，全操馬來語，幸此僅少數而已，不若馬六甲土生華僑之甚也。華僑富商僅送其子弟入一英人學校，肄業數年，（七年者高等小學程度九年畢業者合我國中學程度）領有學校文憑證書，可供外人役使，其志願已足。其有貧困子弟則多至失學，幸近數年以來；我國人士鑒於國勢之貧弱，非由教育普及不足為強國之道，故熱心家奔走興學者日見其衆，至於今日，已有多數兩等高等小學及女子師範矣。各學校中之最有功者，莫如檳城中學校，其辦法頗稱得當。英人男女學校規模之最大者各三；平均一校每日到堂學生，最多者二千餘人。此外有千人左右者，有數百人者不等。全島英人各大小學校皆受教育部監督指導。一切功課校規皆為監督所定。惟各校中中學二級，則由倫敦Cambridge大學教員部考試；畢業後，其證書亦由此大學發給。各校程度最高者，不外中學師範初級大學（Interarts）等類。此間無大學，惟新加坡則有專門醫學校及拉佛氏大學（此大學尚未築建。）

（八）實業、吾華僑居是島者有兩大實業：一曰樹膠，一曰錫礦。此二業者，其資本可大可小；多則數十萬元數萬元，小則數千元數十元，一視其力之大小，得以自由經營。是以凡能勤勞節儉從事者，不數年以工作之所入，即能獨力經營。故十年前為人傭工，而今則得資數萬數百萬者，比比皆是。

（九）出口、錫，米，樹膠，椰樹，檳榔，果品，為大宗，次有波羅密果，紅毛丹，（類似荔）榴槤，（本島特產）香蕉。往者多產香料，今則稀少；此外尚有熱帶產物多種。

（十）入口、錫，米，（由別埠轉運至歐洲者，）布帛，糧食，鮮魚，煤炭，煙，酒，鴉片，牲畜等類。

（十一）名勝、道路清雅，合宜衛生。政府建有植物園，公共遊玩所，即公園，華人極樂寺在 Aier Etam 高山之坡，蛇寺在 Relau and Bayau Lepas 支路。寺內專畜各種異蛇，以供遊人參觀，又有泅水會，建在海岸。

（完）

農村生活

新農業問題之三

農村交通的改良與村落文明

唐啓宇

我現在想把農村交通的改良與村落文明做個題目。考察這番對於社會經濟政治上的種種關係研究道路的建造修理等項；他在過去歷史中的使命是怎樣將來他所担任的職務是怎樣；仔細的研究一下。因爲我覺得農村交通的改良與村落文明有密切的關係，也是現今時勢所要求。

照社會的進化看起來無論居城，無論居野，都要靠著社會接觸的方法纔能進步。若是人民老死不相往來他們必定是心狹意窄，不學無術，執迷不悟，牢守一地方的風俗習慣，不曉得外方的狀況。中國現在農村的景像，就是這閟沈沈的景像。若是照反面印證起來，仗着交通的便利，破除這層層的障礙，便可造成一個莊嚴燦爛的村落文明。這也是中國青年所應做的事業。

於這個題目有三重討論：第一道路的改良與汽車的發達；第二推廣鄉間電話制度；第三設立及改良農村郵便制度。將鄉村與城市的消息，變得極靈通，使鄉村的貨物與城市的商塲，流行極便利。

論到中國道路從前的狀況，驛路是幾千年來通行的大道。然而天晴的時候就塵沙撲面迷目窒息；天雨的時候，就泥濘沒脛，沾衣汚裳。驛路如此，其他更可想而知。所以吾國陸上交通其笨滯的狀況，直居世界上的第一位。

良好道路如何能有利於社會？其情形頗爲複雜，具原動力也具反動力；有原動的減少運費，增加地價；就有反動的加增良好道路的需要，改良社會情形以及其他影響於社會生活的方法。我們固然不能講道路改良是增加地價的前題，然而我們能講道路改良與增加地價是不可分離的。在紐約城的鄰近因爲地價增高許多，所以需要良好道路的熱度就愈加强烈。在同樣的情形，有良好的道路，就會增加土地的價值，使人民逐漸發達。至於改良道路的益處，不妨逐一述之如下：

先述經濟的利益，

（一）減少運費　在鄉村道路運輸的費用，依道路的種類而不同。試將美國同鄉村中每噸每英里所費計算起來：

乾燥良好之碎石路……………美金八仙
平常情形之碎石路……………美金一一．九仙
土路有車轍及泥者……………美金三九仙
砂路濕時……………………美金三二．六仙
砂路乾時……………………美金六四仙

減少運費的緣因：第一由於道路之縮短，第二由於輸運之迅速，第三由於道路改良後，能載重大之貨物，其故又由於傾斜度之減少，及路面之寬平。

道路縮短與運費減少，有直接關係。或者將舊路移置，或者將新路建造，使兩地的距離，在近於一直線上，變成極短。至於道路改良之後運輸定量物質，在由這一點到那一點，其所需的時間，也減少許多，所以運載的速率或運載的重量，或運載的速率及重量，均會減少。照運輸的目的講起來，時間的減少等於距離的減少。若是我們起一重疑問：為什麼農場價值的增加，隨著道路改良的後面呢？這就是農場與城市更加接近的緣故。在這改良的道路平面上，運載時也不必計一年中四季的天氣的情形，這是運費減少的又一原因。且農場經營的種類及畝數，也可以因此立刻變換。

傾斜度若在水平面每一百尺提高六尺時，必定增加運輸的阻力。無論那種傾斜度，除掉曳引力外，一定須勝過重力，即馬亦須提起自身的重量，所以傾斜度越增加，馬力就變成極難利用。所以最惡劣的傾斜度能限制經行全路的載重。譬如一千二百磅的馬，在平坦道路上能施十分之一重量的壓力，能曳二千磅的載重，若是用同樣的力量，與軛相抵時，在傾斜度百分之五的路上只能繼續的曳一千磅的載重，在百分之十傾斜度，只能曳七百五十磅的載重。由此可知傾斜度能限制經行全路的載重，即行短距離時，亦復相倍。

峻峭的傾斜度，於尋常土路固然有損，但於改良的道路，更為有損。設使我們假定一千二百磅的馬，能施一定的力量，在不坦的土路上，曳二千磅的載重。若是在碎石敷路 Macadanized 上，便能曳五千磅的載重，但是在百分之五傾斜度只能曳一千六百磅，百分之十傾斜度，只能曳九百六十磅。拿平坦的碎石敷路與尋常土路比較起來，其所曳的重量幾過兩倍。但是在百分之十傾斜度，碎石敷路比尋常土路，不過能載多二百十磅。因為碎石敷路的表面曳引抵抗力很低，傾斜度的影響，過於抵抗力的緣故。所以道路若是用碎石敷起來，傾斜度一定要很低，纔能得著堅固表面的全利益。且峻峭的傾斜度也容易傾跌，在冬日尤甚，況且修理費也很高。實際上看起來，路面越良好，越堅固，路的傾斜度，越形低減。若是在一直綫上，有峻峭的傾斜度，不妨將路續移置。至於路面，既需堅固，又需平坦。若是路面軟滑時，曳引的抵抗力就很大，就會耗損。依一馬曳一常車過各種平坦路面所曳之重量計算時，可得下列可靠之數目：

在泥土路上所曳之重量，由無重量以至八百磅；

在平坦乾燥之土路上所曳之重量，由一千至一千二百磅；

在不良好之沙礫路上所曳之重量，由一千至一千五百磅；

在良好之沙礫路上，所曳之重量，大約三千三百磅；

在碎石敷路上所曳之重量，由二千磅至五千磅，

在磚路上所曳之重量，由五千磅至八千磅。

碎石敷路比較泥土路，一馬能彀載多三倍至五倍。所以運費減少，因爲載重增加的緣故，也會實現。

（二）使旅客愉快　因爲文明進步的關係，所有的人力車馬車汽車汽機自動車脚踏車等都能在改良的道路上駛行，既迅速，又便利。使旅客增加愉快的情感，減少旅行的困難。在美國的地方，汽車可以一直達到鄉間。但是我們中國的情形，陸上交通就笨滯極了，所以旅客每歎行路難，如何能覺著愉快呢？

（三）農產物運輸極形便利　道路改良以後，農人運輸農產物到市上極其迅速，而且所用的牲畜也很少，因爲供給生產牲畜的飼料，可以供給作工牲畜的飼料。運輸的時候，也可以少用人力，也可以載大重量。將市場的面積放闊，顧客的競爭放大，農產物自然會獲利了。有多種的農產物，在粗劣路上所曳引不過數里，非有道路改良，不能使此種農產物廣爲運銷，如蔬果及其他菜蔬，就是如此。再拿一種比方看起來，有兩個農人，各住在分離的村落，但距棉業市場之距離相等。設使得著消息，每擔棉花價高一元，住在惡劣道路上的農人，不能立刻將棉花就運到農業市場，其他一個農人因爲道路良好的緣故，容易運到市場，就容易得着「善價而沽」。且道路改良以後，一時間堆集許多農產物的惡現象，也可消除。農產物若是散布於各地，全年棧房的費用自然也會減少。

（四）利用農隙的時季　道路改良之後，農人可以在農事不急的時候，運輸他的農產物，使人工與畜力都能有些用處。在道路未改良時，農人必定要將農產物趁道路合宜時，早早售出，而因供給過剩的緣故，只好得點低價。若是道路改良，每年四季的道路情形，不會更變，農人可以依著農村貿易的組織，在最獲利

的時候賣他的生產品。

（五）增加商貨的流通　在道路未改良的時候，商人運貨到鄉間又慢又貴，所以購買力也減少許多。若是道路改良，商人運貨到鄉間又容易又便宜，購買力就無形的增加，商人與農人雙方都有利益，使不能實現的狀況能以實現。

（六）地價增高　當惡劣的道路變爲良好的道路時，在那周圍的地價一定會增高；這不是因爲他能增加土地的肥沃，或農場的性質，乃是因爲有市場學校鎮市的種種利益。在另一方面，有良好的道路，就要有道路稅，所以地主認此種改良適當時，對於他們土地的價值，必然增高，因道路改良時，陰溝，行路，鋪路，的費用，也需加入財產內計算，但是地主改良道路，雖然花點資本，但這是能補償的。耕地的價值，也要看供給與需要的狀況，道路改良之後，有許多人覺得要呼吸山林空氣，野外生活，漸漸的移到鄉間，地價也就增高了。

凡此種種經濟上的利益與社會生活有息息相關的地方，因爲農民進款增多，村落文明也有增進的可能。

次述社會上的利益：

原來羣衆的社會生活，靠著交通的便利，愈加發達。在交通不便的地方，農人的見解很窄狹，合羣的能力很薄弱，社會的娛樂更是不用說了。所以有旨趣的村落青年，不甘困守田園，就移向城市去。要防止這種危險，造良好的道路，也是一種方法。因爲這樣我們可以得着下述的幾層利益。

（一）學校制度的改良　照現在的鄉間書塾鄉間學校看起來，很不適於近代複雜的生活。因爲一間屋內，窗戶也沒有，就是赤日當空，室內猶是黑沈沈的，要把子弟送到公立學校去讀書時，路途固然是很遠，而且道路又不平整，風雨雪雹的天氣，兒童就只得留在家內。所以學校的課程就不免受阻礙。在美國因爲道路良好的緣故，近世農村學校的校室常常變成智識及交際的中心，常常爲公衆聚會的地方。學校馬車，常常載著農人及農婦去赴收成會，講演會，音樂會，宴會，短期課程會等，所以學校就是村落的中心。若是道路惡劣，學童和鄉人，不易和學校接近，如何能收這樣的教育効果呢？

（二）社會情形的改良　良好道路，能使農村社會生活潑力；能使學校優良，組織完善，居民的購買及銷售的情形便利，交際及休養的生活發達；以接近於理想的村落文明。所以我們可看一看良道路在社會上的價值。

(a)良好道路之美的價值　良好道路鋪成以後，路旁邊種著高大的樹木，映著那日光雲影，山景溪流，自有一種特別的異彩。兩旁村落的農民，受著美的影響，自然也會去將農村的建築品及家屋的周圍，整理清潔，以認識美的價值。

(b)良好道路之社會的價值　良好道路鋪成以後，社會交際是更加接近；農人與其家族，必定要用一部分的時候去交際。就是社會的各種動作，也可用全力進行，金錢費得少，効果收得大。

(c)良好道路之救濟的價值　現在吾國人民生計狀況很窘迫，日日言裁兵，兵裁了就爲盜。所以民國九年來沒有一日不在痛苦的期間。要想裁兵，要想去游民，建築全國道路也是一個法子。因爲建築道路，需要的人夫很多，需要的年限很長，是解決這問題的良方的一種。

(d)良好道路之衞生的價值　良好道路鋪設之後，又平坦，又整齊，農村青年可以舉行步行運動，這是保全身體健康最簡單最良好的方法。步行運動在中國尚是少見，但是步行運動比較其他休養的方法，實在較爲得力。

次述政治軍事的利益：

(一)良好道路使平民政治推行便利。　我國自從辛亥革命後，政權仍然在少數人的掌握中。大多數的人，仍然不知道什麼是叫中華民國？什麼是中華民國國民應盡的責任？我們也不能責備他們，因爲他們處到那窮鄉僻壤，道路惡劣的地方，終年或終身未入城市一步，如何能了解平民政治的眞象呢？這樣一個良法，一個美意，如何能推行盡利呢？吾國農民佔大多數，大多數不能了解，是民主國家應有的現象麼？如何能澈底將這種種問題解決，建造良好道路是第一步應做的事。因爲有了良好道路，人民易於接近，其他各項事業，纔能逐漸推行，逐漸改良。

(二)良好道路使軍事行動異常敏捷　良好道路鋪成後，運兵運糧，非常便利，而以馬軍與重砲軍行動爲更加敏捷。這次歐洲大戰，都靠汽車去運兵運械，但必有良好道路才能運行迅速。軍事的情形，瞬息千變，道路惡劣，運輸遲滯，就是失敗的最大原因。

照上所述道路改良後的種種利益，可以見得道路改良的重要。

歐美各國大道，分至各鎮各鄉，所以村落文明漸漸的發達。五十年前，印度政府將幹支各路分配全印，使土著智識漸漸增高，所以評論家說這是英政府治印的最大成績。至於日本呢，農村道路是很平很闊，修理費也是出諸政府，就是在高麗建築道路的計畫，正在實行。再看我國的情況，雖說是頒行道路條例，然而因爲政爭的原故，實行修造道路，正不知等到何時呢。

汽車的發達　汽車發達，可以將農村社會的狀況，更加變動。因爲農村與城市的接觸變繁，城市中的富人與具有才識的人物，常常到鄉間去。鄉裏的紳董惡棍，自然無所施其伎倆。村落文明不至於離都市文明的程度遼遠，這是第一重好現象。在鄉間生疫厲的時候，病勢嚴重，若是要到城裏去請醫士，走上幾十里的程路，經過幾小時的時間，恐怕病人不能等待，數小時之內，竟至奄然長逝。如果有電話，有汽車，醫士得信，即能馳至，生命危險，可保無虞，這是第二重好現象。鄉裏有火警的時候，有電話有汽車，也可以立刻撲滅一切，這的第三重好現象。但是汽車如何能通行，利便，這全靠道路良好的緣故。

電話推廣到鄉間時，使農人可以隨時分配家中的事務，舉行交際會，可以使他農人都能預會，使合組的動作，如合組打穀合組購買合組販賣之類，得以實現。

農村郵務制度的發達，也有幾種絕大的效果。第一新聞紙及其他出版物可以送到各農人家內，使農人心理上受一刺激，使農人與世界的大運動相接觸，去他的地方性，以從事社會進步的潮流。至於農業學校的情狀，農業試驗場所得的結果，都可以借着這媒介，從速的教導他們，所以農業新聞紙是近代新農業教育重要的方法。第二有許多的農產物，農人可以用包裹直接寄出，不必經過居間人的手。如果要購物時，也可用電話告店主，請其由郵局寄來，是最經濟的方法。

以上所述，有許多人或以爲不確當，吾國農村的現在狀況，如何能推廣郵便制度呢？如何能通用電話呢？要曉得將來的新農業，步步都要向著這條軌道走，纔能使農人的智識增加，精神偉大，合組事業發達，教育制度良好，社會的生活，宗教的生活，都有蓬蓬勃勃的氣象。

道路的建造及修補

（一）道路材料的組織

材料有厚害的組織，是建造堅路的第一需要。因為穴孔減少，可使道路的組織良好而耐久。在天然的狀況，田土能容百分之三十至五十的水及空氣的地位，這如何能構成良好道路呢？壓力容易增加，水也容易浸入，若是道路適宜的磨轉，適宜的打實，使穴孔減少，水不容易浸入，各粒相觸接，有堅如石的性質，這樣組織，方合於建造道路的原理。

道路須用幾層建築　無論道路是用碎石鋪成，或泥土鋪成，一定要預備幾層的材料。至於幾層的厚薄，全靠物質的大小，所鋪之層愈厚，所用之物質愈粗。譬如用二英寸，至二·一二英寸直徑的碎石時，各層就要有三英寸至四英寸厚；如果用小的碎石時，各層的厚度就可以薄些。要造改好的堅固的土路時，所有的材料須鋪成一層一層的薄層，一層完全堅實後，再加其他一層，其每層的厚度須兩英寸或少於兩英寸。

道路所用的材料，須大小一律，　用碎石鋪路時，若是由極細的細石粉，到一，五英寸的直徑碎石，都不加分別，必然不能做成良好的道路，所以碎石都要由篩中篩過，依一律的狀況，分置各層。若是每層用同樣大小的材料，就容易壓緊，容易填實。若是在大塊的角間，用小塊去填塞各孔，再加壓緊，可以造成更堅固的一層。用此種方法，一層一層的做，可以有一個最堅固的道路。

碎片的形狀　造路材料的形狀，與路的性質，很有關係。最好的形狀是立方形，有平闊的面，有尖銳的角，在三方向，有同樣的直徑。這樣碎片，容易填塞，且其平闊的面相抵時，馬足與車輪不易使其轉動，即有重載時，亦不致磨損。

材料的清潔　如果要用碎石造路時，最要緊是所有的材料，都要清潔無污物，粘土或廢料，小石碎沙亦然。簡單說起來，各種東西如果對於材料的一律相反時，必當拒絕。

（二）土路的造法

吾國鄉村的道路多半是土路，很不便當，但如一時改築石路，事實上又做不到，所以改良土路的建造很要緊。況且土路如果好好的建造，好好的修理，牲口馬車騎乘的人，經過土路時，必然很覺著很舒服。

路基的構造　當道路的斜度已定，排水的制度已成之後，凡各種有機物質及石頭，須盡行由道中除去。將道路的形狀與寬度用機器量好。

土路十八英尺寬；每邊外圍有三英尺之草，草外有溝，路之中心比較其旁邊高三英寸。

路基的中心，須用重石滾完全滾過，如遇軟處，須加以材料，使其平實。如軟處係各種材料不同之所致，則此種材料必須更換。

路的中心，須比其生長青草之兩邊，高兩英寸至六英寸，視因路的寬度而不同，所以使排水佳良。溝之材料，亦須一律。如土係由路之旁邊，或溝內取出，則土必須散布均勻，並先用耙耙土，然後用石滾滾之，使組織一律，以預防轍跡之構成。每一層材料加上之後，都要用石轉轉之，使他有一堅平的表面。建造土路亦不宜過闊，因狹路洩水既迅速又佳良。所用鵝卵石的直徑若過於一英寸，則須棄去，否則容易構成轍跡。如土路上有斜度時，填土手續即須實行，使每層都能完全堅實。

利用舊路作路基　如老路之傾斜度，不須變更，天然的溝渠很為適宜時，舊路的路基就可以利用。利用其堅實的路以造新路。近時用平路的機器，將不平不實的部分，擠向兩邊，構成堅角，如若有低下的地方時，可加上材料用石滾將地滾好。

在一年前預備路基　在一年前預備路基能使表面上的材料，利用風雨霜雪車馬的影響，使路基鎮定，然後在中間加點材料，再用耙，石滾，機器，滾平，則可得一良好的路基。

砂礫壤土路　砂礫壤土可以造成最好的土路，因為砂礫壤土係各個大小粒所組成，如其打實時，厚砂粒在小石粒的中間，細黏土又在砂粒的中間，簡直可算沒有隙孔的地位，所以水由表面流出，不容易浸入道路，也不至於受霜雪的損害。

黏土路　細黏的黏土，不容易造成好路，在天乾的時候，尚無妨礙。在陰雨的時候除非黏土緊實，水經過的很慢，方能保全道路不至損壞。但是陰雨連綿，或秋霜既降，對於黏土路，必定加一重大打擊。但是若用三英寸，或四英寸石子鋪上，加好的滾實，則格外可以改良黏土的表面，使其少受雨霜的影響。

砂土路　砂土路在乾燥天氣缺少緊結的性質，所以也不能造良好的道路，除非砂粒之上，附着細密的微粒變成壤土，增加容水的能力纔行。有人主張用稻草木屑或樹皮加到砂土路內，一來用作覆料減少表面的蒸發；二來潰爛之後，能成腐植質，增加毛細管吸引力，減下雨後水穿下的準率。但此種物質，不能作永久之用，因其潰爛後，變成溶化鹽及氣體，離砂粒而去。

砂礫路　良好的砂礫路有幾樣特質：

（一）小石必需有適足之分量，且必需大小一律，當用石滾滾過時各石粒互相緊壓。

（二）厚砂粒與細石粒須塡塞厚石粒之中間。

（三）在厚砂粒與細石之空處，再加細壤土，使存留十足之水分，以束緊砂粒，防止滾出。

（四）厚石粒細石粒與砂粒，均須成角片狀。其平面能相合，即載重多時，車輪滾轉破碎的動作，亦可以防止。

乾淨的白石粒不適於用　有許多碎石路基其細質完全洗去只剩乾淨的石粒同砂粒。此種物質造路時就完全不能適用，而僅能調和黏土，減少粒土的含水性。

石粒的組織可用磨碎及篩分改變　他在多數的情形下，石粒太大太圓，不易壓緊及結合，所以要用磨碎器或篩，或兩樣都用，去改良他的性質，使各片的大小相等，增加各片的角狀。有時石粒含黏土太多，減少結合的性質，則更不適於用。

石子路　石子路的造法，與石路一樣，先要將路基布置，有一適宜之形狀，然後完全滾過，再行壓實。將石子在表面上散布均勻，約三英寸厚，爲一層。滾時須將外邊之石粒先行壓實。如石子太乾，不易壓實，則須先潑以水，或俟雨後亦可。欲造良好的道路，要有三層三英寸的石子，四層就更好。但六英寸厚的路，已經是改良不少，若是載重很輕，路基很固，三英寸的好石子路，也就可以通行了。若是石子要磨碎或篩分時，旋轉篩就可以使用，旋轉篩孔有兩種：一由一．五至二英寸直徑之孔，二由三英寸至四英寸直徑之孔。篩下之後，厚的石子就用來造路，細的石子，就可以不用，除非細石能彀用來做結合的材料，或做自行車的徑路。

溼地的土路　有種沼澤的地方，無可排水，其地又極軟，不易建造堅固土基的時候，只有一個普通的法子，就是用木材木竿或蘆柴之類作基礎，與路的闊度相等。因爲木料既常常保他在水下不至朽壞，那就可在這上面造一個永久堅固的道路，但木料

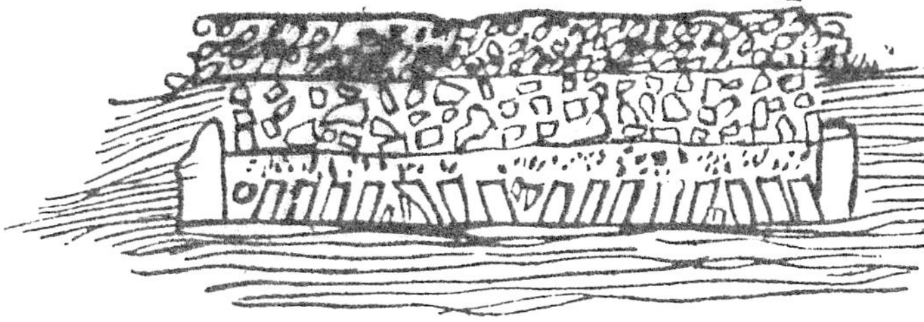

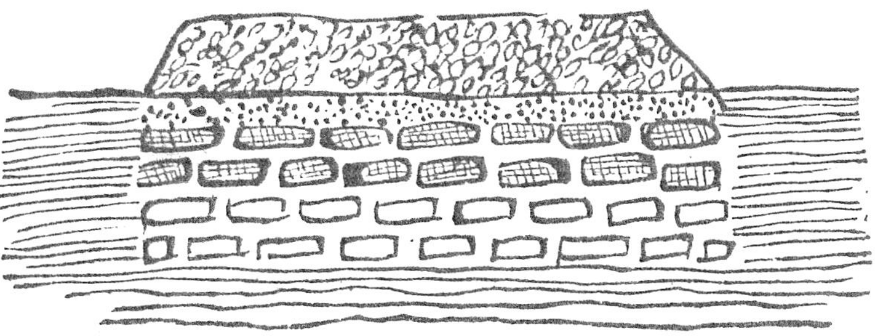

須與路的方向成直角，各片平行，大片之中夾以小片，然後再覆以樹枝之類如蓆狀，然後再取溝旁所掘之泥土置其上，俟散布壓實後，再築土路或石子路於其上。

（三）石路的造法

石路的起源在羅馬，如左列二圖乃十世紀或十五世紀所造之廣大堅固的路，到今日尚有幾處存在。此種路有三十英尺寬，底下全鋪以重石，再加以一層或多層之石，并置西門汀，使水不能浸入。上圖中有一種路共有四層。

一，兩層狀或三層狀之扁石，如不易得時，即以灰泥代之。

二，一層碎石工，或厚西門汀。

三，加一層西門汀。

四，鋪以一層極精巧的木塊。

凡此種大路其所鋪的地面約十六英尺闊，其兩邊砌以堅石，其未鋪之地面每邊有八英尺闊，至所鋪地面之厚約有三英尺。

碎石鋪路或馬路　用碎石鋪路，在羅馬的歷史中已是如此，但經過黑暗時代實行建造永久性質的道路的很少。直至近世一七六四年，法工程師脫師古 Tresguet 始採用碎石鋪路之法，

如左列一圖先以大石築路，然後加以兩三英寸之碎石，以當覆面。等到輸入英格蘭及蘇格蘭後，在一八二〇年，塔伏德Telford又將這種完全改變爲塔伏德式。碎石敷路在塔伏德之前，即有行者，但至塔伏德始明瞭其意義。因爲路基如果有流水的陰溝，使路基變成極硬時，碎石即可以適用，不必一定用古羅馬法。

碎石敷路的造法　當石路的基礎完成時，其兩旁的肩際有土，其中之路基，覆以一層碎石，約三英寸至四英寸厚，碎石的大小須相似。此層滾壓過後，再加細碎石，以補大片之空處。此種細碎石係用石滾及水灌入，直至路基堅固始止。第一層鋪好後，第二層依同樣方法滾過，加緊合材料後，再滾過，直至完全堅固始止。在石子未加入之前，要有一完全堅固乾燥的路基，洩水便利，必需在一年以前做好，使車輪，馬足，風，雨，霜，雪，做凝固的工作，幷發現缺點。至於路的肩際可以築路機器同時與路基造成。

造路的幾種石料，造路的石料，以深綠石，黑石，灰色之火成石，爲最佳，因其爲韌而細之石，不甚脆，磨碎時，成細石粉，能吸水分，使易於結合。其次爲含角閃石之閃長石及片麻石，因此種石內含有第一項之石料。再其次爲眞花崗石內之石英石，長石，與雲母石，其石粒甚精細，不易破壞成薄片，但花崗石的困難處爲其質太脆，磨入厚砂時不能吸水分以易於結合，溼時易成車轍，乾時各片易露出。再其次爲密集粒粒之堅石灰石，碎時成碎塊有尖銳之邊緣，其質可以手指彈出。青石（即石灰石）所造之路，在車輪馬足石滾下磨損時所構成的壤土狀之粉，能吸收水分，富結合力，能將鬆片集合成石塊。但其缺點爲太軟，易於磨損，天乾多灰塵，天雨多泥濘。但基礎所用的石料與表面所用的石料，可以不同。譬如青石具結合的能力，也具容易磨損的缺點。所以最好用作基礎，再加一層良好磨損的表面，就會成一個良好的道路。

如一處石料甚多，則須在壓碎之前，先行選擇，將淡色石料作基礎，黑色石料作表面層，增加材料的効率。

結合的材料　如一地只有花崗石造路時，非取花崗石不可。然花崗石缺乏結合的性質，可將青石磨碎，使成碎屑，結合硬石。基礎一層，可完全用青石做。如青石價賤時，基礎一層，固然用青石做，即表面一層，亦可參以青石，使作結合材料。

造碎石敷路時，亦可不用結合材料，就用表面同內裏碎石磨損後的碎石粉，做填塞及凝結的工作。因為漸漸的碎生出石粉，與車輪及馬足所帶來的泥土相合，成最凝固的材料。

若用砂粒充滿石面的空處，去做結合的材料，間或也可以行。但是厚矽砂，缺乏凝結的性質，既不能保留水分，又不能結合石粒，則完全不能應用。如用壤土時，表面一層，雖然是填實，但是底下空處，就完全不能充滿。壤土在碎石平面中間時，漸漸的使他們分離，以至構成車轍。如若壤土是在乾燥的情形，用石棍滾過後，能完全塞滿空隙，也可以收好結果。

用青石造石路　破碎的青石雖然是很軟，但是在鄉間可以築良好的道路，因為車馬所有的載重不大，如果載重太大，就不行了。

散布石料於路基　凡碎石鋪路基時，其厚度其密度，均須一律，如不一律，則滾時成一不平之路，一處須加增材料，一處須減少材料。如一車之石傾出於一面，靠一人去散布他，有時石料存在處，有許多灰塵及細石，陷入空處，以至一處比他處緊實，不甚均勻，所以在堅硬地方的旁邊，就有兩條車轍。要防這許多困難並省時間，最好用一分布馬車，在馬車內，有兩立方碼之石塊，將箱後之板開下，石即分出。如馬行時很慢，脚步很一律，則可布成一層等厚之石塊。至於每層的厚薄，全看石塊之大小，石塊大則深度須大。如石塊的直徑有二英寸，則一層鋪時，不能過四英寸，如三英寸，則堅實迅速且密集鋪的一層，如果過厚，就不容易將空處全行充滿。

石輥的功用　石棍的功用，就是將各片置於極安全的地方，使車輪的轉動馬足的踐踏都能得力。石輥第一的效果，是使各塊合在一起，減少空處的容積；第二的效果，是將幾塊石頭，聚攏在一安全之平衡，車輪與牲口的壓力，不至於轉動他們。石輥的直徑要大，不至於轉動時將石推向前面。他所有的作用就完全向下。我們試拿一例來說明，重載車的前輪，到未加壓實的石層時，常常滑過，不能做轉動的動作，此種行動就不能適宜壓實。至於石輥的重量應該若干，恰無確切的見解，有人主張用三·五至五·五噸重量之石棍，有人主張用十五噸至二十噸重量之石棍，又有人主張用輕石輥在先，重石棍在後。至於石輥轉動的次數，則專看在石棍之前，石頭不再轉動，或石行輥動時再不覺得有壓下路基，那時路就變硬而平始止。轉動的樣式，係先由路之外側起，在肩際壓實石塊。否則在中心之路基高於兩旁，必至傾下。

石輥的種類　將石層壓實成路，大概有[illegible]種法子：第一係任車輪馬足之轉動踐踏，既費錢又不確定，現在已不適用；第二係用三·五至五噸馬力棍，因其太貴，亦不適用，第三係用八至二十噸之汽棍，既良好且便宜。若在鄉間道路上，就宜用八至十噸之汽輥，如用馬輥，則只需一半重，其重輕可以任意。馬輥重三·五噸，若在輥中加鑄鐵可增至五·五噸。此輥有架及舌形物，牲口轉頭時，不至於轉動馬輥。但需用兩人及兩馬，以致使用太貴，且馬足又會撥亂石塊，所以就此點來看，汽輥只要一人管理，實在好得多哩。

碎石器　以前破碎石塊，全用手及鐵鎚。在奴隸工作的時代，就拿奴隸當機械，古時羅馬的路，都是如此造成的。等到近代，纔用鋼鐵的力量將人由這苦工工作內救起。碎石器能破壞石塊，選擇石塊，納入箱中，然後落於車內，以散布於路上。此碎石器係連於二十二馬力牽引機，每日能碎石一百車。碎下之材料分為三種：最厚者作基礎，中者作磨損面，最細者作結合及表面的材料。

旋轉篩　旋轉篩為碎石器之重要附屬品，因為最良好的道路，其材料不能不選擇。用這旋轉篩，細的材料可以向下，厚片就可放在表面。

土路與石路連合法　要叫石路的建築便宜，只有在中央部分鋪八英尺石路，在石路之一旁或兩旁鋪八英寸或十六英寸土路，使全闊度有十六英寸或二十四英寸，至草地旁邊有三十英尺至溝邊。惟此種計畫有一障礙，即路面上排水不能迅速也。

塔伏德式之路基　如欲在鬆軟之土築路時，最好用塔伏德式。凡路之八英寸厚者在斜度已定後，將同樣大小之石塊，排成行列，石塊不能過十英寸長，其底不能過六英寸闊，其頂不能過四英寸闊，四英寸或五英寸厚。其所鋪之表面，愈平愈好，其空處可以碎石塞之。最要緊的事，就是每塊要好好的鋪置，然後再加以碎石敷路之材料。

路溝　路溝在路旁用作排水器，做雨水及雪水載至他處。最耐久的路溝，爲陰溝管，西門汀管，鑄鐵管，及石管。木管只能作暫時之用。如運行的水量很小，只須一個兩個或三個十二英寸的陰溝管或西門汀管，就可發用，那就很便宜。但是如若水量太大其橫剖面過於十二方尺，而該處石料容易收取，那就用石工便宜了。如係陰溝管，則此管須埋於路下土中十八英寸處，以防破裂。如係鑄鐵管，其管之直徑，須過於十六英寸。

(四)道路的修繕

道路建造之後第二步重要的問題，就是道路修繕的問題。

(一)一段路有一人專負其責　火車軌道的修繕，每段若干里都有一人或兩人執應用的器具，去日日察視，有損壞的地方就立時修理。道路也必需如此；必需雇路工，給他的工資，使他用他的全部時間和精力，去管理道路修繕的事。

(二)設置管路員　道路既要有路工修繕，就不得不有管路員管理路工，管理全路的事務。管路員的品格要溫柔，可靠，信實，方能勝任。並且必定要知道良好道路修繕的原理及細目。

(三)限制車輛輪圈之闊度　因爲要保存良好道路的緣故，就不得不限制車輛輪圈之闊度。在巴伐雷亞其律如下：

兩輪馬車用兩馬曳行者，輪圈四·一三三英寸。

兩輪馬車用四馬曳行者，輪圈六·一八〇英寸.

四輪馬車用兩馬曳行者，輪圈二·五九六英寸.

四輪馬車用五馬至八馬曳行者，輪圈六·一八〇英寸.

四車或五車用過於八馬曳行者，除非得管路員之允許外，不准使用。

修繕法　良好道路之修繕法，含有（一）保持道路在合宜之形狀；（二）加增材料於磨損路面；（三）使路面及溝渠清潔；（四）路旁無惡草；（五）維持及注意路旁之樹木；（六）在冬季雪時，更宜注意道路之情形。

土路及石子路修繕法　修繕道路法，第一即須在雨後，察視道路之狀況，如有重要之缺陷，即須顯示管路員，天晴時即從事修理。如路上有車轍，即須立刻糾正；但在土路，過乾過濕之時，均不易糾正，則宜等至適當之時期，從事糾正。如路上潑水時則宜使每點都入土中，使用鋤鏟耙平時，易於工作。凡加材料須先散布均勻然後用耙耙平使有一平面一律之層，然後再用石輥壓實。則路必堅固確實。

專論

內燃引擎概說

王崇植

我們要談內燃引擎，我們不可不明瞭宇宙間力的來源，因為知道了力的來源，我們才可談到種種機器，用來利用那種自然能力的，從種種機器裏邊，我們才可批評優劣。中國人工程智識的缺乏，實在無可諱言，我親眼看見過在一個很大的工廠裏，裝置幾十只大火管的汽鍋，那個地方水是很好，水的硬度很低；還有在湖北一個鑛山裏也用起蒸汽引擎，我看了之後，不禁啞然失笑。照中國現狀看來，內燃引擎大有發展的餘地，但是我觀察過許多工廠，實行這個政策的很少，我今天做這篇文字，就是要引起工程界的同情和資本家的注意。

（一）宇宙間力的來源

我此地用的力字是 Power 不是 Force，恐怕有人誤會，特地先聲明一句。宇宙間的力大概可分為三種：

（A）人類和獸類的筋肉能力

（B）化學作用生來的力，或熱或電。

（C）高度自然能力像瀑布和風。

在新世紀（New epoch）沒有開始的前頭，（A）種的能力用度最廣，這種情形在我國還可看到，像牛耕田，馬駕車，都是這一類。（C）種的能力似乎取之不盡，用之不竭，其實卻不然。第一像利用瀑布，地點是固定的，雖則近年來更電流的電壓已可高至二萬二千佛爾脫供傳達之用，但是路太遠了，經濟上也不合算。並且水力機的費用超過於蒸氣引擎，煤汽引擎數倍，在素稱富煤的中國，我敢預言非四五十年後，水力機尚無發展餘地。講到利用風力，他的動作是不連續的，非用蓄電池不可。這樣看來當然（B）種的能力，可以稱雄一時了。由（B）種能力發生的電，電池是個代表，力量太小，只配供電話電報及物理試驗之用，我們現在最要注目的是由化學作用發生的熱。菊耳（Joule）証明七百七十八呎磅等於一個B. T. U. 一個B. T. U.是熱量的單位，用來可以增高一磅水的熱度華氏上一度。這由化學作用發生熱的原料可以叫做燃料，燃料之中煤和煤油要算是最普通的了。利用這樣的機器有二種，統稱之曰熱力引擎。他的詳情下章再說。

（二）熱力引擎

我人現在享受到物質文明，那一件不是從能的變換上來的？電燈呀，電扇呀，電車呀，摩達卡呀……件件都是利自然能力來做我們需要的工作罷了。大家很知道現在電的一物已成了物質文明的中心點，但是電是怎樣來的？發電機上來的。發電怎樣會動的馬達不是原動者（Prime Mover）不是靠熱力引擎嗎？所以熱力引擎在現在是變能機械中最重要的一種。他的種類可廣義分別，拿燃料燃燒的地位來做分別。第一種燃料在引擎外面燒的，我們可以叫他是外燃引擎。最普通的例就是蒸氣引擎。還有一種目下雖不常用了，叫做熱空氣引擎，也是外燃引擎一個很有力的代表。第二種就是篇中最注意的內燃引擎了。在這種引擎裏，燃料的燃燒是在引擎裏面，煤油和煤氣引擎是個代表。

（三）外燃引擎的特點

在外燃引擎計劃裏，一定有爐柵，預備煤燒其上，（其實爐柵也可以沒有的，只要所用的燃料是油或氣。）一個烟突做吸受新空氣放射炭酸氣淡氣等的關鍵。爐柵上面當然須有一只貯水的器，叫做汽鍋，那汽鍋的條件要容易受熱和有抵抗高壓的能力。旁邊有個抽水機，打水到汽鍋裏去。再用汽管通蒸氣到引擎裏，氣壓推動了活塞，機軸就旋轉不已。這個組織是最簡單的。在近時最好的組織中，還有凝水器，高熱器種種，不過他的熱力効率到百分之二十五已經是再好沒有了。這個是根據嘉諾（Carot）的原理，証明熱力効率是同氣的溫度發生直接關的。

$$Eff = \frac{T_1 - T_2}{T_1}$$ 或熱効力 $= \dfrac{\text{蒸氣入活塞時的溫度} - \text{蒸氣出活塞時溫度}}{\text{蒸氣出活塞時的溫度}}$

照尋常蒸氣，兩溫相差不過華氏三百度，有了高熱器可以到五百五十度，不過同時分母高至絕對溫度一千幾百度，熱効力就萬不能至五十。況且蒸氣熱不過六百五十度，而爐柵上却常有二千度以上的熱度，這個熱的消散，不是經濟上要受到一個大大打擊嗎？所以拿經濟的眼光來看，蒸氣機既有煙突內種種熱的消散，還加之以全部熱力不能利用，三則機器中有不完善處，結果蒸氣的効率就只有百分之十幾，下次的究低至百分之五，六。

再回頭看汽輪 Turbine，這是近幾年來的發明品，動作十分靈活，効率也比較的高一點。目下大工廠裏均沿用汽輪，十年後引擎除了火車上恐怕竟要絕跡，但是也用蒸氣做變能的媒介，汽輪的効率自然也依照上述的公律，有同量的熱消失在煙突裏，爐柵上活塞裏。

除了上述經濟上的不上算，現在再看外燃引擎的危險。我們大家想一立方呎的水要化成一千七百立方呎的汽，一千七百是個多大的體積！所以時常爲了工人的不留心，或鍋子抵抗力太薄弱，就發生鍋爐爆發的危險！去年浦東某公司的爐爆，今夏常熟小輪舟的爐裂事，死者數十人，傷者數十人，公司的損失不必計算，血肉狼藉的慘狀，我們看了要發生什麼感想！

（四）內燃引擎的特點

我們看了內燃兩個字，我們就可曉得在外燃引擎裏爐柵裏煙突內所消散的熱，都可一律免除。並且內燃引擎的動作只需三五分鐘就可指揮如意，像外燃引擎裏，非半句鐘不辦。並且爐內生火，也是一個問題，燒熱後不用的時候，又要化掉多量煤炭保住鍋內熱度，無形中又損失許多金錢！所以由經濟方面着眼，內燃引擎遠勝於別的。還有一層，在內燃引擎計劃裏沒有多少副件機器，既少管理人工，又省金錢消耗，我們眞何樂而不爲。關於燃料方面，煤油中國是沒有，泰半都從美孚煤油公司和亞細亞煤油公司，每磅要買到大洋六七分，燃料太貴！也是不十分上算。煤氣在上海有煤氣公司好買，比較自然合算，不過也只適用於馬力較小的引擎。講到大馬力引擎，還是自備煤氣 695 Produce 爲上策。所以在產煤的省或運輸便利的地方，燃料上沒有困難，可以得到我們預算的長處。

我們兩兩把內燃外燃引擎一比，在熱効率方面相差幾至一半，而人工方面內燃引擎又比較的省一點，內燃之在工業上將來有大大的發展，是可不言而喻。

還有一層在歐戰裏有兩件令人驚駭的事情，不是空中飛行和海底潛行嗎?飛行機和潛水艇,假使沒有了內燃引擎再也沒有成功的希望。我們不是羨慕那種殺人傢伙,預備和人家空中戰爭和海底戰爭,在將來交通上—潛水艇雖不中用—飛行機卻是個重要的發明。我想大家還記得三月意大利飛機到上海,萬里飛行已由試驗時期而達到實行時代。從福州至上海第一次的飛行郵件,亦已做過給大衆一個驚駭。由是知既無船隻之觸礁等險,又無火車之麻煩軌道,高山大嶺不足阻其進行,然上海至福州,爲時不過六小時,神速至此,十年後運輸事業之霸王,舍飛機其誰?內燃引擎之重要,由此可見一般。

(五)內燃引擎在工業上之突起

內燃引擎之發達史,自槍炮起,所以第一只內燃引擎的燃料,他們擬用火藥。第一個人想到內燃引擎的是霍推飛爾 (Albe Houtefeulle) 在一千六百七十八年主張這個。後來還有繼續的人,不過多歸於失敗。直到十八世紀末馬鐸克(Murdock)把煤蒸成煤氣,內燃引擎才復活。一千八百六十年,市場上才有內燃引擎出賣,但還多缺點,後到一千八百六十二年亞特 (Otto)發明亞特引擎,一千八百九十五年第塞耳 (Dr. Rudolph Diesel) 發明第塞耳引擎,內燃引擎才到完美的地步。至今爲時還不到五十年,內燃引擎在工業上已代外燃引擎而起。

下面是美國五年前的報告,雖厭陳舊些,但也可以看出趨勢之一般。

年份	馬力
一九〇〇年	二千匹
一九〇一年	四千匹
一九〇二年	六千匹
一九〇三年	八千匹
一九〇四年	一萬一千匹
一九〇五年	二萬三千匹
一九〇六年	三萬五千匹
一九〇七年	五萬八千匹
一九〇八年	八萬匹
一九〇九年	十一萬匹
一九一〇年	十四萬四千匹
一九十一年	十六萬四千匹

上面所述的，不過專就煤氣方面而言，其餘如煤油方面，也有幾萬馬力。我們從這個上面可以看出內燃引擎發達的趨勢。我國工業素幼稚，十年裏纔望他有大大的發展。中國產煤之區很富，將來實業界上內燃引擎一定佔據很重要的地位，我特地約為說一點，學工程的人幸注意。

本篇材料都根據 Mark's Gas Engines and Producers, Hutton's Power Plant 和 Gebhardt's Steam Power Plant Engineering 三書，譯名方面，許多有未妥處，為了排字人西文常弄得差得莫名其妙，我所以都不附及。

作者。 一九二〇.七.七.

地方調查

廣豐的社會調查

民生

廣豐在江西的東部，是和浙江福建交界的一個縣分。地方在溫帶的中央，所以產物很多。但因教育缺乏，所以人民的智識，很為隘劣，加以交通不便，即近年世界偉大的潮流，影響於廣豐的，尚覺微乎其微，如語人以飛行機，潛航艇等新發明品，無不以為是封神榜上的故典——他的人民，無不以家庭為快樂，以出外為艱苦。而他處的人，亦少有到廣豐的，故廣豐的情形，知道的很少——民生因見少年世界有地方調查欄一，乃寫以補白。

（一）農業

廣豐既在溫帶，故他的農產物，很為繁盛。大約中國本部所有的，幾無一不有。水田有三次的收穫，山地亦有二次的收穫，故一年可得農產品如左

(1)稻	一五〇•〇〇〇〇石
(2)大豆	二〇〇〇〇
(3)粟子	一五〇〇〇
(4)麥類	五〇〇〇〇
(5)番薯	二五•〇〇〇
(6)菸葉	一五〇〇〇
(7)甘蔗	一〇〇〇〇
(8)蔬菜	一五〇〇〇
(9)瓜果	三〇〇〇〇

(10)茶葉　一〇〇〇〇
(11)苧麻　五〇〇〇
(12)棉花　五〇〇〇
(13)蠶豌豆　三〇〇〇〇
(14)玉蜀黍　五〇〇〇
(15)粟米　三〇〇〇〇
(16)膏粱粟　二〇〇〇〇
(17)糯穀　五〇〇〇〇
(18)竹木　三五〇〇〇〇根
(19)牛羊猪　一五〇〇〇〇
(20)雞鵝鴨　五〇〇〇〇〇

物產的價目較比民國初年已漲了一倍，或有漲至二三倍的。……再則現在的游民較從前多，生利爲加數而分利的爲乘數。三則現在新墾的土地，多是山頭地角，做十分的工夫只有三分的出產。人口日有增加，而土地的生產力不能隨着加大。所以物產只有漲價，而無跌價了。

廣豐的土地，尙爲平均，無極大的地主，亦無絕無土地的人，至貧極窮的人，亦有點屋基地菜園地，或祖宗的祀業。極大的地主，亦不過有田地一二千畝，一縣裏頭，也不過三四家。大約城市居民，以數十畝或百畝的爲最多，鄉村居民及農人，以數畝至數十畝的爲多。其無大地主的原因，半爲析產制度，一時號稱大地主的人，如生子數人，二三十年後，兄弟各炊，亦不過中產人家呢。加以大地主多居城市，舉動闊綽，故亦不能貯蓄，自鴉片漲價後，尙有多數大地主，因而傾產的。

土地的種類，大約分爲『水田』『山地』『山場』三種，水田又分爲上中下三等，上等的田，每年可種稻大豆油菜各一次，或種早晚稻各一次，油菜一次，故上田每年總可收穫三次。中田則種稻豆各一次，下田則僅種稻一次。統計廣豐的田，上等的約十分六，中下的約各得二分。『山地』上等的三年可種菸一次，其餘的兩年，及下等的『山地，』每年可種麥番薯，蠶豆豌豆，玉蜀黍，黃粟膏粱粟等雜糧。山場則栽竹木及茶樹，苧麻等物。

農民的性質很是勤儉耐勞。守着他祖父的，鄉村的風俗，只是粗米飯，大布衣裳。抱定他不勤賺不到吃的宗旨，故一年只曉的做事。所以鄉村的農人，由儉勤起家的很不少，農民一天的生活，暇時約作工十鐘，忙時約十八鐘，冬時農閒，乃醵錢演戲謝神，人亦及時行樂。所嗜好的，旱菸，燒酒，辣椒，天天不離口。農婦的生活，較農民尤苦，除家事外，尚須晒貨物，牧牛羊，暇時多績夏布，總是一年中，無休息的日子，而求神拜佛，猶極熱心。

水利尙肯講求，就地面的凹凸，築成的塘很多，大有數十畝田，必有一口塘，可貯水數十或數百方丈。旱則將塘水放入田中，雨則將田水放入塘中，故一月不下雨，亦不甚要緊。加之地在信江水源，山多水少，即霖雨十天半月，亦無河決水溢之患。故廣豐的地方，是無大旱大水的地方。歉收至半數的年歲，是從來沒有的。

鄉村的交通，最爲不便，尺餘寬的田塍，又無石鋪，下雨時滑滑難走，除赤脚或穿『稿鞋』外，差不多就要跌倒的。

地主和佃人的關係，尙爲平等，除地主將田地轉賣或押當他人，及佃人欠租以外，就不能起田的。每田一畝，交租穀三石，大約所出的產品，地主得三分一，佃人可得三分二。因爲種豆及菜，是統歸佃人的。

（二）工業

廣豐的工業，極不發達，除舊式工藝，及家庭工業以外，無一工廠工業，惟煤礦的工人稍多，稍有工廠的形式，其他多係小工藝而已。

工人的所得勞資，較農人爲少，其勞苦亦不如農人，男工可得一角五至二角，常年雇人的，僅二三十元，女工除乳娘做鞋的以外，年僅數元。但飯食一事，均係由僱主備的。待遇工人，尙爲優厚，因非工廠生活，居民零星僱用，一切多不計較的。勞動的時間，亦甚短少，大約每日作工六七鐘。惟點貨計值的，有作工十一二鐘的，因爲工人貪圖多做點事，可以多得些工資。

礦工的工價，較他工爲優，因爲行點貨的制度，一人一日，點至五六工的，即可得五六角的工資。但礦工較他項工人爲有危險，常有水淹火燒的禍，被害的死後，僅得數十百圓的養卹費。礦工多爲農人的兼業，春夏種田，秋冬作工的多，其生活亦較他項工人爲苦。

手藝工人，多居城市，生活狀況亦優，惟工資甚薄，遠不如農人能發財。

勞力工人，介在農人手藝工人之中，生活狀況，雖不如手藝工人，而所得則較工人爲多，故常有勞力的工人，積漸而爲大商，富戶的他項工人就做不到。

廣豐的山很多，大約礦物亦是很多的，但現在已發現的，不過煤礦一種，開採的約有數十礦，未開的亦多。

工業的資本甚爲微薄，除煤礦與菸以外，上千元的尙少，手藝工人，除傢俱以本全無資本。

工業的生產品如下

（1）夏布　二〇〇〇〇疋

（2）花尖紙　八〇〇〇〇块

（3）植物油　五〇〇〇〇擔

（4）煤　四〇〇〇〇噸

廣豐工業的生產品要算上列的爲多了，夏布，紙，油，銷行本省江浙等地方，煤則銷行隣近的二三縣，其他均係自用而已。

女工甚少，廣豐的女子，亦從無專工業的，除家事外，惟績麻的爲多。貧戶女子自六七歲，即學績麻，除天寒時輟工外，一生多在績麻的時間，富戶的女子，自幼卽學刺繡做鞋等工夫。女子亦無幫人作工的，設有一工廠發生，欲招數百個女工，亦是很難的，因地方的習慣，非極貧的人，均在家做生活，故要僱一能幹的女傭總算很難。童工以男童爲多，鄉村的小孩，六七歲就要牧牛拾糞，十餘歲就要砍柴種田，故無暇讀書，這種童工，非行强迫敎育，不能得着敎育，數十年後，鄉村中將無識得字的人了。

（三）　商業

廣豐純爲一農業的地方，工業已不足道，何况商業，全縣無一錢莊等金融的機關，故金融最不活動，借貸利息，約需百分的十六至二十上下。

商業店員工資等於工人，故稍能幹的人，多自經營商店，其幫人做伙計的，多不濟的人，小碼頭的小組織，老板因資本少，生意少，多不肯出高貴的工價，而伙計因不需幾多資本，就可以做老板，故多不願幫人，而自謀獨立，所以商人商店越多，規模越少，活動力也越小，所以倒閉的亦很多。

廣豐輸出的貨物，多爲農產物，原料物，如菸葉，茶葉，油，紙，夏布，竹木，豆，牲畜，煤，輸入多爲工業品，製成品，如布匹，洋貨，南貨，廣貨，京貨，穀米，菓子餅，所以廣豐的生計，日艱一日，所以鴉片的禁令，又成了具文，每年尙有數萬元的輸入，而稅額，及被官塲括地皮去的金錢，每年又需數十萬，所以廣豐的現金，愈覺日少一日，商場的交易，竟成爲一個賒欠世界。現金越少，利率越高，故往昔爲百分之十至十四，現在已漲到十六至二十，而資本家因貸出難收，愈將現金收藏，所以到時節結賬的時候，即有金融恐慌的現象，爲前輩人所未見過的事。其現金短少的原因，不外洋貨輸入，就中猶以鴉片輸出的金錢爲最多。約計自民國紀元前五十年起，至民國紀元前一年止，這五十年間的時候，每年要輸入鴉片二十萬元。紀元後，雖禁止鴉片，吃者雖少；而價却增數十倍，私販入的，及袁政府的印花土，每年輸入的，尚值十萬元。統計廣豐一縣，吃鴉片的虧，已有千餘萬，而今尚禁的自禁，吃的自吃，我眞不知將來的國家如何得了！現在的政府，日日講禁煙，而輸入內地的鴉片，無不是上十萬的銷路，內地的煙館多過學校，煙鬼多過學生，官廳日同吃煙的人往來，而不覺其是吃煙的人，大怪大怪。

廣豐的商業，尚在幼稚時代，無公司的組織，所有老式的商店，及行商的人，資本上萬元的，已是很少。而地方偏僻，亦無甚商業可營。除普通的老式的商店以外，就要算輸出和輸入業，其中算煙業，茶業爲大。煙的輸出江浙的，年有二百萬元，茶有二三十萬元，其他油紙夏布，雖算是輸出的大宗土產，然均是上饒江山玉山的人所經營，土人無這大的資本，無經營這業的。這數項及他樣的輸出，每年亦有百餘萬。輸入業爲土人所經營的，以糧食菜餅商爲多，其他布疋洋廣雜貨，均是向鄰近各縣，批發來的。廣豐商業不發達的原因，純是交通不便的緣故，運費重而耽擱的日子又多。水運僅有一條溪澗，春夏的船可載重五千斤：秋冬僅載三千斤，下水一日可走八十里，上水僅走二三十里，贛浙鐵路，走廣豐本是頂直的路線，現在雖有人提議，尚不知何時可以開築。至於節節寸寸的釐卡，亦是商業的第一個障碍物，譬如商人在茶山，辦了數百挑茶葉，要運往杭州出賣，這貨一天起運，是僱不到這多挑夫的，必定要陸續起運。挑至常山下船，有二百里的旱路，要經過釐卡二處，如照章納稅呢，每担茶要抽稅八角，若向釐卡私過呢，僅需一角有零。至於私過的鎖碎手續，亦是很多，第一須將錢交挑夫，囑其逢卡交納。但挑夫多是貧民，見錢如命，設能逃過一卡，他就可乾沒客人的錢，設被巡丁遇見：又要扣留罰稅，而客人常有數千百挑貨，因一二挑被扣留，全貨均不能起身，就擱日子，弄壞貨物，費盡無數周折，所以人皆不願習商。

廣豐的人口；據近來一種概括的調查，說有三十萬，而徙居浙江的龍游壽昌衢縣，福建的崇安浦城的人，亦有三十萬，較比前五十年，約增一倍，生產率呢，常較死亡率為多，現在牛痘盛行，兒童死亡的絕少，故現在的繁殖，較從前為速，地方又極偏僻，從來未經過武人的刦，水旱又是不怕的，飢荒雖有，餓死是亘古未聞的事，故其人口的繁殖，眞是一日千里的，妙在尙可遷到福建浙江，否則早已有人滿的患了。

蕪湖文化運動記（續第六期）

鈞叟

以上所說的，都是他們內部的組織，究竟他們的能力怎樣，還沒有機會到社會上去試驗。可巧『五四運動』風潮起後，二三日便捲到蕪湖來了。於是他們大起義憤，態度非常的激昂。打電報，散傳單，開會籌備游行。那曉得軍警方面一夕數驚，簡直把他們看做反叛一般。他們裏面有一位教職員和農業學校裏一位教員主張稍稍偏於贊助學生的意見，鎭守使馬聯甲便打電給教育廳，教育廳便張皇失措趕打電報給第二農業，和第五中學校長，叫他們把他兩個辭退；馬聯甲又要逮捕他們。於是這位先生就不能不和他們告辭了。他們已經掃興，而各方壓迫異常利害，又孤立無援，只得中止運動，暫時隱忍。

所幸這個學校裏面的新思想的中堅教員，還沒有動彈，學生沒有失了維持輔導的助力，所以福州交涉起後，他們還能力排萬難，糾合各校，結隊游行，講演，散發抵制日貨的傳單。他們後來忽有一種覺悟：

『只對於政府請願，哀告，或游行，都沒用處。要想根本改造，非從改造平民社會入手不可；要想改造平民社會，非從事社會教育不可，平民教育不可。』

現在他們對於這個問題已做的事業：

(1)組織新劇社，去年冬天試演一次，很受社會歡迎。劇本一半用翻譯的西洋各劇，一半是自己編的：胡適之先生編的終身大事也曾演過。

(2)設立義務學校，這個學校，去年冬天開辦，男女學生八十餘人。他的經費，大半是前次他們演劇所得的，也有他們自己捐納的。

他們現在打算設法推廣義務學校，一俟款項充足，即設為二第三義務學校，以期普及。並預備組織「書報販賣部」專介紹新思潮的書報於一般平民。

他們現在已經對於學術有了趣味，對於社會生了關係。所以總想把他們所得的智識傳授給多數的平民。他們平常究竟喜歡讀些什麼書呢？新青年一類的出版物，不消說是要看的。據我所調查，他們每人平均至少要看兩份新思潮的定期出版物。新思潮的書籍，如中國古代哲學史大綱，近代思想，創化論，杜威講演集，皆很喜歡；研究中國古代哲學史大綱在蕪湖共銷三四十部，大約十分之九皆被他們買去。至對於Kropatkin，Marx 諸人的譯著，尤其歡迎。

(D)第一甲種商業學校　這個學校開辦未久，我還看不出他的好壞來，不便批評。

裏面有一位學監姓陸，很熱心，也很能辦事；對於新文化的態度，也很歡迎。不過他在那兒力量太單弱，恐怕沒有好結果。至於他那位校長鮑先生，我就不便批評了。

(E)蕪關中學校　這個學校是拿蕪湖稅關附加稅辦的。開辦很久了，校長姓呂，是一位老進士先生，他辦的學校，我實在不願批評。至於他那學校裏教員學生對於新文化的態度怎樣，也就可想而知了。

(F)職業學校　這個學校，我對於他的希望很大，不過他現在還沒有開辦，無從批評。我只得把他組織的動機和組織中的情形，略微談談罷。

這個組織的動機起於什麼時候呢？去年四五月間，李光炯，和阮仲勉兩先生到上海去，那邊一班朋友，就勸他們回到家鄉辦點社會教育的事業，有一個朋友就獻計辦職業學校，並願擔任籌款，於是他們就開首組織職業學校了。這位朋友果然把他籌了八千元的開辦費。他們又找前任呂省長提倡贊助，老呂也很幫忙，情願捐錢，並願在省經費項下籌撥一點開辦費和常年經費。不料老呂開缺，蚌埠將軍不願意，他們跑上跑下費了多少事，蚌埠將軍才算答應了撥給老呂已經定案的開辦費。現在他們要忙著找地址，開辦了。

前天陳獨秀先生給李先炯先生一封信，他對於這個學校的意見有三條：(一)脫掉官僚習氣，不用僕役；(二)偏重工作的教授和練習；(三)注意學生自動的訓練。

六　外人設立的學校

外人在蕪湖設立的學校只有萃文中學校，聖雅閣中學校，和青年會附設之小學基督會附設之女學四五個學校。女學和小學我沒有調查。聖雅閣和萃文兩個學校我稍微曉得一點。他們都是美國教會設立的宗旨在傳教，對於我們中國的文化運動，態度很冷靜的。至於他們對於我們反對中日交涉的運動，更怕得罪了日本。所以學生稍有舉動他們就要起來干涉。聖雅閣的校長是英國人，他更不敢放鬆學生，有碍他同盟的邦交了。不過他那裏學生很有一些有志趣有思想的，去年冬季竟釀成大部分退學的風潮。萃文的學生也很有些好的，他們的教員有兩位思想學術都很好；他們近來研究新文藝和看新書報的也很多。

七　社會教育

蕪湖當民國八年以前，沒有人注意到社會教育。到了五四運動以後，有幾位朋友，才大大的覺悟他們以為要改造社會，非從最普遍最下層的階級改造起不可。他們曉得蕪湖商界中，有許多有志趣有思趣有天才的青年，都埋沒在那不幸的奴隸生活裏，沒有求學的機會。於是因為吳興周先生（電燈公司經理）的

熱心贊助，他們就組織第一商業夜學校；今年因為蕪湖市面太大，江口一帶青年商人來學不便，經崔松谷先生（鴻安輪船公司經理）提議，又在江西會館（江口）內設立第二商業夜校。第一商業夜校的學生，來學不過四個月，他們從不能寫一封百十字通順家信的程度，居然可以作幾百字一篇很有思想且明順的文字了，這不是很可滿意的嗎？

他們又覺得蕪湖的工人知識太差，無業的游民太多，因此創辦一個『工讀學校』。他們創辦這個學校的緣起上說：

(A)養成平民子弟的生活技能。

(B)灌輸平民子弟的普通智識。

(C)養成他們自食其力的性習。

(D)剷除他們『好吃懶做』的根性。

(E)試驗我們理想上的教育。

(F)勉力消除學界工界商界的隔閡，使他們得相互的了解。

這個學校的房屋現在已經動工建築了。

還有赭山第五中學學生辦的義務學校（見前）和學生聯合

會辦的義務學校，都是社會教育的性質。

至於基督會設立的兩個閱報社，已經幾年了。他們的目的只在傳教，並不是直接注意到社會教育的。然而他們裏面購備的日報很多，一般社會無形中也受了多少益處。不過新青年這一類的新出版物，一本沒有，這是很可惜的。

八　學生聯合會

這個會是蕪湖各省立學校—除掉第二女子師範—，蕪關中學，聖雅閣和萃文各校學生組織的。他的成績不過：(1)設立一個義務學校；(2)聯合各校學生勉強出來游行一次。

九　新聞事業

蕪湖的新聞事業，簡直可以說等於Zero。日報館也有兩家，皖江日報，工商日報。他們平常不過每天把上海，北京的報紙，用剪子剪剪，送到排字房裏，另外做兩個時評，就算完事。現在他們也多少受些新潮流的衝動，文體，論調都漸漸變了，不過仍是沒精打彩的。這是力和量的問題，無可奈何的事！然而比安慶城裏倒霉的民碞報已經好得多了。

十　商界青年的覺悟

一般商界青年現在受了新文化運動的影響，已經很有覺悟。我現在把他們寫給商業夜校教員劉希平先生和夜校諸執事的三封信寫在下面，就可以曉得他們覺悟的程度了。

一　某君給劉希平先生的信，大意如下：

希平先生：

自從我進了這商業夜校，才曉得我們以前的種種悲慘的境遇，都是由於自己沒學識，不能了解我們的身分的緣故。我自那日聽諸位先生講演之後，好似再生一般。怎奈我的東家怕我誤了工夫，不允我進夜校！我再四哀求，毫無轉圜之意。先生！我現在不能再來上學了！像我的東家這樣人，我並不怪他；因為他的生活及過程，也是同我一樣的不幸，一樣的沒有受過教育。這就是教育不普及的害處呀！先生！現在商界青年十有八九都是一樣，要想求學，不能得店主的許可！……………

學生某某上言

二　洪芾棠君給綠萍君的信。

綠萍先生：

昨晚聽你的話，益我知識不少。可惜時候不早，急的要回店，不然，當要多聽一刻才好。

我要買交際全書，你勸我買新生活，我就買了一本，當時將他看了。那上邊所說的，真是新思潮的導線！回店復將他重看一遍。我才想得這真是我們的救星。

蒙你的好意，叫我做文去請商業夜學校裏的先生們改，我十四五歲就出來學生意，在家既沒有多讀書，出來又被專制的習慣綁住了，更沒有閒空讀書，實在不敢獻醜。

話雖是這樣說，但我是一個自信有為的青年，那一天不是恨恨的要求學，那一天不是恨無法求學的？今天既聽你說某先生那樣熱心，不但擔任商業夜校的教務，並肯給我們失學可憐欲進夜校不能的青年批改文字，我再要學那古式新嫁娘一樣怕羞，不但我自己對不住自己，對不住你，兼對不住那位熱心的某先生了。我就請你將我封不三不四的信，轉請某先生改改罷。

我明年當以百折不屈的精神，達到肄業商業夜校的目的！

弟洪芾棠，九，二，八。

三 笪君給商業夜學校的信。

商業夜學校諸位先生：

昨天看見你們招生的廣告，我們有幾個朋友，心裏也想來報名。後來仔細一想，很有些困難，這是什麼緣故呢？

因為我們在商店裏當夥友的，事情狠多，一天到晚，簡直沒有閒工夫，你想還能夠到夜校來求學嗎？在我們的意思，希望你們仿『函授學校』的辦法，通信教授。那末我們在商店裏當夥友的，來報名必定一天多似一天了。

我們也曉得『要求商店夥友解放，必須求個人有獨立的知識。』因為個人有了獨立的知識，就可以從事於種種運動了。但是現在我們，莫說獨立知識沒有，就是普通知識也很缺乏，怎樣會作『解放運動』呢？所以我們希望你們通信教授，不知先生們以為何如？

笪劾民，九，二，二六。

上頭三封信，第一封信收到的很早了，原信失落，這不過記其大意；第二第三兩封信，接到不久，他們的原文一點也沒有改動。

十一 平民和學生接近的機會

第五中學學生辦的義務學校，前天開學，他們預先通知學生的家長，請他們來開懇親會。那天晚上男男女女一齊都來了。開會的時候，請了兩三位教員演說給他們聽，他們聽了，沒有不歡欣鼓舞的。聽說他們學校的主任宣布此後每逢星期日晚，都要請學生的家長來聽演說，如果此事能長久實行，可得三種益處：(1)學生家庭和學校時常聯絡，教育上收効更快；(2)學生的家長也可借此開通知識；(3)一般社會，即平民社會，對於學生的態度，當格外了解。

十二　新思潮書報的勢力

蕪湖文化運動的情形，上邊已經說完了。還有一樁很重要的事實，不能不表而出之。什麼事實呢？就是新思潮的書報在此地行銷的情形。三年以前，蕪湖各書店裏沒有看見什麼有價值的書報。新青年那時每月不過二三份而已。近兩年來，新書報的銷路和從前大不同了。我把他舉幾樣出來做個例子：

新聞雜誌類名	每月銷行約數
新青年	三十份
新潮	二十八份
新生活	八十份
新中國	五十份
少年中國	五十份
少年世界	三十分
解放與改造	六十份

他如：星期評論，星期日，北京大學月刊，新教育，建設，新羣，教育潮也各銷二三十本不等。從前每週評論沒被封禁的時候，行銷也很多；最可喜的少年中國婦女號竟銷到一百多份。

新書類名	
中國古代哲學史大綱	四十部
近代思想	一百五十部
孫文學說	三十部
杜威講演集	四十部

他如：北京大學叢書中的人類學，心理學大綱，歐洲文學史，西洋哲學概論，和尚志學會叢書中的革命心理，創化論，也各銷若干部。

我猜讀者看到這裏，必定要想問『安慶省城的文化運動情形，比蕪湖怎樣？』我就舉一件事給讀者作推論的根據罷：就是安慶城內的學生沒有看新思潮的書報的，聽說安慶商務書館帶了幾部中國古代哲學史大綱去，擺了好久，才有一個第一中學的學生買了一部。

十三　結論

蕪湖的文化運動，照着上邊所說的，似乎很有希望；然而此項運動的主力很薄弱，社會方面，政治方面，對於他們都抱着反對的態度。將來能否達到他們預期的目的，還不可知。我總希望他們大着胆子向前衝去，不要回顧。

（完了）

民國九年三月九日

游記

法國里摸日 Limoges 磁器博物館參觀記

附歐洲磁器源流考

李璜

法國人天性好美術，所以美術工藝都很發達。就如磁器一宗，在歐洲也很有名。並且里摸日所出的綵繪細磁盤子，人家壁上差不多都要掛兩個，作爲美觀的裝飾品。有錢的家裏大半藏得有里摸日的細磁碗盞，款待住客的時候才用他，他的價值自然比常磁高得多了。

今年二月，因爲往林木山 Limousin（法國中部高原）去看農莊，順便在里摸日勾留一日。起初本要參觀磁業工廠，後來因爲沒有得力的介紹人，不能如願，只好在磁器博物館參觀。并且那一日不是參觀的日子，館人看我是外國人，遠道而來，特別爲我打開，許了兩點鐘的期限。在這短少的時間內，要流覽這樣大一個博物館，當然是很匆促。並且我對於磁器素來沒有甚麼研究，不過既然生在一個有名的磁國，平常接觸，也就少少有點觀念。拿這種觀念的能力來作辨別，不知道靠得住麼？

館在里摸日城中高處，是爲此城磁廠學生和工人觀摩而設的。故所以裏面陳列的次序，都覺得有一種研究務求開擴觀摩的人的眼界和引起他的心思。頭幾排櫃子裏盡是各國各地的細小磁器，隨意雜陳，頗足引起人辨別的興趣。歐洲的磁，因爲我看得不多，不看標識，簡直分別不出那一樣是那一國的。不過在綵繪上有時可以分個大概。法國磁善花繪，意大利磁善繪風景和獸形。英國磁善繪帆船和人物。這是我當時在那博物館幾千萬樣磁器上歸納得的判斷。東方磁（中國日本波斯）與西方磁的分別，繪畫上更是顯明，不過內中西方磁學東方綵繪的也很不少，非留意看他不出。譬如我看見有個七寸盤子，繪的是燕子和梅花，我以為一定是中國的出品。但我仔細一看，邊上的花紋，却與西式屋上的鐵闌干一樣，就知道是摹仿的。又如有一個大盤子，繪的是兩個中國人作揖，一個鞠躬下去，帽辮飛起，成了平行線，一個手裏撐把大傘，這傘把天都遮了半邊，一雙手抱起他，還要作揖，我想這樣作揖，真正太費事了。至於東方的磁器裏面，日本與中國的綵繪很可以分別。因為日本磁大半都善繪他們所尊重的武士道的模樣和藝妓的面孔。反轉是波斯的綵繪與中國很相類，不過顏色釉子和磁底都不能比中國磁。

中間幾排櫃子，是類別各國各地的出品，用來比較好歹。或盤或缸或碗或瓶，差不多每國都有一兩個。據磁器的原質和彩繪的顏色比較起來，當然中國要算第一。就是製造的形式，也有些足以令西人驚異的。如像有個白磁小花瓶，外面套上一個白磁圓球，這球是仿細竹縷空花籃式樣燒的，瓶子放在裏面是活動的，但是瓶口又被含着，取不出來。那博物館譜上便稱贊這樣技巧了不得。

法國磁在歐洲真不愧占第一的位置。磁底也細，彩繪也鮮明奪目。那塞威爾 Sèvres 御窰燒的仿中國綵繪的大花瓶（兩尺多高）可以充中國的古磁。據他們磁器考上說起來，這種綵繪大花瓶，完全是摸仿康窰，這仿康窰的製造，要算歐洲磁器進化上的一個大關鍵。并且是歐洲磁器不能別開生面的一個大原因。法磁中的雙燒白磁 Biscuit 也比較英德細巧。那仿雕刻的雙燒白磁像，是中國磁不能及的。其次要數意大利磁。意磁底樣式雖不及法磁細巧。但是綵繪的顏色很深厚。有幾個藍花大磁盤，很可以比中國的好青花磁。不過館中所陳多意大利十六世紀的作品，所以十字架上挂耶穌的磁像，大大小小陳列得不少。雖然燒得很好，但是那種狼狽不堪的樣子，實在不能發生美感。英國磁擅長的地方在燒玩意，小巧精緻，件件可愛。如像照着寓言燒，如耗子偷蛋，狐狸誑鴉之類，尤為有趣。荷蘭西班牙的磁也很可觀，不過不及前三國的陳列出色。其他德國瑞士挪威瑞典的陳列品雖不能說他不好，但比較起來已是「自鄶以下無譏矣。」

末後有四個櫃子，盡陳列中國磁與日本磁，中國的多彩繪茶罈花瓶盤子都是普通出品，幷無有名的窯產。不過顏色的變化無窮，西人已經稱為神妙莫測了。（見後加里葉中國磁器批評）流覽至此，兩點鐘的期限只餘十分，便匆匆上樓。樓旁一櫃陳野蠻人的土器及瓦器。在這中間，眞顯出人類的進化程途。野蠻人的土器，起初完全是泥餅或泥團，隨後才揑成方圓的形像，才知道用火燒，再隨後才有花。起初的花是幾點紅點和黑點，漸漸才畫粗線與圓形，漸漸才畫鳥獸的樣子，但都寫意得很。比起現在的綵繪磁，這人類的進化眞正可驚了。野蠻人的土器還沒有看完，已經只餘五分鐘，便又登樓。樓上四壁都是油畫，大小數百幅，大幅風景畫有方二丈餘者，並雜列雕刻。時間只有數分鐘，不知從何看起，只好眼與脚同時用力，毫不停留，眞個是跑馬觀花，雲烟過眼。轉瞬間鐘打十一下，館人上樓，便不能不隨之出館。

館人問客遠道來，如果看未足意，我有館中採集目錄，可以買作參攷。言後便取出一三百多頁之厚巨册，我即付以十弗郎。轉問館人：先生，你常往觀磁廠麼？磁廠中事你能略略告我麼？館人答：我常往觀。廠中磁爐係下方上圓之磚砌爐，燒法很守舊，幷無機器，畫特人工。繪花上釉以及各種造法，有城中磁業美術學校教員學生隨時研究改良。工人也很樂從，因改良一次，如燒成功，工人均有獎勵。館人忙着回家午飯，行路甚急，我即與之作別，趁午車回巴黎。車中閱目錄，凡館中物皆列尺寸年代。花繪如中國之鳳凰麒麟靈芝觀音菩薩等，幷加以說明。書前數頁有皇家磁器博物館館長加里葉氏對于中國磁器之批評，特節譯出，附在參觀記後。並有歐洲磁器源流考，也一並譯出。

加里葉氏對於中國磁器之批評

中國磁在這採集上要占第一重要的位置。拿這許多陳列來看，很足代表中國這種工業的特色。但是中國磁經過許多世紀的煊赫，現在已入衰落的時期。假使中國人對於工業不單單守秘密，信遺傳，以致忘了他們的藝術，那種模樣完美，彩色鮮明，是使我們驚奇不已的磁器製造，是不應該衰落的。

我們現在先把法國人常常稱道的中國白磁說一說。從來沒有這樣技巧的工人，能在他的手上給人這樣多的模範。對於彩色上說，是也層出不窮。譬如這採集中間有幾個小茶碗，是中國人供神用的，上面繪的是蓮花，磁底與釉子就像白蠟與象牙的質底又細又薄，幾乎令人不敢接觸似的。……至於中國磁釉的顏色也很可研究。第一是水綠，最為歐人所寶貴，稱為 Céladon。其次要算黃色，這種黃色係中國人拿來代表皇帝的，所以歐洲人都叫作御黃，再其次如茶花淺綠，落葉深黃，皆可寶貴。其他如栗色豆色，以至於深黑，皆光亮如銅鑑，可以映入人影。藍色尤多，有土耳其玉藍，吾人曾經仿造，俟雙燒磁燒成後上此顏色，但總嫌太嫩。又有滄藍，淺藍等色，尚有紫色（或稱墓色）也不能摹擬。在這些顏色裏，大半是畫象徵畫或是神怪動物與花草。有時在磁底刻的，便是凹形，有時在模子裏鑄成的，便是凸形。這種顏色可貴的地方，是經過爐火，不少減色，并且不浸不流，白底鮮明。……

中國還造一種預備專銷歐洲的磁器。這種磁器，是名叫印度公司的出品，這種出品的製造，也很有趣味，因為他要想投合歐洲人的心理，常常照油畫或雕刻，繪歐洲古代建築及貴族家庭。但是繪錯了的甚多，有時竟錯出笑話來。如像繪路意十四，他把皇帝發令用的棍子繪成禪杖一樣，并且放在左手去了。

在這短短的考驗以內，自然對於中國磁器的奧妙和他彩繪的方法，有許多地方說不完，并且有時也說不出。他的變化的內容，真是無窮。他的機巧的本領，真是不可思議。所以他有名，所以我們要細心研究，所以我們這里摸日博物館用特別的搜集，細心的辨別，把這遠東磁器陳列起來，使里摸日造磁的學生工人留心觀摩，益處是非常大的。

歐洲磁器源流考

自十四世紀，威里先人與葡萄牙人運了幾種中國磁器，到歐洲來，當時便引起了許多人的駭異，一般文人作詩讚賞他的原料與製造。一直到了十六世紀的法國墨底西朝，一個有名人叫雨墨的，才第一次試驗仿造，拿當時法皇所有的中國磁做標本。但是不久就拋棄了。現在剩下來幾個作品，如像淺藍色，也還可觀，不過在磁底上面光彩上面細巧上面，要說摩仿，一點也說不上來。到了十七世紀尾上，有些荷蘭人了辦大批的中國磁和日本磁到歐洲來。那時有一個很聰明的法國磁業家，叫作 Louis Poterat 路意波得那的，在這中間摩揣多時，尋得製造的方法。他便設法製造起來，雖然不能完全像東方磁——那時候知道東方磁的人還少——他的成功也算很大。出品的顏色與細薄，都很進步，可以說，歐洲的細磁從他就發明了。路意波得那在陸昂與聖克魯地方所造的細巧繪花樣與風景大半是本地風光。

不久法國各地都設起製造所，一七一五法北里兒大城，一七二五年襲特親王也在當底以地方設廠製造起來。他是東方磁器的一個大玩家，收羅宏富，就拿他的藏品做製造繪畫的模樣。彭的威公爵在斯阿地方及財政監督在阿勒湯都爾勒與威三侖地方也設起廠來。路意十五高興他們的製造，有三分之二都准他打御製的招牌。在一七五九年都搬在巴黎旁邊塞威爾地方，便稱為御窰了。

在法國發明細磁的時代，德國也無意被波吉氏 Böttger 發現高陵磁土。波吉氏是一個最熱心研究東方磁器的人，雖然許多同事和工人反對他，一直到他死，他畢竟發見了製造的秘密。德國的磁器製造場便因此發達起來。同時柏林以外，七八個地方都有製造場。並且波及與京維也納，荷京亞門斯德爾丹，其他如丹麥俄國瑞士意大利都一時風尚，講究磁業。

不久，法國又發現最好的高陵磁土，法國磁業一時便大發展起來。王公皇后的磁廠都設法保護這種磁土，怕他被人浪費了……一直到十八世紀有一位法人加斯羅 Gasnault 他最考究磁器，他是一個採集家，批評家，他把磁的精粗美惡鑑定一番，很足使磁發生一種變動，並且很幫助磁器史的材料。

除這種源流以外，歐洲磁器的綵繪的變遷，也是很有迹可尋的。起初法國細磁的顏色，是完全摹仿東方磁。分佈歐洲各國大城，很引起人的羨慕與競爭，大家仿效起來。法國於是要想法另翻花樣，便摩路意十五時代細花的繪法。因之便與東方繪法漸漸離開，成為一派，現在還很貴重。如像塞威爾御窰，算是集歐洲磁器的大成。他那裏的綵繪張法很多，歐洲各國，如德如意，大半都摩仿塞威爾的繪法。

北京大學

新潮

一卷三版

平裝洋裝均已出齊餘存無多購者從速

學生之自動刊物

今日國人所宜最先知者有四事：

第一今日世界文化至於若何階級？

第二現代思潮本何趨向而行？

第三中國情狀去現代思潮遼闊之度如何？

第四以何方術納中國於思潮之軌？

從何而知之？

請讀

定價

洋裝	平裝
一冊	五冊
一元八角	一元五角

郵費

洋裝平裝相同

本埠	本國	日本	外國
七分五厘	一角五分	一角五分	五角

上海亞東圖書館發行

少年世界

THE JOURNAL OF THE YOUNG CHINA ASSOCIATION

第一卷第十期

中華民國九年十一月一號發行

少年中國學會出版

世界之世界

羅素眼中蘇維埃的俄羅斯——一九二〇年

方東美

一　問題

要想對於俄國布爾雪維克黨立一個合法的評價，實在是障礙橫生。大概常人都用迷離恍惚的或驚心動魄的朦朧眼去視察他們；他們的友人與敵人不奉之為天使，即斥之為鬼魔，不肯視作尋常的人類。即便有人習聞他們的政況，還須詳為解剖，始與知甚麼是特殊的布爾雪維克主義者。須知他們的方法只是俄人底方法，和他們異黨底國人不甚懸殊。倘有人判斷布爾雪維克黨，須切記他們與俄人及俄羅斯底可轉換的政府關係。只由他們的國際的宣傳，他們的意象和西歐人底意象便昭然若揭。此外更有一點，不可忘却俄羅斯是戰敗國之一，比之德奧，至為恰當，若比之英美，則不倫類。可惜羅素不諳俄國革命前及德奧戰爭後底實況，幸而他明瞭俄國底問題，乃可免了常人觀察底謬誤。他未遊俄時，曾博覽關於布爾雪維克主義的書籍，習聞褒貶兩方面的意見，既至俄土，乃知蘇維埃政府底理論與實行，均非始料所及。以下便是他入境後所見的印象：

羅素於五月十一履俄土，至六月十六再越其邊境。俄當軸只許其隨同英國勞工代表遊歷，這個條件自然是他樂意接受的，勞工代表極表歡迎的。他們隨地受軍隊底敬禮，平民底歡迎，那邊地方領袖底頌詞，這邊有名共產主義者底答謝，煞是有味；一路上車都受着五光十色的騎兵之護衛；約言之，直有侯王之樂，宴會，歡迎會，觀兵一類戲法，隨地排演。即此可見英國勞工與俄共產主義之接近了。因他們乃遂乘勢盡力去做布爾雪維克主義的宣傳。羅素及同遊者倒想考查俄國的情形及其大政方針，但落在這種皇帝出巡底空氣裏，頗苦不能暢所欲為。所以彼方侈言宴會及觀兵如何華美，此方反願靜悄悄地巡行於街市。羅素不是勞工代表，所負的出席於不入其場先知其意的宣傳會之義務較輕，所以能多得機會與市鎮和村莊的居民接談，偵知不帶政治臭味的男女對於全系有何意見。他們起初五日住在柏多格拉德 Petrograd，其餘十一日則移居莫斯科。這時期中他們譏議政府中要人，羅素更親見兩地智識階級的人。他們有完全自由，可以接迎反對黨，所謂少數黨，各派社會革命者，及無政府主義者，他們都見過。

在莫斯科居久了，他們都想察看鄉間，親近占俄人口百分之八十五的農人，這層他們得了政府底好意，却如願以償。他們巡行各地，和居民自由地暢談，得了許多的教訓。

還有幾件歷史的事實寫在這裏。柯榮斯克 Kerinsky 的政策本想輸入自由，反乃引起多少糾紛；欲保國之不傾，有些訓練是必要的。加之柯榮斯克不能宣戰，又不能講和。他不能宣戰，因為不能保存訓練：不能講和，因為依賴協約國。列甯對羅素說，布爾雪維克黨直到一九一七年七月，仍是不洽輿情，以後便大得他們的贊助，因為只有該黨能回復農人底田地，保障國內的和平。

「十月革命」後布爾雪維克黨和社會革命黨左翼頗形聯絡，後以百越斯德—立多夫斯克和平問題 Brest—Litovsk Peace之爭執，遂破裂了。社會革命黨左翼堅持凡未經社會革命之任何國家，不能與之講和，他們極反對政府和聯盟諸國講和，終於無效，因此英人遂錯認俄人為親德的或袒聯盟國的了。

俄國政爭，頗有黨同伐異的惡習，始而布爾雪維克黨和社會革命黨左右兩翼及少數黨都積不相能，後來漸次消除意見，現在莫斯科蘇維埃中也加入了他黨底黨員。

自布爾雪維克黨和德國講和及賜與農人土田之後，頓失輿情，在俄國政黨之得人心，不特已往的布　而賴未來的希望，他們這樣，顯然不能謀眞正和平，反乃黷武。他們濫發紙票，交換農作物，救濟城市的糧食，大失農人底歡心。他們不爭衆望，乃轉而取高壓手段和中央集權，生產底急需遂使他們採用工業登錄嚴厲的方法。愛自由者對着這些情形，當然嫌惡，但須記取自由底缺乏底主因是戰爭和封鎖，只有和平與熟貨之豐富的供給可以解脫目前弊害所生的壓迫。

二　布爾雪維克主義者底理論

羅素初入俄境，即知實在的布爾雪維克黨底理論和先進的社會主義者底理論迥乎不同。俄羅斯底友人想着平民專政，只是一種代表的政府，其中只有工作的男女有選舉權，而選舉團之分配，以職業不以地方。俄共產主義者所謂平民只圖於有階級意識的一部分平民，就是共產黨。他如有正當意見的平民，則摒之不列入該黨，至於工資獲得者則視爲貴族底走卒，毫無正當的意見，亦擯之平民之外。共產主義者堅信財產私有是萬惡之源，他們自奉儉約，不辭勞苦，無日工作十六小時，如遇有艱難困苦的工作，直以赴湯蹈火的精神去做。們仰不肯營私，只願創造一種新社會的秩序。這種動機使得他們儉樸，却也使得他們兇狠。他們對待反對黨盡力摧殘，有時不惜採用俄前皇底警察法。目前俄政府壞的方面直與法國底「狄克推多制」平行，而好的方面且可與克蘭威爾 Cromwell 底治術媲美。誠懇的共產主義者和清教兵士底嚴肅的政治道德同其旨趣。克蘭威爾之於國會，列甯之於代表會議亦正相同。他們都合抱德謨克拉西與宗教信仰（指對於社會主義底信仰）的宏願，不幸漸漸地便犧牲德謨克拉西於武力所保障的宗教之前。他們都想提高道德的標準。近世俄羅斯及清教的英格蘭的生活多方違反本能。倘若布爾雪維克黨終於失敗，當與清教徒底失敗同其理由，因爲有時人視佚樂比甚麼還可寶貴。

目前俄國與柏拉圖底民主國相似之點尤多。共產黨等於衛士，兩方兵士所佔的地位也同等。俄人對付家庭生活和柏拉圖所暗示的大相彷彿。最奇怪的是，全世界柏拉圖底信徒仇視布爾雪維克主義，而各個布爾雪維克又視柏拉圖爲一個腐敗的貴族。然而布爾雪維克黨所造的政局正是柏拉圖底民主國。

布爾雪維克主義內部是貴族的，外部是黷武的。共產主義者具有一個貴族好壞的性質。他們多是孔武有力，才堪重任，且志願報國，然太專權，不顧平民。他們握有實權，結果享受多少方便。他們雖多不奢侈，但所得的食物究比別人好。他如乘火車，在蘇維埃商店裏購物，及聽戲諸種利益，他們及其友人總佔便宜。

國際事務之共產說非常單簡。馬克斯預言剷除資本主義底革命不先發於美國，倒先發於俄國。共產黨底職務在促進各國社會的革命。與資本主義的國家講和只是急計，非政治久安之策。列甯告訴羅素，他希望英國速行組織勞工政府，滌除「巴力門制 Parliamentarism 底弊端，但這只能由平民底激戰貴族底退避，才能達到。

羅素雖極力反對財閥，却不贊許列甯底這種見地。理由如下：戰爭，尤以內亂，底罪惡極大，戰勝所得的效果實在可疑。兵燹最易損失文化底遺傳，而且戰事期間，人類的關係只是仇恨，疑忌，和殘忍。欲求戰勝，勢必集權，權力集中底罪惡正和財產集中底罪惡正是相等。羅素本這些理由，反對全世界的革命。一國戰爭所毀滅的文化，他國底和平，可以規復。如全世界同遭兵亂，那末文化將有滅絕之虞。然羅素雖不主張世界革命，却極怕許多資本國家底政府死命要做世界革命底導火線。英國對於俄德印度濫用威權，便播了英國墮落底惡種子，且產生布爾雪維克主義所最怕的罪惡。

真正共產主義者乃是熱心國際事務的。列甯對於俄國底利益和其他各國底利益，一樣不能忘情。俄國是社會革命底噴泉，而列甯篤信社會革命，他甯可犧牲俄國，不肯放棄各國社會革命底希望。但是國家主義是自然的，本能的乘，着革命底驕氣，共產主義者底胸中亦頗裝了些國家主義。經過俄波戰爭，布爾雪維克黨大得國家的情感之贊助，他們的地位遂穩固了好多。最怕是他們大權久握，不免改變了共產主義底本來面目，而且政府中大員比往日做囚徒時生活狀況自然大不相同。倘若布爾雪維克黨與所謂「權力」結不解緣，他們的共產主義的色彩終久恐怕要衰滅，甚或流爲別種東亞的政府，如英國在印度所設立的政府。

三　共產主義與蘇維埃的組織

俄國自村莊會議，一直到全俄蘇維埃有幾重選舉，而國民代表之權即由此得着。傳說俄民底公意已有所托，因爲代表團若不能宣揚民意，可撤銷其資格。有一個問題，羅素等急欲研究，這便是，「蘇維埃制」究竟能否勝過「巴力門制」。

他們不能研究這個問題，因爲蘇維埃制是奄奄一息的了。沒有顯而易見的自由選舉，無論村莊與城市，共產黨可以佔多數。所以設了種種方法，爲政府的候選者求佔勝利。第一，用舉手決選法，所以反對政府者總是有名望的人。第二，若非共產主義者，不得發行印刷品，因爲印刷事業是國營的。第三，非共產主義者不能當衆演講，因爲一切會場均屬國有。不管這些困難，少數黨仍能於莫斯科蘇維埃底一千五百人員中奪得四十席。

莫斯科蘇維埃名義上雖是統治機關，實則不過是一個選舉團，復選行政委員會——四十人——由這四十人中再選出九人爲總務部，每日集會，握有全權。但政府很容易操縱這兩重選舉，因爲他絕對壓制演講自由及出版自由。結果莫斯科蘇維埃的總務部只含有正宗的共產主義者。康沒累 Kamenev，莫斯科總務部部長告訴羅素等莫斯科撤回代表事平均每月發現三十次。其原因有四：耽酒，出風頭，選舉團政見之改變，蘇維埃中人員每二星期不作書報告選舉團。

鄉下地方所用的方法又不同。村莊蘇維埃不是由共產主義者組織的，因爲鄉村沒有共產主義者。在第二和第三選舉區，非共產主義者都沒有代表。他們即使舉出非共產主義者做代表，火車上也不許他們乘坐。這種代表制遂給城市工人佔了優勢，至於農人底勢力實在小極了。

全俄蘇維埃是最高機關，國民委員會對之負責，聚會的次數很少，現在倒擬上形式的了。他現在的功用，也不過批准共產黨以前的議決案。一切大權都握在共產黨手裏。他們在全人只一二〇，〇〇〇〇〇〇佔了六〇〇，〇〇〇。羅素所與接談的普通人民差不多都是無黨籍的。有些農人反明目張膽地說自己是皇黨。這些農人底理由實在不充足，他們都沒有饑色，生活狀況比舊時好的多。他們不滿意現政府，因爲現政府常以紙票購取農作物，接濟城市之民和軍人。他們所通用的大概還是前朝的羅布，不肯用蘇維埃的羅布，這並非有甚麼惡意，只是隨性太重罷了。他們眞是理亂不聞，俄波戰事他們多有未知者，只得了所恃以生活的一塊土田，便與世無爭，疾惡任何政府之取求。

共產黨也同「分部政府」一樣，又分成幾派，只緣於外壓，不能分裂罷。羅素以爲分部政府人員可約分三種。

第一種便是老革命黨員，飽經憂患，可惜他們久作囚徒，不諳國情，他們多居高位，大概是忠實的人，篤信共產主義可以革新世界。最怕他們所創造的不是共產主義，因爲農人只顧各私其土，不願有甚麼共產主義。

第二種便是佔次等政治地位者，他們愛慕布爾雪維克主義底物質的成功，便見利勇爲，算是很熱烈布爾雪維克黨員。就是這般人所出的政策，有多少地方最討人厭。他們多欲掃蕩律法，乘機厚取。這一派布爾雪維克主義可拿「非常委員會」做代表，這個團體獨離政府而自主，亦自有軍隊，不統於紅軍。他們常常不問罪名，操屠刀而妄殺。他們的偵探密佈，居民苦之。

第三種便是與政府相結納的一般人，他們並非熱烈的共產主義者。他們自從政府穩固以後，乃本着愛國心，或愛自由發展他們的意見。不受習俗之拘束，出而效勞於政府。這類多是有勢力的商人，頗像美國「托拉司」中小偉人，他們多爲着成功與權力，不盡爲着金錢。布爾雪維克黨能夠引他們服務社會，不許多方漁利，倒也是他們極大的成效。布爾雪維克黨十分羨慕近世工業，不過嚴禁資本家乘機漁利，比之財閥派的政府，自較勝一籌。

四　列甯Lenin特魯斯克Trotzky和高克Gorky

羅素到了莫斯科，和列寧會作一句鐘的談話，談時用英文，列寧的英語非常純熟，雖有通譯員在旁，也無需借重他。列甯底房子裏只陳列一張書桌，兩個書架，牆上掛了幾幅地圖，兩三張硬椅子，和一張專爲客用的舒服的椅子。他不好奢侈，而且秉性是很友愛的，單簡的。初見之，不像握有大權的一個要人。這樣一個不自矜的人，眞是不可多見。他很歡喜發笑，初笑時，好像很友意的，快樂的，久之，漸覺嚴肅可畏。他是很專權的，平和的，不能忍受恐懼的，唯物史觀便是他的命脈。他極願人了解這一說，若有人對之生誤解或不同意，則不禁忿恨塡膺。因此人多說他是個智識的貴族。

羅素問他三個問子：

一羅素問他對英國經濟的，政治的情形底特性，已認明了沒有？列甯篤信社會革命。他承認目前英國少有革命底機會，一般工人還不會深知國會式的政府底弊端。等到經過一度勞工的內閣，革命將必立即發現。羅素說英國的改革無需流血，列寧乃笑其狂妄。

二羅素問他在這個農人佔大多數的國土內，能否穩固地建立一個共產主義？他承認這是很難，他想起以紙票交換農人底食物，不禁浩笑。他以爲工業發達後，有貨物與農人互換，便毫無困難了。所以現政府力圖振新工業。他想着布爾雪維克的俄羅斯與任何資本主義的國家和平底基礎終不穩固，所以不急於謀無謂的不可靠的和平。他力說甚麼眞價值，都不能獲得，除非經過世界的革命，和資本主義底剷除。列寧敘述政府助農人之貧者反抗富者，常引起暴動。他說政府對於農人行「狄克推多制」底時間勢將持久，因爲農人希望自由貿易。他說農人物質的生活，比前兩年好的多，現在仍反抗政府，眞是奇怪。羅素再問他對於人家評論俄國所創造的，不是共產主義，乃是農人自主；他答稱這不是實情，究竟實情是甚麼，他並沒說出。

三羅素問他俄國和財閥的各國恢復通商，如一旦成爲事實，將不增加資本主義底勢力，難以保存共產主義麼？列寧承認通商自然有困難，但比之戰爭總好些。他說兩年前他及其同人都不自信能夠抗拒世界底敵意，終能抗拒，實在因爲資本主義的各國底利益底衝突和疑忌，及布爾雪維克主義底宣傳；畢竟印刷品底效力勝過了武器。總之，列甯底能力是由他的正直，勇氣，和不可動搖的信仰得來的。他把馬克斯所傳的福音看作宗教的信條。羅素初到俄國，相信自身是一個共產主義者，及與他們接觸日久，反引起多少懷疑，這些懷疑不但涉及共產主義，而且涉及他們所堅持的許多別的信條。

特魯斯克Trotzky，共產主義者雖不曾把他和列寧作平等觀，羅素對他倒得了人格和智慧底好印象。他有伶俐的眼睛，勇武的氣概，光明的智慧和磁性的人格，他非常之美，頭頂可愛的浪紋的頭髮；各人都這樣想，他一定很能得婦女底歡心的。羅素和他接觸不深，無由斷定他對於共產主義信仰底強度，或者是很誠摯的，很深厚的。

在柏多林拉德地方，羅素和高克Gorky曾有一度很短的談話。他正當彌留的時候，躺在床上。他求羅素注重俄羅斯所受的苦痛。他對於俄人有摯愛。羅素覺得他是極可愛的，在俄人中算是最富有同情的。羅素頗欲多知他的見解，但他已不能多說話了。羅素所遇智慧中人都極力稱贊他的行爲。唯物史觀固然是好，但高尚的文化更是一個好的救濟法。人常說布爾雪維克主義對於藝術頗有貢獻，實則這不過保存已往的藝術，並未有藝術底新創造。高克曾竭力保存俄羅斯底智慧的和藝術的生命。只是他如今長辭人世了！

五　國際形勢

以上所述大概是布爾雪維克政策不滿人意處。但須記取俄國底工業生活頗不振新，而國內外戰事又相逼而來，這些自然是自由之障。救濟俄國所不能忍受的罪惡底良方，即是和平與通商。和平與通商可以消除農人底敵意，那末政府也可以民意爲指歸，不必專恃武力了。

這不能說任何別種政府很易存於俄羅斯。素羅以爲凡遊過俄國者當知現政府是很穩固的。現政府也許變成一個拿坡崙式的武力政府，但這不過是內部改變，不會改變經濟的組織。羅素考查俄國的性格和反對黨,頗信俄國不容易有何種德謨克拉西,乃急需一種強有力的政府。現政府也有些要政。他們變革舊日偸惰的國民性,輸入美國式的實效,更用國家社會主義的方法,拓展他們的富源。在軍隊中他們也注重教育,如和平與穩固了,各地教育事業必且大興。

協約國如長期封鎖俄國,布爾雪維克黨未必遂不能前進。俄人具有堅忍不拔的精神,能忍受西歐人所不能忍受的苦痛。協約國如逼人太甚,俄政府爲自保計,或將採用軍國主義底政策,盡力在聯盟諸國和亞洲各國實現他們的理想。那末土爾其和波斯將必接受他們的宣傳。不出十年,全亞洲將必變成布爾雪維克主義底苗圃了。但俄國現政府尙愛和平,如西歐各國逼得他無路走,他一定要改變態度,亞洲底俄國化不是難事。歐洲大陸決免不了革命內亂,和經濟的暴動。所以用武力來壓迫俄國,是一件極不聰明和犯罪的事。

布爾雪維克黨篤守他們的主義,自奉儉約,不過他們久握大權,很難保持他們的純潔始終如一。權力這件怪物頗有引人墮落的魔力,如欲免此弊端,須是實踐自由底眞義和德謨克拉西的政府。工人底工業的管理權,政府亦須慷慨讓與他們。集中的權力簡直是危險物。少數專政,起初都志在建立共產主義的國家,及與權力結納過深,或不免通融,將權力移作別用。所以就是一個談泊的人或寒酸的人,始而固心跡光明,及久握大權,慣愛獨斷。除非再有強者硬行把他的大權剝奪掉,便也不肯將權力與人共之了。羅素自言爲了愛太平主義,遂不盡能接受布爾雪維克的哲學,或相信捨棄德謨克拉西底漸進法。俄國底政策和工業,有多少地方還採用嚴厲的權力,不取平等的協作法,所以不免是一個退後的國。但俄人食了戰爭底惡果,生活艱苦,也是實況。總之,我們對於俄人不應視爲天使,也不當視爲鬼魔,只是孔武有力的人,做難能可貴的事。

六　城市與鄉村

引誘農人供給城市食物底問題是很大的問題。但是蘇維埃政府對於這項問題亦頗能應付自如。通常總說莫斯科和柏多格拉德底糧食問題是一個運輸問題,却也不盡然。莫斯科四圍都有良田,糧食之獲得自不十分困難,只有柏多格拉德底居民多有饑色。

凡有城市工人工作所入不能維持生活者，政府乃發給口糧，但糧之發給，總不十分平均或普遍。有多少人便設法補足。有的於八小時工作以後，仍私行工作，有的便營投機事業，暗地裏販賣貨物，前此富者多出售衣具寶物，購得者再行出售，甚至展轉於數十人之手，有的弘運米糧至城市，火車上雖有緝私員之嚴防，舞弊者亦多方規避。這樣便把市中食物底價目比蘇維埃販賣部裏食物底價目貴至五十倍，這還了得！

俄國現狀自然不滿人意，但政府究不易看出甚麼是當務之急。都會及工業中人都贊助政府底工作，和供給軍需。但農人方面對於戰爭與政府頗乏興趣。俄國底疆域那麼大，就有一方受攻擊，他們仍然是無知無慮地過他們的平安的日子，毫無國家的意識，所以他們不願以切實的農作物易取無用的紙票，到了不得已時，政府便借紅軍底暴力強制農人，現在這個法子雖久不用，農人仍不願以他們的剩餘食物分潤城市之民和兵士。糧食問題乃是布爾雪維克黨不洽輿情底主因農人恨他們，因爲他們多取了食物，市民恨他們，因爲他們少取了食物。農人所渴望的便是自由貿易自由貿易底政策如果通行，城市之民勢將餓死。普通農人至今仍不知有封鎖這件事，他只知前此有六條牛，現在政府欲將牛均分於較貧的農人，每人只許有一條牛，加之政府復行賤價購取穀物，農人乃銜之入骨。他們不了解國事，眼光只落在小部落的村莊，與他處老死不相往來。

俄現政府所代表的多係都會和工業中人底利益，但落在一個農業國裏，所以對於農人底關係，不是行政的，乃是外交的和武力的。俄國底經濟形勢是利於鄉村而不利於城市。倘若現政府順從民（指農人）意，用德謨克拉西的治術，那末莫斯科和柏多格拉德底居民，將必餓死。所以莫斯科及柏多格拉德兩城和其他各城只有借重政權與武力來維持他們的生活。這種情形究有兩個原因：人民底工作的全力都爲着戰爭，農人不審戰爭底重要和封鎖底事實。

這些情形實在很難逃免，也不能以此遂詆毀布爾雪維克黨。他們的問題可由下列兩種解決法任擇其一：戰爭和封鎖底停止，這便是說，政府以貨物易取農人底食糧；或俄國獨立的工業底發展。第二個解決法自然是很遲緩的，含有困難的，但據政府中有力者說：倘若和平眞正達到，工業底發展，亦是可能的事。末了，有一句話要警告各國政府。倘若各國政府對俄仍繼續封鎖，不願國際間友誼，逼得俄人無路可走，俄人將必實行發動全世界的革命，那時各國才「悔之晚矣」咧！

這篇底事實係取自 The Nation, VoL. CXI, No. 2874 and No. 2875。我寫這篇時，正在病中，寫至第五節國際形勢，往醫院求診，被醫生割了一刀，痛楚極了，不知俄人所嘗的痛苦，是不是這般難受？！五節以後，本想擱筆的，因爲我急欲於痛楚中求愉快，苦辣中求香甜，便又胡亂寫完了。現在有一般「著作家」口裏念着人家底苦痛，筆下也是搖曳多姿，然究其實，他們在社會上仍是經濟的壓制者，我希望這般人莫只空口說白話，還須實地嘗些痛苦，然後才真能領略人家底痛苦呢！ 九，九，十一。

學術世界

他雷維耳斯—波戈斯抽母基金

袁重三

(Travers-Borgstroem Foundation)

他雷維耳斯—波戈斯抽母基金，爲阿賽（名）他雷維耳斯—波戈斯抽母（姓）氏所創立，由瑞士伯爾尼大學 Uuiversity of Berue 主任其事，各國人士均可與賽。詳章列左：

第一條 懸賞文題目爲「信用國有」Nationalization of Credit。

（注）在某國內信用之組織，應有批評的研究；收歸國有，應如何進行？

與賽者須考察國有後應得之利益，—國庫的及經濟的—論文中應包括：

一、在某國內銀行保險事業，由國家專利，完全歸商業的性質，此種制度應如何使其成立？須有精密的計劃及程序。

二、關於上述之專利的創造及組織，須代某國擬出法令；違此項法規者應如何處置，亦應論及。

三、關於某國現在的經濟狀況須有詳細的統計，並須與大戰前的情形互相比較，施行此項專利需費若干？應有精確的核算。

第二條　此次競賽無論何人，均可與賽，不分國籍及職業。

第三條　此次競賽，於一九一八年三月三十一日以前，由基金董事部佈告歐洲各國，英屬各國，南北美洲及中國日本各機關，如大學校，教育會，學院，關於政治經濟道德之學會，財政部，交通部，教育部，商會，保險公司，大銀行等，均寄有佈告。

第四條　論文應於一九二二年三月三十一日以前，寄交董事部。文字限英法德義四種。無須署名。用打字機繕淸，每文應寄二份。文上並須附一格言。並繳信一件，信封上須將格言寫出，信內寫明作者姓名住址。俟審查員評定甲乙後，再將此種信件拆閱。

第五條　競賽結果，於一九二二年年終前揭曉。

第六條　董事部得延長交卷日期，及揭曉日期。

第七條　審查員評定甲乙後，如有不服上訴等情事，董事部概不受理。

第八條　下列各種獎金，當按論文之優劣發給之。

甲．三大獎

第一名獎　三萬五千佛郎

第二名獎　二萬佛郎

第三名獎　一萬佛郎

乙．除此三賞外，尙有附屬獎十五名，每獎三千佛郎。下列十國中無論關於何國施行信用國有最佳之著作，得給與之。十國爲比芬蘭法德荷蘭義日本俄瑞士美或屬於下列五團體中之一國亦可。五團體爲中美及南美，澳甸及巴爾幹，英國及英屬各地，西班牙及葡萄牙，瑞典那威及丹麥。

凡得三大獎者，當然不能再給與附屬獎。

如關於某國信用國有論文，祇收到一篇，作者當享受專爲某國所立之獎。但審查員如以爲不應得獎者，不在此例。

第九條　懸賞文著作權，概歸作者所有。揭曉後懸賞文之一份，當即寄還；其他一份，即存創立人處。創立人於私人著作中，或將共同研究之結果刊印發表，得援引內中之一段，或數段，但每次援引，必須明著作者。

其他論文一份，當即寄還，餘一份一年期畢，亦即寄還。

如創立人採用此次論文時，須與著作者直接交涉。

如創立者去世，所有利權概歸其夫人承受，如其夫人同時去世，即歸其繼承者。

第十條　競賽結果，由董事部報告宣佈。收到競賽預告之各機關，均得有此項報告。報告係用第四條所載之一國文字發表，并譯成其他三國文字。

第十一條　創立者及董事部有酌重情形，協同修改本章程之權。

如執行此項章程時，或解釋上，發生衝突，當組織公斷委員會裁判之。委員限三人，由伯爾尼大學選派一人，由創立者選派一人，（但不得在其最近親屬內選派）其第三人由此二人共同推薦。如關於第三人被選事，仍有爭執，由創立者及伯爾尼大學協商後，得由伯爾尼大理院院長判定之。

以上十一條，為此項獎金簡章，如願得詳情者，可通訊詢問。通訊處列後：

Office of the Travers-Borgstroem Foundaion

University of Berne

Berne, Switzerland

再此次競賽，原定於一九二二年三月三十一日以前交卷。一九一九年七月十六日董事部復發出通告，特展期至一九二四年三月三十一日以前交卷。揭曉日期亦展至一九二四年年終前發表云。

教育世界

廣東第四次全省教育研究大會紀事

李同龢九，七，二〇。

一　籌備時期

（一）籌辦之緣起

教育思潮，日新月異；歐戰告終，變更尤速。自非乘時改進，不足以以應時勢之需求；此教育大會之舉行所以不容緩也。有此研究機會，各舉其學識經驗，實施狀況，提案報告；若者應做效，若者應改良，彼此交換意見，期收集思廣益之效，以此研究之結果，或建議於政府，或逕達於各校，俾得切實擴充，因時改進；然後辦學之趨向不岐，斯教育之功效乃著。況第六次全國教育會聯合會，適於本年雙十節日在吾粵召集，我省教育會亦應預備議案，提交研究而提案方針，奚若？一二人之知識有限，宜開一全省教育大會以便協商一切。本省教育會有鑒於斯，特開評議會，提出討論，僉以速行開會為宜。至日前省長函囑省教育會依照上年全國教育會聯合會原案，斟酌地方情形，議定本省教育行政人員講習會辦法，以便通令遵行一案，亦經一致表決。就於本屆教育大會期內趁各屬教育行政人員赴會之便，於下午劃出時間，開設本省教育行政人員講習會；聘請富有學識經驗諸教育家，到會演講，俾於短少時間，示以教育上最新學理，與今後辦學必要之知識。至是兩會之成立遂決定。

(二)組織之手續

本省會於民國元年二年六年先後舉辦第一二三次教育大會。但歷屆大會向由本省長官組織。本屆則與不同。發起，舉辦，在省教育會。惟慮提絜不周，乃將組織緣由，呈報省長備案；并請轉令各處教育機關查照。經省長核准照辦。爰於五月一日組織籌辦處。分職任事。茲將職員，數目列表於下：

幹事二人

庶務股長正副股各一人，股員九人。

文牘股長一人，股員五人，書記三人。

編輯股正副股長各一人，股員七人，速記三人。

招待股正副股長各一人，股員十六人。

開會時，李伯賢為正主席，何禮文為副主席。

(三)日刊之臨時組織

本會初時，祗分四股辦事；後以此次大會會員，散處會場外地，非同前次(第三次)在場內膳宿，聯絡自屬不易。如有應通告之件，不可無一公布之機關以資簡捷。又以此次大會，注重會議，然以最短少之時間，研究最複雜之問題，群方致疑無補於事實。是則對於會議之精神，詳確之計劃，又不可無一傳達之機關。乃由籌辦處職員會議決定臨時組織日刊。但以決議太遲，至開會之前一日始邀約同人商訂條例。舉凡議價，收稿，編稿，刻字，排板，校對，均於一日內速成之各種組織殊不完備也。

(四)會費

教育大會經費省教育會於去年請願增加教育經費預算時，業將所需經費二千元列入八年度預算案內自籌辦處成立後，即由財政廳撥給經費二千元其支配之例如下。(一)證章費約一百元，(二)運動音樂遊藝等會補助費約三百元，(三)文牘書記薪金約三百元(四)紙張筆墨約一百元，(五)編輯印刷費約四百元，(六)議會費約三百元，(七)雜支費約三百元。

(五)議案之徵集

召集會員赴會由本會籌辦處分別函致各縣署各勸學所各教育會各縣中等以上學校省會公私立學校，請其將最近教育狀況條列寄會。如於學務上有須提議改良擴充者，幷請預備議案，先行寄會編印，以便提交大會研究至赴會代表姓名及啟程日期幷即函知。此次報到人數達四百有奇，提出議案二百餘件，洵屬空前所未有。

(六)各會之附設

會期內每日除上午開會外，餘暇時間尚多；應籌設各種遊藝會，藉引起研究教育者之興味。乃着手籌辦運動會，遊藝會音樂會，戲劇，精武式國技通俗展覽會等。至舉行地點，則分設會場內，或會場外各機關幷由本會派出招待員隨地招待之。

(七)章程之規定

本會簡章

第一條　宗旨　本會以研究教育之要義，討論進行方法，幷集合各地方教育狀況，提議改良擴充，為宗旨。

第二條　會員　本會會員以左列人員充之：

(甲)省署教育科科長科員省視學及廣州市督學局局長議員。

(乙)省教育會會長及各部長評議員縣教育會代表。

(丙)道縣公署教育科主任及縣視學勸學所所長。

(丁)國立省立縣立私立各學校校長。

第三條　日期　本會議起自本年六月二十一日，止於三十日。以十日為限如應議事項未畢得延長二日。每日上午八時半起至十一時半止。凡赴會者須於六月二十日以前一律到齊。

第四條　會場　本會設在廣東高等師範學校。

第五條　會務

(子)會議　會期內每日開會一次。由赴會人員將平日之經驗心得及該屬之學務情形提案研究。若者應倣辦，若者應改良，彼此交換智識，期收集思廣益之効；並為第六次全國教育會聯合會提案之預備。

(丑)報告　凡各屬會員須報告該屬教育狀況；各校長須報告該校教育狀況。每日於會議時間第一時用口頭報告。(不講者聽)並須一律提出書面報告。(報告範圍以本年度調查及實施為限)

(寅)演講　特請素有學識經驗之教育大家於日間或下午或夜間演講關於教育上之最要各問題。及開學生演講比賽會。

(卯)參觀　會期內特約各校組織遊藝會展覽會音樂會運動會演說會以備各會員參觀。惟會員衆多，應分組參觀或自由參觀臨時酌定。

第六條　附則　如未盡事宜，除查照前次教育大會辦理外，得於開辦後隨時商議加入，並通告各會員。

二　開會時期

(一)開會式

籌備既竣，遂依期開會。會場在高等師範大禮堂。是日天氣清朗。會員到者有三百九十五人。下午一時搖鈴開會。由教育會長李伯賢君主席。先由陸軍第一師軍樂隊奏樂。諸會員肅然起立向國旗行三鞠躬禮。禮畢軍樂隊再奏樂。次由主席致歡迎詞。次由教育科長何文鐸君代表省長致訓詞。次高等師範校長金曾澄君演說。次拍照。拍照畢，茶會而散。

(二)會議情形

此次教育研究大會，注重會議；會期十日內除第一日舉行開會式外，其餘數日，皆舉行會議。會議時間每日自上午八時半至十一時半。星期日休息。會員到會者亦甚踴躍。平均每日到會者有三百六十人。(報到者四百有奇)每日依照議事細則將議案逐條討論。會員多能留心研究，將案件詳細討論後以會議兩日所決案件，不過十餘件；而綜計會員提案共有二百八十件。長此議去，恐不能如期議妥；乃由會員臨時動議將所有議案分類合併討論，先組織審查股，詳細審查，然後提出大會表決。乃請編輯股長將審查案件分列各股，由主席指定各股股員，再由各股股員互選股長。茲將各股表列於下：

總審查

教育行政審查股

師範教育審查股

教育經費審查股

普通教育審查股

實業及專門教育審查股

社會教育審查股

義務教育審查股

預備提案審查股

審查股既成立，將各議案分類合併後，始提出討論；以是案件議決，較前為速。此後繼續會議，議場上無甚異處，惟有數事頗足注意者：(一)台山中學校長黃明超提議劃分中央與地方財政，增加地方稅以撥與教育案。此案討論甚為劇烈；統計論點有五種：(1)本會無權劃分國地兩稅，應將此案打消；(2)將此案建議官廳；(3)將此案請願省會國會；(4)將此案由提案人收回修正；(5)贊成此案成立。主席將此五種意思付表決，皆不通過，卒致否議。(二)黃霞赤臨時動議本會會議須以廣州語為標準。此議提出後，贊成者有人，反對者有人，議論龐雜，莫衷一是。至主席宣告維持秩序，隨宣告休息，以了之。說者謂現在教育家正擬於學校內增加國語鐘點，創設注音字母傳習所，以冀國語逐漸普及；豈有自局一隅，限說土話之理？羣謂為無討論價值。(三)陳信明提議廣東高等師範宜於本年度實行男女同校案。此案尤能喚起全體之注意。此案提出後，歸師範教育股審查。是日(廿八)審查股長報告審查結果畢，香山師範校長楊玉銜謂此十四案中，惟一案可以單獨提出大會討論。(73)案(增設女子高師)為治本辦法，(74)案(即本案)是治標辦法，二案不能并存。女子師範學監黃佩珍謂高師開放是當然之事，現在北京大學及南京高師經已招收女生，廣東何獨後於人？且廣東女子欲升學甚多，而另設女高師，現在恐辦不到，故為簡便起見，最好是將高師開放。英德縣勸學所長巫其嶽謂此二案可以合併討論。高師附中學監張熊飛女子第一高小學長蘇開瑞駁議謂二案性質不同，不能合併，宜先議(74)案。省視學馬文軍謂七三七四兩案是不能合併的，當先議七四案。又謂男子與女子應有享同等學問之權利，故宜男女同校。楊玉衡亦主張分開討論。莫賢冠謂辦女子高師需款甚多，不容易辦來，不如開放之易。人或疑男女同學將來有弊處，其實不然，因高師生學問道德研究已深，女子能考入高師者，其程度亦必甚高，且歐戰後許多事業，女子都可代男子去做，其能力不讓男子，已可概見。高師附設師範主任許維翰謂男女同學，有流弊與否，不必討論，但實行之權是否在校長？又高師是政府直轄的，不能與嶺南并論。楊玉衡謂可以由校長呈請政府。主席謂本會議決案，一律呈請政府採擇施行，不是本會即行的。三水縣勸學所長徐純博謂男女界線漸已消滅，且北大及南京高師已開放女禁，可知男女同學之呼聲已高，至於風紀問題，則高師程度已深，可不必慮及。主席謂此問題已有多人贊成，如無異議，即附審查。陳信明、黃佩珍、楊玉衡謂不必附審查，即在大會表決。許默緣謂此案議決，是否請廣東政府執行，主席謂當然請廣東政府執行，因中央政府亦不過委托本省政府辦理而已。乃以(74)案附表決，贊成(74)案成立者，請起立。時出席人數三百一十二人，起立者一百六十人，遂通過。

查關於此案之發言，多為贊成論，其持反對論者，不過於支節上加以駁議，未見有人明言男女不應同校者。蓋亦潮流所趨，不能壓阻者歟！說者謂此次提案中，多注意於經費問題，鮮有及於新思潮者。惟陳君此案，庶幾近之，亦篤論也。此會議情形之大略也。

統計八日之會議，提出會議之議案一百五十二件；（會員交到議案共二百八十件）即席宣告成立者二十九件，成立付審查者六十六件，附案作參考者三件，擱置者六件，取消者四十八件。茲將即席宣佈成立者，成立付審查者，附案作參考者，三種議案列後，以備參考：

即席宣告成立者

省立中學校經費由省庫支給案

規定教育經費標準案

各縣國民教育宜酌撥教育經費補助仿閩省辦法案

撥定有案之國民高小學款亟宜維持案

廣東高等師範宜於本年度實行男女同校案

舉辦全省成績展覽會案
組織國內外教育參觀團案
小學校長宜組織參觀批評會案
分道設立甲種實業學校案
擬設商業專門學校以造就人才案
農業學校宜設立研究會招致老農入會案
增加農業學校經費添置實用設備案
廣設平民觀感所案
妥籌高小以上畢業任用方法案
請開辦女子中學校案
請通令各縣道籌辦女子中學並添設女子師範案
各縣設理化共同教室案
請省長通飭各縣建設公共理化試驗場案
勸學所附設教科用圖書室案
創設特殊學校案
設立特殊學校案
全省教育大會遞年舉行案
請派員出洋留學并確定留學經費案
通令各屬公團及善堂購置書籍供衆瀏覽案
訂正歷書案
廢止小學讀經并於修身國文科採入經訓案
巡迴教授案
派員分赴各區巡迴教授案

成立付審查者及附案作參考者

擴充教育經費案十三件，推廣義務教育強迫教育案十三件，整頓私塾案二十件，師範學校案五件，保姆案三件，中小學校附設職業學校普及國語等案十一件，附案作參考案共三件。

(三)教育行政人員講習會紀略

教育行政人員講習會是遵照第五次全國教育會聯合會議決案件，由省長函囑照辦者。利用下午餘暇時間邀請富有學識經驗之教育家，到會演講；計到會演講者有金曾澄，何文鐸，吳鼎新，鍾榮光，何劍吳五人。演題大都關於教育行政方面者。

(四)附設各會紀略

1. 運動會　此會乃廣州體育協進會所主辦，於廿二廿三二日在嶺南學校開會成績很好。

2.遊藝會　此會乃省立第一中學所主辦，即在該校開會一連二日。

3.精武體育會　此會乃精武會所主辦廿六日在高等師範兩操塲開會首由熊長卿宣佈開會理由次請李伯賢先生演說畢。開始演技所演者有潭腿各種拳單刀雙刀長條大戟及合戰（徒手戰及器械戰）等技術皆極純熟其合戰一種尤爲神出鬼沒，令人有歎觀止矣之概是日來觀者千有餘人。

4.音樂會　此會乃女子師範所主辦於廿七日在高等師範禮堂舉行。延請省中各校學生及著名音樂家到會助興。計是日演技者，唱歌則有各校學生單唱合唱單音複音無不俱備又有西樂華樂相繼奏演其中以特色者爲西醫李仁軒之女公子所唱之士林祭塔及溫生才殉國獨唱至點餘鐘之久而聲氣仍足。說者謂聲氣之足實所罕見云是日到會者座爲之滿，

5.屏覽會　此乃廣州市督學局所主辦，在九曜坊教育會內開會。一連三日。

（五）各團體對於會員之歡迎

此次教育大會，集全省之教育人員，共同討論教育事業，於吾粵之教育改進關係極大故各團體莫不存希望之心因而表歡迎之意。計設筵歡迎者，有楊省長莫督軍。（并開放觀音山，邀請會員及學生遊覽。）開會歡迎者有廣東學生聯合會基督教青年會東山培正學校送優待劵歡迎者，有商務印書館及中華書局。惟省長筵會時，席間曾爲長時間之演說；對於現在之教育計劃，及辦學人員之職責條分縷析至爲詳盡。唯限於篇幅，不能完全披露。

（六）閉會式

此次教育大會，既注重會議；本應將議案逐條議完，方可閉會。屢以種種原因，不能延會，乃依期於三十日下午舉行閉會禮。是日到會者亦甚踴躍，詢屬『有始有終』。儀式略如開會式。

農村生活

新農業問題之三

農業機械對於生產及工作之影響

唐啟宇

（一）歷史的觀察

原始人民，由牧畜進爲耕種，就慢慢的着手改良農具，供他們的使用。中國發明農具的第一人是神農氏，如易繫所說：「神農氏作，因天之時，相地之宜，斲木爲耜，揉木爲耒，始敎民藝五穀。」這是中國農具的起點。等到春秋的時候，就有用牛耕田的動作，如「孔子有弟子冉耕字伯牛。孔子又有犂牛之言。」可以證明中國農具的進步由人力變而用畜力了。以後手工具發明的更多，但是用來很費力，工作的時間又很長，農夫的社會地位就不期然而然的變得很低。我們看現在的農人整地時用的是水耕的木犂，齒部鐵製的耙，石製的石磙；種植用的是鏟部鐵製的鋤，小鍬，齒部鐵製的多齒耙，木製的木箕，柳條或荊條製的糞箕，水筧，木鐵兼製的水車，蘆柴布蓬製的風車；收穫用的是刃部鐵製的鐮刀，木鐵兼製的手車，柳條或荊條或竹製的筐籃；調製用具是竹製的竹磨，木製的木耙，扮桶，連枷，木耙，木權，有的時候用石碾碾畜展轉其上；有的時候，「用磨及石臼，以石作臼穴，以木爲杵，入穀穴內，持杵擊之」去脫稃。他們所住的房子，普通下層用磚，上層用土，頂用柴或稻草，上面用泥蓋着；牆壁上是沒有粉飾的；窗子很小，也沒有玻璃；所有通常工作，如蓋屋，製粗木具等，都是他們自己做的；鄉裏的道路更是不用說了，天一下雨，就泥濘的不堪；少有幾條路，可以通行一部四輪馬車的；這是中國現在農村的狀況。

講到歐西農具的進步，由手工具變爲機械，亦不過數十年間事。自埃及及以色列人發明粗犂等農具以後，在歐洲沿用三千年之久，直至革命戰爭，始有改革的生機。據美國第十二次年刊報告；一八五零年除掉軋花機貨車馬車仍舊應用外，就是手作工藝的末期。軋花機發明在獨立戰爭後二十年，而貨車及馬車在當時猶簡單的了不得。

在拿破崙戰爭的時候，歐洲需要美國的農產品，忽然增加，所以專利部就鼓舞人民去發明農業生產品的耕種器具。惠特來的軋棉機，是在一七九四年得專利權，給農人的利益不少。兩個穀類打穀機，是在一七九一年得專利權，一個玉蜀黍種植機，是在一七九九年得專利權，一個割穀機，是在一八三年得專利權，但是發明中最有價値最有成效的，就是新載賽省 New Tersey，柏林頓村 Burlinton County 的查爾士紐保德 Charles

Newbold發明的鑄鐵犂此犂係鑄成一片，在一七九七年六月十七，他就得發明專利權。那時農人說「鑄鐵加毒於田地，損害土肥，使惡草容易生長。」所以把他的犂毀壞了。等到一八五零年的時候，纔大家通用。一八五零年以後，又有幾個工作節省的機器發明了，刈禾機是極發達的。但是因為機械複雜，農人淺識的緣故；當常要專門家帶農具對他們親自講演如何使用的方法，到現今幾年纔不至於如此。

兩馬玉蜀黍耘田器，在一八六一年使用。一八六六年以後農業機械的推行是更加廣遠了。美國西部的地方，最得機械之力以獲厚利。在加利福利亞及俄內貢的農場，可以找着五十馬力牽引機，這機能彀牽引十六個十英寸的犂，四個六英尺的耙，一個種麥的條播器；用這一個機器同時可做三樣工作；用這一個機器在一日內可以種麥五十英畝至七十五英畝，登崎嶇及粗糙的山地，如同經過平面一樣。當五穀成熟的時候，收穫機就牽過田場。他的割禾機大概由二十英尺至二十六英尺寬……割禾器既將莖稈割下後，隨由機左與車輪相連處的四櫛形耙聚而束之，然後載至一組的刀上，將他們的穀粒脫去，然後調製清理，裝袋，在這聯合收穫機之後，就有一袋一袋的麥裝好，預備送到市上去售賣。其他一個牽引機，是用十二車一列，緊隨調製器及收穫器之後，聚集麥粒送到穀倉，如是則一日可以收穫七十英畝或七十英畝以上的麥場。

靠着機械的能力，從事一千英畝大農場，犂土，翻土，播種，收穫等等工作，只要六個人就殼用。需要的時候，比較一大陣的工人做半英畝的工作還要省些。但是要用機械力獲利，一定要大農場纔行。

在中部諸州農業機械的用塲亦殊不小。玉蜀黍點播器代替鐵鋤。蒸汽力玉蜀黍去苞器及除殼器代替手工。至於畜用割取器，刈草器，堆草器，則對於以前割草的工作，加了一重革命。以前要人工十一小時割治一噸草，現在同樣的工作只要一小時三十分鐘。人工的價值，割每一噸草由83減到13，馬鈴薯播種器及掘草器，飼料切斷器與磨碎器，肥料散布器，掘溝器，都是在中部諸州農塲內所用的省工的機件。大概機器輸入以後，沒有一個農場工作不改觀的。

據喬治荷武 Mr. George Holmes 所說，農業機械的價值，現在比前便宜許多,且現在農業機械,比前有效率,比前堅固,比前輕便,易使用。以下係美國調查部所報告數十年來農業器具及機械所製造的價值如下:

年分	美國之總數
1900	$ 101,207,428
1890	81,271,651
1880	68,640,486
1870	42,653,500
1860	20,831,904
1850	6,842,611

(二)機器與生產

此篇根據美國調查部所報告,顯明自機器使用以來,農人得著絕大的效率,每人耕種面積比前加上幾倍。

條目	1900	1890	1880
男農數目	8,771,181	7,787,539	7,075,983
馬騾驢之數目	20,099,826	17,264,999	12,170,296
特種作物之英畝數	272,304,111	214,523,412	164,830,442
每男農所耕之平均英畝數	31.0	27.5	23.3
每馬所耕之英畝數	13.5	12.4	13.5
每男農所有之平均馬數	2.3	2.2	1.7

「據上表可見每一男農所種英畝的數目是加增許多,而每一畜力所種的田畝是一樣的。人工使生產物加增的緣故就是利用馬力和騾力曳農業機械。此表又顯明在二十年內有兩重變化:第一每農工用馬的數目由一、七至二、三增加百分之三十五;第二農工耕種面積的數目,由二三三至三、一零,增加百分之三十四;換言之,這二十年內因爲機器的幫助用馬力代替人工,人工的效率,增加百分之三十三。」照上面看起來,在二三

十年前所用的人工，現在用不著許多，農工的人數是減少了；耕種面積比從前擴大幾倍了。

每個農工所種平均幾英畝的數目（連各項農工男工女工計算）據一八八〇，一八九〇，一九〇〇年之報告如下：

	1900	1890	1880
美國	27.0	25.9	21.8
北大西洋部分	21.3	21.2	21.7
南大西洋部分	13.3	14.2	13.8
北中部分	45.2	40.4	31.9
南中部分	165	15.9	14.2
西部	39.6	33.7	34.2

若取一公分母表明之則此項表式可顯明如下：

	基數	1880	1890	1900
美國	21.8	100	118.7	123.8
北大西洋部分	21.7	100	97.7	98.0
南大西洋部分	13.8	100	102.9	98.6
北中部分	31.9	100	126.6	141.7
南中部分	14.2	100	111.9	116.7
西部	34.2	100	98.5	115.8

要拿人工計效率，那便差了。照上表北中，南中，西部自一八八〇至一九〇〇年都增加許多，北大西洋南大西洋部分不是減少嗎？但是我們若拿每個農人所獲的生產價值計效率，我們可見美國工人的效率，自一八八〇年至一九〇〇年增加百分之六十。

自機器使用後據美國勞工部所調查每個農工的效率據勞工部的第十三次常年報告，對於手工與機械的方法，加以精密的研究。辟如種定量之大麥時，如用手工或用機械需人數幾何？犂土播種耙土等等需幾種動作？每一動作，需時幾何？應用何種手工具，或機械，應用他力？每一動作，需錢幾何？

據報告所說，由一八二九年至一八三〇年，勞農的力量能收穫三十英斗大麥者，須時六十三小時三十五分，至一八九六年只需兩小時四十二•八分。這樣大的時候經濟，不是古時的手工具所能做到，實在是機器作用的結晶。然而耕作方法，磨碎方法，肥料之散布，灌溉之利用，輪種法之實行，却有一部分增加生產的效率。

要明白機械是一個重要的因子,可選幾種作物,視其用手工或用機械生每種作物量的人工所需要的時候若干?現在將美國勞工部調查報告的寫出來。

單位數目	作物名稱與生產量及所做工作之說明	生產年數 手工	生產年數 機械	工作時間 手工 小時	工作時間 手工 分數	工作時間 機械 小時	工作時間 機械 分數
3	大麥:30英斗(1英畝)大麥	1829-1830	1895-1896	63	35.0	2	42.8
9	玉蜀黍:40英斗(1英畝)黃玉蜀黍去桿留田中	1855	1894	38	45.0	15	7.8
10	棉:用手工,750;用機械1000磅,1英畝子棉	1841	1895	167	48.0	78	42.0
12	乾草:收穫1噸(1英畝)鐵孟塞草	1850	1895	21	5.0	3	56.5
13	燕麥:40英斗(1英畝)燕麥	1830	1893	65	15.0	7	5.8
16	馬鈴薯:220英斗(1英畝)馬鈴薯	1866	1895	108	55.0	38	
17	米:2640磅(1英畝)粗米	1870	1895	62	5.0	17	2.5
18	黑麥:25英斗(1英畝)黑麥	1847-1848	1894-1895	62	58.9	25	10.0
26	小麥:20英斗(1英畝)小麥	1829-1830	1895-1896	61	5.0	3	19.2

此數種農作物若再依其一年所用機械力所生產之數可列為表示如左

作物之年數		生產量
大麥	1896	69,695,223英斗
玉蜀黍	1894	1,212,770,052英斗
棉	1895	7,161,094石(500磅)
乾草	1895	47,078,541噸
燕麥	1893	638,854,850英斗
馬鈴薯	1895	297,237,370英斗
米	1895	168,685,440磅
黑麥	1895	27,210,070英斗
小麥	1896	427,684,346英斗

因機械之輔助，生產上表之特種作物所需要人工之若干日工作。若用手工生產上表之特種作物時，其所需之時日同於機械，則其所生產之數如下：

作物之年數	人工所需要之工作日數	手工方法在	用同樣人力之生產額
大麥……1896	630,354	1829-1830	2,972,839英斗
玉蜀黍…1894	45,873,027	1855	473,528,022英斗
棉………1895	25,178,604	1841	2,518,972石
乾草……1895	18,556,791	1850	8,801,640噸
燕麥……1893	11,334,266	1830	68,433,307英斗
馬鈴薯…1895	5,134,100	1866	103,703 321英斗
米………1895	108,889	1870	46,303,587磅
黑麥……1895	2,739,147	1847-1848	10,872,795英斗
小麥……1896	7,099,560	1829-1830	13,245,490英斗

由機械方法所生產幾種農產物的重量內，減去由手工方法所生產幾種農作物的重量，我們就可得用機器方法所生產的增加數目如下：

作物之年數		用機械所增加的生產數	實在生產物的百分數
大麥	1896	66,722,384英斗	95.7
玉蜀黍	1894	739,242,030英斗	60.9
棉	1895	4,642,122石	64.8
乾草	1895	38,276,901噸	81.3
燕麥	1893	570 421,543英斗	89.2
馬鈴薯	1895	193,534,049英斗	65.2

米	1895	122,381,853磅	72.5
黑麥	1895	16,337,275英斗	60.0
小麥	1896	404,438,856英斗	94.5

每從農的能力，因爲使用機械的緣故，增加許多，由燕麥的百分之一百五十至大麥的百分之二二二四。照此看來，與其說機械省工作。不如說機械增生產之爲得。試取人工所省百分率計算以顯明機器使用之後平均生產增加的數目。大概每一單位工作的生產量五倍於昔日。

生產價值

關於每生產單位所需要生產價值之不同算起來，美國勞工部第十三次報告，有許多表式可以證明。此項表式係在同時收集而來，平均每個工人無論在那一個地方，都做同樣的工作，但是工價率是不同的，何時所要的工價也不同的，這幾樣我們都要記在心裏，纔能明白這表式的功用。　此項表式，顯明二十一種作物，用手工或用機械生產所需要的價值，以示比較。

用機械同用手工所長生產品之價值比較表

單位數目	作物之名稱及其產量	生產年數 手工	生產年數 機械	價值 手工	價值 機械	減少百分數
3	大麥:30英斗(1英畝)……	1829-1830	1895-1896	$3.88	$1.06	72.62
27	小麥:20英斗(1英畝)……	1829-1830	1895-1896	4.00	1.12	71.98
5	蜀黍:1噸(3英畝)……	1860	1895	90.33	25.37	71.92
17	米　:2640磅(1英畝)……	1870	1895	7.20	2.08	71.09
21	甘蔗蕃:105英斗(1英畝)……	1868	1895	34.30	10.29	70.00
12	乾草:收穫1噸(1英畝)……					

	鐵孟塞草	1850	1895	1.92	.63	66.95
8	玉蜀黍:40英斗 1英畝)黃玉蜀黍					
	去殼;莖桿苞及葉切割成芻秣	1855	1894	16.34	6.62	59.49
20	甘蔗:20噸(1英畝)	1855	1895	40.32	16.37	59.40
13	燕麥:40英斗(1英畝)	1830	1893	3.85	1.60	58.47
19	楊梅:4000噸(1英畝)	1871-1872	1894-1895	231.28	97.92	57.66
24	番茄:150英斗(1英畝)	1870	1895	36.62	15.88	56.64
16	馬鈴薯:220英斗(1英畝)	1866	1895	13.18	5.97	54.68
26	麥:20英斗(1英畝)	1829-1830	1895-1896	3.83	2.03	47.11
11	乾草:收穫裝袋1噸(1英畝)					
	鉄孟塞草	1860	1894	3.19	1.91	39.92
2	蘋果樹:10.000(1英畝)三十二個月					
	由接樹時起	1870-1872	1893-1895	200.00	121.00	39.50
4	甜菜:300英斗(1英畝)	1850	1895	32.30	20.01	38.05
9	玉蜀黍:40英斗(1英畝)黃玉蜀黍去苞;莖桿苗田中	1855	1894	5.03	3.31	34.20
7	黃蘿蔔:30噸(1英畝)	1850	1895	38.71	37.21	29.72
14	玉葱:250英斗(1英畝)	1850	1895	32.56	23.89	26.64

1	蘋果樹10.000（1英畝）…………	1869-1871	1893-1895	202.00	150.69	25.41
10	棉;用手工750磅用機械1000磅（1英畝）…………	1814	1895	6.15	4.17	23.42
18	燕麥;25英斗（1英畝）…………	1847-1848	1894-1895	5.25	4.30	18.10
25	蕪菁:350英斗（1英畝）…………	1855	1895	25.63	23.36	8.88
6	胡蘿蔔:30噸（1英斗）…………	1855	1895	30.61	29.96	1.131
						增加百分數
15	豌豆:20英斗（1英畝）…………	1856	1895	6.66	6.76	1.56
23	煙草;1500磅（1英畝）西班牙子葉種…………	1853	1895	25.85	27.99	8.28
22	煙草;（英畝）用手工，00磅用機器磅2500磅…………	1844	1895	.74	2.67	26142

如取一八九九年一年用機械或用手工所生產之重要作物計算量，則可得以下之結果。

一八九九年用機械手工及用機械生產重要作物之價值

名稱	生產量	生產價值 用手工方法	生產價值 用機械方法
大麥(3)	119,634,877英斗	$15,472,777	$4,227,091
蜀黍(5)	90,947,370磅	4,107,576	1,153,650
玉蜀黍(9)	2,666,440,279英斗	335,304,165	220,647,933
棉(10)	9,534,707石	51,638,448	44,898,469
乾草(12)	84,011,299噸	161,301,694	12,927,118
燕麥(13)	943,319,375英斗	90,801,227	37,735,575
葱(14)	11,791,121英斗	1,535,075	1,126,759
抄豆(15)	9,440 269英斗	3,143,609	3,190,810
馬鈴薯(16)	273,328,207英斗	16,373,935	7,417,133
米(17)	283,722,627磅	773,788	223 539
黑麥(18)	25,568,625英斗	5,369,411	4,397,803

甘蔗(20)	6,441,578噸	2,986,221	5,272,431
甘藷(21)	42,526,696英斗	41,686,162	4,167,616
煙(22)	868,163,275噸	6,424,408	18,491,859
大麥(26)	658,534,252英斗	126,109,309	66,841,226
總計		$880,019,105	$472,719,019

用機器所生產的作物價值，僅當用手工所生產同樣作物價值的百分之五三、七；換言之，就節省四六、三。手工價值之表式係取自一八五〇年；機械價值之表示係取自一八九五年。

生產量之變動

用機械在生產農業生產物上與用機械在生產製造物上是一樣的，都能減少供給品的變動。無論何種資本若是已經用在一項事業，要換別的一項事業時，總是要少許消費資本。辟如一個農人要想拿種麥換種馬鈴薯時，他必定要犧牲他的刈禾機。但是忽然由生產的一類變到那一類，其中有許多困難。雖是那一類的生產如何優厚，因此最有利的生產品供給就限制了。再則農人既費資本在特種機械上，專爲產生特種作物者，一定要生產這作物，不然他的機械就無用，就要受大大的損失，此種影響，使以前的供給能彀維持。因這兩種不同的事實，生產品的供給變爲一定價值的變動自不至於過漲過落。

農產物的品質

農業機械也能改良農產物的品質。玉蜀黍及其他穀類因爲機械播，迅速的緣故，能按時播種，不至有過早播種過遲播種之弊，不致不按時成熟及不衛生；收穫時若用手工法在未熟以前割下，則穀粒易搖落，價值頓減。現在所得的穀粒，又乾凈又乾潔，若是用畜力輾轉穀上，脫下的穀，就很難賣出了。（未完）

工廠調查

法蘭西工廠生活之一

楊廷烈

我在法國作工以前，莫有把語言豫備得好，法國報紙都不能讀，這是耳目閉塞思想痼蔽一個大原因。曾君慕韓叫我描寫廠中經過情形給他看看，自愧語言不精，學力棉薄，莫有實業的眼光，精確的調查，祇好把工廠性質組織及其他種種略說一說。

（一）我入的工廠在巴黎附近，係一翻沙廠，專造汽車，每日製造沙模用鎔化適度的鉛和鐵鑄成汽車上各種形式在鐵工方面亦屬重要部分，惟是此廠既多煤烟薰蒸，又饒灰塵汚垢，廠主祇圖逐利，不講工廠衛生，工人頗感不便。

(二)組織　化鉛鎔鐵床廠內主要部分，附以化銅車床鉗床刨床木工各一小部分，每一部分置一工頭，各部分置一總工頭，工頭指示工人的工作，總工頭管理工人勤惰，有發給工資多少，取締工人的權限。此外技師一人，錄事一人，書記管理電話看門各一人。工廠管理權全歸總工頭，廠主不過間接管理，偶來巡察一人。廠內工人四百，女工占男工百分之十，廠主資本三十五萬佛朗，合中幣三十萬元上下，就法國實業資本家比較，還是頂小一個組織，頂小一個資本家咧！

(三)時間　每日工作八句鐘，午前七句鐘進廠，八句鐘起，午後五句鐘止，中間十二句鐘至一句鐘休息開午餐。計算每日可餘三個鐘頭讀書，其中困難的就是巴黎工廠林立，到處房舍都被工人住滿，在工廠附近租房舍住居，頗不容易，所以住的地方離廠狠遠，一天勞動八句鐘，加之火車電車上來往躭擱，回寓後時間已不多了，頗覺疲倦。

(四)工資　廠中分技藝工，學徒工，女工，雜工，發的工資故不一致。普通法國工人每日至少從十六佛朗起碼，頂好技藝的可得四十佛至四十五佛朗，中國人却在例外。吾們初進工廠，每天十佛朗，做了六個多月，講做出來的東西與中等匠人一樣，才加至十四佛朗，這是甚麼原故呢？我想有兩種：一．沒有高深技能二．法國的人把種族間界限看得很嚴，對中國人總有歧視的心，此係國家强弱民族優劣問題，若是世界各國勢力不平均民族不同樣發展，那末公理人道絕對不會實現的。

(五)消耗　戰前的法國生活程度都不甚高，戰後的巴黎生活程度日高一日，現在牛肉麵包酒及各樣生活需要品比去年約貴一倍。平常的法國工人每餐一瓶酒幾塊肉幾盤小菜，便須花費五佛朗，每天兩餐，清早咖啡牛肉連住居紙烟雜費，每日消費總在拾四五佛朗左右。我們的生活，都是自動自炊，從節省一方面去辦，每天得的工資可存半數，除了洗衣書籍郵票信紙雜貨尚可存五佛朗，一月可存一百五十佛朗，工作久了，技藝好了，錢存多了，勤工儉學想我一定是可能的。

(六)工人　(1)法國工人，吾們在中國內時候聽說歐洲工人程度很高，論他們的勢力可以左右政府，這是文明的結晶。今天與久渴慕的工人接洽了六個多月，并沒有聽倒他們談及德模克拉西主義，嘴頭說的都是粗俗得很，所希望的不是星期那天，就是增加工資大吃大醉，個人快樂幸福，精神上的生活在零度以下；所以我把在中國時崇拜歐洲工人的信念都放在腦後！吾們在廠不是經了幾次罷工麼？工部方面的意思不過想得生產機關收歸國有，維持平民的生活，增高工人的地位，以便調和社會經濟，各廠停工的作工的也不一致，有些罷工的工人問他以罷工的意義，還是茫然不解，吾們就曉得他們罷工非自動的覺悟，却係被動的盲從，號爲文明國家無知識的人還是居大多數呢！

(2) 華工，我到法國聽法國人說華工太精，中國的人亦同聲附和，吾們在工廠亦受些影響，究竟華工精在那裏咧？我們回想歐洲打仗的時候，正是正義人道生死英法聯軍存亡的關頭，他們應募赴法抱極大犧牲的精神，謀世界和平，謀人類幸福，在陣前陣後作工有胆有識，眞是可欽可敬喲！攻擊咒罵他們的人，不外以下兩種（一）粗疎（二）盜竊，前者是中國教育尚未普及，平民還沒有享受一點，這是教育上的缺點，後者是法國政府法國資本家用他們最多的勤勞，給他們最少的貨價，加上什麼合同經濟上時間上種種限制，對待中國的工人如對待殖民地的工人一般，你想想得的工資既不是應生活上的要求，又爲環境所迫，自然是流而爲盜了！吾言至此吾心滋痛！此種事實，在法國工人方面也時時發生，連我們工廠裏的東西也被工人偷去，這都因爲經濟的分配不平均，社會的組織不善良，詆議的人不從根本上觀察，祇在事實上論斷，那就錯了！

中國的革新家開口閉口總稱歐洲文明，我亦是贊成隊中一個；但是吾們須知他們的文明是有限的，偏枯的，少數學者的產物，屬一階級的東西，中下流大部分人還是污七八糟，這個美好的名詞，在那裏招搖撞騙。（他們雖能認識幾個字，却少科學知識，道德觀念，各處平民應課學校也多，不過屬於形式上的。）沒人揭穿，眞是把文明二字寃枉死了！我們從上面觀察，就知中國的工人和法國的工人同是一樣的材料，同是與世界文明的進步相背馳的，譬如深山開出來的礦物，還須拏進工廠鍛鍊，才能成爲適用品，才能有益於社會人生，法國如不注重平民教育，則舊有文明行見墮落，中國而能注重平民教育，則東方文明漸可重建，敎育家呀革新家呀要使人類向上進步，首先要發揚中華民族的精神，擧吾們民族的精神在世界人類社會上創造一些文化貢献一些幸福，我怕定要從根本實際上運動，注重平民敎育纔好！

民國九年六月拾號，

婦女世界

漢口—女子生活社底調查記畧

性天

民國二年開辦——女子職業的前鋒

現在所研究的女子問題其重要的不外乎人格問題，婚姻問題社交問題等。還有種種小問題，亦不勝備擧。然其最宜早解決的，且是解決各問題的手段，終要算女子經濟獨立，爲最急需最重要的了，換句話說要女子得人格平等，婚姻自由，社交公開，先自己要盡社會的義務分功做社會的職業。但是民國到到九年，鼓吹女子問題的已經多極了，可是那些民治底下的女子，還是在家庭裏做夢，眞是可惜。至於那般工廠的女工，雖是可算經濟獨立，但還不會達到經濟獨立後的目的。做人家的牛馬來自謀生

活的，實際上眞是有若無樂。因想提倡高尙的女子經濟獨立起見，特將漢口女子生活社的詳情介紹過來作研究女子問題的參考。

這些情形是記者所熟悉的，因篇幅關係，祇能記其大畧。今再分開的講(一)歷史(二)社員(三)組織(四)貨品(五)營業情形

(一)歷史

漢口本是中國大商場，可是風俗思想，還是前幾百年時代似的。所以那些女子問題本不能成立，若有人說了，不過作酒後之談能了。但是爲什麽正有這女子生活社呢？這裏是很有研究價值的，因是不得不先述該社創起的歷史。

創辦該社的人是唐君愛陸，他的奮鬬的精神，是我們所應該敬崇的。他在前淸是革命黨，到了民國就從事社會事業。他的奮鬬的歷史雖有記述的價值，可是除本題有關的外，亦不介紹了。他提倡女子職業的志願，萌芽於前淸，但是深恐受淸廷之忌，未能創辦。待革命成功，才敢大胆行他的計畫。但他當時先鑒洋貨進口之多，以致國貨不能暢銷，遂先從事提倡國貨，以貳萬元資本開愛國公司於漢口，專售國貨爲宗旨。到了二年就來籌謀女子

營業事。唉！奔走數月，毫無影響，且紛紛都指爲呆子。幸而唐君志終不折，終想成功。於是奔到寧波家裏，與舊友相商，以爲必能得知己，誰知又是無與謀者。百計殆盡，幾至失敗。蓋此人受主義刺激過深，心終不死。於是奔到家中，鼓吹女子應該自立，自享人生幸福，要家人與他一同出漢，行他的計畫，可是家人亦無從之者，且都笑爲迂談。到了此時，眞是無路可尋。不了他竟施行其家庭經濟壓迫的計策！那時家人才始覺悟，始知自立之有自由的生趣，遂應允了唐君的請。因爲人數太少，不能實行，於是東求西請，終不得一二。後經族中數女子自已之情願，才得族中家長的允可。可是種種無理，無謂的要求，生出來了。如保護哪，歸家哪，以及他莫名其妙的條件，眞是令人可笑。時已至此，祇得一一允可，於是可敬可愛的唐君實行其計畫了。

(二)該社與社員

該社的宣言書，曾經看過大略是說女子是應該有職業，如醫生律師，技師，商賈以及別種事業都可，中國不要強國則已，否則，就該做效歐美才對。那末我們爲想在世界上求幸福計，不得不自謀生活，自營事業等話。可是出了宣言書以後，諸然引起大部分人的反對，那般頑固先生甚至當面大罵特罵。不知罵的是什麼，可就難解了。反對利害些者，甚至報官，說（民國二年是捉國民黨）他是國民黨首領，竟欲置之死地，幸唐君並不去理會他們，就於後數日開辦起來了。

該社的社員，大都身受中等教育過的。他們的目的，是人格問題社交問題了，是用經濟獨立一事，當作手段，實行其自由國民的生活。得謀生活的生趣。由這點觀察。他們的精神，眞是可敬可愛，因爲他們對於家庭及社會作了奮鬬的事業。

(三)該社的組織

一般社員既有普通學識，那些營業之事，可以執行，不言可知的了。可惜不能特倡一種特別組織法，祇能做效舊式。所以該社內部的組織，與普通商店，相差不遠。

(一)經理一人，管理全店事務，處於指示的地位。但遇着困難之事，則與同社員公共商議，並非絕對專制。

(二)帳房一人，管理進出貨帳目，非常的好；並不見到有什麼不如男子的他方，恐怕謹愼方面，還比男子強得多呢。至於賣出帳目，除帳房記錄外，營業員亦各自記錄，以備查考，恐有錯誤發生。

(三)營業員數人專事賣買，大都善於應對者充之。不過初次出外，稍有言語的妨碍，除外亦不見有什麽困難的情形。所有營業事宜，都是覺得很自由的，並無可笑可奇。如算帳一事，則演之石版上，隨做隨算，非常迅速，更無可說一句不及男子的話。因爲各物都結有明價單，依價目表而言，所以從沒有錯誤地方。因爲女子說詞温和，尤爲營業中的特色。

(四)手工本來女子長於手織品等，所以無事之時，全般社員就從事手工。夏時織綫品，冬時織毛絨品，頗受社會上的歡迎。如鐵車類縫紝，亦很發達。

(四)貨品及手織品

該社既爲提倡國貨的唐君開的，自然專售國貨，不過因需要與缺乏的關係，不得不通容辦理，如手織用的線團，毛絨等，祗得求之外貨。就國貨而論，大都是女子的用品，蓋性質相近，又因限於資本，不能充分的發展，這實是實行家最難的地方。大件國貨如景倫廠汗衫，綫衫等，冠華公司的男女冬夏帽子，龍華製革廠的皮件，漢口本埠及北京的愛國布各廠的襪子，化學工藝社及廣生行的化妝品，漢口鄭榮記的刷子，宜興的陶器，北京的玩具水菓，再普通日用的傘扇子紗巾絲巾，毛巾，牙刷，鏡子，脚帶，枕頭以及女子用的梳具針綫等。其餘還很多，只好從略不述了。

第二種所售的貨就是該社自己出產品，一切綫織物及絨織品，甚有特色，蓋男店所不能有的。二種織品間，尤以絨織品爲最多。

(一)綫織品多用於夏季，所以樣數不很多。又綫是非常的細，要織一物，很費功夫，所以有時不能得到工錢的利。所織物件，可別爲鞋帽類，及日用類二種。第一種的如男女綫拖鞋，及孩童的夏綫帽，稍爲特別些的是外裝的領帶，綫褲帶，及女人用的綫袖筒等。第二種的有表袋，水烟袋，筆袋，種種帶子，表鍊，照相架，鏡子蓋及網綫等。用處很少，所以沒有多少利益。

(二)絨織品可就大各樣了。毛絨本來很粗，功夫可以少了，並且用處較多，因此在冬季一節，祗就毛絨織品而言，可就能做不少了。有時終憂做的人太少，買的人太多，那末，女子之手工織物，定可大發展起來。絨織品的種類，要比較得多些貴些的有絨衫絨褲，絨圍巾絨鞋絨孩帽絨女帽，絨襪子等。其小些的有手套（有手指與無指的分別）帶子，袋子，等類樣非常的多。他們應該做的時間，大約每件衣服，快些是一禮拜，每雙襪子三天，每頂帽子是一天。通計每天可得工錢五角左右。除營業外竟能得這多的意外工錢，這豈不是開女子營業公司最大的好處麼？若有外邊人，能代他們織東西，尤所歡迎，每件衣服三元，每雙袜八角，每頂帽子六角。

除出以上以外，還有一般縫衣，自己做成，自己賣，亦很不少。銷的最多是孩子穿的洋裝衣，男人洋裝汗衫。至於外人來定做的亦很多。

（五）營業情形

（一）時間　中國商店是沒有一定時刻的，就是有時刻，終非常的多。該社既處這種社會裏是不能不受約束。不過時間稍為減少些。社友是從十一時至下午十時為止。門是在九點鐘開的，那時是老媽子管理。至於那般社員祗就為自身梳洗的事。費了許多時光。這是女子的特別情形，所以上早營業亦較遲些。迨至下午二時起至晚十時為明定時刻，專事店務。沒有營業時，並不如男店的夥計無事，他們却各盡所能，出其特長來做最精的手工。這種營業，都是非常自由，毫無機械的生活介其間，同時又可研究，長其技能，真是最好的女子生活！

（二）營業率　因該社是個人（並不是資本家）謀來成功的，所以資本很少，因此營業不能十分發展。營業率大約可分三期。第一期因初時發生，所以較為發達，通計每日六十至四十元，到了第二期，社會的好奇性已消滅，所以稍稍涼下來了。每日祗能有四十元至二十元了。到了第三期，幾乎無人以該社有可注意之處，無形之中，已受社會公認女子營業之應該。因此與男子毫無區別了。因資本較少不能與男店相較，所以每日祗能在十元以上了。還有夏季一節，東西較為便宜些，第一二期內，每年約可做八六千元之譜。又因售品中的自織品利益很好，所以每年可得利一千五百元左右。雖然有用於房錢飯錢開繳處，所剩有限，但終是女子自已得來自己用了，一邊可減少男子的責任，他方面又得精神及物質上的種種幸福。

（三）開始時情形　當宣言書發出後，社會上一般人多以為奇談，一傳二，二傳三，不數月間，而全市民都知道了，雖然不曾到各處貼過廣告，且那般頑固的老先生，放在口邊當罵詞用的。因爲這種事情引起了許多人的好奇心，於是買者爭前恐後的來了。其實是借買東西的名來參觀一回就是了，那些不買東西而要參觀的，於是就站在門口，所以每至行人到了該社門口，務須讓肩而過。開店數日後，就發現了無數的匿名信，裏面的話，固無寫出來的必要，然這種社會的現象，實有可硏究的價值在。到了現在竟能爲社會所公認，視女子生活社爲正當的營業，實在要推功於唐君了。

(四)民國六年的女子務本社生出來了。 同在漢口，同一性質，不過規模較爲大些。該社成立五年竟有人來追隨了，這不是奮鬪的結果麽？但願中學女子畢業生本已有常識，及創造生活的才能，來與家庭社會宣戰，爲女子生活闢一條新途徑！

(五)本來女子生活　多單簡，一旦衆人聚在一處，即能同心協力營互助的團體生活，像女子生活社員所享受的幸福，眞爲目今萬惡家庭內，愁慘的女子所夢想不到呢！

學校調查

交通部上海工業專門學校　吳保豐

(一)略史

交通部上海工業專門學校，舊名南洋公學，是中國最有歷史最可紀念的學校之一。這學校已經開辦了二十四年，最初是師範科，假上海徐家滙民房做校舍，聘美國有名的博士福開森做監院。光緒二十七年設政治科，三十一年設鐵路專科，隸屬商部，叫商部高等實業學堂。三十二年設商務專科，改隸郵傳部，叫郵傳部上海高等實業學堂。三十四年設電機科，宣統元年設航海科，三年設商船科。武昌起義，改名南洋大學。民國元年改鐵路科爲土木科，七年設鐵路管理科，其他各科次第撤裁，現在祇存土木電機鐵路管理三科，隸屬交通部。改名爲交通部上海工業專門學校，英名叫 Government Institute of Technology，係仿傚美國 Massachuselts Institute of Technology，也適當其分。這個交通部上海工業專門學校在中國敎育史上，佔很重要的位置，畢業生在中國政學工商各界勢力很大，名譽很好，沿革既繁，所產生的人才自然不限於工業一科。所以從歷史的眼光觀察起來，第一期是草創時代，所造就的人才，大半是普通的，而非專門的；第二期是過渡時代，辦學的人，已經明白專門人才的需要，不過還沒有切實研究中國最缺乏的到底在那裏；現在已經到了建設時代，學校性質既定，各項設施，都能次第發展，這也未始非中國工業上一線曙光。此刻全校共分三大部：上院，中院和小學。上中院的校長是唐文治先生，小學校長是沈叔逵先生，合三部學生一起計算，共有一千多人。

(二)校舍佈置

上院中院都是很大的三層樓洋房，兩所房子幷立，看中間有走廊可通，對面是個大操場，小學校舍在操場南面，係兩層樓房，另有一片小操場，專供小學生運動之用。上中院的布置很相彷彿，下層是致職員辦公室，第二層是課堂和儀器室，第三層是學生宿舍。上院有大禮堂，可容一千人，西面側首是健身房，做雨操場和籃球場的用處。後面許多房屋，都是小工廠材料試驗室，電機試驗室，發力機試驗室，木工廠，金工廠。最近又新造了一個無線電台，圖畫教室，和水力試驗室，所費不貲。此外還有醫藥室，音樂室，和物理試驗室，設置很完備，應用器具也很多。浴室，飯廳，洗室，廁所，理髮室，都在末一層。上中院各有一間?備學生遊息用的，有校園。備學生研究和參考用的，有圖書館。校長住宅在西首，各中西教員住宅在東首，中院一二年級學生在校外宿舍，上院初年級新生，一部分住在圖畫教室，校中空地尚多，將來可以隨時擴充。

(三)課程及教材

(甲)土木科Civil Engineering Depart.)

(A)專科初年級

(a)解析幾何(b)高等化學講義和試驗(c)修身(d)國文(e)英文(f)圖畫(g)木工(h)金工(i)投影幾何(j)體操

(B)專科二年級

(a)微積分(b)高等物理講義和試驗(c)定性分析講義和試驗(d)地質學(e)平面測量講義和實習(f)圖畫(g)國文(h)英文(i)體操

(C)專科三年級

(a)力學(b)材料力學(c)材料建築學(d)水力學(e)材料試驗(f)鐵

路建築(g)鐵路測量(h)馬路建築(i)建築學(j)三和土(k)基礎學(l)國文(m)體操

(D)專科四年級

(a)電學工程講義和試驗(b)大地測量(c)天文學(d)河流改良學(e)水力試驗(f)溝渠設置學(g)自來水(h)鐵道運輸學(i)鐵道組織及經濟學(j)建築計劃(k)房屋建築學(l)三和土建築學(m)契約和說明書(n)工程管理(o)發力機(p)國文(q)體操

(乙)電機科(Electrical Engineering Depart.)

(A)專科初年級和土木專科初年級相同

(B)專科二年級

(a)微積分(b)高等物理講義和試驗(c)定性分析講義和試驗(d)定量分析講義和試驗(e)機械學(f)汽機和汽鍋(g)機器計劃(h)金工(i)國文(j)英文(k)體操

(C)專科三年級

(a)力學(b)材料力學(c)材料建築學(d)材料試驗(e)正電流講義和試驗(f)更電流講義(g)熱力學(h)內燃引擎(i)平面測量講義和實習(j)水力學(k)機器計劃(e)國文(m)體操

(D)專科四年級

(a)更電流講義和試驗(b)電機計劃(c)電機鐵道(d)電話和電報(e)電光學(f)無線電講義和試驗(g)蓄電池(h)水電工程學(i)發力機試驗(j)工程管理(k)簿計及經濟學(l)國文(m)體操

(丙)鐵路管理科(Railway Administration Depart.)

(A)專科初年級

(a)政治經濟(b)法律(c)商律(d)倫理學(e)鐵道運輸學(f)簿記及計算(g)公司財政學(h)幣制及銀行學(i)商業地理(j)近世商業實習(k)機械畫(l)國文(m)英文(n)法文(o)體操

(B)專科二年級

(a)統計學(b)國際公法(c)工程管理(d)鐵道經濟(e)鐵道組織和管理(f)倫理學(g)水路運輸(h)高等計算術(i)鐵道工程大意(j)測量大意(k)警政(l)速算法(m)商業算術(n)國文(o)英文(p)法文(q)體操

(C)專科三年級

(a)商業道德(b)破產學(c)鐵道貿易和稅率(d)鐵道計算和檢查

(e)鐵道統計學(f)電學工程大意(g)機械工程大意(h)商業經濟(i)政治學大意(j)公共財政(k)不動產(l)中文書記練習法(m)國文(n)英文(o)法文(p)體操

(D)專科四年級

(a)鐵道法律(b)鐵道運用術(c)電力鐵道(d)電話和電報(e)辦事室組織和管理法(f)財產和人壽保險法(g)經濟學史(h)英文書記練習法(i)國文(j)英文(k)英文文學史(l)法文(m)體操

除了正功課外，土木科三四年級學生，每年有測量隊，由主任教員率領，分赴杭州無錫一帶測量製圖，費時需一月，所得成績，作為正課一部分。電機三四年級學生，每年有參觀團，赴漢陽大冶武昌漢口參觀工廠，隨時記錄報告，費時約三星期。鐵路管理科學生，也有參觀隊，分赴中國各大鐵路考察管理法，每次大約在寒假內舉行。土木電機兩科畢業生，得稱理學士。

(丁)附屬中院

(A)一二年級

(a)修身(b)國文(c)歷史(d)讀本(e)文法(f)代數(g)算術(h)唱歌(i)博物(j)幾何(k)生理(l)圖畫(m)地理(n)木工(o)體操

(B)三四年級

(a)修身(b)國文(c)英文(d)幾何(e)三角(f)大代數(g)物理(h)化學(i)經濟(j)法律(k)西洋史(l法文(m)圖畫(n)體操

中院程度，比較普通一般中學略高，所用課本，除了一二年級中國歷史地理生理和修身國文以外，都用英文原本。三四年級英文讀文學書，像 Ivanhoe，Vicar of Wakefield，Franklins' Autobiography，一類的書。數學較其他普通中學也注重些，因為中院畢業，可以直接進上院，為將來研究工程學之用，不得不然。但是有一部分人，中院畢了業就考進別種學校，研究文學法律政治經濟哲學科學的人也不少。所以英文也不得不研究。附屬小學的程度，也比普通高小來得深，校長沈叔逵先生辦理得法，校中經費也寬裕，所以各種設置，都很完備，運動場閱書室應有盡有，這層自非普通高小所能及。

(四)升班考試和新生入校手續

現在各處大學和專門學校，漸採用了美國的學科單位制度，獨是這裏還用學年升級制度，每年課程又不分必修和選讀，很欠精神。各課平時有小考，時間由各教員自由擇定，所得成績，作為平日分數。從前平日分數作六成計算，每學期末舉行大考，時間由校中教職員定奪排成表格，依次試驗，所得分數，作四成計算。各學生平日成績無論那樣好，一概不能免學期考試；現在此種制度，在上院各班中已經大大改良。各學生平時成績有一課滿九十分，這課就可以免學期考試，這課成績，謂之甲，八十分以上謂之乙，七十分以上謂之丙，六十分以上謂之丁，不滿六十分，即不及格，須於下學期開學時補考，及格這課就算讀完，不及格，就要補讀。一個學生有三種課目補考不及格，就要留班，不滿三課，可以自由升班，所補各課，校中並沒有一定章程，祇要學生自己有空，再同該課教員商量，能夠在畢業以前補完，就可算數。還有許多人因上院三四年級功課繁重，抽不出空功夫來補讀，可於三四年級修業完畢後，再到下班去補讀，補讀完畢，方有畢業文憑到手，補讀再不及格，那就永遠沒有畢業的希望了！此外有一種學生，因半途發生重大問題，不能夠繼續求學，隔了幾年，仍舊可以進來，和普通升上來的學生，受同樣的待遇。這樣看來，此種制度有些地方雖然很不自由，其實已經很通融。表面上雖有年級分別，實際上高級生到低級去補讀功課，也習以為常，不足為怪。并且補讀功課，並不是完全為了考試不及格，一部分人，對於某種功課缺課時佔半年鐘點三分之一，就要扣考，非重頭至尾，再讀一遍不可。所以很有許多人，功課極好，逼着也要教他補讀，真是冤枉。一課曠課過三分之一，就要補讀，倘使各課曠都過三分之一，就要留班，所以到了上院三四年級，一星期聽講和實習足足有三十多鐘點，就是按步上去，也很費心力。倘使再要曠課，莫說有扣考的危險；即使沒有這種規矩，恐怕也很難過去。平心而論，學工業的人，對於實習方面應該多化功夫，書本上所得智識，不一定靠得住。不過這裏三四年級所排功課比一二年級要難得多，分配不均，也應該設法調劑才是。

關於新生入學考試，非常簡單，專科祇招初年級生，中學各班以缺額之多少，定新生之數目。投考新生，不論上中院各班，都不限資格，既不驗文憑，又不問身家，祇須各課及格，就有錄取希望。統計每年招考兩次，暑假年假各一次，每次投考的人，總有六七百，錄取的不過四五十人。一半因為額子已滿，一半也因為經費不裕，無從擴充。考取的新生，未開學前應先到校醫處檢查體格，體格不及格，就不准入校。各項費用，也要於開學前付清，計上中院每年學膳宿費共九十七元半，上院試驗費每年須六七元，書籍費每年須三四十元，三四年級各項費用最大，每年至少總要預備二百五十元，才能敷衍過去．這裏總算是官立學校，一年費用已經這樣可驚，中等人家斷難令子弟入學．所以受高等教育的人，不得不帶些貴族性質；處現在經濟狀態之下，要中國教育普及，眞是談何容易！

（五）訓育

（甲）德育

這裏校長唐先生虔信孔教，開口就說『本校長以提倡孔教爲天職，』所以一舉一動，都些帶孔子化的道德。每逢開校行禮，孔子誕日，和種種禮節時，校長就要在大禮堂中請出孔子神位，再三誥誡，其精神實可欽佩。孔子誕日，校長率領全校學生祭孔，各教職員都有相當差使，上院四年級生，也有派着司香司帛撤饌讀祝種種榮典．學生不到者，査出記大過不夠，還要令各教職員留心察看，所以這個交通部上海工業專門學校，簡直是個教會學校，校長彷彿是牧師．他平日的苦口婆心，以孔子之道爲歸，我們至少應該佩服他的誠心，不過他祇講外表，不從實際上切實下功夫，我們不得不引以爲憾！其他管理方面可議的地方很多，不必細述。

（乙）體育

校長唐先生以爲要振刷學校精神，非注重體育不可。於是南洋公學的體育，就大出風頭。此刻中學一二年級和小學各級，都強迫入童子軍，中學三四年級都有兵式體操，成績很好。上院各班改柔軟體操，從前每星期祇有兩句鐘，並且上院四年級生特別優待，可以免操；現在上院不論那一班，每天淸朝都要到操塲去操一刻鐘柔軟體操，較以前似乎普及些。

除了正式體操課程以外，其他田徑賽技擊部和各種球隊，學生都可自由加入。體育部共分兩大部，一種代表全校，一種代表各班。全校各種運動，分甲乙兩組，乙組中有出人頭地的運動員，可以升到甲組，出更大的風頭．各班運動員，都是各班選手，上中院各班都有級隊，互相比賽爭勝，那一班奪得最後勝利，就有錦旗一方或銀杯一只，作爲紀念。各班選手中有可造之才，也可升到校中甲乙組，講到校中體育成績，可以到體育室去一看，就可明白。近十年來南洋公學球隊名譽，在上海各學校中，首屈一指，歷年所得到的銀杯錦旗，不可勝數，琳瑯滿目，四壁皆是。這種成績，很可以誇耀，但是從體育原理上講來，這種不普徧的爭一日之長的運動，實在有些不妥。平心而論，錦標主義的運動，並不是絕對不可能；只是把運動當作職業似的，把正當功課，完全拋開，是件極不應該的事。這裏校長自已絲毫不會運動，却歡喜人家運動，學生中有一藝之長，無不被校長贊賞，所以一般臨過大敵的運動健將，校長簡直要把他們抬到天上！一切飲食起居，都隨他們的便，功課方面也一聽他們自由，不加干涉。比賽的前幾天，他們都住在另一房子內，不上課，專門養精蓄銳，以備一試。所以一般雄赳赳氣昂昂的偉丈夫，一到比賽，自然精神百倍，無不一以當十了。此種待遇，大有軍營中雇用敢死隊的性質，對於體育原理，大相背謬。否則校中體育名譽既然那樣好，爲什麽一大半的學生，依舊是彎背近視，面黃肌瘦，手無搏雞之力呢？這種不普遍的運動，不但對於功課方面有妨害，並且對於他們品性和身體方面，也有很大的影響。凡是運動家，十之七八，品性都是異常粗暴，這或者因爲生理方面的關係，影響到生理方面去，我不研究生理心理學，不敢武斷。但是有一部分人，在沒有做運動員以前，品性並不十分壞，一做了運動員，他們就會兇橫起來，同學中對於他們，崇拜到五體投地的固然不少，對於他們側目而視，敢怒而不敢言的也比比皆是。這種結果，恐怕提倡運動的唐先生，所萬萬不及料的。還有一般靑年運動家，初嘗滋味，不覺受寵若驚，拚命劇烈運動，博得人家一聲喝采。他們生理方面，還沒有十分發達，因之吐血生大病的也不少。此刻各學生，對於這種運動的信仰心，已經薄弱了許多，即使同人家比賽得勝，也不像從前的那樣興高采烈，看來錦標主義的運動，快要宣告死刑了！

(丙)智育

這裏國文，素稱著重。從前有人曾經聚集各學生所做的文章，把最好的刻成專本，叫做『南洋公學新國文』。唐校長素以保存國粹爲宗旨，目覩中國文學陵替，決定到工業專門學校來提倡國文。每年舉行國文大會一次，時期在孔子誕日前幾天；唐校長把國文會看得非常鄭重，上中院全體學生，都要到齊，不到的在積分裏扣分數。到了孔子誕日的前晚，國文大會成績，就要出榜，前幾名的賞金牌銀牌，其餘的賞書籍。到了孔子誕日，行禮後給獎，校長把前幾名的學生傳進去，加以一番獎勵，一班學生，也隨書歡欣鼓舞，當他是一樁大典，不曉得這就是前清科舉的縮小模形！此外還有什麼英文大會每年也舉行一次，校長和學生都看得不十分鄭重，這大概是校長不懂英文的緣故。講到這裏國文，實在名不符實，外邊聽來似乎很著重，其實和別的學校差不多。現在的學校，沒有一個能夠把學生國文程度增進到多少，越研究保存國粹，越是沒有成績。中院幾班國文，都用講義教授，每兩星期做一篇文課，上院換教幾本子書，教的儘管起勁，學生總是不睬，有許多人還要帶別種小說和英文課本到課堂裏去自修！上院每星期祇有國文一句鐘，學生看小說養神，也祇有這一句鐘！教書的人，倘使能夠設法引起學生興味，才是正當辦法，可憐他們一味啍起了很高很長的音調來死教書本，要學生注意靜聽，自然是不可能的了。自從白話文通行以來，學生中也有做白話文的，校長雖累次出條告禁止，學生終是不睬，教習也沒法，祇有把學生分數減少，以儆將來。其餘各種科學，學生都看得很重，從不像國文的那樣的隨隨便便，一半是學生興趣所在，一半也是教習教授法的關係。

(六)組織和活動

(甲)教職員方面

全校一切大事，都歸校長管理，上中院都設有監學，此外有庶務會計書記等，上院三科，各有科長一人，電機土木兩科長，都是美國人，中院也設有科長一人，校長因為著重國文，所以特設國文科長一人，其權力極大，帶有監學性質，各科科長，對於課程上的增減設備，教員的進退，都負完全責任；碰到重大事情，須經校長同意，方可執行，所以校長的權力，依然很大。每學期之末，開教職員會議一次，由校長召集討論些課程的編制，和教員的支配，而最重要的事，倒是考查學生的品行！這時候一班科長監學就要大出風頭，說那個學生要記過，那個學生要開除，各教員都唯唯而已。所以教職員會議的結果，就有一大批學生記過開除！此外教職員很少謀面的機會，並且黨派極多，不易結合一氣，所以教科上，沒有一種統系合作的精神。一大半人，抱着飯碗主義，做一日和尚，撞一日鐘，那裏肯替學校謀切實的改良！又兼科長是外國人，平時候對於各教員異常隔膜，碰着各種問題，沒有人商量，有時竟敷衍塞責，弄得學校全沒有精神，這一層非根本改良不可。

教職員方面，遠不及學生的活動平時候大半不相往來沒有一個學術團體沒有一個娛樂的所在有時候難得校長與致大發，請他們到他的私宅裏去飲酒玩耍可是一年中不過幾次。此外總算有個校友會每年也開幾次會出一本小小的會務報告但是絲毫沒有精神。

(乙)學生方面

學生方面比較教職員要活動得多上院學生最可以表顯校中一般學生的精神；他們大半都是很樸素的人衣飾不甚講究，校衣極劣大家也習以為常功課方面都很勤奮。上中院各班中本來都有班長現在上院有許多班次覺得班長制度不妥也有改值週生的，不過還沒有普遍到全校。班長以外有舍長專管宿舍飯堂中一切雜事預備同庶務接洽。

從前這裏學生，對於公共活動，不大注意；但是大家心中都有那種傾向沒處發洩。所以每逢和聖約翰比賽足球的時候，他們的團體性就發揮得淋漓盡致。五四以來，學生對於團體生活，漸漸明瞭些，應時勢的要求組織一個學生分會，附屬於上海學生聯合會內中分四大部，就是(一)義勇隊，(二)宣講部，(三)出版部，(四)調查部，每部設一部長管理一切。可是大半學生，對於這分會異常冷淡；一半因為內中辦事的人分子太雜，很難謀精神上的團結，所以起初很覺得起勁，到末來竟至無人過問，一半也因為內中很有許多腦筋簡單的人，時常要求罷課，很不為一般高級學生所贊同，所以勢力也因此大減。這種團體生活，很能夠試驗學生辦事的能力和毅力，此刻也極應該練習起來；不過這裏學生程度太不一律；不健全的團體生活，非惟絲毫沒有益處，其害竟至不堪設想。學生分會所產生出來的最好結果，要算義務學校。義務學設校立在徐家滙鎮上，每天晚上有學生輪流去教書聽的人很多，經費由分會擔任，這總算是件差強人意的事。

此外各種組織，有下列幾樣：

(a)南洋學會

南洋學會，是包括校中一部分的學生和教職員，凡在外的南洋公學學生，一概不能入會，這個學會，並不是個研究學術的機關，內中也分好幾部，有時開個茶話會，有時開個演說會，有時演影戲給同學看，所以很帶些遊戲的性質。每半年出一本雜誌，其中大半是詩文著作，和論說文章，關於工業科學的極少，定名叫做學生雜誌，經費一半由校中補助，一半由學會設法籌措。

(b)同鄉會

同鄉會差不多變成學校裏邊最普遍的集會了，而這裏的同鄉會，更加洋洋大觀，全校合上中院小學計算，將近有三四十個。廣招會員，擴充勢力，你出一本雜誌，我也出一本雜誌，大家把雜誌來比賽。本領各倚門戶，各張聲勢。除了舉選職員，討論章程，拍一張照，開一次茶話會以外，竟絲毫沒有紀載的價值。

(c)級會

上中院各班都有級會，級會中也有會長書記會計等，精神要好得多，因為各種問題，都是很切身的，討論起來，自然親切有味。級會中所辦的事很多，像辦畢業紀念冊，閱書室，等都是。

(d)體育部

凡上中院學生，都可入會，受同等的訓練。會中有會長會計書記管理等職，對內設法鼓勵學生運動，對外代表學生全體，參與各種運動和比賽。

(e)軍樂隊

這隊也由學生組織，教員由校中擔任聘請，作為正式學科，畢業後，校中發給証書，異常鄭重。

(f)技擊部

組織和軍樂隊差不多，畢業後也有証書。

(g)販賣部

校中有總販賣部，各級有各級販賣部。販賣所得盈餘，或供給義務夜校，或充作學生分會費，各級販賣部所得盈餘，大都作為辦畢業紀念冊的用。

(h)科學世界社

這社是新產生的，社員都是學生，每月出一本雜誌，叫『科學世界』，完全討論各種工業和科學問題。經費半由校中擔任，半由社員捐募。

(i)九人書報社

這社完全由九個學生組織，專門介紹新文化書籍雜誌給同學看。從前各新出版物很不容易進門，此刻外面各種書報，都有出售，價廉而易得，每逢新書一到，九人書報社門前幾乎門庭若市，大有應接不暇之勢。

(七)現在的地位和將來的發展

交通部上海工業專門學校是直接隸屬於交通部的，所以各種擴充計劃，都要受交通部節制，經費也要候交通部撥付，每年經常費不過十二萬元，比到別的私立學校固然要寬裕些，但是依然感到非常困難。並且交通部每換一個總長，總要影響到學校方面；倘使那位總長同校長有些交情，還好，碰着生手，就爲難了。校長唐先生思想雖陳腐，可是他對於校中的忱熱，我們不得不承認。有些事我們認爲很關重要，豈知部裏總是批駁下來，不准實行。講到這裏的課程，總算不壞，敎員都認眞敎書，中國現在工業上人材眞是缺乏到萬分，而工業專門學校，又這樣的零落，總算中國國立工業專門學校，略有名譽爲外國所曉得的，祇有北洋唐山和這裏三個。工業前途，眞是異常黑暗，留心敎育的人，應該怎樣設法提倡，再不要把一綫曙光，讓他消滅才好。近幾年來，校中有兩件建築很可紀念：一是圖書館，一是無綫電台。圖書館建築和書籍費約十萬元，書籍大半偏重於科學方面。無綫電台建築費不過七八千元，能夠接到四百五十海英里距離的消息，聲音清晰，不讓外國無綫電台。其他各種實習工廠，都次第建築，功課也漸漸加多起來，畢業生在外邊工廠服務的人極多，其他當敎員的，也有一小部分。最近美國奇異電機公司總經理羅耳先生到這裏來參觀，預言將來有未可限量的發展，特允每年聘請電機科畢業生到奇異電廠實習，此外還贈送各種電機，約値數千元。土木科畢業生，大半在鐵路建築打樣方面活動，在外國工廠實習的，也很多。養成工業人才，在工業方面服務，我們所最希望的事；不過中國現在工廠極少，工業學生畢業後，每每找不着適當的位置，不得已去做非工業的事，眞眞可惜！像這裏的規模名譽，倘使能夠切實做去，改良的改良，擴充的擴充，二十年後，誰能保定交通部上海工業專門學校，不能夠同美國麻省理工大學比美？我此刻已經把大略情形講過，但願我的希望能夠早日實現，替中國工業史上開一個新紀元。

家庭生活

一個模範家庭——小桃源

陳啓天

我們現在多半覺得舊家庭不好，要急於改革；却是應該怎樣改革，又很難得一個切實法子，使我們容易着手，多得一點幸福。不意在素來黑暗的武昌也找出一點家庭的光明，來可以稍為安慰我們，並且可以做我們的模範那就是小桃源了。如今把他介紹出來供想改良家庭的參考若嫌這篇太不清楚，更可去實地參觀一下，或者多得一些感想哩。

小桃源在武昌城內士司營街，是一個極小極新的家庭，人家因為他的組織設備等，不同舊家庭有些像陶淵明懷想的桃花源，就送給了一個小桃源的稱號。或者以住小桃源內極其安樂，又送給一個小天堂的名子。聽見這兩個名子，也可想像他的太概了。

（我此番介紹小桃源的話，多取材於李先生的記載，特在此感謝。）

一，小桃源的組織

小桃源是誰組織的？只有李立夫先生和鄭瑛女士兩個人。這樣的小家庭，是與舊社會裏的大家庭頂不相同；他們也有弟兄，却不在一路，妯娌，姑媳的煩惱，絕對不找他們了。李先生曾經留學美國十七年，並且到過歐洲印度，他三十五歲回國後，才與鄭女士自由結婚，那時鄭女士已經住過武昌希理達女學校和上海梵王渡女學道院了，這更與那黃口乳臭卽結了婚的不同；也與那由父母專制定婚兒女不得不服從的不同，也與那毫無教育，靠嫁人活命的大不同。因此他們夫婦間待遇非常平等，相處也非常快活，與那只有性慾關係的夫婦，眞是天遠地隔了。我曾經到小桃源玩過三次，看見他們夫婦的和氣，眞是令人羨慕唉！人生的幸福，家庭要占一部分，我們有幾個人眞有家庭的幸福呢？又有夫婦若朋友的幸福呢？大家或者已曉得這樣的原因，又將怎樣革除那些原因呢？

二，小桃源的設備

小桃源的設備，非常儉樸，整齊，又非常清潔，很有一種生氣，與死沉沉的舊家庭絕然不同。有花木可以賞心悅目；有前後園可以遊散；有平台可以登高遠望；有書房，休憩室，可以修息；有浴室可以刮垢磨光；有客堂可以接談賓客；眞是完備！廁所是男女公用的，設在屋後西北角，與舊家庭臥房與廁所合一的，不知那一種衞生一些？臥房設有兩個床，與那夫婦兒女都常在一個床上的，不知誰好？

現在且把李先生自己繪的住宅圖，寫在下面，大家更可以按圖想像他的安適了。

小桃源的圖(因不便排印略去)

這是舊房子改造的，他買費和設備費詳下節。

三小桃源的經濟

小桃源的財產，現在還未過細調查，大概李先生自從熊希齡請回當翻譯後，即接當湖南湖北的教員，極從事貯蓄，此時總是中產之家了。然而他們的生活費很儉約，且分幾項來說：

1. 住費——分買費及設備費，總共用去錢一千○二串。買費：實價銀三百一十兩，錢五百九十多串；稅契費二十七兩九錢；中用錢共三十串文；買三賣二，買者應出錢十八串；寫契約人筆金六串文；保正蓋圖章於契上，買者又例送二串。設備費：做後園東北二面，前園東西二面的牆，共用一百五十多串；做西式門七個，玻璃七個，全換前後的板壁，六間房俱鋪新地板，前後簷安氷鐵檢以及油漆，裱畫，共費三百二十串之譜。

2. 衣費——衣服均樸素，故用費很少。襯衣褲分四季，夫婦各備三套，率三年一添新製。

3. 食費——兩人每日吃米不過一升，蔬菜魚肉也有限。茲鈔他的簿記一段出來，就可見了。一共十天，以石為單位。

1920		蔬	魚	肉
公歷四月十三	13 晴	紅菜台 10 白菜 20		
	14 小雨	紅菜台 20	鯿十兩 110	
	15 陰	白菜台 10		
	16 晴	紅菜台 20 白菜 10	鯿一斤 190	
	17 午後小雨	白菜 20 粉絲 40 海帶 20		一斤 280
星期日	18	——		
夏歷三月初一	19 晴	小白菜 10 菠菜 10	鯽十兩 140	
	20 ,,	蘿蔔菜 20 紅菜台 10	鯿十兩 100	一斤半 420
	21 ,, 熱七七度	——		
	22 陰晴	小白菜 10 菠菜 10		
		240	540	700

總計			猪油	精鹽 白糖	榨菜	雞蛋
128						98七
220					羅蔔絲四兩20	70五
790		鹽醃脆八兩104	烘糕一斤140	白糖一斤256	羅蔔絲80 榨菜一斤半160	麵粉40
435				鹽一斤145		70五
360						
160						
901			猪油一斤360			
20						
		104	500	401	260	278
3023						

4. 雜費—水，每月用八十擔左右，每擔十五文；洋油每年需四罐，每罐三千四百文上下；每月請洗衣婦到家中洗五六次，襯衣褲每件念文，臥單每床五十文，月需一千二三百文；年用肥皂約半箱，錢一千三百文，用香肥皂年約費銀二元。所有布衣皆用手搖縫衣機自製，年可省裁縫工錢數千文。又買有英製剪髮機一個，價銀二元一角，鋼剪一個，銀五角，剃刀一個，美金二元；省德製月可省整容費七八百文。在家穿自製的布鞋，出外穿皮匠製底自己製幫的緞面鞋，二項共需錢一千二三百文。

四、小桃源的事務

小桃源只有夫婦兩個，沒有常用的雇工，他們對於家庭的事務，大半是分擔互助哩。

1. 洒掃—夫婦各就便去做，理草灌花也是自己做。

2. 買菜—李先生每晨親自提籃上街去買，他並不覺得怕醜，也不覺得失了他的體面；比那內面做歹事外面擺架子的闊老，究竟是那醜些？

3. 飲食—由鄭夫人備辦，一日三餐，早粥佐以榨菜；十二點中飯，六點晚飯，從不消夜，每飯用白布鋪桌上。烏梅筷二雙，匙，匙碟各一。葷一葷一素，間或兩葷一素，或兩葷兩素。菜碗皆用徑五寸的盤子托着，藉免油汚了白布和桌。飯前夫或婦就便安排盤碗，飯後收拾亦然。

4. 製家用雜具—小桃源的家用雜具，多半不是請人，是自製。李先生備有木匠所用諸器具，有所需要，就自己製起來，這種勞動的精神，在現在的闊老闆少心目中必定以為醜極了，當眞醜麼？他家裏的通空氣窗框，紗門框等，都是李先生手製成功的。幾個很堅固的擦鞋棕墊，也是李先生用指大的棕繩手編的。有時屋上小漏，李先生也會親自去檢。知道的，說他是勤快；不知道的說他是吝嗇；他却都不管哩。

五，小桃源的理想

小桃源的理想，不是空想的，是實現的；不是世外的，是世內的。所以有人去參觀小桃源，他們招待非常殷勤，解說非常詳細，總想把他的一種理想推行出去，這更令人感佩。李先生又想聯絡同志。就武昌洪山附近，或郭鄭湖邊買些土地，設立模範鄉，我很希望李先生的這種計畫早日實現，使湖北在中國也放點光明，更望有好多同志同李先生襄辦。但是想到模範鄉裏去住的，有兩個重要的先決問題：

1. 已婚的要趁早設法解決家庭問題；
2. 未婚的要趁早設法解決婚姻問題。

我們青年啊！我們個人的家庭問題將怎樣解決呢？個人的婚姻問題又當怎樣解決呢？我們不想長在痛苦煩惱中過活的，要趁快想一想，免得我們看見了模範鄉，沒有方法可以進去哩。

地方調查

南洋見聞錄　陳時

檳榔嶼（Penang）　梁紹文

1 歷史

檳榔嶼又名庇能，簡稱檳城，以多產檳榔得名。為英人在海峽殖民地（叻，嶼，呷）首先取得的屬地。1768 年，有船長名賴德者（Francis Light 在印度公司辦事）由加德會長（Raja of Kadeh）手裏，用每年一萬元的歲費租來，現今愛司伯蘭武（Espranade）地方是當年賴氏登岸的紀念處。檳城由賴氏而建，他的功績也就可與星洲之禮佛，麻剌甲之阿兒拔骨（Albaquarque）相伯仲。他們是英國東印度屬地的三個開闢者。自此十三年後（1799）此島對岸，加德的地方現呼為威斯理州（Province of Wesley）的，也割讓於英。連威斯理和檳城遂成海峽北方的門戶。如此形勝之地，佐治市（George Town）就一躍而為商業重鎮。麻剌呷亦為之壓倒。此時星架坡尚未出名，所以檳榔嶼三字就高出全海峽之上。現在雖不及前時的盛名，但還是海峽北方一個大商埠。海上貿易的價值，仍佔三分之一（指船隻往來而言）。有半島北部（霹靂島）的生產額，故地位依然不可勸搖。除此以外，他在蘇門答臘東岸，暹羅西岸貿易的中堅，還能壟斷權利。當加德與盤谷鐵路成功後，暹羅貿易又是檳城所獨占的。

檳城是供給商船和軍艦中煤與水的要站，所以他的位置，多半是靠船舶鞏固。對岸柏賴地方（Pari）有很大的船塢（長250 呎，寬 50 呎。）1906年政府又做一個百呎長的起重機。

2 地理

檳城自英國管領後，有人呼他為威爾斯主島（Prince of Weles Island）他在半島之東，正對柏賴，在北緯 5°15'至5°30' 之間，長十五哩，寬八哩，面積 107 方哩。市之別名為佐治市但平常總呼他作檳榔嶼。市是三角形，東角為士威頓咸碼頭（Swettenham Pier）北與東南向海，其餘是山。西南海岸自士威頓咸碼頭起，名維而骨尼（Weld quay）是全市運輸交通最利便的地方，大小船隻都在此拋錨。環海岸向陸地即是市塲，有大鐘樓為海陸觀瞻所繫。

本島大陸離海峽之寬從二哩至十哩，威爾斯州及丁丁（Dindings）州都是檳城殖民地的一部分，寬平均八哩，沿海岸線四十五哩，合克利安河南方十哩土地，面積有 270 方哩。又離霹靂海岸有盟哥爾小島合對岸一帶地方，都歸英領，總稱丁丁島，面積 270 方哩。

3 政治

檳城最初爲殖民地政府所在，於1826年，和新架坡麻剌甲聯合一殖民行政區域。1806年已設駐在行政委員（Resideucy）處理行政事務。其行政區域除本島外包含半島兩州。完全行政區域面積，約有580方哩。政府本部，在佐治市。威爾斯和丁丁兩州都有一地方行政官，管理各該地事務，有市政廳，高等審判廳，地方審判廳，警察審判所，工部局等都在亮街。并有下級地方自治團體。各國駐在領事館除中國丹麥設有專官外，餘如比意法荷哪美葡日瑞士等都是代理官。中國領事爲戴君培元人極和平溫厚，熱心公益，連年捐出國內外公益款項，不下六十餘萬元。其尊翁忻然先生歷任英屬領事，以慈善家爲華僑所稱頌。

4　人口全數

據1915年調查，總數男179.848人，女111.517人。其中歐美人男829人，女494人。歐亞人（Eurasion）男865人，女992人。亞細亞人男178.154人，女110.031人。亞人中華僑占十分之八。營業以商爲多，工次之。華僑家庭風習，在本嶼居住者，最足以表示中國習慣。其家庭組織，凡略有產業的，都帶些世家氣味。各家門首均懸姓名之郡名橫額。再用橫額二字拆作對子一付，懸大門左右，均金字黑地。此外有以色列人數家。

5　敎育

英人有官立男女學校各一所，私立男校十七所，女校二所。男學生9.899人，女學生2.098人。美國男學校一所，學生137人。馬來學校一所，學生60人。中國有中學一所，學生尚不滿百。又國民敎育的男女學校二十餘所，學生二千餘人。各校高級生少於初級生；女學生多因家庭關係，不能每日上學，各年級常不能終局，故各校均難查悉學生的確數。尚有一姓私立學校，如邱氏，謝氏，均不收外姓學生。各校中男校以中華，女校以璧如成立稍久，規模亦比較的偉大。此外如時中，鍾靈，台山，順消，商務，韓江等男校，福建女校均有可觀。惟林氏男校，祥西女校尚未脫私塾性質。

敎會除英國禮拜堂外，最著名的是美以美會，并附設有學校。

新聞發行數有兩種，曰檳城，曰光華，均係午報。

6　實業

檳城雖是一個商埠，於實業上無重要價值。惟檳榔嶼內，荳蔻，丁香橡樹，稍有出產。1917年輸出額增加12.494.507.輸入額增加5.391.306，漁業為海峽殖民地之冠，漁民數有4.805，漁船數有3.140，中國人除既往的戴梁張謝各富豪外，尚無新實業家和新資本家發生。僅有往來蘇門答臘間之船輪公司一二家而已。

7 銀行

滙豐印度商業荷蘭小公蒸善等銀行，俱屬於英荷的經營，中國人辦的華僑和豐都有分行，貨幣度量衡和星架坡一樣。

8 交通

據1917年統計，檳城入港的船舶，英國最多，有1.2104艘；1.294.462噸，荷蘭次之，336艘257.497噸。日本又次之，125艘，317.090噸。中國於1916年才有船八艘，9776噸，到1917年增到30艘，29.196噸，尚居第五位，在挪威之次。航路通緬甸蘇門答臘棉蘭甲海峽各處。鐵路有通暹羅馬來聯邦兩重要幹綫，街市電車馬車人力車與新加坡無異，平治道路，除商業區域以外，各處也都舖陳美麗，道旁風景亦佳。

9 氣候衛生

檳城的溫度，最高時97°最低時70°，平均總在82.83之間。二千呎高的地方常止70度。雨量照1913年調查有120.05吋。

氣候不良的地方，常有馬來利亞病流行。

醫院以色列拉衛及地方兩醫院為大，另有監獄和男女癩病的專科醫院，都是英政府設立的。中國人尚無大規模的醫院。

人口死亡率一千人中有四一與五的比較。

檳城為半島的一大山脈遮蔽，西向孟加拉海，地理上有此形勢，所以他有各種恒風調和，比東部各聯邦氣候還好。在十一月與五月之間，恒風向東北方吹來，天氣潔淨乾燥。四月至十月之間，恒風向西南方帶雨吹來，故雨水較他處為多，但一年中也有不雨不乾的天氣。

10 集會及公共遊樂場

英人有總商會，樹膠商業公會，博物會，工程師俱樂部，網球，隊球，遊泳等俱樂部。

中國人有商務總會，成立已十三年。中國人的俱樂部，是商餘娛樂的他方，檳城書報社為國民黨英屬的總機關，燕閒小築經常俱樂部，是戴領事一派人經營的。

遊樂的地方英國人方面有瀑布公園，距海岸碼頭四哩之遙，在升旗山脚，有天生美麗的景緻，山水下流，不用人工自成一小瀑布。公園西邊有蓄水池，為全市自來水總管池，南就是上升旗山路的起點。山頂有海拔 2066 呎高，登山可以望見周圍的海景。華人有極樂寺最出名，在海岸碼頭四哩，坐電車中半點鐘可到。過檳榔西河支流四圍風景幽美，全路一半為椰林所蔭，到寺門，有中國式花園布置，假山假人，噴水池等裝飾。沿路壁間刻字題詩。寺中管理組織，與國內無異。寺僧多曉英文與馬來話，招待人客極周到。岑春萱，章太炎亡命時，都來居此。住持本忠頗精佛典，嘗與太炎談佛竟日不倦。英皇太子，暹羅王，日本東鄉，乃木兩大將俱有留題，懸在客堂。

11　旅行須知

大多數輪船，都泊在士威頓咸 (Swettenham) 碼頭，東方輪船公司日本郵船公司和往來歐洲東方的輪船，都泊在海中。頭二等客有小輪送迎。乘火車抵埠時，有火車站的小輪渡過對岸碼頭。旅館的脚夫，上岸都有招待。

法蘭西之鄉城

李思純

提到法國都市的文明，誰不知道巴黎，但法國若只有單獨的巴黎，便不成其為法國了。從前的游歷人士，留學青年，大半目光限於巴黎一處，絕少鄉居的機會。我曾在法國，領略了半年的鄉居生活，很覺得趣味豐富。我知道將來中國的新建設，是初基的普遍的地方的。法國鄉城的一切，便是法國初基的普遍的地方的文明。可惜我所到的地方太少，現在只把我經過和到過的一兩處城市，略說說罷。我想我沒有到過的城市的光景，也許由我已到過的城市推知一二一的一切，一切的一只是一樣，未嘗不可以聯想類及的。

地方區畫　法國最大的地方區畫稱為 Departement，不叫作 Province。這 Departement 或譯作『州』『道』『府』，莫有一定。每一個 Departement 區畫為多則六個少則兩個之 Arrondissement。每一個 Arrondissement 又區畫為七八個或十個 Canton。每一個 Canton 又可區畫為 Commune 及 Bourg 與 Village 各種地方區畫，大概情形如此。我住過數月的蒙達爾尼（Montargis）是屬於 Loiret Departement 的。Loiret 區分爲四個 Arrondisment。(1) Orleans (2) montargis (3) Pithviers (4) Gien 這四個之中尤以 Orleans 爲最大因此便以 Orleans 爲 Loiret 的首府。(chef-lieu)

城市狀況　此篇只就我到過的蒙達爾尼楓丹栢露（Fontainebleau）兩處說說。蒙達爾尼住得較久，因此所知也較詳些。蒙達爾尼，在巴黎之南，快車約需二句鐘的行程。楓丹栢露，快車約一句鐘可到。城市的所在，大概傍着鐵路。車站一所，便是全城的出入總口。蒙達爾尼楓丹栢露大約都是法國的丙等城市。法國所有的城市，都沒有城垣。大半依山傍水，綿延一帶。遠望着高高低低的建築，赭紅翠白綠樹掩映。勝似畫圖。

名勝及紀念　楓丹栢露是名勝之地。淺山森林，適於避暑。拿坡崙第一的行宮，中國博物館，是那地方有名的遊覽處。蒙達爾尼，一入街市，首先躍入吾人之眼簾的便是巍然的石像。原來那大革命前名震一世的政雄米拉坡（Miraheau）便生長在附近，這裏便是他的兒時遊釣之鄉。自大革命以來，將近百年，這死去的政雄，還在那裏矯矯特立，做出了國會中演說的姿勢。

交通　城市的交通，很是便利。除鐵道外，市內及市外，汽車馬車煤油車足踏車，絡繹不絕。市內市外的道路，大概寬約三四十尺，窄亦一二十尺。法國道路無論何地都具備了『整齊』『平坦』『寬闊』三大美的要素。不過城裏是鏡平的白石，野外却是堅實的黃土罷了。楓丹栢露，自大戰後，至今方能恢復電車。蒙達爾尼地上雖有車軌，至今尙無力恢復。戰後之疲憊，於此可見一斑。

公園　公園是爲市民美感設的。蒙達爾尼的公園，中爲高大的市政廳，(Hotel de la ville) 左博物院，右圖書館。公園裏面，綠樹交加。鐵椅，和綠色木質長椅縱橫排列。煞是整齊，小小的噴水池精緻的石堆。紅紅紫紫的雜花栽着圍成圓形。在那綠草的平地上面，好似飛了一陣陣彩色繽紛的花蝴蝶。旁邊繞了運河，流水潺潺，竟日可聞。石質的雕刻像，顯示古代勇士鬪狗的歷史。還有十二世紀時代的建築遺址。圓形的高亭，上面陳列音樂會用的鐵椅，推着搖牀的孩童，攜着女紅的婦女，比肩的戀愛者，扶杖的老人，漫步閒坐喁喁私語。每聽見那綠陰深處鐵欄門呀的一聲，便是報告有人出入公園像變相的電鈴。

博物館　不說巴黎的魯佛盧克森堡，便是蒙城的小博物館也使人心醉。裏面有各樣的石膏雕像，壁畫，木質雕刻，油畫，古錢，東方錢，埃及古棺，獨木舟，拿坡崙的襪，庚子戰利品的中國銅炮銅鐘等等。禮拜四與禮拜開門，許人自由入觀。這樣的鄉城，這樣的博物館，鄉裏人的眼界，已勝過中國北京的官僚收藏家呀！

跳舞場　跳舞場觸目皆是，在佳節時尤甚。我在馬底格拿節日，曾去看了一次，那是特殊的。至於平時的跳舞，大約咖啡店與私家佔多數。美化的利器，戀愛的媒介，很是可羨。每到靜夜無人，遠遠地音樂悠揚，琴上的弦，彈動了人的心弦，便可以想像那聲音的來處，正是捉對兒的蝴蝶穿花，粉汗淫淫啊。

音樂會　音樂會大約禮拜四或禮拜六舉行，先期由本地的報紙宣布。傍晚時，公園的圓亭，左右前後，人如蟻集。大約是由本地幾個音樂家主幹。凡能音樂的，都可上台參加。所奏的曲調名目，由木牌寫了，挂在樹上。圓亭上面，二三十件樂器，一齊候着。那立着的一人，手裏執着竹棍，高下作勢，應着節奏，響了起來。聽的人也都細細的靜聽，或立或坐，絕莫有諠譁談笑的舉動。一曲告終，掌聲盈耳，這是何等氣象，甚麼無懷葛天，羲皇上人，無政府，與烏托邦 Utopia 恐怕不見好了多少！

學校　蒙城全城的最高學校，便是兩個 Collége。一個是男子的（Collége de garcons）一個是女子的，（Collége de jeune fille）裏面自高等班至初等班皆備。畢業期間七年，畢業生得直接入巴黎大學。此外的學校也很不少，不過只是叫作 Ecole，不能算為 Collége 至於鄉間的農業實習學校之地點，風景極美，林木如畫，正是學習農學的好地方。

工廠　蒙城不是工業中心，工廠不算多，略有幾處小規模的。但此地工場雖少，地域雖小，一問起他們的工會，倒還是有三十餘個 Syndicate 之多，這不是可驚的現象嗎？五月一日的勞工紀念節，Labour day，遍街都有領束鮮紅結襟，插鮮紅花的工人。罷工的期間，更時時看見牆上貼着 Syndicate 對工人的宣言。

運河　點綴風景的蒙城運河，穿過全市，好似那點綴風景的賽因河，（Seine）穿過巴黎全市一般。蒙城的地勢，南高北低，運河由人工鑿成，自南而北，有水門四五處，專司啟閉，載運糧食柴炭的大舟，由北而南，或由南而北，都在那四五個水門裏，儲洩升降。夾岸的林木房舍，整齊美麗，風景清佳，傍晚時便是市民散步的地方。清澄的碧水，由水門的儲洩，經過精密的算計，既不溢漲，也不枯竭。終年是盈盈的平岸。交了夏天，更是市民泅水洗浴的遊戲塲。往往林木深處，藏着了一二淺紅淡綠的私家遊艇。此外四時不斷的，是兩岸的釣竿。除了春夏之交，魚卵時期，禁釣兩月外，其餘時節老翁，中年的紳士，婦女，兒童，閒時多來把釣以爲娛樂。但在禁釣時期，却莫有一人犯禁私釣的，這樣的國民，方可進一步而言無政府呀！

市集　除了商肆的貨品而外，其他農村的出產物，都在市集時開始買賣的行爲。市集 Marche，是英文 Market 的意思。每禮拜四日，一小市集，禮拜六日，一大市集。附近一二基羅買當的農夫農婦，携着他們的生產品，麥，豆，牛馬，肉類，果子，手工出品，與城中的市民正式交易。市內市外的居民，有所需求的，都紛紛蟻集，以有易無，大有中國古代『日中爲市』的光景。

森林　楓丹栢露的森林，靠着小山，風景很好。——蒙城的森林，却在平原，從橫幾個基羅邁當，鬱鬱葱葱，不見天日。森林的內部，許多道路，都是一二十尺寬闊，可以馳汽車。入林稍深的地方，便豎立了指路木牌，防遊人的迷路。森林裏面，除了多許伐木拾柴的工人外，時時有步行的或坐汽車脚踏車的遊人，學校的旅行隊，和禮拜日作 Pic nic 的，颯颯的脚踏落葉聲，蕭蕭的風吹樹枝聲，薨薨的飛蟲聲，嚶嚶的好鳥聲，丁丁的伐木聲，一片天籟，增加了人生多少美趣，

公墓地　公葬的地方，距禮拜堂不遠。白石長方的墓，形式不等，上面蟠着綠籐，挂着鮮花。或石質木質的十字架，刻着死者的姓名或像片。整整齊齊一排排的列着，編了號次，一索即得。墳墓的建築，雖因死者的貧富而有不同，但無不整齊清潔。原來這『下有陳死人』的土饅頭，本是使人一見了生出悲慘情緒的地方。這樣一加佈置，便只覺清整美麗，不覺死之可悲。反羨慕他們長眠的朋友們，酣然陶醉於酣夢之鄉，以享永久的生命樂趣，正是莊生說的『南面王不易也』。又那裏知道中國現在，還是風水堪輿的社會呢？

禮拜堂　每個城市，都有禮拜堂一處。尖塔插空，表示出宗教的嚴重面貌。——法國是新教絕跡舊教衰微的地方，但禮拜堂裏，仍時

時有信敎者的蹤跡，不過婦女比較男子多些罷了。每日聽得鐘聲大鳴的時候，不是結婚，便是送葬。全城的一切機關，都爲『人與人』的關係而設，獨有這尖塔的房屋嚴厲的鐘聲，彷彿爲的是『天人相通』的要道。

電影　普通敎育的利器，恐怕莫有比電影的力量大了。這東西是正當的娛樂和趣味的敎育，并在一起。蒙城很小的地方，居然也有電影場兩處。禮拜四和禮拜六二日開演。市民在每禮拜工作之餘，享受適宜的娛樂，可算得調和勞逸的合理生活。演的時候，佐以音樂，趣味愈益豐富。此外還有馬戲（Cirque）及演劇，（Theatre）却不常有。

報紙　隨處的城市，都有地方的新聞紙。常有小小的城市，地方報紙，竟有七八種之多。楓丹栢露，是有日報的。蒙城因爲距巴黎近，巴黎有名報紙，本日出版，淸晨卽可到蒙。因此蒙城自出的地方報紙，便是週報，禮拜五日出版。但除全市的人，本地報紙外，無有不閱巴黎報紙的。除了時報（Le temps）晨報（Le matin）人道報（humanite）而外，小巴黎人報（Petit Parisien）新聞報（Journal）等，尤是普通社會的必需品。

官署　地方官署，大約知事的辦公處（Bureau）之外，議會法廷警察署，都是有的。但很是不能引人注意。原來『法律尊嚴，科條繁密』的歐洲法治國，并不見赫赫的官權，煌煌的揭示。熙來攘往，正好似無政府一般，這樣光景。說他是政治權威造成的安甯，不如說他是社會能力造成的秩序罷！

以上把法國鄉城大略說了說。所有都是至尋常極普通的敘述，人人能道，而人人不屑道的。但我們試想這樣的城市，只算是法國的丙等城市！他的一切爲公衆安甯幸福娛樂的設備，何等完美！中國的有名城市，較此何如？除了上海漢口天津幾處，稍有『由外力造成』的物質文明而外，精神上的文明，去這小小的鄉城，還是天壤懸隔！可憐的中國人，日日空談歐美，眞是『處豚笠而夢遊天國』呀！

丙等城市已是如此。推之全法國，一城如此，何城不然。丙等如此，甲乙等可知。法國如此，全歐可知了。法國的文明，不是一個盧梭，與一個巴黎，却是無數的小盧梭，與無數的小巴黎。一個盧梭，是無數小盧梭的累積。一個巴黎，也是無數小巴黎的結晶。我們與其研究有名的盧梭與有名巴黎，不如研究無名的盧梭，與無名的巴黎。

一國中政治軍事，是偏於中央的。教育實業，是偏於地方的。文化運動，社會事業，都是教育實業方面的。也卽是地方的普遍的初基的。村偉人的力量，勝過國偉人。矮簷低戶的地方自治事業，其功效，遠在中央權力國會政治之上。社會的習慣與能力，勝過政治權威與科條。全體幸福，是部分幸福的累積。有志社會事業的人，應該知所從事了！

一九二十年，六月，二十四日。

雜錄

漢游雜志 時在民國九年四月

惲震

我在這二十年的小小生命裏，一半住在常州，從一歲到十一歲；一半住在上海，從十一歲到二十歲。所經過的地方，只從常州青果巷起，到上海徐家滙南洋公學的臥室爲止。總算火車坐了不滿二十次，輪船還沒有坐過。比到那些從小就離家越海到別處去求學的朋友，真要羞死了。這一回按照着學堂的成例，（成例凡是電機三四年級生，一定要在春假或寒假期內，到漢陽鐵廠裏去參觀）在四月五日動身到漢陽去參觀鐵廠，是我有生以來第一次的大旅行。幾禮拜以前，已經忙着預備東西，四處去通知朋友親戚，弄得自己神魂不定，日夜夢想那船上的生活究竟怎樣。別人笑我，我也不管，只管和同房間的同學討論帶什麼書去看才好。四月一號到四號，連着不斷的下雨；四號的夜晚上，月亮兒才現出來，還恍恍惚惚的裏在雲做成的紗被裏，不給人看得仔細。我們都拍手歡呼，說我們的運氣好。到了五日，果然那紅焰焰的太陽光四方八面的照出來，我們大家都與高彩烈的跳起來整理行李。

我下午買了部白香山詩集，吃完晚飯，就坐車上船。船上的房間，是用拈鬮法定的；我和徐恩曾住在蔬江的一間，非常光亮，空氣也好。三個教員住在大餐間裏，我們學生一共有三十六個人，分佈在十八個房艙裏。上船時正九點鐘，同彭所在船舷上坐了一回，望見月光照在水面上，熠熠成彩，週圍半圓，一排儘都是電燈，高高低低，歷歷落落，異常動目。那時微風吹在面上，略略帶些寒意，好像要啓程到歐美去的樣子，心裏却一些沒有別意擾亂心曲。一面又想，不開船已經這樣好看了，開了船正不知怎樣好看哩！

剛從三層樓走下二層樓，就覺得一陣人氣觸鼻。沿着船艙一直到門外欄杆邊，兩旁都睡着又骯髒又臭氣的人，有男，有女，有小孩。再往船底艙裏一望，有大堆的乞丐似的男女，橫七豎八睡在地上和船貨一樣。眼裏看着，心裏有些悽慘。還不過一隻船階級已經分得這樣清楚：大菜間之下有官艙，官艙之下有房艙，房艙之下有統艙，統艙之下，再有這班隨地亂睡的人。這班人所出的船錢，和統艙一樣，不過沒有茶房服侍，所以就少了茶房錢。吃飯只得一碗白飯，沒有別的菜。飯來的時候，大家都奮不顧身上前亂搶，一種囉唣的情形，實在是大大的奇觀，亦是大大的悲觀。

我獨自回進房艙，徐恩曾去看影戲了，我只得打開白香山詩集來，就着那魚眼兒般的燈，讀着凶宅夢仙都極有意思，最好的是一首婦人苦表現得出他社會化的詩人面目。這首詩背景，完全是要打破女人的貞節問題。白香山這一類的詩很多，杜少陵可只有石壕吏兵車行前出塞才有這樣的色彩。白杜的做詩眼光不同，即此可見了。

睡還沒有穩，耳邊聽得樓下二人進貨的車聲，呼喚聲，喘氣聲，貨落地聲，不斷的來來去去。我還嫌他打攪，不曉得船的開不開，權柄都在那班工人手裏哩！六日早上四點鐘，我就醒了。我要看看『江上日出』『船去吳淞』的景緻，急忙爬起。走出艙們外，才曉得船還沒有開，幾點明星疏疏朗朗掛在天上，岸上暗沉沉靜悄悄，只有個老漁婆掮了個網，想找個地方網魚。貨還沒有裝完，有幾個工人手撑着腰呆看，有幾個蹲在地上抽烟管，有幾個奔來奔去推車，那情形又靜穆又淒涼。過了一回，船解了纜，有些移動了；一轉眼已經到江中心。兩旁的房屋馬路，慢慢的倒退下去。船的速率，只管增加，船身却平穩得和平地一樣，絲毫沒有震動。我快活得儘在欄杆邊跑來跑去，望東望西，忙個不停。那太陽躲在雲裏不肯出來，遠遠只看見一段紅霞，別的沒有什麼。船出了吳淞口，就是黃海，一邊莽莽蒼蒼，毫無邊際，只有崇明島還能望見。不多一會，已經進了長江口。江面平坦安靜，淡淡的陽光灑在上面，一紋一紋，照成異彩。船身旁的浪花，陣陣的捲出來，好似黃糖湯裏打翻了牛奶，儘看幾點鐘也不討厭。這種風景在文學家看來，就會生出許多玄妙的見解；在科學家看來，就會看出許多理論的證明。然而這兩種觀察，都帶些貴族性質，最好是人人本性所具有的讚美自然但看那睡在欄杆外的男女，下半身伸在被裏，上半身靠着壁，雙眼呆呆的對住大江，不知想些什麼？難道他們心裏也有文學科學，多半是對着自然界發楞罷了。

午飯前，我們全體師生到船頂上去拍照，我又獨自在繩欄杆口請王德蓁拍了個照。吃完飯，許多人都去打中盹，我是素來日間睡不着的，就給學生聯合會日刊做一篇文字，題目是叫『罷課與羣衆運動無絕對關連的必要。』

船經通州江陰望得見福山狼山，天已入夜，大家都聚集一室，狂談狂吃。我倦極了，就沉沉睡去。後來聽說十一點鐘船泊在鎮江碼頭，金山焦山都相去不遠，月亮正臨在焦山頭上，月光和水在山脚下蕩來蕩去，光景非人間所有。我聽了又懊悔得要死。

七日早上，起身船頭瞭望，岸上的山慢慢的多起來了，有許多叫不出名字。十點鐘到南京下關，急忙擠上岸到馬路上去逛逛，獅子山就近在眼前，團團如一圓蓋，青蒼可愛。馬路上也不甚熱鬧，我上岸第一樁事就想買張本地報紙，豈知除了船上有人叫賣隔日上海報之外，竟不見有本地報。好容易找到一家報館，進去喊了半天，才有人從樓上拿了一張南方日報下來，要賣三個銅元。裏面的新聞，不必說是抄襲來的了；就是時評，也不讓上海時報新申報的模糊籠統。我又買了些鴨子豆腐乾，兜了個圈子就回船。

下午船已經航到安徽地界了。大大小小的山，不知多少；遠山如雲霧，近山如小邱。在江蘇山少的地方看見一座山，就要大驚小怪，打起望遠鏡去瞭望，猜測那山是什麼名字，到這裏山一多，只當他家常便飯，不算怎麼了不得。我們大家都倚在船舷上望望對岸的青野，望望身邊的浪花，抬起來又看看雲絲兒都沒有的碧天，側耳又聽聽水船相激的澌澌聲，一語不發，心花怒放，此時此景，才真認識得宇宙自然的偉大。

我們兩班學生，輪流由三教員領到船中汽機間去參觀。這時候輪到我了，領去的教員是謝爾屯先生。先進汽機間；蒸發出來的汽從汽鍋裏分出成兩條路，各進一邊的汽機。每邊要經過三層汽壓低落，先從每方吋一百六十磅氣壓落到三十磅，再落到一磅。從第三層又轉到『凝水器』，凝成水；經過『去油器』，把汽機裏帶來的油一齊去掉。那水還嫌太冷，所以又經一個『溫水器』提高溫度到二百十度，再用『抽水管』打進汽鍋，等候第二次的蒸發。照這樣子，汽化水，水又化汽，周流不盡；不用河裏的水，因爲河水太濁。每一次上海到漢口，要用煤一百六十噸，可以發出二千四百匹馬力。船裏的電燈電扇，另外有兩個發電機，原動力也用汽機，未免太費；現在的電機原動，都改用汽輪了。此外更有一架航船機，用鐵鍊接到船尾舵上，可以前後轉動，隨管舵人的意思。

船泊蕪湖，我們又都上岸小步。謝爾屯先生湯生先生（美國人）張貢九先生同行。我們遠遠望見一塔，想要走上去，豈知那塔是私家所有，并且破壞不堪，已成廢塔。那裏街道窄小齷齪，湯生先生是初次到中國，看了自然要嘲笑幾句，我們都覺得有些面紅耳熱。蕪湖也算是個出米大口岸，然而一切公共衞生，街道修理，都沒有人管，眞是慚愧。

船停的時候，有許多女叫化子，帶了兒女，坐在木桶裏，用槳划到船邊，將繩索結在舷上，高聲叫喚着，向上面客人要錢。大家看得有趣，却並不則聲。我在身邊一摸，只有四個銅元，就向下面四隻桶裏每隻桶丟一個。一個銅元濺在水裏；另外一隻桶裏的女人看見銅元落下來，只當沒有看見，向我再討，好敎我疑心那銅元也拋在水裏，重丟第二個。我私下歎息，想中國人無論窮富，曾否受敎育，不誠實的習慣簡直成了第二天性，不能移動。

船開了，有一位同學看見客廳裏三個女學生沒有房間，坐在地上。我們大家商量說，她們今晚打地鋪，不大方便，好在我們房間很多，不如讓一間給她們。當時就到帳房去通知，才曉得是安慶女師範的學生；她們從失望中得到安息地，自然歡喜感激，就搬好行李，走來向大衆謝過。

在蕪湖買到一張報，叫皖江日報。其中材料雖不見好，然而頗有精神；評論都用白話，不過也是拾人牙慧，千篇一律罷了。

江中還有一樣東西有趣，就是那種白黑相間的鷗鳥，飛翔上下，和輪船比快。我常用望遠鏡去和他追逐，一直送到他不看見了才罷。

八日船到安慶，我們又上岸游歷。安慶是個大省會，所以街道寬大，商店繁多，又有許多什麼省長公署，鎮守使公署，都在一起。向那些衙門裏一望，只見一重一重的鬼門關口，疎疎落落站幾個穿灰色棉衣的丘八太爺，別有一種陰森的氣象。鎮守使署鳥門上，還貼着一張大紅紙，上面寫了四個大字，叫做『勳高一位』

在安慶又買了一種報，叫民碞報。色彩便和皖江日報大大不同，一望而知受官廳節制的。其中腐敗的情形，有什麼『官員拜謁留名』『粉墨叢談』『嬉笑怒罵』都是些半通不通的文章，和上海小時報倒有臭味相投的地方。

忽忽已經走了一千多里路了，自己也不大相信。過了安徽地界，慢慢進到江西。一路山脈綿延，才斷又續，江水益發遼闊。兩岸間或有大小村落，農人來往，只有蟲蟻兒那麼大。從小看慣了傳奇小說，此時心裏不禁發出許多浪漫思想。久聞大名的小孤山，已經在望，許多人都到船頭上來眺望，還有些準備拍照，把照相機對好。小孤山矗立在江中心，迎着江水下流，鬱鬱蒼蒼，有許多樹林，一直到頂。半山腰裏；有極大的人家住宅。山頂上有一座大廟，冠冕全山。山背後就是完全禿頂，石壁峭險，不能上下。我們船過的時候，恰好夕陽將落；山光幽靜安嫻，眞如莊子所說的姑射仙子，豐采欲流，說不盡的美麗。四望看不出那個是彭郎嶼，彭郎臉上紅通通的，儼然要以彭郎自居，可惜小姑不睬他，便怎樣呢？船再過去，便是鄱陽湖口，遠遠一座大山，瑰偉雄大，兀立湖心，山上雲物接天。大家猜說是廬山，問問識的人，果然是眞的。

晚上八點鐘到九江，看那碼頭上的工人，不顧性命，把貨車推進推出，一不小心就要跌下江去。他們公司裏的經理買辦，却論千論萬的金錢享受着，雙方一比，怎不致人要想到社會革命。

從江蘇到安徽，便有些舉目荒涼的氣象。樹木既少，村落也稀疎，山連水接，和江南的地土富饒大有分別。從安徽到江西，山地雖則更多，然而人口已經繁密了些，稻麥之外，更有些桑麻點綴。船一到湖北地界，各種情形都變了過來，船檣相接，阡陌相連，遠遠望去，只見黃的青的，沒有邊際。所與江蘇不同的地方，只是江南眉清目秀，芒鞵多姿，湖北倚帶羣山，顧盼雄俊。三日夜之中，對穿過四大省城，眼裏所見的自然景象，也逐漸更變；這番旅行，眞是增長見識不少。

九日早上，船過假赤壁，（即是蘇東坡赤壁賦裏所說之地）山上就是黃州城，曲折蜿蜒，好像蛇擬龜背一般。午時到漢口，船停在長江與襄河（即漢水）的交流點，恰好漢陽鐵廠裏派了小火輪過來接我們。連坐了三日夜的大輪船，忽然換了小輪船上；看了三日的大江荒岸，忽然走進了窄窄的一條漢水，兩岸人口繁密，房屋鱗連，河裏千千萬萬的桅杆，密密層層的排疊着；一比較之下，就覺得胸襟都變換了轉來。到漢陽才三點鐘，我們大家進去見了廠長吳任之先生。吳任之從前是聖約翰畢業生，在美國鑛科畢業，到這廠裏做工程師做了許多年數，後來由各股東舉做廠長。他年紀約在四五十左右，神氣很足，指揮手下，更有隨手從心之樂。我們照他所指定，住在山為宿舍三間房子裏。他們所供給的飲食，也還豐富潔淨；只是廁所太齷齪，臭味薰蒸，太不衛生。

現在可以把漢陽鐵廠的大概地勢講講了。鐵廠的前門是襄河，對岸是漢口，過江斜對岸是武昌，廠後倚着大別山（俗名龜山，）左首是兵工廠，右首是長江。廠地約有一百五十英畝，大概分成三大部，第一是化鐵股，第二是製鋼股，第三是機器股。每股有一個總工程師，三股合有工人幾千以上。一共煙囪有十八個，化鐵鑪有兩座，鍊鋼爐十幾座。各股有自己的汽鍋汽機。電機廠有三四處，各種機器廠，不計其數。

我們到廠的第一天，就到電機廠裏去參觀。其中有三個發電機，原動力都用汽機。每個電機都是三綫制(Three Wire System。)三個電機共有九根綫，合成三根綫，經過一個平均器，(Balancer Set)直通出去，到全廠的電燈和用電的地方。電流大約有一千安培左右（都是直電流。）這裏的電機，式子都太陳舊；聽說現在正打算另置新式交流電機，原動力用汽輪。假使能夠成功，非但節省經費，效率增高，傳達的能力也可以格外增加了。

十日（到漢第二日）早上，我們到江邊碼頭，去看鐵鑛苗怎樣從船上提取上岸。那裏所用的制度是 Unloading System，離平地二三尺高，有很大的空中鐵軌，直伸出到碼頭之外，就在那鐵軌上，設有電車，用兩根電車線 Trolley wires，不用電軌。電車上再設着升降的繩索，縛着一個大鐵夾。那大鐵夾掛下來，從船上夾取了鑛苗，由電車送進碼頭，再慢慢放下。這樣的起重制度，非但碼頭上有，廠裏還有許多。這種鑛苗，取了上來，再裝進貨車，由火車載到廠裏化鐵爐邊候用。碼頭旁邊，新置了一具換『交流電』到『直流電』的電機，預備去動那起重電車，可惜我們去看的時候，還沒有開始。

我們其次就到化鐵股了。化鐵爐高有七十五呎，每天能出生鐵二百五十噸，每隔三點鐘取鐵一次，每一次鑛苗進去，變成生鐵出來，要費十八個小時。每一次加鑛苗時候，要用鑛苗四千八百啓羅格蘭，石灰石一千四百五十啓羅，錳鑛苗一百四十啓羅，焦煤三千三百啟羅。所取出的生鐵，第一種做翻沙的用處，第二種做製鋼的用處。爐中所用的空氣，用汽輪打風爐打進。那空氣還要經過許多火爐，Cooper Stoves 才能進化鐵爐；火爐的規模也十分偉大。

每次開爐之前，先用沙從爐口鋪起，做成一條小港，通出去到一大片地方，劃分得像田畝的樣子。時候一到，工人就去把爐口搠開，讓那鐵液流出來。那浮面上一層渣滓，另外取開；鐵液兼有着水火的凶勢，汩汩滔滔的奔放出來，四面射出火星，還帶了一種濃煙，（大半是硫磺化養二）觸進鼻孔，使腦子昏暈。那些工人却就在火星裏濃煙裏工作，披開胸襟，赤着脚，一些兒沒有退縮；雖說他們身體強壯，吃得起苦，然而究竟近於非人道，要短促他們的壽命。我想要再製造出一種工人可以立得遠些的開爐器具，決不很難；為將來工業發展，為現在工人生命，我希望全世界鑛業工程師注意。

我們第三處到製鋼股了。製鋼的爐子都用廠底式，每二十四小時可以出鋼三十噸。每次加料，要用十五噸廢鐵，二十五噸生鐵，隔八九個小時，就可以取鋼。爐裏的內層沿是用鹼質造成，可以去掉生鐵裏的燐質。和爐子平行，有一條電車軌，電車在上面行過。到那爐子前面時候，車停下來，司機者另外開一個電機，把加料筒直放到爐裏去，筒子一轉，所有鐵料都落到爐裏。鋼鍊成了取出來，就是鋼胚 Ingots，是長方的形式。每個鋼胚約重九百二十啓羅格蘭。鋼胚凝成固質的時候，內部熱外部冷，所以又要用火車和起重機把那些鋼胚送進火窖，重行燒過。這樣鍊成的鋼，才可以運到拉鋼廠裏拉成鋼條，壓成鋼板，軋成鋼角。原動力仍用汽機。

這兩天內，我已經把全廠約略看過一遍。現在且把他通論一下。漢陽鐵廠總算是全國獨一的大工廠，鐵鑛有大冶供給，煤料有萍鄉供給。從前是官商合辦，現在是完全商辦，廠長由各股東公舉。所出的生鐵，大部分銷給日本；鋼條鋼角在歐戰時生意還好，到現在簡直沒有人要了。各種機器汽鍋，多半太嫌老式；煤鐵隨地亂拋，任意浪費。在我個人眼光看來，這廠裏有三大缺點，不可不彌補，非但關於這一廠的前途，并且於全國工業進步也大有關係。第一，是經濟上的統計，和管理上的加精。這裏煤鐵，均有大批供給，取之不盡，所以有許多地方，任着工人意思去亂用，不加節制。假使我們把那浪費掉的煤積聚起來，一定大有可觀。這些地方應當由工程師負責。全廠鐵路軌道，縱橫四出，不知多少房屋這裏一所，那裏一所，也沒有統系。這道理大概是擴充工廠的時候，並不預算，鐵路通到什麼地方，就算什麼地方，房屋任意建築，好在空地極多。這些地方顯得出經理的人腦筋不清楚，沒有遠大的眼光。此後擴充事業，應當由廠長格外注意。再有廠內各部太不清潔，鐵路之外，竟沒有一條正式人走的路徑。雖然說工廠裏只要機器完備，爐子合用，其餘不必十分講究，然而究竟也不可不把什物整理好，造一條公共行走的路，特設幾個管理員專管此事。第二是大擴充營業部。工廠非但造了鋼鐵就算的，一定要同時想法找銷塲。外國公司裏，營業部的重要，正不讓於製造部研究部修理部。這裏造出的鋼，質料和舶來品不相上下，却為什麼不能暢銷出去呢？大概管理的人沾染了官場的習氣，自高身價，不肯去做那商人買賣的勾當。所以各處報紙廣告也不登，即使有人要買，也不容易接洽。好像一個人學了一身本領，不會社交，沒有人來請敎他，只得悶悶的坐在家裏。此後如果此廠不想發達便罷，要想發達，一定要先把營業部大大擴充改革。第三是設法提高工人幸福。這裏工人一起有三千多人，工價從每月三元的起，到每月四十元。有幾個老工頭從比國回來，資格極深。每月有一百多元工錢。工人每天做工十二小時，分日班夜班輪流換派。另外有衛生股，專管他們的受傷疾病，只可惜不能像外國工廠的樣子，在平時去察看工人的身體。再有一層危險，就是鐵路太多，火車頭來來去去，容易軋死工人；還有製鋼火窖去來的濃烟也對於衛生極不相宜，連做十二小時工，無論什麼人都吃不住。我們那一天在煤氣爐前碰見一個病倒的工人，睡在草蓆上，哼呻叫痛，看見我們來，把手遮着臉，那種情形異常悲慘。所以公司裏應當減少些工作鐘點，再振頓衛生股，建築個小花園供大衆的遊息，使各個工人又强健又愉快，非但和人道相合，并且可以把工作格外做得好些。以上三種事件，缺一不可，很希望公司裏注意。

我又聽說漢陽鐵廠很怕人家議論他內容，每每叮囑參觀的人，有話當面說，不必在外宣佈。其實這樣舉動，太不大方；這鐵廠是全國工業僅有的明星，人人都十分愛護，十分注意，有什麼看出的缺點，自然應當公開討論，公司裏也可以擇善而從。今天有人說壞話，明天有人說好話，就是一天的進步，假使永遠按住耳朶怕聽公開的輿論，那怎樣會有進步呢？

當天晚上，我們分隊過襄河到漢口去玩耍。沿路我留心看那男男女女的神氣面貌，是否與江蘇人不同。老年的皮膚綳了，看不大出；只有年輕的男女，都略略帶些剛悍的色彩，隱約露出，仔細去觀察，極有興味。漢口妓女來來往往不絕，似乎比上海更多，女人的衣服，還是很長，有的遮到膝蓋上。店裏的夥計老班，看上去可怕的很多，誠實而客氣的却也有。有一樁和上海最不相同的就是中國地界街道的寬大，商業的繁盛，反而勝過租界。有一樁最可稱讚的，就是大半街上都十分潔淨，沿着各店沒有垃圾堆着。可惜馬路上沒有許多澆水的車子，弄得灰塵撲面，不能張口。我們跑到新市塲，賣票進去一共六人，每人二角。新市塲與上海大世界遊戲塲狠相像，建築也還堅固，內中有南北各種玩耍，我們都不想去看。其中有一間閱報室，倒還清靜，就走進去喝茶。我看見一張遊戲報，其中一半載了些花界電報，一半却登着杜威的講演錄；這兩樣東西不倫不類的放在一起，正顯得出中國人的雜拌性。

（未完）

海行五日記

黃仲蘇

予與少年中國別來五日矣！離衷千萬，何能寫盡，唯念此數日中，舟行海上，未遇風浪，實屬幸事！乃以舟中見聞，略記於此：

八月念六日

南京號於本日午後四時啟椗出口。船上盡係我國學生，（約二百人）江邊送別者約有千人；船離埠時，舟上下遙作歡呼，聲如雷動。有一姥，年可六七十，來送其子，亦強破涕，雜羣客中，佯為歡容，以淚眼睇其子，作懇切告別狀，予見之心動，乃懸念我母不置！船出口時，已五時半矣，新月將滿，珊珊而上，倒映水中，頓成銀海。潮來擊船，其聲不壯，細碎可辨，知風平浪靜，海猶作酣睡未醒也。俄而微風過水上，輕浪乍起乍落，又如小兒夢中作微笑怡人，自然之美，何適神奇，一至於此！

念七日

晨起作海水浴，浴竟，遍體舒暢。早餐亦豐美異常，艙房供給，極其完備。起居飲食，頗類富翁。忽憶學會儉學諸兄赴法留學，乃坐四等艙位。同一海行，苦樂大異。天下不平等有甚於此者！思念及此，良用同痛。

船上清華學生約佔五分之二。衣服裝飾均極奢華之能事，襟懸TH綢帶，高視闊步，不可一世，忽跑忽跳，舉止輕浮。三五成羣則笑謔並作，七八聚坐則歌聲大縱，甚至有圍坐吸烟室中作葉子戲者，（俗謂打卜克）每一局終，輒作數十元輸贏。或謂國內清華學校學生感受美化最深，便是此等怪狀；或謂此輩不足代表學校；或謂此皆未「出」而先「洋」之學生也。衆論紛紜，莫衷一是。唯予目擊此等怪狀，則不能不秉筆直書揭而記之耳。

今日無風，舟行極穩，海水作深藍色，破浪而進。舟之所至，藍水盡泛作白沫，此大類我幼時助母洗衣所見。（衣爲藍布製，入水而色稍落，盆水盡藍，汚猶未盡，母乃潔之以皂，藍水白沫，相形益艷。予喜而大呼，擊水爲樂，濺母衣袖俱濕……）昔日所感印象，至此復現，彷彿我猶爲孩童，嬉戲盆水旁，與母笑樂也……

念八日

今日海上微風，氣候稍涼，舟之首尾，亦略作搖叩狀，乃與查劉諸同學坐甲版上，遠眺海景，見鯨魚三五，噴水海上，衆呼而逐之，其狀甚蠢，隱而復現，因相與大笑。

閑談所及，忽與查君論及學會現狀。查君與予相知素深，亦頗與本學會寧滬間會員接近，且其觀察力頗深刻，故所談均甚懇切，蓋彼有見於本學會會員常日言論多操切過人處，彼意此種論調，竟可偶而一作，以爲發聾振聵之用；用之過多，則易傷情感，且改革社會，其道不一，徒恃激烈之論，必有時而窮。吾輩用意重在改造人心。苟有比較的有效之法在，又何不舍此取彼乎？予應之曰：求眞心切，少年氣盛，確爲我輩之特性。且俗尙欺詐，苟再默而不言，虛與委蛇，去僞取眞，將無日矣。頃君所言，亦有至理，惟人生相處，不難在往還而難在互相了解。君所謂比較的有效之法究何在乎？請詳言之。查君因面我而笑曰，此中界限，實難劃定。但有各憑其經驗與知識，以定此適可而止之界限耳。予亦笑答之曰！汝我入世未深，輕談學理，究不足恃。苟於勞心勞力之苦工中求實現此種人生之敎訓，似爲較當耳。

念九日

今日氣候尙佳，涼風自東北來，輕寒襲人，似報仲秋將至者。午後見海上有小島三五，知已臨長崎矣。舟過長崎未停，故仍在海外行。我父謂日本內海極窄，自長崎至神戶一帶，兩岸風景秀媚絕倫。惜予未能身臨其地，但遙望青山滴翠，海鷗飛翔而已。

同舟有女學生四人，其最少者爲孫姓，僅十四歲，聞彼僅有一年英文程度耳。同行兄妹共四人，其長兄不過廿歲，入中學猶未卒業，所學英文亦祇兩年程度。其家富有，故不惜擲巨金爲兒輩求學。唯類似此等缺乏常識之青年，求學異國，究有何補益，實屬疑問耳！

又有新近結婚之少年夫婦二人，想係感受美化極深者。其夫終日追隨婦後，爲盡提衣扶肩之勞，婦之所命，惟恐或後；婦之所言，但有唯唯……我以第三者眼光觀之，此種情奴，亦大堪憐耳！

三十日

今日晨起，已望見橫濱島影遙列海上矣。

日本近方嚴防霍亂症候，舟自中國來，非在海上行舟經過五日者不得入港泊岸。據醫生言，此症在海上經過五日，即不傳染云云。船方停，即見日本醫士三人乘汽艇來檢查矣。我儕雁行橫列甲版上，醫士來往注視兩次，所謂檢查者，不過觀顏察色，檢點人數而已。稍遲，適攜竹盒（內盛排洩物）數百而去，據云非俟醫士檢查報告無病後，船不得泊岸。其防疫之慎，有如此者。

九月一日

予五時即起，披絨衣坐甲版上，以觀日出。下錄：

日本海上觀日出記

我走上甲版的時候，恰好船上的時鐘拷着兩下。（五點鐘）一陣陣的曉風吹拂着我，頓覺思清神定，纏人的夢魔已是掩羞逃走了。四面一望，除了東方的幾片青白雲兒還都被雲霧蒙着在那兒合奏夜心之歌呢！

這會兒青白雲兒染着些淡黃色了。現在變了：又成了正黃，深黃了！看了我的心兒喊着『眞變得快』淺紅了，絳紅了，深紅了，大紅了，怎麼又紫了？又黃了呢？現在雲兒更加厚了些，紫黃的光兒也更加引長了。南方已經透些亮了，北方也受着光了，回頭看看西方，仍舊還是悶沈沈被雲裹着咧！

海上的鷗兒三五成羣的飛來了，傍着船兒輕輕的叫了幾聲，好像孩子們低低唱歌，清脆可聽，他們仙也似的，好不自在。此時又浮在水上去覓魚蝦吃了。海呢？也和天上的雲一樣的紫着黃着紅着！再回頭望東方時，已露出金光的火線來了：三根八根，十九根，我認不清了！這有幾百根，幾千根，幾萬根呀！稍蘿大的紅火球兒飛也似的湧出來了！這好像是宇宙從他神秘的大口裏硬將他的血心嘔出來了一樣，不然那有這麼悲壯？那有這麼慷慨？！看這小小的鳥兒都被這光兒管住了，紅兒染遍了。喊我願你宛枉擔受下的萬千汚痕，都被這明媚的光兒和鮮艷的紅兒蕩滌得乾乾淨淨！！呀這昏黑的西方，如今也受着不肯紅的的光兒了。

九，一。

少年世界

THE JOURNAL OF THE YOUNG CHINA ASSOCIATION

第一卷第十一期

中華民國九年十一月一號發行

少年中國學會出版

法國最近的勞働運動

蔡和森

凡稍微研究社會學的，莫不知道德國馬克斯的學說與法國蒲魯東的學說，顯然分為兩大學派，而法國巽軍特起之 Syndicalisme，實受蒲氏學說的影響，才立為確定之主義，三十年來，以工人階級之自覺與團結，於現政治之下取得法律上的地位，而成實現之組織：即結合同一區域同一職業的工人而為工團（Syndicat）；聯合各處工團而為工團聯合會，聯合全國工團聯合會而為勞働聯合總會（Confédération Generale du Travail 簡稱為（C. G .T.）他的性質為經濟的而非政治的；他的組合為職業的組合而非工業的組合（工業組合本為後起的新組合主義）他的制度為聯合的而非統一的，勞働聯合總會到現在有二十五年的歷史；（一八九五年成立的）有二百五十萬會員，為法蘭西工人階級行動的中樞，假如那一個行業要罷工，就可提議於勞働聯合總會，如經總會認可，總會就與之負那運動和指揮的連帶責任，或令其他之一行業或數行業或所有各行業同盟罷工，以厚其運動之勢力，或一行業單獨的無限制罷工，而令各行業維持其罷工費用工團工團聯合會，勞働聯合總會都不設會長，工團的會務由執行委員會行之；聯合會的會務由聯合委員會行之；總會的會務由行政委員會行之。書記為極重要之職，可稱為會中主幹。近年工人經濟問題，自增加工錢進到國有的問題了，故勞働聯合總會設有勞働經濟會議，（Conseil economique du Travail）

按照工團主義，各種產業支配管理權均應歸於各行業的工人之手。大戰以後勞働運動的新趨勢，就是挨着這種目的而進行。自從去年二月底英國三角同盟產業國有的運動發了端，到今年二月底法國路工也要求鐵路國有了，產業國有計畫，勞働聯合總會計之已久，不過到最近才大大地見諸實際運動。然而現在的國豈不是中產階級的國？從資本家的公司裏移到資本家的政府裏去，究竟有甚麼多大的分別呢？所以按工團主義而要求國有，初聽之不免有點疑怪。其實現在勞働界的國有運動，不過在現政治之下不得不以所有的名詞歸之國家，而支配管理的實權，縱少也要一半握於工人代表的手裏。這就是國有運動的要點。三角同盟所爭的在此，勞働聯合總會所爭的也在此。

今年二月底法國路工罷工，爲要求鐵路國有之頭一聲，不久政府即答應將擬定鐵路改組計畫提交議院，並交勞働聯合總會經濟會議審查。故這次罷工於三月二日即終止。三月四日，勞働聯合總會宣布其國有之根本觀念說：

要使全國鐵路變爲社會的集合產業，應爲全般社會的利益而經營之；不應由幾個特許專利的公司爲資本家惟一的私利而經營。……經營與管理此集合的產業，完全由集合的團體主持之，而不由政府主持。我們曾再三宣言絕對的拒絕官營（L'étatisation）……惟由集合團體的代表，生產機關的代表，消費者的代表所組成之自主的機關主持之。……撮要言之就是：排除一切的私利和資本家的壟斷。以全國鐵路爲國家所有，而其管理權一付之上列三種代表所組成的自主機關，此機關對全社會負責任，一切行政與管理的方法均爲自動與自發。

政府於三月九號，打電活給勞働聯合總會總書記 Jauhanx，請其供給關於鐵路改組的新意見。三月十五勞働部送一信給勞働總會，說該部於三月十八召集一個會議，請勞働經濟會議派代表來部，以備顧問。Jauhanx 復他一信，說那日總會自有會議，不能派人來。四月二日，勞働部又有一信給總會。總會因爲不滿意於他的計畫沒有答復，於是這個問題就擱起了。不久路工聯合委員會改組，新委員均爲極端派，

五月一日，爲萬國勞工會議所規定的勞働節，每年各國工人，例於這日休業，做一個階級的大表示或大示威。上年法國這一日的示威運動，很爲利害，與軍警衝突，犧牲多人。至是新路工聯合委員會，對於國有計畫要積極進行，擬乘五月一日的機會，做一個無限制的總罷工。四月二十七日，路工聯合委員會以二十八票對二十四票通過從五月一日起無限制總罷工的議案。四月二十八日提出於勞動聯合總會。是日總會行政委員會與路工聯合委員會開聯席會議，決定路工於四月三十夜十二點鐘起無限制總罷工。於是無限制的大罷工與勞働節的大表示合而爲一，就成了最近勞働運動的偉觀。今把各種重要宣言撮要寫出，以見這次運動的偉大精神。

路工聯合委員會的宣言：

鐵路工人啊！以前政府許多的預許，答應改良你們的地位，現在不但一個沒有解決，而且你們必要的生活，時常覺得不可能了！

在這產業私有經營的時代，日常生活之昂貴，我們已飽受了中產階級資本家的慘苦。而他們正努力保護其私利，欲關住一般人民於窮困禍患之中。他們正圍困你們的奮鬥者，敢於遏抑你們的正當要求；他們正努力控制工團的自由，他們的脚老踏在工人極神聖的權利之上！路工聯合會決定以路工惟一之行動，進而為全工人階級之行動，向那新刺戟做個大反響，以求達到我們生命改良的目的。五月一日你要表示你們願得的東西：（一）鐵路國有；（二）因罷工而失職者復職；（三）釋放屢次被捕之奮鬥者；（四）尊重工團的權利。鐵路工人呵！此時不應遲疑了，五月一日開始你們的行動，繼續到完全勝利的時候才止。各行業的工人呵！切莫忘記了罷工的權利，這是工團的權利，不要驚惶失措呵！鐵路工人保護你的權利和奮鬥者；壓勝你的威迫者；你的威權在有組織的無產階級的明日呵！

塞納工團聯合會的宣言：

同人呵！五月一日為全世界工人階級的勞動記念日，我們每年要慶祝他的……五月一日又是宣布中產階級一切罪惡的機會。中產階級的倒帳是不可免的了。他已犯了腐敗社會的罪惡，他那筋攣攣的凶勢，幾使社會成了屍癱。若是我們沒法子診治，他的凶症將充滿於全世界。……五月一日為我們極光明極好表示的日子，我們用體力用腦力的工人一律反對政府對外對內的政策：一律反對他們那反革命的舉動，他們或明或暗，不知發出了幾多反動於全世界，比方在匈牙利那種殘酷的反動，就是個明證了！……我們一律反對那無廉恥的自私者，不勞働而把持生產的富源，橫行他們那貿易主義和特許專利！……我們一律反對那禍根的帝國主義，他們還日日在那兒增加稅項，募集新債！……我們惟有大同盟罷工以致他們將來的命。罷—罷！無限制的延長罷下去……欲使世界真正和平，我們應得做到下列幾件事：

（一）覆審要死的凡爾塞和約；

（二）拋棄一切反對世界無產階級解放運動的反動：如最近與德政府協同壓滅魯爾區域之勞工革命，與幾年來對於俄羅斯革命運動的反動，須正式承認俄羅斯蘇維埃共和國；

（三）消滅軍國主義，全國解除武裝；

（四）男女完全平等，如正義的努力，幸福的努力，市民權與政治權，均應有同一之機會。

（五）無限制的全體大赦如一九一七年下獄之黑海水手，屢次罷工黨之被補者，均應全體釋放因為這些罪惡都是資本主義犯的；

（六）鐵路，鑛業水運，以及一切中等的生產，均應收為國有。最好言之就是社會有。

最後就是在法蘭西全國內，推行現行於俄羅斯而革新俄羅斯的共產主義。換言之就是要使統御宇宙的社會主義從此登基！……我們今日所努力的在確定人民的經濟，以救此太不公平的窮困和慘苦！

塞納工團聯合會又有一個布告：

今年五月一日的表示用全般一致的方法，要比上年的更利害更可怕！……一九一九年克列滿梭政府劇烈的反對塞納工人，今年各行業應一律參與沒有例外。……離開你們的工廠，局所，碼頭，鑛山店子，結合你們全體的同人，要求：大批公衆應用的產業，直接收為國有；尊重八點鐘制；擴張工團權利；實行全體大赦：承認社會根本改造之必要，建築一新社會於勞動基礎之上，以謀全般的利益和幸福。……五月一日都不要去做工，馬克斯有言：『誰要吃誰應生產』

社會黨宣言：

上年法蘭西無產階級，於勞動節日做了一個總罷工，以答復勞働聯合總會的請求，這在我們國內為未有的盛舉。今年這種表示，應得更嚴肅而一致用個全體停止經濟生命的方法，以表示工人們的志願是要急切達到他們的要求：（一）全國大赦；（二）擴張工團權利；（三）與俄國和平，（四）全國解除武裝。當此國內國際紊亂無序的經濟政治，血淋淋的中產階級的倒賬之前，工人階級所鄭重肯定的是要以生產國有，貿易國有的方法達到其奮鬥的共同目的。……社會黨以百七十萬選舉權者，敬請工人階級於五月一日格守勞働聯合總會所布告的極嚴謹的方法與致訓「聯合的秩序」這句話，全體工人應予以最好的答復和勇健的突進。社會黨是相信工人階級於這次大表示不會有缺憾的！此時政府與議院的反動，正在那裏捨死保護他們的特許專利。那負大戰責任的資本主義已致全社會於破產；而使起國際永遠不安甯；每日生活騰貴的困難有進無已。

……五月一日來了！工人動員了！應有個可驚的團結可怖的紀律，這是新社會秩序的發端呵！

此外還有許多極激烈的揭帖，都是一片「窮困」「破產」「中產階級倒賬」「革命」「蘇維埃」「無產階級的迪克推多」的呼聲。法國工團主義本有「革命的工團主義」之稱，這種呼聲當然是應有的，不過從前沒有這樣利害罷了。假使上年蘇維埃的匈牙利不被他政府絞死，今年三四月間德國反動革命後的勞工革命能告厥成功，那麼世界頭一個敢作敢為的法蘭西無產階級，當然還不止是這個樣子。

這次表示的方法，與從前大不相同，不遊街，不示威。勞動聯合總會三令五申，說：此次的運動不是遊街示威的運動，惟須於寂靜嚴肅中表示其堅決勇敢。惟一制勝的方法，在完全停止全國的經濟生命。絕不要稍授人以口實，犯那久已準備好了的軍警的鋒，墮到他們奸計裏內去，使這回運動軟弱無力。

到了五月一日，全國工人——自各大行業以至演戲者，圖畫師，咖啡店，飯館——通同停了工作。一遵勞働聯合總會的命令，不遊街，不示威，集會演說，多於郊外行之，惟在巴黎因軍警故意尋釁，略起衝突。這一日的組織力和紀律，要算如量表現了。雖政府的機關報加以稱許，說是和平合法的表示，得了「德謨克拉西」的眞精神，不知這乃是民衆運動處於暴力壓制下不得已的一種變形，不然他們何以要全國解除武裝呢？那中產階級的「德謨克拉西」，他們早已宣言與他們沒有關係。

四月三十日，勞働聯合總會已議決令鑛工，船渠工，水手，三大行業與鐵路工人一致行動。五月一日，路工聯合委員會與總會行政委員會聯席會議，路工委員提議：說北方各路罷工者只百分之一；東方各路形勢更為惡劣，這兩大部份游移不決，外間很有總會與路工聯合會不和的風聲。路工聯合會代表希望總會決定一廣大的連帶負責的行動：令鑛山工人，海上工人，船渠工人，即刻大同盟罷工，以消滅外邊謠言。於是總會發出三大行業罷工命令，從五月三早起，（因二號係星期日）

五月三號四大行業—路工—鑛工—船渠工—水手—同盟罷工。罷工者號五十萬。這四大行業可說為國有運動之主幹。如路工要求鐵路國有；鑛工要求白煤國有；船渠工要求港埠改組；水手要求海上運輸事業改組，並反對船主於德國賠償法國之海船內分了十五萬噸船位的贓約值二十萬萬以上。這都是他們水手的性命兌來的理應退出收為國有。

五月二號內閣總理米勒蘭對報界代表說：不幸的大戰，法國雖獲勝利，但和平時需工作與生產更甚，若是照常的運輸作用停止，那末又不能工作又不能生產了。為問路鑛各工，把手靠到背上，豈不是要更加重生活昂貴的危險麼？也沒有個甚麼要求不可以和平請願的。並且昨日參衆兩院，已再三向鑛工表示其誠懇，接受他們的要求，即承認擴張鑛工養老金的法律。他們口口聲聲要國有，不知政府正忠於他的責許，將在議院中通過其鐵路改組政策。當此宣布同盟罷工之下，政府絕不見得是一般的公意，願和他們做這種革命的運動。公衆的意見，顯然反對這種革命風潮與示威。公衆實一致要在平和中工作。政府對此惟有盡其職分維持秩序；保障工作應合以其威信與善意，請求大多數工人始終愛國，離絕那犯罪的煽動。

中產階級各報載各業罷工很不一致，勞働總會罷工命令，在Nord, pas-de-calais, Loir 各大鑛區，沒有發生效力。當罷工命令到那裏時，參議院恢復工作的命令也到了，所以仍照常工作，大多數鑛工，以為北方路工尚沒有罷工，他們很不願維持路工的運動。四號勞働會長 Trocquer 對報館記者說：中部大多數的鑛工，沒有加入罷工者達百分之三十五。Nord 的鑛工不罷工，其影響很大。法國每日鑛產總額為四萬噸，而 Nord 日占二萬七千噸。各大港埠的工人大多數也還沒有離開工作。至於路工，罷工者不過百分之三十云。

六號五金工人加入罷工，九號勞働聯合總會出一布告說：政府拒絕考慮工人階級的要求，勞働聯合總會不得不擴張其運動，從明日起，運輸工人，河道工人，五金工人，快車工人（電車摩托車工人）房屋工人，一律加入大同盟罷工。……自從幾月以來，工人階級所設定的條件，政府老不承認，我們工人惟有用手取之耳。工人階級有全般利益的自覺，絕無自私的意見。為問鐵路改組的計畫，怎麼不承認生產者的地位呢？這個布告又向工人說：總會免避可以給人口實惹起暴力壓制的舉動。須知現在的運動不是街上的運動，他的目的是要使政府承認勞動社會的勢力；並使他知道繼續他那頑固的態度之不可能，及勞働者在全國經濟活動之必不可免的改造中所應占的地位之為必要。

總會決定戰爭到酬足滿意的地步。今特提出注意之點於同人者(一)反對一切可以發生衝突的行動(二)反對不由責任機關發出的揭示。

到了十號共有九大行業—路工—鑛工—水工—船渠工—五金工—房屋工—快車工—運輸工—河道工—艙工，總額號百萬。勞働聯合總會又發出通告說行政委員會考慮此次運動之目的，鄭重請求各業同人聚精會神於惟一的共同目標，不要爲別種目的分了心。此如工錢之增加，工作條件之滿足，此時皆不宜提出，因爲這些特別的要求可以分散大運動的勢力，減少其達到目的的効率。此次運動的目的：全在應用產業國有的原則，來做鐵路改組；鑛業改組；港埠改組；海上運輸事業改組。

十一號政府發出通告說政府已向法庭提起訴訟，司法部開了個審查會，按照一八八四年三月二十一的法律第三五九條，勞働聯合總會應得解散之結果。此項法律祇賦與工團及職業的工團聯合會以研究及保護其經濟的利益之權。此晚，勞働聯合總會發出通告說：勞働聯合總會爲合法存在的機關，他係由法律承認的工團及工團聯合會所聯合而成的，已經久歷年所。政府要逞凶來解散他，不但不行而且負了否認法律的責任。十二號，社會黨與社會黨之議員及社會黨各報皆大聲疾呼；反對政府。北方路鑛各工，至此也一致罷工，以答解散總會之刺戟。此次政府外面雖然強硬到底，自拒絕談判以至示威解散，似乎愈接愈厲，不稍讓步。但骨子裏的三魂七魄實被勞働運動的勢力征服了。勞働會長 Troequer, 於十三號在小巴黎人報宣布其鐵路改組計畫，其重要之點爲：於鐵路公司之上建設一鐵路最高會議，以鐵路公司代表二十四名，職員及全國一般利益者—工業—商業—農業—代表二十四名組成之。最高會議握全國鐵路之管理權與行政權，此計畫最後重要之點爲：勞動與資本應得同樣的紅利，他規定勞資分配的數目係以三分之二分給職員，三分之一分給股東。十四號勞働總會的布告說：昨日勞働會長在某機關報所公布的計畫，是工人要求已經立了根據的證據。總會副書記 Dumolin 在人道報上發表一篇論文，也說這種計畫在三年以來不能由平常方法得到的，今日已由直接行動得到了。

九大行業罷工，到十四號加到十二大行業。即電燈工人，煤氣燈工人，家具工人，亦次第加入。但均不能持久與一致：如巴黎煤氣燈工人罷工者不過百分之四十；電燈工人至十三號又紛紛上工；運輸工人罷工者日見減退；五金工人上工者日多；電車摩托車仍通行如常；路鑛各工原先即不一致，至十四五更停滯不進，法國全國工人本還有大多數未入工團，即入工團者亦未能一致罷工。此次罷工人數已達會員總額之半數，而又支持如許之久，勞働聯合總會要算盡力旋盤了。十六早總會行政委員會與路工聯合委員會聯席會議，討論至半夜，決定於五月十九號在勞働聯合總會開全國聯合委員大會，審查罷工情形。

十九號既為全國工團聯合委員大會開會之期，又為衆議院開會討論罷工事件之期，各討論三日之久，才行解決。今先把衆議討論的大略寫到下面：

關於罷工事件各黨議員提出質問十一種，閣員均出席於議會。第一日共和黨議員 Taittinger 大聲祝賀此次罷工之失敗，他以為這是政府對付得法。他更希望大多數工人以後如這次一樣的盡忠於政府，以確定政府的威信。次急進社會黨議員 Deurafour說勞働聯合總會並沒逾越法律，國有運動即根據於保護工人經濟的規定而來，政府改組鐵路計畫應與勞働總會通力合作。次民主共和黨議員 Rallin 說他考究此次運動的原因是帶有政治的革命的性質。他考究此次運動的失敗有三個原因：一是幸得大多數善意的工人很聰敏，他們曉得人家是要他們幹革命，故不肯信從，所以此次運動小產了；一是幸得一些青年學生拋棄學業和他們的教員來擔任一國生命樞要的服務，（指鐵路）故此次運動觸了礁；第三就是幸得政府賢明有識。次民主共和黨議員 Engerend 說路工聯合委員會完全是一運動革命的機關，十六個新委員均是極端派之最激烈者，又有一人說勞働總會為革命的總機關，他有個反對國家的陰謀。第二日社會黨議員 Cahin 說罷工運動全世界都有，在法國不算甚麼希奇。他的總原因是起於不公平，而在法國這種原因為尤甚。他歷數資本家之壟斷自肥，生活之昂貴，以及政府拒絕勞働總會為不應當。內務會長 Steeg 說他反對此項政治性質的罷工。平常的罷工本為應有的本分，但此次乃係極端派路工委員脅逼勞働總會所致，意在繼續停止國家經濟的生命，以推倒政府，其目的全在內亂。政府不得不為內亂之打破者。次社會黨議員 Paul- Boncour 有極重要的演說，全場都向他拍手。他說：勞動總會是合法的，罷工也是合法的。在他的計畫內，在他的方法內，在他的目的內，都沒有不合法的地方。他是合法的工團的集合體。人人都知道工團主義是革新法國的工具。至於罷工，本沒有在那個律例內有規定他的明文，現在要分出那種罷工爲正當，那種罷工爲不正當，乃是不可能的事。勞働總會爲維持路工國有的要求，這不是政治的性質，乃是經濟的反響。正爲按照法律爲保護工人經濟起見，工團不僅只能從事於職業的問題，又可從事於經濟的問題，明爲法律所規定。國有運動，完全是經濟改造運動，故只有政府解散的訴訟乃眞不合法。他又說：凡不完全的改良，好如一把連環的鐵鎖，但社會改造，終須從此連環的鐵鎖內打破出來。況且今次運動，誰分得出是改良或是改造的革命。其實今日有個極傷人的事體，就是生活困難，工錢總趕不上物價的抬高，把無產階級壓迫的如關在鐵桶裏內一樣。現在人人要從那鐵桶的環境內打破出來，祇有用這個廣大的社會的經濟的改造來打破他。第三日社會黨議員 Brack 質問停止許多學校的功課，驅使學生抵制罷工，他說政府犯此不法的行爲，不獨使許多靑年學生爲罷工之破壞者；而且有幾個很大的學校因此關了門。並聞政府將給敵對罷工之學生以獎章，實爲挑撥內亂之萌芽云云。這日米勒蘭說明他對付此次罷工運動的政策，他說路工過激份子推翻委員會取而代之之後，專意弄成這次的大風潮，故這罷工的原因，一不是爲得行業的利益，二不是爲得國有，乃專爲過激的幾個路工委員要搗亂。他又說此次政府所以拒絕勞働總會的原故，因爲勞働總會僅五月五號在「戰爭」（工黨機關報）報上向政府公布一個宣言：要政府承認審查他那與政府相矛盾的規定（即勞働總會的鐵路改組計畫）政府對於這種間接的請求當然不與以答復，倘若稍微讓步，那就是政府軟弱無能了。他又說此次罷工乃是一個革命的軍隊，政府按照法律當然用其合法的軍隊維持秩序，保障工作。他又說這種革命的運動，料想與俄國鮑爾雪維克無甚直接的關係，至於拘捕與搜查，乃爲政府防護國家應有的事。次勞働會長將他歷次請勞働總會派代表來部的信札說了一些，以明此次曲在勞働總會。最後共和黨全體議員及各黨連署之議員提出贊成政府社會政策信任政府案。

分作四次投票：

(1)關於尊重工團的權利以五百二十一票對七十八票通過

(2)填謝不罷工之工人以五百十八票對八十四票通過

(3)信任政府以五百三十一票對八十八票通過

全案以五百二十六票對九十票通過　全案原文是：

衆議院決以平等的精神擔保勞働之自由與工團權利之尊重，反對各種迪克推多的傾向維持共和國家法律之尊嚴。衆議院謹賀大多數自由意志的工人能抵抗反乎國家生命利益之行動。重謝諸君在其本分中盡正情願幫助國家之義務。衆議院贊成政府之宣言並信任政府於秩序與自由之中執行全國與社會的公平之建設。

統看議院中各種議論，我們可以知道這次運動多方面的消息。今再把全國工團聯合委員會的大略寫到下面：

十九號勞働聯合總會開全國聯合委員會，審查罷工情形，共計全國聯合委員會代表三十八名，各州聯合會代表七十二名，亞爾塞斯勞蘭二州的代表亦在內。由塞納工團聯合會總書記 Plrret 主席，由總會總書記 Jankanx 報告罷工之歷史，然後投票通過下列之議案：

全國聯合委員會，以各州工團聯合會代表及全國工業聯合會代表組織之，以保護勞働聯合總會反對政府之壓迫爲目的。關於政府反對全國無產階級之總機關而提起訴訟之行爲，全國聯合委員會宣布勞働聯合總會爲合法的機關，他的行爲亦極合法。此機關既爲全國工團與工人所組成，故全國工團與工人一律反對推翻他解散他者。

全國聯合委員會反對政府濫捕罷工之戰士，加以無根據之罪名。

第二日主席報告萬國工團聯合會致法政府之電報，大意是：法政府以解散威脅勞働聯合總會，而罷工之戰士亦多被犧牲或拘捕。法政府對付工人之行爲一反從來極其高雅之法蘭西人民的習慣。萬國工團聯合會以最後之努力反對法政府對於其無產階級之壓迫。法蘭西無產階級應取得地位以保障工團運動之自由，應如在他各國一樣云。次由多數委員提出即刻恢復工作的議案：由路工委員提出繼續無限制大同盟罷工的議案。

第三日以九十六票對十一票通過上列第一議案。由全國聯合委員會發出停止罷工命令，於五月二十二早除路工外一律恢復工作。路工聯合委員申明，路工聯合會須按照本月十八號的決議，繼續（無限制）罷工，不達目的不止。全國聯合委員會爲尊重聯合的自主起見，予以承認；並予以費用上之輔助。最後全國聯合委員會抄錄其各種議案提交於議院說：『改變路政，不應屏除工人階級的代表於事外，不應置那極合法的工人的熱望於不顧。』路工繼續罷工，罷到五月二十九早，亦已恢復工作。於是轟轟烈烈的大運動至此告一段落。一訴訟案，法庭於五月十四號曾傳訊勞働總會重要人物 Jauhanx，（總書記）Lanrent, D. moulin（副書記）Calveyrac（會計）至六月六號又傳訊一次，現還沒有解決，大約解散是必不會有的事了。至於政府對付罷工的方法，除武力彈壓外，就是以「陰謀反對國家」的招牌，四出搜查與拘捕勞働運動中重要的指揮人物以及社會運動中重要人物，均被捉去。共計捉去十八名，今把其名字列下：Pierre Monatte（工人生命報的主筆）Henri Sirolle, L'evêque, Monmousseau,（三人係路工聯合會的書記爲此次運動之發動者）Loriot,（爲C. A p. 黨創造人）Delagrange（工黨中人物）Rey（Allier 工團聯合會的書記）Sigrand, Gauthier, Courage,（皆爲重要的鐵路工人）Totti（馬賽鐵路工團的書記）Chaverot（巴黎 p- L- M- 工團的書記）Hanot（蘇維埃報的主筆，此報爲共產黨之機關報，共產首領爲 Girault 氏）Lebourg, Giraud（二人爲蘇維埃報發行人）Boris Souvarine（此係假名他的眞名叫 Liftchitz'他是一個珠寶商人的兒子，現年二十三歲，他係第三國際社會黨——又叫第三國際共產黨，即中國報上所常見的木斯哥勞工黨——的書記，又爲法國人道報及平民報的主撰人）Chauvelon（爲青年補習大學的文學講師，）常常在工人生命報上做文章，此外被搜查或沒有捉到的，還有許多，許〻政府說他們是與俄國鮑爾雪維克暗通，謀革法蘭西的命，使法蘭西變成爲蘇維爾共和國。在法國內陰謀的機關有三個：一是木斯哥第三國際社會黨的委員會，（所以 Boris Sonvarine 被捉；）一是加入第三國際共產黨的法國那一部份的共產黨；一是蘇維埃共產黨聯合會（La Fédération Communiste Des Soviets）並說在 Monatte 的屋裏搜得兩個電報，一個是 Trotsky（脫倫斯基）的；一個是 Dridzo 的。他是一個社會民主黨的老戰士，在巴黎很著名，一九一七年已離開巴黎了；因此疑鬼疑神四出搜查，大有超過萊茵河搜到俄羅斯去的樣子。但是他那百七十萬的統一社會黨今年三月在 Strasbourg（亞爾薩斯首府）會議，已決定脫離第二國際社會黨加入木斯哥第三國際社會黨了，又將怎麼樣呢？

一九二〇，六，十三，寫於法國蒙台尼

法蘭西工黨組織

李璜

引言

現在社會上最大的活動，最大的趨勢，都是要尋求方劑，解決一般人生活上的困難。尤以工人生活的困難最使人注意。現在的人并且知道要改良自己生活，要求幸福與自由，要大家自己起來做去，不能望神賜更不能望政府料理。因為政府與神一樣，都是靠不着的。

自去做，便先要去爭。要與人爭，便先要有組織。如改良待遇，加增薪資，減少鐘點等事，無一不是有了組織方能辦到。故工人的組織，今日是最切要的。并且資本家要處理工人，都是大家連絡起來，力量更大。工人不自家連絡，那能抵抗這極大的資本主義。今日工人為抵抗這資本家的大組織，不能不有工人的組織。但是工人的組織內容怎麼樣？請看法蘭西森的加 Syndicat 的組織。

什麼是森的加？

舊話說的，『團結造成力量』。L'union fait la force 相約同志主張公利，到現在幾乎是一種人生必要的事，莫有談論的了。森的加就是本相約同志主張公利的原則，結成的工人團體。或一種職業的工人，互相結合。或一種實業的工人互相結合。時常防守并主張他們自己精神上和實質上的生活條件。他們的最終目的，是要取消『人用人』的薪工制度，Salariat 要造一個生產者同享一樣權利的社會。

森的加是法蘭西工人大組織的起點：各種職業或種實業的多數森的加連合起來，還有更大的組織。森的加對於工人公利無一樣不注意：如職業教育，作工條件，薪資與利息，衞生與危險，以及工人與主家一切不合森的加都要參預。森的加并且代他的會中的工人告狀打官司，或替他辯護。

遇着罷工的時候或是會員或非會員，紛紛離工。森的加便出來照料，一面派代表代工人與主家交涉，一面使罷工的工人團體堅固，不致中途爲主家所利誘。到必要的時候，還可以設法暫時維持會員的生活。

森的加的進行，由在會會員公推職員組織一事務會照章進行，總攬各事。如因需要，當設立職業講習所及他項特別事務，并由事務會另設機關，以便分門辦理。又有一議事會以便監督事務會的進行。

森的加的規約

第一章　組織與目的

第一條——森的加爲工人自家組織之團體。不分年齡，男女，國籍，只要合於森的加的規約，凡作工的人，均能夠自由加入。

第二條——森的加的地點情形由大會決定。

第三條——森的加的目的是：

一，設一個事務所，專爲需工覓工兩方接洽，不取費用。

二，盡力設法防護會員多數利益。

三，研究各項關於團體連合（國內或國際）之事項。搜集公文統計表冊及與森的加同樣組織之事實，以便研究改良會員之生活。

四，設藏書樓及特別講演，以便將緊要知識灌輸於會員，使其精於職業，并知道保障自己權利。

五，代表會中工人發表意見於地方工會或國際工會。

六，作各種關於會員之連帶公益事業（如醫院消費社等）

第四條——爲便利實行各項事務及承認連帶關係原則起見，森的加與工聯或森的加的聯合會生密切之關係。

第二章　入會會金及一切會員義務

第五條——凡工人志願入森的加，可以直赴事務會詢問及報告。至允諾與拒絕，由有定期之大會決定。

第六條——入森的加當納；

一，入會金若干……

二，月捐若干……（月捐由大會斟酌情形可以減少。納金收條由森的加總會計親筆。幷加蓋森的加與工聯的印章。月捐不到時期，亦可先繳。）

第七條——入森的加須有下列幾項義務！

一，按期繳納會金及月捐。

二，對於森的加內之事務，受大會之請託時，須分任。

三，凡森的加之主張及各種事項發生，須表示同意及贊助。

四，隨時將見到之處及有益消息報告森的加。

五，極力在工人同伴中為森的加鼓吹。幷極力反對森的加之仇敵。

第三章　除名與例外

第八條——凡會員上六個月不納月捐者，除病傷罷工及服兵役曾通知議事會或事務會外，均作為除名。

第九條——例外之事如：

一，所入工資有變遷，

二，危害森的加權利及不守森的加之一致行動的要求。

有上兩項情形，由大會派人調查後，得本人同意，然後決定除名與否。

第十條——凡除名會員，不能要求發還所捐會金，幷應繳未除名時所欠之會金。

第四章　事務會之組織

第十一條——事務會由森的加會員最多各地共選出九人組織。

職員能再選或當取消，由大會臨時投票決定。

事務會之雇用人由職員選擇，惟須在選擇後最近之大會通過。

事務會職員至少須月開常會一次。臨時緊急會議不在此內。事忙時可以添幫辦數人，惟至多不得過職員之數。

第十二條——職員只執行會中事務。至於遣派代表參與國際工會及一切臨時重要事件，須交大會議決始能執行。如有緊急事件不及召集大會時，由議事會決定執行，交最近大會追認。

第十三條——職員或議事會中人如無重要原因，接連三次開會不到者，作為免職。通告免職後，由大會補選。

第十四條——改選職員大會之先，議事會與事務會各職員應將森的加內精神及實質狀況詳細草一報告書，幷將下屆應候選之人名列單通知會員。

第十五條——每年由大會選任五人，組織一調察會，以調察會內會外各事。此會職員滿期即不得連任。

第十六條——調察會有審查會中財政出入及各項事務之權。每三月應具一財政報告書於大會。調察會見事務會有不法舉動，可臨時召集大會報告之，并可請大會革事務不法職員之職務。

第五章　大會

第十七條——森的加……每月開大會一次。遇有臨時重要事件發生，可由事務會或調查會召集特別大會。

第十八條——開大會時，議事日程外之特別臨時提議，須下次大會始能通過。但大會當時多數認爲有立刻通過之必要時，亦可立刻決議通過。所有議事會與調查會之提議，當由大會立刻承議，不在此例。

第十九條——表決以大會時在塲會員多數之贊否爲斷。表決式定爲舉手。但爲在塲會員三分之一要求投票，亦可用不記名投票表決。通信表決，立爲禁例。

第二十條——大會時，不得爭論個人私事，政治事件及宗教關係。

第六章　辯護會

第二十一條——森的加爲保護會員權利起見，聘有一定律師與醫生組織一辯護會。

第二十二條——凡會員對於其工作上臨時發生法律問題，可直向聘定律師請教。提起訴訟時，聘定律師即爲其辯護人。

第二十三條——會員對於其工作事件有提起訴訟之必要時，可由事務會決定，先爲墊付訟費。

第二十四條——此項墊付之訟費，如會員訴訟得直，須由會員歸還森的加；如不得直，由森的加擔任。

第七章　罷工

第二十五條——凡會員與受雇之主家意見衝突時，舉動之先，應報告森的加書記，以便從中干預，或代其交涉。森的加書記并應立刻通知議事會事務會，以便商決行動。糾紛重大時，應召集全體臨時大會決定態度。

第二十六條——決定罷工時，由森的加通知會員，取連帶主義，會員全體均一律罷工。森的加并籌費補助罷工會員之生活。助費多少,臨時決定。

第八章　改訂章程和改組內容

第二十七條——現行章程以及一切特別規定,認爲可以改訂。會員有改訂意見,可通知事務會,由事務會報告大會,交審查會審查後,在下期大會內付表決。

第二十八條——大會時會員有三分之二,認爲森的加有改組之必要,更由下一期大會三分之二通過,森的加即應改組。所有基金及一切要件,交由工聯保管,俟改組後交還。如兩年內改組尚未成功,此項基金便爲工聯所有。

森的加的中央機關

以上規約,是個大概,各個森的加對於訂規約,與他們各個的情形,都各有出入。

森的加之上,還有工聯。La fédération 工聯是一國內各地一種實業或一種職業之多數森的加所共有之中央機關。這種中央機關不是集權的,是爲便於對外合團結多數力量而設的一種事務會。(內容詳載另篇)

工聯之上,還有總工聯 La confédération générale du Travail 總工聯簡稱 C.G.T. 他聯合一國內所有各種實業合各種職業的工聯,成一個中央機關。用意與工聯同,不過力量更大了。這更大的力量,不是總工聯本身的,是由工聯給他的。工聯本身也沒有力量,是森的加給他的。工聯與總工聯裏,不過只有幾個書記辦事就是了。

森的加的現狀

森的加自大戰以後,非常發達。一則因爲生活昂貴,工資不夠,要常常與主家爭工錢,非大家結合起來不成功。二則因爲主家常常聯合起來對待工人,使工人雖苦,總要食那行飯,走那條路。所以工人不得不也聯合起來,以便抵抗。這是關於自衞起見,大家聯合的原故。還有進取的主張,第一是要制止軍國主義的行爲。因爲大戰一場,流血的十分之九,都是大多數的工人。戰後痛定思痛,大家有點覺得這戰爭純是幾個政客武人鬧起來,拿我們來犧牲的事。我們從今以後,不要輕信盲從,但是他們有權威,我們個人抵抗的力量很弱,所以要團結起來,然後力量才大。第二是推翻資本制度。自從森的加的先覺蒲魯東 Proudhon 一一指出這資本制度的罪惡,大家都想把他推翻,但是錢可通神,資本家的魄力比甚麼還大。幾個人那裏是他的敵手！所以更要聯合起來。現在雖然一時不能推翻他，總要使他對於權利上讓步讓步。

俄羅斯革命一來，法蘭西的資本家也受了影響。今年總工聯集全體森的加的意思，曾經兩次大罷工，（一在二月一在五月）要求鐵路國有，礦產國有及一切工業國有。這種要求就是要資本家抽身把生產的機關讓生產的工人自家來主持。這種要求，雖未完全成功，已經使資本家喪膽。現在這種主張，還是一天一天的暗長起來。

一九二十年七月十日，自法國克羅卜爾城寄

（完）

法國之社會黨

陳愚生

欲知法國社會黨之實在勢力，不可僅據表面的數字之表示。蓋若僅據表面的數字所表示，則現在之法國社會黨不過僅有黨員八萬人，日刊五種，印刷所十二處而已。較之德國社會黨，不無岑寂之感。然其所以然者，固有種種之理由。

法蘭西所流行之社會主義，原有二派。一派主張從選舉入手，期在國會占多數之議席，憑藉國家機關之作用，以謀社會主義之實施；而他一派則主張直接行動，以經濟的運動實現社會主義。即所謂森的加里 Syndicalisne 一派，也是社會黨，欲在國會占多數之議席理論上雖不能否認，而實際上則殊難實現。然森的加里一派最初發生於法蘭西，其表面的數字之表示雖無精確之數可據，然其實際上勢力之偉大，則遠出吾人意料之外。蓋其黨員人數雖僅有八萬之譜，而於總選舉所得之票數殊多。一千九百十二年總選舉時，凡二十一萬五千八百七十七票，而與黨員人數相比，乃為十八倍。由此觀之，其實際勢力之決不可侮，可以知之矣。

尚有應注意者，法國社會主義之派別，殆呈一種小黨分裂之現象。最近雖已統一，而其初則凡分立為五小派焉。其一如承繼馬克思學說之格德派，嘗於一千八百七十九年馬爾賽留勞働大會被稱為社會主義勞働黨。其歷史為正統派。其二為布魯夫派。其三為亞勒門派。其四為布蘭基派。其五為包含萬覺列士派及米勒蘭派之獨立黨。此之五派，於一千九百零六年始組織聯合社會黨。然以其中包含有急進緩進兩派之分子，故殊難得眞正之一致的結合據右表觀之即可推知其發達之程度矣。

	社會黨議員數	社會黨得票數
一九〇二年	四八	八〇五〇〇〇
一九〇六年	五四	八七七九九九
一九一〇年	七六	一一二五八七七

而此七十六人之數，至一千九百十四年選舉之結果，增加幾至百人，占有議席四分之一。若社會黨之領袖有意組織內閣，則世界之社會黨與實際之政治發生關係者多矣。

法國新會黨中最不可不記憶者，爲覺列士 Geam Taurès。覺氏爲有數之學者，又爲有數之政治家，因其強硬的主張，非戰論，爲人暗殺。覺氏反對階級鬥爭論，而主張爲達社會主義之目的，但有機會，不妨參加內閣之組織。因此之故，遂不免與格德一派意見衝突。此種衝突，不僅在法國以內爲然，卽一千七百零四年在亞猛司帖爾丹 Amsterdam 開萬國社會黨大會時，關於此項問題，覺列士與貝貝爾亦嘗爲激烈之辯論。其結果雖歸貝貝爾派之勝利，然試一徑覽各國之情勢，則大有近於覺列士主張之傾向。法國社會黨現約有黨員六萬五千人，此外立於會友之地位者，尙不下二萬人。支部之數，約有二千五百。其收入本部支部合計，當不下六十萬元。法國社會黨於地方自治勢力頗大，最近各自治團體，尤排斥僧侶主義，而表同情於社會主義焉。社會主義之機關報中最有名者，爲覺列士所主辦之修曼尼體 Humanite。其他週刊半週刊等約一百三十五種，雖多在各地方發行，而月刊等機關雜誌尙有十餘種。

法國工會雖不似英德兩國之整齊發達，而其會員亦約在百萬以上。其中之四十五萬爲帶森的加里主義之勞動同盟 Confederation Generale du Travail 會員。此等會員，往往公然稱揚森的加里，而主張革命的社會主義。其工會之數頗衆，概爲林立之小團體，殆無如何鞏固之組織與整齊之準備。然法國之社會主義者，因其境遇極其自由活潑，其思想遂傾於進步的方面，而其運動亦傾於國際的。焉夫森的加里之思想之運動，實培養長成於法國。顧其社會黨之領袖中，如貝爾維貝之主張極端的國際社會主義者有之，如格德之主張單獨組織社會黨內閣者亦有之。其平日主張之紛歧，可以窺測矣。然自戰爭開始，社會黨之態度爲之一變，即抱有宗教的熱忱之社會黨，亦往往變爲主義論者，其結果格德及桑霸特 Marcel Sembot 均攜手參加威威亞尼內閣，其他可視爲社會主義者如米爾蘭 Alexandre Millerand 如布利安 Aristide Briand 如德爾卡塞 Theodophile Delcasse 等亦均入閣，蓋此時諸人之態度，對於國際社會主義運動，殊形冷淡，而惟注其全神於戰爭矣。

然開戰以後，法國社會黨之態度，固未嘗全體取協同的動作，嚴密觀察之，約可分爲三派，其最右翼，以多數派之妥瑪桑霸啓諾德爾等爲之領袖，主張以戰爭之勝利，圖世界和平之實現，故戰爭而基於人民之意志者，不否認之。與之相反對者爲最左翼琴墨瓦爾德一派，此派主張與列寧一致拒絕與有產階級之一切妥協主張，立時媾和。第三爲中間派，此派以龠格爲中心，主張無勝負之平和了結及後對於講和會議之意見，頗有龠格派與琴墨瓦爾德派相提攜，以對抗妥瑪一派之傾向，卒以一千五百二十八票對一千二百十二票之多數，遂占優勝。從來之少數黨，遂一躍而占多數黨之位置矣，而新多數派事實上雖以龠格派占大多數，然若無琴墨爾瓦德一派爲之援助，則亦不能繼續占有新取得之位置，然則琴墨爾瓦德派現雖爲最少數黨，然實握有議會之裁決全權 Casting-Vote，故在法蘭西社會黨中實占有重要之位置者也。

我所見的法國工人

勤工儉學生劉範祥

我原來預備標題爲「法國工人生活狀況」但是這樣紀述實在情形的文章，必須經一度極翔實極精密的考查，才有發表的價値。可是我不獨沒有翔實精密的考查過，且我的法文還只七個月的程度，和工人還不能自由談話，而工人生活根據地的家庭和遊樂所也都沒有長久登過，所以就不敢把不完整而且未必誠實的幾點零碎見聞當作一種正式報告。不過我和法國工人每日見面已經也有半年，平素對於他們的行爲和品性，也喜稍稍留心，雖說是他們實際生活和我接觸的機會較少；但常常於斷片的談話裏也未必不能得一個大概情形。現在把這大概情形略略整理出來，所以只用這較嚴緊的較概括的「我所見的法國工人」幾個字做題目。

法國工人的品性　我在沒有敘述他們的品性之前，要說幾句話說明我是爲甚麼要敘述他們的品性。西洋社會之所以修明，並不是他們有『聖人在位，奸邪不作。』實在是因爲作成他們社會的個個分子，都是健全堅實，這個道理現在大部分的中國讀書人都已知道。他們個個分子之所以健全堅實，又是因爲他們有優美的品性和眞純的情感指導他們的行爲，使他們一切奸邪的事都不會作出來。這就是他們的社會所以成爲他們社會的根本所在，我們中國現在已經有人高唱社會改造了，並且還有人在實際上活動。這眞是中國社會前途的一點曙光，但是社會改造並不只是表面上的一個問題，并不只是將某種制度的形式和性質略略變換移動就了事的一個問題，其實眞正的社會改造，完全是一個內心的問題，完全是一個每個人的精神生活如何向前發展的問題。法國這個民族在世界上大概是被人家稱爲『感情的民族』。他們人民的品性優美，就是因爲他們都能盡量的發揮他們的眞摯的感情。說到中國人的品性，我自己就覺得有一點慚愧，我自己對於我自己就實在信不過心。然而惟其是如此，所以才要改造，所以現在就有人出來說改造。改造的實際活動，又有借助於比較的地方，所以我就竟然敢將我所觀察得的法國工人的品性，提出來供給現在中國社會改造家作比較的參考，但是我是一點學識都沒有的人，如果要我很有系統的報告出來，我的力量實在是辦不下地。現在只將他們所具的德性提出幾項來說說。

天眞。　法國工人的天眞爛漫隨在都可以被我們發現。如果有人肯留心他們的畏懼喜悅憎惡悲哀……種種情緒的發作，就知道他們是發於自然的，眞誠的，絲毫沒有矯飾的。我的同學們往往以爲他們之畏懼工頭多是社會上有階級的表現。但以我看來，實在是一種極自然的現象。而且他們的畏懼是在職務上生的關係，脫離了的職務，都還是極平等的相待。例如一個工人在工廠裏偷懶的時候，看見了工頭，登時就要怕到甚麼似的。但是在街上走路遇見的時候，不獨不怕他，并且還要撑手動脚，和他頑耍起來。這都是我親眼看見過的事實。我同他們一道作工已經有幾個月，從來沒有聽見他們說一句謊話，他們也從來沒有把人家說的話當作謊話。他們對於同伴總是眞誠和善的，絕沒有種種奸欺詐騙的行爲。他們還有一種輕喜善怒的感情，那怕這時候到了『怒不可遏』的關頭，然而馬上就可『喜笑顏開』我有一次看見一個女人和人家說話。不知說一件甚麼傷心事，一刻兒就『淚泗滂沱』起來，適逢旁近來了一個人，却在那裏和他湊趣，說不到兩三句話。他們那一堆的人，統統都大笑起來。而這位女人他那被眼淚堆滿了的粉臉，也趁這中間大展笑容了。類於這樣的事，在他們男人中間也常常可以看見。總而言之，他們的喜，怒，哀，樂，愛，惡，慾，則，一一隨感情的自然變化。他們這樣的感情，幷不為年齡所限，十幾歲的小孩子和六七十歲的老頭子，基於感情發動的行為，都是一樣，初無二致，所以我常說他們的社會是一種赤子的社會。說到這一層中國社會真是不及他們萬倍。中國青年社會合成人社會是分為兩截，從前一般慷慨悲歌的青年。一走入了成人社會，經一般老人和壯年的播弄，就把他們英銳之氣，都消歸於無何有之鄉了。所以現在的人獎勵青年作惡的，往往引誘青年到他們的百戲場中看他們做奸邪詐騙的把戲，使一些青年受種種極激烈的刺激，把真性完全汨沒，以後就受他們的擺佈了。這真是中國社會上極大的隱憂。但是我這是把士人社會和他們工人社會比較，未免擬於不倫。現在有人說中國的工人也是一樣天真可愛，而外國士人齷齪卑鄙，也幷不減於中國士人。這話，我是不很相信中國工人的奸欺詐騙，也是很可以給我們許多證據的。上海，天津，漢口等處的棧夥，挑夫的專橫可惡，會在這幾處旅行過的，那一個不抱怨。我聽見人說，漢口江岸旁邊時常有許多招碼頭的工人推牌九，擲骰子，設局騙他們同伴中老實人的錢。還有漢口的大擺隊，小擺隊，鐵擺隊，飛擺隊，架子樓，那樣不是水面岸上的工人。就他們的職業實行搶盜所定的名目，這樣的情形在法國工人裏面，或者可以說是完全絕跡。中國社會的黑暗，級級都是一樣，中國人天性之不真誠，簡直全體都差不多，這真是全國人都應該想法子的事情。

活潑 大概一個社會沒有被一種痼蔽的思想束縛着，總能永保他的赤子之心。我們知道法國是尚自由的國家，所以他的社會就完全是一個活潑潑的社會。他們人見了人從不會以一種冷酷陰狠的態度相對待，他們總是歡喜的，親愛的，和樂的，頑耍，說話，高起興來還要手之舞之，足之蹈之的，就是在極短促的時間內，他們都不肯沈悶的，無聊的，安靜着。我們常常參與他們五分鐘旅行的工人火車—上工下工的火車—裏面覺得都是熱鬧異常他們的辨論聲，歎笑聲，打鬧聲……如果不是火車的鐵輪聲的太利害，簡直半里路外都可以聽着。這中間以女人的聲音更加響亮，因爲他們的天性更是活潑，他們的氣質更喜流動。這都是被自然如此安排着的。我曾經在倫敦住過幾天。他們社會裏有一種無理由的，不自然的，違人性的制裁力抑制人們的感情。他們以爲人們的行爲應該做作，做作出來的，才是道德的，才像他們所說的Gentleman那個東西，但在我看來，那樣却完全是非人的生活。可是我也聽見有人說，『法國人太放縱，太不合規則，』然而人性並不是他們所說的不放縱和合規則所規範得住的，你在這一邊用極厚的網子防阻他的去路，他就從那一面走入冷酷陰險的路上去了。所以我說人性是不可迸的，人性是怎麼樣，就應怎麼樣盡量發揮去。我對於法國人活潑的天性就十二分的特別贊美他。

倔強。法國人雖是個個都活潑，但絕不柔弱。男女都是一樣。他們在作工時無論遇着甚麼困難，總要撐持到底，絕不放鬆一下，也並不半途放棄。我上面曾說過他們的性情輕喜善怒，在作工時更是容易發怒，怒到極處，就要強到極處，所以他們所作的事每次都是得極圓滿的成功，從未見失敗一回。雖是他們都有助人的天性，但作起事來，輕易不求人幫助，這也是他們倔強的性質使然。這種倔強的氣概從作事方面表現出來就是勇毅；從旁的方面表現，就叫做不屈伏。從前法國人對德國雪仇報怨的心思，無一刻忘記—現在還有一部分是這樣—就是這倔強的精神把持着的。但是這種氣質也不能遽然斷定他是好，因爲他能養成正負兩樣的人格。好的方面，他能養成一個獨立自尊的好漢，壞的方面也能養成一個剛愎自用的小人，然而中國人血分裏這種質素，我以爲還大大欠缺，在歷史上往往隱忍壓過倔強，小事件不說，對於異種族的侵凌一般人民也都是以一種逆來順受的廣大精神處之泰然自若。種族之見基於新解釋上面，我們應該衝破這個藩籬，現在我也是極以爲然。但當時的中國人以苟且偷生的心思，糊糊塗塗的掛一面大順民旗，我實在不敢贊美他。再看現時的狀況，舉眼一看，隨風倒的懦夫徧滿中國，有多少硬到頭的健者在甚麼地方？所以我們現在不想在世界上做人就罷。不然，就應把歷來處事的柔弱隱忍的態度，變作絕對的倔強。無論他能得好的，或壞的結果，我們總應以勇毅不屈的精神，臨應一切事物。那麽，我們對於事業前途才有希望，我們做出來的事業才有聲有色！

以上三種品性我以爲都是法國工人所具有的。還有他們之喜歡助人，簡直也是出於天性。我們無論是旅行散步大小事都要得他們許多幫助，在工廠裏更是許多這樣的事實。我有一次一個人搬運一個很笨重的電氣發動機，實在已經拿不動了，但當時又沒有同伴在旁邊，居然有一位工人從離地三丈多高的起重機上面下來幫助搬運，這不過舉其一端。其實這樣事差不多在工廠裏天天可以遇見。總而言之，他們無論在甚麽時候，遇着甚麽事，總要舉他的力量爲人家出一點氣力，絕不肯只在旁邊觀望。這真是和只知道抱怨，不知道幫助，只知道苛求，不知道原諒的民族，是天地相隔。還有我的同學們時常說法國工人懶惰，而我却不認以爲然。他們在工廠作事，不肯盡力量去做，的是確實。但並不是懶惰，完全是現行不良的工廠制度養成功的。他們整天的在煤煙底下，太陽底下過活，結果不過爲東家增長富力，自己還是用不夠用的錢，吃不夠吃的麵包。這樣是怎麽能叫他們發生興趣勤奮的作事呢？而且他們如果想對於政治或對於自己的職業，說幾句話，或有所表示，毫無道德無愛心的執政人和資本主往往用非常狠辣的手段壓廹他們，並且常使他們有陷於失業的慘苦境的危險。他們在積極方面戰不勝有錢有勢的人，往往立於失敗者的地位，結下了種種深仇大怨，所以就想出消極的方法來抵抗他們。他們不獨不情願勤奮作事——天下又那里有情願爲仇人勤奮作事的呢？——並且很好的材料和出品都是故意糟踏。我是作電工的，我作工的屋子裏每日總有十幾個電燈泡子被同伴打碎的取樂，價值很貴的電線都是大堆的棄置不用。我嘗戲問他們是爲甚麽道理，異口同聲的答辭都是『東家富得很，這算不得甚麽！』原來那都是他們報復仇家的辦法。所以我不能竟然說他們是懶惰。且我還以爲法國工人的勤奮至少也不能不及中國工人。我住處的對門，是一個皮鞋匠。我每日早晨上工的時候，他就已經在他的坐位上作工，我回家吃午飯和下午下工回家，從未看見他休息一下。夜晚還要做到十點鐘才去安息。他年紀不過三十歲上下，但他坐着作工的時候，看見他的背和他的後腦的確是已經成水平綫了。我還有一個同伴，是這工廠所在地的土著，在工廠裏作工並不十分勤奮，但他對我說他每星期日在城裏為人家裝置或修理電燈和電綫，要賺七八十佛郎。現在他已退廠，爲自己作工去了。我知道的有許多工人，他們家中還有一個很大的『花園帶菜園，』都是他們工餘的時候修理種植的，非常整齊而且茂盛，這是懶人做不出而不肯做的。但這樣的現象和我接觸的究屬不多，而他們在工廠裏，實在又是太覺懶散，所以我也不敢竟然斷定他們的品性是勤奮，

上面所說，大概多半是標舉法國工人品性中的好處，其實壞的方面也還是有。不過毛病不大，於全國民生活的總和上，不能發生多大影響。例如語言猥褻，貪圖小利……也是沒有受完全敎育的人類，所必有的現象。至於在極少數裏面，也還是有極壞的人，像盜，詐騙，互相毆殺種種惡劣行爲也不能盡免。但這可以說是他們社會上汚點，還不能就說他們社會是黑暗，因爲我們無論觀察甚麼物事，眼光只能注到他們大的和多的兩方面，才能得一個近是，才不致落於謬誤。但現在有一般人歡喜毛舉人家社會的細故或少數的現象，以明自已有獨得之見，不隨聲附和的恭維人家。這我以爲多少是一個錯誤。所以我只能照大處所和多的方面說，不能和那些人一樣的局量褊淺！

法國工人的體格　法國的工人常常說，『法蘭西正是病了。』這話大概都是對於法國社會的病敝和政治的腐敗所發的感慨。以我看，就法國工人的體格論，法國就眞是病了。我從前在補習法文的時候，和我的同學們看見法國學生的不健實，就盡疑怪。有一位同學並且說法國這個民族恐怕要衰敗，看他人的體魄都不甚雄厚，就不像一個好徵象。我工廠裏有一個大工頭對我說，『新興的國家，比舊國家總要強盛些，就是生出的人也要強壯些，把美國和德國，日本和中國的人民，一比較就知道了。』（這工廠容有三千餘華工，大戰期中，還有日本人在這裏作個工，所以他說這句話。）我當時不過答應了一個是字。其實我心中想法國工人的體質比中國工人的也還差得遠哩。我看見的法國工人能負重到一百餘斤的實在很少。一個工人作稍重一點的工，支持到一點多鐘，就要說疲倦的了不得。在天天練體力的工人中間，都是如此的現象，也是很可研究的一個問題。以我猜想，不出兩種原因：一，機械應用的範圍太廣。一切稍重

的工作，都用機械替代，所以工人的體力不甚發達。二因爲遺傳的關係教育過早而又斲喪太甚，所以身體不甚堅實。此外還有狠毒的野蠻的戰爭也是摧殘他們工人的身體，我的同伴們沒有一個在這次戰爭不是四五年在前敵上服役，曾經受了傷的總有十分之八，甚至有四五次受傷的。他們說，在現在陰雨天，傷口還是作痛。有一位同伴曾在德國作四年俘虜，他現在受的痛苦，較受傷的還要利害，戰爭期中作俘虜的，照例總沒有飽飯吃，最後的一兩年他說常常幾天還不能見到麵包。夜晚睡的是陰濕的地面上，即令嚴寒的冬天，也只有兩床氈毯，但每天爲敵人的工作，還是不能間斷，所以他現在得一種筋肉痺痿的疾症，作事不能稍微吃虧，但是因爲生計的逼迫，家小的繫累，也就不能不忍受不能忍受的痛苦！那些得了勳章勳位，被舉世認爲大人物的一些將軍偉人們，那裏還知道有一些爲他們的尊榮而犧牲自己幸福的人還正在受苦呢？

法國工人的生活　現在我來談一談法國工人的實際生活的情形，這彷彿就是說法國工人的實際的麵包問題，我想近來他們社會上呈一種朝不保夕的狀態，至少這個問題也是其中最大一個原因，且待我慢慢說來。

工資　法國工人的工資，本來因爲地域和工作的類種而不同，所以很難一一調查，就我所知道的一個工人每日所得有多至二十五佛郎，三十佛郎的，亦有少至十一佛郎十佛郎的，但就這例差雖是相隔甚遠，普通一般工人也沒有多大差別，據我近兩星期向他們詢問工價的結果，才知道工廠裏發工資有兩種制度。一種是用時間制，一種是用質量制。時間制是每作一點鐘的工給工人多少佛郎，質量制是做甚麼樣的貨物每件給工人多少佛郎。大概用時間制的普通工人每日工資在十六佛郎上下，用質量制的每日則在十五佛郎上下。現在法國百物騰貴，而工人生活程度已高者不能復低，所以社會上的形勢日加緊急。報紙上 La vie chere 的聲浪，也日高一日。恐怕長次因循下去，現在這樣的生活形式總有潰決奔壞的一日。現在我且把一個工人每月的收入和支出約略比較一下，就明白了。假定有一個已婚的工人，有一個小孩子。他每日的收入爲十六佛郎，一月作三十日，除四個星期日計算，只有二十六日，共得工資四百一十六佛郎。因爲他在工廠作工，工廠裏每月還給他的妻子十佛郎，給他的小孩子十五佛郎的撫蓄費。(小孩子到了十六歲這錢就取消)合他的工資他每月的收入就有四百四十佛郎，每月的支出，房租三十佛郎，作最少打算，三口人的火食費，每日十二佛郎。每月三百六十佛郎，每月煙費和報費，三十佛郎。每月支出總數爲四百二十佛郎。收支兩此尚剩餘二十一佛郎，此外加日常用品費，添補衣服費，游樂費，……都在那二十一佛郎內打算。大多數人的生計如此艱窘，社會上那能不發生問題呢？

看到這里，我想一定有人疑惑『法國工人的生活，如此艱窘，那麼勤工儉學生在他們工廠作工，還能餘錢讀書嗎？』其實天下事眞不可一樣的說法。法國工人的生活程度雖高，但在法國社會生活的人，並不限定要一樣的高。即如吃飯，一個法國單身工人，在飯店包飯每日至少需六佛郎。我們同學在這裏組織的自爨，每日只兩佛郎五十生的的火食費，口福並不減於在北京住公寓，每日吃冷菜冷飯的同學。所以我要特別申明一句，望讀者莫要悞會。

工作時間　我們都知道被世界勞動團體所承任的勞動時間，是每日八小時。但是道德不可靠的資本主，那里都能遵從這個原則呢？所以我這工廠在一部分工人的願意以內，還是實行他每日十時的勞時制。不過在八小時以外的兩小時，每小時比平常一小時加二分之一的工資罷了。這加的兩小時在勞動節——五月一日——的時候停止過幾天，大概是因爲去年勞動節巴黎工人因爲爭每日八小時工作，曾起一次大騷動，所以他們今年在那時候就避一避風頭，星期日大部分工人都是休業，有一小部分還是作工，但只做六小時——上午六時到十二時——的工工資作八小時計算。我彷彿記得在某雜誌上面看見「國際保工會」的議決案。工人工作時間的規定，是每日八小時，每星期爲四十八小時，還有每星期內至少須繼續休息二十四小時，但據我現在所看見的，十小時的勞時制也還在實行，二十四小時的休息也沒有完全實行，難道保工會的議決案沒有一點強制力嗎？然而工人方面的確還有歡迎每日加鐘點和星期日作工的，也是因爲受生計逼迫的關係。這種問題我想不久總有從根本解決的關係，每日八小時工作支配法也不一樣，最普通的是上午六時半到十一時，下午一時至四時半。此外就是區日夜二十四小時爲三班，由三個工人輪流替代。七午四時到十二時爲一班，十二時到下午八時爲一班，八時到四時爲一班。這樣辦法於工廠的雖有利，但工人的起居不固定，往往神思不很安寧。但他們又那里留心工人這樣的小問題呢！

家庭情狀。 外國無論大小家庭，都眞是安樂窩，門以內充滿的都是幸福。因爲在精神和物質兩方面都能引起人的愛心。在物質方面我們用幾個抽象名詞形容他，就是整齊，潔淨，淸幽，……在他們屋子裏的無論大小東西，都位置得異常精嚴，雖在極窮的家裏，他們的臥具，用具……都不許他有半點損壞，骯髒，那怕極容易汚壞的廚房用具，窩爐，鉗，鏟，他們偏要料理得格外精緻，並且還光澤鑑人。有的家庭，廚房和臥房，同在一間極小的屋子裏，但被他的主婦，還是佈置得別有天地，走進去，絕不別起一種感情覺得難過。他們住房的地面上並不是每天草草的掃一次，就以爲滿足，隔一天還要精精細細的用肥皂水滿洗一過。他們穿的衣服時常是淸潔異常，從沒有到很難看相的時候。他們的家庭極簡單，平常只有夫婦及他們的子女，但也有同父母同居的，而同女子的父母同居的反居多數，他們的同居，並不是因爲甚麼女系制男系制。大概是女子初嫁時，年紀尙靑，一應撑持門戶，經理家務，都要有人指導，所以就同他的父母同居。這到是一種自然的關係。但無論如何，他們家庭裏絕沒有一個不作事的人，他們在一道兒過活的，總是和和氣氣，從來不知道怎麼樣謂之勃谿。他們收入稍豐的人，幸福就更多了。在他們住房之外，還能租一塊定地，就親自開闢出來做一個『花園帶菜園』。在這樣的春天的時候，園中的紅的，白的，黃的，紫的種種不一色的花結，都開放了。在花旁邊長的白菜和扁荳，也是蕩樣的在太陽底下比賽他們靑翠的美色。下午下了工的工人和他的妻子。就在這自然的，美麗的，像一幅畫圖的景緻裏面討生活，眞是快樂！他們的起居飲食都是有一定的規律，從來不喜歡凌亂。所以他們守秩序，遵習慣都是從日常生活的細微事上就養成的辣成的。他們的社會之不容易發生大擾亂，也就是因爲他們人民不喜歡凌亂秩序。這就是社會之所以能存在的根本所在，但中國社會實在缺乏這個要素。

遊樂。 據我所知道的法國工人的遊樂種類並不多。在這個城裏他們遊樂場所的咖啡館雖然徧地都是，但每個咖啡館裏大概只有彈子房，紙牌和 Teu de dame 幾種遊具。每日下午四點半鐘以後，咖啡館裏就充滿了的遊人。他們在咖啡館惟一的事就是吃白酒，在吃酒的時候就玩上面所說的各種遊戲，但絕對不是賭錢，最大的輸贏不過請他的朋友認一杯酒賬罷了。他們在星期日比平素格外快活，就是他們可愛的人和他們能經很多的機會領受這偉大的崇高的『自然』的愛力。在他們遊樂中與趣極高的，也要算他們在星期日的野遊。他們的遊蹤常常在十里二十里路外出現，且毫不覺得病乏，即令陰雨的天氣，也不能阻止他們勃勃的遊興。這也可以看得出他們對於野遊的熱心。他們還有一種遊樂，也是視為他們生活中不可缺的東西，就是每星期一度的跳舞。跳舞場也是和咖啡館一樣，徧處都是。每星期六下午和星期日，我們都可以聽見洋洋幽和的音樂，和男女雜遝的脚步聲相和應。他們在那裏也能表現他們生活的美滿和調和。我們中國人的人生活，無論在那一方面，都不及外國人。已經有歷年的留學生和幾萬華工在人家社會上給了我們很明白的證事。即如遊樂一層，我們以人類的生活有向上的可能性的道理來推測，在人家社會上多少總應受一點感化。那曉得中國人他偏有『嗜痂之癖』，偏不喜稍稍改變。我曾經親眼看見巴黎學堂街附近的咖啡館門口，有中國的留學生圍着桌子打麻雀牌。在這作工的地方，我的同學們常常散步的時候。看見華工在大樹林裏擲骰子。他們格鬥互毆，最大部分的原因都是為賭博，被外國人輕視，侮辱，也都是為了這些緣故，這樣惡劣的習慣，真非根本剷除不可。不知現在的社會改造家，有沒有具體方案？

嗜好　法國工人的嗜好很簡單，大致不外煙酒兩樣。酒是他們主要的飲料，彷彿和中國人喝茶一樣，沒有一頓飯離了他。他們下了工不是在自己園裏種菜，就在咖啡館裏吃酒，但在街上絕少看見醉人，我真佩服他們的節制力。煙是個個人必吃的，他們吃的煙叫做Tapac，和中國的金堂葉子差不多。他們吃煙都不用煙嘴，所以吃久了的發生一種極壞的習慣。他們吃煙的方法，是只買絲煙由自己捲成煙捲，兩頭的毛煙沒有弄淨，所以在口中啣慣了。煙味慢慢與舌尖相習，日久年深，口中就非有這樣的味道滋潤不可，於是就由吃捲絲煙，變成吃淨絲煙了。但起先還不過在口中咀嚼，以後就漸漸咽下喉去了。這種嗜好，我以為於身體的健康，總有很大的關係，大約是絕對不好的習慣。但現在還有許多華工，在此地吃食鴉片煙，我覺得人家還差勝一籌呢！

交際。　法國人家庭中親戚朋友的往來很少，且他們並不喜歡那樣的往來。中國人租他們的房屋，有因爲往來太多受干涉的。我有一個同學，在里昂租房子，房主提出的第一個條件就是限制往來。由這些例可以看得出他們對於那無意思的交際——所謂應酬——的感情的冷淡。至於那把自己的業務放掉，忽然加入他人家庭中去生活，如中國之所謂住親戚的辦法，就更是沒有了。但他們並不是完全無交際。他們交際的機會也很多。跳舞場，野遊的時候。俱是他們和他們的親友會面，極高興的在一道兒玩耍的時候。此外還有男人在咖啡館裏，女人在禮拜堂裏，也都是他們聚會的機會。如果他們的父母是住在旁一個城裏，那麼，他們在一年中還能得一次極快樂的旅行。旅行的目的，不待說，是爲省親。但盤桓的日子也不多，至多的沒有超過一月，少的也只有兩三天。我這叙的交際情形，只就我所知道的工人社會而言，至於另一階級社會的情形，我就一點不能知道。所以我希望看的人切不要把在小說，曲本上所看的交際情形來疑惑我所說的。

信仰生活。　我們都知道法國的教育早已脫離了神權的迷夢。但是一般人實際的生活呢？以我看，又在似脫未脫之間、怎麼說呢？因爲他們在一方面表示信心非常薄弱，然而在他一方面，一切神人時代的儀文禮式，一一嚴行遵守。這或者也是在這個時代所必經的一種生活形式。他們男人是很少到禮拜堂去做禮拜的，平素和他們說起宗教來。往往對於教士加以十二分的挖苦；但他們行婚禮葬禮的時候，又偏要到教堂去鬼鬧一陣。是宗教信徒不必說，就是反對宗教最利害的工團團員也打不脫那種野蠻的儀式。可見得一種信仰根蒂太深了，很難一時打破的。他們的軍閥，財閥，敢於在政治上社會上肆行無忌的，也還靠和教士結合起來，把一般人的精神完全征服了，使他們不容易起反抗。因爲宗教是極守舊的東西，又極能迷惑人心，而且排他性又非常富足，和國家主義連合着，很容易引誘人動殺機。法國社會上反對宗教極利害的很多，但一般人民總不能完全脫離宗教討生活。就如同中國之於孔丘一樣，反對的人固是激烈，那一般人總是要裝一個「大成至聖孔子先師」的牌位在腦筋裏，真是沒有法想的事，真是可爲痛惜。不料中國新文化運動的前驅者，在這樣人心浮動一個個岐路彷徨的時代，居然提倡宗教信仰，恐怕沒有是處罷！

性的生活　一般人的觀察，大概都以法國人的性的生活，不合法式極了，但以我看來就覺得是極自然極正當的生活。我們看法國工人溫柔和善的較多，絕不見有許多暴戾粗獷的。我以爲就是性的調和的結果。因爲人的性情總要相互觀摩，薰陶感化，才不致流於一偏。在兩性間的調和更是緊要。大概男子的性情總是剛盛於柔，而女子的又是柔多於剛。如果不有適宜的調劑，恐怕就有各走極端的危險。我常常很冷靜的觀察法國工人對於性的觀念，覺得他們簡直脫離了神秘的，不潔的意味，完全是生活上一種公然的，正當的需要。他們無論老年人，青年人性的感情的濃厚都是沒有多少軒輊。就是老年和青年間，他們眞摯的，純潔的性的愛也是一樣的宣達。具體的說出例來，一個六十歲的老太婆和十五六歲的青年，都能由性的牽引，表示他們和樂的濃密的感情，在性情上作一種懇切的調和。至於青年及青年間更是親切。總而言之，都是公正的社會的性的生活。有人說，法國婦女非常放縱，所以操不正當生涯的非常之多。我以爲那又是一個問題，那是社會根本組織不良所造成的，與他們公正的性的生活不生因果關係。

美的生活　我常說，法國工人性情之所以善良，一方面是由於性的調和，一方面是由於美的感化。美簡直是他們生活中的一種重要需要品。他們生活上之需要美，也是如同需要其他物質的生活需要品一樣。所以他們的居室，他們的服飾，一一都要以美爲鵠。他們還極愛自然，並且格外愛花。無男無女，衣襟上常插得有種種顏色，極美麗的花枝。屋子裏舖陳的也是極其美觀。牆壁上掛的不是極好看的油畫片，就是極名盛的風景片。在壁爐臺上擺的雕刻品看來也並不粗惡。如果在沒有人的時候，靜靜的和他們對着，也能引起一種神秘的，高尙的，新鮮的感情或娛快。街市充滿的都是名畫郵片和風景郵片。還有骨董舖和家具舖爲人家闊人預備陳設客房或臥室的極美麗的雕刻品，極著名的畫片，都是擺在當街。工人往來的時候也可以隨意賞鑑（就是我作工的這個極偏僻的地方，街市上出售的美術品，比北京琉璃廠書畫店裏掛滿了的王石谷，鄭板橋……的假畫，刻石店，鄧完白……的假字都要勝幾萬倍）他們的生活完全是浸躍在美的裏面生活就是美的，美就是生活。他們的人生是美的，他們的宇宙是美的總之無所不是美的他們幸福！中國的社會改造家，對於中國人美的生活的建設問題，不知又如何解決。

以上拉拉雜雜把法國工人的生活，寫了一大篇我對於他們的生活。除了受階級的壓廹生計稍覺不充裕外，其餘却都是滿意的觀察，但是如果要作進一步的要求，也覺得他們的生活，稍嫌偏於物質一方面。即如他們對於美，雖是在他們精神生活中，占一個很重要的位置但他們總覺是把美拿來滿足美慾，並沒有發作他們高等優美的情操。然而這也是一句太理想了的話在現行制度之下，想求一般工人都富有極高尚極優美的情感，豈不是癡人說夢嗎？但是回頭看一看中國就是所謂上流社會的『士大夫』只怕除了『純物質』的生活之外，沒有旁的話可說了罷！

女工狀況。 在中國現在言論界大部分注意女子問題的時候，我曉得歐洲女子勞動情形，一定都是很情願知道的。所以我現在將法國女工情形略說一說。法國女工的來源大約可分三項。

一寡婦寡婦之作工，完全是被生計壓迫。他們政府對於寡婦也要給一點贍養費，但是總不夠維持生活。寡婦中最慘苦的就是新寡婦，這類新寡婦的丈夫大概就是這次從軍死的。他們家中或者還有老年的母親，或者還有小孩子都要靠他作工事畜，所以他們於工廠作工之外，在自己家中還要爲人家作工的，例如洗衣服。他們在精神和物質兩方面都忍受一種過度的窘迫所以他們的面色總是枯黃的，坐着的時候，還是長吁短嘆，毫無一點生氣。我曾經看見幾個，眞是可憐。此外還有老寡婦，也是非常之苦，自己走路，都覺走不動，每日一早還要上工廠作工。這都是他們社會上的缺陷。二未嫁者 在工廠作工的大部分是未嫁者。他們的年齡大概都在二十歲左右。他們之作工，都是因爲他們的父母不能擔負他們極繁重的衣食費，所以要他們作工稍稍貲補。但作工所入還是非常微薄，他們的香粉香水耳環項圈戒指，以及於衣服鞋帽，又要非常的美麗漂亮，所以貲無所出，只得借助於其他的收入了。到了結婚之後，他們的生活費已經有人一概担任，他們也就不作工了。三爲終身不嫁者。這類婦女在工廠作工的也是很多。他們之不嫁人並不是抱有一個甚麼主義，也不是他們不情願嫁人，大部分大概都是競婚場中的落伍者。

他們的生活大概偏於放縱一點，但在工廠裏作事都也很認眞。他們的生活費並不專靠工資，工資還不過是他們一種附帶的確定的收入罷了。至於尋婚的婦女就絕少在工廠作工的，間有一二，不過是尙沒有子女，還要同他的丈夫在一道兒。他們那種同起同落的生活，到是很有趣味。我們這萬里孤客，碰在眼睛上眞是格外羨妬。女工在工廠工作的種類，也很是單純，大部分的是作雜工。其次就是開起重機和轉運車。在鑽床，銼床上作工的也有，但是不多，且還要是小機器，稍大的就拿不下地。在刨床，旋轉械上……作工的簡直沒有。作翻沙工的也有，至於電工，銼工之種種須體力稍強，技術稍精的工作，更是不能作，這個原因大概是因爲女子所須於作工的時期甚短，自己不願學習技藝，而女子體力稍弱，工廠裏也不歡迎他們作稍重的工，但法國勞動者也很缺乏，而社會上的生計又非常艱窘，將來女工的勢力有更進一步的發展，也來可知。女工和男工的工資非常不平等，大概女子平等的工價只七八佛郎一天，不過鑽床，銼床，翻沙種種工作，都是用質量制給工資，所以工廠也不能區外分別。至於在工廠所享的權利，也是不甚平等，例如工廠發給工人的贍家費，男子有，女子沒有。工人在工廠購買燃料，可以減價，只限於男子，女子不能。諸如此類的也甚多。不過在工廠的投票權，男女都是一樣。以上所說的女工狀況，都很粗略，但爲見聞所限，也是沒有法想。我以後還預備詳細調査，有機會再當報告。

老者和幼年工人的狀況　老年工人在工廠還不多見，但有一個呢就覺着異常可憐，腰駝背鉤，不特路走不動，就是坐一天，我看他也像非常吃力。我作工的那一部分有六十七歲的一個老年工人，耳聾眼花，還得有喘氣的病。他是作的用火油擦鐵銹的工，但終日並沒有作一點事，還見他感受非常的痛苦；然這到是極少數，且工廠對於老年人的工資還格外從豐，也算是資本主義可人意的善政。未成年的工人在工廠裏學習手藝的，都是附屬於各部分，惟有學機械工的就是另闢一個處所，使他們學習，法國人在二十歲以下，未服兵役以前，都不謂之工人。在這期間內，在工廠裏享受的一切權利，都不能與成年人平等，就是工價也非常低微。不過作的工也沒有能戕賊他們的身體的。雖然年齡也有過小的，甚至於有十二歲的，然總也在他的體力能勝任的限度以內作事。但是在他們自己，習氣到是非常之壞，頑皮淘氣，欺弱，怕硬，還有種種不正當的行為，都無所不幹。但年齡稍大，也却都漸漸變好了。彷彿和中國人愈大愈壞的習氣恰成反比例，這也是他們社會比較的光明，一般的人習斯染斯就成了好人了。

法國工人有那樣的品性，法國工人是那樣生活法，但是做成他甚麼樣的一個社會呢？換一句話，說，法國工人的品行如此良善，法國工人的生活如此滿足，他的社會又是怎樣好法呢？我答應這句話，說法國社會是和氣的社會，是有秩序的社會。法國社會之和氣，看了前面我說工人的品性就可推得一二。現在我總略具體的一說。我在他們社會上生活了一年多，從沒看見他們互相口角，互相毆鬥。即令他們有相抵觸的地方，也總是互讓就下了地。我有一次看見一乘汽車，把一個騎脚踏車的碰在地下，以中國人的脾氣說，這個騎脚踏車起身之後，必定要大罵那汽車夫『瞎眼』。還有許多不能入耳的話說出來，那曉得這人起身向汽車夫笑一笑，說一聲『不要緊』就走了。如同這樣的事，隨在都可遇見許多人家這樣社會的修養，中國眞是不可一蹴而幾。中國人眞說是人家無心的侵犯不能容忍，就是人家不侵犯，也還要常常惡聲相向。我們無論在中國甚麼地方，那里不遇見幾回家人口角，毆鬥。兩個人力車夫因讓路相罵相打是常事。在戲園裏爭位子以至於破頭流血，也是數見不鮮。所謂下等人不說，就是現在拿筆做文章的人，那一個不是互相埋怨，我說你罵人，你說我罵人，其實自己的筆尖子底下，『盲從』『糊鬧，』『淺薄，』『[illegible]簡單』……個個還是大串子的寫。我說中國人罵人簡[illegible]了天性。這就是社會不和氣的見端。所以社會上表現一種不安的景象。現在的人說，『社會不安，中外皆然。』我說外國社會固也是不安，但和中國社會不安的性質怕大大不同罷。其次法國社會之有秩序，我前面也說過他們有遵習慣，守秩序的美德。他們社會上的秩序，從種種方面都可以看得出來。大事件如同選舉罷工，都有一條一理的辦法，社會上並不現一點恐慌的痕跡。小事件就是吃飯穿衣，也都有一定一絲不紊的程序。中國人的生活，簡直如同亂麻，一般無論從那一方面觀察，都不見他有一點頭緒，所以社會上一團糟的亂象，永遠是理不清。但雖說是紛亂無紀，到也不是『不藥之症，』所以我就格外的希望現在的社會改造家了。

我這篇文已經寫完了，我對於讀者先生眞是抱歉，我之淺陋，我之駁薄，本不應傳遞這樣重大的消息，恐怕不能把人家的眞面、國表現出來，到還是小事，如果以假僞亂眞實，消滅了社會的蘊開，那就眞是罪不容於死了。但是我還可以基於一種意義上爲自已解釋，讀者先生們或者也有子弟親友在很遠的地方作客的，我想那時你們一定很希望他把他居的那社會的情形詳盡的告訴你們。現在我這就是寫給你們的一封家信。我希望你們所看你們初出門的親友子弟的家信一樣看他，不要當他是一種社會實況的調查，就是我的萬幸了。

Le Creusot, France, 20. 6. 1920.

法蘭西工人

羅學瓚

我到克魯鄒工廠 L'usine du Creusot 作工已經五個月了。因法語懂不得好多的原故，將要調查的事，到於今還沒有著手。現在說工人情狀，也不過就聞見所及，感想所到的，拉雜寫出來。至於要求詳細，當然不是一次和一人說得了的。我所住的這工廠的名叫做施乃德 Schneider 就是施乃德所創辦的。施乃德，是法國一個頂有名的資本家。他所辦的工廠徧布法國。以這個工廠爲最大，周圍約二十里。由一端到別一端，是用火車來往。聞歐洲除德國克魯伯那一類最大的工廠外，就要算施乃德這類的工廠爲最大。所以這個工廠，在歐洲是第二號工廠。在法國是第一號工廠，內可容工人三萬餘，目下只有兩萬餘工人。外國工人尙佔半數。我因爲他是法國最大的工廠，又因爲工人不是克魯鄒一部分的，是法國各地方來的，又以工人有許多事情都是相同的，所以拿他們作法國工人全體的代表。以下分作工情狀，工人生計，工人習慣，工人身體性情，工人智識思想，工廠裏對於工人之設備及待遇等按次說明。

一工作情狀　克魯鄒工廠，自一千九百一十九年春季由每日十點鐘工制，改作八點鐘工制，普通是每日早六點半上工，至十一點鐘散工。上午作四點半鐘工。下午由一點鐘起工，至四點半鐘散工。以外還有上午四點鐘上工，到十二點散工的，有十二點鐘起工，到下午四點鐘散工的，有下午四點鐘起工，到明日下午四點鐘散工的，分三班輪作。因工廠裏的工，是晝夜不停的。星期日本是休息，但也有作工的，半日工，算一天的錢。施乃德本是一個鐵工廠，所以有技能的工人，以鐵工爲最多。其餘有翻砂工電工木工油漆工建築工等，這是要有技能的。以外就是普通工。普通工人要佔工人全體一大半。又各種工人內，分門別類，又是很多的，現在不必多舉。大概有技能的工人，多半是法國人。外國人多做普通工作。此地外國人，除我國工人外，有葡萄牙人，西班牙人，意大利人，比利時人，安南人，多是做普通工。譬如我國工人，有二千四五百人，僅六七人有有技能的工。普通工人與有技能的工人，沒有什麽關係，所以沒有什麽衝突的事情。法國工人不排斥華工，我恐怕這也是一個最大的原因。說到法國工人的工作，由我看來，有三種特色，即愛堅實，愛美好，愛便利，是也。由這三種心情，所以他們作工，不惜犧牲材料，不怕多麽工夫，不顧再三考慮。我與同伴的法人作電工，常安一電機，上一電燈，每於事前，必要再三籌畫，總想做得那恰好處。並且他們會打主意。他們遇見困難，在我看起來，實在沒有法子想，但是他們把頭搖一搖，皷眼望一望，主意就出來了。且打出主意，常常令人推測不來，令人佩服。每有物理學化學的道理，可知他們的科學，已成了習用的智識了。又他們已打定主意，如需用材料，無論如何困難，必設法辦到，決不吝惜，常常做好一事，如發見稍有疏忽處，或有點不勻整，或有點欠手續處，他馬上就要把他改正。我常見他們爲一點小事，把全功盡廢的，或材料盡毀的，常爲他們可惜。但他們是沒有這種念頭的。他們只曉得要堅實，要美好，要便利。由此我們可以曉得法國社會房屋的壯麗，配製的幽雅，道路的整飭，機械的發達，及人生日用器具的便利，所由來的道理了。並且法國工人，肯負責任，也就是這個原故。再說女子工作。西洋女子作工，近來天天加多。街上拉車駕馬的，山野耡園種土的，以及各商店裏做生意的，各機關辦事的，比比皆是，這不待說。我單說在工廠裏作工的。在這個施乃德工廠的女工，約占男工二十分之一。他們的工作比較男子起來，一要安閒一點，二要輕易一點，三要清潔一點，四要能坐。所以她們做工的地方，以各部辦事處，貨棧及鑽床各處爲最多。他們的工作，以文書函牘洒掃拂拭磨鐵鑽孔管貨運貨守車站翻砂爲最多。以外尚有駕車在工廠內跑來跑去的，還有在鐵廠裏遞鐵削鐵的，在軌上操御起重機的，這就要算煩難一點的事。我看他們的體力，個個都是很強健的。像我們這輩人，是遠不及他們的。慢慢的習慣來，總可與男子做同一樣事業。

現在他們所做的工，既多是安閒的，所以他們趁著有空暇的時候，就把他們的皮包打開，做他們的女工，如縫衣服，修補衣服，及做這些小東西之類。其實他們沒有安閒的啊。再說兒童工作。在這個工廠作工的兒童，還不甚多，大概都是工人的兒子。年齡都在十四歲以上，沒有看見頂小的。他們作普通工的最少，多半是入工廠學技能的。學技能的手續，有跟隨老工人慢慢學習的，有入工學徒部的，大概以入學徒部的為最多。因工廠裏設有各部的學徒部，最便於學習，不過要限三年畢業。年長的也要兩年。他們既是學徒，自然說不到工作好不好。我在工廠裏所看的兒童，沒有一個願意作工的。他們不是爭鬭罵詈，就是在廁屋裏挨尿挨屎，有時躲在衣櫥子睡覺，有時把便所封閉，坐在其中玩耍。我們同學有在學徒部的，他們常來絞擾，真無法抵當。我們同學只學三四個月工，能夠當他們一二年的技能，就此也可知道他們懶惰的情形了。但這不是小孩子的過錯。我想當他們這樣的年紀，還不應該入廠做工。做工是笨伯的事，是規律的事，是苦楚的事，（指小兒言）要活活潑潑的小孩子去做，宜乎他們不願意，宜乎他們生出許多詭詐僥倖的心思，及做出許多無聊的事情出來。這也是使他們青年品性墮落的一個大原因。我們一方面責備他們的父母，更當追究他們的父母為什麼要使他們早做工的原故。才是。他們出學徒部，可以做第三等工人。以後年齡漸加，工作漸熟，可以做二等工人，以至頭等工人。凡在工廠裏的工人，都有工隊長，Chef d'equipe 指揮工作，分配材料，及監督工作。大概一個工隊長所領多或二十人，少亦有七八人。工隊長以上，復有工長。Contre-maitre 工長分管各部工務，監督工隊長，巡查工人。工人見了工隊長，固然要做工，但沒有什麼畏懼的心思，若見了工長，那就像老鼠子見了貓一樣，作工既毫不敢怠惰，連態度也要變成莊嚴的樣子。喜笑爭辯，也馬上清淨了。工人平常休息，要左顧右盼，望望他老先生來了沒有。若有時在那裏休息，偶然遇著他老先生來了，他把鬍子抹幾抹，不客氣，就罵起人來，這就是工人不高興的時候了。工長以上還有幾個長，如工務長 Chef de service 如某科科長 Chef de fersone 之類。這是關於工廠組織的系統，現在可不說他了。

二工人生計　工人生計，可分作工值和消費兩項說。工值就是工人生產的代價。法國各處工廠的工值，不必相同。譬如巴黎里昂及北方各地工廠的工資，有時比別的地方要超出一倍多的，所以很難覓一個適當的標準。但我調查法國除幾處通都大邑外，其餘的各處雖有出入，大概還差不好遠。我現在說施乃德工廠的工值，我想總可代表大多數的工廠。工資有兩種分別，就是人的分別，和職務的分別。人有男女老幼的不同，職務有工長和工人與有技能的和普通的學徒的不同，所以工資沒有一律的。就學徒的說，初入工廠，沒有工資，只有生活費，生活費隨時候不同，現在每人每日五個佛郎。但年齡高一點的，或時日多一點的，到也有七八個佛郎一天的，有十個佛郎一天的，大約以十個佛郎為最多。三等工人的工資，與普通工人同樣的，現在都是十五個佛郎一天。二等工人現在是十九個佛郎一天。頭等工人普通是二十二個佛郎一天，但也有二十五個佛郎一天或三十佛郎一天的。工隊長的工資有時和頭等工人相同的，普通比頭等工人每天多一二個佛郎。工長的工資七百佛郎一月。其餘與工人不相干，可以不說。婦女的工資比普通工人要少，以八個佛郎一天為最多數，其餘也有十個佛郎一天的，至多不得過十二個佛郎一天。這是婦女與男子不平等的事情以外還有老人工資，通常與婦女相同。要看他們工作能力，定他們工資的多少，這是時間制的工資。還有質量制的工資：譬如翻砂的各種模型，都有一定的價目。你每天做幾個模型，就照定價給錢把你。又如燒火的，你燒得好多蒸汽水，就給多少錢把你，這是沒有一定的。但有技能的工作，可照有技能的工資計算，無技能的可照普通工計算，大概差不許遠的。又各種工人除工資以外，還有紅利benefice。據我們作電工的計算，每月有三四十個佛郎的，有七八十個佛郎的，大概至多以每月百佛郎為限。現在就普通工資和有技能的工資統計一會，其餘的作為例外。每月除星期及儀祭日外，平均以二十五日計算，是普通工人和三等工人每月所得不過三百七十五佛郎，二等工人每月不過四百七十五佛郎，就是頭等工人，也不過五百五十佛郎。以後再看他們的消費，法國自大戰後，百物昂貴，比戰前常高至四五倍之多。譬如從前一件四五十佛郎的外套，現在要二百餘佛郎或三百佛郎了。就是麵包歸公買，從前半佛郎一啟羅，現在也增加一倍了。所以工人的消費也就大加擴充了。在克魯鄒的工人，有在家中餐食的，有在工人飯館餐食的，有在別處飯店包吃的。現在工人飯館作一個標準：工人飯館，是工廠裏爲工人謀便利而設的，每年酌與津貼，因此工人在此用餐的極多。早餐僅一點咖啡麵包，須費半個佛郎，中晚餐有兩種飯食，一種每餐爲一個半佛郎的，一種爲一個佛郎八十生丁的，是一天有費三個半佛郎的，有費四個佛郎一十生丁的。以外還要加酒錢，要付小費，在工廠裏還要自己帶麵包糖餅香腸等物做點心，還要飲酒吸煙，平均每人每日作六個佛郎的飲食費，一個人每月就要費一百八十佛郎了。若合夫妻兩人計算，就要費三百六十佛郎了。這是飲食一項，若說到衣服呢，他們的衣服比起中國工人來，總要多費十倍以上。譬如中國工人冬季的衣服，不過值四五塊錢，在鄉村中的更少，自不待說。法國工人在冬季每人合計內外衣服，至少也要費五百佛郎，約合中國五十塊錢。若在夏季，中國工人所著的衣服，更費得少。法國工人亦略如冬季，更費至二十餘倍了。又法國工人沒有一個不有錶。十個中有七八個著金戒指的。現在每人每年就止算費五百佛郎的衣服，修飾費每月就要費四十佛郎了。女子衣服裝飾更花費得多，合計夫妻兩人費一百佛郎，是一定要的。還有房租，此地工人多自各地來的，多半是要租房子居的。工廠裏的房子，每月只有十五個佛郎的房租。然房中一切日用器具，及裝設物，都要自己製備，所費也很多的。細工廠附近的房子，夫妻兩人，至少每月要費五十方。工人也有居旅館的，花費更多。現在無論居自己的居別人的，至少也需五十佛郎一月。由以上三項合算起來，就要五百一十佛郎一個月了，這是最普通的計算。你看就是頭等工人，除了這三項外，每月僅僅的餘四十佛郎。就普通工人而論，每月尚要虧空一百四十五個佛郎。以外還有許多有子女的，既要衣食費，尚要教育費，還有許多雜用，如書報費，交際費，旅行費，醫藥費等。這些費用，雖不能一一預算，但無論那個工人，多多少少總是免不掉的。總而言之，工人專靠工資，萬不能使一家生活的。所以我們在工廠裏與同伴說到戰事，他們就要提出生活困難出來，不是說某物在戰前幾個佛郎可以買得，現在漲至幾倍，要好多佛郎才買得的話；就是說這次戰爭，使我們不能生活的話，這是確實的情景。由這種生活的壓迫，所以使他們罷工的興趣日大，罷工的聲浪日高。但罷工的手段，雖然是好方法，據我看來，從前的罷工，卻是一塲空把戲。因爲以前法國工人罷工，所要求的不過減少工作時間增加工價而已。現在工資比從前要增多兩三倍了，時間也減少了。但是工人的困難，非惟沒有減少，並且還增多了。這是什麼原故呢？一就是工人罷工的事，常落在百物騰貴的背後。二就是工人所要求增加的工資，常不能與增高的物價為正比例。三就是工資既然增加後，而各種貨物因生產費加重，於是價值又隨即加漲，互相影響，仍然是工人吃虧。譬如法國從前五個佛郎一天的工資，夫妻兩人只要六個佛郎的生活費。現在工資增至十五個佛郎一天，而工人生活費，更增至十八個佛郎一天了，（就上面大概計算也要十七個佛郎一天。）比從前的困難，更加多兩倍了。（六與十八之比）時間雖然減少了，然回家却仍是要做工。若對於資本家一方面說，他毫沒有吃虧的，因貨物的生產費加多，他的消售費一定是要增多的。並且從前十個佛郎的東西，現在要值二三十個佛郎，只算他在十個佛郎之內，僅賺五個佛郎，現在二十三十個佛郎之內，反要賺十個佛郎至十五個佛郎了。所以資本家雖有時因罷工要受損失，其實他所損失的，不過那成本外的餘利，就是所掠得工人勞力的價值，並且將後還是資本家佔優勝。所以工人當罷工的時候，陷於失業的狀態，已大受了損失。罷工之後，又不能佔得勝利，反陷於困難的境域。所以我說這種罷工是玩把戲，萬不能達到解決生活目的的，是不能求安全生活的。現在法國的工黨Syndicat似乎有點覺悟了。五月這次大罷工要求礦山鐵路及別的重要工業，收歸國有，就是覺悟從前那些零碎的罷工，不能達目的的原故。但是收歸國有，把資本家壟斷的勢力，移到國家身上，是不是能達到目的，還是一個疑問。因國家與資本家，原來都是一種同性質的東西。據我看來，資本家害人，還有限量，國家害人，更是無限量的。譬如法國百物昂貴，生產缺乏，使工人困難到這步田地，是不是由這次大戰的影響。大戰是誰造成的呢？就是由國家造成的，（編者按此所謂國家並非指國自乃專指政府中人）資本家不過做幫手而已。現在把一切生產和交通機關，都送給國家。我要問現在國家的辦事人，是不是由工人造成的？是不是專為工人做事的？是不是能擔保他不壟斷壓制的？我們由這幾點看來，又可曉得他們這種罷工，是一種忘想，又是不能達到目的的。譬如麵包久已歸國賣了，為什麼前回要由半佛郎一啓羅，漲至一佛郎一啓羅呢？工人都不願意，為什麼又無方法止住他呢？這也可作一個例證。然則工人不應該罷工麼？不然不然。

工人要罷工，並且除罷工以外，還找不出什麼別的好方法。我以爲要把方針改變要澈底的覺悟從經濟制度根本上改造著手，就是要變財產私有制爲均有制，就是一方面都爲工人，一方面都有財產。那時工人的生活，就是解決的日子。不然我就止望見工人一天天向那困苦的境界走罷了。

三工人習慣　工人早晚相會相呼 Bonjour 或Salut，行舉手禮，有時亦握手。於散工回家時，相呼 Bonsoir，或 Au revoir，亦有時握手。對於工隊長及工長不呼名，單呼職，如呼工隊長曰 Chef，工長曰 Contre maitre 之類，與中國相同。這是他們的禮節。他們入工廠時，將所著外面的衣服，及冠履一齊改換，另著工人衣服冠履。工人衣服有歸工廠裏備的，有歸自備的，每人需備手巾四五條，如繞頸避灰塵的，如抹手的，如洗面的，如吐口水的。當作工時或非常齷齪，只要稍有時間休息，必定要洗手，要抹面。當散工時，每人需費五六分鐘洗手洗頭腦，或洗上身，或到工廠中所備的澡堂洗澡，必使身上乾乾淨淨，不留半點塵埃污穢。我們平常手上頭上些微有點污染，每覺毫不要緊，但是由他們看了，必定要嘲笑你的，以爲這是很醜的事。故他們平常最不願意做的工，就是那些齷齪身手的事。他們的頭髮鬍鬚，都是修飾得整整齊齊，二十歲以上的，沒有不留上鬚的，以手抹鬍子，也是他們一個消閒的法子。他們在此地七天修一次面，每天洗一回頭，比在國內要算勤快多了。但他們常笑我們不好修飾，或言齷齪 Sale，或言不美麗 Pas joli。我們對著他們時時覺得自己不滿意，每要生一番反省，可見他們愛清潔已成習慣了。他們出工廠，把工衣脫出，著他們平常的衣服，都是整整齊齊清清潔潔一個。所以我們在街市上去看他們，分不出那是紳士，那是工人。只看得他們都是衣裳楚楚，風度翩翩的。我常說無論這他們一個到中國社會裏去，總要算頂闊的人，這是他們的裝飾。他們散了工之後，有入茶館酒館，暫爲休息的，有即回家的。在工廠四週有很多的咖啡館，和酒館。那些咖啡館和酒館中，都是雇用美麗伶利年少的女工，做他們的招待。並有打彈子及各種樂器，可以取用。他們趁工後罷倦，去休息一刻，喝喝茶，飲飲酒，並和這些女人談談天，說說笑話，或玩弄遊戲一番，或彈唱一番。並且西人會客，多半不在家，常相約到茶館酒館裏去會。這些茶館酒館，也是他們一個會客的場所。所以到了散工的時候，那咖啡館酒館裏，都是擁擠不堪的，但決沒有喧鬧的事情。他們興盡了，就動身回家。他們的家庭，有就在工廠傍近的，有離工廠至二三十啟羅米達的。在工廠傍近的，多半兼做小生意，平常男子入工廠做工，妻女就在家經理生意。他們回了家，就幫助他們的妻女做生意，或料理銀錢。若是家中沒有做生意的呢，有回家種菜的，有回家喂養鷄鴨兔鳥的。又城市中的房屋，背後多半有樹園，或花圃，他們做完了工，就和他們的妻子兒女，相互携手在那園中散步，或到戲院裏去看戲。若他們居在鄉村離工廠稍遠的，多半用自轉車來往，也有搭火車的。你看上工散工時，自轉車飛來飛去，好像那黑暮的鳥要落深山一樣。他們回家之後，家中是種田的呢，就去耕治土田，料理生物。是畜牧之家呢，就去照料生畜，或拉取牛乳。是種菓樹林的呢，他們就去爬梳果樹，摘取果物，（法國每家幾無不有菓樹園）他們屋前屋後，陳列有花木，他們每天也要栽培灌漑。他們把事做完了，就和家人唱歌奏樂器，有到牧場農圃散步，有到山嶺水涸游玩，有教小兒女讀書唱歌，或自已看報，這是他們出工廠後的行爲。至於禮拜日呢，那眞是工人極快活的日期。工人平常總是望禮拜日到，正是我國人望過新年一樣。罪人常出獄的時候，是很快樂的。工人到了星期日，也同罪人出獄一樣。他們到了那一天，上午呢，就是到澡堂洗澡，打掃家庭，清檢衣服，或料理別的瑣屑事，或到教堂裏去做禮拜；下午呢，就是每人著起他們頂好的衣服，改換靴帽，拿起自由棍，修飾得極齊整美麗，有妻子小兒女的呢，都裝飾得嬌嬈華美，就和妻子兒女排隊出遊，兒女頂小的呢，用一隻搖籃，夫妻兩人並列推走。有的向鄉村中去，有的到街市上來，各處道路，都是擁擠不堪。還有些無妻子兒女的呢，就去覓他的未婚妻，Fiancee 或找一個情人，或和他的朋友，結伴出遊。所以我們當那日出遊的時候，看見他們一隊隊的，都是活潑潑地，都是歡天喜地的，在跳舞場中。又看見他們男男女女，互相抱持，在那裏歌唱跳舞，那種興高彩烈心悅神怡的樣子，我實在無法形容出來。又他們那日不僅僅在附近遊覽，尙有許多做遠旅行的，當星期六下午或星期日早晨，那火車站裏的人，非常之多，就是他們到別的名勝處去旅行的，或去訪友的。我們常遊到附近鄉落的時候，又看見他們有在花園樹林中尋花摘菓的，有坐在溪邊釣魚的，有提帶鳥籠去找小昆虫喂養鳥兒的，有在平原綠野中，一羣羣擲球打捧的，他們眞是曉得快活啊。到臨晚的時候，每人身上都插有鮮花，或手中拿著大把鮮花，洋洋的同家去，圖他們夫妻的樂了。翌日到工廠，尙有許多插有鮮花的同伴相遇，常以昨日是否唱歌跳舞旅行玩戲爲問。他們在星期一日，每每都甚疲倦，一因遊樂之後，與致頓衰。二因一日之遊樂，常至過度。他們過星期日，在中國平常沒有什麼日子相彷彿的，獨過新年的那一二天，就有點彷彿。說到快樂上，還是遠不及他們。由此可曉得我國人，太不曉得娛樂的幸福了。這是他們的星期日。又工人的習慣，也有許多不好的處所。譬如常說的話，有 Bon de Dien merde。這是自慾和罵人的話。還有許多專於罵人的話，如蠢得很(Beaucoup fou)，髒東西，(Salope)懶東西，(Faineant)畜牲，(Bête)死畜牲，(Charogue)狗種，(Race á Chien)猪種，(Race a Cochon)豬，(Cochon)駱駝，(Chamean)雞，(Poule)牛(Boeuf)痴珠，(Araignee)騾子，(Mu'et)及種種生畜的名字。又有許多關於男女鄙褻的事來罵人的，很像中國那種粗鄙的人，但沒有中國那樣多，那樣利害，並且罵的時候，多半以喜笑出之，這是言語的不好。又通廠工人，除婦女外，無一個不吸煙的，每天吸煙總有幾十次，故工人口中停不住的噉『雪茄烈』『雪茄烈』(Cigarette)。有些煙癮重的，就把切的烟納入口中乾嚼，弄得口中烟水津津的，眞是所謂吃烟了。他們平常說中國人吸雅片烟，我們就笑他們吃烟作抵當。學徒部本是禁止吸烟的，這些學徒，仍然有在廁屋裏私吸。烟的勢力，眞是大得很啊。但是婦女絕對沒有吸烟的，這不是習慣養成的，或別有原因不吸的，又法國人好喝酒，工人多攜帶酒瓶子入工廠，口渴多喝酒，因他們把酒當作茶喝，不算事的。法國的紅酒，(Vin rovge)白酒，(Vin blane)少喝本有益於衛生的，但他們多有要喝得到沈醉的地步，害生費錢，就不好了。又工人撒尿，未免太隨便，在工廠裏面只要稍有遮避，不論是屋側，是房中，是大道，或當婦女身側。有便即撒起來，未免有點不愛清潔。又有好亂畫於牆壁的，又有好偷竊小東西的，他們看見別人有中用的東西，背了眼就拿起跑。我初入工廠，同伴常常囑我小心東西，以麻繩刀銼等等微小的東西，我看了毫不要緊，但是他們收了又收，鎖了又鎖，我以爲他們是小氣，到落後常常失去東西，才知道這個原故。我們同學，初入學徒部，有許多不上幾天，把所有工廠裏所給與的果西，都爲同伴偷去的。學徒最會偷東西，他只要經過你的身旁，或和你說幾句話，稍不留心，就要失東西的。有時把東西借給他用，他就強佔了不還。又他們對於工廠裏的東西，如銅片，鐵條，錫塊，松香，木板及各種有用的東西，只要稍有便當，就要藏入衣包中，或竹籃中，帶點回家去。但出門時，要留心警察，如被查覺了，就要受罰，那就不好了。但他們偷竊東西的觀念，卻不像中國那樣要緊，自待待人都不發生人格的關係。還有一種畏強欺弱的習氣，對於勢力強大的人，不和他計較，不得罪他；對於弱的呢，就只要欺侮得到手，打罵凌辱，時有的事。這些事在生徒部更易看出，學徒中有甚質不好些的，及那些弱小的，常遭強大的打罵凌辱。有時要替他們當苦役，有時要替他們點火打水，及做種種無聊的事，直作為時常了。這是說工人不好的行為。又婦女在工廠內，還沒有不好的習慣，在我國普通人看起來，他們和男工談笑，或和工人玩弄，有時和工人狎侮，大概要說他們不好，但這不關緊要，我們可以不管他。就要說這不是好事，也應說男女都不好，不能獨說婦女。又婦女多傳有鬚，常從頭上傳至胸背上部，比中國女子還傳得多，又近很多有留鬚的。我國以婦人生鬚為怪事，原是少見多怪。從前男子特蓄鬚壯他的威風，來威嚇女子，以後恐怕不行了。婦女別的習慣，有狠多和男子一樣的，不必多說。又法國工人，對於法國工人，雖沒有什麼惡感，但他們的觀念實在許有多不好。他們常叫華工曰 Chinois，在工廠裏不知道名字，還不足怪。我看法國工人，無論在什麼地方，如商店裏，如茶館酒館裏，如街市上，隨時遇著統叫曰 Chinois。對於他們法國人仍是叫曰 Monsieur，在工廠裏常無緣無會遇見華工，可以叫罵 Chin dog, Cochon, Chien. 等。Chine dog 不知是何意義，說是由英語 Chinese dog 翻來的。或謂亡國奴，而譯本是中國狗，總是輕侮中國人的話。最可怪的，他們間或由街上經過，有些女子在幾層樓上，由窗口伸出頭來大叫 Chinois, Cochon. 有時向中國人做出種種揶揄的樣子。譬如衣服稍好一點的，他向著你說 Bien joli. Chinois. 有時看見你手中拿有東西，他就說 Qu'est-ce que C'est Chinois. 我看見華工與法國人作工，法國人常居指揮的地位，本是同作，他把鬍子抹幾抹，嘴皮扭幾轉，要你做東就作東，要你做西就做西，有時不如他的意，就大罵特罵起來。這固然由言語不通的原故，但他們這種神氣，也就太無道理了。他們腦經中，印滿了中國社會的惡樣子，如王公大臣朝拜跪伏的狀況，流氓土匪相聚賭博的情狀，如盤伏吃洋煙，婦女纏細脚，男子拖大辮子的樣子，如強盜搶刧的慘狀，如祭神拜廟的把戲，如那種齷齪骯髒的習俗，無論男女老幼，都知道的。他們的同伴，常常做出種種的樣子或問我，或笑我，我總以已經改變了答他們。蓋因有些華工在此。把中國的習俗表現出來，示他們以具體的觀念。又因此地戲館，常演中國的故事，如紅燈會（庚子聯軍入北京事）拜觀音，吃洋煙，及各種習俗；法國工人喜看戲，所以深中入他們的心裏。所以法國工人，對於我國人，常存輕視侮蔑的心思，恰與我國人對於西洋人相反。這本是我國的實情，無容怪他們，不過在他們有這種誇大輕蔑的神氣，也是一種不好的習慣了。由上面看來法國工人習慣雖有些不好，但比起中國工人來，要算好多了。

四工人身體性情　工廠裏的煤煙障天，灰塵如霧，加以機械嘈雜的聲音，工人聚居的複雜，本是狠有害於衛生的。所以託爾斯泰說工廠裏不是人的生活，主張廢掉工業，提倡農業，但我看法國工人，雖有一部分委靡不振的人。大多數是狠健康的，狠強壯的，狠活潑的比工廠以外的人，只見得要好，不見得壞。我們又看見醫院裏面受診治的工人，多半是外傷，沒有好多有內疾的。又舉我們做一個例，我們都是懦弱書生，自入工廠以來，不過半年，身體都比前要強壯，要結實，要快暢，這是什麼原故呢？一因工人常勞動身體，使四肢活潑，筋肉發達，血液流通，睡眠充足，皮膚堅固，所以身體日強。二因工人既然常在活動，一方面能排除病疾。一方面又能抵抗外疾侵襲。而且我們身體，常有適應外界的性，如烟草本有毒，吸烟慣了，也不見得有害。所以工人吸受煤烟灰塵久了，身體自生排除處置的方法，也不致有大害。三因工人作工，心有所託，常保持寧靜專一的態度，不致胡思亂想，嗜慾紛乘，孟子說：養心莫善於寡慾，我常加一句說，寡欲莫善於作工。因人的心思太複雜，也是身體衰弱多病短命的一個大原因，這也是工人身體較好的一個原故。四因法國工人，不肯做勞力過度的工，不像中國那一種要錢不顧命的工人，常常苦命去做工，弄到結果傷生殞命。所以法國工人，不願意做苦工，就是做苦工的所賺的錢。也和常工一樣，或更要少些。又他們七天一休息，一天有限定的工作，不過八小時，又曉得圖娛樂，得了工作的餘處，沒有受工作的損傷，這也是他們身體安好的一個原因。所以我說如工作好的，及有清鮮空氣合於衞生的，固然身體要更好，若是不做工的人，無論如何，還比不上他們作這種工的益處。至於法國工人的性情，都是天眞爛熳生氣勃勃的一個，很像伶俐聰明的小孩子。小孩子的特性，一在活潑，二在安樂，三在坦率，四在好勝，這都是法國工人的性情。怎麼說他們活潑呢，你看他們說話，口講指畫，搖頭擺尾，像風搖大樹的樣子。他們行走，氣勢衝衝的，搖搖擺擺的，手抹鬚，口吹烟，絕不像中國那種行走肉的狀態。他們做事，心靈手敏，會打主意，不願意做笨的事，不願意做愚蠢事。你再看他們星期出遊的情狀，相打球的情狀，就知道了。平常人說法國人輕佻滑稽，或狡詐，或輕喜易怒，這都是由活潑性的變態。再說他們的安樂，法國工人的面貌，都是面紅耳熱，臉笑顏開，眉飛色舞的樣子。一望就可知道他們的安樂了。他們做工時，口裏停不住的吹唱，有時把器具舍掉，站在一邊，一面唱，一面跳，弄到不亦樂乎才停止。平平有幾個人在一塊作工，常說笑話，只聞歡笑聲，有時互相撩撻，就是五六十歲的老人相會，還互相摸腦撩撻，作各種的玩把戲。我在工廠中，常遇見不相識的人，向我說笑話，向我行舉手脫帽禮，做出種種輕佻揶揄的形狀。他們遇見了女人，不管認識不認識，要和她說一頓笑話，要揶揄她一頓，有時還要去摸一摸她的奶子，握一握他的手，或狎鬧一番。到了星期日下午，到處都是歌唱歌笑聲，眞是天地都爲他們弄歡樂了。我常爲他們揣想，恐怕不知道世界上有一點可憂可惱可痛可憾的事情啊，豈眞是西方樂國嗎。再說他們的坦率，他們毫不知道要涵養，要寬忍，要退讓，有事要說就說，要做就做，要歡喜就歡喜，要發怒就發怒，總是盡情披露。我國人的慣性，譬如他是美麗，你說他美麗，他必定自己口中不承認。又如他做得事好，稱讚他，他一定要謙遜。送寄禮物把他，他一定說不願意。但是他每每心口相反，這都是故意矯情，法國人就不曉得這些客氣了。他們當着別人有不對的事，就對他說，說不聽就罵，罵不聽就打，有時打罵得氣餒甚烈，寃讐莫解，旁人看了，以爲一定會傷感情，一定會要折交，那曉得只等他們罵完打完，忽然又握手，又笑舞起來，又同拿東西做工，沒有一點意見，我從不見他們因打罵傷感情的事。又我初入工廠，與羅君益增同作電工，有一同伴向我們發怒，我與羅君遂向工長辭工，工長不願意，遂叫那同伴出來，要罵他一頓，罵得他面上紅色變爲白色，我與羅君常悔不應該怎樣做。又逆想他必圖報復。羅君遂因此改工，我碍工長的面子，異日仍去做工，起初就遇着他，他即向我握手。呼 Bonjour，隨向我說笑話，毫沒有昨日一回事一樣。又一次有一小同伴，偷別人一個酒瓶子，我只當他拿去喝水，告知那失瓶子的人，他於是引我作證，把我同伴惡打一頓，我想同伴，必定會記恨我的，後把酒瓶子還了他，對於我沒有一點事，好像沒有關係的一樣。若是對我國人，有這些事，那還了得起，不會交惡交罵，就要復讐報怨。法國人不記憾不結仇的心情，眞是令人佩服，這也是他們的坦率。他們平素是話都可以說出。你又看在工廠的婦女，他要和人玩笑，就玩笑起來，不怕此地有千人萬人，我們有些同學，常遇見女人向他說，『你愛我嗎？我願意做你的妻子。』『你散工後願和我去游戲嗎？』『你愛法國女子嗎？』『你是很標致的人啊。』她在大衆人羣中，可以從容說出，絕不以爲醜。在我們同學當了這些話，面目馬上就要紅起來，好像羞殺無地，這也可見他們坦率的情懷了。這種活潑安樂坦率的性情，於法國工人人格上身體上有頂大的關係，不可不推測他們，所以養成的道理。據我看來，第一與婚姻制度有關係。第二與宗敎有關係。第三與美術有關係。他們婚姻既甚自由，各能覓相當愛慕的人，結爲夫婦，結婚之後，只有夫婦同起居，同游樂，有時同作工，情誼沒有間隔，盡他們所有的情，愛他們所有的愛。就消極方面說，可以防止淫思雜念，孤意冥行的事。又如中國現在所有家庭的痛苦，如夫妻之不樂意，父母之束縛，兄弟之爭持，妯娌之嫉妬，子侄之難，及名敎之束縛，都是沒有的事。意志獨立，行爲自由，所以在積極方面，能養成活潑安樂坦率的性情。又因宗敎有禮拜日，工人都有機會休息游樂，一方面藉此恢復六日工作之疲勞，一方面可以圖種種生人的樂趣，要算是工人的福星日子了。我們常與同學出去遊覽，總是心滿意足，越遊而興致愈高，常戲與友人言，我們遊一日，可以長一歲壽，但我們還遠不及工人的樂趣。所以禮拜日對於工人的賜，眞是大得很，養成這種習慣，要算是耶敎的大德。第三是法國人愛美術的影響，法國人愛美，已成天性。Joli 一字，常在工人的口裏。因他們腦經中最高的觀念，就止有美，把美判決別人，所以別人美好，（指衣服修飾）就是有人格的人；不美好，就是無人格的人；把美判決自己，所以服飾要美，做事要美，居住裝飾要美，這是法國造成一個美的國家一個原因。當人有美的觀念時，足以助長興趣，發達愛情，使人活動。及美之設備已成，朝夕相處，受他美的薰陶，美有使人震動、歡樂、平靜的性。所以法國人的性情受美的感化不少。又法國工人好勝，平常總是誇自己才幹，不肯以弱者自居，又喜尋找別人的短處，表示別人工作不如他。又自己不喜別人干涉他的做事，他偏喜指揮別人干涉別人做事。別人如有說他工作好，他歡喜了不得，說他不好，那就大不樂意。但法國工人一方面好勝，一方面又最愛和平，平常爭鬪總不到感情決裂的地步，是一個愛和平之證。常以笑臉對人，喜說笑話，是二個愛和平之證。我常見法國人罵華工，如華工對罵他，他反笑起來。他最怕別人不歡喜，Pas content，待同伴也是如此，是三個證據。我到工廠以後，屢次見華工羣聚鬨鬧，或至大鬪，絕不見法國工人有這種事情，廠內廠外，都是很寧靜的，絕沒有工人嘈雜的聲音，這是第四個証據。克列蒙梭在法國要算有再造之功了，我試問工人，都不說他好。因他常派兵干涉罷工的事。又說他是戰爭的主謀人物。又一說到戰爭，都說 Pas bon，這也可見他們愛和平的心了。現在說完法國工人的性情了。我有一日見一羣我國工人和一羣法國工人作工，我做一個靜眼旁觀的人，作一個性情上的比較：一中國工人笨伯愚鈍；法國工人則活潑聰敏；二中國工人俯首帖耳，愁顏縐眉，有若憂愁窮思之狀；法國工人則有聲有勢，眉飛色舞，好像理直氣壯的樣子；三當休息時，中國工人神情疏懶，軟手軟足，隨處依傍坐立，外面穿著雖有比法國工人還好的，但不齊整不清潔不愛惜；法國人則神情爽快，搖手擺足，和人談笑擦捉，不常好坐，外面穿着，雖不必好，但內衣及身首都很清潔；四中國工人好咀罵咕嚕叫囂；法國工人則輕喜易怒，好譏笑；五中國工人誠實樸厚，法國工人則浮滑輕薄，由這幾點看來，我們一方面也可以知道法國工人的性情，又一方面可又以見中國工人的性情了。但中國工人多半是山東的，或者只能代表北方一部分，然我總覺得法國工人的性情，比中國工人的性情實在要好多了。又現在一般人說法國工人性情怠惰，於是就說法國工人不好，我初入工廠，也是這樣說，我近來仔細觀察，才曉得這是錯誤。為什麼錯誤的呢？一因法國工人也有一部分怠惰的，我們偶然遇見這一部分人，就不管以外的人，是不是怠惰，一口斷定曰法國工人怠惰，這是犯了以特殊斷定全體的弊病。二因工人做事，不時常奮勉努力，每有很怠惰的時候，於是我們把他們勤勉作工的時候記忘了，或更以爲那是他們應該的，不去注意，專注意他們這個怠惰的時候，於是就說他怠惰，這是以一時推斷永久的錯誤。三因常人的慣性，好找他人的懷處，來壓抑別人，高擡自己，以爲世人都說法國人好，他也有不好的地方啊，現在爲我找出來了，眞是幸事，這是嫉忌的心情，非考察實狀的人所應出。四因我們說法國工人怠惰，多半以中國工人爲標準，殊不曉得中國工人，也有很多懶惰的，據我的觀察，懶得出奇的很多。并且法國工人常對我說中國工人懶惰的話，然則我們說他們懶惰，他們也說我們懶惰，到底是誰懶惰呢？我想總不可忘却己自專注意別人，也不可拿自己一部分的勤勉，去抵當別人一部分的怠惰。四因法國工人，素有怠業同盟，Sabotage 的組織，他們覺悟地主與資本家，是專於害人的，然一時不做工，就沒有飯吃，只好暫爲依附他，所以不願爲工廠用過度的勞力，爲過度的犧牲，我們同伴有法語好的，聽得他們常說「我們賺的工錢，還夠不上吃飯，若我們努力做工，把性命都送給他，未免太不值價了。」所以見了捨死作工的人，就說他是蠢。又我常見工人見人怠惰，笑指他是工會團員，Synd'icaire 蓋可見得他們工會 Syndicat 原有這種怠業的組織，就是有一部分怠惰的人，也不是無意識的舉動，我常聞華工在法以作包工著名，也有爲包工積勞殞命的。我們由此可曉得他們不作包工，不一定是怠惰的，作包工而不知愛惜身體，這是頂蠢的事。拿頂蠢的事去責備他人，也是不對的。五我們現在也不管他誰怠惰，誰勤勉，再從成績上看一看，你看法國個人家庭社會各方面的工人成績，如衣服房屋配製修飾的人生日用之事物，是不是中國人能夠和他們比較？中國工人比他們還要多，這是爲什麼原故呢？難道勤勉的工人，反得不好的成績，怠惰的工人，反能得完美的成績嗎？這是不考察事實的原故。總而言之，我看法國工人性情是不懶惰的，就有一部分懶惰的也不能說法國人性情不好，我有現在有些人考察事實，每每犯了這些弊病，因此我就把他詳細說一說。

五工人智識思想　法國工人，也有不曾受過教育的，但這不過百分之一，其餘最大多數都是受滿了義務教育的。法國義務教育爲六年，也有自公學 Coll ge' 畢業的，公學包涵小學十一年畢業，但這是最少數。普通一班，雖然只受五六年教育，但科學程度，却比中國中學程度還要好。這是什麼原故呢？第一是文字易學，所以只學五六年，日用尋常的書，能看能讀，日用尋常的文，能作能寫，並且還要學外國文。我看他們狠多能說幾句英國話的，其餘還有知道意大利文的，及德文的但他們。說外國話聲音，不必一定對，許多是照法文讀音，故不易懂。法國小學公學都不許看報，出學校之後，無一個不能看報的。當工廠各處出口的門，兩邊都是站立賣報的，或陳立賣報的工人，上下午散工的時候，每人買一份或兩份報，有一路走一路看的，有帶回家去看的，有帶到工廠有閒暇時看的，他們拿起報在工廠爭論是非。也常有的事。此地發賣的報，有十幾種之多，我看他們買巴黎人道報看的爲最多。平常在工廠裏，也有帶小說看的。第二就是在家庭可以受教育，他們的父母，既然都受過教育的，所以當他幼小未入學校的時候，就教他識字，教他讀書，教他尋常日用的道理，及入了學校，下午散課回家的時候，他們的父母可以質問他，可以要他復習，我們看工人回家伴小孩子讀書的事，是常有的，這很可以爲學校教育的輔助。又他們出學校之後，關於各種科學，已略具基礎，一面入工廠作工，一面還買閱小說報章及科學圖解。法國有幾種科學雜誌，專爲工人便利起見，能以最深的道理，用最淺顯的文學，及明瞭的圖解，詳爲解說，所以工人可以私自研究。有兩位幼年同伴，常給一些電氣圖解及電氣書把我看，他說他不入學校了。他在家看閱，還有些處所，尙有爲工人設補助學校的，工人工後，可以入補助學校。第四在學校所學科學，出外處處有應用實習的機會，若在中國學生，在學校裏雖學許多科學，因爲出了學校不必要應用；所以都不甚注意，出了學校，又因沒有試用的機會，所以就知道一點應用的科學，也不久就要忘記的。在法國工人，則不然，他們的社會；完全是利用科學的道理造成的，處處可以拿所看的去學，拿所學的去實習。並且入工廠，尤其是練習的機會，譬如中國工業學生，去年有在里昂不關燈中了煤氣毒死的，這在法國幾歲小孩子，就知道要避的。又工廠裏的電綫，電機，縱橫密布，容易遭觸，然沒有聞觸電死的，以外什麼物理化學及算學圖畫衛生醫治等學那處不要應用科學常識？有這種原因，所以他們受五六年教育的程度，比中國學生受十幾年教育還要強些。但他們只知所用的科學，對於精神方面的科學，太沒有常識，所以近於粗淺浮薄，毫沒有修養，也是不滿意的地方。這仍是由工作時間太多，所受生活壓迫，大多數無暇修學的原故。至於法國女子的學識，都和男子差不多，因已受了同等的教育，他們善操文字書記業，現在法國社會上帶點士紳氣的職業，多爲他們佔有，他們亦得了練習智識發展本能的機會。

現在再說工人的思想，我們粗看法國工人，終日所說的，不出煙酒票錢婦女，似乎沒有什麼高深的思想，但我們以別的事去試問他，他心中已得了明白的瞭解，爲決斷的答辭，也可以知道他的思想。我有二個同伴的，他不久要去服兵役，他在幾個月之前，就慌慌惶惶念及這事，別的同伴，也常笑他會要去當兵去，但我問他願意不願意，他必定說願意，我又把託爾斯泰的話『戰爭是反對誰個呢』C ntre qui la guerre? 與誰個做的戰爭呢？』Qni fait la guerre? 去問他，他即笑起來，說我是Syndicataire. 其實他很不願意的。我又問他們已經當過兵的，他們年紀老一點，不說客氣，都說戰爭是不好的。還有一些矯情的事，譬如遊克魯鄒的公墓地，看各地碑誌上刻的字，如爲戰爭死者，都是說得很榮耀，如在工廠中間有夫曾爲戰死的寡婦，或有子曾爲戰死的父母，無一個不說戰爭是不好的事，是極悽慘的事，說到他們的死人，尤其痛恨戰爭，可見他們說什麼榮耀，都是非出本心。又有因此次戰爭致百貨騰貴，生活困難，痛恨戰爭的，還有看見工廠中有些斷手斷足穿腦貫胸，（工廠中受有這些人做零星事）想及戰爭之慘悽的，所以工人對於戰爭，已大有覺悟了。至於他們對於地主資本家呢，那他們久已知道是不需要的了，是應當打破的了。近因 Syndicat 之聯給，及學說之鼓吹，罷工之影響，加之戰後生計之窘迫，益信資本家爲禍之烈。你看每逢工黨開會時，工人隊立如林，及工黨出有布告，圍觀的人，有如牆堵。又工人常因事舉行遊街示威運動，和資本家及政府抗衡，今年當勞動節前幾天，工人都是氣勢凶凶的一個。有常擲破工廠裏的器具，對著工廠裏的東西發怒的，政府出有告示，工廠中出有勸告，又派人向工人說好話。但五月一日仍有大多數沒有上工的；我們當勞動前幾日，無論去問那一個，沒有說作工的，並說作工不好的，爲什麼到那日究有些作工的呢？後來各處罷工。鬧上三週之久，這個工廠爲什麼不罷工呢？我們也不可說出他們的苦心，一因工廠中常出些宣告，說些什麼你們不作工，使國家受損失，就是你們不愛國。並以不作工，即解約爲要挾，因此地曾有一次罷工，將工人完全開除，這是工廠中以勢力相迫，使工人不敢罷工。二因這個工廠，素來待工人好，與工人還沒有什麼惡感，譬如前次麵包加價，別的處所，要求加工價。到處罷工，僅得一個佛郎，這個工廠，即早已說明，每人加一佛郎生活費，與工人沒有傷感情。三就是外國工人太多，就是法國工人罷工，還有一半。外國人，於工廠裏不發生影響，四因工廠四圍的地皮房屋，都是工廠裏的，工人若得罪了工廠裏，即刻請你請出，馬上就要流離失所，無處安身。第五因生活艱窘，工人一日不作工，一日就要受生活影響，工人怕罷工期限過久，有所忌而不敢，又因一部分未入工會的人，對於工會的主張，不贊成的，所以這次法國大罷工，克魯鄒並未受影響。然究有一少部分人罷工，爲工廠中斥退的，這也是很難的事，但是他們不能夠罷工，所以人人都懷怠業的思想，這也是他們無可如何的事。以外工人的思想，多表同情於波爾塞維克，多是說波爾塞維克好。又婦女對於作工，現在還沒有感情，他們的思想，還是以治家自命。以爲女子體力不如男子，不應做工。我在工廠中間有女子問及中國婦女作工不？我說中國婦女現在還沒有入工廠作工的，她們非常的羡慕，他們以中國人真是富足，女子真是幸福，由此可曉得他們作工，完全是爲生活壓迫的原故。但我們還是羡慕他們，因中國女子受生活壓迫，就去當娼作妾，誰肯進工廠呢？又現在作工的男子，那一個又不是爲著生活壓迫呢？況女子久受家庭豢養，一旦把安閒習慣舍掉，與工人角逐，當然有些感困難。又現在還有一般女子嬌養在家，毫不做事，使她們生出一種命不如人的感，這不足怪他，以後習久了，當然會安順的。

[illegible]工廠對於工人之設備及待遇　在工廠裏的設備。如各處設有自來噴水管。便於工人喝飲，及洗手之用，又備有浴堂，工作之後，可以去洗浴。又各處都安置有掛衣及盛衣盛容是東西的櫃子，又爲工人便利起見，設有販買處，工人所需用的東西，如衣服鞋帽之類，都可以賒買。又每一工場，都設有治療處，如遇有損傷疾病，可以去取藥，可以去醫治。凡工人所在工廠裏所用的器具，都歸工廠內備給，在工廠以外的建築，有工人飯館，及工人居室，這是爲工人設備的大概情形。待遇可以分作善意的待遇，及惡意的待遇，怎麼說善意的待遇呢？如居工廠的房子，每月只取十

五個佛郎，可以居一家人，比外間要少費一倍多。又工人如爲工作受了損傷，可以向工廠裏領票至醫院裏去整治，工廠裏出醫藥費，並照常出生活費。如發生性命的危險呢，如直接受工作的影響，每人給一千佛郎的優卹費，不曾直接受工作的影響，每人給五百佛郎。又工人娶妻，工廠裏每月給十佛郎生活費，又每生一個兒子，每月加給十五個佛郎的生活費，到十六歲止。工人子女出了學校，即可入工廠做工，或學工。又工人在工廠內作工，過了二十五年之久，年紀到了六十五歲，不能工作了，工廠裏每年給一千五百佛郎養老費，如勉強能作工，工廠裏另給工資。工人飯館有兩種飯食，有一餐一個半佛郎的，一餐一個佛郎八十生丁的，較各處都便宜。工廠裏尙有津貼，又此地關於煙草白糖都有限禁，可以至工廠取票，向各處買辦。一要便宜，二不受限制，又工廠對於戰爭受傷的人，也多受留作零星工，這些是工廠待工人小惠事情。還有工廠裏對於工人有一種監督及引誘的法子，我們可說他是一種惡意的待遇，一工廠內各處的門，都有警察監守，工人出入，限有時刻。當散工時，警察當門中立，以監視工人，防工人帶東西出外，如工人夾帶有東西，一被查覺，就要就罰。二工人每人各有一塊銅牌，刻有名姓號碼，上工時，掛在工長處，限十分鐘就已封閉，工人不得遲到，當散工時，限十分鐘取出，工人不得早出。又工人平常作工，有工隊長監督，又有工長巡查，工人就已難於懶怠了。又有幾種自然的監視法，譬如燒火的人，另設一個蒸氣水瓶，如燒火人沒有停止，那瓶中自然汽水多，否則自然汽水少，工長就以此定工資的多少，這是點工制又兼包工制。又作電工的，先由工長測定工作，如工人能於預定期內先期作完，或能多作工，工廠裏另給一種紅利 Benefice 每月幾十佛郎或至百佛郎。又作翻砂工的，雖然限定八小時工，及論件數件數多的，仍多給工資，這是監工的法子，使工人無論如何，不能怠懶。又工廠裏本已改爲八小時制，但工廠裏的想加多時間，勸告各工人，加至十點鐘，不過所增的兩點鐘，照普通時間加二分之一的工資而已，所以又有許多人繼作十點鐘工的。星期日本休息，但工廠也要人作工，作六小時工，算八小時的錢，也有些作工的，這是利誘的法子。但法國工人，雖有一部分作十小時工的大多數仍只願意作八小時工，現在已由保工會勸告，除華工外，已一律改爲八小時矣。工廠對於工人，沒有什麼愛惜，總只催趲工人多幫他作工，就以作工的多少，定工人人格的高下，其餘一概不管。

以上拉拉雜雜說了好多事，我還要申明幾句，就是我所說的，還有觀察不普遍的地方，包括不完全的地方，我擬以後還要加精密的考查，普遍的觀察，來救正我自己的錯誤。還有一層別人說我們只可說別人的好，不必多說別人的壞，但我本是調查性質好好歹歹，都想還他一個本來面目。並且我們改造社會的責任，也不止限於中國，所以人家有壞處。我們也應該留心的。並且我這篇文，說法國人的壞處少得很，並不是不說，實在是找不出許多來。又我對於法國工人的性情大概的習慣，我是很羨慕很樂意說的，可惜我的筆墨太遲頓，寫不出來。我現在還有兩種感想，把他附列末後。我們中國的人，不是好講精神生活嗎？所提倡的學說，如淸心寡欲，克己復禮，保素養眞，涵養德性，如謙遜退讓，窒欲存誠，居仁由義種種，所創設限制，如綱常名教，儀禮節文及規矩法則，及遵依聖賢，崇拜豪傑，種種偶像，還有堅定靜坐的死法子，然我們今日看起結果來，由精神方面說，養成欺詐鬼昧陰謀怨感悲哀怯懦迷信諂媚恐懼種種惡德，由身體方面說，養成雞胸龜背焦頭亂額血枯氣喪俯首帖耳四肢麻木五官不靈種種敗相，把人類的生氣，斷喪已盡。我們看了法國工人，專於物質生活的，數要高強萬倍，由此可以曉得要求精神生活，非從物質中去求，是不能得到的，是枉費神力的。又有一種人，說外洋長於科學，中國人高於道德，因此我又想到我們國內的工人了，別省我不知道，單說湖南，湖南各處開礦的地方，及工廠所在的地方，一種現象，就是多賭博之場。工人賭博爭鬥之聲，如奏大樂；二種現象，就是茶樓酒館，猜拳鬪酒，狂呼亂叫，四鄉爲之不安；三種現象。就是尋花問柳，挾妓鬪娼，行兇械鬪，種種現象。就是遺矢滿布臭氣熏蒸，不堪入目，你看以克魯鄒如此大的工廠，如此多的工人有一種這樣的現象嗎；這是有道德的中國人！

一九二〇年六月二十日草於法國克魯鄒工廠

聖夏門勤工日記

（王若飛）

我來法國，不過七月，進工廠作工，也只得兩個多月，關於法國各方面的情況，自然不甚淸晰，就是工人的生活，也多茫然。蕭韓君因我進了工廠，囑我做一篇介紹作工生活的文章，我一則沒有閒時間，二則所知甚少，不能作一種分析的記載，但是我想國內人士所急欲知的，不過是我們實際生活的情形，我作工時所記的日記，雖然雜亂瑣屑，惟其越瑣屑的地方，越可以推見實際的眞象，我現在就把這個拿出來供大家參考罷。

我是民國八年十二月到法國，在上海起身時，通共只帶四百塊錢，買船票置衣裝就用去了三百元，（所坐的船爲美國船三等艙，去價一百四十五元）抵法只賸一百元，當時只合法幣八百佛郎左右，全數交存法華教育會，由會中代爲保管。

我在方登普碍公學，補習了四個月的法文，每月正須的學膳費，只一百六十五佛，（兼洗汗衣襪子不另取資。）我因爲好遊，每月約多用一百佛，（同學普通每月用費，不過二百五十佛郎。）四個月共長用了三百佛郎，我當存款將用完時，就託教育會代覓工作，教育會因爲工作難覓，允由會中暫時維持學費，俟春假滿後，再爲設法。

工作難覓的原因，或說是大戰期間，女子乘機占了男子的位置，現刻退伍兵士，還有許多失業的無法安插，或說是戰後原料煤炭缺乏，各工廠多未恢復，所以工不易覓。據我的觀察，法國戰後，元氣大傷，必定要力求塡實，需要的工人，當較戰前爲多，這工作難覓，不過是一時的現象，而非永久的現象。

學校是三月二十七號放春假，法華教育會先於二十四號召集各校代表在巴黎開會，所討論的雖多，其中最要的，就是報告覓工情形。據謂已在聖泰田 Saint etienne 地方覓得工位三百四十三個，可以容納春假後出校作工同學。關於分派同學作工之先後，用三個條件來決定：

一　到法的先後，

二　存欵的多少，

三　有無工藝技能。

那來法國最早，存欵又已用完的，遇着相當的工作，自然要儘先安頓。

雖沒有一二兩項資格，但他却有一種專門的技能，也可以先派工作。除了這兩項人之外，方輪到其餘的，若遇工位不敷分配的時候，凡同學存欵用完而又不得工的，教育會擔任維持生活費，等得了工後，再貯蓄工資償還。

四月五日，接別校同學先赴聖泰田者來信，說工廠待遇很好，工

作也不如何繁難，

四月七日，教育會將作工人名單寄來，凡存款在四百佛郎以上的，本人雖願作工，因沒有工位，仍然留校補習。

四月八日，接教育會電，囑準備明日動身，我們同學作工的，共有三十五人，得了這個信息，都非常歡喜，即刻把行李收拾貼妥，留校的同學，紛紛和我們餞行。大家對於這回去作工，好像是一件很快樂的事，全沒有半點痛苦的憂慮，這種精神，只要能繼續不懈，眞是難得。

四月九日，上午教育會派代表給我們送路費來．每人發一百五十佛郎，宣告今日下午六點鐘起行。我們當時就舉出幾位法語嫻熟的人，經理買車票運行李種種事務。

方登普魯學校，待遇中國同學，非常優厚，就是這地方的人，對於我們的感情，也還不壞。此處風景，又極佳妙，我們現在要和他離別，心中不免生了一種留戀的感想，正是古詩所謂。

一花一草尋常見，　到得臨別總耐看，

我們向校長說了些感謝的話，又送學校夫役一百佛郎的酒錢，校長對於我們這種求學的精神，很是敬重。

我們正興高彩烈的準備動身，下午兩時，突然接着教育會的電報，說工作忽生阻力，囑我們再待數日，同學聞電後，有多數人勃然大怒，因爲我們候工，已經頓挫了若干次，這回聖泰田的工作，又把我們排在後去，現在已將動身，仍復停頓，疑是會中辦事人拿我們作兒戲，即令不是如此，也有辦事不力之咎，全體堅持必行。教育會代表鍾君，將衆人的意思，由電話中通知會中辦事人劉大悲君，劉謂若諸同學一定要去，將來不能得工，教育會不負責任，言詞很是斬截。衆人聽了，知道工作停頓，必有原故，把先時的感想，一變而爲懷疑。約有一點鐘的光景，教育會又派代表彭君來說，學校春假將滿，諸君在校待工不便，可出住旅館，每人再加發五十佛郎，作一星期的旅館費。我們問他工作停頓的原因，他說會中也是接聖泰田的電報說截止，實際的眞象，還要等明日方知。我們既知道工作停頓，并非無故。教育會又只發一星期的旅館費，是已明日表示當於一星期內，替我們另覓得工作，也就不如何爭執了，內中有八位激烈點的同學，以爲在巴黎附近住旅館等工，恐怕還是不穩當，教育會覓工的職員向迪璜君，既在聖泰田，我們不如仍一直到聖泰田見着向君，就容易商量了。

衆人以他們過主張近於冒險，多不贊成，他們八位遂另爲一組，單獨先往。

四月十一日，巴黎有人來說，工作所以停頓，因先入廠的同學中，有三五人不能遵守工廠作工時間，廠門已閉，方往叩門，又作工時，因怕冷怕痛，或帶手套，或以一手插荷包內，單用一手動作，這些情形，映入廠長眼中，自然不快，雖不便即行辭退，然而對於以後的，遂拒絕不收了。

四月十三日，到巴黎訪劉大悲君，問覓工情形，劉君謂諸君託覓的工作，有願作鐵工的，有願作紡織工的，有願作化學工的，諸君所想作的工，必定與諸君以往或將來所研究的學問，有相連的關係，教育會職員自當盡力去找。但是當這工作難得的時候，要求盡如人意，恐怕是不可能。爲維持目前計，所得的工，縱然不合諸君最初的志向，也只好請諸君將就了。

又謂諸君多沒有工藝技能，又不能作笨重的苦工，最好是先作學徒，既不如何勞苦，又可得一種技能。但是學徒之在工廠，得益很少，因爲不懂工藝，時時需人指點，并且耗費他的材料，故非工廠所歡迎。現在正和幾個工廠接洽，昨天有一個工廠的代表來說，當學徒當訂三年的合同，庶諸君學成後，不至遽然捨去，工廠較爲有益。我因爲三年的期限太久，諸君必不願意，可向他另提出三項：

一不定期限不訂合同，

二三月爲期，

三一年爲期。

現在還沒接着答覆，別處如有信息，當通告諸君自己決定，

四月十四日，教育會派人來說，謂昨接聖夏門 Saint chamond 鋼鐵廠來信，允收中國學徒二十五人，命我們即刻前往，這二十五個位置，除已到聖泰田的八個之外，還有十三個儘來法較先的先往，其餘的留待第二次再走，

四月十五日下午六時，由方登普魯起程，留校同學，多來車站送行。聖夏門在里昂附近，離聖泰田也只半小時火車，由方登普魯往，車費需四十二佛，中途換車兩次，一在蒙達爾，一在聖泰田。八時抵蒙，下車稍進飲食，日間很熱，來多着春服，夜間極冷，立月台上，寒風撲面，牙齒相擊有聲。十時開聖泰田的車方到，車上人已坐滿，過道內還立着無數的人，我們勉強擠上，連站的地方差不多

都沒有，屏肩側足的擠做一團，氣息爲之窒塞。車行時又極震蕩，顛簸悶苦。半夜有人下車，纔得座位。

四月十六日天明車抵聖泰田下車，計算人數，不見了三人，詳細察問纔知道我們昨夜由崇達爾上的火車，前半節開聖泰田，後半節到中途另改道到別處，他們一定坐錯車了。

由聖泰田換車，半點鐘就到聖夏門，一路山巒起伏，我看了引起一種親切的意味，因爲我許久沒有見像故鄉這樣的山景了。

九時車抵聖夏門，我們走出車站，舉目一望，只見黃塵滿地，黑煙四起，天色愁暗，河水汚濁，街市幷不繁華，房屋也多敗陋。往來的人，盡是些濃毛大眼衣服藍縷的勞働者。我們方從美麗莊嚴的方登普魯來，見了這種景像，未免有點不快。然而一轉念間，還是勞働的精神戰勝，覺得這黃黑的煙雲，也是大塊的文章，粗野的勞動者，纔是人類過正當生活的人，又是文明的製造者，我爲甚麼要厭棄他呢？

我們所進的工廠，一問就尋着了。看門的人，把我們引至招工處，這招工處就彷彿像中國的號房（或稱房門）一樣。凡是找工的，都要先到此處交涉。管理員問明我們的來歷，然後引至辦事處，將法華敎育會的介紹書投進。等了半點鐘的光景，有一女書記出來，問我們的姓名，又拏一張紙轉令我們把各人願學的工作開上。我們同學十分之九是沒有作過工的，既不知道鐵工裏面分若干部，更不知那一部容易學。只有一位王良翰君，他曾做過幾個月的製模（或稱翻砂）。於是學製模的竟有一大半人，其餘的都是學鉎工。單子開完，書記拿過去，又隔了許久，始出來告訴我們下午二點鐘再來候信。我們遂退出，同入咖啡館，約着下午會集的時間商定，然後各自散去喫午飯。

我所領的旅費，用到這裏，不過賸三十多佛，還有工本未賺，宿舍未定，所以這頓中飯，就實行節食主義了。

這個地方的人，對待我們多帶一種嬉笑輕侮的樣子。和他買東西，明明見着擺在玻櫃裏的，他竟答應我們沒有，同他問好，他也置若罔聞。聽說此地原有華工在過，想來是他特我們種的好影響了。無怪我們同學中找工，多想找沒有華工在過的地方。我雖然不以他們這種畏怯的行動爲然，但我今日身處其境，眞有許多難堪的地方，要求恢復名譽，到要大費一番力量。

下午一時，會着先到聖泰田的八位，他們的工作交涉，昨日就已辦好，都是學銼工。因問他們何以沒有人學製模，八人中有黃楊兩君，以前曾作過製模工的，向我們說道，製模這項工作很苦，在初學的時候，一無所知，只好做那搬石築土等笨事，即到能夠製模，便要親倒鐵水，（即鎔化之鐵汁）稍不謹愼，鐵水落在身上，輕則壞衣，重則肌肉盡爛，楊君以前爲鐵水傷脚，醫了一個多月方好，並且現在已離暑天不遠，平常的熱，已受不住，怎還經得住大火來烤哩！

衆人聽了，多後悔早上答應時，不該寫學製模。

兩點鐘到招工處，管理員逐一檢閱我們的護照，驗畢，然後用正式表册塡寫各人履歷，和所願習的工作，早上簽名學製模的同學，多趁此機會，改報銼工。不改的只有六人，我也是六人中之一。塡寫既完，管理員命一人拿表册引導我們到辦事處，辦事處的主管者在表册上簽字後，又命引我們到驗身房，盡脫了周身衣服，受醫生的檢驗。檢驗手續雖不麻煩，但是脫衣穿衣，却很要費點時間。

先來的同學，向我們說，工廠指定的寄宿舍，和食堂，都是同黑人阿爾及爾人西班牙人在一塊。寄宿舍的建築，仿如營棚，每間可容一兩百人，舖位安置也如長江輪船的統艙一樣，汚穢惡濁，實在不能住。我們對於勞働的苦，可以受。這種苦却有點難受。已和工廠職員交涉，請他替我們另闢寄宿舍，現在還沒有得他確實的允許。

我們由驗身房出，仍轉到招工處，管理員說諸君既不願同黑人一處食宿，今晚只好請住旅館，明天再來候信。我們因恐旅館拒絕不納，向他要了一封介紹書，以爲一定穩妥了。殊知這家旅館的主人，過於謹愼，竟回答我們沒有房間。第二第三家都是如此。一直到走第四家，已再尋不出旅館來了。幸而這家主人還好，他見我們衣冠整齊，行動有禮，不像個流氓工人的樣子，答應收留。我們聽了，那種歡喜的情形，仿如待死的囚人，忽逢赦免的一樣。

我們昨晚既沒有睡覺，今日又奔波了一天，中飯也沒有吃，所以非常疲困，一進房門，便倒睡床上，什麼事都不管了。到七點鐘纔起來去買條麵包和冷水豆餅嚼食，其味異常香美，正所謂饑者易爲食了。

同學中有連買麵錢都沒有的，又困又餓，想起了在家中當少爺時候的快樂，禁不住睡在床上痛哭。我看了眞是可憐，他們口口聲聲屬教育會的職員不會辦事，設使聖夏門離巴黎不遠，我敢說一定有若干人要跑轉去的。

四月十七日，上午七時到招工處。管理員告訴我們今日是禮拜六，下禮拜一再來作工。我們問他宿舍究竟如何，他說還有幾天纔收拾得出。於是我們轉旅館就拍一個電與法華教育會，請快撥點欵來接濟。

下午到公園遊玩。園子雖然不大，佈置很到曲折。在這煩熱的地方，不想還有一片清涼境界，供我們恢復精神之用。

四月十八日，今日星期，各工廠都停工休息。下午出遊街上。

聖夏門是屬諾瓦 Loir 省管的一鎮，地方很小，居民不過五六萬。在此地住的人十分之九，都是工人，大街只有一條，并沒有什麼大商店。咖啡館（兼買酒）却極多，每日晚飯之後，工人多到裏面喫酒，或鬥牌，或打彈子。星期的這天，更是座上客常滿，杯中酒不空了。在公園內遇華工五人，彼等現在此地人造絲工廠作工，遠遠見着我們，就脫帽招呼。我也跑上前去問好，有一兩位同學，反遠遠的避開他的意思，以爲不和華工接近，法國人還分得出那些是學生，那些是華工。若同做一塊，就要受法國人一例的輕視，我很不以他們這種見解爲然。

公園側大廳內今午開一音樂會，爲工人募欵。有工會會員在場演說工人之痛苦，聽的人都現一種感動憤激的樣子。

夜間有同學由聖泰田來，替我買得工衣一套，衣用藍色粗布縫成，去價十六佛五十生的，合中幣不過一元二角，可謂廉矣。

四月十九日，我們所進的工廠，法文名字爲（Compagne des Forgeret acierier de la marine）是一個很大的製鐵煉鋼廠。現在因爲缺煤，有一半沒有開工，然而作工的還有一萬五千人，就可想見他規模的宏大了。工廠的周圍，約有六七里，繞以很厚的磚牆，分二十四道大門出進，望去仿如一座城池。廠內煙筒林立，鐵軌縱橫，初入其中，多轉了幾個灣，就要迷路。

今晨七點鐘到招工處，八時管理員方來，將學製模和學銼工的分爲兩隊，令兩個人分引到兩處工作場所。我們學製模的共有六人，由R門進，先在門房掛了號，然後到製模工作場見本場主任。主任問了我們的姓名後，叫我們明天七點鐘穿工服來此地作工。交涉辦妥，仍然轉到招工處。管理員謂寄宿舍下午可以整理出，你們趕快準備搬進。又每人發一張喫飯執照，從今天起，就在Cantine寄宿舍內喫飯。

寄宿舍在工廠附近另一大園牆內，有同式的平房約二十間，每間可容百餘人。前面有一條小溪，兩岸都是樹木，過溪爲曠野，風景頗不惡。我們住的房子，在最後一進，另用木柵關欄，不許別人亂入。這一間屋內，又分爲七小間，在這裏面住的同學共是二十二人。拿五間做寢室，一間堆行李，一間作公共讀書的地方。自來水電燈床鋪桌椅都設備得很完全，比起學校的寢室相差不多。我們看了，眞是喜出望外。

食堂離我們住屋約三百步，房極寬敞，可容千人會食。於這大食堂裏面又劃出四分之一的地方，另欄爲一間，布置特別整潔，有長桌十二張，每張可坐十人，桌布飯單刀叉俱有。我們就和幾個法國人在這裏面會餐。食品除麵包外，有肉一盤，菜蔬一盤，點心一道，很是豐盛。早上喫咖啡，午晚兩餐的菜大概相同。若要飲酒喫茶，當現給錢。

西班牙人黑人阿爾及爾人阿利伯人和少數的法國人，所住的寄宿舍，都沒有我們住的那間光明潔淨。喫飯的地方也不擺什麼桌布刀叉飯單。桌子是鎖在兩條板凳的中間，到喫飯時，各人自帶刀叉，木桶裝湯，鐵盤盛菜，還要自己親到廚房去拿，看去眞不及我們多了。

下午我們把住的房子，略加陳設，煥然一新。夜間同學有攜得有中國樂器的，或彈或唱，頓覺滿屋中都充滿了甜美的快樂，把種種煩惱，全拋在九霄雲外去了。

今天新到作工同學四十餘人，方登普魯候工的十人，也在其內。他們所進的工廠法文名（Chavanne-Brun Frères）也是個製鐵廠，不過規模沒有我們的大，只有三千工人。工廠雖然不同，喫飯却在一處。想來他這種消費的設備，一定是各個工廠可以共通的。

四月二十日，工廠規定，一星期作工四十八小時。除星期休息外，平均一天作工八小時。上午自七點鐘起至十一點半鐘止，下午自一點半鐘起至五點鐘止。先五分鐘以前進廠，若是遲到，大門一閉，就不能入。

我們今日是開始作工的一天，所以起得格外的早。五點鐘已收拾完備，六點鐘到食堂喫咖啡，六點半鐘進廠。製模工廠門首有鐵櫃四排，一排又分爲若干格，有照料的工人來指我們，叫把身上穿的洋服脫下，放在裏面另外換穿工服，工作完後，仍換穿洋服出廠。

時辰鐘的旁邊，掛着工人號碼牌，這鐘下面，安得有印時刻的機器。凡是工人到廠，將自己的號牌向鐘下一壓，便印上某日幾點幾十分鍾入廠字樣。工場主任，就根據這個來請缺席，絲毫不能作弊的。七點鐘時汽筒一吼，便動身作工。我們在的這製模工場，不過是這個大工廠中的一小部分，只有一百多名工人。直接管理工人的有工頭，工頭之上還有主任。這一部分的事，全歸主任主持。當這主任的，是一個道貌岸然很有學問的工程師。他手下還有兩個助手和幾個書記。

這間廠屋，專是鑄鐵，有煉爐五座，每爐每次可鐵鎔一萬基羅，（一每基羅約合中國二十四兩）鑄出的鐵器，待修理者，遍地皆是。物件過重，移動不是人力所能勝任。取卸轉移，全用取重機。大取重機有六架，小取重機有四架，提取數萬斤之物，毫不費力。我最初見他吊着一萬多斤的鐵輪，隆隆從頭上過，又聽着照料的工人，不住聲的喊注意，心中不免有點畏怯，及至多見了幾次，也就不以爲意了。

工頭將我們學製模的六個人分去，和幾個熟練的在工人一塊，一面學習，一面幫他的忙。我和李君相從的，是兩個老工，內中有一個已經在廠五十年，他還看見李鴻章來參觀過，作工的經驗不消說是很好的了。他兩人現正合做一架大機器模型，這機器約有兩丈多長，是鐵路上用的。模型用木材照樣造成，放在一個很大的鐵箱裏面，周圍用土築緊，鐵箱分上下兩層，可以取動。築完之後，將上面的鐵箱取開，把木模型取出，重復將鐵箱蓋上，翻成一個泥模，再倒入鎔化的鐵汁，便鑄成機器了。

翻砂大概的方法，雖然幾句話事以說明，但是做起來，却很不容易。我們今天只是幫他剷剷泥土，他不要我們築，因爲築的鬆緊，關係很大，若是鬆了，把木型取出後，必至潰散，若是緊了，鐵中所含的一種氣體，不能發舒，也要爆裂，所以我們只好袖手旁觀了。

四月二十一日，今日仍從兩老者作工，用力的時間，不過兩點鐘，玩的時間，竟占六點鐘。

每星期鎔鐵兩次，今天正値鎔鐵之期。下午爐內鐵鎔，工人用鐵桿將爐門撥開，有紅水一股奔流而出，火花四射，眼爲生眩，用巨鐵桶接着，這紅水便是已經鎔化的鐵了。一桶既滿，爐門復閉。取重機提至模型側，緩緩注入型內，待鐵冷後取出，便得一鑄成機器。

當倒鐵時，我立十步外觀看，已覺熱不可支。那照料倒鐵的人，我真佩服他能受這大熱。

四月二十二日，今晨頗冷，我入廠時，着夜邊單被，冷風一吹，只是發戰，很想得點用力工作，勞動勞動，藉以驅除寒氣。惟事偏不來，遲之又久，二老工要用泥，努力剷了幾十撮，頓覺周身暖和。

晚餐後閒步到新來作工同學四十餘人住處。他們住的房子，比我們的宏大整潔。寢室在二層樓上，樓外有一極大的露台。地勢既高，舉目一望，四山景色，盡收入眼底，暑夜納涼佳地也。

四月二十三日，今日工頭又將我與王君良翰，另換和一法國工人作工。這工人年只三十幾歲，名慈爾難，性極活潑，好談話。我有所問，彼滔滔解說不倦。沒有人和他說話時，則唱歌自樂。

慈爾維所作的工，是一個：齒輪的模型，工作也很繁復，齒輪的齒，不能同時築，須將輪邊築好後，一瓣一瓣的拏來安放。我今天幫他撮了很多的土，又幫他築模。築模先用人力，後用汽錘。這汽錘的力量很大，我拿在手中，周身的筋肉都為抖動，剛築完一周，已經汗流遍體。但我仍努力的築完了，方纔放下。

我作工的時候，忽有書記給我一小函，拆開看見上面寫着我有兩封掛號信，存辦事處，叫親自持條去取。我遂向工頭告了假，到我們頭一天來交涉工作的那個地方，將這小信交與保管信件的人。他很詳細的盤問我的姓名，又要我的護照觀看，審的確了，纔把信交與我。

這兩封信都來自上海，有一封信內附着一張七千六百多佛郎的匯票，是蔡衡武先生滙給我和劉范蔡梅四君分用的。諸同學見我們有款到，多以為我們必轉學校讀書，不再作工了，殊知我們心中，却另是一種打算。

後來的四十幾位同學，今天開始進廠作工，學機械的有兩個，學銼工的十個，學木工的兩個，學製模的最多，有二十八個。

各部分學徒，最初多只是學習或試驗，於工廠毫無補益，只有學製模的，雖然也是同一的不會做，但如搬泥築土等事，是不必學而可能的，比較還稍得用，所以工廠很喜歡招製模的學徒。

同我在一廠學銼工的同學，他們作工的地方，是在工廠內所附設工人學校的一間大教室內。這屋內當窗放着十六架小機器，

原書原樣

中間安兩長排繪圖桌上午有敎員來敎一點鐘的機械製圖作工時間特別有個工頭在旁指點初學的時候，工頭每人給一塊方鐵，叫把這鐵銼平。等到手銼勻淨後又叫銼兩把尺子。尺子這東西很不容易銼得平。必過銼工的人，就曉得三年難銼一把好尺子，能夠把這尺子銼來用得，纔開始作東西。

四月二十四日，今日惹爾維令我試做齒輪的齒型，這齒型是彫在一個寬長不過八寸的小木箧裏面。像這種模子，稱爲心模，因爲他是製來放在大模子裏面的。我初築第一個，過緊了不合用。第二個又鬆了一出模便潰散。第三個雖合用，但是取木型的時候，觸壞了一點，修補很不容易。我今天只做成兩個，王君做成十幾個。

翻砂這項工作，普通聽去，以爲是很粗的工作，實在却非常細致。我還嫌我性情粗莽，不佩做呢。

作工所用小工具如泥刀尺子釘錘等等，均須自備。我們六人，今天合開了一張單紙，請本場主任代購。

四月二十五日，今日爲星期。以前讀書時，日處安逸中，不知星期之可樂，今日乃眞知星期休息之樂。

我素習晚起，飲食也很少，自作工後，食量大增，早起已成習慣。

下午公園中遊人極衆，無不衣履鮮潔，舉動闊綽，假使不注意他那一雙粗黑的手，未有能知他就是昨日工廠中蓬首垢面的工人。樹陰之下，婦挽其夫，幷肩同坐，娓娓笑語，美麗的小孩，環繞着他們玩跳，這眞是一幅極樂圖。

四月二十六日，今天作齒型十二個，翻築方法，已略知一點。

工廠定例，每月十一號與二十六號發工資，所以今天作工的人，分外高興。我們只作了一星期的工，幷且是作試驗，故沒有工資。發工資的地方，彷如車站買票處銀行付欵處一樣，一條長櫃上面，用鐵網欄成若干格，每格開一小孔，作付欵之用。從一十起到一百止，共計十格。凡來領欵的，如數目爲五十以上六十以下，便在六十的付欵口領取。領欵須憑工資單，無單不付。這個工廠發工資的地方很多，單是我經過的路，已見着三所了。

連日作工，已漸上路，起居飲食也有定時，因把每日工讀時間表擬定出來。

原書原樣

上午五時起牀

五時半到六時半	讀書
六時半後喫咖啡入廠	
（由宿舍到廠須走一刻鐘路）	
七時至十一時半	作工
十一時半至十二時半	午餐
十二時半至一時	閱書

下午一時入廠

一時半至五時	作工
五時至六時	晚餐
六時半至九時	讀書
九時半後	睡眠

統計每日作工八點鐘，讀書五點鐘，睡眠七點鐘。其實認眞研究學問，每日讀書的時間，并不在多。果能做到心不外馳，讀一點鐘，可比別人讀三點鐘或四點鐘。一天讀五點鐘的書，已經是很多很多的了。

古人如沈麟士之織簾，六祖之碓米，都是借作工來把性子磨堅定，由這裏面去證悟大道，我很有取他這種精神。

友人約我在法經營商業，我寫信去問石甫舅父，今日接着覆書，力數這種組織之不當，結題謂『我望你還是潛心工學的好，急欲[illegible]做事是自[illegible]我看到這裏，爲之悚然。

四月[illegible]十七日，今[illegible]型，下午進工廠時，書記給我一張本廠作工執照。

法國工人作工之懶，眞爲意想所不及。無論何時，試舉目望，總有一半人在吸煙或聚談或閒立，學徒更懶，常見其設法相戲。他們每天雖說作八點鐘工，實際不過只作五點鐘或六點鐘。回想起國內工人之終日勞作，其勤眞不可及。

工人無不嗜酒。他們每天進廠，人人都帶得有一瓶紅葡萄酒，一塊麵包，和點乾菜。作工得了一半的時間，就拿出來喫。回家喫干飯晚飯時，更少不了酒。晚飯後到咖啡館去找幾個朋友談天，又要喫一兩杯。這種紅酒，在此地賣壹個佛郎六十生的一大瓶。我計算他們每天喫酒的用費，比食宿的用費相差不多。有人說法國人所得的錢，大半消耗在酒罈子裏面，這句話眞是不錯。

工人除好酒外，又好吸煙。煙酒這兩種東西，都是他們的生命。他們口中常常都含起一支煙捲，間斷的時候很少。有時沒了，向我們索取。我朋友有攜得有的，給他一根，他非常感謝，待我們格外的親熱。在聖夏門這個地方要買煙很不容易，須得警察署吸煙的執照，煙店方肯售給，但雖有執照，也有買不出的時候，因為外國煙不能輸入，（海關察盤很嚴，我初抵馬賽時，關上人問我們帶得有紙煙沒有，答以沒有，然後放行，）本國的出產有限，大有供不應求之勢，我們寄宿舍裏面食堂內附設得有買酒處，門房附近，又有一間小屋，專售煙捲，每星期有一批煙運到，當天立刻賣完，去買的時候，若沒有寄宿舍的執照，他還不賣。

法國成年以上的工人，每天的用費至少非十五佛不夠，就是這煙酒兩項消耗品太占多了。

四月二十八日今晨惹爾維命我築一輪軸模型，第一次因鬆緊不勻，毀了另築第二次，我用力太猛，及築成，惹爾維以鐵籤插眼，籤曲不得入，惹爾維謂這個又太緊，仍用不得，因為鐵中含得有一種氣體，模子過緊，必被阻礙，不能發散，常留氣泡於所鑄物內，能使所鑄造之物，歸於無用，我又毀了另築第三次，僅得一半，時間已到，留待明日續完。

四月二十九日下午，始將昨日所築輪軸模型完工，惹爾維謂雖不甚好，勉强可用。

連日天氣甚熱，廠中尤為乾燥，遍地都是泥砂，大風過處，砂卽飛起，着於面上，為汗水所粘凝，偶一拂拭，其狀越怪醜可笑，鼻為灰沙窒塞，呼吸因之迫促，時時仰面噓氣以自蘇，口時苦渴，飲冷水稍覺清爽，下工時仿如初出監獄的囚犯，覺天地異色，形狀很是憔悴。

我非不知勞動為自己對人類應盡之一種義務，勞動為良心上平安的生活，勞動是愉快的事業，對於勞動而生痛苦觀念是很可恥的事，但是現在這種勞動，完全是替別人做事，拏勞力賣錢，不是自動自主的勞動，若認為安，則是現在的勞動運動，可以無須乎有了。

我對於我現在的作工，是抱定下開的四個條件去做：

一養成勞動的習慣，

二把性磨定，把身鍊勁，

三達求學之一種方法，

四實地考察法國勞動真象。

我只在這回個條件裏面去求勞動的愉快，解眼前的煩惱，更進的事就非我現在所知了。

我的朋友中有很多的人因從根本上認勞動為自己對人類應

盡這種義務勞動爲良心上平安的生活，勞動是愉快的事業，於是對於現在的作工，不認爲達某種目的之方法，而認爲究竟，這種精神，實實可敬，但我實際考察他們的行事，并不見他們對於這工作發生什麼愉快的感想，反時刻都在愁悶裏面過日子，即如作工時，數數看鐘，或不滿意於現在所做的工作，便是不想勞動的表示，豈不是言行不能相符麼？更有因工作不如意而咒罵教育會辦事人的，這種人認識不清，倚賴根性未脫，忘却自己人格，更不足道，我所抱的四個條件，他們雖然會批評說不徹底，在我却真實得很大的受用。

四月三十日今日將昨所築輪軸模型，修整光潔，修整工夫，非常細致，所謂靈巧的翻沙工人，就是能嫻熟此事的，模既整好，又用一種黑色混和物塗布其上，用火烘乾，便算完工了。

悳爾維將所作齒輪圖樣送我看，我反覆的瞧，莫明其妙，悳爾維及王君詳細指示，略解一半，凡製造機器，先於製圖場製成圖樣，當用木之部分，付木工場製造，當鑄造之部分，付製模場製造，當鍛鍊之部分，付鍛鍊場鍛鍊，各部分將物作成後，移之細工工廠，[illegible]機器打磨切削成適當之形，最後始在配合工廠配成機器。

製圖第一步爲設計，擬定製造物之形式，說明製造之方法，并算出其尺碼，此事非有經驗之工程師不能勝任。第二步由製圖員依照設計所定式樣尺碼，製成工作圖，分配於各部工場，製圖員多爲中等以上學校學生充當，凡完全之工人，必須懂數學能認圖，翻砂因木模多已做好，不知圖，尚無大碍，若木工鏇工車工則離圖即不能做，以前我聽得人說欲爲一完全工人，至少須當三年學徒，今以此事證之，三年果不爲多也。

我所在的這翻砂工場，裏面的工作，大別可分爲六項，（一）是製造大件機器模型的，取卸轉移，純用取重機。（二）是製造小件機器模型的，模型極小，僅憑人力可以翻轉。（三）是製造大小模型裏面的心模的。（四）爲專司溶鐵的工人。（五）爲搬石運土的散工。（六）爲機器鑄出後，打磨沙土的工人。我們現在是跟着製造大模型的工人學習，間或也學做一兩件心模。

上午巴黎又有同學二十人來這個地方作工。

午後接法華教育會通告，謂五月一號爲工人大紀念日，（八點鐘工制實行紀念日）各國工人這天都要一律罷工，舉行一種極大的示威運動法國尤爲激烈，（去年五月一號巴黎工人因罷工與軍隊衝突死傷數百人）望在廠諸同學，當與外人一致行動，不可故爲立異致生惡感，又罷工時，常有若干無知識的工人，於中暴動或對外國人加以侮辱，我同學當這天，總以少出外爲好。

夜間同學公議明日一致罷工。

五月一日，我們要研究法國的社會運動，今天正是一個實驗的好機會，諸同學沒人肯到工廠裏面去看看眞象，我便一人奮勇獨往，經過街上時，見滿街多是工人，三個一簇，五個一團，交頭議論，不像要去作工的樣子，工廠門首，站的人尤多，這般人都是看風色行事的，若是進去的人多，他們也就跟着進去了，有武裝警察持槍守門，我見仍有工人進去，也就跟着入內，裏面作工的人，較之往日，不過減少三分之一，我看了很是詫異，問惹爾維爲何不罷工，他倒還問我何以要罷工，多數的工人，都只知道工會號召罷工，便是那罷工的人，也不知道罷工的所以然，不過曉得這種舉動，於他的本身有益罷了。

今日不作工的，多是年富力强入了工會的工人，至於年老技精的工人，和生活較難的工人，什九都照常上工。

我由今天的情形看起來，覺得法國大多數工人的智識，眞是不足，我們以前由書報所聞法國如火如荼的社會運動，必有許多不實不盡的地方，經這一事，引起我無限的新研究趣味。

早上作工時，工頭和工場主任，都來問我的同學，今日何以不作工，我含糊答應，他們面上現一種不快的樣子，下午我也不再去了。

公園附近，午後有工會會員在彼演說，此外幷無何種表示。

五月二日今天又値星期，此處無多游玩地，上下午都在公園內看書閱報。

聖夏門人造絲工廠內，有華工十餘人，多江浙籍，性皆純善，且知書識字，不類普通華工，彼等來法最久者約六年，餘均兩三年，工資日可得十七八佛，無有過二十佛者，今晚有五人來坐談，彼既力表親善之意，我等對之也很尊重，惟五人中有一奉天人，貌頗狡猾，他勸我們不喫工廠內的食，說是價錢既貴，味又不好，他願意來幫我們做中國飯，同學某君當時婉言回絕了他。

五月三日今晨入廠只作了半點鐘工，就有書記來喚我們到招工處，說有話告訴我們聽了，面面相覷，以爲必是爲前日罷工的事，要開除我們了。及至到了招工處，會着管理員，纔曉得是爲警察署報名的事，原來法國的定章，凡外國到境內何地居留在十五日以上，即應向警察署報名，我們來這裏，已經二十日，尚未報名，警察署昨來察問，所以囑我們快去辦這事，辦妥手續很簡單，不過將自已的履歷只誦一遍，另去三佛郎三十生的手數料，得一張居留執照。

同學多素習於養尊處優，作了這幾天的工，手上傷痕纍纍，我以爲這不過是皮膚之傷，只要手生繭皮，就不怕痛了。

前星期所作齒型一百個，今日安放輪模上，竟差半寸，不能合縫，於是前功盡棄，損失約千佛左右，此事非我之錯，亦非原型工人之錯，（原型工人即作木模子者）當怪工程師計算時粗忽所致。

溶解之鐵，注入模中，凝固時均收縮少許，故原型當留收縮之餘地，應將其寸法稍放大，又凡一機器，都分爲若干件鑄造，鑄成之後，必使各部分能適當配合，此等事皆工程師負責，吁，一技之難有如此。報載巴黎五月一日罷工，工人與軍隊衝突，死傷數人，雖騷動遠不及去年之甚。

五月四日，　錐工同學，今日得發薪單，每人每日工資爲十四佛郎十五生的，我們的發薪單，雖沒有得，但是惹爾維已告訴我們是十四個佛郎一天，我心中有點懷疑，何以我們作的工，比他們勞苦，工資反爲減少呢，但是轉念一想，我現在所作的工，實在値不倒這十四佛郎，法國學徒，在上三年的，每日工資，只有七佛，不過另外得的獎勵費，有時還超過正項工資一兩倍，我入廠的時候，只希望他每天也給我七八佛，夠數房飯就算了，如今發十四佛，已是出乎意外，還有什麼不足呢。我們工廠給薪的辦法，是照各人技能的優劣來定，譏技能最好的工人，每點鐘不過三個佛郎五十生的，一天合計約有三十佛，普通工人，都只在二十佛郎左右，但除了正項工資外，還有一種獎勵費，看各人的勤惰和成績來定。惹爾維的正項工資只有十七佛，然而他十三天的工價，竟得四百佛郎，那多的便是獎勵費了。這種獎勵費是很可以鼓勵工人勤奮作工的，工廠裏面最苦的要算散工，（就是專用苦力推車運土的）得資最少的也要算散工，法國工人當散工的，要想得上三十佛郎一天，那就很不容易了。在我附近運土的幾個散工，每天都只有十四佛郎，由這些地方還可見仍有重智輕力色彩。

阿爾及爾人黑人完全是作散工，每天只有十一個佛郎的工資，比照起來，工廠對於我們，要算是非常優待了。

同學王君，謂以前作了七八個月的工，工廠也換了三個，從沒有見如此優遇的，第一次所進的廠，每天只有五佛郎，第二次所進的廠，工資更少，只有三佛五十生的，極力的刻苦節儉，纔夠伙食，半個月五個人合買五個佛郎的牛肉共餐，算是用得很多了。第三次所進的工廠，待遇雖還好，然而沒有這樣大的規模，工作非常累人，他給新的辦法，是論貨點工，比如作一件東西，是兩個佛郎，作兩件就給你四個佛郎，若作壞了，一個錢都沒有，翻砂做的東西，要鑄出來，纔能分出好壞，有許多法國學徒，見着工頭將他做得不好的東西，搥碎或拋棄，忍不住只是流淚，那能像這個工廠的學徒，這樣快活呢。

我最初覓工的時候，因為以前沒有作過工，一點技能也沒有，聽說散工專是用力，在初作工的時候，得的工資比較其他的工作為多，所以我很想得散工位置，我將此事問一個進克勤校工所的朋友商量，他急勸我作學徒，并且要作鐵工的學徒，因為散工在最初的時候，工資固然較作其他的工為多，但是以後很不容易望加，工作也極勞苦，他們初進克勤校工廠的時候，學徒只有五佛郎一日，散工有十二佛，如今學徒已增至十五佛，散工仍是十二佛，即此就是個好比例。至於要學鐵工的原故，一則鐵工以後的用處大，二則工作也容易找，工資且較其他工作為優，我如今親來作工，才證明他這話眞是閱歷有得之言。

五月五日，學鐵工的同學，現在每天早晨又加上一點鐘的法文，合計一天上兩點鐘的課，作六點鐘的工，一切待遇，完全和工業實業學校相似，這眞是自有勤工學生以來，希有的遭際，內中有兩位同學，對於以工求學方法，從前很抱懷疑，然而現在也承認是很可能的事了。

我今天和王劉諸君談起學銼工同學法文的進步，因有換工之意，我并不是嫌翻砂工苦，羡慕他們的工資多，所以要換工，實在是見着這種方便求學的機會，有點心動。

五月六日，今日由王君擬一信上製模工場主任，要求二事，(1)能否與學銼工同學一律上課，(2)如上課時間，往返不便，則請改學鏟工。

同學鄧武君，今日自納河舍來，傳述彼間作工情形，非常勞苦，鄧君所進工廠，爲化學工廠，所作之工，爲推小車背麻帶等事，工資只有十三佛郎，麻帶裝牛骨，每只重約百斤，雖力不勝任，亦須勉强負荷，彼間原有同學二三十人，因不能耐此苦，紛紛回巴黎，鄧君係往承其乏，匪特安之無怨言，且已積數百佛郎，將欠帳還清，吾因此證明凡事本無難易苦樂，所謂難易苦樂，皆各人主觀認識之不同耳。

吾輩立志來法勤工儉學時，即已決心和困苦奮鬪，今日所受，幷不甚苦，縱令爲苦，也應努力將他打破，像這種畏難而退，甚且還要怨恨以爲受了倡導人的哄騙的，眞是把勤工儉學四個字汚辱了。

五月七日，上午工場主任語我等謂昨接你們的信後，我就寫信通知辦事處，由辦事處詢問學校可否收容，現已得覆，說兩地相離太遠，往返很不方便，至於你們要求的第二項，那是無有不可的，不過我替你們想，貴國將來需要翻砂的用處較其他部分爲多，而且這翻砂又是鐵工裏面的根本工作，我希望你們再學幾個月，稍會了解之後，再更換其他工作，你們若以爲現在幫助旁的工人作工，只是做笨重勞力的事，沒有學到技能，那我可以叫你們一個人單獨做小模子，只要把小模子學會，將來便可自己做大模子了。

我們聽他這話，說得很委婉切要，也就不固執初見了，我現在正鑄齒型，沒有完工，所以不及換，王君因以前學過不欲換，李劉范等四位今日齊換作小模。

五月八日，未到作工的時間，不能工作，我今晨先了三分鐘動手，有幾個法國人就跑上前來干涉我，因爲這雖是勤快，却把規矩[illegible]了。

汽筒未鳴以前，廠中非常寂靜，工人四散談笑，汽筒一鳴，各項機器，立刻轉動，隆隆之聲，耳爲之聾，我以爲這工廠和一架機器一樣，放汽筒便像開發條機器把發條撥開，立刻運轉，工廠把汽筒一放，也就動作起來了，便是我們每日所過的生活，有時也和機器一樣。

五月九日，今日是星期，上午到公園內看書，現在已是暮春天氣，那溫和的日光，非常可愛，桼花漸次開放，[illegible]已成陰，樹底下坐着無數的遊人，或穆然靜想，領略天地自然之美，或二三友朋，促膝談心，或一對情人喁喁情話。更有許多青年女子，穿着很艷麗的衣服，各人提着一個花籃，籃內放着紀念徽章，（公園內開一婦孺救濟會）來往兜售，小兒多隨着大人跳躍歌唱，他們都充滿了一種極甜美的愉快，把人世所有煩悶愁苦，齊拋在九霄雲外，樹上的小鳥也不住飛鳴，表示他的快樂，我坐在一條石凳上，默默的領受這種美景，呀！這豈不是天國麽？

下午遊人尤多，百戲雜陳，我反覺得有點煩熱，不及那種清涼有味，男子多以雞毛髮花針，遙擲女子[illegible]。

同學有在咖啡館內聽說明日法國[illegible]這次罷工，向政府要求何事，尚不得而知。

五月十日，昨日雖聽說今天有罷工消息，因爲是傳聞之辭，恐怕不很的確，今晨仍然照常入廠，走到街上，覺情形與往日大[illegible]警持槍守路口，馬隊往來遊行，市面頓現一種肅殺的氣象，工[illegible]門首駐兵尤多，工人多聚集觀望，欲進而又不進，司令者恐發生危險，令馬隊衝散，馬隊過處，有十分之八工人趁勢入廠上工。

下午纔於全體上工，因爲今天要發工資，單明天領款，我們工廠，在這兩天內，恐怕沒有十分之一的人罷工，別的工[illegible]午就沒有人作工了。

這此罷工的原因，是總工會要求政府將鐵路礦山種種事業，由資本家手裏收歸國有，號召全國工人一致罷工，作極大的示威運動，必定要得了一種結果，然後纔可望停止。

某工人謂工會對於這次罷工，已準備有十四日救濟會，凡罷工工人均可領取必要的生活費，所以這次罷工的日期，至少總在十四日以上。

法國有兩個工黨，一個叫做社會黨（Parti Socialiste）一個叫做工會（Confederation Generale de Ctravail）這兩黨的目的，全是在謀工人的利益，想打破現在的階級制度，造成一個平等的社會。兩黨目的雖是大概相同，然而他進行的方法却不同，所以他的名稱以及黨員會員也不同，社會黨是一個政黨，他的方法是要由社會黨得了政權，拿國家的權力改革社會的組織，故着手注重選舉議員，工會[illegible]工黨，他說明了不要政權，不爭選舉代議方法，[illegible]多收會員，使工人人人都曉得團結，改良他物質同精神的生活。

工會的組織，各地有分會，各省有聯合會，一國有總會，現在的幹事有力量的為茹吾君。(L. You houx)

工會裏面又分激烈和平兩派，那激烈派很表同情於俄國波爾雪微克主義，和平派以為社會改革，不是暴力強迫可以成[illegible]并且不贊成在這大戰過後，民生凋弊的時候，行這革命的[illegible]以兩派常有衝突的時候。聽說這次的罷工，純是激烈派的主動。

前日蔡先生滙給我們的七千六百餘佛郎，我們現在工廠作工，每月所得，足敷用度，實無需用的必要，[illegible]了，若說拿這筆錢再進學校去補習法[illegible]我的經驗，學校補習與工廠補習不過三與二之比，相差無多，并且我們才開始作工，也不想遽然舍棄，聽說倫敦的師友，境況很是窘迫，我們遂決定將這筆欵轉滙去接濟他們，五日前接着師友覆書，說我們現在也要作工，不受這筆欵，望我們留作將來的學費。

說到進學校，我們已進天然的社會學校了，若是定要抱取幾本講義，在講堂上鬼混幾點鐘，然後為學，那麼在中國日本都很好研究，不必遠來法國了，我說這句話，并不是反對人不當進學校，就是我以後也要進學校，是說吾人當求活學活智，不可注重文憑，專讀死書。

我又以為一定要作三年工，然後才將所[illegible]書，這是理想的事，因為錢在手邊，容易花消，即[illegible]的生活情形不同，第一年所積的欵，以為可夠一年學費，到第二年物價增高，恐怕還不夠半年。并且這種求學方法，也太呆板，所以我主張稍積欵，只要能支半年用費，就讀書，用完了又作工，不必拘拘於三年之後。

我們對於這筆欵的處置，討論了許久，竟想出一個很好的法子來，同學熊路青蔡濟寬二人，想到美國勤工儉學，因為困於經濟，不能成行，如今這筆欵，我們五人分了，各人所得有限，補益很少，若是合起來就可幫助他兩人赴美，豈不是件快事麼。我們當即決定，通知他兩人，他兩人最初只推辭，以為我們現在作工，他怎好拿取我們的錢去讀書，後來我們說明了不只是幫助你們到美，是望你們在美國替我們立一個勤工儉學的根基，以後我們也有赴美留學機會的，他們聽了，方才應允，日內即準備動身，我們今後只要有一技一能，可以謀生，直可以世界為家了。

少年世界

THE JOURNAL OF THE YOUNG CHINA ASSOCIATION

第一卷第十二期

中華民國九年十二月一號發行

少年中國學會出版

學術世界

國際間兩大學術團體

方東美

一　國際研究會。

研究底進步和知識底啓發，循走於特殊的路徑，純是自今分工的學術團體底產品。兩世紀以前倫敦『皇家學會』和巴黎『科學院』包羅一切科學，凡具有研究能力者都能入籍爲會員。自一七八八年 "the Linnean Society" 成立以來，分工底運動乃益盛。每個學術團體各治一定的科學底領域，自是進步底現象，然各私其所學而不協作，亦殊非學術界底幸事。實則分工之業密盛，協作之術亦因之而更形切要。即如『天文物理學』或稱『星體學』和『物質的化學』之興起，已是各種不同的科學結合底好例。此僅舉其一端，其餘各種科學結合底可能，陳列於科學者之前，實不可勝數。因此國際間遂有應運而生的『國際研究會』 "The International Research Council" 聯絡各國國立研究會從事盛大的學術底協作。

大戰前國際科學團體已有數種，或求度量之統一，或求協同的研究，或臨時集會，互換意見，然多具體而微。天文學界各自獨立的團體，每欲從事諸天底國際圖，太陽系底觀察，標準時間底規定，天文歷書底著作和天際電報底分配諸種問題都苦無適當的大團體爲之設策，在化學界有五個分立的團體，惜未能合而專心致志於國際協同的研究。他如關於『地質物理學』有研究測量學，地磁學，地震學諸團體，各不相屬，一遇有互相關切重大問題便解決無方。學術團體不協作之害有如此者！在德國雖有『國學院協會』 The International Association of Academies 之設，然出席者不能代表各國大多數學術團體，且未建立永久大本營，更未籌着充裕的基金，恰好又逢大戰出而爲之送終。

皇家學會有見於上述種種的不便，遂招集國際科學團體底大會，於一九一八年十月九日在倫敦舉行。到會者有比利時，巴西，法蘭西，大不列顛，意大利，日本，塞爾維亞，和合衆國底代表。倫敦大會第一個議案便是派有代表出席的各團體急宜規定對於中歐諸國科學者所應採的態度。當時，他們一致希望和平指日可到，以便重行和中歐各國底科學者携手，究心學術，不幸黷武者底惡行，竟使那些友愛的科學者不能從心所欲。處在這種形勢之下，這次大會只好決定改組前此『國際學院協會』。因此美國代表遂將國立科學院所計劃的『國際研究會』在倫敦大會提出。這個建議是：各國應各設一個『國立研究會』聯合各該國研究的機關，組織底詳章由各國自定，但其主旨則在集合研究的興趣，蔚成一個代表團。國際研究會便是這些國立研究會底大聯合。

一九一八年十一月二十六至二十九復開大會於巴黎科學院，倫敦大會出席的代表重聚一堂，此外波蘭葡萄牙羅馬尼亞亦派有代表列席。於是倫敦大會所決議建立的國際研究會遂暫由出席巴黎大會的代表組成。各國國立研究會一經成立，即行加入這個大聯合。『五人底執行委員會』(內有法英比意美各一人)當塲選出，以研究提出於大會的各種問題，其尤要者即在各種國際新團體之組織。國際天文學聯合會，以及國際測量學和地質物理學聯合會底規約遂擬定。國際化學聯合會底計劃亦提出，俟下次討論，施行。

國際研究會及其屬下的國際天文學聯合會，國際測量學和地質物理學聯合會以及純理和應用化學聯合會遂於一九一九年七月十八至二十八在比國柏拉素爾城 Brussels 開大會時，正式宣告成立。他如國際數學，物理學，無線電學，地理學，地質學，生物學，醫學，和典籍考諸聯合會有試定的規約，亦經採用。

柏拉素爾會議時所定的國際研究會底宗旨如下：

(一)配合各門科學底國際的活動及其應用。

(二)獎勵國際協會或聯合會之組織，以促進科學。

(三)指導凡完善組織未存在的地方底國際科學的活動。

(四)與出席聯合會的各國政府發生關係，藉可引起他們的科學設施之興趣。

常會三年一次，各國所派的代表齊集柏拉素爾大本營。平時的工作由執行委員會行之。

國際研究會底組織，自外面看來，係很複雜，實則內部極有系統，國際研究會之下有各專門學聯合會，各聯合會之下，又有委員會。例如天文學聯合會即含有三十二個國際委員會，出席聯合會，各自組織國立委員會，從事天文學的研究。遇聯合會開會時，則各舉代表赴會，再作協同的研究。國際測量學及地質物理學聯合會亦含有一測量學，二地震學，三氣象學，四地磁學，五物理海洋學，六火山學六部。各部復指派特殊國際委員會，詳搜博討，此外國際化學聯合會亦同樣分部研究，再配合他們科學的方術，以求化學之進步。

總之國際研究會意在集合前此各自獨立的學術團體，同力協作，以求收科學進步的實效。這一則可以實行學術底國際大聯合，再則可以促進各國國內學府底團結，例如美國便無大一統的學術團體，現在乃有國立研究會了。

二 國際學院聯合會。

大戰已促進各種純理及應用科學底組織，既如上述。那麼『人本學科』 The humanistic studies （包含哲學，語言學，考古學，歷史經濟學，政治學及其他社會科學）又怎樣呢？多數人以為人本學科殊未受大戰底好影響，除非因大戰而阻滯其進步罷了。這種說法，却與事實剌謬。大戰中各國人本學者都被聘來支配和柔順公衆的情操。他們的組織已有者改善，未有者增設，以應時勢底新要求。人本科學誠然未有如國立研究會那般大規模的組織，然而大戰告終，巴黎和會開幕，有許多待決的問題急待他們進言；所以和會中各國議和代表都羅致些著名人本學者。這却給他們組織國際人本學科學聯合底好機會。這個運動是由法國碑版和美文學院發動的，時在一九一九年三月。同年五月，便有美法比意羅馬尼亞希臘和日本七國代表應召而來會於巴黎。這次大會規定設立國際學院聯合會底計劃，送交協約國及中立國底學會，召集十月第二次大會討論一切進行辦法。十月十五日至十八日第二次大會列席者七國代表，此外還有三國表示願意加入。於是第一次建議的組織遂得原有第一次列席的七國代表和新加入的英丹麥荷蘭瑞威西班牙俄羅斯及波蘭共十四國代表底贊助。此外芬蘭捷克斯拉夫，和葡萄牙亦可希望加入。瑞士則派有非正式代表出席旁聽，以便回國報告再定行動。瑞典底美文學歷史和考古學院，以德國未得列席遂拒絕加入底請求。其他各國則因時間太促，未及回答。

這次大會底主旨即在完成第一次會議擬定設立一個國際人

本科學大聯合底計劃，以期與國際純理及應用科學底大聯合——國際研究會——比美。這種大聯合底名稱是『國際學院聯合會』Union Académique Internationale; 宗旨是：在語言學，考古學，歷史學，倫理學，政治學，及社會科學底領域內用集合的研究與出版，以求這些學科底進步以內的協作。這們大聯合底常存的機關是『聯合會委員會』。這里各國委任兩代表，得兩個投票權。新會員加入時，須由三位會員以上底提名，用無紀名投票法表決，經全體會員四分之三同意，方能取得會員底資格。與會代表有選舉聯合會職員及決議關於公益諸種問題之權。聯合會底大本營和國際研究會同設在比國柏拉素爾城，年開常會一次。聯合會底經濟贊助全賴各國繳納常年金二千佛郎。常年金底總數僅能維持會務底進行，至於研究及出版各項基金仍仰給於特別捐。

一切研究及出版事業，可由聯合會職員，或由關係國公使之一，或由聯合會會員建議。一切建議案須說明這種事業底主旨，及解釋進行底方法和實行協作底範圍。這種建議案在大會前數月先提交所屬的學會商權，各學會商權底結果由各該會代表，覆交大會。這種事業可由聯合會指派委員會或付託所屬學會之一辦理。接辦者得聯合會底同意有全權管理這種工作，指定試辦底地點，及選擇協作者。

國際學院聯合會第一次正式大會於一九二〇年五月在柏拉素爾舉行，選出下列職員：

正會長　潘遠訥教授 Prof. Henri Pirenne of the University of Ghent.

副會長　霍穆爾 Monsieur Théophile Homolle, director of the National Libray in Paris.

幹　事　克寅 Sir Frederic Keyon, President of the British Academy.

副幹事　鑒智禮 Senator Lauciani of the Academy of the Lincei in Rome

霍爾柏教授 Prof. Heibery of the Danish Academy of Sciences.

格黎博士 Dr. Louis H. Gray of the

American Embassy In Paris

新近葡萄牙及塞爾維亞又加入，這個聯合會現在得十六國代表底贊助了。

教育世界

蘇維埃教育之成績

邰爽秋

美人愛兒 Lincoln Eyre 氏由蘇維埃俄羅斯 Soviet Russia 打給紐約世界報 The New York World 的電信當中，有一段同新俄國公共教育委員蘭拉夏 Lunacharsky 氏的談話，關於該國的教育狀況，頗有可以供吾人參考的資料。據 The Survey 雜誌所載該談話之大要，蘭氏首先所說的，就是自俄皇去位後該國教育發達的狀況。他說，在 Tver 政府當中，從千九百十六年至千九百二十年，學校的數目，由二千八百加至三千四百；學生數由十六萬增至二十七萬八千；而教師的數目，亦增加了三倍。即離達至土耳其斯坦 Turkestan，兒童受第一年的教育的，亦由四萬，增至十二萬；而教師的數目，則由二千增至五千。蘭氏說該國政府對於教育很爲注重，即雖在一九一九年純粹印刷那樣缺乏的時候，他總設法排去各種困難，供給二百五十萬兒童的書籍，不收他們分文。另外又散九百四十萬雙鞋子，於該國的孤兒，統計去年的教育的預算案，竟達二百萬萬羅布有奇，數目之大；眞是可驚。

其後蘭氏又談到該國強迫教育的法令，從中有一段說：

蘇維埃共和國全體的人民，都應當能寫能讀。個個俄國人，年在八歲與十五歲之間不能寫讀的，都必定用俄語，或他們原有的語言，練習寫讀。已識字的，可以幫助教不識字的。不識字人數終了的時期，則由各省或各地方自定。至於成年的市民，受書寫的教育的，在他受教期之內，每天減少兩點鐘的工作。市民如有規避義務，或是妨礙本命令之施行的，將受革命法庭之裁判。

蘭氏又說道：『在革命之前，蘇維埃政府所管轄的俄羅斯的地域之內，不識字的有一萬萬人。在這過去的二年間，他們當中有多少人變成能寫能讀，我不能知道，因爲全國之內，沒有精確的統計。但是我所知道的，紅軍中原來有百分之十五識字，現在居然差不多達到百分之六十。在海軍中，則沒有不識字的。至於人民方面，姑就俄京而論，不識字的數目，則由百分之三十驟減至百分之八，所以我可大膽說一句話在三年後，全蘇維埃共和國之內，可保沒有一個不識字的人民。

蘇維埃政府在成人中普及小學教育的計劃，尤其遠大。每一個學校，不論城鄉，每天都必定空下幾個時候來，開設班次，去教育不識字的成人。所以蘭氏說道：『頭白的農夫，在小課桌上，苦苦的學字母，而那張棹子，就是幾小時之前他的兒孫輩，在那兒學高深學問用的，你看這種情景，豈不有趣！』該國所定的強迫條例很嚴，假如不受讀寫的教育，向又沒有充分的理由的，無論男女，均剝奪選舉權，並且不能領到三等的食物券，倘若還不來受教育，更將科以重罰。

蘭氏又繼續說道：『城裏的工人，大部分都很願受教育，不過在鄉區的地方，因受數十幾世紀的流毒，養成人民一種深怕多得知識的迷信。教育事業，不免要受些打擊。但是我們有時候必得用有力量的方法，來克服這種恐懼，因為國家文明的路途上，只能讓「普濟衆生」存在，別的東西都沒有立足的餘地。』

愛氏問道：『陡添了這些學校，怎樣找教師呢？』蘭氏答道：『這是我們所必須解決的難問題。在理論上講來，我們必須用受過完全教育而又沒有別的企圖的人來做教師，但是在實際上只要同我們所抱的理想相同的人，就能擔任教職，這是顯而易見的。小學校缺乏教師的恐慌，已經過去了，不過中等學校中這種情形還有點吃緊罷了。』（請參閱本刊第二期波希微之教育計劃。）

學校調查

南京高等師範

曹芻

她是什麼樣的一個東西？她何以如此的惹人的注意？她何以如朝日春花般昇起？她何以沒有人把她介紹出來哦？這是她的學生責任！喂！少年世界諸君看罷！諸君要面面看到，她的學生應當詳詳細細的介紹。

她的年齡很小，到現在才過了五歲。她雖說是蟬聯着兩江師範來的，兩江師範對於她的精神毫無關係，我們不必去追溯；就是她短少的五年歷史，雖說是有極大而極快的變化。但我們的目的是要少年世界裏少年了解她是個什麼東西：所以把她歷史上的變遷畧去，單介紹她現在的實況和她究竟的進行方向；把她的色相呈露在少年之前，供他們欣賞，愛好，或是批評。

第一說她組織的系統。從前的她，和現在的她大不相同。以前的已成明日黃花了，單說現在的。現在的她有兩種精神：一種是共和的精神，她的教職員學生之間，都充滿了和氣，毫 階級的隔閡，對於她都是一例的休戚相關。一種是科學的精神，她的行爲，無論那方面總要講究經濟，期實效，重分工；所以能夠以少數人辦多量的事。現在把她的系統表列在下面，就可以曉得她所代表的精神了。

南京高等師範學校

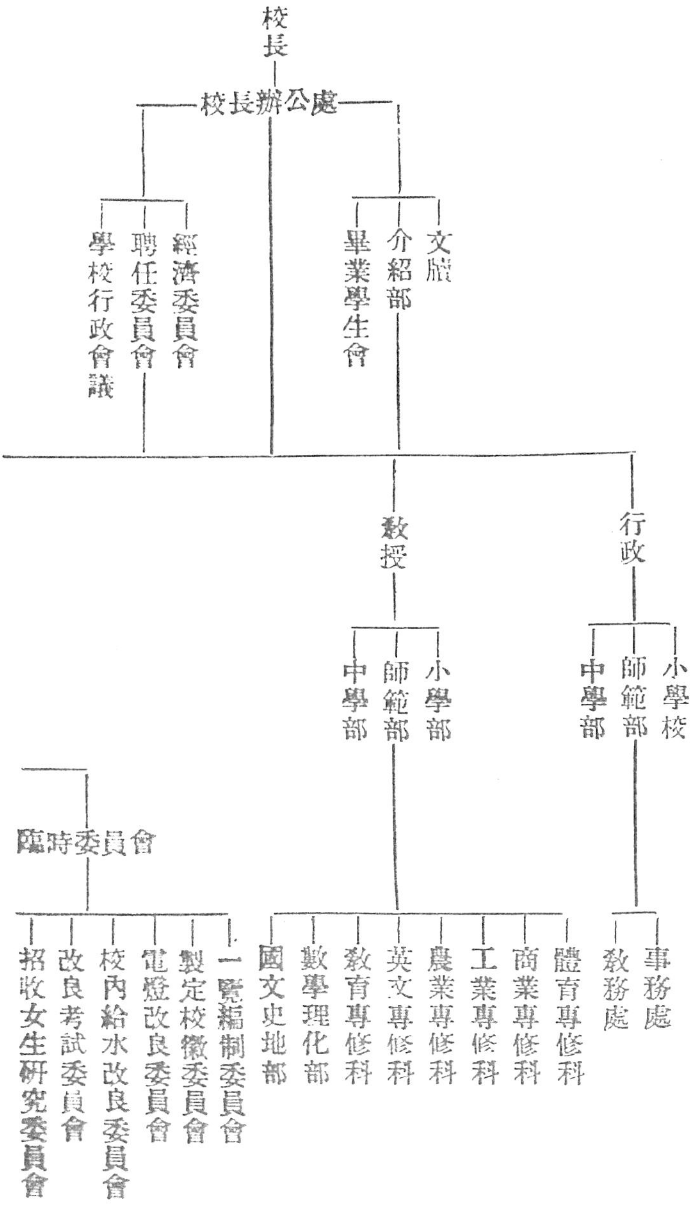

組織系統表

- 議事
  - 校務會議
    - 教課限度研究委員會
    - 工讀協助研究委員會
    - 暑期學校研究委員會
    - 常設委員會
      - 校景布置委員會
      - 校舍建築委員會
      - 辦事方法委員會
      - 出版委員會
      - 圖書委員會
      - 游藝委員會
      - 運動委員會
      - 學生自治委員會
      - 學校組織系統委員會

第二說她的設備。她的房屋是從兩江師範承繼過來的。但是在辛亥年南京發生戰禍的時候，有許多軍隊駐紮在裏面，毀壞許多儀器圖書，後來不知怎麼連房子都燒掉一百九十幾間。這幾年中是軍隊用錢時代，那裏能有錢來擴充學校呢？她受經濟的壓迫，沒由能夠發展；但是她的辦事人用錢很能經濟，現在的設備，也還可觀。如農科的農場，工科的工廠，數理科試驗室，教育科新近買了許多心理實驗的儀器，文史地科已設了一個史地陳列室，都還不錯。惟有圖書館的藏書，不十分充足，最近調查不過祇有萬餘元的書，而且大部分是舊書，多半是終年藏着不動的；所以應用起來，實在不夠。

第三說她的教授方面。她一共分八科，上面表上已經說過了。這八科的課程以前是各有界限，甲科的人不能學乙科的功課；現在却已行選課制了，以前的界限打破了。至於行選課制的理由，方法，利益等等，楊君效春有一篇極詳細的敘述，（這篇文字隨後發表記者）此處不再事駢枝了。但是教授時用的方法，約可以說一說。我就大概說有三種：

(1)演講　這是最普通的老法子，完全是教師的動作，學的人祇要拿耳朶聽和筆記罷了。

(2)討論　這是教師和學者相互的動作，對於一種學程中的問題，各人根據各人的研究和經驗，互相討論，求一個最圓滿的結果。

(3)研究　這完全是學生自己的事，對於一種學程中一部分有趣味或覺得重要，可邀集同學收集材料，加意研究，研究的結果，可以報告於全班。

此外實科中（文科一部分如心理）須實驗的，必加以實驗。

第四說她的特科。特科怎樣講呢？就是因為有許多要受高等教育的人，而不能經過三四年時期，所以她為便利他們起見，設了這一科。簡括的講，就是學校的開放。這個辦法大概是各科除正式生外，就各課程的性質，定出名額來，招收特科生。（約計理論的課程限定四十二人，實驗的課程限定三十六人。）特科生雖沒有正式的入學試驗，但選課時須經担任教師的口試及同意。特科生的待遇，除繳納學費（每學期十元）膳宿自理外，是一樣的。所差異的地方，就是所選課程修畢了，而且試驗及格，每年每學期都可發給修業証書。但成績太劣的，一學期後卽令他退學了。

第五說她的教育推廣部。學校應該公開，學校應該作廣大的服務，在現在共和制度昌盛的時代，這種事體格外覺得不容緩了。她適應世界的潮流和社會的需要，在今年暑假裏辦了一個暑期學校，同時有國語講習科，植棉講習會。此種舉動在中國也算是創舉了。這種學校的性質經過內容和用意已經呈現在社會上，不必再瑣碎的說。但就她的特點看，却有許多有紀念的地方。第一是男女同學的。第二人是很多的（約一千三四百人）第三學者的資格從大學畢業生到中學畢業生，當中有經驗的教師，要佔到百分之七十。第四年齡的相差是很大的，從十七歲到五十九歲。第五學者的籍貫很普遍的，差不多是全中國。她的效果，缺點，留給社會去批評；但推廣兩個字，可以說是做到了。暑期學校過去了，現在推廣部因為便利求學的人起見，開了兩級英文班。一級是是接高師第一年的英文，一級是為初學的。那接高師第一年的英文是高師正式生和特科生讀的，不另納學費。初學英文專爲校外的人（特科生要讀也可）讀的；但是每學期要繳四塊錢的學費。她想發展中國的農業，她又覺得鄉村農業是全部農業教育的胚胎；所以她在今年辦了一所鄉村農業學校。一方面造就人才，一方面去改良鄉村農業。這個學校設在江甯縣沙洲圍，十月十日就開學了。

暑期學校是男女同學，現在她也男女同學了。所以第六就說男女同學。她招收女生的經過，已經由王君德熙在本刊婦女號上說過了，現在單說當前的狀況。她因爲有了女生，設備上添了一個女生寄宿舍，是在校外的，校內添了一個女生休息室。職員方面裡，添了一位女生指導員。課程方面除掉體操而外，都是和男生在一塊兒上的。這次報考的女生，共有四十五人，取了八名，在教育科的有二人，在英文科的有六人。至於特科生，却很多，國文科六人，教育科六人，英文科六人，商科一人，農科一人，數理科一人；至於男女交際，除掉正當集會而外，可以說是沒有的。

第七說她的職教員，各科的教員最多的十人，最少的也有四五人。教員除上課外，還做好多的事體：如受她的委托做各種常設或臨時委員會的委員，擔負她的事務。譬如電燈要改良，已受委託的委員就去設法研究計劃，達到改良的目的。此種制度一方面收分工的效驗，一方面是共和的精神。她的事是凡在她標幟之下的，都有負責的義務。又如課外的指導，她的學生設了許多研究會，每一會裏都有幾位指導員，做指導員是由學生請的，不是她派的。他們還有著作的事業，各種報章散見他們的著作非常之多，不能一一的細述。此外如劉伯明先生譯的思維術，朱進之先生譯的倫理導言，鄭曉滄先生譯的人生教育，陶知行先生譯的桑戴克教育學，廖茂如先生譯的心理學，陳鶴琴先生編的測驗心理法，鄒秉文胡先驌二先生合著的大植物學，原頌周先生著的作物學教科書和種麥淺說；以上都是犖犖大者，還有零碎的研究報告書，不能細說了。上面說的是他們對於校內的服務，他們對於社會上還有直接的供獻，如農科受社會之委托，做種種事體：(1)江蘇南滙造橋蟲試驗，南滙奉賢縣稻田每年受造橋蟲的侵蝕，不下百五十萬元。江蘇實業廳長商請農科昆蟲教員張巨伯先生調查，並籌防治方法，調查結果發表一種報告書，由穆杼齋先生捐洋一千五百元爲治這種害蟲的費用。(2)江蘇無錫松蠶之試驗。無錫有一種松蠶，傷害松樹頗大，地方上人請張巨伯先生去調查的，後來用煙葉油殺滅這害蟲，頗著效驗。(3)天津大農場之規劃。原頌周先生受本省警務處長王君清泉的囑託，到天津調查計劃。(4)江蘇泰縣大農場之計劃。原頌周李炳芬兩先生受前省長韓紫石先生的委託，計劃組織泰縣大農場。(5)採集標本由她和北大北高師瀋陽高師發起，採集而河南農業專門，漢口明德大學，金陵大學，集美學校，北女高師，嶺南大學，廣東高師，上海商務印書館，以及各中學各團體，共集一萬八千塊錢！公推農科植物分類學教員胡先驌先生做這件事。(6)委托代辦小麥試驗總場。上海榮宗敬先生鑒於小麥栽培須求改進，託農科設專場研究，他聯合上海麵粉七會，年捐六千元，辦理這件事。現在已由原頌周先生在朝陽門內闢一百零六畝的農場，着手組織了。(7)委託改良工廠。杭州有兩個大工廠，覺得組織不完備，辦事不經濟，特地把楊杏佛先生請了去察看，加以計劃改良；並且召集工廠辦事人，請他給了幾個講演。他們祇要有機會直接去服務社會，無不踴躍從事。現在且說他們娛樂的事體。他們有一個交誼會，是聯合師範部中學部小學部的教員而成的。這個會時常開會，開會時無非是想出種種娛樂的方法，去聯絡情誼罷了。

第八說她的學生。學生做的事是很複雜的，一張嘴恐怕說不週到。祇好請少年世界的少年，隨着我來自己去看罷。來呀諸君！走進學生自治會，她就迎上來了。她說：「我是八年十一月三十一日下午一時才來的，到此時日頗淺，還沒有十分相宜的適應，但大體是粗具了。諸位既然不遠千里而來，可以考察考察。」她引導我們到她的議事部，正是開會的時候，場內坐了三五十位議員，議長站在講台旁邊，靠近書記席。他們正是討論着關有她的各種事體哩。她說：「議事部是由各級學生舉出二人或三人（各級滿十六人以上的舉二人，滿二十六人以上的舉三人。）組成的。他們的權限是：(1)議決及修正本會簡章，各部規程，各科細則；(2)議決本會進行事宜；(3)製定本會會員規律；(4)通過本會預算及決算；(5)質問及彈劾本會各部職員。」我們又走了，走進執行部，首先看見的值務科。裏面的人，是忙忙的，有的是在教室上發講義，或是和教員接洽，或是和同學討論；有的是在自修室監督着校工做各種清潔的事件；有的挾着報紙，跑向閱報室裏安置，還有些在食堂上，操場上，休息室裏，浴室裏等處忙。又走了，走進衛生科，見裏面的人格外忙得利害了。一堆的人，在廚房裏檢查清潔的，檢查分量的；要到吃飯的時候，他們又到飯堂上來，管理廚役安放碗筷和記載吃飯的人數目，同學中有什麼事，就他們接洽。沒事的時候，他們還要注意各處清潔的事體。從衛生科轉入經濟科，見裏面很閒靜，祇見一兩個人在那打算盤，沒有什麼看。於是又走進進德科，那兒真是門可羅雀，我們就不進去了。她帶我們到一個地方，這個地方熱鬧極了，我們就如在山陰道上，有應接不暇的光景。進去時看見一扇牌，上面寫的是學藝科。跨進去首先到哲學研究會，看見一個先生在那兒口講指畫，有許多學生坐着聽。我們有點詫異，她就說：「這是學藝科。這一科像哲學研究會一樣的會，差不多有二十來個。這種會是學生們組織起來的，自己舉出什麼總幹事啦，幹事啦，編輯啦，書記啦，會計啦等等：并且請二三位教員做指導員。這種會做的事體可以分幾項說：(1)請教員，指導員，或名人講演；(2)共同研究；(3)發行會刊。第(2)項做得沒有十分精采，聽說以後他們要加以整頓哩！」我們聽見這些話，很覺得有味。遂慢慢的踱去，經過文學研究會，翻翻他的記事簿子，上面寫的某日請柳先生講離騷，某日請王先生講詩詞，某日請顧先生講…………。信着步子走，經過了地學研究會，數學研究會，理化研究會，農業研究會，工業研究會，商業研究會，教育研究會，體育研究會，英文研究會，在這些會裏，看見的情形，大致和她說相同。或是看見一兩本會刊，或是看見發行一二冊的專書或雜誌罷了。（農業研究會的農業教育。數理化研究會的數理雜誌，）她看見我們似乎有點疲倦了，她就帶我們到圖畫會裏面去。見裏面成績還不少，也有編的圖畫帖一兩冊，還有郊外寫生的器具。她說：「遇着適當機會，指導員還和學生到郊外寫生哩。」又向前走了，看見一間房子，門是鎖着，門口寫的是戲曲研究會儲藏室。她就開鎖，把門啓了。見裏面堆了許多布景用物等等。她說：「戲曲研究會在民國七年就有了。第一次表演是大轉機，頗受社會歡迎。第二次表演的是新少年，也還不錯。表現所得的錢，本想拿來辦義務學校的；後來除開支買布景用物的錢，餘下的就不多了，因此義務學校也沒由辦。正說的時候，旁邊屋裏軍樂奏起來。走進去，看裏面也有指導員，現在練習還不十分純熟。我們又走出來到攝影會。見裏面忙得很，照的照，洗的洗，有時候還請教員講講原理和方法。由此走進演說會，裏面懸着四面優勝旗，都是會員比賽得到的。她又告訴我們，演說會現在分兩組，每兩星期練習一次——有時演講，有時辯論——遇到和校外比賽的時候，先由兩組比賽，得了結果，再到外面去比。我們疲倦極了，走不得了。她就把我引到國樂會裏面去。到了裏面，聽見絲竹雜奏，眞有繞梁之音。我們就在那兒休息，隨便聽聽音樂。看見有彈古琴的，有彈琵琶的，吹簫的，弄笙的，各盡其致。她對我們說：「國樂會的成績是很大的。校裏任何的集會，他們都去演奏；就是校外公共團體請到他們，他們未有不去的。………」「喂！日刊出來了！日刊出來了！」我們就拿了一張來看。她連忙對我們說：「日刊新近歸學藝科辦的。每級舉出一個編輯員來輪流編輯。銷路還不小。」我們所要看她的看完了，我們於是向她作別。

跑進運動會。啊呀！好熱鬧！足球啦，網球啦，籃球啦，棍球啦，田徑賽啦。煙霧漲氣的，鬧個不了。我們就找了一位運動家，和他談談。他說：「運動會從前是屬於校友會的，自從學生自治會成立以後，這個就獨立了。現在由高師中學共同組織。由高師的職員代表，學生代表，中學的職員代表，學生代表，組成一個評議會，計劃各種進行的事體。現在已經加入東方八大學的運動了。所以事體很忙，不時就有比賽。至於校內的練習，是任人加入的。」我們蒙他的領帶，去看技擊隊，老遠的就聽見叮叮噹噹響個不了。進去一看，只見長套短打，刀來棍去，煞是好看！她又說：從前拳術是必修科，現在改爲隨意科，任人學習了。我們看了一會，又向別處走。

拍掌聲，歡笑聲，樂聲，雜然並作。我們就跑了去，看見門口有同樂會三個大字。裏面來了一位招待員，請我們進去，我們進去以後，却引起我們很大的快感。一屋子裏坐的先生，學生，但都像些小孩子似的；談的談，笑的笑，吃的吃，沒有絲毫的拘束。招待員向我們說：「同樂會有幾種性質。同鄉會的同樂會，因爲有新會員來，或是舊會員去，開會歡迎或是歡送，就舉行這同樂會。這也沒有多大的效用，不過聯絡同鄉的感情而已。其次就是各級的同樂會，或是一級的，或是聯合同科數級的。每次開會，都請教員加入，一方面聯絡情感，一方面增加我們的活氣。這個會做的事體，就是想出種種娛樂的方法，求人人的歡笑，快樂。再其次是全校的同樂會，這個會不問高師，中學，小學的教職員，學生，校工，都可以加入會的內容，不外歡呼啦，唱歌啦，講演啦，奏樂啦，今年元旦日并且舉行提燈會，眞是快樂的了不得！此外還有游藝會，名字雖不同，但同樂是一樣的。這種會的性質，是比賽的，各部科的學生，與全體職教員，各想出一種化裝表演，都要是詼諧的，越引人發笑的越是上選。還有評議員品評優劣，最優者得優勝旗。他的話完了，我們也就與辭了。

轉身進了南京學生聯合會的高師分會。她也迎接出來了，她說：她是五四以後才產生下來的，到現在已是一年多了。她受着刺激不少，而她做的事也不少。但是現在不如從前了，正想改變方針，向較大的光明裏走哩！她也分評議部，和執行部。她還有三個會長，會長對聯合會就是聯合會的評議員。評議部是沒有什麼可說。執行部裏分七科：如經濟科本沒有什麼事可做。還有調查科，編輯科，交際科，從前當「五四」「六三」再接再厲的時候，和今年拒絕直接交涉的時候，很做了些事；現在却冷落了。餘下的如新劇科，去年因爲要建築義務學校的校舍，演過一次新村正，賺了兩百多塊錢，不夠建築；但他的成績也不算小了。此外有演講科和教育科，倒可以看看。我們就請他引導了，到了演講科。那兒正是改選職員的時候，舊科長報告過去的成績，他說：「這一科成立，不消說得是五四的產兒了。當那個時候，幾幾乎全校都是講演員，過後這一科就分了四組，每星期出去一組。及至福州交涉發生，那差不多四組每星期都出去了。第二次罷課，又由每級五個人中選出一人，當演講員，分途出發，實在是忙極了。在上年年假裏，還有一兩位科員留在南京，他們整整的演講了一年假。這也是本科可紀念的事。……」舊科長下去了，新科長上來，和科員討論以後進行的方針，大致是除保存舊有的狀態而外，還要加些薪炭，鼓舞勇氣。演講的材料，從愛國的宣傳，漸漸傾向智識的灌輸去。走進教育科，先參觀義務學校。那面教育科長來了，問問這個義務學校的歷史。她說：「去年九月裏，聯合會教育科宣布義務教育方針，說是每一個學校須辦一所義務學校。因此這個學校就產生了。這學校的性質，是叫貧苦的人得着求學的機會，不問男女大人小孩子都可以入的。一切的課業用品，都由分會裏供給。去年進來的學生，成人少，小孩子多。又因程度不齊，分作兩團：甲團有國民學校三四年級程度，乙團全是完全不識字的。裏面的課程分：國民常識，（包括修身公民知識衛生三項。）讀法，（包括地理歷史理科，）珠算，筆算，職業，（男生教籐工女生教縫紉結絨繩等）音樂，談話，注音字母，書法，游戲等，教材或是採用聯合會編的講義，或是教者自編，或是參用坊間出的教科書。教員都是本校的學生，但女生的職業和音樂，是請本校附屬小學女教員擔任的。上課的時間每日下午三時至五時。一年過去了，出的力是很大的，然而效果却很少。今年又開辦了。辦法大致和去年相同；不過去年請附屬小學女教師擔任的功課，今年都由本校女同學擔任了，現在不妨去看看呢。走進教室，見裏面二三十個孩子，大的；小的：身服是破爛的，骯髒的；程度深的，淺的，複雜極了。但是教的人，總是堆着滿臉的笑，和那些孩子問答呢！我們退了出來，問那位教育科長道：不是還有什麼校工夜班麼？我們也得去看看。她說：「校工夜班現在還沒開課，但過去的歷史可以說的。本校校工合高師中學小學三部，差不多有一百多個。對於他們的教育，是分普通班和特別班二種。普通班依程度之高下，分為甲乙丙三班。特別班依據他們所司的職務，分為農夫特別班，工人特別班，廚夫特別班：至於英文特別班，是因少數優秀校工之要求而設的。還有一層要連帶告訴諸位的，當五四學潮起的時候，校工對於愛國運動，非常出力。他們辦了一個校工救國團，宗旨是聯絡各校校工，共做愛國運動；並且辦了一種月刊，中間都是討論的救國方法，和校工對於救國的責任。印了一千多分，預備分送，後來因為別種原因，沒有能夠發出去。學潮過了，校工又組織了一個讀書會。他們程度雖然不齊，但大部的人對於救國，平等，自由，工讀等等觀念，都很能了解。…………教育科還有一部，就是校外教育。規定三種：(1)露天教授，(2)注音字母教授，(5)黃包車夫教授，但都沒有怎麼舉行，所以毫無成效。……」

少年諸君！看是看過了，心中有什麼感想？她是可愛麼？或是美中不足麼？！哦還有些事不曾見着！好還讓我說罷。她最大的缺陷，就是出版物太少。他的出版物，除日刊每日出一小張外，其餘如校友會雜誌，各會會刊，都不是有目的的刊物，銷行也不能及遠。他的少數學生在去年曾組織一種少年社會雜誌，銷路倒還不惡；但是到現在，因為多種關係，又要宣告停刊了。此後就是說他無出版物，亦未嘗不可。然而各種報章雜誌上發現他學生的文字，却還不少，只也算差強人意的地方了。

她的畢業生到現在已經出去十一班，人數約在三百左右，服務的地方幾遍國內。從事南洋華僑教育的，也不乏其人。

說到這兒，我不願意再說了。因為要說的話，給她的學生說，似乎沒有什麼價值。什麼話呢？就是她的特點和希望她的地方。特點呢，由上面說的，閱者自會尋得。希望呢，她的學生或是她的辦事人，祗可放在心裏，努力做去，有什麼希望要說的，只能讓社會上說。所以我不應再麻煩了。但是還有兩件事要在這兒附帶的報告：

(1)她的學生如此的活動，是有背景的。什麼背景，就是事治。什麼是事治呢？就是一切生活，既沒有管理人統御，（監學制度在南高久已掃蕩的干干淨淨）也不是自治會的職員治理；是有些事要做，而這些事有一個公共的目標，大家齊向着這目標前進就是了。她所以遭人注意，和春花朝日般昇起的，都因有此。

(2)她的名義，雖是高師，內容却是大學的規模。（參看楊君效春介紹選科制那篇文章，可以得其大概）好消息來了！聽說明年要把她改作東南大學了。我們留意看她將來之降臨罷！

這篇調查沒有依着論理的次序，是順着心內所想的次序敘來的。恐不免有蕪雜錯亂的地方，還請原諒。至於一切的章程表格，都沒有用，因為這些東西擱在裏面，徒佔篇幅，叫閱者討厭。假使有人要看這些章程表格，可以向南高各種會社裏去要。還有一層，新生入學試驗的手續等等，也沒有加入。因為招考時，有一冊章程，中間說的極明白極詳細，所以不再說了。　述者附識

這篇的材料，大部分是楊君賢江王君克仁邰君爽秋阮君眞蔣君錫昌調查的，我實在感謝他們。　述者再識

農村生活

新農業問題之三（續第六期）

唐啓宇

農業機械對於生產及工作之影響

（三）機械與人工

用機械力所省的人工作量，可取用手工所需若干日人工的總數，減去用機械所需若干日人工的總數，即得。左列一表，即顯明九種作物用手工用機械所需的人工工作量，用機械節省的人工工作量，及用手工工作量除機械節省的工作量的百分數。

需要幾日工作數目表

A 用手工法

	作物之年數	用的方法	幾日的工作
大麥	1896	1829-1830	14,771,515
玉蜀黍	1894	1855	117,487,098
棉	1895	1841	80,108,771
乾草	1895	1850	99,257,257
燕麥	1893	1830	105,810,334
馬鈴薯	1895	1866	14,715,501
米	1896	1870	396,687
黑麥	1895	1847-1848	6,854,942
小麥	1896	1829-1830	130,621,927
總計			570,024,032

	作物之年數	用的方法	幾日的工作	用機械所省幾日的工作	百分數
大麥	1896	1895-1896	630,354	14,141,161	95.7
玉蜀黍	1894	1894	45,873,027	71,614,071	60.9
棉	1895	1895	28,178,904	51,929,867	64.8
乾草	1895	1895	18,556,791	80,700,466	81.3
燕麥	1893	1893	11,334,266	94,476,068	89.2
馬鈴薯	1895	1895	5,134,100	9,581,401	65.1
米	1893	1899	108,889	287,796	72.5
黑麥	1895	1894-1895	2,739,147	4,115,795	60.0
小麥	1896	1895-1896	7,099,560	123,522,367	94.5
總計			119,655,032	450,368,992	79.0

照上表看起來，現在所生產上所述九種作物的人工工作量比之前此只要百分之二十一。用機械生產比用手工生產，則前者稍過於後者五分之一。

人工之代替

人工代替的問題，專對於雇工而言，進一步講，自機械使用以後，是否覺生活的機會就減少了？我們曉得機械創始後，實實在在將一部分做特別工作的工人推出去。譬如用收穫機器就會將用大鐮會紮束的人排出，如同一瓶裏水代空氣一樣。因爲他們既精於一種工作，於他種工作必少覺不適，現在忽然將他們的業奪去，自必深感困難，然而這種困難必需經過的。人工的代替，有絕對的，專指任何種工作的人工力減少；有相對的，專指做農業工作的工人，雖是增加，但遠不如從事工業的工人增加的多。

絕對的代替

絕對的代替可以新英蘭作比例。在一八八〇年十歲以上從事農業的農人凡三〇四、六七九人。等到一九〇〇年，從事農業的農人只有二八七、八二九人。這人數的減少，不是新英蘭的農業退化；乃是用機械增加生產的緣故。新英蘭在一九〇〇年農業生產品，比較在一八八〇年，增加百分之五十，每英畝由一、六八元增至四、四九元。若取在生產期間用手工所得之生產總額（以需若干日之工作表明之）減去在生產期間用機械所得之生產總額，（以所需若干日之工作表明之）其餘即爲絕對的代替數目。若將此絕對的代替數目，再以手工所得之生產總額除之，即得絕對的代替百分數。

相對的代替

在美國各部分農民增加率，比較從事旁的事業的人的增加率都低許多。（如從事教育界政治界商界工界等等）但是女人從事農業的到比以前增加迅速；這因爲機械應用，不需要若何強健體力，所以使男女有平均發展的機會。我們再看由一八七〇至一九〇〇年美國的人民由農業移到工業的有三百五十萬人，似乎農業前途很危險；但是若從另一方面觀察：在一八七〇年從事農業的合計有五、九四八、五六一人，農產的價值穀類合計一、三八八、五二六、四〇三英斗。因爲那年玉蜀黍短收的緣故，我們算他是一、五一九、七〇四、三四二英斗，每勞農平均應收二五五、四英斗。在一九〇〇年從事農業的，合計有一〇、三八一、七六五八，農產的價值，穀類合計二、六五一、五〇二、七八一英斗。此種增加的數目若用一八六九年的勞農效率，須增加六、九八一、九七三勞農，兩倍於現在由農業遷移到其他事業的數目；這是機械革命後所生的大効果。

農業機械的使用對於農場大小獨立農與倚賴農的關係

自農業機械使用以後，農場的大小就要放大，普通農業機器可做二百英畝至三百英畝工作，若是小的農場也要買如許機器，每畝的費用價值必定很大，如不用機器時，間及作物的損失更大，試觀左列一表即可知機器投資與農場大小之關係。

農場之大小與機器効率

（由586農場平均而得，東京縣紐約省）

英畝	平均大小英畝	機器及農具的價值	每畝機器之投資
30或30以下	21	$125	$5.95
31—60	49	243	$4.96
61—100	83	341	4.11
101—150	124	495	3.99
151—200	177	592	3.34
過於200	261	914	3.50
平均數	103	407	3.95

若有人去視察此種小農場則可見其機器如何配置不完善；但其每畝投資的價值，比較大農場為多。若將造屋，修屋，折價，利息，加息，與保險費用計算，估值百分之二十，在小農場需一、七五元，在大農場則需一、一元。

在美國，獨立農都使用機械，但是黑奴僅能用手工不善用機械，因為他們缺乏機械智識的緣故，且獨立農有資本，故易於購機械；依賴農缺乏資本，難於購機械。所以獨立農與依賴農對於機械的使用也極有關係。

大概農作物中穀類的面積佔六分之五，所用的機器力甚大，據美國調查部所報告，農作物的平均英畝數（除去十英畝以下不算外）每一農場在一八八〇年為六四、四英畝，在一八九〇年為八六、二英畝，在一九〇〇年為一〇二五英畝。略每農人所種之作物畝數，在一八八〇年為四〇、六英畝，在一八九〇年為五三、九英畝，在一九〇〇年為六二、四英畝，機器的使用使每農場的英畝數與每人所種的英畝數增加，確無疑義。

在一八八〇年至一九〇〇年二十年內依賴農增加百分之七三、六，獨立農增加百分之二七、四；換言之就是依賴農比獨立農多增加百分之四六、二。依賴農的增加與社會定形危險。

現在可以總括起來說一說依賴農所以超過獨立農的緣故；第一機械使用之後，農場的面積加大；第二農場既大，需要資本必多，依賴農更不容易得機會去買田地做自己的產業；第三，農場既大，危險的程度也高，所以沒有新時代農人知識的，不能獲利。

據調查部所報告資本的增加數如下：

1每農場所有產平均的價值，（包含土地農具機械牲畜計算）在一八八〇年，爲三五一五元；在一八九〇年，爲四八五九元；在一九〇〇年，爲六五三一元。

2每農場土地及其改良及房屋的平均價值在一八八〇年，爲二八三五元；在一八九〇年爲三九三〇元；在一九〇〇年，爲五三五八元。

3每農場農具及機械的平均價值，在一八八〇年，爲一三六元；在一八九〇年，爲一五一元；在一九〇〇年，爲二〇八元。

用手工或用機械方法所得之工值。

講到同樣工作用手工或用機械方法所得之工值，勞工部第十三次常年報告供給最良好的知識。此項報告顯明二十七種不同的作物用手工或用機械方法所得工值率由一八二九年至一八三〇年，用手工種麥所得最低之工值爲五十仙美金；最高爲七十五仙。由一八九五年至一八九六年，用機械種麥所得最低之工值爲一、五〇元；最高爲四、五〇元。平均工價率由一八二九年至一八三〇年爲五十七仙；由一八九五年至一八九六年，爲二、四七元。用機械方法每日工值最高最低率，比用手工方法變動最大。但是每工值率平均比用手工方法高得許多。若再將此二十七種作物每日工值平均的平均，則手工方法爲八十四仙；機械方法爲一、一九元。

現在愚魯工人的地位，是更加困難了。精密的工人，機器能彀使他們獲利，使他們向前進。但是愚魯的工人是故步自封的，是往後退的；他們不懂如何處理機器，所以他們在生存競爭上更增加極重的擔負。他的工值，自然拿他効率作標準，所以他們就一步一步墮落在這工業社會裏。

月工工值

照美國情形，在一七九四年本薛文利亞省的農工工值，每月三元；在韋爾孟每月工值四元。在一八〇二年，每年除供給食用外，一年工値爲六十五元。在一八一一年，本薛文利亞省的中部，每月二十六工作日除供給衣食外工價八元。但在一八九九年，一九〇二年，比較一八六六年已增加許多，平均由一二、三八元增至一四、〇七元。但是月工工値率是隨着區域有變動的；若是特種作物農場有時農忙的時候，就勞碌異常，等到農暇時就無事可做；若是多種作用的農場，作物的種類多，自然要人工的時間也長，每月的工値當不至於有大變動。

機械對於獨立農之生活及幸福的影響

據調查部所調查，在一八七九、一八九〇、一八九九年，依賴農的平均每月工價在一〇、四三元，一二、四五元，一四、〇七元；二十年中增加百分之三四、九。但是一八八〇、一八九〇、一九〇〇年每工人的農產平均價値是二八六、八二元，二八七、一九元，四五四、三七元；凡增加百分之五八、四。若據依賴農的收入爲百分之三四、九，而依賴農與獨立農的收入爲百分之五八、四計算，則獨立農的收入增加，必定爲一個最高的數目如何高法，我們却不能確知，但決不至少於百分之七十五或百分之八十。

現在獨立農雇用着許多長工，他自己可以不同他們做勞苦的工作。等到收成的時候，他可以用機器做輕巧的工作。農舍是比五十年前二十年前堅固多了，靈便多了。農村道路，更是造的很廣很平。四分之一以上的農人，都可得輸送郵件的利益。電話機關聯一個農舍到城市上，這是很平常的。鐵路路綫，電車路綫通行到各鄉村，在鄉間住家，不是如同在郊外住家一樣嗎。獨立農現在也可以將他的子弟送入學校。我們的高等學校大學校，農業大學，一方面可以引起他們的興味從事高等教育；一方面他們也能證明他們適宜於高等工作。這向上的變化雖是獨立農與依賴農都得着利益，然而大多數的幸福，仍然是獨立農享受。若照以前勞苦的工作，自治的事，社交的事，教育的事，那有工夫去做呢？談起現在的農況，一個農人坐在個收穫機的墊子上，只要手向馬一動，兩旁的穀子就都割下來，比起彎着腰，揮着汗，用鐮刀割的怎麼樣？用連枷去脫穀，費上一冬的工夫，比較用脫穀器去脫穀只要一兩天的工夫又怎麼樣？天天跋涉去耕地，比較用雙輪犂去耕地的怎麼樣。所以機器對於人工的影響是農苦海的慈航；使農人的工作輕便，所用的時間縮短；激發他們的智力使他們的身體與靈性平均發展；使勞農變成一個有効率的勞農，一個恢廓的勞農，一個良好的公民。勞農的婦人現在用的是縫紉機，洗衣機，蘋果削皮機，打蛋器，牛乳分離器。他們所做的工作，也比從前輕便許多。

機械對於人的身體和心靈的影響

有許多人覺得機器使用之後，人的身體和心靈的健康都漸漸的退化，其實這個退化固不是機械所遺傳，也不是機械所負責。原來機械的目的，是要在短少時間內，費少許的力量及金錢，奏極大的功効。這樣利用，所以滿足欲望，滿足欲望於人類的生命及快樂，均極重要。我們可以講機械的使用或者授大多數人的生活，或者授一部分人的良好生活。機械的使用，不僅僅利於高等生活程度，且處處增加機會，去達到高等生活程度。機械的使用，使多數人向智識一方面求發展，不至為他人的奴隸。至於勞農自身呢，平均起來，使用機械的也很強壯，也很健康；即其智慧至少亦不至落於機械未用時勞農的智慧後面。習慣的工作，如成為一種職業時，一定要工人能完全操縱他，能對於他能力範圍以內，發展他的效能，但是他的智識範圍就限制住了，他的精神方面就壓抑住了。人類的本能是時常繼續的開闢新欲望，是時常想法子去滿足新欲望。所以個人的欲望與能力，若要成就新奇偉大的工作，就能使得他竭力的前進，若日日做習慣的工作，就覺得不滿足，就覺得無趣，他的健康自然受損。

要知道習慣性也給人多少好處，一個人在無論那一種工作上要獲着高度的技能或精練，必定要為縝密的有次序的復習，一遍又一遍，做成習慣；等到用的時候，就不知不覺的做出來。譬如我們穿衣裳，若天天要學，不是要費多少時候同耐心嗎；我們吃飯的時候，運食物到我們口裏，咀嚼起來，都是同樣的老法子，若是我們要換新奇的法子，不是活活地要餓死嗎。使用機械也是一樣的理，機械不能用得便益，除非變成一個習慣的工作。我們更要知道習慣的工作，單調的工作，比單調的生活好得多，單調的生活纔扣住勞農不許他一毫解放呢。且使用機械也不見得就限制住一個人的智識能力，如果這勞農不是個木頭，他經過這如許的手續，多少對於發明家的計畫有點理解。對於機械的缺點有點明白：機械損壞的時候纔能修理；這就包含心靈的努力與智識的發達在內了。所以機匠比旁的勞工工資貴，使用雙輪犂的勞農比使鋤的勞農貴就是這個緣故。——英國某著作家說：「愚昧不學是機器使用的最大困難點；」看現在農業機械的進步，有許多堅固，適用與省力的機械尚未用過：所以未用的緣故，完全由於勞農的愚昧及無資格。

機械的使用與每日工作時間的長短

工作時間現在比從前短得許多，這是間接受機械的影響。在雇主一方面，希望雇工多做工作，少給工資，對於雇主雇工每日的關係就置之不理；在雇工一方面，希望他所做的都要有報酬，他所得的工資，要過他所犧牲的。所以雙方都要承認雙方的希望，纔能折衷定約。

什麼是兩方面的狀態呢？我們就拿使用機器的對雇主於工作期間的長度立論如下：

所生的質量要拿機械的速率作標準，並須具下列情形：機械須好好保存不能迅速損壞；製造品的品質須好好保存；工人的能率須隨機械運轉，不須用大力，只維持常度。

總之雇主的目的及興趣，是要管理他的事業，使他的事業獲純粹高度的報酬；使他所生的生產物，能彀供給市場的需要；供給越多，獲利越厚，所以要最高度速率。他們資本家的格言是「用最小的消費，求最高的結果。」

一個因子是機器，因為機器能彀日夜繼續的工作；他的效率二十四小時是一樣的。除掉偶然損壞要修理外，越是繼續的工作，越不至於損壞無價值，這是良好機械發明的原理。無論機械的工作是一日，一年，以及一身，做生產的動力，如若繼續的發動，他是最有效率，最能得着純粹報酬，對於他的主人，最忠實的。

其他一個因子，就是勞工，不能繼續工作到若干長的時候。每日中間必定要有時候休息復元；大概每日長時期的工作最後一點鐘的效率，是最無精彩。若是他工作一日，過於他的力量所能做的，如若他仍就繼續做下去，他一定失他的生活力；生活力既損失，他的效率就永遠減少了。

雇主本來是投資在勞工上，求最高純粹報酬的。若是他是聰明人，應該做幾條規律，定一人工作的日數，定一個機器每日工作的時間。如若是日工，做一日的工作，其次的日期，仍能找其他生力工作，則每日可以做一日十四點鐘的工夫。若是長工，找不着代替的，雇主就要對於雇工，想保全雇工生活力的法子，想維持雇工的健康與力量。

雇工的地位，就與雇主完全不同。然他們定契約時，他們決不願意一天做多少長的時候。他們要運動，他們要娛樂，不要一天到晚做苦役，所以雇主與雇工就背道而馳了。機械使用以後，不獨不能使他們接近，到反使他們愈奔愈遠。現在公意集中在這一點，工場率與勞工率都須布六點鐘的工作已經實行。但是田間要實行此種工作率，農作物的收成，一定減少，於雇主的經濟情形，就加一重打擊。然照事實上看起來，工作的時候在田場須比工廠為長，因為戶外生活與雇用的性質，很宜於健康，所以使他們的工作，比較起來生活力消失較少。

試取瓦爾魯博士所作『美國慈善事業』所載一表如下

人數年齡統計表
（依每二十五歲之一千人作根據）

	年歲			
	35	45	55	60
農人	898.5	821.19	730.06	639.54
鞋匠	908.8	812.45	691.65	591.64
紡織者	920.3	822.78	696.04	581.20
乾物商	923.7	826.68	696.02	617.38
鐵匠	918.8	804.84	672.02	547.02
木匠	905.5	812.18	676.58	576.38
縫工	883.7	758.17	631.58	544.10
勞工	902.1	789.35	652.85	557.51
鑛工	915.1	810.79	646.97	535.69
麵包師	924.1	787.35	620.51	518.04
屠夫	887.0	749.64	569.47	451.41
寓主	861.7	684.99	491.13	495.38

所以每日工作時期的長短，所做工作的情形，以及要付的工值，一定要拿經濟法，並且要依着做的何種工作，以及工人的性質來解決。公公平平以期衛護人道。

四　結論

我現在把這一篇總括起來講一講，農業機械對於生產及工作的影響：第一是增加生產品，第二減少生產費，第三改良生產品的性質，第四減少農民，第五婦人從事新工作，第六增加工值，第七體力與智力的改變，第八減少工作的時候，第九增進農人的福利。以上所有的表式，都是從美國調查報告裏摘下來的，因為美國一百年前的農業，還是舊得很，他們農業的突進，也不過這幾十年的事。人家已經過的階級及施行的方法，我們不妨拿來研究研究。有許多人還以爲中國農業由人工進機械的途徑尚遠；有許多人以爲中國人力很豐富，若用機械不是使許多人失業嗎。照我看來，機械輸入之後，痛苦在所不免；然而我們在這農業革新時期，這點痛苦還不能忍受麼。且現在吾國勞農由早到晚，由春到秋，用老法子去耕種；成就的又不多，他們精神上也頗悶得很，精神的解放比機械的輸入是那一邊重些。有許多勞農，他們情願買打穀機。省得他們費一冬的事用連枷去打穀，有許多勞農，情願買一灌溉機器去用水灌田，這可見他們的覺悟。我覺得械器輸入之後，痛苦又不見得大到何度，因爲西北一帶荒地甚多，人工甚少，若是東南一帶使用機器所排出的勞農，自然往西北去開墾，正可以發展西北的農業。若在西北使用機器，農業的發展更是不可限量。現在世界希望我們供給許多農產品，若的我們不用機械，我們的生產自顧且無暇，還能顧人麼。所以我們農業機械的輸入一定在我們中國農業歷史上開一個新紀元；一定在世界生產供給上開一個新局面。

讀書錄

一九一九年旅歐觀察之一瞥

一九一九年旅歐觀察之一瞥

李儒勉

(1) 緒言

凡是喜歡用思想的偶一念及人世極兇惡的仇敵，首先鑽入意識中的，恐怕除了戰爭之魔再找不着第二個。這次歐洲之役，戰魔所傳佈底恐怖，更令人心驚膽裂，神色不寧；這卻也難怪；人本是富於恐懼性的，遇着這般兇獰惡魔底降臨，怎能禁得住不爲他所懾服，然而這恐怖底根源到底伏在甚麼地方？有人怕要說，這是戰爭之結果給我們的，戰爭摧殘人類底文明，所以叫我們談虎變色。那麼，我們就要進一步問問戰爭之魔底對人類文明底損傷，究竟到了什麼程度？有多少分量？回答這個問題卻是很不容易；缺乏實際的觀察，和洞悉各方面內情底能力，斷不配下一個有價值的答案。

Mr. Vanderlip 方德理先生是美國一位著名的經濟學大家，紐約省國立銀行底總經理，國立戰時貯蓄委員會會底會長。他用透視的目力，探討的精神，帶着一股勇氣跑到歐洲大陸切實調查戰後歐洲的情況。他遊歷了六七國，接見過足以代表十六七國的各方面底重要人物。一九一九年二月二日登陸四月初一動身返美前後共兩月他彙集探訪之所得，及親身觀察之記載，寫成一本書名曰 What Happened to Europe 全書都一百八十餘頁其中羅列歐洲的情形異常詳盡，把戰爭底罪惡縷折指數一番令人讀之得着許多新穎的印像。所以我特地摘要介紹以供留心世界大勢者底參考。

(2)各國概況

(甲)比利時

比利時壤地雖是褊小，戰前人口雖只七百五十萬，他却是一個非常豐富的國家。阡陌連綿，盡是膏腴之區。工業尤極發達，工藝出口徧及全球。以出品之所獲，償糧食入品之代價。常綽有餘裕。不幸殘暴之日耳曼人盡數載兇猛的努力，把他的工商業撲滅殆盡。戰爭區域被敵軍蹂躪，尚有可言；但在事實上，戰事將終之候，克虜伯之利彈，還對着非戰區底鄉城恣最後的轟擊，將他們毀滅無餘。德意志的目的在撲殺比之工業，使他戰後永不至與德爭衡。因此比利時境內工業悉爲灰燼，工廠既蕩然無存，機械更破裂不堪。質言之，比利時實已無工業可言。恢復原狀，至少在三四年以後，目前斷然無望。戰前全國工人的總數不過百萬，戰事終止失業者竟佔八十萬，約全數百分之八十。失業者政府對之眞無法處置，唯有供給糧食，以維持生命。這種不勞而食底生涯，政府方面固甚感苦痛，而人民的道德更受莫大的影響。四年以來，不事生產底結果，他們已完全被懶惰所征服，卽令有事業做，他們何嘗願意！習慣成功了，本來不容易打破！所以由上面看來，比利時物質底損傷既是一蹶不振，人民道德底墮落更屬可憫。但這些都是戰爭之魔施給她的賞賜！

(乙)法蘭西

法蘭西人口之損失，殊引人特別注意，停戰後不論在街車裏，火車上，田野裏，目之所見幾全係婦女。據調查報告，戰役內除因軍事損失底生命以外，每年人口銳減八十萬。至於那些活着的狀況，亦極可憐：住的房舍太半倒塌不堪，窗子用破紙糊着，呼呼的尖風吹得他們只是戰慄；食料更不充足，飢黃面色，乃是常見的景象。

法蘭西財政之恐慌，自他有史以來所未曾見。預算同歲入相差甚遠。目下（指著者調查時說）預算需款二十三兆法郎，而一九十三年賦稅之所得僅三兆半，雖新地底收入不無稍補，所欠之數，依舊沒有着落。從前政府每有需求，幾全由國內投資家供給，迄今乃轉而乞憐於外債，欠英國欵項 £434,490,000. 美國 $2,802,477,000 以百分之五之利率計算，每年需 $245,000,000 方夠付完息錢。這一種巨欵加上歲入減一兆半法郎，便足使法蘭西的財政大家惶恐無措。雖是政府已向法國銀行借二十三兆法郎，缺額如何彌補，正是他們所苦心焦思的問題。

（丙）意大利

意大利本是個豐富的國家，人力充足，農業亦頗不惡，水力已發達一半。出品中最重要者為絲貨及綿織物，次要者為橄欖油及零星食物如酒牛油餅等。日用之煤，羊毛，及一部分的食物，則全恃輸入。出入相抵，本來不夠，但是意大利有兩項特別利益，是別國少有的：(1)意大利山水秀麗，景物媚人，藝術品之收藏，亦至宏富，兼之她有已往的燦爛歷史，古代之殘碑斷碣，處處可動遊人之興，以此來遊者絡繹不絕。他們的旅費，倒成了意大利大宗進項之一。(2)意大利人民僑居海外，散佈於太平洋及南北美洲者為數頗不少。他們善理財，好貯蓄，每歲滙回祖國的欵常在一百萬以上。藉這兩項的彌補，意國收支，差足相抵。

但是承戰爭之魔的惠顧，以上兩項特殊來原，乃竟宣告斷絕。戰期內及戰後一二年之繼續禁止遊客旅行，減少每年收入不下 200,000,000 元。旅外僑民多半歸來為祖國效命疆場，他們報效祖國之金錢，至是乃亦漸減。情勢迫切，唯有向國外求援。戰役期內外債已達三十一萬萬元，每年息金約一萬五千五百萬元。

此外她的兩項大宗出品——生絲和廉價綿織物——也遇着非常的打擊。原來生絲底市場是法，奧，德及瑞士。戰後中歐市場已不成問題，法國市情也很頹壞。近東方面需要多量之綿織物，然而意國却無法供給。她並不缺乏織廠及精巧之工人，只是短少現金，又缺乏信用去購買大宗生絲，以致坐視厚利，無法攫取！

（丁）英國

英國的工商業，聲名素著。商業勢力之所及，遍及五洲。她的煤產更豐富異常。工人技藝之精巧，超乎其她各國工人技藝之上。唯需用的生貨及食料，則幾全仰給於外間之輸入，以出品之所獲購買糧食。如出品市場不流通，原料及食物之輸入便難免起恐慌。英國往日之大市場是歐洲大陸。目下歐洲工業幾全體破產。歐洲無力產生多量出品售給他國，勢必無力購買英國之工藝品。因此，英國工業的前途受了異常的打擊，於她的發展不免障礙橫生。再者，英國近幾十年來工商業競爭不遺餘力，努力求出品之廉價發售，用以壓倒其他勁敵。廉價出售之要義為減輕成本。因此壓倒工資是英國工業界夙夜奉行的政策。但壓力愈大則抵抗力亦愈大，工人積不能平，所以工人中百分之八十五俱加入工黨。極力掙扎，要求增加工資。年來着着猛進，也未嘗沒有效力。只怪生活費增進太猛烈。些微工資增加，反不能維持以前的生活程度。因此，便發現了兩種極難堪的現象：第一是工人體幹底衰敗。試一視察織綿區域的工人，將他們同倫敦的豐衣足食的市民比較一番便顯出天淵之別。他們軀幹短小，望之幾不類人。據軍事報告，戰爭期內之人民至少三分之一因身體缺點擯之許不入伍。第二是工人房屋之缺乏。工資過少，住所且不克自給。至少一百萬工人等着要房子。建築五十萬間房子的計畫乃是急不容緩的事情。戰前已有這種趨勢，戰後自必更形迫切，至去年二月間要求增加工資及減少工作時間之大運動乃爆裂而不可復遏。電廠工人罷工幾乎使全國入於黑暗之鄉，五十萬道路工人亦宣言如不遂所願即行罷工。煤鑛工人因為要求六小時工作並添加工資許久未見正式答復，亦有躍躍欲動之勢。罷工風潮席捲英倫全島。政府恐懼萬分，調遣軍隊，布置唐克，忙個不了。但是武力終於無效，不得已仍訴諸和平之神。經二月餘之爭執，各方面情勢底了解進步甚速。至四月底已得着暫時的妥協。革命煙雲始全部消散，鐵鐵及煤廠工人減少時間之要求已如願以償，煤鑛工人並有減短工作至六小時之希望。經過這番變局，工人固然得着勝利，但就英國的工業全體看來，他將來在國際間競爭之地位，却是否受若干影響？上面已詳細敘明，英國力圖國際工業競爭之優越地位，乃壓低工資並增加工作時間，以謀出品成本之減輕。現在情形既變動劇烈，工價低廉底便宜已不能再享，競爭的力量自然不免受多少影響，這一點是我們當記取的。

(3)工業頹壞及交通阻滯

前面的記載太半是各國的特殊情形，至於全歐普遍現象值得注意的倒還不少。現在先把工業頹壞及交通阻滯畧畧敘述一番。

法比工業狀況已畧如（甲）（乙）兩段所記，茲不贅。其他各國情形更屬可憫。塞耳維亞底工業已完全破裂，復蘇之期不知將在何年。羅馬尼亞是個純粹農產國，戰前是歐洲食物來源地之一，米麥豆玉米等每年輸往歐洲約一萬萬補修。（量名）戰爭終止，全國幾找不出牲畜及農業機械。波蘭的工業也是完全破產，波蘭東部長四百英里廣二百英里之某地，被德軍掃蕩無餘，四十萬人盡餓死了！一片焦土，那兒還有工業的影子！舊日俄國之重鎮現在波蘭的都成瓦薩 Warsaw 底工業經一次刧掠，一樣的沒有生望。

戰地是這般悽慘，非戰地何嘗不如是？這卻大半是交通停頓的結果。相距很近的地點，物貨往來最快時非數日或數星期不可。

再者工業需原料，原料之來有賴輸入，然而在許多地方軍事封鎖還未解除，而且海洋交通噸位非常缺乏。即令噸位不生困難，軍事封鎖一旦撤消，也還有交易底困難。加之政府對於輸入非常謹慎。製造者想得一紙輸入特許證，手續極麻煩。政府准他輸入原料，兌換外國貨幣付入品代價，緣國際兌換率之變遷不息，又是一件大困難。假設他統統戰勝這些困難了，工廠準備開工了。如其工廠地點在意大利，那裏去找煤呢？又何處去覓工人呢？精於技藝的人工更不易覓。工人覓着了，工廠開工了，出品也很精良，但是那裏去找市場？如其他的從前底市場是巴耳幹或近東各地，交通問題便又無法解決。如其主顧是歐洲，他那兒有現金來付代價，勢必恃信用，信用範圍擴充，製造家便不易維持自己的製造。由這種種困難看來，戰後歐洲工藝底恢復，斷非短時期內所可能的，其中牽涉的問題異常複雜，異常繁難。

(4) 金融混亂之一班

造成歐洲工商業破裂之原因，各國金融混亂佔了很重要位置。全歐彷彿是經濟的瘋院。戰爭沒有發生幾天，金融界便生巨大之變化，脫離一切經驗並不顧許多健全的原理。戰爭開始不久，英國即發行名目貨幣 Fiat money 平時流行之現金不轉瞬已全體消滅。政府發行底證券超過一兆半元，而現金之存貯不及 $140,000,000. 名義上這些證券可以兌現，事實上這些證券及英國銀行發行之證券從沒有兌現的希望。

法國唯一的貨幣是法國銀行底證券。戰前這些證券底總數只六兆法郎，迄今已超過三十四兆法郎。各鄉城另發輔幣證券，法國銀行證券及輔幣證券俱不得兌現，而現金之流行更早已絕跡。

意大利戰前所有的證券是 1,730,100,000 萊爾，目下增至 8,961,300,000 萊爾。

比利時的金融狀況較上列各國的更形繁雜。戰前通用的是比利時國家銀行底證券。等到德國佔領她的全境，乃強迫她的領袖商業銀行 Societee Generale 發行多量之證券，另外還發許多馬克券。德軍退後，比利時政府極力設法統一貨幣，打消馬克券及 Societee Generale 之證券，用國家銀行證券及政府之債券交換。

法國在亞耳薩斯及維蘭二州也遇着類似的困難。愛國熱沉驅使法蘭西用法國銀行證券以一七四分之一法郎換一馬克，共費法郎值美金半兆元。

英法比等國的金融狀況雖是混亂萬分，然較之近東各地的局面總算好得多。停戰後波蘭無論什麼都缺乏，只富有紙幣。在俄國統治下之盧布，德國發行之假票，德國馬克，波蘭馬克，克倫斯基政府之盧布，廣義派之盧布，同贋幣奧大利之克蘭 Crown 五光十色，煞是紛亂。波蘭不得已乃發行一種紙幣，收回德國強迫發行之馬克，並以國債名義交換其他各幣。塞維亞，羅馬尼亞，巨哥斯拉夫的金融狀況也是異常複雜，奧國情形更為可憫，紙幣滿市，現金貯蓄不及紙幣百分之一底八分之三。

上面情形已經混亂得很，再加上廣義派之惡作劇，歐洲金融界直墜入迷霧中。緣廣義派曾努力發行贋幣，馬克法郎等沒一樣沒有。英國國立銀行及其他領袖銀行底紙幣在君士坦丁及近東方面信用很深。廣義派便攫着這個機會製造了許多贋物。這種行徑是廣義派政策之一部分，含二層重要的用意：(1)廣義派之政治經濟否認金錢底地位，但他們無法收回俄國流行之貨幣，特盡力發行各種證券，不單是他們自己的盧布券，及克倫斯基政府之盧布券，並有俄皇之證券，以求使俄國的貨幣一文不值，所以現在全世界最精緻的貨幣印刷局除華盛頓底以外便要推彼得格勒（俄京）底。(2)廣義派底國際政策是極力普傳他們的主義，宣傳底第一要義是金錢，因此他們特製造許多贋幣，一面供給向各國實行廣義派底宣傳者的使用，他方面還帶着破壞各國國民對本國貨幣底信仰，這種政策到底有多少成效，一時尚不敢斷定。

(5)國際交易率之變動。

國際交易之變動本是經濟界常有的現象。但如這次變動之烈，影響之大，却不經見。試以美國金洋作標準，戰爭期內金磅之價值由金元七元降至四元五角，一法郎由三十三又三分之一分，降至一十五分，萊爾（意國幣名）由二十五分降至十一分。這種變動於全歐有莫大之關係。以意大利作例，她需用的煤炭及其他各種原料概仰給於外貨之輸入，萊爾滙兌率減低，輸入品之格價勢必暴漲，其他用品亦不免蒙間接的影響。所以國際滙兌率之變動直影響全社會，舉凡農民工人鮮不為波及。

一國底對外貿易彷彿是一套天秤，一端的稱盤放出口貨的法碼，他一端代表進口貨之價值，如兩端能成水平線似的，便沒有什麼問題。如輕重相隔太遠，使要設法救濟。普通的辦法不外減少輸入或增加輸出。如相懸不甚，世界財政狀況能保持常態，運金錢出口亦不無稍補。但這兩種辦法爲戰後歐洲情勢所不許。因此保持出入之平均全賴信用，如能獲相當的外債，則恢復常態亦不爲無望。目前歐洲所恃爲外府者，輒爲美國，美國能利用這個絕妙機會，投以相當之資助，不特爲歐陸各國之利，並且是美國不多得的際遇。但是美國當記取她借貸歐洲當視歐洲爲一體，因爲歐洲任何一國如缺乏相當的資財，以整飭他的工商等業，其影響必牽及全歐。

(6)一個資本家的意見

歐洲的資本家頑固派自是不少，而寬厚伉爽表同情於工人者亦復有人。各國資本家經多年之教訓，頗感資本勞工互相尊重之必要。著者遊歐，接見重要的資本家不下數十百人。他特記下第一流之資本家某君之意見供我們參攷。某君以爲解決紛亂的勞工問題至少有以下五種條件：(1)規定一種相當的最小限度的工資，使工人於維持日常生活外，能儲貯建立小家庭，遇意外事項發生，不至有凍餒之虞。技藝精巧之工人，當格外報酬。所謂最小限度之工資，僅言其不可再減，並非不添加的意思。(2)時間底適當分配。某君主張工作時間爲每星期四十四小時，從星期一至星期五每日八小時，星期六四小時，星期日完全休息。(3)失業之擔保。戰前工人失業的估百分之五。他們一失業消費能力便銳減，工業方面頗感需要之缺乏。如雇主及國家能助相當的擔保費：工人必能恢復他們的消費能力。需要增加，出品較多，則工人之雇斷亦隨之增加。故失業擔保費之實行；於雇主工人國家俱有利。(4)工人管理工業權之擴充。工人要求參與他們所從事的工業底管理權之心日益迫切。他們再不願為工資奴隸，並視擴充管理範圍為天賦權利，決不得稱為雇主方面之施與行為。(5)勞工與雇主間利益之分配。工業底利益除給工人最小限度之工資及資本家最小償還。概歸雇主工人平均分配。這種辦法，是資本家免除革命最低之代價。

(7)死亡人數

（下表是從 Clark, Hamilton, moulton 三位先生編的戰爭之經濟 Readings in the Economics of War 的544頁摘譯的，是一九十七年七月計算的，是戰後三年的統計）

國名	英國	法國	俄國	意國	德國	奥匈帝國
原有人力，年18-45	12,000,000	9,000,000	34,000,000	8,000,000	14,000,000	12,000,000
戰後入伍總數	6,000.000	9,000,000	14,000,000	3,300,000	10,500,000	7,000,000
死數	298,988	1,580,000	2,062,064	130,356	1,980,800	849,363
重傷數	177,224	921,328	1,223,476	60,840	958,612	540,673
失蹤數或被虜	182,452	696,548	1,243,096	68,292	704,128	833,644

遊記

●佛郎克福游記

周太玄

Frankfurt是德意志西南一座大城，跨在來因河支流的麥侖 Main河上，是屬於斐色納紹省 Hesse Nassau，是一個人口二百五十餘萬的公國京都，名叫加色侖 Cassel 一千八百六十六年為普魯士所合併，－－舊日是一個自由城，又曾為日耳曼聯邦國會的開會地，居民約四十餘萬，又是一千八百七十一年五月二十日普法戰爭的最後一次簽約地，大詩人歌德 Goethe 便生長在這裏。

七月二十三日

原為白華約定，二十二日起程。因為護照未辦妥，所以延到二十三日。我們是趁九點三十五的車同行還有金君詹君等四五位，都約定七點半在車站會到了下午我在外邊吃過晚飯提着小皮包，乘地道車直往車站。到了那裏，才七點鐘，我便在站中等候他們。那時天黑的利害，不久，便淅淅的下起雨來。站內游人甚多，都帶着幾分匆忙和惜別的顏色。有些青年男女，在屋角和過道的旁邊唧唧私語或是緊緊的抱着為長時間的接吻。不多一會，他們都來了，我們便上車。車是德國的，上面都寫着些德文，是休戰後交付法國的，可直到佛郎克福，但票只能買到馬陽司 Mayence。三等五十三個佛郎。到九點半鐘，車便蠕蠕移動。夜色已是充滿了四周，一片沈着秩序的車聲，便慢慢的將我們送出巴黎。

二十四日

車忽然停了，我從夢中醒來，在寒冷嚴肅的晨光中，已認得清楚，車站上懸的地名叫麥次 Metz. 這是大戰中有名的地方，至於戰線，我們已是夢中經過了。車停甚久，因為換車的原故，很多的人都下車來，在月臺上站着。他們朦朧的睡態，蓬亂的頭髮，配劉着滿地凌亂的行李，到叫人辨認着是避戰的亂民。九點鐘過阜爾巴 Forbach. 這是德法的新界。過了這裏，便隨處都看見德文，聽着德語。車在小溪小山間奔馳，許久，便到了薩耶布爾，這是有名產炭的地方，由凡爾賽和約規定，由他供給法國十年的煤。斯巴的爭煤會議方才閉幕幾天，我們便身經這裏，很耐人尋味。下午一時以後，漸入平原，二時許到馬陽司。此後便是來因河的東岸了。過此便另買車票，十佛郎到佛郎克福。將近四時，車便到佛郎克福。時珍光祈伯藩都在站上等。我們同出來，雇了馬車，直往他們的寓所。他們幾位都是分開住在別人家裏，我們先到光祈住處。（白華他們在馬陽司下去，誤了車，只是我一人先到。）

他們是住在鄉下，開窗遠望，一邊是紫色靜穆的遠山，一邊是葱綠蜿蜒的森林，窗前一片是綠黃色相間的菜地或短樹圍繞的農家，還有一陣一陣菜草的香味，夾着若斷若續的小鳥細語，真是一個可羨歎的田居。我在窗前立着，滿眼裏漲浮着無涯的綠，滿耳裏塞塡了無邊的靜。他們刺激着我的心，使他起了不可壓抑的波瀾，似樂似喜的迷茫一片。這是自然的恩惠，自然的教訓，已完全滌洗淨了我一年以來奮鬥的塵土。略休息後，又到時珍的家裏他那裏房屋的整齊，陳設的精美，又較光新處過之。但仍不過是一個小農人的家裏。是夜光新下榻相讓，太陽方隱藏，我們便高臥起來。

二十五日

五時半，日光進了窗，蒼蠅在臉上開始活動，我們便披衣起來。盥洗方畢，主婦敲門請早茶，我們出到飯廳，道了早安，大嚼起來。有黑麵包三片，牛乳半鍾，加非三盃，糖漿一盂。早茶後，光新同我去游墳園。墳園是歐洲一個特色，都是佈置得花團錦簇的，並不叫人怕，也並不引人悲，簡直是一個美術雕刻的花園。從他們的住所到墳園，步行可二十分鐘，經過的都是田地，道旁都是果實累累墜枝欲折的果子樹。墳園裏面，完全是花園的佈置。道旁便是些墳地。每個墳地四圍，都栽着可愛的小樹，或美麗的石欄銅鍊。墳上栽各色的花，墳的後面樹立着碑石，上刻死者的姓名年歲，或悼亡訴情的詩，紀哀誌念的雕刻。相信上帝的，便豎着些十字架，或耶蘇被難的像。但都各競新美，不肯相同。所以路的兩旁，舉眼一望，不過都是絢爛的花，捧着各式的雕刻品。另外有一處，不露天的，葬在整齊潔美的石室裏面的，那便是最有錢有爵位的屍骸了。大戰後新鬼很多，死於飛行的，都在墳上高懸着推進木輪一個，以誌其志。我們在墳園裏，所談的都是些最有趣最要緊的話，十一時後，我們回到家中午餐。魏時珍和吳伯藩君俱已來了。午餐的主要品是馬鈴薯和萵苣葉，沒有麵包。今天是星期一，略有一些肉。肉食大概每週兩次，並且很少。這都是大戰的成績，封鎖的效果。但是若是他們沒有完美的組織和勤儉的美德，早已被餓死了。他們包的飯，大概五個馬克左右。若在外面吃，至少得八個以上，並且菜還不多。飯後略休息，並看我從法國帶來的法文報——這裏買不着——時珍便忙着安插白華和金詹兩君。我便與光新談話。晚飯後，同時珍光新白華去游公園。經過很多的馬鈴薯和菜地，約走二十分鐘便到了。這個園子，完全在鄉下，有寬廠的草地，和茂盛的樹林。游人非常之少，又是在晚飯後，幾乎遇不着一個人。園子是個大盆地；在西邊站着，可以將東邊的山色看的很眞。在犁動漸息晚烟橫斜的時候，對着這闊大的景物，眞叫人胸襟開闊。我們趁着微茫的夜色回來，到了時珍的家裏，正有兩位客來會他——都是德人——一位略可說幾句法文，我同他略說了一會，便同光新回來睡了。

二十六日

早茶後，同時珍光祈白華往游熱帶植物園。街上電車的組織甚好。車票上有全市的略圖，無論換車幾次，都只買票一次，遠近的價值也相差不遠。熱帶植物園將近在市中央，一進園子是一美麗的草地，圍繞着各色的花，上面便是一大廳。繞出廳後，便是很多的溫室。室內熱帶的植物非常美備，喬木或大的棕榈椰樹，和羊齒蘭科類的植物，都在溫室當中。四周有十餘小室，內裏陳列的都是小植物小花草。有的以科類分，有的以地域分。內中有一室全係中國南部植物，如麥荷菱芡及稻秧，竹蘭等，叫人看着非常親切。溫室中央，尙有小池小山流泉，配着肥綠的植物，溫煖的空氣，簡直和熱帶一樣。溫室外面有園圃架棚甚多，栽的多半是溫帶或南溫帶的花草。有一處玫瑰園，花正開得盛，遠遠望去，直是一個粉林。外面也有熱帶的植物甚多，但大都是能稍耐寒的。園子的後面有小湖一個，可以盪舟，我們四人便去租一隻船，游了一陣。湖邊多種高樹及籐蘿，湖中有一大木橋，橋的兩頭有很大的樹子掩映着。便是在溫室以外，熱帶的風味也不少。回家午餐後，他們都分頭治事，—原來我們約定半日游玩半日作工—我也看我帶來的書—Boutrou 的哲學和 Francis jammes, Maurice Maeterlinck 他們的詩。晚飯後，同時珍，白華，光祈在公園高議會務，如日刊纂稿，整頓會務，德法交換學術的方法種種。

二十七日

早茶後，鄭襟宇君約游風俗博物館。此館的設備非常完備，在樓下多半是野蠻人生活的器物，衣飾，如行獵的石斧木箭，以至身上的裝飾品，如鳥羽介殼，以至極幼稚的鐵器陶器等，都陳列甚多。尙有野蠻人的屍體或模形，照着他生活的情形做的，看着非常動人。在樓上中國與日本別爲一室。室椽上的匾額，柱子上的對聯，朱底金字，過道旁陳列着些朱漆描金的大鼓，看着宛然是回到鄉里了。其餘衣服靴鞋帽子髮辮收集甚多，但可惜有多半是四五十年前的風俗物品。嚴格的論來，只當陳列在古物博物館裏，因爲有很多的物件，便在中國已不容易尋出的。還一間極精緻吸鴉片的房間，壁上配着名人的字畫，地上陳列着些雕漆的家具，古銅的爐鼎，還有很精緻一間大床，床上便羅列些煙具。這却是遊人看着最注意的東西。此外還有些中國磁器，但大都不好。日本一部分的收集也很豐富還有日本人家庭生活的模形，又有極精美的東洋車一部。樓下右邊的一部分是瓜哇，婆羅洲，馬東來島的風俗館。有那幾處土人的織品和其他們的小手工藝多種。又有土人生活的模形。收集與設備，總算很豐富。但是我們還是看了一個大概，要是專門研究起來，一定還有很多可寶貴的東西。十二點鐘到了，我們便回家去了。下午與伯藩光祈時珍在城裏看電影。

二十八日

今晨起來天陰欲雨，我們昨天已[illegible]定今天游歌德的舊居。同時珍白華光祈一路九時餘便到了這 Goethehaus。他是在 Hirschgraben 街的二十三號，是個四層的樓居。一進門左邊是門房和家廳，右邊是廚房和飯廳。飯廳裏面陳設一如他的舊制。他父母妹子和他自己的坐位，都是標寫得清楚。因爲窗子臨街，窗外有很高的鐵欄護着。據說以前沒有，後來因爲失了很多的馬鈴薯火腿之類，歌德的父母才建設這個鐵欄。客廳的上面是一個過道，由此可以上樓。若再往北走，須過一小天井。內中有一個半裸女像，和兩個小孩的雕刻，很高的兩株古樓將他罩着。地下有些草和小花。天井的左邊有房子一排。原來也是客廳，現在却變成陳列所了。內中有一七四九年他出生的紀念品，和一八三二年他死的時候的像。還有他的手跡；考博士時的論文稿子，和他畫的很多的畫。有一個玻璃廚內，有他常戴的帽子一頂。此外他和他的母親的用器非常之多。他妹子，他夫人，和他的情人的像，也不少。游了這一間陳列所，這位大詩人幾乎成了我們的老友。因爲他從小至老的生活情形，都在我們眼中。他的手澤用品，都被我們一一看過。看管陳列所的人，年約七十餘，向我們說：『有幾個日本人，住在左近，常引他們的朋友來看。』又說『他死了這樣久，還有這樣多這樣遠的人來看他，眞是光榮！我能像他就好了！』言下很感慨。出了陳列室，便從過道上樓。第一層是三間大屋，左邊一間，是他父親的辦公室——他父親是律師——中間和左邊都似乎是客室。陳列很簡單，壁上有一兩幅他自己畫的畫。第二層樓中間是他自己的書房。有一張書棹，上面墨痕都滿了，那便是產出他有名的大著的地方，左邊一間他父親常在裏面看書。有很多的書架，內中陳列多數的書籍。房間的左邊角上，有一個小窗，一個小棹，由窗往外望，可以看見 Hirschgrab eh街的盡頭處。他的父親每逢傍晚，便坐在那裏望他的兒子回家。右邊一間，是他母親的房間。第三層樓小，也有小房三間。他在小孩子的時候，常在上面玩，左邊一間屋子裏，有一張大棹，棹上是戲台的佈置，他常在這裏玩塊壘戲。因爲他自小便酷好戲劇。其餘那兩間屋子，有他自己畫的像很多，多半的半身側面的黑影像。我們游看各處，都有人引導說明。最上一層樓上，有他半身的石像，和一些花圈，那都是他身後紀念品了。在大門的左側，有很多的郵片畫片陳列着賣。我們選買了好些，很高興的回去了。

下午徐襟宇來約同往參觀大學。三時到校。大學的地址很寬，右邊有很整齊的草地，上面種很多的玫瑰。這個大學成立才五年，是一九一四年創辦的。在先即有個化學會，物理學會，和一個生物學的博物館。現在都屬大學了。大學的建築很好，還有大學生的食堂，比在外邊吃飯價廉一半。一進大門兩傍是辦事室，中間大廳內，兩壁有創辦人的石像。此外便是帖功課表和布告的地方。學校的右邊，是博物館。後面便是物理學會的舊址。現在是理科的教室。五至六鐘，是物理的課，我同襟宇去聽了一點鐘的課。教室很大，可容三四百人。今天聽講的有二百多人。物理學會的對面，是化學會。建築較舊。六至七是化學課，我也同襟宇去聽了一點鐘。正是在講紙造毛織物的染色。德國在戰中，因爲缺少毛織物，普通用的多半用紙製成。光色效用都與眞毛差不多。我們下課回家，已將八點鐘了。

二十九日

早晨天氣很好。我同光祈，時珍，白華又去游墳園。光祈同時珍在園的左近的醫院裏去驗病。我同白華在墳林裏游。又發見許多雕刻和詩。在靜美的朝日下面，配着帶露欲滴的各色美花，令人心曠神怡。午飯後，同伯藩君往大學。襟宇君適下課，遂同游生物學博物館。大門內中央大廳，係陳列哺乳類大獸的骨殖。除麒麟河馬，犀象等外，中央有一蜴足龍類的骨殖。似是洪積層前新生代第三紀中的進化到有蹄哺乳類的動物。此外還有中生代侏羅紀大爬虫的殘留骨殖。廳的東西北三面，都是礦物陳列室。種類收集極多。有古生代二疊岩喬木的化石，及古生代水產植羊齒類植物在石中殘留的遺跡。還有很大的隕石，及古生代泥盆紀魚類在石中殘留的遺形。至於其他的礦物，和礦物中各種化合物，便不勝其紀了。第二層樓係動物鳥類及獸類的標本。分類排列，每類收集甚多。頗能表生物類種的變化和適應的證據。內中有鱷魚及猩猩最大的標本，頗不易得。再上一層爲昆虫類，爬虫標本。五光十色更爲繁多。但此層有一特色；是有四間房子，一間是熱帶，兩間是寒帶，一間是溫帶的生物等混合生活的標本。是用蠟和琉璃等製成。壁間有彩畫，畫與標本相聯，再加上適合的電光，一望無際，與眞的幾乎一樣。昆虫類以蝶科收羅尤富，可惜我們剛看至蝶科，時間便到了。

三十日

午前在家，通了些信。天氣微黯，山色渺茫，黑雲壓着四野，都呈蕭索的樣兒。惟有蒼蠅，却萬分興致，在臉上亂擂。昨夜對門一瑞士工人，家裏失竊，損失羊子一頭，並且是殺了然後偷去的，可見手段高妙。德國社會秩序和道德，已萬不如戰前。工人得工不易，生活艱難，不免在外面想想方法。政府和公衆的制裁也不如前此的有力。社會的安全，固不可以純然建築在各個人的意志上面，却也不可以專恃組織。所以個人主義與國家主義的極端，都是有很多的毛病。這却是德法相反的地方，各有所得，亦各有所失，下午同白華時珍光祈游公園

三十一日

上午天氣還開朗。我同光祈都未出門。因爲我們同時珍白華約定今下午逛森林。森林距我們的住處約有十餘里，便是我們每天開窗望見，天邊葱鬱連綿的深綠一線。我們大家都夾上一本書，慢慢的走去，天上綿花似的白雲堆着，微漏出日光非常晃眼。走不遠，便微微的有點燥熱。到了森林，我們依着大路往林的深處走去，頂上的樹子交柯接葉的密密的將天遮着。路旁的小草野花，映着林子上漏下來的光，顯出十分的精神。但是我們在商量關於會務的事，彼此埋頭急走，不知錯過了多少好景，快到林子的深處，小小的有一個圓地。四面有些長椅。我們便坐下。時珍同光祈他們在談時事，看日報，預備他們的工作。我同白華坐在一張椅上，談文學。白華問我法國文學的近勢，我恰好手裏拿着一本法國現在詩人的選本，我便就我所愛所知的同他談了一陣。談着高興，範圍便廣了。還是時珍光祈他們完了，我們的話才打斷。一看表，已將近六點鐘了。匆匆出林，望家裏奔。走不多遠，沈陰的天，便洒下無數的淚來。我們在道旁菓子樹下立着避他，他却淋漓盡致的大下不止。我們爲着吃飯，決定冒雨急走，於是帽

簷上的水便越滴越大，脚底下的泥，也越走越厚。雖然到家，辦理善後，却費去功夫不少。

八月一日

清晨開窗，帶雨的草香撲鼻。菜圃裏的肥白菜，和圃邊的小果子樹，都綠得格外新鮮。雨後新晴，却是可愛。我同光祈閒談已往五年前和十年前事，不覺便度過了早晨。

午後訪吳伯藩兄於其寓所。

二日

早晨未出門。下午往訪陳鶴鳴君。陳君寓處相距約四五里，我同白華時珍我們三人同往，街市走盡，便是大道。道旁都是菜園，風景很好。陳君房子在一山坡上，臨窗遠望，山色非常異眞。山下綠野一片，非常開闊。景况又自不同。陳君留吃午茶，談至五時方歸。

晚餐後在時珍處聽小女郎歌詩。女郎是房主的女，姊妹二人，大者二十左右，小者方才十二三歲。天眞活潑，嬌小可愛。他們的窗外有小小一個花園，花園左邊有小小一個亭子，亭子上面，密密的長藤蘿，階縫和甬道的側面，都是些嬌小可憐的花。花園的角上，還有日晒雨淋的歌德和飛霞攜手的像。在這樣的地方，在晚間的時候，小女郎坐在花園裏的小凳上，手捧着詩，微逼着頭，曼聲的歌。歌完了，又同他姐姐商量選擇，擇着了又歌。他們的父母，也在亭前笑着聽。聽到好處，他老子也用破竹的聲音，幫兩腔。我們便憑空細細的聽，時珍給我說，他們歌的是歌德的蹄鐵 Slufeisen 和鬼 Erlkonig 我雖分不清甚麼是蹄鐵和兔但他清越的聲音，調和的音調。確着實可愛。

三日

早晨同時珍白華去看花柳病陳列所，這是巡迴的性質，每到一個城市，便陳列幾天，以供大家觀覽。我這次來這裏，他也剛到不久。是借市立圖書館的房子陳列，入門每人三馬克。我游這裏很注意，抄存的材料甚多，都將他記在下面：

▲漢堡人染梅毒的詳表

年歲	總數	染梅毒者（男子）
二十歲	四六、〇〇〇人	二八、〇〇〇人
二十五歲	四八、〇〇〇人	一八、〇〇〇人
三十歲	五四、〇〇〇人	一二、〇〇〇人
三十五歲	四九、〇〇〇人	一四、五〇〇人
四十歲	四一、〇〇〇人	一三、〇〇〇人
四十五歲	三五、〇〇〇人	一〇、〇〇〇人
五十歲	二九、〇〇〇人	八、〇〇〇人

年歲	總數	染梅毒者（女子）
二十歲	五一、〇〇〇人	二、五〇〇人
二十五歲	五〇、〇〇〇人	六、〇〇〇人
三十歲	四九、〇〇〇人	七、〇〇〇人
三十五歲	四六、三〇〇人	八、〇〇〇人
四十歲	四〇、〇〇〇人	七、〇〇〇人
四十五歲	三四、〇〇〇人	六、〇〇〇人
五十歲	二六、〇〇〇人	五、〇〇〇人

▲德意志各聯邦染梅毒者的比較

薩克遜百分之一三、五　普魯士百分之七、八兩國爲最多

▲德意志大城染梅毒者的比較

柏林　百分之四十八　漢堡　百分之二十三　兩城爲最多

▲漢堡人染梅毒及白濁百分數之調査

年歲	男百分之	女百分之
十五至十八歲	二、〇	三、〇
十八至二十歲	八、〇	七、〇
二十至二十五歲	十八、〇	十二、〇
二十五至三十歲	二十七、〇	十六、〇
三十至四十歲	三十七、〇	十八、〇
四十至五十歲	四十、〇	十九、〇

梅毒

年歲	男百分之	女百分之
十五至十八	八、五	四、五
十八至二十	八二、〇	一〇、〇
二十至二十五歲	八六、〇	二一、〇
廿五至三十	一二二、〇	二八、〇
三十至四十	一五〇、〇	三二、〇
四十至五十	一六五、〇	三四、〇

白濁

（附錄）上表中有超過百分率的，是以染病的次數計算。以一人染花柳至數次的很多。

▲染病年齡之比較

男子易染花柳病年齡最高度是二十二歲左右女子易染花柳病年齡最高度是十八歲左右

▲酒與花柳

花柳病中最利害的傳染物，便是酒。因爲多吃酒的人：(一)淫慾增加，(二)失却平日意志(三)交媾後不知保護生殖器之淸潔，(四)交媾時間之增長，(五)抵抗毒菌力的減少，(六)已染者酒可以增其毒，(七)難於醫治。以上各條多有詳細說明及圖畫。

▲傳播花柳病人物的比較

社會上各種人物中，其傳播花柳病最多最易的，當以（一）酒保，（二）下女，（三）私娼，（四）商店傭女，（五）女工大概其每日接觸人愈多的其傳染至易傳播也快。

▲乳母與花柳病

還有一種傳佈最易的便是乳母。或是他傳染與小孩，或有遺傳梅毒的小孩，傳染給他，眞是一件最危險的事。德國從一八九九年到一九一一年的檢査統計，計一千五百五十八人中，有百分之二十一有梅毒，百分之二十二有白濁，百分之二十有其他花柳病。

上面種種的比較表，都是非常詳細。我這裏不過記個大概。

除各種表以外，便是梅毒虫發現的歷史同他的形狀。

楊梅毒虫的研究，始自一千九百〇三年俄國人墨謙可夫 metschink ff 與法國人比耶爾愛米兒胡 Pierre EmilRoux 他們在巴黎巴斯德學院 Pasteur 裏面研究。比耶爾愛米兒胡他們發明以馬的血清注射治療一種義膜性咽喉炎 Diphter 的人，所以他們曾用血清注射法用來在動物身上試驗楊梅毒血。這便是研究楊梅毒血的嚆矢。至一九〇五年，德人維白爾 Albet Veiber 親往巴達維亞用血清注射法試驗猴子。國家並助以經費，於是成績很好。到了德人 Bertarelli, Parodi. Cruffi 他們又由猴類的血清試驗，移到兔子的身上。Uhlenhuth 又証明血清試驗以兔爲最宜。而總其成，但是從一九〇六年以前，都只知道是毒血，不知道他是一種虫。虫是德國醫生 Schandiu n 最初發現的。這種虫他的長度是從 0.006 米厘米突到 0.015 米厘米突。來後他又發現慢性的楊梅病狀。因爲以前對於慢性的梅毒病，都不敢斷定他是梅毒，必得等到毒已深，發到外面以後，方才敢醫治。此外還有日本人名Noguchi才發現腦病中之 Paralyse 一種，和脊髓病之 Tabes 一種，也是梅毒。

以上是梅毒虫發現的略歷。館中陳列發明者的像，和用猴兔試驗的狀況。已中毒的猴兔與康健猴兔之比較。此外還有顯微鏡，可從鏡中看出梅虫的形狀。還有蠟製成的初期，二期，三期的各種病狀。梅毒以外，如白濁之類的標本也不少。都是驚心動魄的。可惜我們中國的嫖客和風流子沒有來看一看。

左邊一帶全是生理標本，但只限於生殖器一部分，有各種的圖，模型，精細的解剖裝置。精虫標本和受精時精虫動作之次第圖，亦非常詳細。另有一室，內面有受胎後各期的標本，從受精後一日直至產生。

關於花柳病的陳列裝置，非常之多。我們時間有限，不過匆匆的看個大概，況且又無專門知識。有很多要緊地方都孤負了。我們一直看到十二鐘才回家吃飯。

四日

早茶後不多時，天上黑雲堆積漸多。隔一陣，大風起了。夾着黃沙，顯出非常的威力。美靜的四周，頓然入了恐怖時代。風威稍歛，雷雨即來。這一天的游興便化歸烏有了。

五日

依然下雨。

六日

今天晴了。時珍光祈我們約着游動物園。進門每人個半馬克。中間是個大廳。由右邊往後面走，便先看見各色的鸚鵡。再過去有很多中國鷄。經過一個廣場，便是一個半月形的建築。兩頭是兩間大房子。一間是養的獅子一對，一間是老虎兩隻。中間各室是狠狐之類。對面是一個池子，綠柳掩映，池水碧澄，中有水鳥甚多。或是容與中流，或是閒臥草地，要算他們最自在了。沿着狠類的柵欄，轉而往北，便是一座小山。由洞裏進去，另外買票，便可以看各種爬虫類的動物。最下一層是一間黑屋子，但四面壁上嵌着玻璃，裏面便是喂的各種魚。陽光從水面射下來，可以將他們看得非常畢真。上一層是一間玻璃的煖室，內中大小的方玻璃匣很多。裏面都是各種的蛇和蜴蜥之類。左邊一室，開門進去，氣候更高。裏面便是熱帶的各種爬虫，如鱷魚之類。出了這裏，下山以後，便到大哺乳類的地方。除了熊鹿之類以外，還有一個很大的河馬，和象。象非常可愛，能用鼻子奏口琴，並能爲蹣跚的跳舞。由此而西，便是反芻類，各種的野牛山羊等等。從這裏行經一株大樹，上面挂個牌子，寫着『一千八百一十三年十月三十一日拿破崙第一陳兵於此時曾憩樹下。』一八一三年是拿破崙與奧地利帝國戰於哈老 Hanau 經過此地。此外還有很多小動物我們也無暇細看，便回家了。我們在路上買了好些蜡肉，預備晚飯時大嚼。但是要七八十個馬克，才可一飽。算起以前滙價，雖不算貴，（和中國一元多分）但在德國人眼中看去，也眞就駭人了。回到家中，便接得巴黎朋友來信，說他們的行止有變動。我着了忙，不敢留戀，明早晨便準備動身。我們原來約定還有美術及其他幾個博物館，還要去細細賞玩，並且時珍已將戲園的票子買好，我也無心看了。只是歸心似箭，晚飯的肉，自然也沒有預想的那樣好吃。

七日

早茶以後，時珍來了。我同他去訪鄭襟宇君。八時回家，白華伯藩他們都來了。光祈的房主人替我抹了四塊猪油麵包，預備車上用餐。九時我便同他們到車站去，買好票才知道要十一點半才有車。於是白華光祈伯藩他們回家，我同時珍襟宇在馬侖河上閒談。我們坐在樹下，遠遠望着伯藩和白華也來了。又坐在一塊兒談了一陣，到了鐘點，我才上車。過了馬陽司，有一個少年上車，在我對面坐下。他用德文同我攀談，我敬謝不敏。我問他能不能說法文，他說懂得一些。於是我們便談起來。他屢次向我聲明，說他的英語流暢些，但我仍用法語同他談。他是佛郎克福大學的學生，二十一歲，家住在薩耶布爾，現在是暑假回家。他很知道中國的消息，他問我中國是不是也與德國一樣的將軍造反。他很留心北京狀況。我將時珍他們的地址開給他，他非常歡喜。他又問我要中國郵票和中國字。他說他不喜歡法國。我說巴黎很美，他說這裏也美。說時用手指着窗外，其實窗外不過是荒田。到了薩耶布爾，他便下車。車已走了很遠，他還在招手。確是一個情誼很重的德意志青年。並且無絲毫德國大學生的惡習。入了法境，天已黑盡，又上車一法國青年，同我說話。他是里爾高工學校的學生。我問他對於德國怎麼樣，他將肩一聳，嘴一扁，現一種鄙薄不屑的樣子。我看見他們二位德法青年，想着國家主義下長大的種子，眞不錯。總算他們教育的成功。甚麼叫着人類的和平和親愛，都要在這些地方着眼才好。這位青年到蠻次便下去。車箱裏只剩下我一人，寒氣乘勢四面迫來，我的牙齒時時震動。將所有的報紙縛綑在身上，才略好些。等我朦朧的醒來，在玫瑰色的晨光下面，已依稀可望得見巴黎。

漢游雜誌（續第十期）

惲震

十一日（到漢第三日，即禮拜日，）三個教員領着我們到武昌去參觀電話局和無線電局。武昌在漢陽東面，我們坐小火輪渡江過去，上岸進漢陽門，走上蛇山。漢陽的龜山和武昌城裏的蛇山，恰好隔江相望。電話局就在蛇山頭上，房屋很講究，原來武漢三鎮，可以用電話相通，電線由江水底下連過去。這裏的電話是中國最新式的制度，叫做「公共電池制度」Common Battery System。佈置非常簡單靈便，打電話的人不用搖鈴，只要舉起聽筒，就可以和總局說話。儲蓄電池共有二十三隻，現用的只有十一隻，各種設備都有準備大擴充的樣子。從電話局下來，我們沿着大街向無線電報局去。路上經過省議會和高等師範，林子裏還時時看得見幾百株桃花樹，映帶在蛇山邊。那無線電桿有一百六十幾呎高，其中收發電報的器具很複雜。電浪傳出去，可以遠到三千英里半徑，收到的亦亦如此。

我們一部份人從無線電局出來，爬上蛇山尾巴，向蛇背上走去。蛇山一半嵌在城堞子裏；從城上望出去，只見千千萬萬重屋脊，連着左右的湖山，互相環抱。我們師生在山最高處，拍了一個照，又徘徊瞻望一回，再帶跳帶跑的走下山。謝爾屯先生已經是第四次到武昌，路徑很熟；他年紀雖老，精神和膽量都非少年人可及。我們跟着他轉轉灣灣走上黃鶴樓，找着一個茶店坐下。黃鶴樓本來是個寶塔形式，從寫真上還可以想望到他那八角玲瓏的風彩；現在只賸了一座洋式鐘樓，還有些什麼京菜館在那裏點綴風光。樓的位置真好，一面長江，一面漢水，晴川閣鸚鵡洲都遙遙相望。那時披襟當風，倚窗四顧，真使人氣爽神清，歡喜得要直跳起來。走得吃力極了，一口清茶從喉嚨口咽咽直灌到肚皮底，再抹一抹嘴，立起來團團看過去，心裏甜蜜得口裏說不出來。我從小讀了崔灝的黃鶴樓詩，就羨慕黃鶴樓，其實他那一首詩再容易做也沒有，有這麼許多景緻，只要畧畧鋪敘，已經可以十分動人。所以古跡實在是件靠不住的東西，古跡怎樣有趣，不過是種心理的作用。惟有風景那樣東西是靠得住的，古跡有了風景，才能夠保存下去。古跡是個空殼了，風景是實質；去賞玩古跡，還是說賞玩風景的好。

從黃鶴樓下來，就是漢陽門。我們在輪船上會齊，船向漢口開去。等到了岸，大家各自散開，我同着張寶桐陳章三人向英租界裏信步走去，忽然碰見舊同班周獻卿（周君現改名培德，正給密勒氏評論報做漢口通訊員兼青年會裏的商業學校校長）就被他邀到青年會。他現在在漢口很有些名聲，英美人士都佩服他的政治見解清楚。我們和他談不多時，因為他另外有約，就告別了雁，船回到鐵廠。

十二日（到漢第四日）我們仍舊在廠裏參觀。化鐵爐邊有許多汽鍋。有些正在使用，有些已經破壞。大概都是『大火管』汽鍋式，另外有許多『水管』式新汽鍋，從英國 Babcock & Wilcox 公司買來的，現用的汽鍋約摸有六十幾個，汽壓力平均有一百五十磅。

化鐵爐的下部溫度，高到幾千度，假使不用冷水來四面圍住，內部熔化的生鐵難免要太熱了破裂出來。所以爐邊也有個大抽水廠，裏面有五具抽水機；第一具用汽機來動，其除都用直流電動機。水就用池裏的水。用過了的水太熱，所以用噴水管的方法噴到池裏去發散那熱汽。噴水管共有四十八個，噴出來的水有五六尺高，遠遠望去，好像是畫圖上凡賽花園的噴水池。

鋼廠裏的汽力，另外用幾十個 Sterling 式的水管汽鍋，直接送汽到拉鋼廠裏的各種大汽機。拉鋼廠有一具極大的汽機，有一萬二千五百匹馬力，使用却又很靈便，可以旋轉開停，任使機人的使。又有一部大水力剪機，把那些拉長的鋼胚，截成片段。廠裏地上都有『旋轉軸』好似小說上的天羅地網，四處都是；一不小心立在軸子上，看似不打緊，等到軸子被汽機一轉，人就要像鋼胚一樣運送到機器裏去。

全廠裏有兩個大奇觀，無論什麼人看了都要驚訝贊歎。第一就是溶化的生鐵，從爐子裏流出來，到那劃分好的沙田裏去，不到一刻，火焰焰紅灼灼的鐵已經像稻秧也似的種滿了一田。第二就是鋼胚，從軋鋼機底下軋長出來，不到幾次，一塊六七尺長的粗鋼胚，像火龍也似的直竄出來，變成一根幾丈長的細鋼條，滿身火焰，眞要引起我們腦子裏西遊記什麼妖精的影像。

那一天晚飯後，我同了七八個同學，到廠後去訪尋伯牙琴臺古跡。恰好碰見一位廠裏實習的陳先生，他自己情願領我們去。走過許多小巷窄弄，沿路店鋪都很小；因爲他們專做工人放工時的生意，局面所以不會大。過了一條高橋，我們就看見一個圓湖，四面有許多煙囪點綴，湖水淺小，只能容划子行駛。陳先生指說，這湖名叫月斜湖，對面就是古琴臺。我們急步沿着湖邊走過去，望見一座祠堂樣兒的屋子，上面三個大金字寫着『古琴臺』。屋子門口堦沿石上，坐着一個老頭子在那兒吃粥，一個女人抱出奶子來餵小孩；我們推門進去，他們對我們望望。走進去便有個庭心，向側門轉灣進去，才看見院子裏有一座空臺，正對面是一間大廳。廊下擺着榻碑的器具，壁上正有一張未塌就的碑帖。立上空臺，滿湖風景都一眼打盡。大別山從別面看去都是長形，在這裏看來，却就現出烏龜模樣，重重圍蓋，映着湖水，真有高山流水的氣象。那時太陽已經沉下去，散出來的廻光，照在湖面上，淺紅淡綠，令人俯仰不盡。大廳上掛着一方匾額，寫着『山水清音』四大黑字；我們想走進去，廳裏却漆黑得一些也看不見。那門口的老頭兒氣吁吁趕進來，說管屋的人去吃飯了，他不過是幫忙的，要買碑帖，須等那管屋的回來。我們本不想搜羅什麼古帖名碑，笑了一笑，就走出門去，總算走過一處古跡。

十三日（到漢第五日）上午，我們仍在廠裏參觀化學室。設在小河的靠山岸上，房屋很講究，裏面器具却不十分完備。就常化學試驗都應當用本生煤氣燈 Bunsen Burner，這裏却還用酒精燈。美國地方試驗鑛苗成分，只要兩個小時就可以報告，這裏却要費三四天。可是大冶來的鑛苗實在異常的好，尋常鐵的成分總有百分之五十六十，有時竟到百分之九十。照這樣好鑛苗若然再不賺錢，眞要笑死人了。

這裏又有些歐洲回國的華工。他們在法國學到專長的技藝，回到本國，却沒有地方可以容納他們。漢陽鐵廠也不曉得利用機會，鼓勵他們，却只照尋常工價把他們收羅來。他們沒法子想只得忍着氣來就事，這也是鐵廠目光不大的地方。

這裏招待我們，總算週到，我們應當對他們表示謝意。小輪船接送，預備房屋飲食之外，還特派一位工程師，做我們各處參觀的領導。那領導人名叫朱福儀，是南洋公學第一班電機畢業生，到美國去實習了又讀書，現在做廠裏電機服務工程師。他人本來和氣，加了老同學的一層友誼，所以格外慇勤，整天的陪着我們走。

下午到兵工廠去參觀，他也同在一起。

兵工廠是政府所辦的，帶些軍事秘密性質，輕易不許人進去參觀。我們有交通部的公文預先關照，所以可以大隊直入，分成四小隊各處去看。我們先去見那總辦，總辦中了風，不能自己見客，由代理總辦姓敖的接見。我們走上大廳，廳前掛着暖簾，宛然官署的形式；一聲叫打簾子，兩旁兵士大聲應着，我聽了毛髮都豎起。廻眼去看那些丘八時，棉襖棉褲穿得滿身浮腫，褲腳直壓到脚背上，一臉晦氣色，粗蠢得像猪狗一樣，不要說什麼尚武精神了。姓敖的倒還客氣有禮貌，先請我們喝了茶，再吩咐四個親兵領着四隊學生到各部去看。兵工廠雖然是官辦，然而辦理反而比商辦的漢陽廠鐵有秩序。每一部門口掛着銅牌，寫明什麼工作，叫參觀的人一望而知，不像鐵廠裏亂七八糟，進去看了半天才能曉得工人生那裏做什麼。道路也很清潔，廢料另有放置的地方，不隨地亂丟。我又看見那中了風的總辦，還坐着竹椅，教人槓了到各部廠裏去察看工人勤怠，總算是中國官員裏不可多得的了。

第一處我們看汽機室，裏面有三個汽鍋，蒸發出來的汽，用在一個二百匹馬力的汽機裏。第二處我們看砲廠，裏面滑車軸子的轉動，都用方才汽機的力量。每月只能造得四五尊砲，工程頗不容易，其中機械的部分還是從德國買來的，自己只能做那大件頭的部分。第三處是砲架廠，另用一個三十四匹馬力的汽機，專做那些鐵輪鐵架木欄。第四處是金工廠，都是些車床刨床，做些鑽，刨，軋，割，齒輪的事。第五處是翻沙廠。第六處是彈子廠，每個彈子中間是鉛丸，外面包一層鋼皮，另外有銅殼子。所用的機器，都相彷彿，大半是德國貨，一共有一百幾十架。第七處是打鐵廠，用的都是汽鎚。第八處是鎗廠，其中的汽機有三百匹馬力，機器有七百架，每日可以出鎗一百五十枝，鎗柄用胡桃樹。第九處是裝置所，裏面有許多極精緻的機器，一面把鉛丸放進，一面把銅殼子放進，一面把炸藥小片徐徐從玻璃管裏放下，機器底下就有整個兒的彈子裝好落下。每天可以這樣造成彈子五萬顆到六萬顆。隔壁另外有一間裝置來福鎗和馬鎗的地方；馬鎗不過比來福鎗稍爲短些，也是五響彈子。第十處是試射所，在那裏把裝好的鎗械來一一試過，靶子放在五十米達遠，如果鎗管畧畧灣了，或是瞄準欠了些，那彈子就不能射準，那鎗就一定要修理過。據他們說，每枝鎗都能射到二千米達遠，現在各處定做的極多，工作分日夜兩班。大概工錢最少到每月四元，最多到一百二十元，小孩子只有二百小錢一天；所幸各種工作雖然費力，却沒有毒煙惡氣，促短他們的生命。

看完兵工廠之後，大家仍聚在廳上閒談。謝爾屯先生笑着說，『你們的工作誠然很好，不過只顧拿來自己相殘相殺，不去打日本人，未免太可惜了。』當時大家都歎息了一回。我却感想和別人不同。我以爲謝先生所說的也是一種誤解，他們美國人總以爲中國政府只要發憤圖強，把日本人打退了就有好日子過。這誠然是姊妹國人的好意相視，但是可惜他們不懂我國實在的情形。我們並不怕日本人的侵犯，只怕自己執政的人的搗亂。造兵器打外國人決不是我們人民的幸福，毀兵器去軍閥才眞是我們人民的幸福。所以我對於兵工廠並不十分希望他發達，只希望他早早變成個日用器具的機械廠罷了。

十四日（到漢第六日）我們預備到漢口揚子機器製造公司去參觀。管理的人沒有預先指定下船碼頭，所以大隊已經上了船，我們有九個人留在後面，尋不到地點。他們等了一小時，不見九個人來就開輪先到揚子公司。我們找不着船，只得雇了一只小船，到漢口第一碼頭上岸。那時微雨霏霏，將下不下，滿天都遮着白雲，好似要下大雨的樣子。我們不曉得揚子公司究竟在那裏，叫了一部黃包車一直前去。那車夫把我們拉到公司營業部就停下來，我們下車曉得上當。進去一問才曉得公司工廠在沿江三十里外諶家磯地方，有小船可以趁去。我們急忙趕到江邊，喊了一只大划子，講明七百個錢。大家上船坐定，那船家笑嘻嘻的撐開船，慢慢蕩到江心，沿着漢口這面岸搖過去。船家半臉鬍子根，黑黝黝的發光，與保豐叫他做沙和尚，可眞有幾分相像。大家坐着無趣，就行一個野小孩的酒令，信口亂扯，弄得一船裏都裝着笑聲，嘻嘻哈哈不絕。船家看見我們快活，也跟了笑起來。他一副笑容底下，隱約露出些兇惡的神氣，大概在白天裏才帶上假客氣的面具，一到夜黑，收起面具，就不免要露出強盜本性來。我坐在船梢，江水就在手下，俯仰山光水色，高興起來就低低唱一段曲，眼角裏流下淚來，也不自知其所以然。船搖了一個半小時，才到諶家磯，我們急忙上岸，向那高大的化鐵爐趕去，合進大隊。我們埋怨他們，他們也埋怨我們；幸喜輪船到得還不多時，我們並不吃虧，就不則聲，跟着張貢九先生補向各處參觀。

原來揚子機器公司開辦了已經十二年，開辦時基本金四十幾萬，現在加到一百三十萬，將來還預備大大擴充。以前專做各種機器零件和小輪船，現在又新造了一座化鐵爐，打算從蕪湖買礦苗來自己溶化。其中的汽鍋機器，都是自己所造，工程師都是中國人（只有一個是日本人）成績非常之好。工程師中有許多是南洋公學畢業生，所以我們到那裏去，他們招待極其週到。那一座化鐵爐造得極精緻，是最新的式樣，每日可出鐵一百噸，現在還沒有造好。打風機雖則仍用汽機來轉動，然而各方面大體看來，却比漢陽高明得多。爐頂上加煤加鑛，都用電機搬運，非常迅速靈活。機器廠裏的制度尤其有條理；每件工作都有一張程序單，上面有空白，可以填寫工作名目，責任工頭姓名，工人什麼時候進來，什麼時候出去，多作幾小時工。工作完畢，單子就要交進去；一有錯誤，立刻可以查出來。這種制度，是最新通用，並且極容易做到，各處工廠應得効法。他這廠裏又有一座自來水塔，自己供給所用的水；這塔也是南洋土木科畢業生所計劃督造的。他們工人的待遇似乎也還好，廠裏花木明秀，空氣舒暢，工人放工時候，可以隨意休息。然在那裏四面徘徊，覺得這種工廠在中國很難得，但希望他發達上進，做長江上遊工業上的大樞紐就是。

舊同學鄭君炳銘在這廠辦事，那天請我們吃茶點，又合拍了一個照。財政部造紙廠就近在對岸，大家吃了點心，立刻再動身走去。那河名叫七里河，輪船不能進去，我們就用划子擺渡過河。財政部造紙廠已經開辦了九年，始終沒有賺錢。房下非常講究，每月單單付局員的薪水已經要八千元：這是官辦的特色，也無可諱言。據他們局裏人說，這廠可以造六種紙，好的壞的，各各不同，但是我只看見一種極粗糙的報紙。這種報紙每天可以出四百令，每令五百張，重四十磅，售價六兩銀子。工人共祇有三百多人，最低工價每月六元，最高有六十元。造紙的手續，是先把破爛布頭整捆的買進來，扯成絲絲，雇些女工把藍的白的分開。布條子融化在藥水裏，和稻草粉混在一起，再用漂白粉漂得雪白。那種白膩漿質依着次序滾進旋轉機裏，機上繞着一層層的堅厚白布，漿質滾上去，就做成薄薄一層浮皮。再滾過去，浮皮漸漸可以離布自成紙張，裏面水分也蒸發了去，最後滾出來就是雪白乾硬的紙張。其中一切機器，都用一隻大汽機的汽力；廠裏電燈，另用直流電機。汽機共有八隻，都是新式水管。最苦的是那些揀破爛布的女工，關在一間房子裏，滿房灰塵，烏煙瘴氣，呼吸進去的全是布裏穢氣。每天整整要做十小時，回去還要服侍丈夫，照管兒女。他們這樣的生活，我們想想已經有些害怕；何況他們身受。其實廠裏並不難把他們的待遇加好，房子只要略略大些，空氣舒暢些，工資加高些，他們的實質上受到利益已經不淺了。

我們看完紙廠，就擺渡過河，回到輪船上，那時雨點兒已經[illegible]

裊裊的落下來，風吹在身上，大有冷意。四點鐘到漢陽，大家上去吃飯。吃完飯，我同着劉振清吳保豐張寶桐陳章沈嗣芳一起六個人，到漢口去買些東西預備明天到大冶去。走出去的時候，恰好又遇見那朱福儀先生。他以為我們從沒有到過漢口，就慇慇勤勤指導我們那裏擺渡，那裏上岸，那裏轉灣到熱鬧地段，並且再三叮囑，早些回廠住宿，不要走錯路徑。我們謝了他的好意，當時還嫌他太嚕囌，敷衍了幾句，拔步就走。雨益發大了，打在傘上錚錚的響，我們微微有些懊悔，但是不肯就打回轉，只低着頭看清路走。我買了些食物，吳和劉買了些銅器，張買了兩匹夏布，陳買了一個手爐一匹夏布。看看時候已經九點半，我們不敢再停留，就立刻照原路走回。吳保豐的腳痛還沒有好，要少走些路，我們就在漢水進口的地方叫船。那時雨已經停止，天上黑雲還是團團的佈滿，連一顆小星也看不見，河裏黑越越的。船上走出個圓臉短頸的船家，答應六百錢搖到。我們還他三百個錢，他說好，就讓我們跳下船。那船比尋常划子大些，中間還有個帆篷，我們六個人倚肩搭背的坐着還嫌擠。船搖到河心，一面仍是長江，兩岸除了幾點燈火，其餘都是黑漆漆地。大家正有些膽寒，那船家忽然問道，『你們是到外江碼頭，還是到內河碼頭？』原來鐵廠有兩處可以上岸，一處是鑛苗上岸的地方，在長江口子上，一處是鐵廠大門口，在漢水河裏面。我們意思正要他搖到大門口，假使就在第一處上岸，豈不同擺渡一樣，那裏要三百個錢；他問這句話，明明欺我們講價時說話不清楚，要大大敲個竹槓。沈嗣芳已經發了極，說就在對面上岸罷；其實船家有心要敲竹槓，那裏肯讓你輕輕鬆鬆的上岸。我把心放得鎮靜，吩咐他搖到鐵廠門口，一定多加些錢，船家嘴裏不斷的咕嚕着，埋怨我們說話不清楚。天又不湊巧，電光一閃，珠子大的雨拚命的拋下來，我們大家只叫得一聲苦，不曉得怎麼便好。我和陳張沈四人都有雨衣穿着，吳劉兩人只撐得一把傘，雨點從傘背直流進頸子裏去，吳保豐忍不住直叫出來。船家一面蕩槳，一面問我要錢，我們聚齊了四百個錢，反手去交給他，說『多加你一百錢，替我們攏攏岸罷。』船家把槳放下來，錢數了一數，把來塞在腰袋裏，口裏咕嚕道，『再補些，再補些。』我們只做不理，他仍舊搖着槳，接着催道，『你們都是千金萬金的身體，何必可惜這兩個錢，再補些罷。』我聽了他這威嚇的話，不禁也有些毛骨聳然，暗暗招呼張寶桐再給他幾個。張又拿出六十錢給了他，幸喜大家不大懂得他那土話，還沒有受驚。船近攏岸，還隔開幾只船，第一個吳保豐先跳上別船船舷，接着陳劉張沈跳過去。我末後一個跳，剛剛一隻脚踏開小船，只聽見前面一聲啊喲，接着撲通的一聲，我那時直嚇得靈魂兒飛出了竅，急忙搶上去看時，只見陳手裏單提了手爐，臉上也看不出是什麼顏色。大家團攏來問，才曉得陳一脚踏在船頭船尾的空縫裏，來不及的一隻拿爐子的手搶着船尾鐵柱，第二隻手想去帮忙，却忘了脥下夾的一匹夏布。那撲通一聲響，就是夏布落水的表示。我們大家忻幸人沒有跌下去，總算是運氣，就互相安慰，走上岸去。回頭看那坐來的小船時，只見船家在微光底下拚着命向下流划去，恐怕我們找警察去和他交涉。大雨不停，一直送我們又走了一里半路，進房安息才慢慢小下來。這次小小遇險，很有些浪漫的意味，更像舊小說裏所描寫的景象。

我在幾個人之中，總算力持鎮靜，却不想到船家會在商業工業的交流地點撒野到這樣。可見得人在這惡濁社會裏經歷了許多年代，就能磨練出一顆罪惡的結晶體，深藏在心底下；找着機會，就會鑽出來造孼。搖船在江心裏嚇人詐錢；商人在店裏騙人詐錢；官僚在衙門裏嚇人詐錢。正是罪惡人人會造，各有巧妙不同罷了。

我們十五日就要到大冶去了，我在叙述大冶之前，再把漢口幾件事情講講。第一件我要講的，就是他們那貨幣制度的不合理。湖北一帶，一塊大洋可以兌一千五百六十錢，（稍有漲縮）就等於一百五十六個小銅元。不過他那裏又沒這麼許多小銅元，錢莊裏兌出來的都是大銅元；一個大銅元作兩個小銅元。小銀角子當一百二十錢，不過只可用出去，不能夠找進來；因爲錢莊裏假使也可以兌換銀角子，一塊大洋要換十三個銀角子了，那豈不是大吃虧了麼？這種制度，自相矛盾，非但客商感受不便，就是他們自己的居民也並不便利。漢口是個中國大商埠，竟沒有一個人想把這種制度改良，正顯得他們的沒腦子，貪圖遷就，表現中國的國民性。

在漢口我看見一種大陸報，一種正義報，都可以過得過去。其中新聞似乎材料很豐富，不過缺少論說批評，大概也是學申報時報新聞報的派，只含糊籠統爲宗。而另外我覺得有一種日日報，辦得極有精彩，很能爲介紹新思想盡力，不過其中的詳情究竟怎樣，我沒有仔細調查；浮面上的油光一閃，是不能作爲根據。總之，中國的報紙大半是營業的性質，一賺了錢就像烏龜縮了頭，不敢多說話，第一保護自己地盤要緊。還有一種報紙，是受了資本家的挾制，替人家說話；我們要去調查，只要去問那報館受什麼人的供給，每月貼多少，就可以猜出他那報的論調是怎樣。從上海的報界，推想到漢口的報界，我們也可以不言而喻了。這件事說來實在可嘆，偌大一個中國，竟找不出一張純潔的大日報，我們要發表一點意見都不能夠。看了這個現狀，我將來要辦報的志願，格外的堅切了。

武漢的天氣，帶些大陸性質，日夜相差的溫度沒有上海那麼利害。陰歷二月的時候，很有些像夏初四月光景，我只穿一件薄絨衫，一件布長衫，一件棉馬褂，有時還覺得汗流浹背。漢陽廠裏山邊宿舍前面有一灣靜水，他們實習生和辦事人公共有一條小划子，放在湖裏，在工餘時候划着玩。我們就去借了他們那划子，也來蕩槳游戲。蕩到湖心時候，放下槳，聽那船自去浮着。覺得在這種鐵火交迸的地方，這小小的清涼世界實在是個不可少的調補劑。但是這種游戲快活，僅僅限於辦事人，那些工人仍舊無福分享。其實有什麼難處做不到，不過他們懶得提倡罷了。我不會游泳，只得踞在一條獨木橋上，把脚放下水去洗洗。眼睛望着化鐵爐邊的噴泉，脚底下乒乒乓乓的打着溫水，心裏快活個不了，好像自己是個田野裏的頑童一樣。後來我發明了這好地方洗脚，大家跟着都來嘗試風味，弄得這從無人到的獨木橋上門庭若市，這也算得是我的發明。

我在報上，看見南昌學生聯合會發給南昌各校的通告，大概說開會時候各校代表不到，是很不應該的一件事。我看了心裏很難過；這學生總會和分會的隔膜，差不多成了一種普遍的現象。最大的原因，就是總會不能引起各個分子的興味，並且根本基礎沒有建築在各個分子的心田上。總之以後學生聯合會一定要在組織上態度上較正一過，不要勉強無能的學生去做不能做的事。假使不然，學生聯合會自身就是一個空洞機關，屋子建設在沙田上，有什麼用處。

我又在報上看見上海有罷課的消息，心裏很疑惑，希望他不真。罷課在理論上，實際上，都無必要的價值；在外界輿論，在內部能力，都不容有罷課的事件發現。這理由很長，非觀察經歷得長久，不能深知。

現在把這些瑣碎的感想講過了，我再要把漢冶萍三處提綱挈領的說一說。漢陽鋼鐵廠，大冶鐵鑛廠，萍鄉煤鑛廠，三處總合起來，叫做漢冶萍公司。開辦起始是在光緒十五年張之洞從兩廣總督，調到兩湖總督任上，帶來兩座化鐵爐，就決意開鑛辦廠。直到現在，已經經過三十多年。張之洞死了，盛宣懷接手做總辦；現在的總辦是孫寶琦。向來是大冶鑛山開掘鐵鑛，運到漢陽化成生鐵，練成鋼胚，再製成鋼軌鋼角等等。其中一切所用的煤，都靠萍鄉開掘煤鑛供給。現在他們變了計劃：因為大冶離漢陽有二百里路光景，把鑛苗搬運過來，未免太不經濟；所以他們預備在漢陽專辦鋼廠，在大冶江邊另造新化鐵爐，山上採下來的鑛，可以就地化成生鐵，賣出去的在江邊裝船，自己煉鋼的再運到漢陽。不過這計劃實行的時候，還要等幾年哩。

十五日我們師生三十九人同坐了漢與小輪船，向大冶出發。開船時上午八點鐘，到大冶碼頭已經下午三點，足足在船上坐了七個小時，吃了一頓麵包夾猪肉的午飯。船近岸的時候，只望見前面黑蒼蒼的一座大山，嵯峨奇偉，連峯帶壁的蔓延着，像屏風一樣。我從來沒有看見這樣突兀奇怪的山，心裏詫異着。我學堂裏的化學教員西門先生（美國人）到這裏來參觀了回去，讚道，『除了落機山之外，我沒有看見第二座山像這裏的好』。我今天親自看見，不由自主也歡喜讚歎起來。大家跳上岸，只見岸灘上都帶些鐵的色彩，大片的泥土顯着赭紅的顏色。我自己想道，『今天到鐵大陸來了』。岸上迎面走來一位着西裝的工程師，看見張貢九先生搶上去就拚命握手，一望而知他們倆個是相別多年的老友。王崇植告訴我，這就是吳玉麟先生，現在大冶鑛廠裏做電機總工程師。他在美國麻省大學得過電機碩士，又得過文學學士。他們敘談了幾句，就引我們沿着江邊走去參觀新鐵廠。從江邊到山脚下，平均都有七千呎的距離，很夠新廠的擴充。遠遠望去，只見連連牽牽的紅色洋房，約有幾十所；搬運鑛苗的火車軌道，一望無際。江邊有一個大抽水機，用電動機的力，去供給鑛廠裏一切水的需要。新廠裏各部分的機器都還沒有開始使用，正請一個外國工程師在那裏裝置發電總機關位置在各部的中心點。內中有八具大機器：二具是汽輪打風機，做化鐵爐的用處；六具是汽輪發電機，做全鑛廠用電的供給。起先豎鑛，都是用人力和笨重的傢伙，現在他們打算等電廠成立之後，用電力來動『大氣壓的穿孔器』。但是發電總機關離開礦地有二十哩路遠，所發出的電壓只有五千二百五十伏爾脫，低電壓經過長距離是太不經濟；所以他們在總機關處設一個『電壓變換器』，把五千二百九十伏爾脫的電壓提高到二萬二千伏爾脫。再在鑛地的電機廠裏，也設一個電壓變換器，把二萬二千伏爾脫重行捺低到五千二百五十伏爾脫。

（註）電經過長距離，一定要高電壓，小電流。電壓電流的相乘積是一個不變數；所以電壓愈高，電流愈小。電線上因為有電經過，就發出熱來，那熱就是電力在線上浪費掉的表現；所以我們一定要把熱減少，才是經濟。但是熱的量又正比例於電流的自乘積，$(H \propto I^2)$ 我們只要把電流減小，熱自然也少了。因為這個道理，所以電壓變換器是更電流裏極重要的部分。又因為只有更電流可以用變換電壓器，所以現在大工廠裏都用更電流發電機，不用正電流了。

現在這六具大發電機，一具用電壓變換器傳到鑛裏去用，其餘五具都做新鐵廠裏的用處。汽鍋有五隻，都是最新水管式，氣壓每平方吋一百七十磅。煙囱有一百六十呎高。其中機器大半是美國貨，日本貨也有。總機關四隻角裏預備建造八座大化鐵爐，現在只造成兩座。加煤法也和揚子公司一樣，用電機起重車輸運。

講到這裏，似乎覺得漢冶萍公司規模十分偉大，而大冶尤其有希望。不曉得其中實在的情形，教人聽了眞要又恨又氣苦。他們這樣忽然大加擴充，那裏來的錢呢？原來他們借了日本一千五百萬的大借欵，並且訂好條約，每年所出生鐵二分之一要低價賣給日本。人家聽了，一定要詫異，為什麼他們要借日本債呢？他們的答案，只是簡單沉痛一句話，說甯可借日本債，不情願受本國政府和督軍的橫暴。

他們這個計劃，是廠裏一個日本工程師提議，大衆贊成的。我說與其借日本債，何不向美國資本家設法？這一千五百萬塊錢，不知何年何月才能還清。他們假使再不把辦理改善，精益求精做去，這一個中國唯一大工廠，又要落到日本人手裏去了。可憐可憐！

我們看完了新廠大概，就隨着吳先生到俱樂部吃晚飯。原來這鑛廠差不多像個小城市一樣，有醫院可以醫治，有各式住宅做工程師和管理員租住，有俱樂部供他們遊戲飲宴。俱樂部裏裝設得非常華美，有西菜間，有彈子房，有閱書室，各式全備，可惜這許多公共的地方全帶貴族的性質，並沒有另設一處給工人休息遊戲。但是無論如何，總比漢陽那裏好多了。這一餐晚飯是廠裏幾位辦事人請的，非常豐富，把我們這班餓虎都吃得口角流涎。席間與玉麟先生和謝爾屯先生長談，我們都靜聽着。吳的談鋒很健，對外國人說話尤其得體。他講到工程教育，以爲工業專門學生應當先在工廠裏實習幾年，再進學校研究理論，一定結果比現在好些。我們吃完了，那招待的人來說，本來預備我們住在俱樂部裏，只因爲床鋪不足，所以另外在旅館裏開好房間給我們住宿。我們大家隨着他上船，到原來停泊上岸的碼頭。沿路他講給我們聽，這廠裏共有七千工人，一二百個機匠，工人至少每天能賺六百錢。大冶地方的山由，是一層層像樓梯樣子的，收成極不好；自從鑛廠一開，居民大半改做鑛工，每天賺六百個錢，那裏生活程度又不高，所以他們的日子過得很安樂。在武昌革命那一年，各處工廠都停歇，這裏籌備了幾萬塊錢，接濟那班工人，居然沒有鬧事。本地人都還安分，能積聚些錢；最壞的是那客帮工人，有了錢就要賭，賭輸了就打架。

到了那旅館，我們大家走進去，鋪蓋把行李已經堆在一起。這旅館名目叫做「漢冶大旅館」，看了這名目，很容易想像到他怎樣寬大舒暢，整潔華美。豈知恰好相反，樓上樓下只好算兩大間，樓下前半間有幾張桌子，後半間用木板夾成許多小房間。床鋪上，牆壁上；椅上，桌上，無一處不是齷齪到萬分，表現出內地舊式客棧的精神！大柱上高高掛起警廳禁止閒人滋事的告示，牆壁上貼了許多店主關照客人的別字條子，還有幾首看了使人銷魂的題壁詩。這旅館裏有茶桌可以供人吃茶，有酒菜可以供人請客，有牙醫可以鑲牙齒，有算命的可以問問流年運氣，所以我說這旅館是個萬能的旅館。床鋪不夠，只得兩人合睡，或是打地鋪，或是睡在茶桌子上。我和徐恩曾尋了一個地位，把原有被褥拿開，將自己鋪蓋打開，納頭便睡，睡得很酣暢。約摸兩三點鐘，被隔壁房間一陣大驚小怪鬧醒。我問他們，才曉得剛才有一個袒胸的老頭子，瘋瘋癲癲的走到床前來吸旱煙，不聲不響的又走了出去。有人猜他是賊，有人說是夢魔行尸，到後來才明白他是主店的哥哥因爲四個兒子都死了所以發了癡。

明天十六日，我們一早起來，把鋪蓋打好，在『大旅館』裏吃早飯。那癡子又走上樓，拿着一杯酒，瞪着眼睛，蹁躚跳舞起來。他臉上嘻嘻微笑，眼光裏帶些神祕。店主恐怕他得罪客人走來一陣喝罵，把他趕下樓去。我們吃完早飯，就和『大旅館』告別；恰好教員三位和吳先生也來了，大家合在一起，坐火車去看鐵山。

大冶的鐵鑛，眞是不盡的富源，深的地方竟有幾千尺。預算起來，可以供全國五百年的用途。現在用人力每年出八十萬噸，若然用了電力，可以出一百萬噸；其實電力所能開的鑛，要多少就多少，並沒有限制。現在已經開掘的，有兩處地方，(一)是得道灣獅子山，(二)是鐵山。我們先到獅子山，山下有個電力支廠。廠裏面的電壓變換器，就是把二萬二千伏爾脫，捺低到五千二百五十伏爾脫。還有許多防備雷擊的器具，最有趣的是一種『捉雷器』，形式像一個長圓筒，裏面有鋁質片子，浸在鉀化輕養的液質裏，浮面上起一層薄沫。假使有雷電打下來，立刻經過捉雷器，把那層薄沫打碎，直通到地下，這樣可以不傷害到別的電機上去。廠裏有兩具電動機，直接到變換電壓器上。電動機輪軸一動，連帶動那『大氣壓機』，把空氣壓緊了，再放出去鑿鑛。在尋常人看來，一件穿孔器何必用許多機器轉灣灣來使動，然而無來的所得到的効率，正又不是他們所可以意想得到哩。

搬運鑛苗，都用車子在斜坡上滑上滑下。兩部車子用一根繩索牽牢，載鑛的重，滑下去，那不載鑛的輕，自然要拉上來。我們大家都立在那車子上上山，一上去只見無數工人死命打鑿鐵塊，這聽見炸藥爆發的聲響。吳玉麟先生說，這些鑛工的性命實在是危險，下面正鑿着，上面山倒了下來，幾條生命就此送終，平均每天總要死一二個人。我聽了很慘傷，就問他，壓死一個人撫卹多少錢，他笑了一笑說，不過幾千錢罷了。咳！一個人的生命賤到這樣，眞是駭聞了。

鑛裏有許多顏色光澤成結晶體的碎石，工人拿來賣給我們，有的幾十錢，有的幾百錢。一個面團團的小孩子，約摸十一二歲，也拿着一塊石頭，笑迷迷的向我們叫賣。不料觸動了護送我們來的丘八太爺的怒氣；他也算討長官的好，不許工人私賣鑛石，看見孩子容易欺瞞，走上去不問三七二十一，一脚尖橫踢過去，把那孩子踢得直蹬下去，臉上變色，眼淚撲簌簌流下來，只不敢哭出聲。我看了也無力援助，只心裏酸溜溜的覺得難過。

鑛山底下另有地道鑿鑛，因為下雨時候山頂不能作工，出口的鑛豈不要停頓，有了地道就不怕下雨了。鑛事其實很簡單，並沒有許多可以記得。我們看完獅子山鑛，就坐火車到鐵山，在那裏辦事處吃了一餐極豐美的午飯。飯吃完，就上鐵山去參觀。鐵山形勢更奇，鑛產更富；我們走進山谷凹處，抬頭去望，四面都是怪石奇峰，森嚴羅列。這種境地，是我生平第一次經歷，心裏爽快，腳下起勁，一口氣走了許多路。有一處我看見山腰裏露出大串的鐵圈，不知什麼用處，就去問那鑛師。鑛師說這大概是幾十年前，中國政府請了德國人來開鑛，打了一個地道，恰好找不着鑛苗，就歇手不做下去，那鐵環是撐地道的脊骨。又有一處，堆着無數掘出來的生鐵塊。那鑛師又解說道，『按據大冶縣志，宋朝曾有人在這裏採鑛化鐵，那堆着的是化鐵爐裏的渣滓。』我們聽了，都嗟訝了一回。

鐵山看完，大家都倦得走不動，就上火車到廠長那裏去休息。在火車裏差不多又坐了一小時，大家都倦眼朦朧的打盹，我向來不慣白天盹睡，獨自倚在窗上觀望風景。一路鄉村房屋，都比江南的造得高，垂楊流水，牛背牧童，猛然記起正是江南三月好風景了。山田一層層的上去，有的竟直達山頂，這種情形，也是江南人所夢想不到。田裏路上有許多農夫，男男女女，穿着紅的褲子，綠的衫襖，來往不絕。這種裝束，教上海時髦女子看見，又要笑得打跌了。

大冶的生活調查，我從吳先生那裏抄了一張下來，如下：

煤—每噸十元

肉—每斤二百七十文

鹽—每斤一百三十文

油—每斤二百二十文

電燈—每月一元七角

男僕—每月三元

女僕—每月二元

房租—每月六元

我們到了廠長辦事所，只見那廠長也是一個老學究的樣子，招待却很殷勤。因為時間還早，我們就到附近水泥廠裏去參觀。那廠的名字是華記湖北水泥廠，與漢冶萍公司毫無關係。裏面規模很大，所出產的水泥Portland Cement銷場亦廣。所用的原料『石灰石』就在後面山上採取，有的百分中含九十幾，有的百分中含六十幾。石灰石先拿來經過舂磨，再把他蒸乾，細細在球磨中磨碎，秤足分量，送進爐子裏去燒。燒騰的渣滓用冷水澆冷，再加上石膏（使他乾硬得遲些。）這種渣滓研成細末便是水泥，一包一包的裝袋就預備運送上船了。每天全廠可以出九百桶Barrel的水泥。每桶價值五元。做成的水泥膏，能受壓力每平方寸七百磅。一切舂磨球磨（Ball Mill）的轉動，都靠兩隻大汽機的汽力；兩隻共有一千匹馬力。汽鍋舊式新式都有，水管的還沒有完工，據說是從印度買來，價很便宜。另有兩隻發電機，（三百個安培一百十伏個脫，）專供廠內電燈和運送船貨的電動機。

球磨裏的鐵球，原是用來磨碎石灰石；因為他的磨擦力太大，所以鋼板殼子也容易擦壞。據廠裏工程師說，以前的鋼板德國貨，每塊三百元，可以用半年多；現在從香港一升英國公司買，價值不止一倍，却只能用三個月。我問他為什麼不用漢陽鋼鐵廠的貨色，他笑着說，恐怕連做都不會哩。

做水泥廠的工人，實在是最苦的生活。我們走進去幾分鐘，便要緊出來吸些新空氣，正不知那些一天到晚的工人怎樣過去。灰塵煙氣，把房間塞滿，沒有人呼吸的餘地，要呼吸，除非把煙灰吸進去。這又是管理人的不好，裝幾個換氣筒不是什麼難事，為什麼懶得下手。只要你們心動一動，手抬一抬，幾千人的性命就可以掙長些時候了啊。

看完水泥廠，在廠長處吃了夜飯，就上漢輿船回漢口，預備趁大輪船回上海。天夜了，我們商量佈置怎樣過夜；三個教員睡在船頂上，幾個同學睡在船梢艙下，幾個在船頭，有的在艙中，有的在船底。橫七豎八住了一夜，十七日起身已經八點鐘。收拾完不到一小時，已經望見招商局碼頭的輪船。我們希望他不是江華就是江新，（這兩隻船是招商局頂好的船）豈知泊近攏去，才曉得是最末等最老式的江孚輪船，我們大大失望。沒法想只得把行李搬過去，和賬房再三磋商，才肯讓出十一間小房艙一間大統艙。二十二個同學住在房艙裏，其餘十四個（我也在內）住在統艙裏。我們那間統艙，有兩扇小門開出去就是別間的統艙，有一扇大門恰好開在船梢陽臺上。於是我們想個法子，把兩扇小門門起，不准出進，單開陽臺上一扇門；這樣一來，非但行李護慎，而且和外界隔絕，可以讀書寫字。

我們布置好了，時間還早，就走上岸去逛漢口馬路。九個同學同在徽州酒樓裏嚐了些徽味，吃飽了飯，再走到頂熱鬧的歆生路太平街，各人買了些銅器汾酒，預備回去送人，我又看見一張漢口報，上面載着全國學生聯合會因爲通電北廷，要求駁回日本通牒，取消軍事協定，四日沒有答復，所以通告各地學生一律罷課。我看了心裏很不快活，自己問自己，罷課是不是反對北廷的手段？若然說要推翻北廷，爲什麼又向他要求？各地學生能不能一致？上海各界能不能響應？即使上海能，北京商界工界能不能罷工罷市？學生的能力夠不夠革命？——這許多問題，我一個也不能解決，當時恨不得立刻飛回上海，看看究竟怎樣。

晚上八點鐘開船，我坐在船梢上，忽然起了兩種感想，急忙寫下來做成一首詩——其實並不是詩：——

長江中的夜感兩方面

（一）

江水滔滔，山光渺渺，
風聲浪聲，合成一曲天然歌調笑。
這夜靜更深，有個人兒倚欄獨笑。
他歎喜讚歎，合十拜倒，
說『你這宇宙的真美啊！
乾淨潔白，沒有些兒汚濁沾擾。
含孕衆生，吹噓一切，更不分什麼大小多少。——
人在船梢，鷗飛江上，見面不多言，只相看一笑。
江小如帶，便是你純潔的徵兆。
這般偉大乾淨，沒說法，只得拜倒，拜倒。』

（二）

水也漆黑，山也漆黑；
只有幾點燈火星兒在波光裏轉側。
那燈光明處，便是罪惡的巢穴；
漆黑的地方，更有人鬼難測。
煩惱的衆生，苦痛的一切，
含孕着吹噓着，還不是白白！
山頂有人在獰笑，水底有人在飲泣。

山光水色，都有歷史上點點斑斑的血跡。
偉大的是魔鬼，乾淨的被汚穢遮沒。
什麼眞美，什麼潔白；
上帝的仁慈，只叫人心悸，心煩，心碎，心裂。
咒罵，咒罵，直咒罵到宇宙絕滅。

…………………………

以上兩首詩，完全是籠統的觀察。不過『詩』自身這件東西，就含着籠統的性質；然而在詩的表現固然籠統，在詩人自身的經歷磨練，却絕對要有分析科學的手段。不然，那詩就是膚淺，單調，浮廓，沒有精義。我這首詩恐怕不脫有這些毛病，自己很有些覺得，再要等友人的指摘了。

十八日船經九江，安慶，蕪湖。我們又和小孤山見了一面；大家發了一回狂，只得灑淚而別。

十九日船泊南京，有許多同學上岸搭火車回家去。晚上到了鎮江，大家上去逛逛街，可惜沒有月亮，在高處也看不出金山，焦山，走了一陣，看看船還不開，氣悶起來；陳章因爲家裏有事，打算早些走，譜水本因爲他家村上謠傳有時疫，也想回去看看，我和彭昕也要早到上海去察看情形，設法補救，四個人同意，就聯合同趁夜車。化了三角小洋一乘轎子，四個人四乘，同到車站。上車已經半夜十二點半，談談說說，吃些餅乾，倒也不寂寞。過了地洞不多時，忽然同車座客大聲驚擾起來，有的想鑽到凳子底下去，有的想搶些行李跳窗，一時秩序大亂。我們四個人也嚇得面孔變色，互相握着手，四面看那驚擾的原因。在那的探頭到窗子外去，只見夜色蒼莽，黑沈沈地，火車安安穩穩的向前跑，噴出一長縷的白烟，既不是出軌，也不是汽鍋爆裂，車子裏人聲嘈雜，却也沒有鎗聲聽見，我只顧說『鎮靜，鎮靜，』果然等了三分鐘，大家仍舊坐下來，一些兒沒有什麼變動。原來驚擾的原因，是一個打盹的人跌了一交，旁座的人在夢中驚醒，就極叫起來，一傳十，十傳百，登時弄得全車沸反盈天，原因却是不值一笑。這一個虛驚，恰好做我漢遊雜記的餘波，我們於二十日清早七點鐘到上海，漢遊到此，就算總結。

華僑消息

南洋七州府調查記

鄭忠富

(1)緒論

七州府者南洋羣島中之一部也，其首都星加坡，為歐亞重要之海口，世界商業之中心，東西航路之要衝，馬來半島之樞紐，近代更以世局轉移，爭權則多於海上，產業則注重熱帶，於是此七州府，在世界上日佔重要，所惜者地近赤道，氣候甚熱，人民愚拙，文明無從發達，更以天產富足，謀生容易，人民乏理解判斷之動力，故百許年前，山未闢，地未墾，木未斬，草未刈，礦藏於下，富棄於地，舉凡農林畜牧及各種殖產工業，無一可言：降至十六世紀之後，歐西人士，來居是地，羨其天產之富，見其交通之便，接續而至者絡繹不絕，斬荊榛以築路，敷鐵軌以運輸，於是久蘊於半島之寶藏，漸次而啟，樹木不可勝用，金錫不可勝煉，固有之椰樹，加以生理栽培，因增其產量，農工商各業，日見發展，今則去開闢之時期，進為發展之時代矣，以視昔日甯啻天淵，是南洋七州府更增其研究之價值，且華僑寄居是地者，數在百餘萬，與母國同胞有密切之關係，此不才所以有調查記之作，以貢獻同胞，願留心南洋華僑者一注意焉，惟是不才無學，自在母國輒學南來，轉入英文高等學校，近來自愧漢文怠忽，文中謬誤必多，倘蒙大雅指敎，則幸甚矣。

(2)歷史

七州府者為新加坡 Singapore 庇能 Penang 麻拉甲 Malacca 雪蘭義 Selangor 霹靂 Perak 芙蓉九州 Negri Femlican 嘭哼 Pahang 蓋即英國海騰殖民地 Straits Seltlement 及馬來四聯邦英之保護地也，British Protectorate 名雖保護地，而實權則操於英政府，總計面積三萬方英里，夷考其歷史，則於西歷一五一一年，葡人 Albuquerque，佔有麻拉甲，握近海之權，至今古蹟猶存睥睨，未久，為荷蘭所得，英人又取而代之，一七八六年，英大佐反絲拉 Captain Francis Light，運動吉旦 Kedah 酋長，取得庇能島，後一八十九年，英人賓田與拉佛氏 Stamford Raffles 復得柔佛王之許可，開半島尖端之新加坡島為商埠，於是三地合併為海騰殖民地，直隸於英國政府，傳至一八九六年，雪蘭義，大小霹靂，芙蓉九州，嘭哼組織馬來四州府聯邦，稱英國保護地，此為馬來半島英人侵略七州府之大略也。

(3)氣候

七州府位居熱帶，氣候週歲酷熱，平均日間溫度，在攝氏寒暑表 Centigrade Thermonentm, 七十五至八十八度之間，近陸較熱於近海，陰歷十月至四月，爲雨水最盛之期，每日上午晴，下午雨，雨後片時，地面乾燥如前，蓋因氣候炎暑之故也，所以本地土人，腦性愚拙，無進取之精神，至有今日之退化，不才離國到此，每於作事攻學之際，時覺疲勞困倦，與在祖國大不相同，此天氣感化力作用之一証也。

(4)交通

道路清雅，合宜衛生，馬路環衛四通八達，電車，汽車，人力車，脚踏車，在在皆是，又有大鐵道長七百英里（約合二千一百中國里）縱貫其中，發軔於新加坡，渡海過柔佛，經麻拉甲，芙蓉坡，吉隆坡，怡保，太平，巴來（在庇能島對岸）吉且以達暹羅盤谷，近來以新加坡至柔佛之鐵路無橋梁渡海不便，決議築跨海大鐵橋長五十一華里，以聯絡之，費需數千萬元，共須五年可以竣工，現已動工，此橋果成，七州府交通別現之新氣象，當遠勝日前也。

(5)政治

七州府自英人來主，隨事增華，以有今日之好現象，新加坡現稱世界第七海口，此其一也，治政之規模，總分二種，一爲皇家殖民地 Crown Colong 首府新加坡，二爲馬來聯邦英國保護地，首都吉隆坡，British Protectorate 皇家殖民地直隸英國政府，由英皇遣派總督 Governor （向稱駐劄總公使 Resident General）以理一切政事，任期六年，馬來四州府方面，亦附屬殖民地政權之下，但四州府有特設參政司 The Cheif Secretaery 以理內地公務，又有巫人執政員數名，必輔政，此不過英人狡猾之手段，有名無實也，三州府之政權，與巫人毫無關係，華人有立法議員二名，以代表全體，除此以外，印度人日本人無參政之權

(6)華僑人數

華僑人數在七州府者，不下百餘萬，估總數百份之半，分閩廣二幫，在此地勢力頗大，所謂立法會議，華人亦得列席，參預內政，此等議員，在海峽殖民地爲林君文慶，在四州府聯邦，爲余君東旋此二君者代表七州府百餘萬華僑。

按林君文慶，乃新加坡華商闆人林天耀先生之次子，幼入新加坡拉佛氏高等學校Raffles Institution 十八歲畢業，名列最優等，得官費留學蘇格蘭愛丁堡大學 Edinburgh University 入醫科，肄業五年，得醫科學士 M.B.及外科碩士 C. M. 學位，厥後又得法學博士學位 LL. D，還新加坡，在立法會議 Legis lative Council 供職六年，兼任星加坡厄厓德專門醫學校 The King Edward VII Medical School 教授之職，功績偉著，名揚遐邇，英王褒獎其功，與以 O. B. E. (Order of the British Empire) 賞典，由是林君文慶 (The Hon. Dr. Lim Boon Keng, O. B. E., LL., O. C. M., etc.) 之價值，誠在南洋羣島之華人中空前之人物也。

此外有庇能伍連達博士者，係廣東人，曾留學英倫，得文學碩士及醫學博士學位，M. A., M. D. 近任中國東三省防疫總長，倘有華僑熱心家資本家，不勝枚舉，爲新加坡之陳嘉庚林明議，（譯音）及吉隆坡之陸佑各大資本家，家財皆有千萬，外人稱百萬資本家 Millionaire 者，此地甚多，近來華僑多皆從事商業實業，其資本最厚者，當推新加坡之和豐字號，有和豐輪船公司，西船十餘艘，航行印度仰光香港汕頭廈門等處，有和豐椰油製造廠，每日可製椰油二萬餘斤，值價百萬餘元（每斤洋八角計）和豐銀行，資本數千萬，和豐米廠，每日出米六百包，每包百餘斤，七州府華商銀行有十餘數，各分行不計在內，此外尚有各種實業工廠，七州府華文報紙，已有十數種，如新國民，總匯，光華，檳城，益羣，各報館，每日售數幾千份，此爲二十世紀七州府華僑可賀可喜之現象也。

(7)華僑教育

本地居留華僑雖多，本國教育尚稱悲觀，故今日僑民之急務，莫甚於教育，華僑之生於七州府者，不但不知中國文字，幷不諳本國之語言風俗，全操馬來 Malay 語，幸近來我國愛國人士，鑒時機已過，各處倡建中國學校，成立頗多，最著者爲新加坡及庇能之華僑中學，幷師範商業學校已有數所，有總教育會，設在吉隆坡等處，以統理華僑各校教育事宜，華僑子弟在英人設立學校肄業者，約計二萬人左右，其中百之九十，不識漢文，良可嘆也。

(8)華僑富人

今日國人所注意於七州府華僑者，莫非其富原，南洋地富熱帶，土地豐饒，富有熱帶植物礦物，華人致富者，亦惟樹膠錫鑛二業，其資本小者數十元，數百元，數千元，大者數萬元數十萬，數百萬，不等，惟視其力之所及以行之，是故凡能勤儉數年者，多皆致富，考樹膠者二十世紀之新產物也，當一八七七年，新加坡政府，試值巴西樹膠二十一株於植物園，成績甚佳，遂廣佈民間種值，至於錫米爲華僑第二重要事業，其出產與樹膠約佔全世界產量十份之六，每年錫米約產七萬噸，值價二十萬元，而七州府之中，又以霹靂雪蘭莪爲最多，開採之法，先掘地數英尺，或數十英尺，即達鑛脈，鑛夫取其砂，置筐中洗之，則泥沙去錫質沉底，然後提煉以成精錫，運往近海商埠以備出口。

(9)結論

據以上所述，知英人之得七州府，非用兵之功，非說客之力，實得之於英國商人拉佛氏之手，今華人在七州府之地位，旣爲雄厚，且大小各埠，多爲華人所開闢，吉隆坡陸佑先生開闢嘭哼文各，英人獎其功賜以一等男爵 K. C. M. G. 官銜，黃君福基開闢柔佛新山，總而言之，七州府無華僑，今仍爲蠻夷時代，豈有今日之現象，然華人一部份，如車夫鑛夫等，尙蠢如牛馬，惟知生存，無國家觀念，飽食暖衣，玩日愒歲，惡勞好逸，冥頑不靈，是直天地間之一蠹物耳，吾華僑苟不急圖上進，力謀教育普及，與國內同胞聯絡，則巫人之覆轍，其可逃乎，願同胞有心南洋者，有以救之，是所切望焉。

（完）

少年世界（二）

數位重製・印刷　秀威資訊科技股份有限公司
https://www.showwe.com.tw
114 台北市內湖區瑞光路 76 巷 65 號 1 樓
電話：+886-2-2796-3638
傳真：+886-2-2796-1377
劃 撥 帳 號　19563868　戶名：秀威資訊科技股份有限公司
讀者服務信箱：service@showwe.com.tw
網 路 訂 購　秀威網路書店：http://store.showwe.tw
國家網路書店：http://www.govbooks.com.tw

2020 年 1 月
全套精裝印製工本費：新台幣 6,000 元（全套兩冊不分售）

Printed in Taiwan　ISBN: 978-986-326-758-4　CIP: 056

ISBN 978-986-326-758-4
9 789863 267584 06000

讀者回函卡

感謝您購買本書，為提升服務品質，請填妥以下資料，將讀者回函卡直接寄回或傳真本公司，收到您的寶貴意見後，我們會收藏記錄及檢討，謝謝！

如您需要了解本公司最新出版書目、購書優惠或企劃活動，歡迎您上網查詢或下載相關資料：http:// www.showwe.com.tw

您購買的書名：＿＿＿＿＿＿＿＿＿＿＿＿＿＿＿＿＿＿＿＿

出生日期：＿＿＿＿＿年＿＿＿＿＿月＿＿＿＿＿日

學歷：□高中（含）以下　□大專　□研究所（含）以上

職業：□製造業　□金融業　□資訊業　□軍警　□傳播業　□自由業

□服務業　□公務員　□教職　□學生　□家管　□其它＿＿＿

購書地點：□網路書店　□實體書店　□書展　□郵購　□贈閱　□其他

您從何得知本書的消息？

□網路書店　□實體書店　□網路搜尋　□電子報　□書訊　□雜誌

□傳播媒體　□親友推薦　□網站推薦　□部落格　□其他＿＿＿＿＿

您對本書的評價：（請填代號　1.非常滿意　2.滿意　3.尚可　4.再改進）

封面設計＿＿＿　版面編排＿＿＿　內容＿＿＿　文／譯筆＿＿＿　價格＿＿＿

讀完書後您覺得：

□很有收穫　□有收穫　□收穫不多　□沒收穫

對我們的建議：＿＿＿＿＿＿＿＿＿＿＿＿＿＿＿＿＿＿＿＿

＿＿＿＿＿＿＿＿＿＿＿＿＿＿＿＿＿＿＿＿＿＿＿＿＿＿

＿＿＿＿＿＿＿＿＿＿＿＿＿＿＿＿＿＿＿＿＿＿＿＿＿＿

＿＿＿＿＿＿＿＿＿＿＿＿＿＿＿＿＿＿＿＿＿＿＿＿＿＿

請貼
郵票

11466
台北市內湖區瑞光路 76 巷 65 號 1 樓
秀威資訊科技股份有限公司 收
BOD 數位出版事業部

....

（請沿線對折寄回，謝謝！）

姓　　名：________________　年齡：________　性別：□女　□男

郵遞區號：□□□□□

地　　址：______________________________

聯絡電話：（日）________________（夜）________________

E-mail：______________________________